Österreich und die deutsche Nation

Herausgeber:
Andreas Mölzer

Aula-Verlag

Andreas Mölzer

(Hrsg.)

Österreich
und die
deutsche Nation

Aula-Verlag

ISBN 3-900600-00-7
Aula-Verlag, Graz 1985
Gesamtherstellung: Spandel-Druck GmbH, Nürnberg

Inhaltsverzeichnis

Seite

Vorwort 7

Die schwierige Nation 9
   Gerd Klaus Kaltenbrunner: Was ist deutsch? 11
   Heinrich Jordis von Lohausen: Das Gesetz des Raumes 23
   Harald Rüddenklau: Vom alten Reich zur deutschen Teilung . . . 37
   Hans Hausberger: Die Einigung der deutschen Nation in wirtschaftshistorischer Betrachtung 47
   Hans-Dietrich Sander: Deutsche Teilstaaten mit beschränkter Souveränität 57
   Andreas Mölzer: Ein neues deutsches Nationalbewußtsein? . . . 71
   Fritz Kopp: Die SED und die deutsche Nation 85
   Michael Vogt: Die Linke und die deutsche Frage 91
   Rose Eller: Die deutsche Nationalkultur 123

Das deutsche Österreich 137
   Lothar Höbelt: Von St. Gotthard bis St. Germain 139
   Bernhard Pilz: Schwarz-Rot-Gold und Rot-Weiß-Rot 151
   Nikolaus von Preradovich: Das nationale Lager 1882 bis 1945 . 169
   Hans Merkel: Okkupation, Annexion oder Fusion? 187
   Helmut Golowitsch: Die Nation, die aus Moskau kam 197
   Rainer Üblagger: Die nationalen Traditionen der österreichischen Sozialdemokratie 217
   Otto Scrinzi: Das nationale Lager nach 1945 233
   Felix Ermacora: Staatsvertrag und Neutralität 245
   Andreas Mölzer: Ökonomischer Anschluß 259

An den Grenzen 273
   Andreas Mölzer: Die Deutschen im Osten 275
   Heinz Schillings: Deutsche im französischen Teilstaat Belgiens 289
   Gustav Woytt: Die seelisch-sprachliche Umerziehung eines Volkes 295
   Ferdinand Selberg: Nordschleswig 307
   Herwig Nachtmann: Südtirol 313

	Seite
Werner Widmann: Kärnten ist anders	331
Otto Rothe: Grenzlandarbeit und Schutzvereine	345

„National" heute 357

Arno W. Reitz: „National" — Begriff, Inhalt, Aufgabe 359
Otto Scrinzi: Grundfragen nationaler Politik 365
Norbert Burger: Was heißt „rechts"? 377
Bernhard Willms: Der deutsche Idealismus und die Nation 395
Anton Dyk: Philosophie und Naturwissenschaften 407
Fritz Roschall: Ökologie als nationales Anliegen 425

Autorenverzeichnis 437

Vorwort

„Österreich und die deutsche Nation" — allein dieser Titel mag bereits Anlaß zur Auseinandersetzung bieten. Den einen wird er Provokation sein, den anderen Programm. Den Autoren und dem Herausgeber dieses Buches ist er vor allem Wagnis. Wagnis deshalb, da seit 1945 zwischen Bodensee und Neusiedlersee kaum etwas so verdrängt und tabuisiert wurde wie das Verhältnis Österreichs zur deutschen Nation in seiner ganzen historischen und politischen Tragweite. Wagnis auch deshalb, da jedes Wiederaufgreifen dieser Problematik von den etablierten Meinungsmachern der Zweiten Republik sofort mit dem antifaschistischen Bannstrahl belegt und in das sattsam bekannte „braune Eck" des Neonazismus abgedrängt wurde. Wagnis aber auch deshalb, da ein solches Unterfangen die Aufarbeitung eines Themenkreises von so großer sozialer, kultureller und politischer Vielschichtigkeit bedeutet, daß ein einziges Buch dem kaum gerecht werden kann.

Dennoch stellt dieser Sammelband mit seinen 31 Einzelbeiträgen die Realisierung dieses Unterfangens dar. Anlaß und Notwendigkeit dafür lagen ganz einfach darin, daß es seit 1945 kaum grundlegende und umfassende Arbeiten zum gegenständlichen Thema gibt. Dies hat viele Gründe, mag an der ständigen politischen Bedrohung, ja Inkriminierung der deutschen Nation im allgemeinen, des deutschnationalen Lagers im speziellen, liegen. Vielleicht hat dieses Lager in Österreich aber auch nicht mehr die Kraft, große Einzelpersönlichkeiten zur wissenschaftlichen, literarischen oder künstlerischen Aufarbeitung des nationalen Themas anzuregen. Selbstkritik ist hier zweifellos angebracht, kann aber nur dann fruchtbar sein, wenn sie den Ausgangspunkt zu einem neuen starken Versuch bildet, die deutsche Identität Österreichs einem breiten Publikum nahezubringen.

Die Zeit ist überreif dazu. Die deutsche Frage ist wieder auf der Tagesordnung der Weltgeschichte. Zwischen Moskau und Washington, Warschau und London, Prag und Paris fragen sich Politiker und Zeitungskommentatoren mehr oder weniger beunruhigt: „Was ist los mit den Deutschen?" In Westdeutschland steht die Nation im Mittelpunkt einer neu aufgeflammten Diskussion, die in den Arbeiten Hellmut Diwalds, Hans Joachim Arndts, Hans Dietrich Sanders und Bernard Willms bereits erste Höhepunkte gefunden hat. Selbst die bundesdeutsche Linke stellt sich die nationale Frage mit wachsender Vehemenz. Und in Mitteldeutschland beginnt die SED mit erstaunlicher Vorbehaltlosigkeit, die ganze deutsche Geschichte aufzuarbeiten und für sich zu beanspruchen.

Auch an Österreich geht diese Entwicklung nicht spurlos vorbei. Am deutlichsten und breitenwirksamsten kann man das an der Programmdiskussion der vor zwei Jahren an die Regierung gelangten Freiheitlichen Partei sehen. Geradezu verantwortungslos wäre es allerdings, die aktuelle Bedeutung der nationalen Frage für Österreich einem kleinen Kreis mehr oder weniger pragmatischer Parteipolitiker zu überlassen, die in vielen Fällen weder über das weltanschauliche und historische Rüstzeug, noch über den taktischen Freiraum verfügen, um das Problem in der erforderlichen Wahrhaftigkeit zu behandeln.

Zwar gibt es in den Zeitschriften des nationalen Lagers in Österreich eine Fülle von hervorragenden Einzelarbeiten, Artikeln und Aufsätzen, eine umfassende, tiefgehende und einigermaßen zeitlose Gesamtschau zum Thema fehlt aber. Zwar können epochale Einzelleistungen, wie sie in der ersten Hälfte unseres Jahrhunderts etwa von Srbik und Nadler geboten wurden, nicht erzwungen werden. Ein Sammelband mit mehreren Einzelbeiträgen verschiedener Autoren zur nationalen Frage war aber realisierbar.

Nun soll und kann das vorliegende Buch kein in sich geschlossenes historisch-politisches Weltbild bieten, da allein die Zahl der einzelnen Aufsätze und ihrer Autoren eine gewisse Meinungsvielfalt erzwingen. Gerade diese Meinungsvielfalt, die bisweilen bis zum grundsätzlichen Gegensatz in einzelnen Aussagen werden kann, bewirkt aber, daß dem Leser nicht nur so etwas wie ein Handbuch zur nationalen Frage, sondern insbesondere eine Anregung zur geistigen Auseinandersetzung mit den vitalen Problemen der deutschen Nation geboten wird.

Im ersten Teil des Buches wird unter dem Titel „Die schwierige Nation" die geopolitische und soziokulturelle Lage der Deutschen insgesamt dargestellt. Österreichs Verhältnis zur Nation zu analysieren, ohne den Zustand dieser Nation zu hinterfragen, wäre bloßes Stückwerk.

Der zweite Teil des Buches ist dem „deutschen Österreich" gewidmet, wobei naturgemäß dem nationalen Lager des Landes verstärkte Aufmerksamkeit gebührt. Daß dabei weitgehend auf eine Auseinandersetzung mit den derzeitigen innenpolitischen Verhältnissen und der gegenwärtigen Stellung der politischen Parteien Österreichs zur nationalen Frage verzichtet wurde, liegt allein daran, daß ein Eingehen auf die Tagespolitik den Blickwinkel des ganzen Buches allzu sehr verengt hätte.

Im dritten Teil des Buches wird des Lesers Aufmerksamkeit mit der Lage „an den Grenzen" des deutschen Volks- und Kulturraumes befaßt. Notwendig ist dies, da kaum eine europäische Nation an derart offenen und unsteten ethnischen und staatsrechtlichen Grenzen zu leiden hatte wie die Deutschen. Stets war die Situation des Grenzlanddeutschtums ein Parameter für den Zustand der deutschen Nation überhaupt.

Im vierten und letzten Teil des Buches wird dann schließlich die Frage aufgeworfen, was denn „national heute" bedeutet. Die hierbei getätigten Aussagen und Definitionen vermögen die Thematik trotz der äußerst unterschiedlichen Fragestellung und Argumentationsweise der einzelnen Beiträge naturgemäß nur anzureißen. Manches mag dabei umstritten sein, dennoch würde das vorliegende Buch ein Fragment bleiben, hätte man die Beantwortung dieser Frage nicht zumindest versucht.

Zu guter Letzt sei an dieser Stelle zu erwartenden Angriffen auf dieses Buch noch ein wenig Wind aus den Segeln genommen: All jene, die aus Themenstellung und Auswahl der Einzelbeiträge a priori ableiten, es handle sich hier gewissermaßen um einen publizistischen Anschlag auf das nach 1945 entstandene österreichische Selbstbewußtsein, irren. Die historische Logik und die Souveränität unserer Republik sollen keinesfalls in Frage gestellt werden. Vielmehr geht es darum, jenes positive Österreichbewußtsein, ohne das die Menschen dieses Landes sich mit ihrem Staatswesen, ihrer Gesellschaftsordnung und ihrer Kultur nicht identifizieren könnten, auf der Basis historischer Wahrhaftigkeit zu untermauern. Dabei gilt es in erster Linie, die deutsche Identität Österreichs aus jenem Trümmerhaufen, den die Selbsttäuschung, der Opportunismus und die Manipulation der vergangenen Jahrzehnte hinterlassen haben, zu bergen.

Wenn das vorliegende Buch diesen Anspruch auch nur teilweise erfüllt, ist es allerdings doch eine Art publizistischer Anschlag — ein Anschlag auf die Lebenslügen der Zweiten Republik.

Der Herausgeber

GERD KLAUS KALTENBRUNNER

Was ist deutsch?

Die ersten Zeilen von Heines „Nachtgedanken" *„Denk' ich an Deutschland in der Nacht, Dann bin ich um den Schlaf gebracht..."* aus dem Jahre 1843 drängen sich noch immer auf, wenn gefragt wird: Was ist deutsch? Die Frage ist nicht neu. Die größten Geister der Nation haben mit ihr gerungen. Dichter, Philosophen, Musiker, Gelehrte und Staatsmänner versuchten im Lauf der letzten zweihundert Jahre, das „deutsche Wesen", die „deutsche Seele", den „Genius der Deutschen" zu ergründen.

Die Frage nach dem Deutschen hat viele Aspekte und Dimensionen: sprachgeschichtliche, ethnische, sozialpsychologische, kulturelle, geographische, verfassungsrechtliche, politische und, wagen wir das Wort, metaphysische. Uralt ist ja die Vorstellung von den Völkerengeln, die die Geschicke der Nationen leiten, ihre Repräsentanten am Thron Gottes sind und gelegentlich auch sichtbar in deren Kriege eingreifen. Der Erzengel Michael gilt jüdischer Überlieferung zufolge als der zur Rechten Gottes stehende Patron Israels. Michael war auch der Schutzherr des Fränkischen Reiches. Auf Wunsch Kaiser Karls des Großen erhob der Papst den 29. September zum für die ganze Kirche verbindlichen Michaelstag. Nach der bald nach dem Tod Karls vollzogenen Teilung des karolingischen Erbes wurde Michael zum Schutzengel des Ostfränkischen Reiches, aus dem später Deutschland hervorgehen sollte. Der Legende nach griff Michael im Jahre 955 in das gewaltige Völkerringen auf dem Lechfeld bei Augsburg ein, wo das von Kaiser Otto I. geführte Reichsheer den Ansturm der heidnischen Ungarn zurückschlug. Daß Michael sowohl von den Juden als auch von den Deutschen als himmlischer Protektor angesehen wurde, mag zu tiefsinnigen Meditationen Anlaß geben. Wie so oft befinden sich freilich auch hier das Erhabene und das Komische dicht nebeneinander. Aus dem überirdischen Reichsfeldmarschall Michael, dessen Bild auf den Sturmbannern mittelalterlicher Heere prangte, wurde schließlich der „teutsche Michel", der Inbegriff des gutmütigen, aber auch unbeholfenen, einfältigen und linkischen Deutschen mit der Zipfelmütze. Das spöttische Wort vom teutschen Michel taucht zum erstenmal 1541 in Sebastian Francks „Sprichwörtern" auf. Franck war ein Zeitgenosse des Reformators Martin Luther.

Luther hat wie kein zweiter Deutscher das Bild seines Volkes geprägt. Die durch ihn bewirkte konfessionelle Spaltung der Nation gehört zu den folgenreichsten Ereignissen deutscher Geschichte. Luthers Lehre von der *sola fides*, von der Rechtfertigung des Menschen allein durch den Glauben, bedeutet eine radikale Wende in der Geschichte deutschen Denkens. Ein gewisser Dualismus, wie er sich auch in der Zweiheit von himmlisch-heroischem Michael und schwerfällig-tumbem Michel äußert, ist eng mit Luthers schicksalhafter Tat verbunden. Ja, man kann sagen, daß sich bereits in Luther selbst jene Polarität nachweisen läßt: der Himmel, Erde und Unterwelt herausfordernde Trotz des „Hier steh' ich, ich kann nicht anders" und das Mönchisch-Tölpelhafte lassen sich in seinem Charakter nicht trennen. *Furor teutonicus* und Servilität, Ungestüm und Unterwürfigkeit, faustischer Drang ins Jenseitig-Unendliche und spießbürgerliches Behagen am Herddämmerglück in anheimelnder Stube — all dies ist in Luther bereits angelegt. Dostojewskij sprach 1877 von Deutschland als dem „protestierenden Reich" und vom „ewigen Protestantismus" „dieses großen, stolzen und besonderen Volkes". Er hat damit, wenn auch in polemischer Einseitigkeit, etwas Wesentliches hervorgehoben. Es ist nicht abwegig, vom Luther-Geruch der deutschen Nation zu sprechen. Deutsche Philosophie, deutsche Musik, die klassische deutsche Literatur, die Dichtung der deutschen Romantik — sie alle sind fast ausschließlich aus dem Luthertum hervorgegangen. Groß ist die Zahl der Dichter und Denker, die deutschen Pfarrhäusern entstammen.

Bereits Luther selbst war die Eigenart der Deutschen ein Problem. „Man weiß von den Teutschen nichts in andern Landen", seufzte er. „Es ist keine verachtetere Nation denn die Teutschen", sagte er einmal; „Italiäner heißen uns Bestien, Frankreich und Engeland spotten unser, und alle anderen Länder. Wer weiß, was Gott will und wird aus den Teutschen machen?" Das Bild des gefürchteten und verspotteten, des unheimlichen und lächerlichen Deutschen taucht bereits damals auf. Durch die Jahrhunderte zieht sich die Klage über die Verhaßtheit, das Verkanntsein, die Erniedrigung der Deutschen. Bisweilen will es scheinen, als bedeute Deutschsein fremd in der Welt sein. Deutschheit als Welt-Fremdheit ... Am Ausgang des achtzehnten Jahrhunderts erblickt Hölderlin Deutschland „allduldend, gleich der schweigenden Mutter Erd, und allverkannt, wenn schon aus deiner Tiefe die Fremden ihr Bestes haben". In einer anderen Ode („An die Deutschen") nennt der Dichter seine Landsleute „tatenarm und gedankenvoll".

Es gibt aber auch den entgegengesetzten Drang ins Weite: über alles Stammesmäßige, Provinzielle, Nationale hinweg ins Allmenschliche, in die Universalität des absolut Humanen. Bekannt sind Goethes und Schillers Epigramme: „Deutschland? Aber wo liegt es? Ich weiß das Land nicht zu finden, / Wo das gelehrte beginnt, hört das politische auf" und „Zur *Nation* euch zu bilden, ihr hoffet es, Deutsche, vergebens; / Bildet, ihr könnt es, dafür freier zu Menschen euch aus" (Xenien, Musenalmanach auf das Jahr 1797). Damit wird gezielt auf die merkwürdige Politikferne des deutschen Geistes, seine Neigung, aus der subjektiv-intimen Privatheit übergangslos in eine abstrakte Humanität zu fliehen. Niemand hat jemals die Idee überpolitischer und übernationaler Menschlichkeit so bedingungslos verherrlicht wie Lessing, Goethe, Schiller und Humboldt. Lessing erklärte: „Der gute Ruf eines Patrioten ist das letzte, was ich mir wünsche, wenn der Patriotismus mich lehren sollte, mein Weltbürgertum zu vergessen." Kommt in dieser exzentrischen Leidenschaft für die sozusagen rein humanisierte *eine* Menschheit, die alle anthropologischen Konkreta überschreitet, nicht auch jene fatale deutsche Neigung zum Unbedingten und Anfälligkeit für alles Radikale zum Ausdruck? Dazu noch eine Xenie aus Goethes und Schillers Nachlaß: „Daß der Deutsche doch alles zu einem Äußersten treibet, / Für Natur und Vernunft, selbst für die nüchterne, schwärmt!"

Was dieser Zweizeiler als Tadel ausspricht, hat Max Stirner zum Programm erhoben: „Der Deutsche erst bekundet den weltgeschichtlichen Beruf des Radikalismus. Wo der Deutsche umreißt, da muß ein Gott fallen und eine Welt vergehen." Stirner kommt von Hegel, und von Hegel kommt auch Marx. Wieviel fanatische Maßlosigkeit und fürchterliche Radikalität ist in seinem Werk enthalten. In seiner Dissertation steht bereits der Satz: „Die Philosophie verheimlicht es nicht. Das Bekenntnis des Prometheus — ‚mit einem Wort, ich hasse all die Götter' — ist ihr eigenes Bekenntnis, ihr eigener Spruch gegen alle himmlischen und irdischen Götter, die das menschliche Selbstbewußtsein nicht als die oberste Gottheit anerkennen. Es soll keiner neben ihm sein." Im Medium deutscher spekulativer Philosophie artikuliert sich der Ruf nach der Weltrevolution.

Deutscher Titanismus, deutsche Monomanie, deutscher Drang zum Absoluten: Prometheus, Faust, Zarathustra, ein mythisiertes Proletariat als Archetypen. Sie repräsentieren gewiß nicht die ganze Spannweite des deutschen Geistes, doch unzweifelhaft eine im Lauf der Neuzeit immer stärker werdende Tendenz. – Fichte, Hegel, Marx, Nietzsche, Heidegger – jeder verkörpert etwas von dieser spezifischen Radikalität des deutschen Geistes, seiner Lust am Zu-Ende-Denken bis zur Selbstaufhebung des Denkens. Alles, was deutscher Geist an Ideen aufgreift, gerät in diesen spekulativen Sog.

Der Klassizismus wäre eine kurze Mode geblieben, angeregt durch die Ausgrabungen in Pompeji und andere archäologische Entdeckungen, doch der Deutsche Winckelmann machte daraus eine Ideologie, ja einen Kult mit Dogmen und Riten, eine fanatische Kunst-Religion, die ganzen Generationen den Blick für die Schönheit des Barocks zu rauben imstande war.

Für einen starken Staat plädierten auch Machiavelli und Hobbes, doch nur ein Deutscher, der zum preußischen Hofphilosophen avancierte Schwabe Georg Wilhelm Friedrich Hegel, konnte ihn vergöttlichen: „Der Staat ist die Wirklichkeit der sittlichen Idee. Es ist der Gang Gottes in der Welt, daß der Staat ist, sein Grund ist die Gewalt der sich als Wille verwirklichenden Vernunft. Man muß daher den Staat als wie ein Irdisch-Göttliches verehren."

Der Sozialismus ist durchaus keine deutsche Erfindung, er hatte in England und Frankreich seine verschiedenen Schulen – reformistische, technokratische, empirisch-positivistische, pragmatische, christliche und auch utopische –, welche die Folgen der beginnenden Industrialisierung in den Griff zu bekommen versuchten. Er wäre eine Angelegenheit philanthropischer Sekten geblieben, vielleicht wäre er auch als ein brauchbares Organisationsmodell in bestimmten Krisensituationen allgemein anerkannt worden, wenn nicht ein Deutscher, Karl Marx, der Hegel gut, das wirkliche Proletariat jedoch nur dürftig kannte, ihn mittels philosophischer Deduktion in eine apokalyptische Heilslehre verwandelt hätte, die die völlige Wiedergewinnung des Menschen, die Aufhebung jeglicher Entfremdung, die Lösung des Rätsels der Weltgeschichte und den Sprung aus dem Reich der Notwendigkeit in das Reich der Freiheit – alle diese Formeln finden sich bei dem Mann aus Trier – mit dem Los der angeblich zur Weltrevolution berufenen Industriearbeiter verknüpft.

Auch anderen Völkern sind Reiselust, Fernweh, Zuneigung zu fremden Nationen und Kulturen nicht unbekannt, doch niemand außer den Deutschen hat sich im Lauf der Jahrhunderte mit einer bis zu ekstatischer Selbstvergessenheit gesteigerten Inbrunst dem Ausland zugewandt. Wahrscheinlich war und ist in keinem zweiten Kulturvolk Fremdenhaß so wenig verbreitet wie in Deutschland. Schon um 1775 notierte Lichtenberg: „Der Charakter der Deutschen in zwei Worten: *patriam fugimus.*"

Das Land der Griechen mit der Seele suchend, brachen Winckelmann, Goethe, Schiller, Hölderlin und Nietzsche zum Exodus in eine verklärte Antike auf, um in immer tiefere Schichten hellenischer Vergangenheit einzudringen. Von ihrem griechischen Exil aus maßen sie Deutschland an den erhabenen Normen apollinischdionysischer Kultur. Berühmt sind die harten Worte, die Hölderlin dem Hyperion in den Mund legt:

„So kam ich unter die Deutschen ... Barbaren von alters her, durch Fleiß und Wissenschaft und selbst durch Religion barbarischer geworden, tiefunfähig jedes göttlichen Gefühls, verdorben bis ins Mark zum Glück der heiligen Grazien, in jedem Grad der Übertreibung und der Ärmlichkeit beleidigend für jede gutgeartete Seele, dumpf und harmonielos, wie die Scherben eines weggeworfenen Gefäßes ... Es ist ein hartes Wort und dennoch sag' ich's, weil Wahrheit ist: ich kann kein Volk mir denken, das zerrißner wäre, wie die Deutschen. Handwerker siehst du, aber keine Menschen, Denker, aber keine Menschen, Priester, aber keine Menschen, Herrn und Knechte, Jungen und gesetzte Leute, aber keine Menschen — ist das nicht, wie ein Schlachtfeld, wo Hände und Arme und alle Glieder zerstückelt untereinander liegen, indessen das vergoßne Lebensblut im Sande zerrinnt? ... Ich sage dir: es ist nichts Heiliges, was nicht entheiligt, nicht zum ärmlichen Behelf herabgewürdigt ist bei diesem Volk ..."

Mit dem Traum von Hellas verband sich oft, so bei Goethe, Nietzsche und George, die Italien-Sehnsucht der Deutschen. In Rom, Venedig, Florenz und Pompeji vergaßen sie den nebligen Norden. „Ich suche, soviel möglich ist, meine verlorne Jugend zurückzurufen", schreibt der neunundvierzigjährige Winckelmann 1766 aus Rom. „Venedig, der einzige Ort auf Erden, den ich liebe", läßt Nietzsche 1887 seinen Freund Overbeck wissen. Stefan George, der verkündet hatte: „Hellas ewig unsre Liebe", feiert im „Teppich des Lebens" die deutschen Rom-Fahrer:

> Freut euch dass nie euch fremdes land geworden
> Der weihe land der väter paradies
> Das sie erlöst vom nebeltraum im norden
> Das oft ihr sang mehr als die heimat pries.

Goethe bekannte: „In Rom hab' ich mich selbst zuerst gefunden", und ähnlich heißt es auch bei Anselm Feuerbach 1857: „Rom. Bei diesem Namen hört alles Träumen auf, da fängt die Selbsterkenntnis an." Doch solche verhältnismäßig nüchternen Stimmen sind selten im Chor deutscher Italien-Sehnsucht. Den meisten wurde der Süden weniger zum Ort der Selbstfindung und Selbstbegegnung denn zur Pforte ins Reich der Geschichtslosigkeit. „Es hängt an den Mauern Roms etwas, das das Tiefste im Menschen aufregt", schreibt Bachofen, Bürger der ehemaligen deutschen Reichsstadt Basel, an seinen Lehrer Savigny. Bei Dichtern des zwanzigsten Jahrhunderts werden Hellas, Ägäis, Italien zu reinen Symbolen, Spiegelungen und Chiffren des Ausstiegs aus allen nationalen Bindungen. Das Geographische, Historische, Kulturelle löst sich auf in „vom Süden umlagerte Worte und Themen", wie Gottfried Benn bekennt. Wenngleich mediterrane Bildpartikel nach wie vor überwiegen, tritt der Bezug zu konkreten Orten, Landschaften und Bevölkerungen fast ganz zurück. Der „Süden" ist mythisiert, Emblem und Fata Morgana der nach Frühe, Ursprünglichkeit, Verzückung lechzenden deutschen Hyperion-Enkel Mombert, Däubler und Benn.

Ein Kapitel für sich ist die deutsche Affinität zum slawischen Osten, insbesondere zu Rußland. Maximilian Klinger, der rheinfränkische Stürmer und Dränger, ging 1780 in russische Dienste, wird Reisebegleiter des Großfürsten, Direktor des Kadetten- und Pagenkorps in St. Petersburg, Kurator der Universität Dorpat und Inhaber zahlreicher Ämter im Bildungs- und Schulwesen des Zarenreiches. Er stirbt am 13. Februar 1831, im gleichen Jahr wie Hegel, als Träger des höchsten russischen Ordens, im Besitz der Adelswürde, eines Krongutes sowie eines Hauses in St. Petersburg, das Besucher mit einem Palast verglichen. Er hielt sich für einen Deutschen unter den Russen, doch unter den Deutschen galt er als russifiziert.

Maximilian Klinger mag als Beispiel für zahllose andere stehen. Auch der Theaterdichter August Kotzebue stand seit 1781 in russischen Diensten, zuletzt als Staatsrat für auswärtige Angelegenheiten und Korrespondent des kaiserlich-russischen Kultusministeriums. Er wurde deshalb von liberalen Gazetten als „russischer Spion" denunziert und schließlich auf der Flucht aus Weimar, wo er sich seines Lebens nicht mehr sicher war, von dem verhetzten Burschenschaftler Karl Sand 1819 in Mannheim ermordet. Franz von Baader, der Münchner Religionsphilosoph in der Nachfolge Böhmes, pflegte ebenfalls enge Kontakte zu Rußland, träumte von der Gründung einer christlich-ökumenischen Akademie in St. Petersburg und erwartete von einer erneuerten Orthodoxie die Befreiung des Abendlandes vom französischen Materialismus und deutschen Spiritualismus. *Ex oriente lux*: Wie von Rußland aus der Sturz Napoleons ins Werk gesetzt wurde, sollte von dem größten slawischen Volk auch die christliche Wiedergeburt Europas ausgehen. Der Reichsfreiherr vom Stein wurde, nachdem er seinen Abschied von Preußen nehmen mußte, 1812 von Alexander I. als politischer Berater berufen. Er bestimmte den Zaren, nicht nur Rußland, sondern ganz Europa von der Napoleonischen Herrschaft zu befreien. Auf dem Wiener Kongreß war vom Stein ausschließlich Berater der russischen Delegation. Bis weit in das zwanzigste Jahrhundert hinein sind insbesondere die deutschen Konservativen aller Quartiere von Rußland fasziniert: die Reihe reicht von den Brüdern Gerlach und dem bereits erwähnten Baader über Nietzsche bis zu Moeller van den Bruck (der Dostojewskij auf deutsch herausbringt), dem frühen Thomas Mann der „Betrachtungen eines Unpolitischen" und den sogenannten Nationalbolschewisten im „Widerstands"-Kreis um Ernst Niekisch.

Rilke hat zweimal Rußland bereist, in Begleitung von Lou Salomé, der Tochter eines russischen Generals hugenottischer Abstammung und einer deutschen Mutter. Lou hatte in jungen Jahren Nietzsche beeindruckt und sich später der Lehre Freuds zugewandt. Gemeinsam mit Lou besucht Rilke den greisen Tolstoj und den Maler Leonid Pasternak – Vater des Dichters Boris Pasternak –; gemeinsam feiern sie die Osternacht im Moskauer Kreml und fahren sie zu Schiff auf dem Dnjepr und der Wolga. Rilke ist zutiefst ergriffen von Rußland. Gierig saugt er landschaftliche, literarische und religiöse Begegnungen in sich hinein; er übersetzt Tschechow, Dostojewskij, Lermontow, versucht, das altrussische Igor-Lied ins Deutsche zu übertragen, und schreibt selber eine Reihe von Gedichten in russischer Sprache. Was für frühere Generationen Italien und Griechenland gewesen waren, wird für Rilke Rußland, das numinose eurasische Imperium, in dem alles ganz anders ist. Rilke horcht auf die Schläge des Herzens Rußlands „im Gefühl, daß dort die richtigen Taktmaße sind auch für unser Leben". An Lou Salomé schreibt er am 15. August 1903: „Daß Rußland meine Heimat ist, gehört zu jenen großen und geheimnisvollen Sicherheiten, aus denen ich lebe." Es ist das Formlos-Elementare, die mystische Dreiheit von Gott, Bauerntum und ursprünglicher Schöpfung, die kontinentale Weite des Reiches, die Rilke an Rußland faszinierten.

Auch die radikale Linke, insbesondere deren intellektuelle Elite, folgt noch diesem Gesetz, als sie sich nach dem Ende des Ersten Weltkriegs für Lenins Sowjetrußland begeistert, zu den sich auf Marx berufenden Nachfolgern des Zaren an die Moskwa pilgert und dort ihr wahres Vaterland zu finden wähnt. Für Armin T. Wegner und Ernst Bloch ist der im gläsernen Sarg im Mausoleum an der Kremlmauer ruhende Lenin eine Heilbringer-Gestalt wie der im Kyffhäuser seiner glorreichen Wiederauferstehung entgegenharrende Kaiser Barbarossa. Bloch, der aus Ludwigshafen stammende Expressionist unter den deutschen Marxisten, emigriert nach der Schweiz, der Tschechoslowakei und schließlich nach den USA, doch als seine eigentliche Heimat sieht er das kommunistische Rußland an: „*Ubi Lenin, ibi Jerusalem*" (Das Prinzip Hoffnung 2, S. 711).

Der Radikalismus der Deutschen in der Zuwendung zu anderen Völkern und Kulturen feierte noch in den sechziger und siebziger Jahren orgiastische Triumphe: Tausende junge Münchner, Heidelberger, Frankfurter, Hamburger und Westberliner engagierten sich für Vietnam, Kuba und das China Mao Tse-tungs, während sie für das Schicksal ihrer zwischen Elbe und Oder lebenden Landsleute nicht einmal ein Achselzucken übrighatten. So wie die frühen Romantiker aus der Ferne Indien huldigten und Sanskrit für die Sprache des Weltgeists hielten, wie der alte Goethe aus den Wirren der Befreiungskriege sich in ein imaginäres Persien zurückzog, um „im reinen Osten Patriarchenluft zu kosten", wie Schopenhauer den Buddhismus an den Main verpflanzen wollte, so wogte zwischen 1967 und etwa der Mitte der siebziger Jahre eine neue Flut von Morgenlandschwärmerei durch Deutschland, nur daß an die Stelle der Sakuntala, Hafis' und Gautamas Mao, Che und Arafat getreten waren und diese linksorientalische Fernstenliebe kulturell unfruchtbar blieb. Sie bereicherte das deutsche Geistesleben in wissenschaftlicher, philosophischer und poetischer Hinsicht in keinem nennenswerten Maße.

Welches Volk sonst hat solche bis zur Selbstverleugnung und Preisgabe der eigenen Identität gehende Sympathien für fremde Stämme, Völker und Reiche gehegt? Vielleicht nur noch die Juden seit dem achtzehnten Jahrhundert, die oft deutscher fühlten und dachten als viele auf ihre germanische Herkunft stolze Gojim. Lichtenberg bemerkt zu diesem Phänomen schon Ende des achtzehnten Jahrhunderts, als in Preußen ein großer König regierte, der nur französisch dachte, sprach und schrieb, weil er das Deutsche für einen barbarischen und literaturunfähigen Dialekt hielt (und dies zu einer Zeit, als Klopstock, Lessing, Wieland und der junge Goethe bereits das Zeitalter der Klassik eröffnet hatten):

„Keine Nation fühlt so sehr als die deutsche den Wert von andern Nationen und wird, leider, von den meisten wenig geachtet, eben wegen dieser Biegsamkeit. Mich dünkt, die andern Nationen haben recht: eine Nation, die allen gefallen will, verdient, von allen verachtet zu werden."

Vielfalt deutscher Radikalität ... Streben in die Transzendenz *und* liebevolles Sichversenken ins Unscheinbarste, wie es das Rasenstück Dürers ist. Innigkeit — ein Kernwort deutscher Mystik, dieses Abenteuers weltüberwindender, welteinschmelzender Sehnsucht — *und* brutales Berserkertum wie in Kleists Gedicht „Germania an ihre Kinder": „Alles, was ihr Fuß betreten, / Färbt mit ihren Knochen weiß, / Welchen Rab und Fuchs verschmähten, / Gebet ihn den Fischen preis, / Dämmt den Rhein mit ihren Leichen." — „Schlagt ihn tot! Das Weltgericht / Fragt euch nach den Gründen nicht!"

Deutsche Todeslust, Todessehnsucht, Todestrunkenheit ... Hofmannswaldau schreibt „Poetische Grabinschriften", sein Freund Lohenstein dichtet Sargverse („Irdisches und sterblich Volk, lebend-tote Erdengäste, / Ihr Verwürflinge des Himmels, ihr Gespenste dieser Welt ..."); in der Ode „An Ebert" imaginiert Klopstock den Tod seiner jungen Freunde, um durch diese düstere Vergegenwärtigung sich der Kostbarkeit der Freundschaft zu vergewissern, und einer seiner vollkommensten Gesänge hat den Titel „Die frühen Gräber"; das erste gedruckte Werk von Matthias Claudius ist eine Totenrede, zu den schönsten Gedichten gehören „Der Tod" und „Diese Leiche hüte Gott", immer wieder erfährt er „Freund Hein", den als Knochenmann personifizierten Tod, als eine bald freundliche, bald furchtbare Macht; Gottfried August Bürgers großartigste Ballade „Leonore" enthält die Verwesungsvision: „Des Reiters Koller, Stück für Stück, / Fiel ab wie mürber Zunder. / Zum Schädel, ohne Zopf und Schopf, / Zum nackten Schädel ward der Kopf; / Sein Körper zum Gerippe, / Mit Stundenglas und Hippe ..." Lessing schreibt eine Abhandlung „Wie die Alten den Tod gebildet". Todesröcheln und Todesstarre, Bahre und Sarg, Grab und Gruft, Kirchhof und Leichenzug, Totenklage und Trauerflor, Gebein und Asche — das sind die stets wiederkehrenden Worte und Bilder deutscher Lyrik. Eine Sterbeglöcklein- und Leichenbitterpoesie. Gedichte als Epitaphe, Urnen und Katafalke. *Pompe funèbre*-Lyrik und *danse macabre*, *memento mori* und aus prunkendem Brokat entsteigender Modergeruch im Barock, dann tränenreich empfindsames Schwelgen in Grabgewölben und auf dem Friedhof. Noch der späteste Hölderlin, der im Turm am Neckar dahindämmert, fällt in diesen Tonfall zurück: „Du stiller Ort, der grünt mit jungem Grase, / Da liegen Mann und Frau, und Kreuze stehn ..." Schließlich die Romantik als Pandämonium neuer, raffinierterer sublimerer Arten dichterischen Umgangs mit dem Tod: die Mord- und Selbstmorderotik Kleists, Novalis' Lobpreis der Agonie in den „Hymnen an die Nacht": „Welche Wollust, welchen Genuß bietet dein Leben, die aufwögen des Todes Entzückungen? Trägt nicht alles, was uns begeistert, die Farbe der Nacht?", Platens Gedicht „Wer die Schönheit angeschaut mit Augen, / Ist dem Tode schon anheimgegeben", das er, bedeutsam und hellseherisch, „Tristan" überschrieben hat ... Wagner aber, der Erbe und Vollender deutscher Romantik, ist die Synthese von Novalis und Schopenhauer. Was dem jungen Nietzsche an Schopenhauer, an dem schopenhauerisch gedeuteten Wagner des „Tristan" behagte, hat er in einem Brief vom Oktober 1868 an Erwin Rohde so umschrieben: „die ethische Luft, der faustische Duft, Kreuz, Tod und Gruft ..." Diese Charakteristik trifft aber auch auf wesentliche Elemente der Heideggerschen Fundamentalontologie zu, die das Dasein als „Vorlaufen zum Tode", als „Hingehaltenheit in das Nichts", als „Sein zum Tode" versteht. Heideggers Zeitgenossen sind Benn, Trakl und Georg Heym, in deren Lyrik das Grauen von Sterben, Tod und Verwesung eine bisweilen geradezu morbide Lust an Untergang, Zerfall und Auflösung sich suggestiv ausspricht. Schon die Titel und Anfangsverse sind verräterisch: „Morgue", „Leichen", „Über Gräber" (Benn), „Allerseelen", „Die Totenkammer ist voll Nacht ...", „Träumend steigen und sinken im Dunkel verwesende Menschen ...", „Schlaf und Tod, die düstern Adler ...", „Siebengesang des Todes", „Verwestes gleitend durch die morsche Stube ...", „Verwesung traumgeschaffner Paradiese ...", „Am Friedhof", „Die tote Kirche" (Trakl), „Der Tod ist sanft. Und die uns niemand gab, er gibt uns Heimat ..." (Heym).

Sind die Deutschen mehr als andere Völker in den Tod verliebt? Verzehren sie sich sehnsüchtig nach dem Untergang, nach der Katastrophe? Hölderlins Wort von der Todeslust geistert in den verschiedensten Übersetzungen durch die Welt, und insbesondere französische Beobachter haben diesen Thanatos-Zug, dieses nekrotrope Gefälle häufig hervorgehoben, wobei sie bisweilen einen Bogen vom Nibelungenlied bis zu Hitlers Selbstmord schlagen.

Verallgemeinerungen dieser Art sind, wenn vom Charakter einer Nation gesprochen wird, immer problematisch. Der Deutsche zeigt in dem Moment ein anderes Gesicht, in dem man ihn definiert zu haben glaubt. Wie könnte man übersehen, daß die ein so sonderbares Verhältnis zum Tod pflegenden Deutschen seit Jahrhunderten auch als ein überaus lebensbejahendes, lebenstüchtiges, mit Behagen am Leben hängendes Volk gelten? Weit verbreitet ist das Stereotyp des feist-untersetzten Sauerkraut-, Wurst- und Kartoffelfressers, der Unmengen von Bier trinkt und dazu Humtata-Blechmusik hört. Diese etwas grobschlächtige Figur, die viel auf kleinbürgerliche Gemütlichkeit hält, hat wenig gemeinsam mit dem todessüchtigen, im Absoluten sich verlierenden Metaphysiker, obwohl bisweilen in einer überragenden Gestalt beide Extreme vereint sind. „Aber nicht das Leben, das sich vor dem Tode scheut und von der Verwüstung rein bewahrt, sondern das ihn erträgt und in ihm erhält, ist das Leben des Geistes", schreibt Hegel, der die gesamte Wirklichkeit ansieht als die „Tragödie, welche das Absolute ewig mit sich selbst spielt", und die Weltgeschichte als „Schädelstätte des absoluten Geistes" interpretiert. Dieser faustische Metaphysiker des sich tragisch entäußernden Weltgeists ist zugleich ein Philister, wie er im Witzblatt steht, ein langweiliger, vulgärer und pedantischer Biedermann, der nichts so sehr schätzt wie ein spießig-behagliches Beamtenleben. „Ich suche wohlfeile Lebensmittel, meiner körperlichen Umstände willen ein gutes Bier, einige wenige Bekanntschaften", schreibt er am 2. November 1800 an

Schelling. Nach der Heirat läßt er seinen Freund Niethammer wissen, daß er nunmehr sein „irdisches Ziel" erreicht habe, „denn mit einem Amte und einem lieben Weibe ist man fertig in dieser Welt" (Brief vom 10. Oktober 1811).

Das bis zum heutigen Tag im Ausland kursierende Wort von den *unruhigen Deutschen* zielt auf die Neigung, jede bedeutende Idee bis zum Exzeß zu radikalisieren. Nirgendwo als in Deutschland konnte in den vergangenen sechziger Jahren ernsthaft die Unruhe als erste Bürgerpflicht proklamiert werden. *L'Incertitude Allemande* heißt ein französisches Buch über Deutschland. Statt Unruhe kann man auch Aufgeregtheit, Unausgegorenheit, Verwirrung sagen. Die griechisch-römische Lehre vom ethischen Wert des Maßes, der Mitte, der Ausgeglichenheit hat im deutschen Raum weit weniger Wurzeln gefaßt als bei den romanischen Völkern oder auch den Briten. Die eine der vier klassische Kardinaltugenden bezeichnenden Wörter *sophrosyne* und *temperantia* lassen sich durch keine deutschen Ausdrücke genau wiedergeben; was damit gemeint ist, klingt am ehesten noch in dem mittelalterlichen Wort *diu mâze* an. Zu diesem Mangel paßt auch die Tatsache, daß das urban-humane Ideal, das verschiedene europäische Ausdrücke wie *Honnête homme, Cortigiano* und *Gentleman* umschreiben, in Deutschland wenig Anklang gefunden hat.

Das Wort von den unruhigen Deutschen erinnert an das Formlose, Formsprengende und Exzentrische im deutschen Wesen. Die Deutschen sind gefährdeter als andere Völker. Sie sind aber durch eben diese Unbestimmtheit, das Fehlen an ausgeprägter Weltgestalt auch chancenreicher, plastischer, keimträchtiger. Dieser eigentümlichen Unruhe, Ruhelosigkeit, Unabgeschlossenheit entspricht in der deutschen Philosophie die Betonung des *Werdens* im Gegensatz zum Sein. In seinem Kurzessay „Zum alten Probleme ‚Was ist deutsch?'" stellt Nietzsche fest: „Wir Deutsche sind Hegelianer, auch wenn es nie einen Hegel gegeben hätte, insofern wir (im Gegensatz zu allen Lateinern) dem Werden, der Entwicklung instinktiv einen tieferen Sinn und reicheren Wert zumessen als dem, was ‚ist' ..." (Die fröhliche Wissenschaft, Aph. 357). In „Jenseits von Gut und Böse" (Aph. 244) kommt Nietzsche nochmals auf diese nationale Eigentümlichkeit zurück: „Ein Deutscher, der sich erdreisten wollte, zu behaupten, ‚zwei Seelen wohnen, ach! in meiner Brust', würde sich an der Wahrheit arg vergreifen, richtiger, hinter der Wahrheit um viele Seelen zurückbleiben ... der Deutsche versteht sich auf die Schleichwege zum Chaos. Und wie jeglich Ding sein Gleichnis liebt, so liebt der Deutsche die Wolken und alles, was unklar, werdend, dämmernd, feucht und verhängt ist: das Ungewisse, Unausgestaltete, Sich-Verschiebende, Wachsende jeder Art fühlt er als ‚tief'. Der Deutsche selbst *ist* nicht, er *wird*, er ‚entwickelt sich'."

Deutsche Vielschichtigkeit, deutsche Dynamik, deutsche Akzentuierung des Werdens ... Deutschland als *das* „Entwicklungs-Land": unabgeschlossen, undefiniert, voller Überraschungen. Die Franzosen haben bis weit ins neunzehnte Jahrhundert hinein Deutschland im Plural gesagt: *Les Allemagnes*. Sie meinten damit die politische und kulturelle Vielfalt ihres Nachbarvolkes. Dieser deutsche Pluralismus ist mit eine der Ursachen, warum die Frage „Was ist deutsch?" immer wieder gestellt wird. Deutsche Vielheit zeigt sich auch in der Benennung dieses Volkes durch andere Völker. Nur wenige sprechen die Deutschen mit ihrem Eigennamen an. Mit *Dutch* meint die englischsprechende Welt die Holländer; die Deutschen bezeichnet er als *Germans*, und ähnlich tun es auch die Griechen. Franzosen und Spanier heißen die Gesamtheit der Deutschen nach einer Teilgruppe, nämlich den germanischen Völkerschaften der *Alemannen*; für die Finnen sind alle Deutschen *Sachsen*. Die slawischen Sprachen haben hingegen für uns Bezeichnungen hervorgebracht, die, ähnlich wie das griechische Wort „Barbaren", an das Bild des lallenden, stammelnden, unverständlich Redenden anknüpfen: *Njemzy* (russisch), *Němec* (tschechisch), *Nijemac* (serbokroatisch). Von den größeren Nationen sind es nur die Italiener, deren Wort *Tedesco* — ebenso wie *Deutscher* — das althochdeutsche *theodisk*, abgeleitet aus *theoda*, der Stamm, noch durchschimmern läßt. *Theodisk, theudisk*, schließlich *diutisc* sind ursprünglich keine Stammes- oder Volksnamen; die Worte bezeichnen vielmehr seit dem achten Jahrhundert die Sprache der nichtromanisierten Germanen.

Deutsches Werden, deutsches Nicht-mehr und Noch-nicht, deutsches Ungenügen und Leiden an sich selbst ... Fichte sprach von der „unendlichen Verbesserlichkeit des deutschen Wesens", stellte den Deutschen die Aufgabe, das „Urvolk" zu werden, und ersehnte 1813 einen „Zwingherrn zur Deutschheit", der, nach der Art eines platonischen Philosophenkönigs, das Volk notfalls mit Gewalt dazu anhält, es selbst zu werden. „Die Deutschheit liegt nicht hinter uns, sondern vor uns", meinte Fichtes Schüler Friedrich Schlegel, der einmal die Anarchie als die wahre Verfassung Deutschlands bezeichnet hat. Hölderlins Hyperion sagt: „Wir sind nichts; was wir suchen, ist alles." Der Deutsche ist nicht, er wird. Der junge Nietzsche notiert: „Es ist wohl so: das, was deutsch ist, hat sich noch nicht völlig klar herausgestellt ... Das deutsche Wesen ist noch gar nicht da, es muß erst werden; es muß irgendeinmal herausgeboren werden, damit es vor allem sichtbar und ehrlich vor sich selber sei. Aber jede Geburt ist schmerzlich und gewaltsam ..."

Deutschland ist noch nicht fertig. Seine Eigenart, seinen Stil, seine Verfassung muß es erst finden. „Aber jede Geburt ist schmerzlich und gewaltsam ..." Nicht umsonst hat Nietzsche die mit diesen Worten endenden Sätze über die Unfertigkeit, die noch nicht vollendete Geburt deutschen Wesens im Manuskript unterstrichen.

Wir berühren damit das Problem der *Nation*. Die Deutschen haben den Nationalismus nicht erfunden. Noch für Schelling waren sie ein „Volk von Völkern". Erst Napoleons Fremdherrschaft ließ sie sich als Nation fühlen. Männer wie Arndt, Fichte, Görres und der „Turnvater" Jahn haben dieses Gefühl in leidenschaftlichen Worten zum Ausdruck gebracht. Der siebzigjährige Jahn, durch lange Jahre verfolgt als „Jakobiner" und von 1819 bis 1825 zu Festungshaft verurteilt, sprach 1848 vor der Frankfurter Nationalversammlung in der Paulskirche die ergreifenden Worte: „Deutschlands Einheit war der Traum meines erwachenden Lebens, war das Morgenrot meiner Jugend, der Sonnenschein der Manneskraft und ist jetzt der Abendstern, der mich zur ewigen Ruhe geleitet." Es ist bekannt, daß der nationale Gedanke bis zur Perversion und schließlich zur Selbstzerstörung radikalisiert wurde. Auch die Nation entging nicht dem deutschen Drang zum Radikalismus. Ebenso radikal wollte man sie nach der Besiegung Deutschlands ausmerzen. Das Nationale galt geradezu als anrüchig. Doch nationale Selbstverleugnung ist ebenso pervers wie nationaler Größenwahn. Jene ist wie dieser eine Form von Hybris.

Die Nation, die Vielheit der Nationen auf dieser Erde ist eine Wirklichkeit. Zwischen der Familie, der kleinsten Gruppe gemeinsamer Abstammung, und der Rasse oder Menschheit steht immer noch die Nation als Gemeinschaft, Ordnung und geschichtliche Größe mit eigener Vollmacht und Würde. Sie ist der hervorragendste Ort, an dem sich Sprache, Kultur und gemeinsame Geschichte, Tradition, Schicksal und Wille einer über die Familie hinausgehenden Gruppe zu einer höheren Ordnung amalgamieren. Auf nationale Existenz zu verzichten ist, allen kosmopolitischen Doktrinen zum Trotz, immer noch gleichbedeutend mit dem Verlust menschlicher Standfestigkeit, Orientierung und Selbstachtung. Ohne Verwurzelung in einem Volk, in dem der einzelne andere als seinesgleichen anerkennt, gibt es keine Identität. Mit dem Universalen, dessen Existenz keineswegs geleugnet wird, kommunizieren wir nur über das Konkrete und Partikulare, und dieses ist nach wie vor: die Nation.

Nationale Identitätsverweigerung ist keine angemessene Sühne für Hitler. Sie ist nicht einmal ein Mittel, um bei Nachbarn Sympathie und Vertrauen zu erwecken. Im Gegenteil. Der schweizerische Literaturwissenschaftler Adolf Muschg erklärte am 17. Mai 1980 in Frankfurt, es sei für ihn schwer, sich vorzustellen, daß die deutsche Einheit für eine ganze Generation von Bürgern der Bundesrepublik — anders als für DDR-Bürger — aufgehört habe, eine Sorge oder eine gefühlsmäßige Wirklichkeit zu sein. Es möge stimmen, daß Ausländer — Schweizer wie Russen oder Franzosen — eine deutsche Einheit im politischen Sinne nicht wünschen. „Aber daß die Deutschen selbst aufgehört haben sollen, sie zu wünschen, bleibt für einen Schweizer — bleibt für mich — im Grunde rätselhaft." Der Verzicht auf die Nation sei ihm nicht geheuer: „Nicht geheuer deshalb, weil das deutsche Selbstverständnis offenbar in einem Grade plastisch ist, daß es sich gestern über die Welt ausbreiten wollte und heute zur Liquidation bereit scheint." Adolf Muschg kommt dann ausdrücklich auf die Dialektik der Radikalisierung zu sprechen, die eine Konstante des deutschen Nationalcharakters sei: „Ja, ich glaube, es ist dieses Defizit an politischem Körpergefühl, das die Nachbarn der Bundesrepublik befremdet; nicht nur der Imperialismus kennt keine Grenzen, auch der Mangel an Patriotismus kennt sie nicht ... Möglich, wahrscheinlich ist nur, daß unterschlagener, verdrängter Nationalismus als Gespenst wiederkehrt, daß er als unfreiwilliger Chauvinismus den Respekt verlangt, den man der nationalen Identität glaubt vorenthalten zu können. Nur die befriedigte Selbstachtung kann gute Nachbarschaft halten; die unterdrückte schwankt zwischen Selbstverkleinerung und Hochmut."

Es mehren sich die Zeichen, daß nicht nur die Thematik „Nation" neu entdeckt, sondern auch um eine neue deutsche Loyalität gerungen wird. Vor allem jüngere Deutsche, „linke" wie „rechte", Konservative wie Sozialisten, brechen mit dem, was Thomas Schmid „die Tradition der Selbstbezichtigung" genannt hat. Sie halten die These für absurd, daß Deutschsein von vornherein ein erschwerender Umstand sei. Diese Absage an den masochistischen Glauben, im negativen Sinne auserwähltes Volk zu sein, hat nichts mit einem Rückfall in deutschtümelnde Borniertheit und nationalistisches Sektierertum zu tun, sehr viel aber mit einer Besinnung auf haltende, haltbare und Halt gebende geistespolitische und ökopolitische Bestände. Den Deutschen sollte nicht mißlingen, was die Polen unter drückenderen Bedingungen für sich erreicht haben. Johannes Paul II., der aus Polen stammende Papst, hat am 2. Juni 1980 in seiner Pariser Rede vor der Organisation der Vereinten Nationen für Erziehung, Wissenschaft und Kultur (UNESCO) das Nationalbewußtsein seines Volkes als beispielhaft auch für andere Völker hingestellt: „Ich bin der Sohn einer Nation, die ihre Nachbarn mehrfach zum Tode verurteilt hatten. Sie hat ihre Identität und nationale Souveränität trotz der Teilungen und Besetzungen bewahren können, und das nicht durch physische Gewalt, sondern einzig und allein durch das Festhalten an ihrer Kultur. Diese Kultur hat sich als stärker erwiesen als alle anderen Kräfte" (Die Welt, Nr. 127, 3. Juni 1980, S. 1). Die Besinnung junger Konservativer und junger Sozialisten auf ihr Deutschsein gehört zu den faszinierendsten Zeichen der letzten Jahre. Sie könnte die Epoche selbstzerstörerischer Radikalismen überwinden zugunsten einer umfassenden integralen Synthese, in der nationale Selbstanerkennung als Deutsche, europäische Zusammenarbeit und Sympathie mit um ihre Nationwerdung ringenden Völkern anderer Erdteile einander nicht ausschließen. Solche Selbstanerkennung würde mehr als die bisherige wirtschaftliche Prosperität oder ein forcierter Kult des Grundgesetzes bezeugen, daß die Deutschen ein normales Volk geworden sind.

Am 4. Dezember 1801, in dem Jahre also, in dem er seine beiden Hymnen „Germanien" und „Der Rhein" geschaffen hat, schreibt Hölderlin an seinen kurländischen Freund Casimir Böhlendorf: „Wir lernen nichts schwerer als das Nationelle frei gebrauchen." Der Weg zur Selbstanerkennung jenseits von völkischem Größenwahn und nationalem Masochismus ist gewiß kein einfacher Spaziergang.

HEINRICH JORDIS VON LOHAUSEN

Das Gesetz des Raumes

Die deutsche Frage als Funktion der Geopolitik

Gefährdung von Anbeginn

Ein einziger Satz genügt, die geopolitische Lage der Deutschen zu kennzeichnen: das am wenigsten klar umrissene Land in Europa, das hier am wenigsten in sich gefestigte Volk liegt an der weltpolitisch entscheidenden, der weltstrategisch am meisten gefährdeten Stelle.

Diese Gefährdung kommt nicht von heute. Sie ist weder von Hitler heraufgeführt worden, noch von Bismarck, noch von irgendwem sonst. Sie liegt bereits auf dem Grund der deutschen — nicht nur der deutschen — Geschichte. Die Würfel fielen sehr früh; nicht durch das Schwert, nicht in Deutschland selber und nicht in irgendeiner gegen Deutschland gerichteten Absicht. Den Namen Deutschland gab es noch gar nicht. Was sich damals zum späteren Nachteil Deutschlands ereignete, lag überhaupt nicht auf den Feldern bewußter Politik, es geschah im Bereich der Sprache.

Die Sprache als Schicksal

Nicht das Schwert allein schlägt die Schlachten der Weltgeschichte, neben ihm noch, unauffälliger zwar, dafür aber nachhaltiger die Sprache. Folgt der Unterwerfung durch äußere Gewalt nicht die durch die Zunge, übernehmen die Sieger die Mundart der Unterworfenen, so haben sie auf lange Sicht ihr Spiel schon verloren und werden über kurz oder lang selbst zu Besiegten.

Auf solche Weise hat nicht nur China bis jetzt jeden Eindringling aufgesogen, nicht nur Italien noch alle im Lande gebliebenen Eroberer zu Italienern gemacht. Wo immer die Sieger aufhörten, die eigene Sprache zu pflegen, traten sie als Volk von der Bühne ab und lebten nur noch im Blutstrom eines anderen als dessen Oberschicht einige Zeit hindurch fort.

Sprache ist Schicksal nicht weniger als Klima, Erbanlagen oder Geburtenziffern. Daß an den östlichen Rändern des Mittelmeeres das harte Latein das weichere Griechisch nicht zu verdrängen vermochte, führte eines Tages zur Spaltung des Römischen Reiches. Dessen griechische Hälfte überdauerte die lateinische um ein volles Jahrtausend. Dafür überlebte das lateinische Spracherbe auf Kosten der Iberer, Kelten und Germanen im gesamten Südwesten der europäischen Halbinsel und damit auf dem Sprungbrett zur Neuen Welt. Zur gleichen Zeit da Griechisch zu einer Nebensprache des osmanischen Reiches absank, vollendeten Cortez und Pizarro von da aus das Werk der Römer und gewannen der lateinischen Welt deren neue überseeische Basis: einen ganzen Kontinent. Sie bewahrten das römische Sprachgut vor der Gefahr, der das hellenische erlegen war, in der Enge des Mittelmeerraumes zu verkümmern.

Der Abfall der Nachbarn

Die Welt gehört den raumbeherrschenden Sprachen. Nicht daß die Römer Italiker, Kelten und Iberer gewaltsam zu Lateinern machten, sicherte ihnen endgültig ihr Fortleben in einem der Zukunft entsprechenden Maßstab, sondern erst, daß

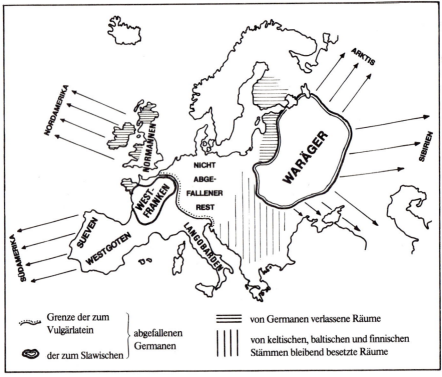

Deutschland — Rest des festländischen Germanentums

Der Abfall einerseits der das weströmische Reich übernehmenden Stämme, andererseits der Rußland begründenden Waräger von ihrer germanischen Muttersprache beließ auf dem eurasischen Festland außer Skandinavien nur noch in deren aller Mitte einen räumlich eng umschränkten Brückenkopf auch weiterhin germanisch sprechender Völker übrig: Deutschland.

die Konquistadoren wenigstens zweien der Tochtersprachen des Lateinischen von Feuerland bis Mexiko das Zwanzigfache ihres bisherigen Lebensraumes gewannen. Nicht daß den Angelsachsen vorübergehend Indien, Birma, Ceylon und daneben halb Afrika botmäßig wurde, begründet ihre heutige Macht, sondern daß sie den Indianern Amerika für immer entrissen (ebenso den dortigen Ureinwohnern Australien) und jedem, der hinzukam, Englisch als bleibende Verkehrssprache aufzwangen.

Zum Teil tollkühne (Corter, Pizzaro, Jermak), zum Teil durch unbeschreibliche Grausamkeiten (Indianerausrottung in Nordamerika) gekennzeichnete Eroberungen gewannen dem Spanischen, Russischen und Englischen denen hervorragende Stellung als voraussichtlich bleibende Weltsprachen. Völker die sich in Übersee oder in den Weiten des Ostens eine ähnliche Stellung nicht zu schaffen oder sie nicht zu halten vermochten, gerieten nacheinander ins Hintertreffen, so u. a. die Deutschen, neben ihnen — mehr noch — die Italiener, ebenso die Franzosen.

Das Verhängnis der Teilung

Wie vorbestimmt erscheint ihr Scheitern bereits durch die fränkischen Reichsteilungen, durch die Verträge der Enkel Karls des Großen. Und diese hatten ihre tiefere, die Teilung verewigende Ursache eben nicht in einer Entscheidung des Schwerts, sondern im allmählichen Abfall der Westfranken und Langobarden von der Mundart ihrer Altvordern zu der ihrer Dienstboten.

Damals schon entstand — wenn auch erst im Keim — der dann nach Jahrhunderten jäh hervorbrechende deutsch-französische Gegensatz, die Voraussetzung aller späteren, einerseits britischen und amerikanischen, andererseits russischen Vormacht.

Damals schon verlor Deutschland — noch hieß es Ostfranken — den Atlantik, Frankreich — noch nannte es sich Westfranken — sein kontinentales Hinterland. Als dann der Wettlauf um die Herrschaft über die Meere begann, stand England nicht minder entschlossen hinter seinen Piraten als hinter seines Königs eigener Flotte. Der Hof von Versailles hingegen — ganz im Banne von Richelieus genial kurzsichtigem Testament — vergaß über dem Rhein den Ozean und verzichtete ob einiger kleiner in Deutschland erhoffter Vorteile auf den vollen Einsatz seiner der englischen damals noch weit überlegenen Kraft in den weiten Räumen Amerikas. Dort ging es um einzelne Festungen, da um einen ganzen Kontinent. Weder aber bestimmten am Hof von Versailles Normannen und Bretonen den Gang der Geschäfte, noch Flamen, Holländer oder Hanseaten an jenem von Wien. Nicht weltweite Küsten erschienen da wie dort wichtig, sondern Grenzen in Europa. Sie beschnitten den politischen Horizont. Die Quittung liegt auf dem Tisch. Die Welt gehört den raumbeherrschenden Sprachen. Deutsch und Französisch gehören nicht mehr dazu. Die Teilungen von 1945 (Europa, Deutschland) haben die von 843 zur weit zurückreichenden Ursache.

Der Sieg der Großräume

Seit Ende des 18. Jahrhunderts entscheidet sich Europas Zukunft vorwiegend auf russischen und amerikanischen Schlachtfeldern. Nicht nur Poltawa 1709, Moskau 1812 und Stalingrad 1942 bezeichnen europäische Katastrophen, ebenso jenseits des Atlantik Yorktown 1781, New Orleans 1815, vor allem aber 1865 die Kapitulation der Konföderierten im amerikanischen Sezessionskrieg. Mit ihr erlosch für Europa, namentlich aber für England, die den ganzen Krieg über anhaltende Aussicht, es künftig mit drei statt zwei nordamerikanischen Staaten, nämlich mit Kanada, der Union (USA) und der Konföderation zu tun zu haben.

Denn nun, mit dem jähen Machtgewinn der Union, bekam der nordamerikanische Kontinent zunehmend Übergewicht. Es bedurfte nur noch eines ersten größeren europäischen Kriegs (1914–1918) und Amerika überrundete sämtliche Mächte der Alten Welt. Und dann nur noch eines zweiten (1939–1945) und es wurde endgültig Erbe der britischen Seemacht, Vormund halb Europas und einziger ebenbürtiger Partner der anderen Großraummacht Rußland.

Was wir von 1914 bis 1945 erlebt haben, war das Niederringen der Mittel- durch die Randmächte, des Weltzentrums durch die Peripherie, der kleinen Räume durch die großen. Diese beiden, je einen Großraum beherrschenden Mächte wünschen zwischen sich keine dritte, nicht mit dem Namen ,,Deutschland", nicht mit dem Namen ,,Europa", auch nicht mit dem Namen ,,britisches Weltreich". ,,Ein Hauptziel dieses Kriegs", sagte Roosevelt im engsten Kreis seiner Mitarbeiter, ,,ist die Vernichtung des britischen Weltreichs".

Sie wollen auch kein gleichberechtigtes Mitspielen der Lateiner. Die beiden Einkreisungskriege gegen Deutschland trafen auch sie, trafen auch ihren Vorkämpfer Frankreich. „Als im Mai 1945", so schreibt ein französischer Militärschriftsteller (O. F. Miksche), „Russen und Amerikaner einander bei Torgau an der Elbe freudestrahlend in die Arme sanken, gab es kein selbständiges Europa mehr". Die große Drehscheibe war stillgelegt.

Europäische Drehscheibe und Schlüsselraum

Denn gerade Deutschland bildet hier eine naturgegebene Drehscheibe. Europa verfügt über deren zwei: die innere ist Frankreich und verbindet Deutschland mit Spanien, Italien mit England; die äußere, deutsche, hingegen die Gesamtheit der nordischen (skandinavischen) Länder mit den mediterranen sowie der atlantischen mit den kontinentalen. So wird Deutschland zu einem Koordinatenkreuz Ost-West, Nord-Süd, und zwar in doppelter Hinsicht: Madrid, Berlin, Moskau, Peking

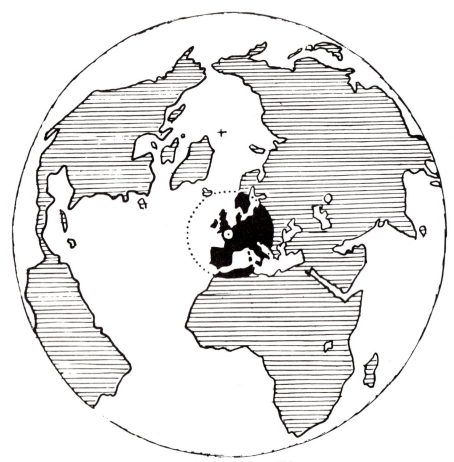

Die Mitte der bewohnten Welt

Europa – und innerhalb Europas Nordfrankreich – bezeichnet die Mitte der am meisten landbedeckten Erdhälfte, der Nordatlantik die kürzeste eisfreie Verbindung von Alter und Neuer Welt.

DAS GESETZ DES RAUMES

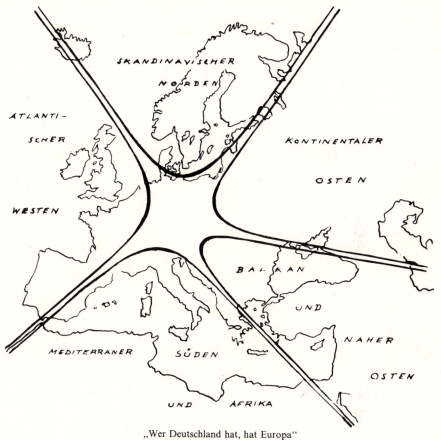

„Wer Deutschland hat, hat Europa"
Deutschland bildet den Übergang vom skandinavischen Norden zum mediterranen Süden und vom ozeanischen Westen zum kontinentalen Osten und Südosten.

bezeichnen die Ost-West-Achse unseres Kontinents und zugleich seine Schwertlinie. Diese wird in Europa durch zwei Querachsen geschnitten: Die eine beginnt in Schottland und endet in Sizilien — ihr Mittelstück ist der Rhein; die andere führt in großem Bogen vom Nordkap zum Bosporus, ihre Mitte: die Mark Brandenburg. Beide Querachsen schneiden die große Ostwest-Achse in Deutschland. Was hier für das Gefüge Europas gilt, gilt weitergreifend auch für den Rest der Erde. Wie die Länder Europas rund um Deutschland, sind wiederum die Kontinente rund um Europa gelagert. Daher ist Deutschland nicht nur ein europäisches Straßenkreuz, es ist Weltknoten, Weltschlüsselraum.

Gerade in diesem Schlüsselraum lebt nun das (neben den Skandinaviern) letzte große Volk rein germanischer Sprache. Dank der seinerzeitigen Hinwendung der Normannen, Westfranken, Westgoten, Langobarden und Waräger zu den Mundarten der ihnen Unterworfenen, reicht heute die romanische Welt von Feuerland bis an die Maas, die slawische von Wladiwostock bis zur Odermündung und die angelsächsische von Kalifornien bis an die Nordsee. An den Ufern des Stillen Ozeans durch tausende Seemeilen voneinander getrennt, wurden sie vor den Toren Deutschlands schon vor 1914 nur mehr durch einige hundert Kilometer geschieden.

Auch diese schon vor 1914 zueinander hinströmenden Mächte wurden eines Tages zuviel – die „Mutter der Völker" ein störender Fremdkörper.

„Der Weg nach Konstantinopel (und der nach Kopenhagen)" – hieß es schon in den 90er Jahren in St. Petersburg – „führt durch das Brandenburger Tor" und zugleich schrieb man in englischen Zeitungen: „Würde Deutschland morgen vernichtet, gäbe es keinen Engländer, der danach nicht reicher geworden wäre." Sie wurden nicht reicher. Die beiden Kriege gegen Deutschland führten England an den Rand des Ruins. Reicher wurde – beide Male – ausschließlich Amerika. Dennoch bekämpften sie in zwei aufeinanderfolgenden Weltkriegen vereint mit Rußland die gemeinsame Mitte, ihren einstigen Ausgangspunkt, den erstrebten Raum ihrer unmittelbaren Begegnung, gewillt, ihn für immer in Fesseln zu legen. Ziel ist seine gänzliche Entmachtung, Aufteilung und Selbstentfremdung.

In einem Fall wie diesem endgültiger Auslöschung zu entgehen, bedarf eines hellwachen Bewußtseins und ungewöhnlicher geistiger Kraft.

Sie hätten zu ersetzen, was uns unsere geographische Lage verweigert. Diese war schwierig von Anfang an.

Volk ohne Grenzen

Der Mehrheit der Völker Europas sind unzweideutige Grenzen gezogen: Die Alpen, die Pyrenäen, der Kanal etc. Es können kaum Zweifel daran bestehen, wo Britannien, Spanien oder Italien beginnt. Gäbe es weder Briten noch Spanier oder Italiener, so würde doch jedes ihrer Länder auch ohne sie eine Einheit bilden. Als unverwechselbar gekennzeichnete Bereiche würden sie von jedermann in der Natur und auf der Landkarte wieder gefunden werden. Nur Deutschland fände man nicht. Als einziger unter den Behausungen der großen abendländischen Völker fehlt ihm der vorgezeichnete Rahmen; und wären nicht die Deutschen, dann gäbe es kein Deutschland. Trotzdem ist es der notwendige Abschluß der europäischen Halbinsel, und erst in diesem gesamteuropäischen Zusammenhang wird sein Dasein sichtbar. Für sich allein ohne Form, faßt es doch die Halbinsel zu einem Ganzen und verbindet sie der Breite des eurasischen Kontinents. Europa braucht Deutschland wie die Finger die Hand. Selber ohne Gestalt, vollendet es doch die des Ganzen.

Volk in vier Landschaften

Daraus folgt eine weitere deutsche Besonderheit: Von Natur aus wird die Halbinsel Europa in acht deutlich getrennte Landschaften gegliedert. Der weitaus größte Teil der Völker Europas wohnt nur in einer dieser Landschaften, einige wenige Völker breiten sich in zweien davon aus – nur die Deutschen verteilen sich auf vier, ohne jedoch nur eine von diesen ganz auszufüllen.

Vergegenwärtigen wir uns diese acht Naturlandschaften: Skandinavien, den britischen Inseln und den drei großen südlichen Halbinseln folgen noch drei weitere Landschaften und zwar der unter dem Karpatenbogen gelegene Donaukessel, dann die als Ostelbien bezeichnete Landschaft südlich der Ostsee und schließlich – als deren aller Mitte – der fränkische Kernraum Europas. Dieser Kernraum umfaßt das gesamte Land zwischen Pyrenäen, Nordsee und Böhmerwald und entspricht annähernd dem Reich Karls des Großen oder der EWG in ihren Anfängen (jeweils

DAS GESETZ DES RAUMES

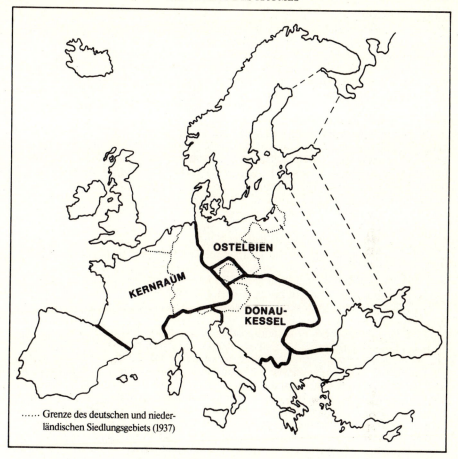

Hauptlandschaften der europäischen Halbinsel

Meere und Gebirge teilen die europäische Halbinsel in sieben Hauptlandschaften, darunter drei Halbinseln: die ägäische, Italien und Spanien. Diese beiden umschließen den europäischen (fränkischen) Kernraum gemeinsam mit dem Donaukessel, der ostelbischen Grenzlandschaft und dem über See gelegenen Britannien. Ostelbien und der Bereich der unteren Donau bilden das europäische Glacis.

ohne Italien). Keine dieser acht Naturlandschaften gehört ausschließlich den Deutschen, die die von ihnen bewohnten Landschaften jeweils mit andern Völkern teilen müssen. Insofern bildet Deutschland bis zur Nordsee, zum Thüringer- und Böhmerwald mit Frankreich und den Niederlanden ein und dasselbe Land, wird im Südosten ab dem Durchbruch der Donau zwischen den Alpen und dem böhmischen Bergmassiv eins mit den Ländern im großen Karpatenbogen, im Nordosten jedoch, ab dem Harz eins mit Polen, der Ukraine und Rußland und hängt in Südtirol schließlich nach mit Italien zusammen.

Volk ohne Mitte

Daraus ergibt sich als nächste Besonderheit: Deutschland ist ein Land ohne vorgegebenen Mittelpunkt. Bei allen anderen großen Nationen Europas ist dieser Mittelpunkt entweder geschichtlich von Beginn an vorhanden (z. B. bei Frankreich und England), oder aber geographisch zweifelsfrei vorgegeben (z. B. bei Spanien und Italien). Beides trifft für Deutschland nicht zu. Es gab nur eine deutsche Zentrallandschaft, nämlich Böhmen. Tatsächlich ließe sich daher das alte Deutschland am zutreffendsten als das Land „rund um Böhmen" kennzeichnen.

Sieht man hiervon jedoch ab, so findet man in Deutschland dort, wo vergleichsweise für Frankreich Paris, für Spanien Madrid liegt, keine diesen beiden entsprechende Stadt. Man findet an solcher Stelle — etwa im Treffpunkt der drei vorerwähnten deutschen und zugleich europäischen Großlandschaften, im Bereich des Fichtelgebirges — überhaupt keine Stadt, sondern nur voneinander wegführende, die Gewässer trennende Bergzüge.

Macht ist Kraft mal Lage

Nach außen hin — jedenfalls nach West, Südost und Nordost — keine echte Grenze, nach innen zu keine vorgegebene Mitte: das ist die deutsche Lage. Lage aber ist Schicksal, denn Kraft ist Macht mal Lage. Nur eine ungünstige geographische Lage ermöglicht, die eigene Kraft ungeschmälert zur Geltung zu bringen. Gunst oder Ungunst der Lage kann die Macht eines Staates vervielfachen, aber auch auf einen Bruchteil herabmindern, sie kann bewirken, daß der Schwächere unter Umständen mehr Macht gewinnt als der Starke. In geographisch ungünstiger Lage kann sogar der militärisch besser gerüstete Staat schwächer sein als der ihm an Kraft unterlegene.

Eine Insel ist leichter zu verteidigen als eine Halbinsel, eine Halbinsel — wie Spanien etwa — jedenfalls zu Land leichter als ein Zweiuferstaat wie Frankreich, ein solcher leichter wiederum als einer in der Mitte des Festlandes wie Deutschland.

Daß England Insel war, ersparte ihm bis vor kurzem noch jede Vorsorge für eine Verteidigung auf der Erde. Eigene Heere — als verlängerten Arm seiner Flotte — brauchte es nur gelegentlich. Sonst führten Verbündete seine Kriege. Deutschland hingegen hatte die seinen stets selber zu führen. Verbündeten hatte es keinerlei Beute zu bieten, es sei denn auf eigene Kosten. Die Briten hingegen hatten zu bieten, und zwar zu Lasten eben jener Mittelmächte, die — weil sie jedermanns Nachbarn waren — auch zu jedermanns Vorteil beschnitten werden konnten. Je mehr Nachbarn ein Staat hat, desto mehr davon können an seiner Schädigung interessiert werden — der unvermeidliche Nachteil zu vieler Grenzen.

Wert und Unwert der Grenzen

Deren Gestalt erleichtert oder erschwert den von ihnen eingeschlossenen Völkern nicht nur, sich von anderen abzusondern, sie bestimmt auch die oft unvermeidlichen Feindschaften, die möglichen Bündnisse und das Ausmaß der zur Selbstbehauptung erforderlichen Rüstung.

Deutschlands Grenzen z. B. waren viel zu zahlreich, viel zu lang und zu ungeschützt, um sie je an Ort und Stelle mit Aussicht auf Erfolg zu verteidigen. Auch ein Ausweichen in die Tiefe des Landes — etwa nach dem Vorbild Rußlands — war hier nie möglich. Dazu war es viel zu schmal und zu dicht bevölkert. Keines seiner lebenswichtigen Zentren lag je weiter als 200 Kilometer von der nächsten Grenze entfernt. Ein solches Land kann sich nur wehren, indem es angreift. Eine andere Wahl hat es nicht.

Dieser Zwang zu angriffsweiser Verteidigung ist unabänderlich. Jüngstes Beispiel: das der arabischen Welt eingefügte Israel. Wer umstellt ist, muß Ausfälle wagen oder zugrunde gehen. Häufiger als anderswo geht hier Krieg auf Leben und Tod. Wer sich verteidigen will, wünscht sich wenig und möglichst hindernisreiche Grenzen. Die beste ist die Steilküste, die nächstbesten sind Eis, Wüsten und unübersteigbare Gebirge. Hindernislose Ebenen hingegen begünstigen den Angreifer, ebenso die offene See, ebenso der freie Luftraum.

Auch Randlagen erleichtern die Verteidigung. Sie bieten nur eine Front, der Rücken ist gedeckt, so der Frankreichs z. B. durch den Atlantik. Binnenlagen dagegen beschwören die Einkreisung: das Schicksal Deutschlands.

Starke Grenzen ersparen Kosten. Sie tun das Ihre umsonst. Verläßlicher sind Streitkräfte. Der günstigste Fall: die Insel mit überlegener Flotte oder Luftwaffe (interkontinentalen Raketen), so früher England, heute Amerika. Der ungünstigste Fall: ein Binnenland mit offenen Grenzen: So Deutschland, so heute Rußland.

Landschaften der Mitte bedürfen erhöhter Rüstung. Bei deren Versagen haben sie mit Diktaten der Sieger nach Art jenes von Versailles (1919) und allseitiger Verstümmelung zu rechnen. Sie haben die Wahl zwischen eigener Ausdehnung oder fremder Ausbeutung, zwischen einem Dasein als Vormacht oder als Puffer. Auswege ergibt allenfalls die Bildung raumübergreifender Gemeinschaften, Zusammenschluß mit den Nachbarn, friedlich oder unfriedlich. Mehr als irgendeine war darum seit je die deutsche Politik um die Einigung Europas bemüht (siehe die Heiratsstrategie der Ottonen, der Stauffer, der Habsburger). Nicht zufällig hat sie den Reichsgedanken entwickelt, stellte sie die abendländischen Kaiser, ging im Reich Karls des V. die Sonne nicht unter. Auch das war lagebedingt.

Vorbild Altösterreich

Was Deutschland in den zwei, dem Dreißigjährigen Krieg folgenden Jahrhunderten an solchen Zusammenschlüssen gelang, war im wesentlichen ein Erfolg kaiserlicher Politik. Brachte sie auch nicht wie zuvor über Spanien einen Durchbruch zum Ozean, so immerhin eine beträchtliche Erweiterung der immer sichtbarer durch Schweden, Russen, Türken und Franzosen beengten Festung Mitteleuropa. Denn nun schufen sich die Habsburger zu dem nur noch mit Mühe zusammengehaltenen Heiligen Römischen Reich Deutscher Nation donauabwärts ein zweites. Hatte jenes zuvor schon die Geschicke der Tschechen und Slowenen mit denen der Deutschen verknüpft, so kettete dieses nun noch die der Magyaren, der Kroaten und Slowaken, der Rumänen, Siebenbürgens sowie teilweise auch der Serben, Ukrainer und Polen an das deutsche Schicksal.

Die völlige Eingliederung der Serben, das seiner Lage wegen wichtigsten Volkes an der unteren Donau, ebenso die der Rumänen — des größten unter ihnen — mißlang jedoch. Die Serben wurden damit zu einem Sprengkörper an der weichen Unterseite der k. u. k. Monarchie, schon bald genützt von der russischen (allslawischen) Politik und 1914 gezündet.

Österreich deckte die Südflanke des wilhelminischen Reichs. Es war seit 1878 dessen Bundesgenosse. Seine Bewährung erbrachte der Erste Weltkrieg. Während seiner gesamten Dauer hielten elf unter dem Doppeladler geeinte nichtdeutsche Nationen an Seiten des Reiches fast der gesamten übrigen Welt stand.

Zu einer ähnlich umfassenden Bindung anderer nichtdeutscher Völker im deutschen Nordosten kam es nicht. Von den Ländern des einstigen deutschen Ritterordens wurde nur Ostpreußen zu einem dauernden Bollwerk. Die doppelte Aufgabe, einerseits die Deutschen des Westens zusammenzuhalten, andererseits sich im Osten eigene Reiche zu schaffen, überforderte sowohl Preußen wie Österreich.

Österreich gab 1866 die eine endgültig auf, Preußen schon 1815 die andere.

HEINRICH JORDIS VON LOHAUSEN

Vorbild Preußen

Graf Mirabeau hatte nur oberflächlich beobachtet, als er bemerkte, „dieses Preußen sei kein Staat, der eine Armee hat", sondern vielmehr „eine Armee, die einen Staat hat". Für Preußen war die Stärke seiner Armee das einzige Unterpfand seines Überlebens. Mit weit auseinandergezogenen Provinzen, und überdehnten Grenzen im Schnittpunkt der Interessen erheblich mächtigerer Nachbarn gelegen, konnte es sich eine schwache Armee nicht leisten. Es brauchte − ähnlich Israel heute − eine starke. Jede andere Politik an dieser Stelle der Erde war Selbstmord. Notgedrungen konnte es seinen Bürgern nicht zu jeder Zeit gleiche Freiheiten gewähren wie beispielsweise England.

„Die Freiheit in einem Lande" − so schreibt ein Engländer, Sir Oscar Sealey − „ist stets umgekehrt proportional dem Druck auf seine Grenzen". Sealey erschien es als Wahnwitz, von ihrer natürlichen Lage her so verschieden ausgestattete Länder wie England und Preußen mit gleichem Maßstab zu messen. Preußische Politik − deutsche Politik überhaupt − war zwangsläufig anders als englische, vor allem jedoch schwieriger. Sie verlangt mehr von ihren Lenkern als französische, britische oder gar amerikanische. Auch um England groß zu machen, brauchte man zwar Männer über dem Durchschnitt, aber ein Pitt, ein Palmerston, ein Gladstone, ein Disraeli genügten. In Deutschland dagegen mußte erst ein Bismarck kommen, um die gestellte Aufgabe zu bewältigen, und auch das nur unter gewaltigen Abstrichen! Und ihm mußte noch ein Moltke zur Seite stehen und über beiden ein König, der ihnen freie Hand ließ. Dazu noch ein Parlament ohne Vollmacht, ihr Tun zu hindern. Auch das war notwendig, denn die Zeit drängte. Deutschland stand im Kampf nicht nur mit seiner Lage; auch mit seiner Geschichte: Ein Stil, ein Staat, einerlei Herkunft − für die anderen war das selbstverständlich gewesen von Anbeginn; nicht jedoch für die Deutschen.

Volk aus sieben Stämmen

Italien, Spanien, Gallien und Britannien − sie alle von Natur aus schon klar umrissen, dann jedes zu gleicher Art vorgeprägt noch von den Römern, sie alle einheitlich. Somit schon an der Basis − wurden danach nochmals einheitlich weiter geformt von der Spitze her, denn jeweils *ein* erobernder Germanenstamm schuf hier jeweils nur *eine* Nation. So gingen die Engländer − politisch − aus den Normannen, die Franzosen aus den Franken, die Russen aus den Warägern hervor, die Deutschen dagegen aus sieben − trotz anfänglicher Frankenherrschaft − ebenbürtigen Stämmen. Zum Dienstvolk der Normannen wurden dabei einheitlich die Angelsachsen, zu dem der Franken − ebenso einheitlich − die romanisierten Kelten und zu dem der Waräger die Slawen.

Nichts vergleichbares gibt es in Deutschland. Schon der rassische Unterbau ist anders und vielfältiger. Wie Schweden und Italien begrenzen nach Osten hin zwar auch die Deutschen das alte, noch im engeren Sinn abendländische Europa. Zugleich aber leben sie von Brandenburg, Pommern und Ostpreußen bis zur Steiermark und weiter bis Siebenbürgen hinein im Bereich der schon ganz dem Osten der europäischen Halbinsel zugehörigen Völker und gehören teilweise auch ethnisch zu ihnen.

Als einzigen unter den großen Völkern Europas sind den Deutschen deutliche, ihr Wesen mittragende Spuren aller für Europa typischen weißen Unterrassen eingemischt. Stehen insofern Briten, Spanier, Franzosen und Italiener einwandfrei auf der einen Seite des Fächers, Schweden, Finnen, Ungarn und die slawischen Völker hingegen auf der anderen, so umfassen einzig und allein die Deutschen den ganzen. Auch das erklärt manche Bruchlinie in ihrem Gefüge, das und ihr Hervorwachsen aus mehr als nur einem germanischen Stamm.

Nicht aus zügiger Landnahme entstand Deutschland, nicht wie die meisten anderen Staaten Europas — oder nur zum geringsten Teil — aus gewaltsamer Vermischung sich zu fester Einheit verdichtender Blutströme, sondern aus einem Nebeneinander einander zwar nächst verwandter, aber doch eigenständiger und jeweils gesonderter (und meist ohne Unterwerfung einer dort schon vorgefundenen fremden Bevölkerung) ins Land gekommener Stämme.

Diese Stämme stehen am Anfang, sie sind das eigentlich Beständige auf dem Grund der deutschen Geschichte; auch heute noch. In ihnen wurzeln sehr wesentliche Kräfte der Selbstbehauptung, vielleicht die stärksten, sicher die am wenigsten angefochtenen. In ihnen ist das meiste Beharrungsvermögen, Trotz und Dickschädeligkeit finden sich in insofern gleicher Weise im Norden und Süden. Zäher sind Deutschlands Bewohner als Bayern oder Schwaben, Steirer oder Friesen, Allemannen oder Ostpreußen, denn leider als Deutsche. Wo immer es Widerstand gibt, entspringt er eher örtlichen, landsmannschaftlichen Quellen, denn aus bewußt gesamtdeutschen.

Rückzug in den Unterbau

Ist kein Heer mehr da, kein Reich und kein Kaiser — und wie heute — auch nicht die Spur mehr einer sich ihrer Aufgabe bewußten und zur Führung begabten Elite, dann bleibt außer dem vorübergehenden Rückzug in Bücher und Partituren nur noch der in die greifbare Nähe der engeren Heimat.

Offenbar liegt in der Not die Zuflucht der Deutschen oft weniger in Deutschland als Ganzem als vielmehr in Bayern, Preußen, Österreich usw. Auch dies ist eine deutsche Besonderheit — eine unverkennbare Schwäche, handelt es sich um das Verwirklichen weitausgreifender Pläne, eine Stärke unter Umständen, geht es nur noch um das bloße Überleben, das bloße Bewahren der Substanz.

Der oft erstaunliche Provinzialismus der Deutschen („Österreichische Nation", „Freistaat Bayern" usw.) bildet die unvermeidliche Kehrseite ihrer Weltoffenheit. Denn kaum weniger als die Fähigkeit zu einer die Grenzen der Heimat weit überschreitenden Schau liegt ihnen die Vorliebe für ein oft gewollt eingeengtes Gesichtsfeld. Man ist nicht nur kurzsichtig, man will es auch sein, will nur noch das Zunächstliegende, anerkennt nur noch als Seinesgleichen, was der eigenen Herkunft in einer äußerst begrenzten Weise ebenbildlich entspricht.

Menschen sehr verschiedenen Schlages, je nach ihrer Herkunft aus entweder dieser oder jener Landschaft, finden sich in allen größeren Völkern. Art und Gehaben eines Normannen oder Pikarden sind oft grundverschieden von denen eines Provencalen oder Gascogners, die eines Engländers aus Lancashire oder Northumberland zuweilen ähnlich verschieden von denen eines Mannes aus Sommerset oder Dorset, nur wird davon nie soviel Aufhebens gemacht wie so gern unter Deutschen, werden daraus nie über das rein Persönliche und Folkloristische hinausgehende Folgerungen gezogen, etwa solche politischer Art. In der Weise von Franzosen oder Engländern anderer Landsmannschaft zu sprechen wie häufig unter Bayern oder Österreichern über die Preußen (die meist gar keine sind) oder andere Norddeutsche gesprochen oder bisweilen über die Schweizer oder Sachsen hergezogen wird, ist in Frankreich oder England nicht üblich. Man ist dort weniger engstirnig, man schüttet das Kind nicht mit dem Bade aus.

Nur Aufgaben formen Eliten

Zweifellos kommt das bereits erwähnte Auseinanderstreben der deutschen

Landschaften, das Fehlen einer natürlichen Mitte, sowie die daraus folgende Vielfalt der von der deutschen Geschichte im Lauf der letzten Jahrhunderte hochgezüchteten Lebensformen einem solchen, oft von einem beträchtlichen geistigen Hochmut begleiteten Übertreiben der dabei entwickelten Unterschiede, verbunden mit einem oft absichtlichen Herunterspielen des Gemeinsamen in einem gewissen Maße entgegen.

Kultur wird von Eliten geprägt. Seit dem Dreißigjährigen Krieg jedoch verfügt Deutschland über keine einheitlich ausgerichtete von Nord bis Süd in gleicher Weise vorbehaltlos anerkannte und als Vorbild erachtete Elite mehr. War im Gegensatz dazu der geschichtlich gewachsene Adel beispielsweise in England von vornherein — seit 1066 — der französische spätestens seit Vertreibung der Hugenotten jeweils gleicher Artung, so beginnt sich der österreichische z. B. bereits mit Anlaufen der Gegenreformation in merklich anderer Weise auszuformen als etwa der ostelbische, und beide anders wiederum als der westdeutsche oder gar der niederländische oder schweizerische.

Längst gab es um diese Zeit in England und in Frankreich nur noch einen einzigen Hof, ebenso in Spanien. In Deutschland dagegen neben dem des Kaisers in Wien noch deren viele andere.

Was auf der Ebene einer von den gleichen ritterlichen Vorstellungen beherrschten Bevölkerungsschicht verschieden war, ergab sich nicht mehr aus einer stammesmäßig ungleichen Herkunft — deren Einfluß war hier längst überwunden — sondern aus der Verschiedenheit der Aufgabe. Nur Aufgaben formen Eliten.

Das Reich

Ursprünglich war sie für Deutschlands tragende Schichten ein und dieselbe gewesen, denn — wiederum als einzige — hatten die Deutschen die Nachhut der germanischen Völkerwanderung gebildet und folglich als erste Front nach Osten genommen. So wurden sie zu Nachfolgern der Römer, zu Wächtern des Abendlandes und Trägern des Reichsgedankens. Das Reich hat die Deutschen geschaffen, nicht die Deutschen das Reich. Sonst überall war es umgekehrt gewesen. Als einzige europäische Nation verdankt die deutsche ihr Dasein einer über sie hinausgreifenden Sendung. Diese, nicht die Landschaft, hielt sie zusammen. Die anderen hatten Roms reiche Westprovinzen geerbt samt deren Bevölkerung und dazu noch — wenngleich verballhornt — die Sprache der Römer, die Deutschen hingegen die Idee des Reiches.

Von da erst, von dieser ihnen zugefallenen Sendung her kam den Deutschen das Bewußtsein ihrer geschichtlichen Unverwechselbarkeit, zeitgemäß ausgedrückt: ihre Identität. Kaum hätten sie ohne das Reich, ohne diese Sendung überhaupt einen gemeinsamen Namen gefunden.

Auch er kam ihnen nicht wie den anderen, — etwa den Spaniern, den Italienern oder den Norwegern von einem Land oder wie den Franzosen, den Dänen, Schweden oder Schotten — von einem sie und nur sie allein bezeichnenden Stamm.

Auch das war hier anders, daß hier eben nicht ein Stamm, sondern gleich mehrere, nämlich alle gegen Ende der Völkerwanderung zwischen Nordsee und Alpen hängen Gebliebenen — statt wie die ihnen nach Westen und Süden Vorgewanderten das Latein der denen unterworfenen romanisierten Kelten, Iberer und Italiker anzunehmen — das „tiudisk" ihrer Väter beibehalten hatten. Auch das hob sie bald deutlich von ihren Nachbarn ab und bezeichnete sie damit als Deutsche, d. h. als die Nichtrömer in dem neuen, von ihnen selber errichteten „Heiligen Römischen Reich".

Als einzigem unter den Völkern Europas erwuchs ihnen ihr Name aus einer Kennzeichnung ihrer Sprache. Das Wort Deutschland, der Inbegriff also aller von

Deutschen in geschlossener Siedlung bewohnten Gebiete, kam erst sehr spät, frühestens im 13. Jahrhundert auf und nicht als Bezeichnung eines Staates. Der Staat war das Reich und das Reich nannte sich „römisch".

Sprache als Rettung

Zur Schriftsprache entwickelt, wird diese den Deutschen später zur oft einzigen Gewähr ihrer Einheit, sie ersetzt das zerfallende Reich, ersetzt den immer weniger gemeinsamen, dafür immer ausschließlicher nur noch in Gestalt landesfürstlicher Hoheitsrechte gegenwärtigen Staat. Dank ihr, erliegen die Protestanten des Nordens trotz der im Süden immer weiter fortschreitenden Gegenreformation nicht der Versuchung, sich vereint mit den Holländern in einer die Küsten beherrschenden ausschließlich plattdeutschen Nation zusammenzufinden.

Die Sprache wird zur geistigen Heimat, die Deutschen zu einem Volk der Dichter und Denker. Der Gedanke des Reichs wies weit über Deutschland hinaus. Er vollbrachte das Wunder des Anfangs. Erhalten haben es später Buchdruck und Schriftsprache. Sie legten um den plattdeutschen Norden und den hochdeutschen Süden die nötige Klammer — eine Arbeit, die in Frankreich schon durch Thron und Altar besorgt worden war und zwar zu Lasten des Südens, der zuerst albigensischen, später protestantischen Langue d'oc — mit Feuer, Folter und Schwert.

Volk ohne Revolution

Dreimal erfolgt die Einigung Frankreichs, und immer gewaltsam:
— zuerst durch die Römer
— dann durch die Franken
— schließlich noch durch die eigenen Könige,

und diese drei verfestigte dann noch die Revolution. Auch England fand sich mehrfach geeint, blutig jedesmal und bedingungslos. Ebenso Spanien: der Reihe nach von den Römern, den Goten, den Arabern und den katholischen Königen.

In Rußland folgten den Warägern als Herren ohne Gnaden die Tataren, dann die Großfürsten von Moskau, dann die Sowjets, Gewalt über Gewalt.

Deutschland hingegen war vor 1866 mit dem Schwert erst einmal — von den Franken — in eins gefaßt worden und seither nicht mehr. Auch durch keine Revolution. Kein deutscher Cromwell, kein deutsches Robbespierre. Die deutsche Revolution, die einzige, die diesen Namen verdient, war Preußen: ein Staat, der sich ein Reich erobert, kein fremdes — sondern das eigene, und es dann umformt zu seinem Ebenbild. Auch das gab es sonst nirgends, auch nicht in Italien.

Deutschland und Frankreich entstammen gemeinsamem Erbe. Sie sind Zwillinge, geopolitisch und geschichtlich. Drüben siegte der fränkische Staatsgedanke, herüben der römische des Reichs, erlag dann aber bald dem eigenwilligen der Teilfürstentümer. In Frankreich hatte der König die Geographie auf seiner Seite, in Deutschland die Fürsten. Nicht nur ihnen mußte die Deutsche Einheit abgetrotzt werden, nicht nur dem Ausland, auch jener Geographie.

Die zentrifugalen Deutschen

Damit nähern wir uns allmählich dem Ursprung jener Eigenschaften, welche unsere Nachbarn so oft in Erstaunen versetzt haben. Denn immer wieder sind die Deutschen den Wegweisern ihrer auseinanderstrebenden Landschaften gefolgt. Die Sehnsucht nach Süden lag ihnen dabei ebenso nahe wie der „Drang nach Osten", die Verschwägerung mit dem Westen, oder die Freude an der nordischen Herkunft. Voraussetzungen fanden sich zwischen Etsch und Belt, Maas und Memel für das eine so gut wie das andere. Nicht nur im Reich der Gedanken zogen Kreuzzüge und Renaissance, Humanismus und Aufklärung, Romantik und Klassizismus die Deutschen in verschiedene Weltrichtungen, sondern deren Niederschlag fand sich auch auf den Straßen der Erde. Kaum einer ihrer Verkünder — von Klopstock bis Wagner —, die nicht auch hier neue Bahnen gebrochen, kaum ein in die Zukunft weisendes Werk, das hierfür nicht Fingerzeige gegeben hätte.

Kein Wunder, wenn die zentrifugale Tendenz der Deutschen erst recht in den Abstürzen ihrer Geschichte zum Vorschein kam. In ihrer Landschaft immer schon vorgebildet, bedurften sie bloß der Enthemmung, daß sie nach 1945 wie trunken die Luft ihrer Feinde einsogen. Dies war nur der letzte Fall ihrer Selbstentfremdung, durchaus nicht der einzige. Schon angesichts der Schlacht von Austerlitz 1805 erklärte ein Napoleon verbündeter deutscher Fürst, noch nie habe er sich so sehr als Franzose gefühlt, wie angesichts dieser Schlacht gegen Franz II., den römisch-deutschen Kaiser und den ihm verbündeten Zaren. Heute allenfalls würde er vielleicht nicht Franzose sagen, sondern Europäer, aber das auf englisch.

Und das war nur ein Beispiel für viele.

Völker mit unbestimmten Grenzen verhalten sich anders als solche, denen sie unzweideutig gezogen sind. Daher die auffällige Unbeständigkeit der Deutschen, ihre oft erstaunliche Charakterlosigkeit. Die gibt es auch sonst in der Welt, nur selten aber gibt sie den Ton an. Man baut ihr anderswo kleine Altäre und stellt sie nur ungern zur Schau. Sie fürchtet dort, was ihr hier zeitweise überhaupt nicht begegnet: Verachtung.

Verachtung erfolgt aus scharf gezogenen Grenzen. Charakter formen heißt Grenzen setzen. Äußere Grenzen erleichtern die inneren. Die Klippen von Dover sind insofern unmißverständlich: bis hierher und nicht weiter, die Insel ist unantastbar.

Für Briten gibt es keine Oder und Neiße. Ein Verrat wie der an den deutschen Ostgebieten liegt außerhalb ihrer inneren wie auch ihrer geographischen Möglichkeiten.

Daß sich die Deutschen in ihrer Mehrheit der Tragweite solchen Verrats gar nicht bewußt wurden, weder sittlich, noch geopolitisch, bewies das so leicht erschütterbare, immer wieder erschütterte Gleichgewicht zwischen ihrem Drang von sich weg und zu sich hin, zwischen Selbstbehauptung und Selbstaufgabe. So empfanden sie 1972 und abermals 1982 polnischer als die Polen, 1968 tschechischer als die Tschechen.

Gewohnt einer Idee zu folgen, fühlen sich die Deutschen ohne solche, ohne über sie hinausweisende Sendung, ohne derartigen, sie einenden Gedanken, ohne sie einende Persönlichkeit, ohne sie überwölbende Krone, wie verlassen, bleiben sie in einem sehr tiefen Sinn heimatlos.

Neu erwachsen kann ihnen solche Sendung nur aus geistigen, aus übersinnlichen Quellen. Unsinnig wäre es, sie von anderswoher zu erwarten.

HARALD RÜDDENKLAU

Vom alten Reich zur deutschen Teilung

Napoleon wird das Wort zugeschrieben, gegen die Geographie könne man keine Politik betreiben; und wie die Geschichte lehrt, zeichnet auch tatsächlich der Raum die Entwicklungslinie eines Volkes in vielen Grundzügen vor. Was aber der Mensch aus diesen Naturgegebenheiten zu machen oder nicht zu machen weiß, hängt weitgehend von seiner eigenen seelischen Veranlagung und Verfassung ab. Denn nicht der Raum allein entscheidet über das Geschick der Völker und Staaten, sondern auch der Geist, der ihnen innewohnt. Die Frage des Behauptungswillens und der Gestaltungskraft aller um einen Raum ringenden Kräfte bildet den sicheren Maßstab des Schicksals, an dem die Geschicke der einzelnen Völker gemessen werden.

Unter allen europäischen Völkern war das deutsche Volk seit den Tagen seines Eintritts in die Geschichte in besonderer Weise den Problemen des Raumes ausgesetzt. Seine zentrale Lage auf dem europäischen Kontinent wirkte sich als Herausforderung schwierigster Art aus: Das deutsche Volk war zur Entfaltung seines nationalen Lebens in stärkerem Maße als andere europäische Völker auf den Schutz nach außen angewiesen. Denn eine Zentrallage ist ein virtueller Gestaltungsmittelpunkt und bedingt dadurch das Bestreben imperialer Randmächte ihn selbst zu beherrschen, zumindest aber auszuschalten.

Träger des Imperiums

Das mittelalterliche Deutschland erhob selbst einen kontinentalen, und das hieß damals universalen Ordnungsanspruch durch die Übernahme des Römischen Kaisertums. Unter bewußter Rezeption der klassischen römischen Weltreichsidee hatte sich seit der Mitte des 9. Jahrhunderts der Gestaltungsschwerpunkt Europas auf die deutschen Stämme verlagert; die Rechtmäßigkeit und der Anspruch wurden dabei vom römischen Christentum bezogen. Das deutsche Volk wurde damit für Jahrhunderte Träger und Vollstrecker einer europäischen Ordnung, die im Heiligen Römischen Reich deutscher Nation ihren Ausdruck fand. Der Träger dieser Ordnung war allein das deutsche Volk, sein Anspruch hingegen war universal. Das Reich überdauerte die niemals gelöste Krise seiner Legitimität, den Investiturstreit zwischen Papsttum und Kaisertum, zwar um Jahrhunderte, jedoch verzehrten die Folgen dieser immer wiederaufbrechenden Wunde die Kräfte des Reiches. Bestimmte Randgebiete Europas konnten deshalb überhaupt nie gestaltend durchdrungen werden, und andere wiederum waren nur für kurze Zeit der Ordnung des Reiches eingefügt. Es waren das französische und das englische Volk, die sich am frühesten von der Einheit der abendländisch-christlichen Völkergemeinschaft, dem „unum corpus cristianum" lösten und in der Form der nationalen Monarchie eine Sonderstellung oder gar wie in dem Titel des französischen Königs „vicarius dei" zum Ausdruck gebracht, einen Konkurrenzanspruch zum römischen Kaiser geltend machten. Das Bündnis des französischen Königs mit den ungläubigen Türken gegen das Heilige Römische Reich Anfang des 16. Jahrhunderts war mit das erste Zeichen, durch das die Idee der Einzelnation höher gestellt wurde als der christliche Nomos des Kontinents. Zwangsläufig richtete sich das Interesse der losgelösten politischen Randgebiete Europas auf die politische Mitte des Kontinents, nämlich Deutschland, weil von dort, wenn auch bald nur noch als leerer Anspruch, die legitimen Kraftlinien ausgingen. Die erlahmenden zentrifugalen Kräfte des Reiches wichen den erstarkenden zentripitalen der sich emanzipierenden Völker. Ein Grund lag vor allem darin, daß der schwärende Dauerkonflikt zwischen Papsttum und Kaisertum infolge der Eigenheiten des deutschen Wahlkönigtums zur fortschreitenden Erosion der Königsmacht führte und die Territorialisierung des Reiches nach sich zog. Äußere Angriffe gegen Kaiser und Reich überlagerten sich bald mit inneren. Die Reichsreformbestrebungen des 15. und 16. Jahrhunderts endeten nicht in der Reformation des Reiches an „Haupt und Gliedern", sondern in einer Kirchenspaltung, die die deutsche Nation selbst zerriß. Der endgültige Niedergang des Reiches vollzog sich im Dreißigjährigen Krieg; und über den ihn abschließenden Frieden von Münster und Osnabrück konnte der französische Historiker Rothan schreiben: „La paix de Westphalie qui a fait la France et défait l'Allemagne." Ausländische Mächte geboten fortan in Deutschland, und wenngleich das Reich noch bis 1806 als Summe Tausender sinnentwichener Rechte und machtloser Formen, als „politisches Monstrum" (Pufendorf) weiterlebte, so war es doch praktisch in souveräne Staaten zerfallen.

Während die Positionen des Reiches im Westen seit dem Spätmittelalter mehr und mehr versanken und Frankreichs Vordringen den Rhein erreichte, konnte das Deutschtum im Südosten und Nordosten des Reiches sogar gestärkt werden. Es ist das objektive Verdienst zweier deutscher Fürstengeschlechter, der Habsburger und der Hohenzollern, die vom alten deutschen Kolonialboden aus, von Österreich und Brandenburg, von Wien und Berlin, die deutsche Siedlung im Osten sicherten, festigten und erweiterten.

Hand in Hand mit der allmählichen Aushöhlung des Reiches bildete sich seit dem 17. Jahrhundert das „europäische Staatensystem". In scharfem Dualismus gegeneinander kämpfend gehörten ihm seit dem 18. Jahrhundert zwei deutsche Großmächte an, Preußen und Österreich, dessen Monarchie zugleich alle legitimen Titel des Reiches besaß. Seit der Brechung schwedischer Macht im Nordischen Krieg wurde Rußland durch seine europäische Nachbarschaft und Politik ebenso Bestandteil dieses Systems wie schon zuvor die andere Flügelmacht des Kontinents, England.

Seit dem Verlust seiner kontinentalen Besitzungen im Hundertjährigen Krieg mit Frankreich formte England, bedingt durch seine insulare Position und seine ozeanischen Interessen, ausschließlich negative Zielsetzungen in Bezug auf die Gestaltung des europäischen Kontinents: die Ausschaltung transozeanischer Konkurrenten und die Verhinderung der Vormacht eines einzigen europäischen Staates. Dieses Prinzip des „Gleichgewichts der Kräfte" wirkte sich angesichts der politischen Zerrissenheit Deutschlands solange zu seinen Gunsten aus, solange es die „prépondérance légitime de la France" verhinderte — wie im 18. Jahrhundert — oder mitbeseitigte, wie durch die Zerschlagung des napoleonischen Imperiums. Die alte Weise, in wechselnden Koalitionen die virtuell oder tatsächlich stärkste europäische Macht zur Sicherung der kontinentalen Flanke Britanniens niederzuringen, konnte überhaupt erst dann dem deutschen Volk gefährlich werden, wenn es seine nationale Einheit wiedergefunden haben würde.

Bismarcks Nationalstaat

Auf dem Wege dazu war das deutsche Volk in Rückbesinnung auf seine große und freie Vergangenheit seit der Wende vom 18. zum 19. Jahrhundert; das niederdrückende Erleiden einer Fremdherrschaft und das gemeinsame Erlebnis des Befreiungskampfes brachen einem neuen deutschen Nationalgefühl Bahn. Allerdings brachten die Befreiungskriege zunächst das Gegenteil des Ersehnten und Erkämpften, nämlich eine ins 18. Jahrhundert zurückgewandte Restauration des deutschen Staatensystems einschließlich des preußisch-österreichischen Dualismus, und dies auf einer volksfeindlichen, quasi absolutistischen Grundlage. Der Deutsche Bund, wie sich die Fürstenkonföderation ohne Volksvertretung nannte, hatte zudem drei ausländische Souveräne, die Könige von Holland, von Dänemark und von Großbritannien zu Mitgliedern. Daß es nach unsäglichen Mühen und noch größeren Enttäuschungen letztendlich doch noch eine Lösung der nationalen Probleme gab, war das Werk Bismarcks. Seine spezifische Antwort lag darin, daß er Preußen (erneut) an die Spitze der Nationalbewegung stellte, den österreichisch-preußischen Dualismus durch das gewaltsame Hinausdrängen der Habsburger Monarchie aus Deutschland entschied und im Sieg von 1871 der jahrhundertelangen französischen Dauerintervention in die inneren Belange Deutschlands ein Ende bereitete. Der Bismarckschen Staatskunst gelang in der entscheidenden Phase der Reichsgründung sowohl die britische Politik gegen Frankreich einzunehmen, als vor allem auch durch die Alvenslebensche Konvention – preußische Unterstützung der russischen Beruhigung Polens –, der im übrigen die Neutralität Preußens im Krimkrieg vorangegangen war, die russische Nichteinmischung und wohlwollende Duldung der Wiedererrichtung eines deutschen Reiches zu erzielen. Der Zweibund von 1879 mit Österreich – den Bismarck als Verfassungsbündnis ausgestaltet wissen wollte – sollte den Ausschluß der Deutschen in der Habsburger Monarchie aus dem Verband des neuen Reiches soweit wie möglich kompensieren und die Schicksalsgemeinschaft aller Deutschen erneuern. „Ich habe" – schreibt Bismarck an den Deutschen Kaiser – „schon bei den Friedensverhandlungen in Nikolsburg 1866 das Gefühl gehabt, daß für die Verbindung, welche damals zur Reform der deutschen Verfassung zerstört werden mußte, früher oder später ein Ersatz von uns zu beschaffen sein werde"; und dem wegen seiner russischen Rücksichten zögernden Kaiser Wilhelm I. hält Bismarck entgegen, „daß das deutsche Vaterland nach tausendjähriger Tradition sich auch an der Donau, in Steiermark und in Tirol noch wiederfindet, in Moskau oder Petersburg aber nicht!"

Das Bismarcksche Reich beruhte nicht auf einer gesamteuropäischen, deutschen Zielvorstellung oder gar auf einer europäischen Gestaltungsidee, sondern auf der Macht des Deutschen Reiches und einer bündnismäßig versuchten Austarierung der Interessen der europäischen Mächte. Im berühmten Kissinger-Diktat von 1877 formulierte Bismarck das außenpolitische Grundgesetz für die Wohlfahrt des Reiches, wie es ihm vorschwebte: „Nicht das irgend eines Ländererwerbes, sondern das einer politischen Gesamtsituation, in welcher alle Mächte außer Frankreich unser bedürfen, und von Koalitionen gegen uns durch ihre Beziehungen zueinander nach Möglichkeit abgehalten werden." Den Schlußstein des Bündnissystems bildete ohne Zweifel der Rückversicherungsvertrag mit Rußland. Seine Nichtverlängerung nach 1890 erwies sich von folgeschwerer Konsequenz; es verkehrte den Zweck des Bündnissystems ins gerade Gegenteil. Ging es Bismarck um die Verhinderung eines europäischen Konflikts durch Bündnisse, so ging es seinen Nachfolgern um die Führbarkeit eines Krieges im Konfliktfall mittels Bündnissen. Die nächste Folge der Entlassung Rußlands aus der vertraglichen Bindung mit dem Deutschen Reich war dessen Hinwendung zu Frankreich und die Entstehung der französisch-russischen Allianz. Deutschland war damit in West und Ost derselben feindlichen Gruppierung ausgesetzt, die jedoch erst durch den Beitritt Großbritanniens und dessen gezielte Einkreisungspolitik zur tödlichen Gefahr für das Reich wurde.

Großbritannien unterstellte Deutschland aufgrund aller imperial-relevanten Faktoren hegemoniale Möglichkeiten – und entsprechende Absichten. Ohne die Sicherungen, die Bismarck schon für die Reichsgründung selbst als unerläßlich angesehen hatte, nämlich den „Draht nach Petersburg" mußten die deutschen Staaten in der Mitte Europas gegen alle kämpfen, gegen die anderen Mächte Europas und seit 1917 auch gegen die USA. Es half wenig, daß sich die Stärke des wieder vereint kämpfenden deutschen Volkes als so gewaltig erwies, daß ohne die erste militärische Intervention der raumfremden Nordamerikaner auf dem europäischen Kontinent das Deutsche Reich sich gegen „eine Welt von Feinden" hätte behaupten können. Die USA mit ihren unbegrenzten Ressourcen gaben zuletzt den Ausschlag. Sie traten damit konsequent in die Fußstapfen der Engländer, von denen sie auch gerufen wurden. Ihr europäisches Ziel war negativ; eben die Ausschaltung hegemonialer Möglichkeiten Deutschlands. Doch statt gemäß den „Vierzehn Punkten" des amerikanischen Präsidenten Wilson eine Friedensordnung durchzusetzen, die auch der entscheidenden Verantwortung der USA für den Sieg der Entente-Mächte entsprochen hätte, zogen sie sich bald wieder politisch aus Europa zurück und überließen dem „ausgebluteten, todtraurigen Frankreich" (Golo Mann) die Gestaltung der Nachkriegsordnung.

Das Großdeutsche Reich

Frankreich konnte seine durch diese Art von Sieg gewonnene Vormachtstellung gegenüber Deutschland nur dann behaupten, wenn das Prinzip der Selbstbestimmung der Völker dem deutschen Volk vorenthalten blieb. Zumal es auf der Hand lag, daß sich für das deutsche Volk nach der von den alliierten Mächten herbeigeführten Zertrümmerung der k. u. k. Monarchie die kleindeutsche Beschränkung, die Bismarck ihm aus Gründen der europäischen Gesamtordnung auferlegt hatte, nun erübrigte und das ältere, großdeutsche Ziel in Verwirklichung der Selbstbestimmung wieder aufgenommen wurde. Dies allein drohte den Sieg Frankreichs in das Gegenteil zu verkehren; der Anschluß der Deutschen Österreichs wurde untersagt; nicht einmal der Name Deutsch-Österreich blieb statthaft. Natürlich ließ sich das Selbstbestimmungsrecht der Völker nur dann dem deutschen Volk vorenthalten, wenn es dieses Recht verwirkt hätte. Dieser Behauptung diente der Kriegsschuldartikel des Versailler Diktats und die entsprechenden Begründungen in der sog. Mantelnote. Das deutsche Volk wurde kriminalisiert. Ein französisch geführtes Staatensystem zu Lasten Deutschlands sollte den Besiegtenstatus der Deutschen zur europäischen Dauereinrichtung machen. Die zu diesem Zweck neu geschaffenen Staaten dienten dabei entweder wie Polen als dankbarer Ersatz für das durch die Revolution von 1917 erst einmal als Bundesgenosse gegen Deutschland ausgefallene Rußland und zugleich durch die jedem Selbstbestimmungsrecht hohnsprechende Abtrennung deutscher Gebiete der territorialen, bevölkerungsmäßigen und wirtschaftlichen Schwächung Deutschlands; oder aber wie das gekünstelte Gebilde der Tschechoslowakischen Republik der Verhinderung jeglicher mitteleuropäischen Friedensordnung, die nach Lage aller relevanten Verhältnisse eine überwiegend deutsche hätte sein können. Alle politischen Kräfte der Weimarer Republik kämpften für die Revision von Versailles. Und nicht minder waren die Deutschen in Österreich und jenseits der Grenzen unter polnischer und tschechischer Herrschaft nicht bereit, sich mit ihrer nationalen Unfreiheit auf Dauer abzufinden. Es war, wie der Publizist Fritz Klein 1931 schrieb, ein einfacher Gedanke, der alle, die ganze deutsche Nation bewegte: „Sie faßt es nicht und wird es niemals fassen, daß der von einer deutschen Mutter Geborene geringeren Rechtes sein soll als der Pole oder Serbe!" Die Weimarer Republik blieb in ihrer Revisionspolitik im

Gegensatz zur folgenden nationalsozialistischen Ära, die Konzession um Konzession von den Versailler Diktatmächten vorweisen konnte, ohne durchgreifenden Erfolg. Wie der Versailler Vertrag die permante Schwächung Deutschlands zum Ziel gehabt hatte, so bedeutete natürlich ipso facto jede gelungene Revision umgekehrt eine machtpolitische Stärkung. Frankreich war in den dreißiger Jahren schwach, und Großbritannien stellte sich einem Ausgleich mit Deutschland solange nicht in den Weg, solange es allein stand. Das Abkommen von München war insofern der letzte rein europäische Vertrag, weil er ohne die direkte und gegen die indirekte Einflußnahme der USA und der Sowjetunion zustande kam. Doch seit 1937, seit dem endgültigen Scheitern des Rooseveltschen New Deal-Programms, begannen sich die USA allmählich wieder europäischen Problemen zuzuwenden und eine drohende Frontstellung gegen Deutschland und Italien, die „autoritären Staaten" einzunehmen. Damit gewannen auch in England die antirevisionistischen Kräfte neuen Rückhalt und Auftrieb. Danach bedeutete jeder weitere außenpolitische Erfolg des Deutschen Reiches, daß sich zugleich die unheilvollen Schatten einer Deutschland einkreisenden Allianz verdüsterten. Die unerträglichste Schöpfung des Versailler Vertrages, die „Freie Stadt Danzig" und der polnische Korridor, mit die legitimsten aller Revisionsziele wurden zum kriegsauslösenden Stolperdraht, der unangetastet bleiben mußte. Vielleicht hätte der deutsch-sowjetische Vertrag von 1939 eine Sternstunde in den Beziehungen beider Staaten sein können, wenn man in ihm eine historische Perspektive gesehen hätte oder hätte sehen können; nämlich eine auf Dauer angelegte Koalition, um durch eine grundlegende Aufhebung aller anglo (-amerikanischen) Einkreisungsmöglichkeiten den europäischen Frieden und die Wohlfahrt des Reiches zu gewährleisten. Doch die politische Führung sah im Zustandekommen des Vertrages im Grunde genommen dasselbe wie ihre Vorgängerin in den neunziger Jahren in der Nichtverlängerung des Rückversicherungsvertrages: damals die — vermeintliche — Beseitigung der Furcht, einen unersetzbaren Bundesgenossen (Österreich-Ungarn) zu verlieren, diesmal die — vermeintliche — Befreiung vom Alptraum einer Einreihung Rußlands in die westmächtliche Frontstellung. Schlimmer noch, man erblickt in dem Vertrag das probate Mittel, die britische Position in Polen nunmehr mit Gewalt zum Einsturz bringen zu können. Der Vertrag verhinderte bekanntlich nicht die dem deutschen Angriff auf Polen folgende britische Kriegserklärung. Noch fataler für die Lage des Reiches erwies sich freilich die Tatsache, daß Großbritannien wegen derselben Verletzung der territorialen Integrität Polens der Sowjetunion den Krieg nicht erklärte. Für das Reich wurde damit der erhoffte Nutzen aus dem Vertrag fast ins Gegenteil verkehrt. Sie machte aus den Vertragspartnern ungleiche: die Sowjetunion blieb koalitionsfähig, das Deutsche Reich war es nicht mehr. Sicherlich war dies eine — zu späte — Belehrung über die Unbedingtheit des britischen Vernichtungswillens. Ihn in seiner Totalität unterschätzt und die eigenen Möglichkeiten überschätzt zu haben, erwies sich im Nachhinein als wohl verhängnisvollster Fehler der deutschen Regierung. Da es nicht gelang, den wechselseitig ausgeweiteten Krieg militärisch zu entscheiden, bevor die unermeßliche materielle Überlegenheit der USA auf der Feindseite wirksam wurde, geriet das Deutsche Reich bald in dieselbe strategische Auswegslosigkeit wie zuvor im Ersten Weltkrieg. Die zweite Intervention der USA auf dem europäischen Kontinent brachte schließlich den Sieg der Sowjetunion über das Deutsche Reich, die Aufteilung Europas in die Interessensphären der USA und der Sowjetunion und damit die Ausschaltung eines vom deutschen Volk getragenen Reiches in Mitteleuropa, die Abtrennung der deutschen Ostgebiete einschließlich des Sudetenlandes, die Vertreibung bzw. Liquidierung der dortigen deutschen Bevölkerung, die erneut erzwungene Absonderung der

Deutschen Österreichs und zuletzt die Aufteilung des restlichen Deutschland in vier Besatzungszonen.

Deutschlands Teilung

Seit dieser Zeit stehen sich an der Elbe/Werra-Linie die beiden Weltmächte Sowjetunion und USA direkt gegenüber — mitten in Deutschland. Schon bald nach dem Ende des Krieges setzte der fortschreitende Zerfall der ursprünglich gemeinsam von den vier Siegermächten vereinbarten Besatzungspolitik ein; Hand in Hand damit ging die zunehmende Teilung innerhalb des deutschen Restgebietes: zwischen den Besatzungszonen der Westmächte einerseits und der der Sowjetunion andererseits. Vier Jahre nach der militärischen Kapitulation der Wehrmacht des Deutschen Reiches wurden von den Besatzungsmächten deutsche Staaten auf ihrem jeweiligen besetzten Territorium ins Leben gerufen: von den USA initiiert die Bundesrepublik Deutschland auf dem Gebiet der westlichen Besatzungszonen, wenige Monate später die DDR im Bereich der sowjetischen Besatzungszone. Wegen des damals in der deutschen Bevölkerung noch verankerten Nationalgefühls mußten sich beide Staaten aus Gründen der Legitimität und Solidität auf „ganz Deutschland" beziehen — soweit es die Siegermächte als Ausgangspunkt von Aufteilung und Besatzung definiert hatten, und das waren die Grenzen des Reiches „vom 31. Dezember 1937" bzw. für die DDR bald nur noch die „Oder-Neiße-Friedensgrenze".

Die Sowjetunion hat in der Nachkriegszeit das Deutschlandproblem primär unter dem Gesichtspunkt ihrer eigenen Sicherheit gesehen. Dies galt, seitdem die gemeinsam vereinbarte Besatzungspolitik (Potsdamer Abkommen etc.) scheiterte, die Westmächte unter Führung der USA eigene Wege in ihren Besatzungszonen einschlugen und die Sowjetunion mit der Tatsache einer militärischen Daueranwesenheit der transatlantischen USA im geopolitischen Zentrum Europa konfrontiert war. Die UdSSR sah sich seitdem von einer Macht eingekreist. Dadurch wurde die militärische Präsenz der „Gegenmacht" USA in Deutschland notwendigerweise bald zur Bezugsgröße sowjetischer Politik — in Verbindung mit der schon sehr früh vom Westen unterstützten nationalen Zielsetzung der Bundesrepublik Deutschland, die damit nur zu Lasten der Sicherheitsinteressen der Sowjetunion hätte realisiert werden können. Moskau befürchtete von jener Verbindung aus amerikanischer Präsenz, westdeutscher „Remilitarisierung" und nationalem Revisionismus des deutschen Volkes ein Zurückdrängen seiner Position in Europa zugunsten der amerikanischen „Einkreisungsmacht". Moskau versuchte deshalb in den fünfziger Jahren, jene Kombination aus Deutschland-Vertrag und NATO-Beitritt Bonns zu verhindern, bzw. aufzulösen, indem es seinerseits die Wiedervereinigung Deutschlands anbot, um dadurch zugleich die amerikanische Position in Mitteleuropa beseitigen zu können. Zur Erreichung dieses Ziels war der Kreml ausweislich seiner diplomatischen Aktivitäten zu prinzipiellen Konzessionen gegenüber dem deutschen Volk bereit — von der Rückgabe deutscher Ostgebiete, dem Fallenlassen des SED-Regimes und der Zulassung einer demokratischen Ordnung für Gesamtdeutschland bis zur öffentlich vorgetragenen Forderung nach Wiederherstellung der deutschen Großmachtfunktion in Europa (Erklärung der Sowjetregierung vom 15. Januar 1955). Die Bonner Regierung lehnte es aus unterschiedlichsten Gründen ab, die sowjetischen Vorschläge aufzugreifen; und wie jüngst die sensationellen Aktenfunde des Innsbrucker Professors Steininger in angloamerikanischen Archiven beweisen, war es Adenauer selbst, der jede positive Reaktion der Westmächte auf die sowjetischen Vorschläge torpedierte. Man erinnere sich, es ging um die Befreiung von 18 Millionen Deutschen von kommunistischer Zwangs- und Fremdherrschaft, um das Ende der Anwesenheit fremder Streitkräfte auf deutschem Boden und um die Ausdehnung einer demokratischen Ordnung auf das Gesamtdeutschland. Die Adenauer-Politik („Neuordnung Europas") mit der vorgeblichen Zielsetzung des amerikanischen Sternenbanners an der Memel konnte für die Sowjetunion damals ebensowenig akzeptabel sein, wie dies heutzutage in bezug auf die DDR eine Aufpflanzung des Sternenbanners an der Oder wäre. Nicht nur die sowjetischen Vorschläge gingen deshalb stets von der vorherigen Klärung der Sicherheitsfrage aus, nämlich einem Auseinanderrücken und Abzug aller Besatzungsstreitkräfte aus Deutschland und einem Gesamtdeutschland, dessen Bündnislosigkeit konstitutiver Teil des Status der wiederhergestellten territorialen und völkerrechtlichen Handlungsfähigkeit hätte sein müssen; auch die verschiedenen anglo-amerikanischen Pläne der fünfziger Jahre wurden durch ihre militärischen „Disengagement"-Konzeptionen stets dem Kernproblem, nämlich der Sicherheitsfrage gerecht. Die stattdessen verfolgte Bonner Politik der politisch/militärischen Westintegration und der Forderung nach Bündnisfreiheit für ein wiedervereinigtes Deutschland schloß damit die Wiederherstellung eines einheitlichen Deutschland vom Prinzip her aus. Da in sowjetischen Augen die NATO durch den Beitritt der Bundesrepublik Deutschland, den sie trotz aller Angebote in der deutschen Frage nicht hatten verhindern können, eine Status bedrohende Funktion erhalten hatte, reagierte Moskau mit der status-quo-sichernden Errichtung eines eigenen Militärblocks – des Warschauer Vertrages. Aus dem gleichen Grund stimmte die Sowjetunion dem österreichischen Staatsvertrag zu, um auf diese Weise, nämlich durch den Abzug aller Besatzungstruppen aus Österreich, die NATO-Bereiche Zentraleuropa und Südeuropa durch den Gürtel neutraler Staaten, nämlich der Schweiz und nunmehr auch Österreich zu trennen. Insofern läßt schon von der Genesis her die Existenz der Militärblöcke und flankierenden neutralen Zonen von der Deutschlandfrage nicht trennen. Sieht man von Ausnahmen ab, die Episodencharakter trugen, so versuchte die sowjetische Politik seit 1955 die deutsche Frage als aktuelles Gestaltungsproblem auszuschalten – Forderung nach „Anerkennung der Realitäten". Durch die amerikanische Politik seit den beginnenden sechziger Jahren für ihre vorgeblich nationalen Ziele allmählich den Rückhalt seitens der USA einbüßte. In gleichem Maße fiel es damit der Sowjetunion leichter, sich mit der festen Einbindung Bonns im Westen abzufinden. Das Deutschlandproblem wurde – im schrecklichsten Sinne dieses Wortes – einbetoniert. Die seit Mitte der sechziger Jahre einsetzende sowjetische Hochrüstung – die „Ära Breschnew" – hätte zuletzt durch das entstandene und sich dann zunehmend vergrößernde militärische Ungleichgewicht bewirkt, daß die sowjetische politisch-militärische Machtstellung in Deutschland irreversibel gefestigt worden wäre. Unerläßliche Voraussetzungen und Bestandteile jenes sowjetischen Kalküls waren zum einen die amerikanische Détente-Politik (sie bedeutete in Europa nicht nur Verzicht auf rüstungsmäßigen Gleichstand, sondern in der Praxis militärische Ausdünnung des Westens); zum andern war in diesem Zusammenhang die westdeutsche Entspannungspolitik zu nennen, die zwar die Realisierung des Selbstbestimmungsrechts des deutschen Volkes als Ziel aufrecht erhielt, ihm aber als Inhalt praktischer Politik vertraglich entsagte (eine Wiedervereinigungs-Politik war freilich auch schon vorher niemals betrieben worden) und sich stattdessen auf die Aufgabe konzentrierte, die fortbestehende Teilung erträglicher zu machen. Ob die Sowjetunion nach Erlangung einer militärischen Überlegenheit in Europa – einer risikominimierten Kriegsführungsfähigkeit – darangegangen wäre, ihrerseits den Status quo durch eine Politik der Gewaltandrohung oder gar Gewaltanwendung zu verändern, muß der Spekulation überlassen bleiben. Tatsache wäre geworden: sie hätte es gekonnt, und das

Bismarck'sche Wort von den „wölfischen Instinkten der russischen Politik" hätte in diesem Falle seine Geltung ebenso behalten wie es sich in bezug auf Afghanistan gezeigt hat und hinsichtlich einer durch fehlenden Behauptungswillen gekennzeichneten westdeutschen Republik erweisen könnte.

Der Schlüssel liegt in Moskau

Eine andere Tatsache ist mittlerweile Wirklichkeit geworden. Diese sowjetische Politik, in deren Durchführung seit zwanzig Jahren alle Ressourcen konzentriert wurden, ist gescheitert; genauer — im Scheitern begriffen. Dabei bewirkt die westliche Nachrüstung in Deutschland (und die amerikanische Aufrüstung im allgemeinen) nicht einfach nur das Scheitern einer auf Europa bezogenen sowjetischen Strategie. Vielmehr geht es aus Moskauer Sicht um den Sturz vom Sockel einer der USA ebenbürtigen und gleichberechtigten Weltmacht. Der Nachrüstung selbst lag als einziges notwendiges und legitimes Motiv zugrunde, die Veränderbarkeit der Situation in Europa durch Gewaltandrohung oder Gewaltanwendung zu verhindern. Dies war und ist eine Lebensnotwendigkeit für die Bundesrepublik Deutschland und rechtfertigt insofern in vollem Umfange ihre Sicherheitspolitik seit Mitte der siebziger Jahre — und ihre weitere Bündniszugehörigkeit bis zu einer Ablösung durch eine friedensstabilisierende neue politische Struktur Mitteleuropas. Doch durch die Wiederherstellung der Abschreckungsfähigkeit des westlichen Bündnisses wird aufgrund strategischer Wirkungszusammenhänge und geographischer Faktoren unvermeidlich ein Effekt hervorgebracht, der aus sowjetischer Sicht das bedeutet, was ihnen selbst 1962 in Kuba mißlang: Nuklearsysteme mit strategischer Wirkung auf dem Territorium eines Drittstaates, der selbst keinerlei Verfügungsgewalt über den Einsatz hat. Heute ist dies die Bundesrepublik Deutschland. Damit ist die Sowjetunion wieder auf jenen Zustand strategischer Zernierung zurückgeworfen, den sie anfangs durch eine Lösung der deutschen Frage und in späteren Jahrzehnten durch die Politik militärischer Machtprojektion überwinden wollte. Von daher gesehen steht aus Moskauer Sicht im Zentrum des Problems wieder die deutsche Frage — in all ihren Aspekten. Ihr Vorhandensein ist die „originäre" Grundlage der amerikanischen Präsenz in Deutschland; denn die Bündniskonstruktionen der fünfziger Jahre wurden, was diese zwei deutsche Staaten betraf, auf dem Fundament jenes „originären" besatzungsrechtlichen Fundaments (Berliner Erklärung vom 5. Juni 1945) errichtet, das bis auf den heutigen Tag unangetastet blieb. Dieses Viermächte-Fundament ist die Rechtsgrundlage der Anwesenheit der Streitkräfte aller vier Siegermächte in Deutschland. Von daher gesehen böte die Lösung der deutschen Frage, und das heißt die Ablösung der besatzungsrechtlichen Grundlage durch die Wiederherstellung eines souveränen Deutschland für die Sowjetunion die einzige Möglichkeit, die von ihr als bedrohlich empfundene Konfrontationssituation in Deutschland aufzuheben. Findet sich die Sowjetunion nicht mit der allmählichen Preisgabe ihrer Machtposition ab, so liegt hier zugleich der einzige für sie friedlich beschreitbare Weg; der einzige, zu dem es weder eine Gewaltandrohung noch gar einer Gewaltanwendung bedürfte. Doch dieser Weg ist auch für Moskau nur dann beschreitbar, wenn ihn die westdeutsche Regierung öffnet. Dies müßte im Kern bedeuten, daß man zu einer politisch-militärischen Struktur in Deutschland bereit ist, die das derzeitige Sicherheitssystem mit Bündniszugehörigkeiten der DDR und der Bundesrepublik samt der Stationierung fremder Streitkräfte auf deutschem Boden durch ein neues ersetzt, dessen unverzichtbare Grundelemente äußere Sicherheit und innere Freiheit sind. Dies ist in anderen Worten die alte, immer noch ungelöste Frage, auf welche Weise denn das deutsche Volk seine Einheit und Freiheit wieder erlangen und behaupten kann. Hält man sich die sonstigen Alternativen der heutigen Zeit vor Augen, so ist diese Frage drängender denn je aufgeworfen. Gewiß, noch niemals in seiner Geschichte war das gesamte deutsche Volk so lange so unfrei wie in unserer Zeit; nun schon seit 40 Jahren; aber auch noch niemals in der deutschen Geschichte wurde durch die wiederstreitenden Interessen fremder Mächte in Deutschland die Existenz des deutschen Volkes einer derartigen Bedrohung ausgesetzt wie heute — sieht man vom Dreißigjährigen Krieg ab, der Zweidritteln des deutschen Volkes das Leben kostete.

HANS HAUSBERGER

Die Einigung der deutschen Nation in wirtschaftshistorischer Betrachtung

Es ist eine heute weit verbreitete Mode, die Idee der Nation auf eine spezielle ökonomische Interessenkonstellation zurückzuführen und sie ins neunzehnte Jahrhundert zu verweisen. Im Zuge der aufkommenden Industrialisierung, so lautet das Argument, hätte sich das auf kleinräumiger Abschottung beruhende Wirtschaftssystem des Merkantilismus zunehmend als ernsthaftes Hemmnis erwiesen. Folgerichtig sei deshalb das aufstrebende liberale Besitzbürgertum in eine innere Opposition gegen die bestehenden kleinstaatlichen und feudalen Strukturen geraten und zum Träger eines neuen nationalen Gedankens geworden. Gelegentlich geht man mit dieser Argumentation weiter, um in der Idee der Nation schließlich nur noch eine Ideologie zur Verschleierung und Durchsetzung ökonomischer Interessen zu erkennen. Daraus wird dann die These abgeleitet, die Nation hätte mit dem Erreichen einer weiträumigen wirtschaftlichen Integration ihre historische Aufgabe erfüllt. Sie sei heute bedeutungslos und, als politische Form überlebt, allenfalls noch ein Gegenstand romantischer Reminiszenz.

Die vorliegende Arbeit versucht den wirtschaftlichen Antriebskräften nachzugehen, die seit Beginn des vorigen Jahrhunderts auf eine Einigung der deutschen Nation hingewirkt haben. Dabei bildet, bedingt durch die Themenstellung dieses Buches, das deutsch-österreichische Verhältnis einen Schwerpunkt der Untersuchung.

Der Beginn der wirtschaftlichen Einigung

Der Gedanke eines einheitlichen deutschen Wirtschaftsraumes läßt sich bis in die Zeit der Reichsreformen zurückverfolgen, ist also kein typisches Produkt des 19. Jahrhunderts. Seine Verwirklichung scheiterte jedoch immer wieder an politischen und ökonomischen Partikularismen. Durch den Westfälischen Frieden war die Aushöhlung einer zentralen Reichsgewalt endgültig besiegelt worden, das Reich geriet zur Manövriermasse fremder Mächte.

Dieser politische Niedergang fand auf wirtschaftlichem Gebiet seine direkte Entsprechung. Deutschland schied für lange Zeit als Wirtschaftsmacht aus.

Ein wirksamer Neubeginn erfolgte erst nach dem Frieden von Luneville, als der Reichsdeputationshauptschluß 1803 die Entschädigung für die an Frankreich abgetretenen linksrheinischen Gebiete mit fast drei Millionen Einwohnern regelte und aus den heillos zersplitterten Territorien lebensfähige Mittelstaaten schuf. Andere Impulse für eine ökonomische Neugestaltung Deutschlands gingen von den preußischen Reformen aus, mit denen unmittelbar nationalpolitische Ziele verknüpft waren. Die Bauernbefreiung, die der Frh. v. Stein nach der Niederlage von Jena und Auerstedt 1806 einleitete, sollte in erster Linie dem Zweck dienen, eine vaterländische Erhebung des Volkes vorzubereiten. Steins Bemühungen trafen sich hier mit den Erwägungen Gneisenaus und Scharnhorsts. In der berühmten Proklamation Gneisenaus verdichtete sich die enge Wechselbeziehung zwischen Agrarreform und nationaler Befreiung zu einem zündenden politischen Programm: „Jeder Bauer welcher ein mit Diensten belastetes Grundstück besitzt, befreit dasselbe davon, wenn er bis zum Ende für die Sache der Unabhängigkeit mitficht." Das Werk[1]) geriet allerdings in Verruf, als nach der Entfernung Steins aus seinen politischen Ämtern die Durchführung dem Staatskanzler Fürst v. Hardenberg übertragen wurde, der sich allein von wirtschaftsliberalen Erwägungen leiten ließ. Dies sollte sich von einem nationalen Standpunkt aus als verhängnisvoll erweisen. Hardenberg hob 1816 den Bauernschutz auf, das Regulierungsgesetz von 1818 beraubte die eben erst befreiten Bauern vielfach ihrer Existenzgrundlage, indem es die entschädigungslose Abtretung von Bauernland an die bisherigen Grundherren vorsah. Die Steinschen Reformen wurden dadurch in ihr Gegenteil verkehrt, an die Stelle freier Bauern trat ein entwurzeltes Agrarproletariat der Landarbeiter. Die deutsche Siedlungsdichte in den Ostgebieten aber nahm zufolge der extensiven Großgüterwirtschaft ab, was wiederum zum Zustrom polnischer Saisonarbeiter führte. Eine wirtschaftliche Fehlentwicklung war damit eingeleitet worden, aus der später verheerende nationale Folgen erwachsen sollten. In den übrigen Gebieten Deutschlands, die kaum Güterwirtschaft gekannt hatten, ging dagegen die Bauernbefreiung wesentlich problemloser vor sich, sie war 1848 im wesentlichen abgeschlossen[2]).

An der nationalen Begeisterung der Befreiungskriege entzündete sich die Idee der wirtschaftlichen Einigung, von der man eine politische Stärkung Deutschlands erhoffte, erneut. Stein verlangte die Abschaffung aller Binnenzölle und ihren Ersatz durch Bundesgrenzzölle. Vorbereitend war bereits auf dem Wiener Kongreß eine „Schiffahrtsakte" aufgestellt worden, die die veralteten Stapelrechte der Uferstaaten aufhob und eine freie Benutzung der deutschen Ströme sicherstellen sollte[3]). Die Wiener Schlußakte propagierte den zollpolitischen Zusammenschluß, und Artikel 19 der Bundesakte des neu gegründeten Deutschen Bundes sah Beratungen über eine gemeinsame Handels- und Verkehrspolitik vor. Jedoch kam man über bloße Absichtserklärungen nicht hinaus. Als im Jahre 1816 infolge einer Mißernte in Deutschland Hungersnöte drohten, konnte man sich nicht einmal darauf einigen, die von Württemberg beantragten Lebensmittellieferungen im Bundesgebiet freizugeben. Die mit der Gründung des Deutschen Bundes erweckten Hoffnungen auf eine gemeinsame deutsche Handelspolitik schienen sich nicht zu erfüllen. Das Bundesgebiet zerfiel weiter in 39 Binnenzollgebiete, deren Rechte eifersüchtig gewahrt wurden. Die Untätigkeit des Bundes führte schließlich dazu, daß unter der geistigen Führung des Tübinger Professors Friedrich List auf der Frankfurter Frühjahrsmesse des Jahres 1819 von fünf- bis sechstausend Fabrikanten und Industriellen ein Verband gegründet wurde, der die Abschaffung der Binnenzölle und die Schaffung eines einheitlichen Zollsystems bezweckte. Für den Verband entwarf List eine entsprechende Eingabe an den Bundestag, die dort jedoch nicht zur Behandlung kam.

Die Petition scheitert nicht zuletzt an der Prohibitionspolitik Österreichs, das, um seinen eigenen Einfluß nicht zu verlieren, jede Erweiterung der Bundeskompetenz heftig bekämpft. Doch List, der den Kampf gegen die wirtschaftliche Zersplitterung Deutschlands aufgenommen hat, gibt nicht auf. Aus dem Staatsdienst ausgeschieden nimmt er Verbindung zu gleichgesinnten Männern auf. Er reist nach Wien, um Metternich für den Plan einer wirtschaftlichen Erneuerung Deutschlands zu gewinnen. Doch Österreich denkt nicht im Entferntesten daran, der Einheitsbewegung entgegenzukommen. Verhandlungen, die der unermüdlich durch Deutschland reisende List mit den Regierungen anderer Einzelstaaten pflegt, führen ebensowenig zu Ergebnissen. Alsbald wittern die Kräfte des deutschen Partikularismus in List einen gefährlichen Gegner Der deutsche Handelsverein wird als „eigenmächtig konstituiert" aufgelöst und List wegen „Aufreizung gegen Staatseinrichtungen" zu zehn Monaten Festungshaft verurteilt. Nach einem Fluchtversuch wird er auf den Hohen Asperg verbracht. Um den unbequemen Patrioten endgültig loszuwerden, erläßt man ihm nach fünf Monaten den Rest der Strafe gegen das Versprechen der Auswanderung. List geht nach Amerika, wo er rasch vom einfachen Farmer zum erfolgreichen Bergbauunternehmer aufsteigt. Der erste Versuch dieses aufrechten Deutschen, die Kleinstaaterei auf wirtschaftlichem Gebiet zu überwinden, ist damit gescheitert. Seine Ideen aber wirken fort.

Es ist jetzt vor allem Preußen, das zum Schrittmacher einer gemeinsamen deutschen Handelspolitik wird. Schon 1818 hat Preußen durch das von Maaßen verfaßte Zollgesetz die Binnenzölle zwischen seinen Provinzen abgeschafft und seine Zollinien an die Grenzen vorgeschoben. Auf 5000 Quadratmeilen ist damit erstmals für 10 1/2 Millionen Menschen ein großer Wirtschaftsraum mit innerer Verkehrsfreiheit entstanden. Der neue einheitliche Zolltarif gegenüber dem Ausland wurde mit Rücksicht auf die ehemaligen Verbündeten England und Rußland niedrig gehalten, was die exportorientierten ostdeutschen Landwirte akzeptierten, die rheinischen Industriellen aber zu Widerstand veranlaßte.

Da Preußen infolge seiner Ausdehnung und seiner territorialen Zersplitterung an 23 Staaten grenzte und 18 Staatsgebiete völlig einschloß, konnte es nicht ausbleiben, daß die Neuorientierung seiner Handelspolitik alsbald über seine Grenzen hinauswirken mußte. Die schwierige geopolitische Situation, die an sich eine schwere Hypothek darstellte, hat somit auch auf wirtschaftlichem Gebiet schließlich segensreich gewirkt und diesen Staat in besonderer Weise zur Wahrnehmung seiner nationalen Aufgabe befähigt.

Zielstrebig ging Preußen an die wirtschaftliche Einigung der Nation. Schon bald schlossen sich die als Enklaven von preußischem Gebiet umgebenen Kleinstaaten dem preußischen Zollraum an. Der Staat der Hohenzollern zeigte dabei auf ökonomischem Gebiet außerordentliches Entgegenkommen. In den Zollverträgen mit Schwarzburg-Sondershausen (1819), Anhalt-Bernburg (1823), Anhalt-Dessau und Anhalt-Köthen (1828) wurde jeweils vereinbart, die gemeinsamen Zolleinnahmen entsprechend der Kopfzahl der Länder aufzuschlüsseln, ein Verfahren, das die kleinen unterentwickelten Partner Preußens regelmäßig bevorzugte. Preußen verstand es dadurch, die bereits beigetretenen Länder politisch an sich zu binden und das Interesse der noch Fernstehenden für eine Vereinigung zu wecken. Grundsätzlich kann man sagen, daß je kleiner die Staaten waren, umso größer der ökonomische Nutzen sein mußte. Das hoch entwickelte Preußen hatte demnach verhältnismäßig am wenigsten zu erwarten, wenn ihm auch die Erweiterung seines Wirtschaftsraumes nicht gerade geschadet hat. Daß trotzdem der Anstoß zur Einigung immer von Preußen und nicht etwa von den Kleinstaaten ausging, hat politische Ursachen. Die preußischen Urheber des Werks, Motz, Maaßen, Eichhorn und Kühne sahen von Anfang an in der Verwirklichung einer Zollunion eine Vorstufe der politischen Einigung Deutschlands unter preußischer Führung. Eben dies aber wollten die um ihre Unabhängigkeit besorgten Kleinstaaten unter gar keinen Umständen zulassen. So kam es, daß sie, die die eigentlichen ökonomischen Nutznießer gewesen wären, sich einer solchen Entwicklung mit allen Mitteln widersetzten. Man kann jedoch feststellen, daß im Zeitablauf sich die wirtschaftlichen Lebensbedürfnisse doch als stärker erwiesen haben und die eifersüchtig gehüteten partikularistischen Dünkel überwinden halfen. Preußens Politik machte sich die wirtschaftlichen Schwierigkeiten der in ihrer räumlichen Enge erstickenden

Kleinstaaten geschickt zunutze, um den Widerstand gegen das Einigungswerk allmählich zu überwinden. Immerhin erschien die Ausweitung des preußischen Zollgebiets den süd- und mitteldeutschen Staaten zunächst so gefährlich, daß Bayern und Württemberg einen eigenen süddeutschen Zollverband gründeten, während sich Sachsen, Hannover, Kurhessen, Nassau, Frankfurt und Thüringen zum Mitteldeutschen Handelsverein zusammenschlossen.

Aber auch das Ausland sah der Entwicklung keinesfalls tatenlos zu. Zu ersten Rivalitäten mit England kam es, als Hessen-Darmstadt sich an Preußen anschloß. Daneben bemühte sich vor allem Frankreich redlich darum, die Handelseinigung zu hintertreiben. Man bot einzelnen Kleinstaaten lukrative Handelsverträge an, um sie von Preußen zu isolieren und bemühte sich mit 1 000 kleinen Mitteln, die Zollverhandlungen zu stören. Aber die Zeiten des Rheinbundes, als die Fabrikanten des Großherzogtums Berg (Düsseldorf, Elberfeld, Solingen, Remscheid, Essen und Bochum) noch bereit waren, aus wirtschaftlichen Gründen einen Anschluß an Frankreich zu erbitten, waren endgültig vorbei. Den französischen Bemühungen blieb der Erfolg versagt.

Auch die süddeutschen Staaten mußten bald den wirtschaftlichen Schaden einer Absonderung erkennen. Sie einigten sich 1833 mit Preußen in einem Handelsvertrag, während die andere Gegengründung, der Mitteldeutsche Handelsverein, bald verfiel. Nachdem auch noch andere Störversuche abgewehrt waren, konnte die preußische Politik endlich den verdienten Sieg verbuchen. Am 1. Januar 1834 entstand der Deutsche Zollverein, dem zunächst achtzehn Staaten angehörten. Baden, Nassau, Frankfurt, Sachsen und Thüringen schlossen sich bis 1835 an und bald gaben auch die in einem Steuerverein zusammengeschlossenen nordwestdeutschen Staaten Oldenburg und Hannover ihren Widerstand auf. Selbst Luxemburg trat 1842 dem Deutschen Zollverein bei.

Ökonomische Sachzwänge haben diesen politischen Erfolg mitveranlaßt. Fast immer bot die schlechte Finanzlage der Einzelstaaten ersten Anlaß zu Vereinbarungen. Die territoriale Zersplitterung hatte dazu geführt, daß kleinsten Räumen unverhältnismäßig lange Grenzen gegenüberstanden. Unter diesen Umständen verursachte eine effiziente Grenzüberwachung zwangsläufig mehr Kosten als Einnahmen. In manchen Kleinstaaten bildete der Schmuggel einen Hauptwirtschaftszweig. Dies mußte die Staatseinnahmen, die sich in einem weit höherem Maße als heute auf Zölle und weniger auf Steuern stützten, hart treffen. Auch wurde die aufkommende Industrie durch die Kleinräumigkeit und die engen Märkte ernstlich behindert. Vor allem aber erwies sich der politische Partikularismus für das Eisenbahnwesen als ein schweres Hemmnis. Der Auftrieb, den die deutsche Einheitsbewegung durch das Vordringen der Eisenbahn erfahren hat, wird heute vielfach unterschätzt. Heinrich v. Treitschke hat bereits darauf hingewiesen: „Seitdem man das engere Vaterland in drei Stunden durchfuhr, kam auch dem schlichten Manne die ganze verlogene Niedertracht der Kleinstaaterei zum Bewußtsein und er begann zu ahnen, was es heißt, eine große Nation zu sein."[4])

Die Bedeutung Friedrich Lists

Der Zollverein ist durch das Eisenbahnwesen und den wachsenden Fernverkehr politisch gefestigt, der deutsche Partikularismus aber nachhaltig erschüttert worden. Wiederum hat an dieser Entwicklung Friedrich List Anteil, der 1832 aus Amerika zurückkehrt. Mit der ganzen Kraft seiner Persönlichkeit wirft sich List in die neue Aufgabe. Er hat in Amerika die Bedeutung des jungen Eisenbahnwesens erkannt und noch in den USA ein nationales deutsches Bahnsystem entworfen: „Mir geht es wie einer Mutter mit ihren verkrüppelten Kindern. Im Hintergrunde aller meiner Pläne liegt Deutschland." Nun erscheint seine Schrift: „Über ein sächsisches Eisenbahnsystem als Grundlage eines allgemeinen deutschen Eisenbahnsystems." Sie findet in ganz Deutschland starken Widerhall, jedoch wird der geniale Plan niemals realisiert. Der Deutsche Bund erweist sich als ohnmächtig, der Zollverein ist in seinen Aufgaben zu beschränkt. Infolgedessen wachsen zusammenhanglose Inselnetze und Einzelstrecken. Selbst die Festlegung einer einheitlichen Spurbreite steht zeitweilig in Frage. Im Kampf gegen den kleingeistigen Partikularismus verbraucht List seine Kräfte. Sein weiteres Schicksal gestaltet sich tragisch. Zwar kann er in Paris sein theoretisches Hauptwerk[5]) vollenden, doch in Deutschland wird ihm jede praktische Mitwirkung versagt. 1834 und 1836 veröffentlicht er in der „Allgemeinen Militärzeitung" zwei Aufsätze. Die Gedanken, die er darin offenbart, eilen der Zeit weit voraus. List erkennt bereits die Gefahr einer späteren Einkreisung Deutschlands. Durch ein wohlausgebautes Bahnnetz will er die deutsche Defensivkraft im Falle eines Zweifrontenkrieges stärken. Er sieht bereits die Zeit voraus, da zwei Weltmächte, Amerika und Rußland, die Welt untereinander aufteilen werden. In dem von ihm gegründeten „Zollvereinsblatt" kämpft er unablässig für die wirtschaftliche Einigung Deutschlands. In einem deutsch-englischen Bündnis sieht er die einzige Möglichkeit der Selbstbehauptung Europas. List verarmt zusehends, wird erneut das Opfer politischer Intrigen. Er scheitert an der muffigen Enge des Vormärz. An einem dunklen Novembertag des Jahres 1846 setzt er in tiefster Verzweiflung bei Kufstein seinem Leben selbst ein Ende.

Lists Bedeutung hat der österreichische Nationalökonom J. A. Schumpeter nach 1945 so umschrieben: „List besaß selbst als theoretischer Nationalökonom die umfassende Vision einer nationalen Situation. List sah eine Nation vor sich, die sich gegen die Fesseln wehrte, welche ihre eine miserable Vergangenheit kurz vorher angelegt hatte, doch sah er ebenso alle ihre wirtschaftlichen Möglichkeiten. Deshalb war die nationale Zukunft der ausschließliche Gegenstand seines Denkens ... Friedrich List steht bei seinen Landsleuten in hohem Ansehen und genießt ihre Zuneigung. Er verdankt beides seinem erfolgreichen Eintreten für den Deutschen Zollverein, die Keimzelle der nationalen Einheit der Deutschen. Was diese Vereinigung für sie bedeutet, können Angehörige jener glücklichen Nationen nicht verstehen, für die das Recht auf nationale Existenz und nationale Ziele sebstverständlich ist. Das heißt, daß List ebenso wie jene ein Nationalheld ist, deren Namen mit diesem langen und schmerzlichen Weg verbunden sind."[6])

Die wirtschaftliche Lage jener Zeit war nicht gerade einfach. Im Zuge der nun voll einsetzenden Industrialisierung und eines beträchtlichen Strukturwandels kam es zwischen den deutschen Staaten bald zu Konflikten über die einzuschlagende Handelspolitik. Freihändlerische und protektionistische Interessen standen miteinander im Widerstreit. Der Zollverein machte mehrere schwere Krisen durch, trotz dunkler Intrigen, Partikularismen und Vertragsbrüchen kam es jedoch nie zu seiner Auflösung, weil wirtschaftliche und finanzielle Sachzwänge am Ende stets die Übermacht behaupteten.

Die Wirkung des Vereins erschöpfte sich nicht in handelspolitischen Vereinbarungen, er führte auch zu einer Vereinheitlichung des Münz-, Maß- und Gewichtswesens. Die fortschreitende Integration wurde von einer breiten nationalen Unterströmung getragen, der zahlreiche Repräsentanten des Vereins aus den verschiedensten Bundesstaaten anhingen. Umgekehrt wirkte die zunehmende Wirtschaftsverflechtung auf eine Vereinheitlichung der Lebensverhältnisse hin und hat damit ihrerseits nicht wenig zur Verbreitung eines allgemeinen nationalen Bewußtseins beigetragen. Der Dichter des Deutschlandliedes, Hoffmann von Fallersleben, hat in seinen „Unpolitischen Liedern" der nationalen Wirkung des Zollvereins ein bleibendes Denkmal gesetzt:

Schwefelhölzer, Fenchel, Bricken,
Kühe, Käse, Krapp, Papier,
Schinken, Scheren, Stiefel, Wicken,
Wolle, Seife, Garn und Bier;
Pfefferkuchen, Lumpen, Trichter,
Nüsse, Tabak, Gläser, Flachs,
Leder, Salz, Schmalz, Puppen, Lichter,
Rettich, Rips, Raps, Schnaps, Lachs, Wachs!
Und ihr anderen deutschen Sachen,
tausend Dank sei euch gebracht!
Was kein Geist je konnte machen,
ei, das habet ihr gemacht:
Denn ihr habt ein Band gewunden
um das deutsche Vaterland,
und die Herzen hat verbunden
mehr als unser Bund, dies Band.

Freilich schuf der Zollverein ebenso wenig wie der Deutsche Bund wirksame Zentralinstanzen. Schon aus Geldmangel (weder der Bund noch der Verein geboten über eigene Einnahmequellen), mußten viele Kompetenzen bei den Einzelstaaten verbleiben. Man verzichtete auf die Aufstellung einer eigenen Armee und entledigte sich sogar wieder der Flotte, die nach einem kühnen Entschluß der Frankfurter Nationalversammlung auf Kiel gelegt worden war, durch Versteigerung der Schiffe. Das in Aussicht genommene Bundesgericht kam überhaupt nicht zustande, weil die dazu nötigen Mittel fehlten.

Als Hemmschuh erwies sich auch das innerhalb des Zollvereins für Entscheidungen zwingend vorgeschriebene Einstimmigkeitsprinzip. Preußen sah sich bisweilen genötigt, die Zustimmung Widerstrebender durch größte Nachgiebigkeit und bedeutende wirtschaftliche Opfer zu erkaufen. Das umständliche Verfahren brachte allerdings auch einen Vorteil: Preußens hohe Beamte lernten die Eigenheiten und Probleme der Einzelstaaten kennen und übten sich in der richtigen psychologischen Behandlung der Bundesgenossen. Die preußische Verwaltung erhielt dadurch einen gesamtdeutschen Horizont, der später von unschätzbarem politischen Wert gewesen ist.

Die Haltung Österreichs

Als die Führung Preußens im Zollverein immer deutlicher zutage trat, sah sich auch Österreich gezwungen, seine bisherige Haltung zu überprüfen. 1849 waren in Form eines Unionsvorschlages Pläne für eine politische Neugestaltung des engeren Deutschlands hervorgetreten. Österreich stand nun vor der Wahl, in den Zollverein einzutreten oder diesen zu sprengen, um seine Vormachtstellung in Deutschland zu erhalten. Nach längeren Verhandlungen kam der Eintritt Österreichs auf die Tagesordnung der General-Zollkonferenz in Kassel (1850). Insbesondere der österreichische Handelsminister Baron von Bruck setzte sich mit großer Geschicklichkeit und mit allem Nachdruck für dieses Ziel ein. Österreich war zu weitgehenden handelspolitischen Zugeständnissen bereit, der Zolltarif sollte vereinheitlicht und die innere Handelsfreiheit in drei Stufen hergestellt werden. Um Preußens Vorbehalte zu entkräften und zum Beweis des eigenen guten Willens, leitete die österreichische Regierung eine Reihe umfassender Reformen ein. Die noch vorhandenen Binnenzölle fielen ebenso wie die noch bestehenden Einfuhr-, Ausfuhr- und Durchfuhrverbote, zahlreiche Zölle für Halb- und Ganzfabrikate wurden ermäßigt, die Zahl der Ausfuhrzölle wurde verringert und die Zölle für Roh- und Hilfsstoffe der Industrie ganz aufgehoben.

Preußen, das sich jetzt in einer schwierigen Lage befand, weil es um seine Führungsrolle im Zollverein fürchten mußte, reagierte durch einen Vertrag mit den Ländern des Steuervereins (Hannover, Schaumburg-Lippe und Oldenburg), denen Zugeständnisse gemacht wurden, auf die Österreich niemals eingehen konnte. Durch diesen Vertrag verloren die mit Österreich sympathisierenden süd- und mitteldeutschen Staaten den freien Zugang zur Nord- und Ostsee, da sie die großen deutschen Ströme (Rhein, Ems, Weser, Elbe und Oder) nur noch mit Preußens Einwilligung zollfrei benutzen durften. Alsbald gelang es der preußischen Diplomatie, die thüringischen Länder gegen Österreich einzunehmen, wodurch auch Sachsen, um mit Westdeutschland in Verbindung zu bleiben, zu einem Frontwechsel genötigt wurde. Am längsten widerstanden die süddeutschen Staaten. Bevor auch sie nachgaben, erreichten sie immerhin im Februar 1853 den Abschluß eines Handelsvertrages zwischen dem Zollverein und Österreich, in dem die gegenseitige Meistbegünstigung vorgesehen und ein ausgedehntes System gegenseitigen Entgegenkommens vereinbart wurde. Ausdrücklich wurde im Vertragstext der Vertrag als Vorstufe einer künftigen Union ausgewiesen. Es war beabsichtigt, durch zukünftige weitergehende Maßnahmen die Einheit des Wirtschaftsraumes der beiden Vertragsschließenden herzustellen. Die ehrliche Bereitschaft hierzu war freilich nicht auf beiden Seiten vorhanden. Während Österreich auf die für 1860 vorgesehene nächste Verhandlungsrunde hoffte, von der es eine Verwirklichung der deutsch-österreichischen Wirtschaftsunion erwartete, versuchte Preußen, alle Fortschritte zu hintertreiben um Zeit zu gewinnen. Eine solche Verzögerungstaktik mußte umso erfolgreicher sein, als die Zeit ohnehin gegen Österreich arbeitete, dessen Entwicklungsrückstand gegenüber dem Zollverein sich in den 50er Jahren ständig vergrößerte. Nach damaliger nationalökonomischer Meinung mußte dies eine Wirtschaftsintegration immer schwieriger machen. Der heutige Stand nationalökonomischen Wissens würde eher den umgekehrten Schluß naheliegen. Eine Integration hätte den Strukturwandel in Österreich zweifellos beschleunigt und dazu beigetragen, den wirtschaftlichen Entwicklungsrückstand aufzuholen. Es drängt sich somit die Vermutung auf, daß die damalige österreichische Politik einem ökonomischen Trugschluß erlegen sein könnte. Jedenfalls schien für Österreich das Ende aller Aussichten gekommen zu sein, als Preußen am 29. März 1862 einen Handelsvertrag mit Frankreich schloß und sich damit dem westeuropäischen Freihandelsgebiet des Cobdenvertrages von 1860 (Frankreich, England, Belgien) anschloß. Andere Mitglieder des Zollvereins zogen bald nach, während Österreich glaubte, diesem Schritt nicht folgen zu können. Es besteht kein Zweifel, daß für Preußen beim Abschluß des französischen Handelsvertrages das Verhältnis zu Österreich im Vordergrund aller Überlegungen gestanden hat. Man benutzte die wirtschaftspolitische Immobilität der Donaumonarchie, um durch Einsatz handelspolitischer Instrumente Österreich aus seiner Vormachtstellung zu vertreiben und nach Möglichkeit ganz aus Deutschland hinauszudrängen. Der damalige Leiter der preußischen Handelspolitik, R. v. Dellbrück, hat dies in seinen Lebenserinnerungen bestätigt: „Wir wußten gut, daß ein Vertrag mit Frankreich die deutsch-österreichische Zolleinigung in eine absolute Ferne rücken, der sogenannten Parifizierung der Tarife schwer zu überwindende Hindernisse bereiten und überhaupt die weitere Ausbildung des Februarvertrages von 1853 erschweren werde, aber wir wollten keine deutsch-österreichische Zolleinigung."

Zwar versuchte Österreich noch durch diplomatischen Druck eine antipreußische Front im Zollverein zustandezubringen, um seine Unionspläne und damit seine Stellung in Deutschland nicht endgültig aufgeben zu müssen, doch erklärte sich Preußen eher bereit, den Zollverein platzen zu lassen, als von dem Vertrag mit Frankreich zurückzutreten. Wirtschaftliche und finanzielle Nutzenerwägungen bewogen die anderen Staaten bald zum Nachgeben. Österreich begnügte sich schließlich mit einem Trostpflaster. Es erhielt 1865 einen neuen Handelsvertrag, der die Meistbegünstigung vorsah. Nur notdürftig verschleiert dieser Vertrag das Ausmaß der österreichischen Niederlage. Bis zum Ersten Weltkrieg gingen von den wirtschaftlichen Beziehungen beider Gebiete keine entscheidenden politischen Impulse mehr aus. Österreich war wirtschaftlich aus Deutschland ausgeschieden, bevor die Niederlage von Königgrätz dies militärisch besiegelte.

Die Zeit zwischen den Kriegen

Durch den Zerfall der Donaumonarchie im Jahr 1918 schien die Zusammenfassung der ganzen Nation durch eine Revision der bisherigen kleindeutschen Entwicklung noch einmal in greifbare Nähe zu rücken. In Österreich war der Anschlußgedanke quer durch alle Parteien zur bestimmenden politischen Idee geworden. Eine Verwirklichung des Selbstbestimmungsrechtes scheiterte jedoch an der Willkür der alliierten Sieger. Bei der Durchsetzung der auf eine Verhinderung des Anschlusses gerichteten Politik der ehemaligen Feindstaaten spielte wirtschaftlicher Druck, der gegen Österreich ausgeübt wurde, eine wesentliche Rolle. Die junge Rupublik befand sich von Anfang an in einer mißlichen Lage, an ihrer wirtschaftlichen Lebensfähigkeit mußte mit Recht gezweifelt werden, und die Siegermächte scheuten nicht davor zurück, wirtschaftliche Abhängigkeiten wie sie sich als Folge der künstlichen Zerreissung natürlich gewachsener Wirtschaftsräume zwangsweise ergeben mußten, als politische Waffe gegen das Selbstbestimmungsrecht einzusetzen. Man kann aber auch den österreichischen Regierungen jener Zeit den Vorwurf nicht ersparen, sich allzu willfährig den alliierten Erpressungen gebeugt zu haben. Dies zeigt sich bereits deutlich bei der Bewältigung der verheerenden Inflation, die nach dem verlorenen Krieg die Währungen des Reiches und Österreichs gleichermaßen zerrüttet hatte. Die Stabilisierungsmaßnahmen, die daraufhin in beiden Staaten eingeleitet wurden, unterschieden sich zwar nicht dem Ergebnis nach, umso mehr aber in der Wahl der dabei eingesetzten Sanierungsinstrumente. Während das Reich, peinlich darauf bedacht, seine Auslandsabhängigkeit nicht noch weiter zu erhöhen, den schwierigen, risikoreichen, letztlich aber doch erfolgreichen Weg einer Währungsstabilisierung aus eigener Kraft[7] beschritt und so seinen außenpolitischen Handlungsspielraum wahrte, ging Österreich den einfacheren Weg des geringsten politischen Widerstandes. Es stabilisierte seine Währung durch eine internationale Anleihe und erkaufte diesen alliierten Kredit durch die Preisgabe seiner Anschlußpläne. Indem so Österreich freiwillig auf das ihm zustehende Selbstbestimmungsrecht verzichtete, unterwarf es sich endgültig dem Völkerbund und damit dem politischen Willen Frankreichs. Die hierbei zutage getretene Zwiespältigkeit der österreichischen Regierung, die der eigenen Bevölkerung gegenüber weiterhin beschwichtigend in großdeutschen Bekenntnissen schwelgte, nach außen hin aber realpolitisch alle Anschlußchancen verbaute, bedürfte noch einer eingehenden historischen Aufarbeitung.

Die von Zeitgenossen als „Verrat" gegeißelte wankelmütige Haltung sollte erneut bei einem Ereignis deutlich werden, das den Höhepunkt, zugleich aber auch das Ende aller Versuche markiert, die deutsch-österreichische Frage mit wirtschaftlichen Mitteln zu lösen und so die Einheit der Nation zu vollenden.

Der am 20. März 1931 veröffentlichte Plan einer deutsch-österreichischen Zollunion war in der Tat geeignet, die inneren Verhältnisse der Gesamtnation von Grund auf neu zu ordnen. Jedoch rief das Bekanntwerden der deutsch-österreichischen Absichten augenblicklich die Siegermächte des 1. Weltkrieges auf den Plan. Frankreich und Italien sprachen von einer angeblichen Verschwörung zur Revision des Versailler Vertrages und ließen keinen Zweifel daran, sich einer solchen Aktion mit allen Mitteln zu widersetzen. In dem nun folgenden Konflikt sollte Österreich eine geradezu erbärmliche Rolle spielen. Zu Beginn der Verhandlungen hatte das größere Interesse und wohl auch die Initiative auf Seiten Österreichs gelegen, das in jeder Hinsicht von einer Zollunion die größeren Vorteile zu erwarten hatte. Das Reich war bereit gewesen, auf dies Wünsche einzugehen, es sah darin eine Möglichkeit, dem bedrängten und von der Krise geschwächten Österreich handelspolitisch zu helfen, ohne damit die Verpflichtungen aus der Meistbegünstigung Dritten gegenüber zu verletzen. Denn die Zollunion zählt seit Beginn einer modernen Handelspolitik zu den klassischen Ausnahmen von der Meistbegünstigung. Handelspolitisch und völkerrechtlich bestanden daher gegen die Zollunion keinerlei Bedenken.

Dem trotzdem einsetzenden Kesseltreiben der alliierten Mächte gab Österreich jedoch sofort nach. Es erlag großzügigen Versprechungen der Westmächte auf wirtschaftliche und finanzielle Hilfe, stimmte widerstandslos einer Verlängerung des Anschlußverbotes zu und überließ die deutsche Reichsregierung dem internationalen Spott. Über die entscheidenden Gespräche existiert ein Bericht von Hans Kroll, der als junger Diplomat im Stabe des deutschen Ministerialdirektors Ritter die Verhandlungen miterlebte[8]): „Ich entsinne mich noch sehr genau der Tagung des Europakomitees des Völkerbundes, in der die Zollunion praktisch den Todesstoß erhielt. Die deutschen Vertreter standen auf verlorenem Posten. Sie kämpften einen aussichtslosen Kampf, vor allem, nachdem die Vertreter Frankreichs, unter ihnen Botschafter Francois-Poncet, offen erklärt hatten, daß Frankreich die Verwirklichung des Planes unter keinen Umständen zulassen würde. Ihre Ausführungen waren nicht nur in der Substanz, sondern auch in der Form kaum noch erträglich. Auch der bereits zum Botschafter in Berlin ernannte François-Poncet, der sich im Hinblick auf seine kommende Mission eigentlich hätte zurückhalten sollen, sprach die Sprache von Versailles. Die Vertreter Großbritanniens und Italiens wahrten zwar die Form, gaben sich aber in der Sache genauso hart wie die Vertreter Frankreichs. Die völlig negative, von keinerlei Verständnis für die große wirtschaftliche Not der beiden deutschen Staaten zeugende Haltung, in der, zumindest bei den französischen Vertretern, der alte Haß deutlich durchschimmerte, ist später von Hitler oft genug als leider zutreffender Beweis dafür angeführt worden, daß Bemühungen um eine Revision des Versailler Vertrages mit friedlichen Mitteln bei den Siegermächten des Ersten Weltkrieges auf kein Verständnis stießen und darum keine Ergebnisse zeigen konnten." Die folgende Schilderung Krolls über das Verhalten der österreichischen Regierung spricht für sich: „Ich saß bei der tragisch-historischen Sitzung des Europakomitees in den Reihen der deutschen Delegation neben Ritter. Bei den beleidigenden, verletzenden und süffisanten Ausführungen der Vertreter Frankreichs wurden wir blaß vor Wut. Besonders empört aber waren wir über die würdelose Art, mit der der österreichische Bundeskanzler die gemeinsame Niederlage entgegennahm. Der deutsche Außenminister Curtius hatte das Geschick nicht abwenden können. Aber seine Ansprache, von Ritter aufgesetzt, wurde im Ton und Inhalt der Gelegenheit gerecht, ganz im Gegensatz zur Rede des österreichischen Bundeskanzlers. Als Dr. Schüller vom österreichischen Außenministerium, der im Anfangsstadium für die Aktion begeistert eingetreten war, nach der Sitzung zu Ritter trat und ihn fragte: ‚Wie hat Ihnen denn die Rede unseres Bundeskanzlers gefallen' schaute ihn Ritter mit starrem, eiskaltem Gesicht an und sagte nur ein einziges Wort: ‚Miserabel'."

Nationalstaatsgedanke und Ökonomie — ein Ausblick

Die Idee einer Rekonstruktion Deutschlands vom Wirtschaftlichen her, war damit gescheitert. Die Zeit nach 1931 hat im Prinzip nur bestätigt, daß es die Kraft der Wirtschaft überschätzen hieße, wollte man von ihr die Lösung nationaler Fragen erwarten, an denen die Politik bereits versagt hat. Eine Vollendung des Nationalstaates aus rein ökonomischen Motiven ist seitdem sehr unwahrscheinlich geworden. Sie bedürfte starker machtpolitischer Antriebe und läßt sich nicht aus rein wirtschaftlichen Vernunftsgründen herleiten, wie dies vielleicht noch zu Zeiten Lists der Fall gewesen ist.

Freilich hat sich auch die Gegenthese als falsch erwiesen, die allein schon aufgrund ökonomischer Entwicklungstendenzen eine Überwindung des Nationalstaatsgedankens erhoffte. Solange der Nationalstaat nicht in unzulässiger Weise mit protektionistischen und neomerkantilistischen Handelsdoktrinen verquickt wird, braucht es einen schicksalshaften Gegensatz zwischen nationalem und ökonomischem Denken nicht zu geben. Die Idee der Nation ist keineswegs auf die Forderung wirtschaftlicher Abschottung angelegt. Deshalb schließt auch der Nationalstaat als politisches Gestaltungsprinzip einen freien internationalen Handel nicht notwendig aus. Die sogenannte Stufentheorie, die die Nation nur als eine Zwischenstation auf dem langen Weg von ursprünglich kleinen zu immer größeren Wirtschaftseinheiten ansieht, und die deshalb ihr Aufgehen in größeren politischen Gebilden erwartet, ist historisch nirgendwo bestätigt worden. Grundsätzlich gilt, daß die Idee der Nation, solange sie nicht auf rein ökonomische Wurzeln reduziert und durch sie gerechtfertigt wird, auch nicht ökonomisch widerlegt werden kann. Gleiches gilt vom Nationalstaat. Auch er ist nicht aufgrund irgendwelcher volkswirtschaftlichen Effizienzkriterien konstruiert, sondern beruht auf dem Gedanken der Versöhnung von politischer Herrschaft und nationaler Selbstbestimmung. In ihm kommen staatliche Macht und nationale Freiheit in einer politischen Form zur Deckung. Dies aber entzieht sich ökonomischer Kritik.

Anmerkungen:

[1]) Das Edikt vom 9.10.1807 legte den Martinitag des Jahres 1810 als Stichtag der Bauernbefreiung fest.
[2]) In Österreich lieferte der Burschenschafter Hans Kudlich den Anstoß zur Befreiung der Bauern. Sie ist im wesentlichen sein Verdienst.
[3]) Die Durchführung dieser Schiffahrtsakte ließ freilich noch Jahrzehnte auf sich warten.
[4]) Ähnlich argumentierte schon Goethe. Zu Eckermann sagte er 1828: „Mir ist nicht bang, daß Deutschland nicht eins werde; unsere guten Chausseen und künftigen Eisenbahnen werden schon das ihrige tun."
[5]) Friedrich List, Das nationale System der politischen Ökonomie, Stuttgart, Tübingen 1841
[6]) J.A. Schumpeter, History of Economic Analysis, London 1961, S. 504f.
[7]) Durch Ausgabe der sog. „Rentenmark".
[8]) Hans Kroll, Lebenserinnerungen eines Botschafters, 5. Auflage Köln, Berlin 1967 S. 81f. Kroll wurde später unter Adenauer zum ersten Botschafter der Bundesrepublik Deutschland in Moskau bestellt.

HANS-DIETRICH SANDER

Deutsche Teilstaaten mit beschränkter Souveränität

Es gibt viele stichhaltige Gründe, die beiden Weltkriege als eine historische Größe zu betrachten. Man kann, ohne in einen Streit über die auslösenden Ereignisse einzutreten, feststellen: in beiden Kriegen bildete sich dieselbe antideutsche Koalition mit demselben Ziel, die politische Einheit Mitteleuropas zu zerstören. Die Deutschen, die nach 1945 ein zweites Versailles/St. Germain erwarteten, fixierten sich indessen an einer folgenschweren Täuschung. Sie konzentrierten ihre nationalen Impulse auf einen Punkt, der für die Alliierten keine Rolle mehr spielte. Sie klammerten sich an einen Friedensvertrag, den sie nicht bekommen sollten. Dabei ging ihnen in Etappen der eigene politische Wille verloren.

In der ersten Etappe herrschte mit der Furcht vor einem neuen Diktatfrieden die niederschmetternde Empfindung vor, die Alliierten hätten nichts dazu gelernt. Alsdann erschienen die Friedensdiktate von 1919 den Deutschen in einem rosigeren Licht. Das Aufbäumen gegen die Demütigungen, die Abtrennungen und die Auflagen redeten sie sich als eine Torheit ein, für die sie nun die Zeche zu zahlen hätten. Sie dachten froh sein zu können, wenn sie nur in vergleichbarer Weise gerupft und gebeutelt würden. In einer dritten Etappe versteiften sich die Deutschen auf das Recht zu einem Friedensvertrag. Gleichzeitig dispensierten sie sich von der nationalen Aufgabe, das Deutsche Reich selbst wiederherzustellen. Das sei, konstruierten sie sich, eine völkerrechtliche Verpflichtung der Sieger. Daran hielten sie fest: um so verbissener, je länger der Friedensvertrag ausblieb. Daß sein Ausbleiben kein Zufall war, begriffen damals nur wenige.

Ernst Jünger schrieb in seinem Tagebuch „Jahre der Okkupation" unter dem Datum des 20. August 1945: „Ich las auch die Protokolle von Jalta oder vielleicht nur Auszüge davon, die eine Vorstellung von den fundamentalen Veränderungen gaben, die das Völkerrecht, auch unter europäischen Nationen, erfahren hat. Der Krieg wird, umgekehrt wie bei Clausewitz, in den Frieden ausgedehnt, wenn überhaupt vom Frieden die Rede sein kann." Und am 22. August 1945: „Der Anspruch auf bedingungslose Kapitulation kündet die Absicht an, den Feind unter Sachenrecht zu stellen; Menschen- und Völkerrecht, einschließlich der Unverletzlichkeit der Gefangenen, sind aufgehoben — es wird eine physikalische oder technische Tatsache konstatiert. Man kann den Besiegten ausrotten und austreiben, wie es in unseren Ostprovinzen geschieht, man kann ihn wirtschaftlich vernichten und versklaven, wie es in New York entworfene Pläne vorsehen."

Im Augenblick der Niederlage dachte kaum ein Deutscher an eine politische Zukunft Deutschlands. Der Blutzoll war zu unerhört, die Zerstörung zu verheerend, die Niederlage war zu profund, die Herrschaft der Besatzungsmächte zu lähmend. Ernst Jünger hatte eine allgemeine Stimmung wiedergegeben, als er am Ende seines Tagebuches „Strahlungen" unter dem Datum des 11. April 1945 bemerkte: „Von einer solchen Niederlage erholt man sich nicht wieder wie einst nach Jena oder nach Sedan."

Die Sieger dachten anders. Sie hatten schon im Krieg Vorkehrungen durchdacht, um die Deutschen zu hindern, sich ein weiteres Mal wie ein Phönix aus der

Asche zu erheben. Als die alliierte Strategie in den Grundzügen feststand, zeigte sich, daß die Amerikaner, die Engländer, die Franzosen wohl aus Versailles und St. Germain gelernt hatten. Die wesentliche Erkenntnis war, daß es zur Niederhaltung der Deutschen nicht genüge, ihr Reich zu schwächen und es in geschwächtem Zustand sich selbst zu überlassen.

Entwürfe und Würfe

Der Ausgangspunkt der amerikanischen Gedankengänge zur Lösung der deutschen Frage nach dem Ende des Zweiten Weltkriegs war eine gnadenlose These: Versailles war nicht gescheitert, weil der Vertrag zu hart, sondern weil er nicht hart genug war. Die Hauptfehler wurden darin gesehen, daß der Diktatfriede von 1919 die nationale Identität der Deutschen nicht antastete und der Mehrheit von ihnen das Selbstbestimmungsrecht beließ (ausgeschlossen die Deutsch-Österreicher, die Deutschen in Böhmen und Mähren, die unter das Kunstprodukt Tschechoslowakei gerieten, und die Deutschen in jenen preußischen Gebieten, die sich Polen einverleibte). Die Folge war das genaue Gegenteil der alliierten Kriegsziele. Es bildete sich nach dem Zusammenbruch des zweiten kleindeutschen Reiches in seiner republikanischen Form ein drittes großdeutsches Reich, das den Versailler Vertrag Stück um Stück mit Revisionen außer Kraft setzte, die bis zum Ausbruch des Zweiten Weltkrieges völkerrechtliche Gültigkeit erlangten.

Gleich nach dem Ausbruch des Krieges zwischen dem Deutschen Reich und den Vereinigten Staaten von Nordamerika am 11. Dezember 1941 wurden in Washington auf institutioneller Ebene alternative Pläne zur Teilung Deutschlands durchgespielt. Nach John H. Backers, auf den Akten der National-Archive beruhenden Studie „Die Entscheidung zur Teilung Deutschlands — Amerikanische Deutschlandpolitik 1943–1948", Verlag C. H. Beck, München 1981, war das US-Außenministerium das ganze Jahr 1942 über mit der Frage befaßt: „Ließe sich Deutschland besser als Einheit oder aufgeteilt in mehrere Staaten kontrollieren?"

Es entstand hierbei kein verbindlicher Plan. Aber der Wille zur Zerstückelung des Reiches wurde so fest, daß die Kontrollmöglichkeiten für Deutschland als eine bleibende Einheit nie die Chance einer ernsthaften politischen Erwägung hatten. Die Ergebnisse der Planspiele kam den tatsächlichen Entwicklungen nach 1945 sehr nahe. In Unterausschüssen wurden drei Nachkriegsperioden entworfen: eine erste der Besetzung nach dem Waffenstillstand, eine zweite der politischen Neuorganisationen auf deutscher Seite und eine dritte der Bewährung, die „eine eventuelle Aufhebung der Zerstückelung" in Aussicht stellen würde, jedoch insgeheim darauf setzte, daß infolge einer Kontrolle über Generationen „sich während dieser Zeitspanne die ganze Orientierung der deutschen Bevölkerung ändern könnte." (Bakker, S. 24)

Garantie für eine dauerhafte Teilung würden, nach den Vorstellungen des Department of State von 1942, am besten „drei deutsche Staaten" mit „ausreichender Stärke und Prosperität" bieten. Die Grenzen zwischen diesen drei deutschen Staaten galten noch als disponibel. Für den Fall einer Abtretung Ostpreußens an Polen erschien bereits eine Umsiedlung der deutschen Bevölkerung als ratsam. „Ähnliche Überlegungen", resumierte Backer (S.25) bezogen sich auf die deutsch-tschechische Grenze.

Die Notwendigkeit dieser harten Friedensbedingungen begründeten die Planungsstäbe in Washington mit dem Image der Deutschen als unverbesserliche Agressoren. Nachdem sie zwei Weltkriege entfesselt hätten, müßten sie unter allen Umständen daran gehindert werden, die Welt in eine neue Katastrophe zu stürzen. Diese Propaganda-These setzte sich politisch durch, obwohl die amerikanische

Geschichtsschreibung schon seit 1930 über die Entstehung des Ersten Weltkrieges differenzierter dachte. „In der akademischen Diskussion", bemerkte Backer (S. 16f), „wurde die These von der einseitigen Kriegsschuld Deutschlands fallen gelassen – in der politischen Arena dagegen blieb dieser Schuldspruch unverändert." Die These blieb politisch auch unangefochten, als die angloamerikanische Geschichtsschreibung begann, ebenfalls die Entstehung des Zweiten Weltkrieges differenzierter zu betrachten. Die These war nicht auf den Morgenthau-Plan beschränkt und verschwand infolgedessen mit ihm nicht in der Schublade. Die These blieb eine Konstante der amerikanischen Deutschlandpolitik von Roosevelt bis auf den heutigen Tag.

Stalin hatte zu den kommunistischen Lehren ein souveränes Verhältnis. Er spielte mit der Ideologie und ihren Dogmen. Er achtete die außenpolitische Anstandsregel „Pacta sunt servanda" noch geringer als Lenin. Im Augenblick der Unterzeichnung des Polenpaktes mit Hitler dachte er schon an eine Auseinandersetzung mit dem Dritten Reich. Als die deutsche Wehrmacht in die Sowjetunion einrückte, stieß sie auf offensiv gestaffelte Verbände, die den „Überfall" als einen Präventivschlag erscheinen ließen. Stalins Männer in Washington, die nach dem Kriege enttarnt wurden, haben ihn gewiß über die amerikanischen Pläne zur Zerstückelung des Reiches unterrichtet. Er hätte mit einem entgegengesetzten Konzept im geeigneten Moment den Spieß erneut herumdrehen können: zu einer pax sovietica bis zum Atlantik. Stalin hatte die Statur dazu und entschied sich für die kleine Lösung: die Teilung Deutschlands mit einem sowjetisch beherrschten Bruchstück – unter Eingliederung der geopolitisch interessanten Gebiete Ostpreußens in die UdSSR.

Es wäre jedoch zu einfach, die Wahl der kleinen Lösung der deutschen Frage auf Motive wie Rache und Gier zurückzuführen, wenngleich beide die Leitlinie akkompagnierten. Die Deutschlandpolitik Stalins folgte den Grundtendenzen der russischen Außenpolitik in westlicher Richtung: „mit allen Mitteln nach der Vernichtung unserer Machtstellung zu trachten" (Max Weber, Bismarcks Außenpolitik und die Gegenwart, 1915). Rußland liebte es immer, gute Beziehungen zu deutschen Kleinstaaten zu haben und diese gegeneinander auszuspielen. Schon das Zweite Reich war den Russen zu groß; Bismarck hatte geahnt, daß der Rückversicherungsvertrag nicht mehr bedeutete als eine Garantie auf Zeit. Die Russen griffen nach Ostpreußen nicht schon im Ersten Weltkrieg. Hätte Maria Theresia Friedrich den Großen besiegt, wäre Ostpreußen schon am Ende des dritten schlesischen Krieges in die Hände der Russen gefallen.

Russische Teilungspläne traten ein halbes Jahr nach dem Ausbruch der Kampfhandlungen zwischen dem Dritten Reich und der Sowjetunion hervor, als Stalin im Dezember 1941 in Moskau dem britischen Außenminister Eden vorschlug, das Rheinland und Bayern von Preußen abzutrennen, die Unabhängigkeit Österreichs wiederherzustellen und deutsche Ostgebiete zwischen Polen und der Tschechoslowakei aufzuteilen. 1944 sagte Stalin zu Tito: „Dieser Krieg ist nicht wie in der Vergangenheit: wer immer ein Gebiet besetzt, erlegt ihm auch sein eigenes System auf" (Milovan Djilas, Gespräche mit Stalin, Zürich o. J., S. 146). Die Instruktionskurse für kommunistische Funktionäre aus den Ländern, mit denen sich die UdSSR im Krieg befand, liefen auf der Kominternschule in der baschkirischen Stadt Kuschnarenkowo seit 1942, getrennt in Ländersektionen; seit der Zeit auch für Deutsche und Deutsch-Österreicher in verschiedenen Gruppen. Bei Einmarsch der Sowjetarmeen in diese Länder wurden sie ad hoc zu Einsatzgruppen zusammengestellt; für die deutschen Kommunisten war das im Februar 1945 der Fall.

Die englischen Pläne für eine Zerstückelung des Deutschen Reiches wurden noch ein Jahr vor den sowjetrussischen bekannt: am 10. Dezember 1940, als Winston Churchill forderte, Preußen zu verkleinern, in einem separaten Staat Bayern, Württemberg, Baden, Österreich und Ungarn zusammenzuschließen mit Wien als Hauptstadt, und das Ruhrgebiet einschließlich Westfalens unter internationale Kontrolle zu stellen. Den sowjetrussischen Zielen in Osteuropa kam Churchill wie Roosevelt entgegen. Am 20. Februar 1944 erklärte Churchill in einem Brief an den amerikanischen Präsidenten das britische Einverständnis mit einer Westverlagerung Polens, stimmte zu, daß Danzig, der Süden Ostpreußens und Schlesien bis zur Oder-Neiße an Polen fallen und die Deutschen aus diesen Gebieten entfernt werden sollen. Eine systematische Gestalt nahmen die britischen Pläne trotz ihrer Priorität nicht an. Es entsprach der Rolle, die Großbritannien im Bündnis spielte.

Die französische Exilregierung war bei der Formulierung der alliierten Kriegsziele überhaupt nicht gefragt. General de Gaulle lehnte aus diesem Grunde die Vereinbarungen von Jalta. Aber statt nun gegen die drohende amerikanisch-russische Doppelhegemonie das kontinentaleuropäische Interesse an einer Erhaltung des Deutschen Reiches mobil zu machen, begnügten sich die Franzosen, als Mitsieger im weiteren Vollzug des Testamentes von Richelieu an der Zerstückelung teilzuhaben; sie wollten sie womöglich noch überbieten. Die Chancen, die sich aus einem Gegenentwurf für den Ausbau der eigenen Position ergaben, nahm auch de Gaulle nicht wahr. Er sah dabei so kurz wie Stalin, aber auch wie Churchill. Der britische Premier hatte einst den Amerikanern vorgeworfen, durch ihr Eintreten in den Ersten Weltkrieg den 1917 greifbaren Verständigungsfrieden mit den Mittelmächten verhindert zu haben; im Zweiten Weltkrieg lehnte er selbst jedes Friedensangebot von deutscher Seite ab. Churchill war auf die amerikanische Propaganda-These von der deutschen Weltpest voll eingeschwenkt.

Mittel und Wege

Die „Großen Drei" haben von 1943 – 1945 eine Reihe von Kriegskonferenzen abgehalten, um die Teilungsabsichten konkreter zu fassen, sie untereinander abzustimmen und die Modalitäten der Verwirklichung und eines dauerhaften Funktionierens zu erörtern.

Es kamen zu Beratungen zusammen: Roosevelt und Churchill in Casablanca vom 14. bis 23. Januar 1943 – Roosevelt und Churchill in Quebec vom 19. bis 24. August 1943 – Hull, Eden und Molotow zur sogenannten Außenministerkonferenz in Moskau vom 19. bis 30. Oktober 1943 – Roosevelt, Churchill und Stalin in Teheran vom 29. November bis 1. Dezember 1943 – Roosevelt und Churchill wieder in Quebec vom 11. bis 16. September 1944 – und schließlich Roosevelt, Churchill und Stalin vom 1. bis 11. Februar 1945 in Jalta.

Die Lehren von Versailles wurden hier in wahrhaft revolutionärer Manier gezogen. Sie setzte sich ohne jede Hemmung über die letzten Reste des klassischen Völkerrechts hinweg, das, schon lange durch die Wiederbelebung des „gerechten Krieges", die den Feind diskriminiert, und die Ächtung des „Angreifers", die den Kriegsgrund auf den Anlaß reduziert, in seiner zivilisatorischen Gewalt beeinträchtigt, wenigstens noch eine herabmildernde Rolle im Gewissen hatte. In Versailles gab es noch Fassaden, die nicht nur vortäuschten, sondern auch abwehrten. Auf diesen Kriegskonferenzen jedoch herrschte die unverbrämte Willkür der potentiellen Sieger.

Am Anfang stand in Casablanca die Formel von der „bedingungslosen Kapitulation", die den Deutschen in den Tagen des Opferganges ihrer 6. Armee ein allgemeines Stalingrad-Schicksal ankündigte. Sie sollten sich bei der Kapitulation, zu der man sie zu zwingen gedachte, auf keine verbindlichen Erklärungen berufen dürfen und auf keine internationalen Rechtsgrundsätze hoffen können. Die bedingungslose Kapitulation stellte Deutschland außerhalb der Gesetze. So legte am 22. April 1944 Churchill im britischen Unterhaus den Zweck der Formel offen: „daß kein Vertrag und keine Verpflichtung die Alliierten im Moment der Kapitulation binden werden. So kommt es beispielsweise nicht in Frage, die Atlantikcharta auf Deutschland im Sinne einer Rechtsgrundlage anzuwenden oder territoriale Veränderungen und Grenzberichtigungen bei feindlichen Ländern auszuschließen. Wir werden keinerlei Argumente gelten lassen, wie sie Deutschland nach dem letzten Weltkrieg mit der Behauptung, aufgrund der ‚14 Punkte' Wilsons kapituliert zu haben, vorgebracht hat. ‚Bedingungslose Kapitulation' bedeutet, daß die Sieger freie Hand haben."

In welcher Weise das Dritte Reich selbst in den Niedergangsstrudel des Jus publicum Europaeum hineingerissen war, konnte damals noch nicht abgemessen werden. Das spielte bei diesen Erklärungen auch keine Rolle. Das entscheidende Motiv war, über Versailles hinaus zu gehen. So weit das hors la loi moralische Motive hatte, stützte es sich auf die alliierte Kriegspropaganda, deren eingestandenes Erfindungsvolumen jeder in Sefton Delmers Memoiren „Die Deutschen und ich" nachschlagen kann.

Das zweite umstürzlerische Mittel war, den Zweiten Weltkrieg ohne einen Friedensvertrag zu beenden. Einen Tag nach der ersten Konferenz von Quebec hatte der amerikanische Kardinal Spellman ein vertrauliches Gespräch mit Roosevelt, über das er ein Memorandum anfertigte. Es heißt da hierzu: „Zwischen Roosevelt und Churchill ist Übereinstimmung erreicht, daß Deutschland in verschiedene Staaten aufgeteilt wird. Es wird keine Zentralregierung mehr haben, sondern unter der Oberherrschaft der Großen Vier, vor allem Rußlands, stehen. Einen Friedensvertrag wird es nicht geben, sondern einen Erlaß der Großen Vier." (Robert J. Gannon, Kardinal Spellman, Neuenbürg, 1963, S. 189ff.)

Dieser vorsätzliche Friedensvertragsentzug hatte erstens den Zweck, den Deutschen keinen Ansatz für eine Revisionspolitik zu bieten, wie Hitler sie nach Versailles und St. Germain erfolgreich und überzeugend geführt hatte, und lieferte zweitens die Möglichkeit, den Krieg gegen Deutschland mit anderen Mitteln fortzusetzen. „Einen Friedensvertrag wird es nicht geben" – dieser Rooseveltsche Satz bedeutete de jure und de facto, daß nicht beabsichtigt war, nach dem Waffenstillstand die Feindseligkeiten gegen die Deutschen einzustellen. Die UNO lieferte später mit den Feindstaatenklauseln ihrer Satzung für den Fortgang des Krieges gegen Deutschland auf anderer Ebene den legalen Rahmen – um das Wort völkerrechtlich zu vermeiden, das hier wirklich nicht angebracht ist, wenn man diese Disziplin noch ernst nehmen will. Ernst Jünger war bei seiner Tagebucheintragung vom 20. August 1945 über die Umkehr der Formel von Clausewitz sehr hellhörig gewesen.

Ein drittes Mittel zur Tilgung wohlerworbener und anerkannter Rechte schlug Stalin vor, als er in Teheran zur Eindämmung des deutschen Wiedervereinigungswillens eine Strategie der Integrationen zur Sprache brachte: „Der ganze Zweck irgendeiner internationalen Organisation zur Erhaltung des Friedens werde es sein, diese Tendenz seitens der Deutschen zu neutralisieren und gegen sie wirtschaftliche und andere Maßnahmen und, falls erforderlich, Gewalt anzuwenden, um ihre Wiedervereinigung und Erneuerung zu verhindern." Man dachte damals noch in den Kategorien der one world. Als die Rivalität der Supermächte ausbrach, wurde das allgemeine Instrumentarium der UNO ergänzt um die speziellen Integrationsinstrumente: im Westen der Nordatlantik-Pakt und die EG, im Osten der Warschauer Pakt und des COMECON.

Der Respekt vor den Deutschen muß damals noch sehr groß gewesen sein, daß man zu ihrer Niederhaltung ein System ersann, das keinen Ausschlupf zeigte. Stalin sagte in Teheran sogar: „Es gibt keine Maßnahmen, die die Möglichkeit einer Vereinigung Deutschlands ausschließen werden", und fügte hinzu, „es werde seitens der Deutschen stets ein starker Drang zur Vereinigung vorhanden sein." Churchill hoffte, „Deutschland für wenigstens fünfzig Jahre geteilt zu halten." Der politische Realismus der Russen und der Engländer verbot offensichtlich Spekulationen, wie sie die Amerikaner anstellten, als sie wähnten, es könnte sich in der Periode der Bewährung die ganze Orientierung der Bevölkerung ändern. Einig waren sie sich indessen alle, die Deutschen zu einer Politik zu nötigen, in der es ihnen nicht möglich sein würde, das Selbstbestimmungsrecht auszuüben.

Der systematische Nenner der alliierten Deutschlandpolitik zur Verhinderung eines neuen Deutschen Reiches unter Anwendung der Lehren aus Versailles war, deutsche Teilstaaten mit beschränkter Souveränität zu schaffen.

Die Deutschen haben sich aus vielschichtigen Gründen um diesen Tatvorsatz und Tatbestand herumgedrückt. Zunächst, weil er lange verschleiert blieb. Als sich die dunklen Ahnungen verfestigten, haben die meisten ihn leise bis lebhaft verdrängt, wie das Unerfreuliche, gegen das kein Kraut gewachsen ist. Die ewigen Mitläufer stellten sich eiskalt auf die neuen Karrierebedingungen ein, die ein Nachdenken über diese Dinge ausschlossen. Wer noch deutsche Positionen wahren wollte, versteifte sich auf Rechtspositionen. Das war verständlich: das Recht ist die einzige Waffe des Wehrlosen, wenn sie auch oftmals stumpf ist. Die Rechtspositionen nach 1945 waren mehr als stumpf; sie bröckelten ab.

Man klammerte sich zu Beginn an die Verpflichtung zur deutschen Einheit, die nach der vollzogenen bedingungslosen Kapitulation die Alliierten in der „Erklärung in Anbetracht der Niederlage Deutschlands und der Übernahme der obersten Regierungsgewalt hinsichtlich Deutschlands", unterzeichnet von Marschall Schukow, General Eisenhower, Feldmarschall Montgomery und General de Lattre de Tassigny am 5. Juni 1945 in Berlin-Karlshorst, und im „Potsdamer Abkommen" eingegangen seien, das Stalin, Truman und Churchill vom 17. Juli bis zum 2. August trafen. Aber diese Verpflichtung war eine einseitige deutsche Interpretation. Sie leitete aus der Formel, daß die Alliierten bei der Festlegung der Besatzungszonen das Deutsche Reich in den Grenzen von 1937 zugrundelegten, eine Fortexistenz des Deutschen Reiches in diesen Grenzen ab, und aus der Übernahme der obersten Regierungsgewalt eine Verantwortung für seine Wiederherstellung. Die deutschen Interpreten glaubten sich auf flankierende Erklärungen stützen zu können, die festlegten, daß Dinge, die Deutschland als Ganzes betreffen, vom Kontrollrat gemeinsam geregelt werden sollen, und daß die deutsche Wirtschaft als eine Einheit zu behandeln sei.

Die deutschen Interpreten setzten irrtümlicherweise voraus, daß mit diesen Erklärungen der Beginn eines Prozesses gesetzt sei, der über eine Friedenskonferenz zu einem Friedensvertrag für Deutschland als Ganzes führen werde. Sie begriffen deshalb nicht, daß mit dem Verweis auf die Grenzen von 1937 die völkerrechtlich, auch einst von den Siegermächten, anerkannten Revisionen des Versailler Vertrages für null und nichtig erklärt wurden, aber nicht die Unteilbarkeit des Restes proklamiert werden sollte. Sie übersahen deshalb, daß die Dinge, die Deutschland als Ganzes betreffen, nicht nur eine inhaltlose, sondern auch eine tendenzfreie Wendung war, und daß die Behandlung der deutschen Wirtschaft als eine Einheit, die übrigens bald aufhörte, allein der Befriedigung der notwendigsten Bedürfnisse in der Bevölkerung und der Abführung der Reparationen an die Alliierten diente. Die Erklärungen von Karlshorst und Potsdam betrafen praktische Regelungen für eine Übergangszeit. Die bemühten Formulierungen hätten eine spätere Wiedervereinigung der Besatzungszonen nur präjudizieren können, wenn die Alliierten die deutsche Sicht übernommen hätten. Das ist nie geschehen.

Die Alliierten widersprachen den deutschen Interpretationen allerdings auch nicht, die ihnen unterstellten, von der Zerstückelung des Reiches Abstand genommen zu haben. Sie waren sich darüber im Klaren, daß ihre rigorosen Teilungspläne trotz der schrankenlosen Macht, die sie in ihren Besatzungszonen ausübten, nur durchgeführt werden könnten, wenn es gelänge, für eine Zeitlang die Deutschen zu täuschen und sie so einzuwickeln, daß sie ihnen dabei, aus welchen Gründen auch immer, behilflich sein würden. Die Voraussetzung war, daß die Ursachen für die Entstehung der Teilstaaten aus den Besatzungszonen von den Deutschen in der imponderablen Entwicklung der Nachkriegspolitik gesucht werden würden. Dafür erwiesen sich die Illusionen über die Erklärungen von Karlshorst und Potsdam als denkbar dienlich. Laut John H. Backer (S. 113) erkannten die Amerikaner spätestens im September 1946 die Notwendigkeit der ganzen Welt klar zu machen, daß die Aufsplitterung Deutschlands nicht wegen sondern trotz der amerikanischen Politik statthaben würde.

Es begann zwischen den Amerikanern und den Engländern auf der einen und den Russen auf der anderen Seite das Buhlen um die Gunst der Deutschen in ihren jeweiligen Zonen mit Wiedervereinigungsversprechen und das Spiel, den schwarzen Peter den Anderen zuzuschieben. Offen traten nur die Franzosen für die Zerstückelung ein. Stalin begann diese Partie, die der „Kampf um Deutschland" genannt wurde, schon am Tage der bedingungslosen Kapitulation. Er verkündete am 8. Mai in einer „Proklamation an das Volk", daß die UdSSR nicht beabsichtige, Deutschland zu zerstückeln, ohne danach nur im mindesten die Stoßrichtung seiner Deutschlandpolitik in der Praxis zu mildern. Stalin ließ die Sowjetisierung der russischen Zone noch vor der Konferenz der alliierten Oberbefehlshaber in Karlshorst anlaufen. Stalin hatte schon während des Krieges nach seinem Tagesbefehl an die Rote Armee vom 23. Februar 1942 mit der berühmten Parole „Die Erfahrungen der Geschichte besagen, daß die Hitler kommen und gehen, aber das deutsche Volk, der deutsche Staat bleibt", die um den Widerstand im Dritten Reich warb, die russischen Teilungspläne mitnichten der Makulatur überantwortet. „Der Westen wird sich Westdeutschland zu eigen machen, und wir werden aus Ostdeutschland unseren eigenen Staat machen." Dieser Satz Stalins aus Gesprächen mit jugoslawischen Kommunisten im Februar 1948 (Djilas, S. 195) war und blieb die sowjetrussische Generallinie. Der Rest war Täuschung. Die Alliierten gewannen dieses Spiel auf der ganzen Linie. Noch glaubt, quer durch die Teilstaaten, die Mehrheit der Deutschen, daß die Russen, eine Minderheit, daß die Amerikaner die Hauptschuld an der deutschen Teilung tragen.

Unter diesen günstigen Umständen schritten die Sieger zur Gründung der deutschen Teilstaaten, von denen nach alliiertem Willen keiner so unabhängig und mächtig werden sollte, um als ein deutsches Piemont das Deutsche Reich auf eigene Faust wiederherzustellen. Daß die Besatzungsmächte die Initiatoren dieser Gründungen waren und die Form dieser Gemeinwesen fundamental bestimmten, wird heute bei der Aufarbeitung der Nachkriegsjahre durch die zeitgeschichtliche Literatur nicht mehr ernsthaft bezweifelt. Das bedeutet, nach dem Zuschnitt der politischen Führungsschichten, den die Siegermächte ebenfalls gründlich inspizierten, nicht, daß diese wissenschaftlichen Erkenntnisse politische Früchte tragen. In den USA griff die differenzierte Sicht der Ursachen des Ersten und des Zweiten Weltkrieges bis heute nicht auf die Ebene politischer Entscheidungen über. Die bis zu wesentlichen Einzelheiten gehende Programmierung der deutschen Nachkriegsentwicklung durch die Sieger war damals noch nicht so durchsichtig. Man kann es den Deutschen schließlich schlecht vorhalten, daß die Praktiken der fremden Herrschaftsausübung in den Besatzungszonen sie irritierten. So verschieden die Modalitäten bei den Supermächten waren — die Russen waren seit Alters her gewohnt, mit Furcht und Verwirrung zu regieren, die Amerikaner mit schmeichelnder und smarter Heuchelei — : sie hatten den gemeinsamen Zug, ihre Absichten hinter manipulativen Schaustellungen und Bekundungen zu verbergen. Das klassische Staatsrecht nannte solche Verschleierungen Simulacra. Das hatte es, was immer geschah, in der deutschen Geschichte nie gegeben.

Ein Simulacrum war schon die Atlantikcharta. Sie verkündete feierlich allen Völkern die politische, territoriale, geistige und religiöse Selbstbestimmung, die Roosevelt und Churchill, die sie zwischen Beten und Bibellesen auf einem Kriegsschiff verfaßten, mit Hilfe einer Macht zu erstreiten gedachten, die, wie die Sowjetunion, diese Prinzipien noch weniger achtete als das feindliche Dritte Reich, dessen demokratisierten Nachfolgestaaten sie bis auf die religiöse Komponente vorenthalten werden sollten — und auch diese Komponente sollte von Anbeginn in den Dienst der Niederhaltung der Deutschen gestellt werden.

„Ich bin ein Berliner" — dieses umjubelte Wort Kennedys nach dem Bau der Mauer in Westberlin ist ein geradezu klassisches Simulacrum gewesen und ein peinliches Beispiel für die Arglosigkeit, in der die Deutschen sich an der Nase herumführen ließen. Nachdem der ausgekochte Demagoge die Entzückung der Menge genoß, ließ er seinen General Lucius Clay in Bonn die Grundzüge der amerikanischen Deutschlandpolitik nach dem Mauerbau ausrichten, die schon alle Elemente der späteren Ostpolitik enthielten, von der dann Kissinger wiederum später in seinen Memoiren sagen sollte, sie sei dem Weißen Haus von dem „Nationalisten" Willy Brandt aufgenötigt worden.

Clay, Kennedy, Kissinger — es gibt keine amerikanischen Politiker, die nach 1945 bei den Deutschen populärer geworden sind und alle drei handelten zutiefst germanophob: der „Held der Luftbrücke" war ein unerbittlicher Verwalter alliierter Rachejustiz, der „Berliner" einigte sich mit Chruschtschow auf dem Rücken der Deutschen und das „Entspannungsgenie" sagte über die Folgen seiner Politik einmal achselzuckend, in einem Jahrzehnt würde ganz Europa marxistisch sein.

Die Gründungen

Um das wahrscheinliche Ende dieses trüben Kapitels mitteleuropäischer Geschichte vorwegzunehmen: Jede politische Einheit verfügt, wie immer sie zustande gekommen ist, über eine relative Kohärenz. Solange die täglichen Geschäfte und Bedürfnisse befriedigend abgewickelt werden, spielt die Genesis keine Rolle. Solange die Suppe schmeckt, fragt keiner, wer sie ihm eingebrockt hat. Dann stachelt nicht einmal entehrende Abhängigkeit zur Emeute. Die aufgeklärten Parasiten dieser Despotie wissen das; sie speisen mit diesem Herrschaftswissen ihre unberechtigte, schwer erträgliche Arroganz. Wenn es im Gebälk aber knackt, fragt man nach den Baumeistern. Sind es Fremde gewesen, fällt es leicht, das mißratene Gebäude einzureißen und neue Fundamente zu legen, wenn es die Machtverhältnisse gestatten; ist indessen die eigene Substanz verbraucht, nützt auch die Gunst einer zufälligen Freiheit nicht. Die Solidität der deutschen Teilstaaten mit begrenzter Souveränität hat ihre Grenze in Stalins Zweifel, ob es Maßnahmen geben kann, auf Dauer die Deutschen von ihrem eingeborenen Drang nach Wiedervereinigung abzuhalten. Es ist schon oft in der Geschichte vergeblich versucht worden.

1. Bundesrepublik Österreich

Die Geburtsstunde der zweiten Wiener Republik war die Moskauer Außenministerkonferenz im Oktober 1943. Der Russe Molotow, der Amerikaner Hull und der Brite Eden trennten die österreichischen Bundesländer wieder vom Deutschen Reich ab. Bis dahin hatten selbst die österreichischen Exilparteien den Anschluß von 1938 nicht wieder preisgeben wollen. Ausnahmen waren in Moskau die KP-Emigranten und in Washington Otto v. Habsburg in der Beraterschar des Präsidenten Franklin Delano Roosevelt. In der österreichischen „Unabhängigkeitserklärung" vom 27. April 1945 zitieren die Unterzeichneten, darunter Karl Renner und Adolf Schärf, dessen Ansichten zum status quo ante einschlägig bekannt sind, in einer staatsrechtlich unangreifbaren List an entscheidender Stelle der Präambel die Inauguration von jenseits der Grenzen in extenso: „Die Regierungen Großbritanniens, der Sowjetunion und der Vereinigten Staaten von Amerika kamen überein, daß Österreich, das erste freie Land, das der Hitlerschen Aggression zum Opfer gefallen ist, von der deutschen Herrschaft befreit werden muß. Sie betrachten den Anschluß, der Österreich am 15. März 1938 von Deutschland aufgezwungen worden ist, als null und nichtig. Sie geben dem Wunsche Ausdruck, ein freies und wiederhergestelltes Österreich zu sehen und dadurch dem österreichischen Volke selbst, ebenso wie anderen benachbarten Staaten, vor denen ähnliche Probleme stehen werden, die Möglichkeit zu geben, diejenige politische und wirtschaftliche Sicherheit zu finden, die die einzige Grundlage eines dauerhaften Friedens ist."

Es spricht für den hohen Bewußtseinsgrad dieses Aktes, dessen nicht faßbare Subversivität die anderen Unterzeichneten, der ÖVPler Kunschak und der KPler Koplenig, offensichtlich nicht merkten, daß der Nachsatz der Moskauer Erklärung, der das freie Österreich gleich wieder einschränkte, in den Kodex der „Unabhängigkeitserklärung" eingegangen, ist und zwar unter dem so korrekten wie entlarvenden Auftakt „in pflichtgemäßer Erwägung". Der Nachsatz lautet: „Jedoch wird Österreich darauf aufmerksam gemacht, daß es für die Beteiligung am Kriege auf Seiten Hitlerdeutschlands Verantwortung trägt, der es nicht entgehen kann, und daß bei der endgültigen Regelung unvermeidlich sein eigener Beitrag zu seiner Befreiung berücksichtigt wird." Der eigene Befreiungsbeitrag war gleich Null. Seine Zitierung kündete an, daß die Unabhängigkeit Österreichs von besonderer Art sein werde.

Die endgültige Regelung war von den Alliierten auf das Jahr 1955 festgesetzt worden, und zwar von Anfang an — wie beim Abzug der Besatzungsmächte ein britischer Offizier Nikolaus v. Preradovich kaltblütig erklärte. Sie brachte Österreich am 15. Mai 1955 den Staatsvertrag mit dem Anschlußverbot, das gleich jedwede, auch propagandistische Verstöße unter Strafe stellte, und die Neutralitätsauflage, die im Neutralitätsgesetz vom 26. Oktober 1955 allerdings mit der Umschreibung wiedergegeben wurde: „Zum Zwecke der dauernden Behauptung seiner Unabhängigkeit nach Außen und zum Zwecke der Unverletzlichkeit seines Gebietes erklärt Österreich aus freien Stücken seine immerwährende Neutralität."

Das neue österreichische Establishment spielte bereits das Spiel der Alliierten mit. Die Neutralität und der Abzug der Besatzungstruppen, hieß es, seien von den Herren Raab und Figl in Moskau „ersoffen" worden. In der DDR und in der BRD wurden die Deutschen neidisch auf diese gewieften Politiker und ihre hohe, offenbar aus der Donaumonarchie ererbte Staatskunst, und sie haderten mit ihren eigenen, unbedarfteren Politikern. Solche Effekte waren wohl mitbeabsichtigt gewesen. Denn die österreichische Neutralität war nicht nur ein Mittel zur Zerstückelung des Reiches: sie war ebenso eine Anwendung der klassischen Maxime divide et impera. Die Österreicher kamen sich allmählich im Vergleich zu ihren deutschen Landsleuten in der DDR und in der BRD politisch privilegiert vor und gefielen sich oft in mokanten Anwandlungen. Das war nicht unberechtigt. Sie segelten im Windschatten der Zeit, in dem sich manche deutschen Züge reiner erhalten konnten.

Jedoch hat sich in Abständen die Rede von der selbstgewählten Neutralität immer wieder auf die Umstände der Entstehung besinnen müssen. Die Neutralität Österreichs ist eben nicht mit der Neutralität der Schweiz vergleichbar: die letztere ist ohne Signatarmächte entstanden, die aus dem Gründungsakt ein ständiges Aufsichtsrecht ableiten. Dies wird besonders gern von der Sowjetunion wahrgenommen, wenn ihr die wirtschaftliche Verflechtung zwischen der österreichischen und der westdeutschen Bundesrepublik zu dicht erscheint – obwohl der Wirtschaftsverkehr im Neutralitätsgesetz nicht erwähnt ist. Aber auch von den Amerikanern, wenn ihnen der wachsende Handel Wiens mit dem Osten nicht gefällt. Neuerdings auch von Israel, wenn Österreich seine „Beteiligung am Kriege auf seiten Hitlerdeutschlands" leichtfertig vergißt. In solchen Fällen wird die Rücksicht auf das Ausland zur Staatsräson.

Die Besinnung auf die Umstände des Entstehens gehen dann von 1955 auf 1945 und von 1945 auf 1943 zurück, und man sieht die Männer, die an der Wiege der zweiten Wiener Republik standen: der russische Außenminister Molotow, der amerikanische Außenminister Hull und der britische Außenminister Eden – dahinter eine Handvoll österreichischer Kommunisten und Monarchisten. Die Achillesferse der Neutralität Österreichs ist ihr vorsorglich eingebauter Souveränitätsdefekt.

2. Deutsche Demokratische Republik

Die deutschen Kommunisten haben im Gegensatz zu ihren „österreichischen" Genossen die Zerstückelung Deutschlands nicht teilnahmslos und widerspruchslos hingenommen. Als die Absicht von der Abtrennung der deutschen Ostgebiete im sowjetischen Exil durchsickerte, legten Pieck, Ulbricht und Becher Protest bei Stalin ein, der sich darum nicht scherte. Noch in den ersten Jahren der Sowjetischen Besatzungszone konnte man gelegentlich Hinweise auf den provisorischen Charakter der Oder-Neiße-Grenze finden. Das war mit dem Gründungsakt des Teilstaates DDR vorbei. Seit dem 7. Oktober 1949 ist für die Oder-Neiße-Grenze die Bezeichnung Friedensgrenze obligatorisch geblieben. Die Machtverhältnisse waren in ihrer Präsenz zu eindeutig. Die DDR wurde an einer strategisch exponierten Position des Sowjetimperiums gegründet, an welcher der Kreml keine nationalen Abweichungen zulassen konnte. Eine eiserne Kaderpolitik sorgte dafür, daß in der DDR nur Politiker und Militärs an die Spitze kamen, die im Sinne Moskaus als zuverlässig gelten konnten. Als Ulbricht 1970 zu eigenwillig wurde, setzten ihn seine sowjetischen Freunde ab. Es hat in der DDR nie eine oppositionelle Strömung gegeben, die keine Deckung gehabt hätte durch gleichgesonnene, einflußreiche Kreise in der Sowjetunion. Stürzten diese, war es auch mit jener zu Ende. Der Gedanke einer Rückgabe deutscher Ostgebiete an die DDR ist für die UdSSR nie mehr gewesen als eine Geste der Drohung gegenüber den aufsässigen Polen. Im Hinblick auf Wiedervereinigungstendenzen mit der BRD hat die DDR immer am Verwirrspiel Moskaus Bonn gegenüber teilgenommen; es war immer auch ein Verwirrspiel gegenüber der eigenen Bevölkerung, um ihr von Zeit zu Zeit zu suggerieren, die Teilung läge allein an den Amerikanern. Zur Zeit übt die DDR Druck auf Bonn aus, um voll anerkannt zu werden. Diese Forderung nach vollendeter Spaltung bedeutet nicht, daß nicht auch Honecker sich um 180 Grad wenden würde. Aber das würde voraussetzen, daß die Sowjetunion ihr Konzept der Zerstückelung des Reiches, das tief in der russischen Außenpolitik wurzelt, aufgäbe. Auf dem Papier ist die DDR souverän. Aber ihre Verfassung ist ein Simulacrum. Das Abwesen ausübbarer Souveränität hat das straff organisierte Funktionärskorps nicht sowjetfreundlich gestimmt. Es kann als sicher gelten, daß, infolge des russischen Druckes auf die DDR, in der Bevölkerung der DDR das Nationalgefühl stärker entwickelt ist als in der Bevölkerung der anderen deutschen Teilstaaten.

3. Bundesrepublik Deutschland

Die Bonner Republik ist die musterhafte Ausführung eines raffinierten Planes. Er wurde schon 1944 entworfen: von Louis Nizer in seinem Buch „What to do with Germany?". Er basierte auf zwei Hauptgedanken: die Amerikaner sollten erstens bei der Umerziehung im Hintergrund bleiben und es die Deutschen selber machen lassen und zweitens die Deutschen durch einen rasch florierenden Wohlstand von ihren nationalen Emotionen und Zielen ablenken, bis sie sie schließlich vergessen. Das Buch, das zehntausende amerikanischer Soldaten bei ihrem Einmarsch in Deutschland mit sich führten, ist von den Deutschen kaum zur Kenntnis genommen worden. Sie waren auf den Morgenthau-Plan fixiert und den Amerikanern unendlich dankbar, als sie ihn ad acta legten. Den wattierten Teufelsfuß merkten sie nicht.

Gleichwohl begriff sich die Bundesrepublik Deutschland bei ihrer Gründung am 23. Mai 1949 als den deutschen Kernstaat. Im Grundgesetz, bei dessen Schöpfung General Clay die amerikanischen Interessen rigoros vertrat, wurden ähnliche pièces de résistance eingebaut wie in die österreichische „Unabhängigkeitserklärung". Der Art. 146 mit dem Text „Dieses Grundgesetz verliert seine Gültigkeit an dem Tage, an dem eine Verfassung in Kraft tritt, die von dem deutschen Volke in freier Entscheidung beschlossen worden ist" ist ein ziemlich offener Hinweis darauf, daß dieses Grundgesetz eben nicht in freier Entscheidung beschlossen wurde. Und in der Präambel verpflichtete sich die BRD, die „nationale und staatliche Einheit" der Deutschen zu wahren.

Diese Korrekturen waren auch notwendig, denn in dieser Verfassung ist nur von individuellen Rechten und von den Menschenrechten, aber nirgends von den Rechten des deutschen Volkes die Rede. Der Begriff der Souveränität taucht nur an einer einzigen Stelle auf: ausgerechnet bei der vorgesehenen Übertragung souveräner Rechte auf internationale Organisationen. Trotzdem konnten die Korrekturen keine dynamische Politik in Gang setzen. Das lag nicht nur daran, daß die Amerikaner nach einem Schlachtplan von Roosevelt aus den Märztagen des Jahres 1943 „Differenzen und Mannigfaltigkeiten" unterstützten, die „in Deutschland für eine separatistische Bewegung" günstig sind, damit die Deutschen „einer Teilung zustimmen, die der deutschen öffentlichen Meinung entspricht." (Backer, S. 26)

Der Hauptfehler lag darin, daß Bonn in seiner Deutschlandpolitik von Fiktionen und Fehleinschätzungen ausging. Eine Fiktion war die Annahme, die Alliierten hätten mit ihren Erklärungen von Karlshorst und Potsdam die Fortexistenz des Deutschen Reiches in den Grenzen von 1937 festschreiben wollen. Eine Fehleinschätzung war die Ansicht, die drei Westmächte hätten mit dem Bekenntnis zur Verantwortlichkeit in bezug auf Deutschland als Ganzes im Deutschland-Vertrag von 1955 sich auf eine Wiederherstellung Deutschlands innerhalb jener Grenzen festgelegt. So wie die Erklärungen von 1945 nur Versailles und St. Germain wieder in Kraft setzten, bedeutete der alliierte Deutschlandvorbehalt der Westmächte nur, daß die deutsche Politik weiterhin von ihnen und nicht von Bonn bestimmt würde.

Man war deshalb in Bonn total überrumpelt, als das nach der Zäsur des Mauerbaus ziemlich handgreiflich praktiziert wurde. General Clay erklärte den Bonner Politikern nun, „daß mit einer Veränderung des Status quo in Deutschland auf erdenkliche Zeit nicht mehr zu rechnen sei, daß daher künftig von den

‚Realitäten' auszugehen und auf dem Wege über Verhandlungen mit der Sowjetunion und mit der DDR allenfalls gewisse Erleichterungen für die Berliner und für die Deutschen im gespaltenen Land insgesamt zu erreichen seien." („Die Welt", 12.10.1983) Das war eine genaue Programmskizze der Ostpolitik, die zehn Jahre später über die Bühne ging, in der noch nicht de jure, aber de facto alle Grundsätze der Bonner Deutschlandpolitik abgeschrieben wurden.

Warum wurde diese Politik erst zehn Jahre später durchgeführt? Und warum fanden die deutschen Gegner dieser Politik in diesen zehn Jahren keine Mittel und Wege, sie zu verhindern?

Die Amerikaner sind keine Russen. Sie hätten damals in Bonn dafür keine parlamentarische Mehrheit finden können. Sie erkannten aber auch, daß sie mit Adenauer eine solche Politik nicht machen könnten, und sie sorgten dafür, wie Kissinger in seinen Memoiren verriet, daß er seine Regierungszeit vorzeitig beenden mußte. (Bd. 1, Teil IV, Kapitel 4). Man hat Adenauer mit Recht vorgeworfen, seinen Abstieg eingeleitet zu haben, indem er nach dem Mauerbau nicht gleich nach Berlin flog. Seit der Untersuchung „Unionsparteien, Sozialdemokratie und Vereinigte Staaten von Amerika" von Hans-Jürgen Grabbe (Droste Verlag Düsseldorf 1983, S. 295 ff.) ist bekannt, daß die Amerikaner dieses Fernbleiben verursachten, das ihm im Herbst einen ungünstigen Wahlausgang verschaffte. Auf dem Wege über die große und die kleine Koalition war die nötige Umschichtung in Bonn erreicht. Aber es war auch nur eine Mehrheit für eine de facto-Regelung denkbar.

Die Amerikaner hatten schon sehr früh erkannt, daß ihr Konzept der Teilung Deutschlands in der BRD nur durchzusetzen sein würde, wenn den Bonner Politikern die Gelegenheit gegeben würde, ihr Gesicht zu wahren. Es ist kürzlich ein Geheimbericht der US-Regierung vom 12. Juli 1955 veröffentlicht worden, der die Bezeichnung „Intelligence Report No. 6993" trägt. Es handelte sich um ein Gedankenspiel für eine Verständigung mit der Sowjetunion auf der Grundlage einer Anerkennung der Oder-Neiße-Grenze. Der entscheidende Absatz lautet: „Die deutsche Regierung würde einige ehrenrettende Auslegungen eines solchen Abkommens, die ihr Gesicht wahren sollen, entwickeln, um dem eigenen Volk zu erklären, daß diese Grenze gewissermaßen nur provisorisch und die Möglichkeit einer Revision noch offen ist. Jedoch wüßte jede deutsche Regierung ..., daß sie die zweitbeste Karte gegen den Osten bereits ausgespielt hat." (Ostpreußenblatt 11.8.1984)

Es muß also schon 1955 in Bonn Politiker gegeben haben, die unter der Bedingung, das Gesicht wahren zu können, bereit waren, die amerikanische Deutschlandpolitik voll zu unterstützen. Diese Politiker waren jedoch, so kann man folgern, bis 1961 noch in der Minderheit. Seit 1970 aber saß im Parlament eine Mehrheit, die in dieser Weise das Volk belog, die gelernt hatte, Politik mit Simulacra zu machen. 1985 steuert die Entwicklung auf eine Mehrheit zu, die glaubt, auch das nicht mehr nötig zu haben, die wähnt, die Zeit sei reif für de jure-Regelungen. Das würde, da hierzu das Grundgesetz zu ändern wäre, wohl nur über eine neue große Koalition gehen. Wenn die CDU/CSU, wie es aussieht, sich darauf allmählich einstellt, würde sie keine Stimmen mehr von den Vertriebenen nötig haben. Sie könnte die letzten Masken fallen lassen. Die Bundesrepublik Deutschland hätte dann nach vierzig Jahren den besiegelten Status als deutscher Teilstaat erreicht, den die Bundesrepublik Österreich nach zehn Jahren erwarb, der aber der DDR schon in ihrem Gründungsakt auferlegt wurde.

Wie hätte die Entwicklung bis zu diesem abkippenden Punkt verhindert werden können? Es gibt immer noch Stimmen, die der Überzeugung sind, die Wiedervereinigungspolitik Bonns sei gescheitert, weil sie die Moskauer Wiedervereinigungsangebote abgelehnt hätte. Dagegen sprechen viele Gründe. Es genügt, auf drei zu verweisen: Bonn hatte nie die Souveränität, mit der Sowjetunion in solche Gespräche einzutreten. Des amerikanischen Hochkommissars McCloys sagenhafter Satz „Kinder, eure letzte Chance ..." war auch nicht mehr als ein Simulacrum. Denn die Amerikaner hätten unter keinen Umständen das westdeutsche Wirtschaftspotential in den Sog der Sowjetunion geraten lassen. Außerdem war eine Anerkennung der Oder-Neiße-Grenze, die zu den sowjetrussischen Forderungen gehörte, 1952 nun wirklich nicht im Bundestag durchzusetzen, wenn sich die Supermächte hätten einigen können.

Die Entwicklung hätte nur aufgehalten werden können, wenn Bonn den schrittweisen Ausbau der Souveränität mittels konsequenter Erweiterung seiner politischen und militärischen Stärke weiterbetrieben hätte. Das ist seit Adenauers Abgang nicht mehr fortgesetzt worden. Auch deswegen dürfte er seine Amtszeit vorzeitig beendet haben müssen. Der Knick im Wiederaufstieg, wie Wilhelm Grewe die deutsche Unterzeichnung des Atomsperrvertrages genannt hat, zeigt seitdem eine Tendenz nach unten. Bonn hat sich sogar den Weg einer Umkehr versperrt, indem es durch den Beitritt zur UNO die Feindstaatenklauseln sanktionierte, deren Anwendung fällig werden kann, wenn es einmal eine Politik machen sollte, die Washington und Moskau nicht gefällt.

Ergebnisse und Perspektiven

Muß man nach einer durchjuridifizierten Teilung des Deutschen Reiches sich um Finis Germaniae bekennen? Nein. Die Situation würde sich dann nur insoweit geändert haben, als die Alliierten ihre Zerstückelungspläne schließlich durchgesetzt hätten. Es hatte während dieser Zeit unter den gegebenen Bedingungen keine Möglichkeit gegeben, das Reich wiederherzustellen. Die Hoffnungen auf die Hilfe einer Siegermacht waren Lug und Trug. Der Weg zur Einheit über die Souveränität eines Teilstaates, der sich zum deutschen Piemont ausbildet, würde erst danach gangbar sein können. Die österreichische „Unabhängigkeitserklärung" von 1945 enthält Fingerzeige, wie man die Annullierung der Verträge, die einer solchen Entwicklung im Wege stehen, völkerrechtlich plausibel machen kann. Es heißt nämlich wie aus einer abgrundtiefen List in der Präambel, der Anschluß von 1938 sei widerrechtlich gewesen, weil er durch militärische Bedrohung und Besetzung einer wehrlosen Regierung abgelistet und aufgezwungen wurde. Dies traf auf Modalitäten, unter denen er sich wirklich abspielte, weniger zu, als es von 1945 auf alle Verträge zutreffen sollte, zu deren Abschluß die deutschen Teilstaaten genötigt wurden. Es bedarf dazu natürlich nicht nur einer günstigen machtpolitischen Konstellation, sondern auch der Vorbereitung der Bevölkerung eines dieser Staaten auf diesen Augenblick. Nach dem Verfliegen der letzten Illusionen über das politische Establishment in den deutschen Teilstaaten können die Voraussetzungen dafür nur besser werden. Es arbeitet die Zeit auch in Europa für ein deutsches Piemont. Die Folge der Zerstückelung des Deutschen Reiches war die russisch-amerikanische Doppelhegemonie über Europa, die keine Wurzeln schlagen konnte. Sie kann nur durch eine Wiederherstellung des Reiches aufgehoben werden.

ANDREAS MÖLZER

Ein neues deutsches Nationalbewußtsein?

Identität als Notwendigkeit

Die Frage nach Identität betrifft den Menschen in dreifacher Form: Als Individuum, als politisches Wesen und als Angehörigen der Spezies Mensch. Die individuelle Identität bezieht sich auf die Einzigartigkeit seiner körperlichen und geistigen Existenz, die politische Identität ergibt sich aus seiner Zugehörigkeit zu einem Volk, zu jener Gemeinschaft also, in der er andere als seinesgleichen begreift, und die kreatürliche Identität weist ihn als Lebewesen Mensch aus.

Keine dieser drei Identitätsebenen ist isoliert denkbar, das Fehlen eines Bereiches muß die beiden anderen zwangsläufig in Frage stellen, alle drei Ebenen bedingen einander. Zwischen dem Einzelmenschen und der Menschheit als Gesamtheit gibt es als Bezugspunkt der politischen Identität grundsätzlich nur die Nation. Der Politologe und Philosoph Bernard Willms drückt dies so aus: „Die sich als selbst verwirklichende Individualität, also jeder einzelne, kann sich nur im Allgemeinen, d. h. also in einem bestimmten, also politischen Allgemeinen verwirklichen. Dessen konkret sich vollziehende durchgehaltene Selbstbehauptung ist der Erfahrungsgrund für die eigene Verwirklichung: individuelle Identität ist nur möglich aufgrund nationaler Identität."

Die Frage nach der deutschen Identität müßte also wohl lauten: Was ist Deutschland? Wer sind die Deutschen? In welchem Zustande befindet sich das politische und nationale Bewußtsein der Deutschen? Welche Zukunftsperspektiven gibt es für die Lösung ihres vitalsten politischen Problems, der nationalen Frage also?

Die Widernatürlichkeit der geistig-politischen Situation der Deutschen erwies sich in den vergangenen Jahrzehnten allein darin, daß diese Fragen gar nicht gestellt wurden, daß sie tabuisiert, ja nahezu kriminalisiert waren. Während der ersten drei Nachkriegsjahrzehnte lag diese Frage nach der deutschen Identität bestenfalls an der Peripherie des öffentlichen Denkens. Die fünfziger Jahre waren durch den Wiederaufbau und das Wirtschaftswunder geprägt, die sechziger Jahre durch die Jugend- und Studentenrevolte, die siebziger Jahre durch jenes Phänomen, das man Tendenzwende genannt hat. Und dann plötzlich, mit Beginn der achtziger Jahre, trat diese deutsche Identitätsproblematik in das Zentrum der öffentlichen Diskussion.

Dies ergab sich, beinahe in einer Art von Zwangsläufigkeit, aus einer Reihe von Entwicklungen, die in ihren Ursprüngen alles andere im Sinne hatten, nur nicht die Weckung eines deutschen Nationalbewußtseins.

Der Bruch von 1945

Das Jahr 1945, ob als „Götterdämmerung", „Apokalypse" oder schlicht als „Stunde Null" bezeichnet, brachte zweifellos die tiefste Zäsur in der jüngeren deutschen Geschichte, den tiefgehendsten Bruch im Selbstverständnis der Deutschen. Die Ursache dafür lag zum einen natürlich in jenem moralischen und materiellen Chaos, das der Zusammenbruch des nationalsozialistischen Regimes hinterlassen hatte. Zum anderen aber war es zweifellos die Fortführung der psychologischen Kriegsführung durch die Siegermächte weit über den Zeitpunkt der deutschen Kapitulation hinaus, die diesen Bruch vertiefte und zur scheinbar unüberwindbaren Kluft zwischen den Deutschen und ihrer historischen Identität werden ließ.

Das Stichwort „reeducation" darf in diesem Zusammenhang nicht unerwähnt bleiben, umreißt es doch jene Bemühungen der Alliierten und der von ihnen lizensierten Meinungsmacher, die die Deutschen einerseits zu guten Demokraten machen sollten, andererseits aber ganz wesentlich dazu führten, daß die heutigen psychostrategischen Beeinflussungsversuche aus dem Osten auf so fruchtbaren Boden fallen.

Während das tägliche Leben der Deutschen also voll von den Anforderungen des Wiederaufbaus geprägt war und sich am Beginn der fünfziger Jahre das Wirtschaftswunder abzuzeichnen begann, hatten sie in geistiger Hinsicht die Identifikation mit ihrer eigenen Geschichte verloren. Und dies bedeutet, um mit den Worten des Historikers Hans Joachim Schoeps zu sprechen, nichts anderes als eine moralische Krisis, ein Zurücksinken ins Fellachendasein, eine Verkümmerung des Menschentums, deren Symptome Daseinsflucht, Verwirrung und Entscheidungslosigkeit sind.

Die Konstituierung der drei deutschen Nachkriegsrepubliken — Bundesrepublik, DDR, Österreich — führte zusätzlich zu einer Abnahme der Identifizierung der Deutschen mit Deutschland als Gesamtheit, bedingt auch durch einen biologischen Prozeß, der darin bestand, daß unaufhaltsam Generationen nachwuchsen, deren Erleben nur mehr von den Realitäten des Status quo geprägt war. Dies wurde aber nur in geringem Ausmaß als Negativum empfunden, da die Ratio der Ära Adenauer die Herstellung des „inneren Friedens" war. Nach dem Ende der Entnazifizierung und Entmilitarisierung stand die Eingliederung der Vertriebenen, der Lastenausgleich und die Schaffung des sozialen Netzes auf der Tagesordnung. Der wirtschaftliche Wiederaufstieg hatte in einem so hohen Maße Priorität, daß er den Verlust der nationalen Identität geradezu in Vergessenheit geraten ließ. In gewissem Sinne war es eine Wiederholung des Biedermeier, die sich in der Frühzeit der Bundesrepublik abspielte: Der Wohlstand wuchs, Biedersinn und Bürgerglück gediehen, geistige Auseinandersetzungen waren selten und die Politik wurde von anderen gestaltet.

Vergangenheitsbewältigung und Kulturrevolution

Es war nicht jener eher fiktive Antifaschismus der „Stunde Null", sondern der sich verschärfende Ost-West-Gegensatz, der die Westdeutschen bereits in den fünfziger Jahren nötigte, sich in verstärktem Maße der Politik zuzuwenden. Die sich zum „Eisernen Vorhang" verfestigende Demarkationslinie von Jalta, deren zentraler Teil ja die innerdeutsche Grenze ist, und die Problematik Berlins verhinderten es, daß die nationale Frage völlig aus dem Bewußtsein der Deutschen getilgt werden konnte.

Ein Phänomen, das vorerst nur in der unmittelbaren Nachkriegszeit von Bedeutung war, wurde mit dem Jahre 1960 zu einem bestimmenden Faktor der geistigen Situation der Deutschen — die Vergangenheitsbewältigung. Als im Jahre 1959 bei dem Treffen zwischen Eisenhower und Chrustschow in Camp David der Kalte Krieg abgeblasen wurde, beendete dies auch jenen Zustand, der den Westdeutschen seitens ihrer Alliierten so etwas wie eine „Generalamnestie" gebracht hatte. Die Hakenkreuzschmierereien an der Kölner Synagoge im Dezember 1959 —

indessen längst als eine, vom armenischen KGB-General Agasjanz organisierte Aktion entlarvt — leiteten die große Welle der Vergangenheitsbewältigung ein. Seitdem wurde diese Vergangenheitsbewältigung, wie Armin Mohler dies ausdrückt, „zu einem eigengesetzlichen Regelmechanismus der bundesrepublikanischen Politik, dessen die Feinde dieses Staates und der bundesrepublikanischen Gesellschaft sich mit Vorliebe bedienen". Damit folgte auf die schamhafte Verdrängung der eigenen Geschichte ihre selbstzerfleischende Kriminalisierung.

Parallel dazu entwickelte sich jene kulturrevolutionäre Bewegung, die ihren Höhepunkt im Jahre 1968 in der Studentenrevolte fand. Den Thesen des 1937 verstorbenen Vaters des Eurokommunismus Antonio Gramsci folgend, daß nicht der sowjetische Typus der Revolution, des Staatsstreiches gegen die Regierung nämlich, sondern die ideologische und kulturelle Hegemonie in den westlichen Industriestaaten die Macht bringen werde, wurden in den sechziger Jahren alle Bereiche des gesellschaftlichen Lebens unterwandert. Alle Institutionen, die mit Bewußtseinsbildung und Sinnvermittlung befaßt waren, Universitäten und Schulen, Theater und Verlage, Funk und Fernsehen wurden von jener Kulturrevolution erfaßt und der Cliquenwirtschaft einer linken Gegenelite unterworfen.

Daß diese Bewegung so breite Teile der Jugend erfassen konnte, lag nicht zuletzt daran, daß mit dem Bau der Berliner Mauer im August 1961 acht Jahre nach der Niederwerfung des mitteldeutschen Aufstandes das westliche Konzept zu einer deutschen Wiedervereinigung offensichtlich gescheitert war. Dadurch wurden die Energien der westdeutschen Jugend, der nun jegliche gesamtdeutsche Perspektive versperrt schien, zum Niederreißen jener inneren Mauern mißbraucht, die in den sittlichen und moralischen Konventionen bestanden hatten. Seitdem ist das Meinungsmonopol linksliberaler Medien ebenso bezeichnend für den Zustand der westdeutschen Gesellschaft wie Pornographie, Drogensucht, Geschichtslosigkeit und staatsfeindliche Agitation.

Nur eine halbe Wende

Auf das antiautoritäre Jahrzehnt der Kulturrevolution folgten die siebziger Jahre, die man unter dem Motto „Tendenzwende" betrachten könnte. Während im Bereich der realen Politik mit der Regierung Brandt/Scheel die triviale Ausformung des kulturrevolutionären Jahrzehnts dominierte, formte sich ein „Konservatismus der allerallgemeinsten Art" — so Caspar von Schrenck-Notzing — aus. Der äußere Anlaß dafür lag wohl in der Erkenntnis, daß die „Nachbarkeit" aller sozialen Verhältnisse, sowie schrankenloses Wachstum nicht mehr lange möglich seien. Der Ölschock des Jahres 1973, der Bericht des Clubs of Rome über die „Grenzen des Wachstums" deuteten diese Entwicklung an. Die an der Spitze dieser Tendenzwende stehenden Liberal-Konservativen erkannten, daß die exzessive Interpretation des Freiheitsbegriffes zum Verlust eben dieser Freiheit, daß die „Demokratisierung" aller Ebenen der Gesellschaft zur Auskühlung der Demokratie führen muß.

Vollauf beschäftigt mit pädagogischen, anthropologischen und wissenschaftstheoretischen Fragen übersahen die Vordenker dieser Jahre das an sich wesentlichste Problem — die Frage der nationalen Identität. Zwar versuchte man gewisse Werte wie jenen inneren Konsens, den die Ära Adenauer in ihrem Bemühen um den inneren Frieden geschaffen hatte, wieder aufzubauen. Die Wege, die man aber bezüglich der Identitätsfrage einschlagen wollte, erwiesen sich letztlich als untauglich. Bereits in den fünfziger Jahren war die Losung „Freiheit geht vor Einheit" bisweilen aufgetaucht; nun gipfelte dies in der Forderung, daß sich die Bundesrepublik selbst anerkennen müsse (Golo Mann), ein „bundesrepublikanisches Nationalbewußtsein" (Kurt Sontheimer) wäre das Gebot der Stunde und manche

Stimmen postulierten sogar einen bundesrepublikanischen „Verfassungspatriotismus" (Dolf Sternberger).

All diese Forderungen waren letztlich billige Surrogate für das verschüttete und verdrängte deutsche Nationalbewußtsein. Sternbergers „Verfassungspatriotismus" und Sontheimers „Wertwestlichkeit" wurden in der Erkenntnis propagiert, daß es hinsichtlich der nationalen Identität ein Vakuum zu füllen gibt. Das angepeilte Resultat wäre dabei jene „freiheitlich-westlich-demokratische Nation" der Bundesrepublik gewesen, die in der „sozialistischen Nation" des „ersten deutschen Arbeiter- und Bauernstaates" und in der neutralen „österreichischen Nation" ihre adäquaten Gegenstücke gefunden hätte.

Allein, sowohl „bundesrepublikanisches Nationalbewußtsein" als auch „Verfassungspatriotismus" waren allzu theoretische Konstruktionen, um sich gegen die Existenz der historisch gewachsenen Gesamtnation und über die leidvolle Realität des geteilten Deutschland hinweg durchsetzen zu können. All diese Ansätze wurden nur auslösende Elemente für jene neue nationale Diskussion, die in den achtziger Jahren als Suche nach der deutschen Identität zum beherrschenden geistig-politischen Thema werden sollte.

Die Tendenzwende selbst blieb auf halbem Wege stecken, da ihr Bemühen zur Rückkehr von der Regeldurchbrechung zur Normalität, die Anormalität des Status Deutschland außer acht ließ.

Deutschlandpolitik

Wesentlich bestimmt war die Sicht der deutschen Identität — auch in jenen Jahren, da die Frage nach ihr verpönt oder verdrängt war — von den jeweils vorherrschenden deutschlandpolitischen Konzeptionen. Die Konstituierung der Bundesrepublik Deutschland und der Deutschen Demokratischen Republik war die Folge des sich im Kalten Kriege verhärtenden Ost-West-Gegensatzes. Jede der beiden deutschen Staatlichkeiten nahm für sich ursprünglich in Anspruch, gewissermaßen das wahre Deutschland zu sein, von dem eine Wiedervereinigung ausgehen werde. Ausgehend von der Präambel des Grundgesetzes, sah die Politik Adenauers in der politischen, militärischen und wirtschaftlichen Westintegration der Bundesrepublik die Möglichkeit, durch eine neue Politik der Stärke auf lange Frist die Wiedervereinigung anzupeilen. Dennoch trat die Idee der nationalen Einheit im Zuge der Westintegration häufig zurück hinter einen scharf antikommunistisch akzentuierten Freiheitsbegriff und der Leitidee des „christlichen Abendlandes".

Ähnlich strebte die SED-Führung die Wiedervereinigung „als Ergebnis eines umgekehrten Magnetismus, der Ausstrahlung östlicher Errungenschaften auf Westdeutschland, an" (Peter Brandt). Dementsprechend war in der ersten DDR-Verfassung auch die Rede von der „Verantwortung, der ganzen deutschen Nation den Weg in den Sozialismus zu weisen". War auf der Karlsbader Konferenz der kommunistischen Parteien im Jahre 1967 noch von zwei Staaten auf deutschem Boden die Rede, so sprach man am VIII. Parteitag der SED 1971 bereits von zwei deutschen Nationen, um in der Verfassung von 1974 die neue „sozialistische Nation" festzuschreiben. Damit war für die DDR die ideologische Identität mit der „sozialistischen Staatengemeinschaft" an Stelle der nationalen Identität der Deutschen getreten.

Während also in der Bundesrepublik in der Ära Adenauer mit der Westintegration unter betonter Herausstellung des Souveränitätsverzichtes zu Gunsten des Bündnisses und übernationaler Gemeinschaften die Teilung Deutschlands zwar verfestigt wurde, hielt man doch an der Kernstaatstheorie fest. Die Bundesrepublik ginge — so das damals herrschende Selbstverständnis — diesen Weg stellvertretend für das gesamte Deutschland, einschließlich des seiner Selbstbestimmung vorübergehend beraubten Teiles. Erst die Kulturrevolution der sechziger Jahre brachte in der Folge die Quasianerkennung der Zweistaatlichkeit Deutschlands unter dem Vorwand, daß dies ein unabdingbarer Beitrag zur Friedenserhaltung wäre. Und das Jahrzehnt der Tendenzwende schien vollends die Löschung der nationalen Problematik aus dem Bewußtsein der Deutschen nach sich zu ziehen. Bei der Rückkehr zur Normalität gelte es eben, den Realitäten Rechnung zu tragen, sich gewissermaßen mit der Existenz des Status quo auszusöhnen.

Die nationale Diskussion

Wie rasch und radikal die Geschichte bisweilen widernatürliche Entwicklungen korrigieren kann, wie zwingend die den Subjekten dieser Geschichte, den Nationen also, innewohnende Logik ist, beweist die Entstehung der neuen nationalen Diskussion um die Identität der Deutschen am Beginn der achtziger Jahre.

Noch im Jahre 1975 hatte der Außenminister der UdSSR Andrej Gromiko nach der Unterzeichnung der Schlußakte von Helsinki vor dem Obersten Sowjet erklärt, die deutsche Frage habe zu existieren aufgehört, „da sie nicht mehr den Forderungen der Zeit, nicht mehr der Lage in Europa und nicht mehr den Haupttendenzen der internationalen Entwicklung entspricht". Und dann existiert da wenige Jahre später in der DDR, im zuverlässigsten Vasallenstaat des Kremls, eine christlich-orientierte Friedensbewegung, von der Rudolf Bahro sagt, sie führe „die Perspektive der nationalen Wiedergeburt" mit sich.

Spätestens mit dem Abschluß des Grundlagenvertrages zwischen Bonn und Ostberlin nahm die westliche Öffentlichkeit — trotz der anderslautenden Beurteilung durch das Bundesverfassungsgericht — an, in Westdeutschland sei somit die Teilung Deutschlands mehrheitlich akzeptiert worden. Und noch im Jahre 1976 wurde in einer Dokumentation über die deutsche Nation behauptet, „daß speziell für die jüngeren Jahrgänge die Vorstellung von einem früher einmal existierenden Gesamtdeutschland ebenso wie von einer in der Zukunft noch einmal möglichen Wiedervereinigung verblaßt wäre". Drei Jahre später nur bildete Helmut Diwalds „Geschichte der Deutschen, die erste Gesamtschau deutscher Geschichte unter nationalen Aspekten nach 1945", den Auftakt zu einer nationalen Diskussion, deren Intensität seitdem stetig zunimmt. Bezeichnend für die Zwangsläufigkeit des Eintritts in diese Suche nach der nationalen Identität der Deutschen ist die Tatsache, daß sie sich weder auf eine soziale, noch ideologisch-politische Richtung eingrenzen läßt. Kurz vor Diwalds Paukenschlag, der unter anderem eine neue Welle der Vergangenheitsbewältigung nach sich zog, wurde nämlich ein angeblich im mitteldeutschen Untergrund verfaßtes „Manifest des Bundes Demokratischer Kommunisten Deutschlands in der DDR" publiziert, das in der Forderung gipfelte: „Ganz Deutschland wird zu einer einigen, unteilbaren Republik erklärt".

So kam es also dazu, daß die nationale Identität „just in dem Moment, in dem sie als Lebens- und Erfahrungswert aus der Gefühls- und Überlieferungssphäre zu schwinden drohte, als geistiger Richtwert neu erstand". (Caspar von Schrenck-Notzing)

Daß eine Entwicklung dieser Qualität und Größenordnung nicht zufällig einsetzt, sondern als historische Notwendigkeit den Gesetzmäßigkeiten der politischen und sozialen Tatsachen entspringt, muß angenommen werden.

Der linke Ansatz

Nach dem Abschluß der Ostverträge, die die Anerkennung zweier deutscher

Staaten dies- und jenseits der Elbe beinhalten, meinte Willy Brandt, daß die Funktion der Erhaltung der Gemeinsamkeit der Deutschen nun vom Staat auf die Nation übergegangen sei und hoffte dabei insgeheim wohl, daß damit die nationale Frage mangels konkreten Anspruchs und mangels öffentlichen Interesses langfristig erledigt wäre. Tatsächlich war es damals schwer vorstellbar, daß etwa die bundesdeutsche Jugend, bzw. jene Teile, die ihr Bild in der Öffentlichkeit prägten, in absehbarer Zukunft wieder Interesse an Begriffen wie „Nation" oder „deutsche Identität" haben könnten.

Die kulturrevolutionäre Jugend- und Studentenbewegung der späten sechziger Jahre stand unter Schlagwörtern wie „Demokratisierung" und „Transparenz" und richtete sich gegen „das Establishment". Radikale Irrläufer und Epigonen dieser Bewegung endeten im Terror der RAF. Die politisch aktive Jugend der Bundesrepublik, in verschiedensten Facetten links orientiert, wandte sich daraufhin den Problemen der Kernkraft und der Umwelt zu. Atomkraftgegner, Grüne und Hausbesetzer prägten das Bild. Von der Nation, von Deutschland war dabei keine Rede. Die unterschwellig stets vorhandenen Bedürfnisse nach Identifikation wurden von dieser Generation in einer Art Ersatznationalismus befriedigt, der in Solidaritätserklärungen mit den Vietnamesen Ho-Tschi-Mins, in Demonstrationen gegen die Junta in Chile oder gegen den Schah seinen Ausdruck fand.

Zwangsläufig mußte diese zum Teil prokommunistische, auf jeden Fall links orientierte Jugend durch jenen, sich immer deutlicher herauskristallisierenden Antiamerikanismus, der dem Philoamerikanismus der vorhergehenden Intellektuellengeneration gefolgt war, in Konfrontation mit der Westeinbindung der Bundesrepublik, insbesondere mit der NATO-Mitgliedschaft geraten. Der gegen die neuen SS-20-Raketen gerichtete NATO-Doppelbeschluß lieferte dann jene Initialzündung, die die zweifellos größtenteils ostgesteuerte westdeutsche Friedensbewegung entstehen ließ. Nun lauteten die Schlagworte, unter denen dieser linksorientierte Teil der bundesdeutschen Jugend ihre „Demos" bestritt: Die Bundesrepublik ist ein besetztes Land, Deutschland wird das Schlachtfeld eines dritten Weltkrieges sein.

Diese Entwicklung, von den Psychostrategen des KGB ohne Zweifel nach Kräften unterstützt, konnte die westliche Nachrüstung nicht verhindern. Mit dem Beginn der Stationierung der Pershing II und der Cruise Missiles zeichnete sich eine politische und psychologische Niederlage Moskaus ab, die die Kremlherren allerdings nicht daran hindern dürfte, weiterhin Einfluß auf die Bewußtseinslage und die politische Willensbildung in der Bundesrepublik zu nehmen. Einen Effekt zeigte die Friedensbewegung aber, der von den Sowjets keineswegs geplant war und der ihnen langfristig noch einiges zu denken geben dürfte: Das Bewußtsein, daß es im globalen Kräfteringen in erster Linie um die Situation in Europa, in Deutschland dies- und jenseits der Elbe geht, hat jenen großen Teil der jungen Deutschen, der seit den kulturrevolutionären sechziger Jahren geradezu manisch internationalistisch orientiert, den Begriff der Nation wieder ins Bewußtsein gerufen. Wie Günther Gaus es in seinem Buch „Wo Deutschland liegt" ausdrückte: Die Friedensbewegung wird in kleine Gruppen zerfallen, bleiben wird ein Kreis von Leuten mit großem Einfluß auf Politik und Kultur des Landes, denen ein neues Nationalbewußtsein zu eigen ist.

Zusätzlich zur Friedensbewegung war es aber auch die Ökologiebewegung, die diesen Teil der „progressiven" bundesdeutschen Jugend über den Kampf gegen Kernkraft und Umweltzerstörung den eigenen Lebensbereich, das was man früher schlechthin Heimat nannte, wiederentdecken ließ. Heimatgefühl, Regionalismus, die vielgepriesenen „kleinen Einheiten", lassen sich aber in ihren historischen und geographischen Bezügen nicht isolieren, führen daher zwangsläufig zur größeren, übergeordneten Einheit — zur Nation.

Aber auch die gesamte antibürgerliche Kulturpolitik der Linken richtete sich gewissermaßen in einem Pendelschlag gegen das Faktum der „Verwestlichung" der Bundesrepublik und begab sich in typisch „deutschem Verlangen nach Gemeinschaft und Inhalten" (Pierre Hassner) auf die Suche nach der deutschen Identität.

Seine extremste Ausformung findet dieser linke Nationalismus in den Thesen der Nationalrevolutionäre, die unter anderem in Berufung auf Rudi Dutschke die Frage nach der nationalen Identität der Deutschen aufgeworfen haben. „Identität oder Entfremdung", heißt es hier. „Nationalismus ist nicht alt, sondern neu. Er kommt in dem Maße auf uns zu, in dem in den Metropolen die Entfremdung um sich greift" (Henning Eichberg).

Vorreiter dieses linken Nationalismus sind nach dem Abtreten Dutschkes vor allem Peter Brandt, Herbert Ammon und Theodor Schweißfurt. Brandt und Ammon vertreten die These, daß die notwendige Lösung der deutschen Frage ausschließlich von der Linken bewerkstelligt werden kann. Gemeinsam mit Schweißfurt plädieren sie für ein Ausscheiden der beiden Staaten aus den Paktsystemen und die Bildung eines militärisch neutralen deutschen Staatenbundes. Diese Konzeption ist es wohl, der das derzeit so häufig gebrauchte Schlagwort von der Gefahr eines deutschen Nationalneutralismus gilt.

Literatur einer Wende

Während der nationalneutralistische Ansatz der Linken hinsichtlich der Bedeutung und der wahren Dimension des Begriffes „Nation" in seinen Anfängen stecken geblieben ist und sich mittels des mit ihm verbundenen, unreflektierten Antiamerikanismus allzu leicht zum Werkzeug der Psychostrategen des Kremls machen ließ, während er bestenfalls den Anfang einer Bewußtseinsänderung breiter Teile der bundesdeutschen Jugend in Sachen Nation andeutete, wuchsen auf einem völlig anderen Boden jene geistigen Kräfte, denen eine Erneuerung der Nation zuzutrauen ist. Tatsächlich gibt es seit etwa 1978 eine zunehmende Anzahl von Veröffentlichungen, „in denen die deutsche Frage in einer radikalen Schärfe und provozierenden Tiefenbedeutung" (Hans-Dietrich Sander) gestellt wird. Die nationalen Tendenzen innerhalb der Linken erfüllen dabei — ohne es zu wollen — lediglich die Aufgabe des Flankenschutzes. Allein die Tatsache ihrer Existenz verhinderte nämlich, daß man die grundlegenden Werke der neuen nationalen Diskussion seitens des linksliberalen Meinungsmonopols von vorneherein mit dem Stigma des „Neonazismus" belegen konnte.

Am Anfang stand wie gesagt Helmut Diwalds „Geschichte der Deutschen", die die Identität der in den drei Nachkriegsrepubliken lebenden Deutschen in der territorialen Zerrissenheit, in der ideologischen Spaltung und in einer geschichtslosen Nationsvergessenheit ortete. Nahezu gleichzeitig erschien unter dem Titel „Die Besiegten von 1945" das Buch des Heidelberger Politologen Hans-Joachim Arndt, indem das Identitätsdefizit der Deutschen an Hand der politischen Wissenschaft nachgewiesen wurde. Ebenfalls im Jahre 1979 veröffentlichte der österreichische General Heinrich Jordis von Lohausen sein strategisches Hauptwerk, das unter dem Titel „Mut zur Macht" eine Wiederaufnahme der verfemten Traditionen deutschen geopolitischen Denkens bedeutete. Ein Jahr später lag der Öffentlichkeit Hans-Dietrich Sanders „Nationaler Imperativ" vor, der in der Erneuerung des Reiches die Alternative zur drohenden sowjetrussischen Hegemonie über Europa sah. Den vorläufigen Höhepunkt dieser nationalen Erneuerungsliteratur bedeutete das Werk des Bochumer Politologen Bernard Willms, der in seinem Buch „Die deutsche Nation" als später Schüler Fichtes die Reinstallierung der Nation als oberste politische Kategorie forderte.

Rund um diese Hauptwerke der Wende gruppieren sich zahlreiche Sammelbände und Zeitschriftenaufsätze, die Arbeiten von Männern, die aus den verschiedensten politischen Lagern kommen, wie Caspar von Schrenck-Notzing und Wolfgang Strauß, Armin Mohler und Harald Rüddenklau, Wolfgang Venohr und Gerd-Klaus Kaltenbrunner, die in beachtlicher Dichte die Bestrebungen um die Neuinterpretation der deutschen Identität dokumentieren. Daß diese Frage auch für den dritten deutschen Staat, die „immerwährend neutrale" Republik Österreich längst nicht ausgestanden ist, beweist der von renommierten österreichischen Historikern im Jahre 1982 herausgegebene Sammelband „Österreich und die deutsche Frage im 19. und 20. Jahrhundert". Die zentrale Aussage des Salzburger Ordinarius für Geschichte der Neuzeit, Fritz Fellner, lautet darin: „Österreich war in seiner Vergangenheit nie deutscher als in dieser Gegenwart, in der die wirtschaftliche, kulturelle, wissenschaftliche und gesellschaftliche Verflechtung zur stillschweigend akzeptierten Realität geworden ist". Und gleichzeitig begann in Mitteldeutschland mit der rasant zunehmenden Einvernahme der deutschen Geschichte, beginnend bei den Preußenjubiläen über die „Rehabilitierung" deutscher Größen von Luther über Friedrich II. bis zu Bismarck, ein Prozeß, der offensichtlich unter Aussöhnung mit dem historischen Werdegang der Nation die Identifikation der Deutschen in der DDR mit dem SED-Regime vorantreiben soll. Die DDR als logische Ausformung der „besseren" Traditionen der deutschen Geschichte?

So erfuhr im Bewußtsein der Deutschen, unabhängig von staatlicher Zugehörigkeit und ideologischer Ausrichtung, das Bedürfnis nach Neuinterpretierung ihrer nationalen Identität einen ungeahnten Aufschwung. In dieser Atmosphäre der Gärung, die der Ausformung eines neuen Nationalbewußtseins anscheinend zwingend vorangehen muß, dürfte dieser Literatur der Wende jene Bedeutung zukommen, wie sie im großen nationalen Aufbruch der Deutschen nach den napoleonischen Kriegen die Werke Fichtes, Arndts, Jahns und Schleiermachers hatten.

Die Reaktion der Etablierten

Bereits in den siebziger Jahren, als die liberal-konservative Tendenzwende sich anschickte, das Vakuum an Werten auszufüllen, das in der Gesellschaft der Bundesrepublik nur allzu deutlich feststellbar war, konnte man allerorten ein Bedürfnis nach der Wiederentdeckung der eigenen Geschichte beobachten. Große historische Jubiläen, Gedenkausstellungen wie jene über die Staufer in Stuttgart, jene über die Wittelsbacher und die Preußenfeiern erfreuten sich gewaltigen Interesses. Populärwissenschaftliche Geschichtsdarstellungen und historische Biographien erlangten große Auflagen und waren ein weiterer Beweis für das Identitätsdefizit der Deutschen. Weder die im Zuge von Umerziehung und Vergangenheitsbewältigung vorgenommene Kriminalisierung der eigenen Geschichte, noch künstliche Konstruktionen wie der bereits zitierte „Verfassungspatriotismus" vermochten dem Abhilfe zu schaffen.

Als dann die neue nationale Diskussion ihren Anfang nahm und gleichzeitig die besagten nationalneutralistischen Tendenzen innerhalb der unorthodoxen Linken und der Friedensbewegung immer deutlicher zu Tage traten, sahen sich auch die etablierten politischen Kräfte in der Bundesrepublik genötigt zu reagieren. In keinem Falle wurden sie in diesem Prozeß aber zur treibenden Kraft, sowohl Christlichkonservative als auch die Sozialdemokraten waren dabei Getriebene, Reaktion im wörtlichen Sinne.

EIN NEUES NATIONALBEWUSSTSEIN

Auf welche Weise sich die SPD dieser Entwicklung anpaßte, ist bekannt. Nachdem das von ihr durch zwei Jahrzehnte vertretene Konzept vom „Wandel durch Annäherung" (Egon Bahr) an der traurigen Realität des deutsch-deutschen Verhältnisses gescheitert war, bot sich nach dem Abgang in die Opposition die Möglichkeit, sich mit dem durch die Friedensbewegung zum innenpolitischen Faktor gewordenen antiwestlichen Affekt zu arrangieren. „Im deutschen Interesse" zerbrach man den Konses der drei Bonner Parlamentsparteien bezüglich der Sicherheitspolitik und stimmte gegen die NATO-Nachrüstung. Wenn auch gleichzeitig die Notwendigkeit einer weiteren NATO-Mitgliedschaft der Bundesrepublik zumindest verbal betont wurde, hatte man sich damit doch zum Kreis derer gesellt, die in neutralistischen Vorstellungen die Möglichkeit für den „friedfertigen" Ausstieg der Nation aus der Weltgeschichte zu finden glauben.

Zu glauben, daß die Sozialdemokraten damit zum gestaltenden Faktor eines deutschen Nationalismus von links geworden seien, wäre weit gefehlt. Günther Gaus und Klaus Bölling, journalistisch versierte Exponenten ihrer Partei, zeigten die Tendenzen innerhalb der SPD hinsichtlich der Frage nach der nationalen Identität in ihren jüngsten Büchern, die sie beide über ihre Erfahrungen als Vertreter Bonns in Ostberlin geschrieben hatten, recht deutlich auf. Zwar tragen sie, stellvertretend für die SPD, der Tatsache Rechnung, daß die Nation wieder zum beherrschenden Thema geworden ist. Beide kommen aber letztlich zu „Absagen an die deutsche Einheit", wobei Gaus im Titel seines Buches zwar fragt „Wo Deutschland liegt", gleichzeitig aber bekennt, er sei „frei von jeder Hingabe an eine nationale Idee". Klaus Bölling, dessen Buchtitel von „fernen Nachbarn" — nicht von deutschen Brüdern — spricht, warnt vor jeder „hochfliegenden nationalen Stimmung".

Nahezu ähnlich undeutlich war die Stellung des christlich-konservativen Lagers zur nationalen Frage. In später Auswirkung der Tendenzwende der siebziger Jahre an die Staatsmacht gelangt, bemühen die Mitglieder der Regierung Kohl, insbesonders der Kanzler selbst, den Begriff „Nation" häufig und gerne. „Uns schmerzt die Teilung unseres eigenen Vaterlandes", teilte Helmut Kohl anläßlich seiner ersten Neujahrsansprache als Regierungschef den Bundesbürgern via Bildschirm mit. „Mauer und Stacheldraht führen uns täglich vor Augen, was die Verletzung der Menschenrechte bedeutet. Es bleibt die Verpflichtung unserer Verfassung: die Einheit der Nation zu wahren und die Teilung unseres Vaterlandes zu überwinden." Als Oppositionsführer noch hatte Kohl allerdings vor dem Bundestag erklärt, es gebe „kein zurück zum Nationalstaat Otto von Bismarcks" und Bundespräsident Carstens warnte im Jahre 1982 auf dem Überseetag in Hamburg davor, „Deutschland in seine alte kontinentale Landbestimmung" zurückzuführen, womit er die geopolitischen Voraussetzungen der gesamten deutschen Geschichte schlichtweg negierte. Wie wenig Änderung in der Behandlung der deutschen Frage der Regierungswechsel des Herbstes 1982 schließlich bringen sollte, ließ der Ausspruch des FDP-Vorsitzenden, Außenminister Genscher, erahnen: „Das Rad der Geschichte wird nicht zurückgedreht."

Die Tatsache, daß die nationale Frage zum zentralen geistigen Thema in der Bundesrepublik geworden ist, wird aber auch innerhalb der Regierungsparteien deutlich erkannt. Wie unklar allerdings die Sicht des Problems derzeit noch ist, wie unscharf die Haltung zum Problem Deutschland ist, beweist nicht nur Helmut Kohls Behauptung, daß der „Nationalstaat zerbrochen, die Nation aber geblieben ist," es jedoch keinen „Rückfall in das sterile Denken des Nationalstaates des 19. Jahrhunderts" geben könne. Auch die Aussagen von jenen Historikern und Politologen, die den Unionsparteien nahestehen, oder ihre deutschlandpolitische Linie ganz wesentlich mitbestimmen, lassen häufig ein gerütteltes Maß an Ratlosigkeit erkennen. So bezeichnete Michael Stürmer, einer der Berater Helmut Kohls, die Spaltung Deutschlands als Bestandteil „einer dauerhaften europäischen Ordnung, die nach 1945 wider Erwarten und gegen das allgemeine Bewußtsein eingetreten ist." Und der Berliner Politologe Alexander Schwan erklärte die Einheit der Nation zum zweitrangigen Problem, indem er behauptete, „essentiell ist allein, daß es ein freiheitlicher demokratischer Staat ist." Überhaupt ist die Beharrung auf dem Rechtsstandpunkt, das Deutsche Reich bestehe in den Grenzen von 1937, in christdemokratischen Kreisen keineswegs unbestritten. Der Kölner Historiker Andreas Hillgruber beispielsweise, meint, daß es nicht sinnvoll wäre, das Problem der Ostgebiete forthin noch im Zusammenhang mit der nationalen Frage zu diskutieren, da auf diese Weise keine zukunftsträchtige Politik zu machen sei.

Beide parteipolitischen Gruppierungen in der Bundesrepublik haben somit die Zeichen der Zeit zwar erkannt, sich bislang aber als unfähig erwiesen, diese noch schwer faßbare Erneuerung des deutschen Nationalbewußtseins im Sinne des Grundgesetzes in reale Politik umzusetzen. Vielmehr versuchen sie, jede auf ihre Weise, die Brisanz dieser Identitätssuche zu entschärfen und der eigenen Parteiraison zu unterwerfen.

Vier „nationale" Strömungen
Nachdem sich die Nationsvergessenheit der Deutschen während der ersten drei Nachkriegsjahrzehnte, die manchenorts bereits als einigermaßen befriedigende Lösung gefeiert wurden, lediglich als nationaler Winterschlaf entpuppt hat, zeichnen sich seit einigen Jahren einigermaßen deutlich die Konturen von vier verschiedenen Wegen im Kampf um die neue deutsche Identität ab.

Da ist einmal die in der Bundesrepublik hauptsächlich von der DKP vertretene „DDR-Perspektive", die von der DDR als einem „sozialistischen" Kernstaat ausgeht, der in einer weltpolitisch günstigen Situation, wenn das Gleichgewicht in Europa aus den Fugen gerät, einen neuen deutschen Nationalstaat unter den Prämissen des marxistisch-leninistischen Weltbildes erkämpfen will. Das latente Vorhandensein dieser Konzeption beweisen nicht zuletzt Honeckers sporadische Wortmeldungen „im Namen des deutschen Volkes", wie zum Beispiel seine kryptische Drohung aus dem Jahre 1981, als er an die bundesdeutsche Öffentlichkeit gewandt, sagte: „Seid vorsichtig! Der Sozialismus klopft eines Tages auch an eure Tür, und wenn der Tag kommt, an dem die Werktätigen der Bundesrepublik an die sozialistische Umgestaltung der Bundesrepublik Deutschland gehen, dann stellt sich die Frage der Vereinigung beider deutscher Staaten vollkommen neu. Wie wir uns dann entscheiden, daran dürfte wohl kein Zweifel bestehen."

Diese Konzeption ist eindeutig eine jener Varianten, die in den weltpolitischen Zukunftsplanungen der Kremlstrategen enthalten sind. Sie übt auf die Deutschen in Ost und West wohl keine Faszination aus und wird von den Westmächten selbstredend abgelehnt.

Dann ist da die von einem „linken Nationalismus" vertretene, mehr oder weniger revolutionäre deutschlandpolitische Konzeption, die in gleicher Weise gegen die dominierende Rolle der USA wie der Sowjetunion anrennt. Diese Tendenz wirkt stärker noch als die erstgenannte in die Friedensbewegung hinein. Ihre Vertreter sehen in einem „Deutschen Bund" unter Schaffung einer block- und atomwaffenfreien Zone in Mitteleuropa ihr Ziel. Diese Konzeption stellt die eigentliche Ursache für die Befürchtungen der westlichen Mächte dar, die Deutschen könnten sich in einem neuen „Nationalneutralismus" vom Westen abkoppeln und damit indirekt den europäischen und globalen Hegemonialbestrebungen der Sowjetunion dienlich sein.

Im Bereich der bürgerlichen, liberal bis konservativen Gruppierungen in der Bundesrepublik gibt es dann jene deutschlandpolitische Leitlinie, die ursprünglich die westdeutsche Republik in ihrem Selbstverständnis getragen hatte, von den USA gefördert worden war und schließlich in den siebziger Jahren kaum mehr in Erscheinung getreten ist. Ihre Vertreter sehen die deutsche Frage zwar nicht als erledigt an, glauben aber, daß die Wiedererrichtung eines machtpolitischen souveränen Nationalstaates unmöglich wäre, eben den angeblichen Erfordernissen eines europäischen Gleichgewichtes unterzuordnen sei, und daß es schließlich nur als zweitrangige Funktion in einer neuen europäischen Friedensordnung zur deutschen Wiedervereinigung kommen könnte.

Diesen Standpunkt präzisierte Heinrich Windelen, Bundesminister für innerdeutsche Angelegenheiten, erst unlängst bei einem Vortrag der Konrad-Adenauer-Stiftung in Washington, in dem er deutlich machte, daß seines Erachtens „die Größen Freiheit und Einheit unvergleichbar sind und die Freiheit Vorrang haben muß." „Nach dem Verständnis der Bundesregierung," so Windelen, „verengt sich Deutschlandpolitik nicht auf das Verhältnis zur DDR, ist also nicht identisch mit unserer DDR-Politik. Deutschlandpolitik ist der außenpolitische und innerdeutsche Gesamtrahmen, einschließlich der rechtlichen Grundlagen unserer Politik, deren Ziel es ist, auf einen Zustand des Friedens in Europa hinzuwirken, in dem das deutsche Volk in freier Selbstbestimmung seine Einheit wieder erlangt."

Die vierte Richtung schließlich ist jene, die in der klassischen deutschnationalen Tradition steht und ihr Ziel in der Wiederaufrichtung eines machtpolitisch souveränen deutschen Nationalstaates sieht.

Sie ist nicht durch eine sie stützende politische Partei im öffentlichen Leben der Bundesrepublik präsent, wobei nach wie vor die Tendenz besteht, sie in ideologischer Hinsicht in das „braune Eck" zu stellen, indem man sie allzu schnell der NS-Verherrlichung und des Rechtsextremismus zeiht. Tatsächlich war eine gewisse Vergangenheitsfixierung durch lange Zeit kennzeichnend für diese Richtung. Man meinte, Probleme der Gegenwart mit Antworten der Vergangenheit, insbesondere der Zeit zwischen 1933 und 1945, lösen zu können und trug in dieser geistigen Erstarrung zur Verewigung der deutschen Niederlage bei. Damit lieferte man gleichzeitig all die Argumente, die „national" mit „nazistisch", „faschistisch und totalitär" gleichzusetzen versuchten.

Dennoch kann man dieser klassisch deutschnationalen Variante das Verdienst nicht absprechen, daß sie in den Zeiten der völligen Nationalvergessenheit ein Bild der tatsächlichen Dimension der Geschichte, der Möglichkeit und Aufgaben der Nation bewahrt hat und damit eine wesentliche Grundlage für die aktuelle Diskussion um die deutsche Identität beizusetzen vermochte.

Alle vier skizzierten Richtungen eines neuen deutschen Nationalbewußtseins tragen derzeit in jeweils unterschiedlicher Qualität und Stärke zur Neudefinierung der bewußten deutschen Identität in den breiten Schichten des Volkes bei. Ob sich eine davon mehrheitlich durchzusetzen vermag, ist ungewiß, da dieser Prozeß der nationalen Bewußtseinsweckung nicht zuletzt von den europäischen und globalen Entwicklungen abhängt. Ob man nun die nationale Frage der Deutschen bloß als Funktion des Ost-West-Gegensatzes sieht, oder in Form der Identitätssuche als zwingenden Vorgang mit unaufhaltsamer Eigendynamik, feststeht, daß die Reaktion des Auslandes dabei von nicht zu unterschätzender Bedeutung ist.

Aus dem Blickwinkel des Westens

Beim Inkrafttreten des Deutschland-Vertrages im Mai 1955 konnte Konrad Adenauer feststellen: „Wir sitzen nun im stärksten Bündnis der Geschichte. Es wird uns die Wiedervereinigung bringen." Tatsächlich besagt ja der Artikel 7 dieses Deutschland-Vertrages in seinen Kernsätzen, daß „bis zum Abschluß der friedensvertraglichen Regelung... die Bundesrepublik und die drei Mächte zusammenwirken (werden), um mit friedlichen Mitteln ihr gemeinsames Ziel zu verwirklichen: ein wiedervereintes Deutschland, das eine freiheitlich-demokratische Verfassung ähnlich wie die Bundesrepublik besitzt und das in die europäische Gemeinschaft integriert ist." Es sollte — so war vereinbart — keine Entspannung mit der Sowjetunion und keine Abrüstung geben, ehe Deutschland nicht „in Frieden und Freiheit" wiedervereinigt war.

Die jüngere Geschichte verlief aber anders: Zwar sollte die „Belohnung" für die Westintegration der Bundesrepublik und für die Eingliederung der Bundeswehr in die NATO die aktive Unterstützung der Westmächte für eine deutsche Wiedervereinigungspolitik sein. Spätestens die westliche Hinnahme des Baues der Berliner Mauer im Jahre 1961 bewies allerdings, daß die Westmächte durchaus willens waren, mit der Teilung Deutschlands zu leben.

Nun da der Impuls zum Wiederaufgreifen der nationalen Frage aus den Deutschen selbst heraus wieder entstanden ist, und dies in breiten Kreisen eine antiwestliche, antiamerikanische Spitze hat, reagieren die atlantischen Partner der Bundesrepublik mit Ratlosigkeit und häufig mit Ablehnung.

Henry Kissinger befürchtete bereits zur Zeit des Abschlusses der Brandt'schen Ostverträge die mögliche Freisetzung eines latent vorhandenen Nationalismus. „Ein rücksichtsloses, mächtiges Deutschland, das — unabhängig von seiner ideologischen Ausrichtung — versuchte, zwischen Ost und West zu manövrieren, stellte die klassische Herausforderung für das europäische Gleichgewicht dar", schrieb er in seinen Memoiren. Der amerikanische Historiker Gordon A. Craig, allenthalben als besonderer Kenner Deutschlands ausgewiesen, erklärte in seinem jüngsten Buch „Über die Deutschen", „die ganze Frage einer deutschen Nation ist eine Funktion der Großmachtpolitik und kann nicht von den Deutschen allein entschieden werden. Und so kann deutscher Nationalismus wohl nur demonstriert werden als Einstellung gegenüber den Alliierten, gegenüber den Amerikanern." Gleichzeitig diagnostizierte Craig einen solchen neuen deutschen Nationalismus, dessen rechte wie linke Tendenzen gleichermaßen „destruktiv" seien.

Tatsächlich ist es vor allem der Bereich der Sicherheitspolitik, für den der Westen im Zusammenhang mit dem Entstehen des neuen deutschen Nationalbewußtseins Bedenken hegt. Die zentrale Frage lautet dabei wohl: Kann die Bundesrepublik die gemeinsamen Beschlüsse der westlichen Verteidigung noch mittragen, wenn sie immer stärker die Interdependenz zum anderen deutschen Staat pflegt?

Das Erwachen eines deutschen Patriotismus hat man auch in Frankreich erkannt, wobei sofort das Gespenst von Rapallo erahnt wurde, ein antiwestlicher deutscher Nationalismus könnte sich mit der Sowjetunion arrangieren. Nun ist es der militante „Pazifismus" der westdeutschen Friedensfreunde, der die Franzosen beunruhigt, nicht mehr der deutsche Militarismus, und die Turnschuhdemonstranten unserer Tage werden mit den in Schaftstiefeln paradierenden SA-Kolonnen der dreißiger Jahre verglichen. Warf man den Bundesdeutschen in Paris noch vor kurzem allzu große Gefügigkeit gegenüber den Vereinigten Staaten vor, so fürchtet man nun eine mögliche Kompromißbereitschaft gegenüber der Sowjetunion. Nach den Jahrzehnten des Pragmatismus sei nun in Westdeutschland jener typisch deutsche Hang zum Romantizismus und Irrationalismus wiedergeboren worden.

Für die Franzosen scheinen Begriffe wie „Gloire" und „Grandeur" eben nur im Bezug auf Frankreich legitim zu sein und wenn der östliche Nachbar sich nach langen Jahren der nationalen Selbstverleugnung auf die Suche nach seiner Identität begibt, scheint dies zumindest verdächtig. Gewiß ist der zynische Ausspruch von François Mauriac „Ich liebe Deutschland so sehr, daß ich froh bin, daß es zwei davon gibt," nicht repräsentativ für die Haltung Frankreichs zur nationalen Frage der Deutschen. Dennoch überwiegt vorläufig im Westen die Befürchtung, ein sich wiederfindendes, seiner Identität bewußtes Deutschland könnte das europäische Gleichgewicht stören oder sogar zu Gunsten der Sowjets ändern, das Verständnis für die Forderung der größten mitteleuropäischen Nation nach Selbstbestimmung.

Der deutsche Imperativ

Die Wunde der deutschen Frage ist also offen geblieben. Die historische Logik und die geographische Lage haben den Ausstieg der Deutschen aus der Weltgeschichte verhindert. Eben diese Deutschen haben sich wieder auf den langen Marsch begeben, um ihre verschüttete, verdrängte und vergessene nationale Identität wiederzufinden. Daß dabei mancher Weg ein Irrweg sein, sich als Sackgasse entpuppen kann, ist nur allzu gut möglich. Dennoch kann dies an der Notwendigkeit dieses Aufbruches nichts ändern. Notwendigkeit deshalb, weil kein großes Volk auf die Dauer ohne eigenes Nationalbewußtsein existieren kann, Notwendigkeit auch deswegen, weil ein großes Volk — noch dazu in der geopolitischen Lage Deutschlands — ohne klar akzentuierte Identität, ohne Wissen um seine Aufgaben, seine Fähigkeiten und Möglichkeiten, zum Unsicherheitsfaktor für seine Nachbarn und Partner werden muß.

So sehr es die Deutschen in der Bundesrepublik vermeiden werden müssen, im Bereich der Sicherheitspolitik um den Preis nebuloser Wiedervereinigungshoffnungen dem Osten in die Hände zu spielen und den Konsens der westlichen Verteidigung aufzugeben, so sehr werden die westlichen Partner Bonns Verständnis für das grundsätzliche Dilemma der Staatsraison der Bundesrepublik aufbringen müssen. „Dieses besteht darin, daß eben jener Status quo gesichert und verteidigt werden muß, den es, um der Einheit der Nation willen, zu überwinden gilt".
(Gerhard Hubatschek)

Ein erster Schritt zur Überwindung dieses Dilemmas kann es sein, daß der Westen die Bildung eines neuen deutschen Nationalbewußtseins nicht nur so nolens volens duldet, sondern sogar begrüßt und nach Kräften fördert. Ist doch dieses Bewußtsein die unabdingbare Voraussetzung für die Entstehung jenes Deutschlands, von dem der Deutschland-Vertrag als zukünftigem Teil der europäischen Gemeinschaft spricht. Nur ein solches Deutschland, das sich seiner Aufgaben in Mitteleuropa wieder bewußt geworden ist, kann in freier Selbstbestimmung dauerhaft und zuverlässiger Partner des Westens sein. Denn was Alexis de Tocqueville bereits im Jahre 1850 für Frankreich feststellte, gilt heute für die gesamte freie Welt: „Es ist eine alte Tradition unserer Diplomatie, wir sollten bestrebt sein, daß Deutschland unter einer großen Zahl unabhängiger Mächte geteilt bleiben muß; und das war in der Tat evident, als sich hinter Deutschland nur Polen und ein halbbarbarisches Rußland befanden. Aber ist das auch heute so? Die Antwort, die man auf diese Frage geben soll, hängt ab von der Antwort auf jene andere Frage: Welche Gefahr für die Unabhängigkeit Europas stellt in unseren Tagen Rußland dar? Was mich angeht, so denke ich, daß der Westen davon bedroht ist, über kurz oder lang unter das Joch oder zumindest unter den direkten und unwiderstehlichen Einfluß des Zaren zu fallen; und ich urteile, daß es unser erstrangiges Interesse ist, die Einigung aller deutschen Stämme (races germaniques) zu begünstigen, um diese

Union dem Zaren entgegenzustellen. Der Zustand der Welt ist neu: Wir müssen unsere alten Maximen ändern, und wir dürfen uns nicht fürchten, unsere Nachbarn stark zu machen, damit sie in der Lage sind, eines Tages mit uns den gemeinsamen Gegner zurückzudrängen."

FRITZ KOPP

Die SED und die deutsche Nation

Ein dokumentarischer Bericht

Die „Sozialistische Einheitspartei Deutschlands" (SED), die Mitteldeutschland totalitär beherrscht, ist ein Satellit und Gehilfe der „Kommunistischen Partei der Sowjetunion" (KPdSU). Die „Volkskammer" ist nur ein demokratisch getarntes Einlisten-Scheinparlament[1]). Dies müssen westliche Beobachter wissen, wenn sie fragen:
1. Entsprach es dem Willen der Mitteldeutschen, daß die Sowjetunion − mittels der SED − 1945 bis 1949 das „volksdemokratische" Staatsgebilde DDR errichtete und es seit 1952 in einen sozialistischen Staat umpreßte? 2. Billigt der mitteldeutsche Teil des deutschen Volkes die Erklärungen, welche die SED-Führung und andere DDR-Spitzen zum Selbstverständnis der DDR abgaben und abgeben? Zu ihrer Selbstgewißheit (Identität) und vor allem zu den Leitgedanken ihrer Deutschlandpolitik.

I.

Die 1. wichtige Erklärung sind einige Artikel aus der geltenden III. Verfassung der DDR. (Die II. Verfassung hatte vom 6. April 1968 bis zum 6. Oktober 1974 gegolten.) In der seit 7. Oktober 1974 geltenden III. Verfassung heißt es in der Präambel (in dem Vorspruch):
„In Fortsetzung der revolutionären Traditionen der deutschen Arbeiterklasse und gestützt auf die Befreiung vom Faschismus hat das Volk der Deutschen Demokratischen Republik in Übereinstimmung mit den Prozessen der geschichtlichen Entwicklung unserer Epoche sein Recht auf sozial-ökonomische, staatliche und nationale Selbstbestimmung verwirklicht und sich diese sozialistische Verfassung gegeben."
Mit dieser Präambel versucht es die oberste Führung der (von der KPdSU gelenkten) SED, den sowjetzonalen Teil des deutschen Gesamtvolkes vom bundesdeutschen Hauptteil unseres Gesamtvolkes abzuspalten. Das Politbüro der SED war es ja, das am 17. September 1974 handelte, denn die formal beschließende „Volkskammer" ist nur ein Einlisten-Scheinparlament. − In Art. 1 der Verfassung kommt nicht einmal das Wort „deutsch" vor. Er lautet:
„Die Deutsche Demokratische Republik ist ein sozialistischer Staat der Arbeiter und Bauern. Sie ist die politische Organisation der Werktätigen in Stadt und Land unter Führung der Arbeiterklasse und ihrer marxistisch-leninistischen Partei."
Noch weiter wird der Abspaltungsversuch in Art. 6 vorangetrieben. Dort heißt es in Ziffer 2:
„(2) Die Deutsche Demokratische Republik ist für immer und unwiderruflich mit der Union der Sozialistischen Sowjetrepubliken verbündet. Das enge und brüderliche Bündnis mit ihr garantiert dem Volk der Deutschen Demokratischen Republik das weitere Voranschreiten auf dem Wege des Sozialismus und des

Friedens. — Die Deutsche Demokratische Republik ist untrennbarer Bestandteil der sozialistischen Staatengemeinschaft."

Diese antideutsche, nationszerstörende Hineinzwängung der Mitteldeutschen in den Sowjetblock dürfte in jeder Hinsicht ohne Beispiel sein. Nie wohl ist rheinbündischer Reichsverrat in der Geschichte des alten wie des neuen deutschen Reiches so weit gegangen.

II.

Auch in der II. Verfassung wurde im Vorspruch gesagt, das „Volk der Deutschen Demokratischen Republik" gäbe sich eine „sozialistische Verfassung". Die Begründung aber hatte 1968 gelautet:

„Getragen von der Verantwortung, der ganzen deutschen Nation den Weg in eine Zukunft des Friedens und des Sozialismus zu weisen, in Ansehung der geschichtlichen Tatsache, daß der Imperialismus unter Führung der USA im Einvernehmen mit Kreisen des westdeutschen Monopolkapitals Deutschland gespalten hat", entstand diese Verfassung.

Die von der SED behauptete „Spaltung ... Deutschlands" durch die USA und Bonn wird scharf verurteilt. — Demgemäß beginnt der Art. 1 der Verfassung von 1968 mit dem Satz:

„Die Deutsche Demokratische Republik ist ein sozialistischer Staat deutscher Nation." Und in Art. 8 heißt es: „Die Deutsche Demokratische Republik und ihre Bürger erstreben ... die schrittweise Annäherung der beiden deutschen Staaten bis zu ihrer Vereinigung auf der Grundlage der Demokratie und des Sozialismus."

III.

Wie sind die Präambel und Art. 1 und 8 der II. Verfassung zu bewerten? Zur Klärung dieser Frage müssen verschiedene Kampfziele und -methoden der SED erkannt und unterschieden werden:

1. Seit Mitte 1945 arbeitet die KPD, die seit April 1946 (nach Aufsaugung der mitteldeutschen SPD) als SED auftritt, an der Sowjetisierung (Kollektivierung) der Sowjetzone, die 1949 zur DDR wird.

2. Seit 1946 bemüht sich die SED auch, im Bündnis mit der KPD (seit 1968 mit der DKP) Westdeutschlands, die Bevölkerung Westdeutschlands zu revolutionieren und — oftmals demokratisch und friedenskämpferisch getarnt — für den Kommunismus zu gewinnen.

3. In den beiden eben betrachteten Propagandabereichen, in Mittel- wie in Westdeutschland, arbeitete die SED nicht nur sozialrevolutionär-klassenkämpferisch. Vielmehr setzte sie auch nationale Gedanken und vaterländisch-gesamtdeutsche Gefühle ein, die natürlich zweckhaft-taktisch zurechtgebogen wurden. Bezeichnend sind u. a. einige Stichworte in der programmatischen Rede, die Wilhelm Pieck (SED) als Präsident der DDR, am 11. Oktober 1949 hielt. Dort hieß es über Westdeutschland:

„Nicht eher werden wir ruhen, bis die widerrechtlich von Deutschland losgerissenen und dem Besatzungsstatut unterworfenen Teile mit dem deutschen Kerngebiet, mit der DDR, in einem einheitlichen demokratischen Deutschland vereinigt sind."[2])

Dazu sei bemerkt, daß die SED und die Regierung der DDR mit häufigen Äußerungen dieser Art die Tatsache zu verhüllen suchen, daß die Sowjetische Militäradministration (SMAD) in Ostberlin schon am 25. Juli 1945 mit der Einsetzung von elf „Deutschen Zentralverwaltungen" für ihre gesamte Zone mit der Abreißung Mitteldeutschlands vom Reichsgebiet begonnen hat.[3])

Auf derselben Linie wie Wilhelm Pieck erklärte Walter Ulbricht (seit 12. September Vorsitzender des Staatsrates) am 4. Oktober 1960 namens der DDR: „Die westdeutsche Regierung als Satellit der USA kann ... nicht den Anspruch erheben, Vertreter deutscher Staatspolitik zu sein. Vielmehr allein die Staatspolitik der Deutschen Demokratischen Republik entspricht den nationalen Interessen unseres friedliebenden deutschen Volkes."[4])

Diese Methode einer gesamtnationalen und gesamtdeutschen Propaganda hat den Zweck, die Bevölkerung Mittel-, aber auch Westdeutschlands für die leninistische, sowjetverbundene Politik der DDR, die in Wirklichkeit ein SED-Staat war und ist, günstiger zu stimmen. Es war und ist ein Schein- und Zwecknationalismus. Diese zweckhafte, auf ihre Weise dialektische Taktik wurde noch seit 1952 durch eine ebenso zweckhafte, schein-nationale Geschichtsbetrachtung ergänzt[5]). — Das Leitwort dafür gab Ulbricht am 9. Juli 1952. Auf der 2. Parteikonferenz der SED, welche den „Aufbau des Sozialismus" in der DDR beschloß, verkündete er in einem der Kapitel seines großen Grundsatzreferates:

„Das patriotische Bewußtsein, der Stolz auf die großen Traditionen unseres Volkes beginnen sich zu entwickeln. Jeder versteht, welche große Bedeutung das wissenschaftliche Studium der deutschen Geschichte für den Kampf um die nationale Einheit Deutschlands und für die Pflege aller großen Traditionen des deutschen Volkes hat, besonders gegenüber dem Bestreben der amerikanischen Okkupanten, die großen Leistungen unseres Volkes vergessen zu machen."[6])

Unter Bezug auf die klassenkämpferisch-ökonomistische Geschichtslehre des Leninismus-Marxismus, auf den „Historischen Materialismus", entfaltete nun die SED eine schein-nationale deutsche Geschichtsanschauung. — Angewandt wurde sie vor allem auf folgende Abläufe der deutschen Geschichte: Auf die Verteidigung der Germanen gegen den kapitalistisch entarteten Imperialismus der römischen Cäsaren. Auf die Gesellen- und Bauernaufstände, vor allem den „Großen Bauernkrieg" 1524—1525. Auf die preußisch-deutsche Reform und die Befreiungskriege (1807—1815). Auf die Burschenschaften, den vormärzlichen Liberalismus und die Kämpfe um die Wiederbegründung des Deutschen Reiches 1848—1871. Auf alle Gewerkschaftsbewegungen und marxistischen Organisationen und Kampfbewegungen in Deutschland bis hin zu den Deutschen in den „Internationalen Brigaden" des Roten Spanien.

IV.

Mit dem Ausbau der totalitären Herrschaft der SED verfeinerte die SED ihre schein-nationale Propaganda und Bewußtseinsbildung. Sie bediente sich nun, um ihre leninistische, nationszerstörende Politik zu verhüllen, zweier zwecknationaler Gleise. Neben dem „gesamtdeutschen" Nationsbegriff, der bis zu Ulbrichts Entmachtung (1971) galt, entwickelt die SED den Gedanken des einzelstaatlich-partikularen sozialistischen „Vaterlandes DDR". Damit kommt es zu einem DDR-Patriotismus neben dem noch weiter benutzten gesamtnationalen Nationsdenken. So sagte Ulbricht am 25. November 1953 in einer Regierungserklärung:

„Die erste Aufgabe ... ist die Stärkung der DDR. Die Stärke der DDR gibt der Arbeiterklasse und allen patriotischen Kräften in Westdeutschland immer wieder neue Kraft in ihrem schweren und opferreichen Kampf gegen die Kräfte des westdeutschen Militarismus, gegen den Amerikanismus."[7])

In bedeutsamer Weise wurde am 15. Juli 1958 in dem Beschluß des V. Parteitages der SED (in § V, 1) ausgeführt:

Seit 1952 „entwickelte sich ein wahrhaft sozialistischer Patriotismus, der in der Verbundenheit mit der DDR, als dem rechtmäßigen deutschen Staat ... zum Ausdruck kommt."[8])

V.

Honecker ist seit 3. Mai 1971, an Stelle des (auf Moskaus Druck entmachteten) Walter Ulbricht, 1. Sekretär des ZK der SED. Was bewog ihn und das SED-Politbüro wahrscheinlich dazu, durch die gefügige „Volkskammer" am 27. September 1974 die II. durch die III. Verfassung ersetzen zu lassen in der alle nationalen, ethnisch-volkhaften deutschen Elemente getilgt sind? (In der I. Verfassung, vom 7. Oktober 1949, war weder von „sozialistischer Verfassung" noch von Deutschlands Spaltung die Rede.)

Vermutlich waren es drei Gründe: 1. Die seit Herbst 1970 geforderte politische „Abgrenzung" der DDR gegen die vermeintlich kapitalistische Nation in der Bundesrepublik. 2. Die Rücksichtnahme auf die „Entspannungs"-Taktik Moskaus gegenüber Westdeutschland, die für den Sowjetblock (Warschauer Pakt) so nützlich war und im Westen aufweichend wirkte. 3. Die scheinbar gesamtnationale Propaganda der SED und der DDR war für die Regierungen in Moskau und Ostberlin lästig und bedenklich geworden, denn sie belebte immer wieder das gesamtdeutsche Fühlen der Bewohner der DDR.

In den Wochen nach der Verfassungsänderung äußerte sich gegen diese Änderung die Mehrheit nicht nur der Bevölkerung, sondern auch der unteren SED-Funktionäre[9]). – Deshalb versicherte Honecker am 12. Dezember 1974 (in einem Referat auf der 13. ZK-Tagung) den vielen unzufriedenen Fragestellern, sie seien nach wie vor Deutsche. Er führte aus:

„Wir repräsentieren ... im Gegensatz zur Bundesrepublik das sozialistische Deutschland. Dieser Unterschied ist der entscheidende. Unser sozialistischer Staat heißt Deutsche Demokratische Republik, weil ihre Staatsbürger der Nationalität nach in der übergroßen Mehrheit nach Deutsche sind ... als Deutsche haben wir Anteil an der deutschen Geschichte ... und der revolutionären Arbeiterbewegung" (Deutschlands)[10]).

VI.

Die 2. wichtige Erklärung, welche die SED über ihr Selbstverständnis und ihre Grundeinstellung zur deutschen Nation abgegeben hat, sind einige Absätze in dem umfangreichen „Programm der Sozialistischen Einheitspartei Deutschlands". (Es wurde am 22. Mai 1976 vom IX. Parteitag der SED angenommen.) Die klassenkämpferische und sozialrevolutionäre Linie der SED wurde in ihm verstärkt und mit der weltrevolutionären Zielsetzung der KPdSU fest verbunden. Aber die etwas biegsamere Betrachtung des Nations-Elementes, die Honecker am 12. Dezember 1974 zugestanden hatte, wurde miteingefügt. Entscheidende Sätze der Präambel lauten:

Die SED „ging aus dem mehr als hundertjährigen Kampf der revolutionären deutschen Arbeiterbewegung gegen feudale Reaktion und kapitalistische Ausbeutung, gegen Imperialismus und Militarismus, Faschismus und imperialistischen Krieg hervor. Sie ... ist die Erbin alles Progressiven in der Geschichte des deutschen Volkes".

Der internationalistische, dabei eng an Moskau gebundene Hauptzug des SED-Programms wird in dem anschließenden Abschnitt des Vorspruches sichtbar. Dort wird versichert: Die SED „ist brüderlich verbunden mit der Kommunistischen Partei der Sowjetunion ..." – Auf dem Boden dieser Festlegung wird behauptet:

„Unter Führung der Sozialistischen Einheitspartei Deutschlands vollzog sich in der Deutschen Demokratischen Republik eine grundlegende Wende in der Geschichte des deutschen Volkes, die Wende zum Sozialismus."

Noch stärker tritt der leninistische Kern der zwecknationalen Propaganda der von Honecker geführten SED in dem Unterkapitel II, F des Programms hervor. Dort heißt es:

„In der Deutschen Demokratischen Republik entwickelt sich die sozialistische deutsche Nation. Ihre Wesenszüge prägt die Arbeiterklasse. Als die führende Kraft der sozialistischen Gesellschaft steht sie zugleich an der Spitze der sozialistischen Nation ... Der Marxismus-Leninismus ist die herrschende Ideologie."

Auch der so wichtige geistig-kulturelle Bereich wird entsprechend der scheinnationalen, in Wirklichkeit leninistischen Weltsicht der SED ausgerichtet. Im 3. Absatz des Unterkapitels II, F wird formuliert:

In der DDR „entwickelt sich die sozialistische Nationalkultur, die das fortschrittliche und humanistische Erbe der deutschen Geschichte sowie die großen Errungenschaften der Weltkultur, insbesondere die kulturellen Leistungen der Sowjetunion und der anderen sozialistischen Länder, in sich aufnimmt".

Zur nationalen, d. h. abstammungsmäßigen und sprachlichen Seite der Konstruktion einer „sozialistischen deutschen Nation" wird im 4. Absatz des Unterkapitels II, F des Programms gesagt:

„Die Bürger der Deutschen Demokratischen Republik sind in ihrer übergroßen Mehrheit deutscher Nationalität. Die Bürger sorbischer Nationalität nehmen gleichberechtigt an der Gestaltung der entwickelten sozialistischen Gesellschaft teil und haben alle Möglichkeiten, ihre besonderen sprachlichen und kulturellen Interessen wahrzunehmen."

VII.

In der 1983 veröffentlichten 4. Auflage des parteiamtlichen politischen Wörterbuches der SED[11]) wird im Beitrag „Nation" ergänzend erklärt:

Die „sozialistische deutsche Nation" der DDR „grenzt sich durch ihre weitere Konsolidierung von der kapitalistischen deutschen Nation ab, die in der BRD weiterbesteht". Beide „haben zwar eine gemeinsame Geschichte in der Vergangenheit, aber keine gemeinsame Gegenwart und Zukunft".[12])

Anschließend wird die „Abgrenzung" zwischen West- und Mitteldeutschland mit dem Satz verstärkt:

„Die Tatsache, daß zwischen der sozialistischen deutschen Nation und der kapitalistischen deutschen Nation ethnische Gemeinsamkeiten bestehen, daß sie gleicher Nationalität sind, kann daran nichts ändern."[13])

Über die wahren Ansichten und Ziele der kommunistischen Machthaber der DDR gegenüber Westdeutschland heißt es im Schlußabschnitt des Beitrages „Nation" vielsagend:

„Die Frage, ob in späterer Zeit, wenn die Arbeiterklasse der BRD im Bündnis mit allen Werktätigen die sozialistische Umgestaltung der Gesellschaft und der kapitalistischen Nation erkämpft haben wird, eine einheitliche sozialistische deutsche Nation entstehen kann, muß gegenwärtig offenbleiben ... (Es) besteht in der BRD nach wie vor der antagonistische Gegensatz zwischen den Interessen der Werktätigen und denen des Monopolkapitals, der für die kapitalistische Nation, im Imperialismus charakteristisch ist. Dieser Widerspruch kann letztlich nur durch die sozialistische Revolution gelöst werden."[14])

Diese Sätze enthalten eine langfristig strategische Drohung. Ähnlich drohend äußerte sich Honecker; vor allem 1982 auf einer Delegiertentagung des SED-

Bezirks Berlin (Ost): „wenn der Tag kommt, an dem die Werktätigen der Bundesrepublik an die sozialistische Umgestaltung der Bundesrepublik Deutschland gehen, dann steht die Frage der Vereinigung beider deutscher Staaten vollkommen neu. Wie wir uns dann entscheiden, daran dürfte wohl kein Zweifel bestehen."[15])

VIII.

Die unter Honecker zeitweise abgeschwächte, aber nie eingestellte zwecknationale Geschichtsschreibung der Historiker auf der Linie der SED wurde seit 1979 verfeinert und vertieft.

Wie das königliche Preußen wurden auch andere Abläufe der deutschen Geschichte neu gewürdigt, nun auch Bismarcks Werk. Aber stets wurde und wird der leninistische Klassenstandpunkt angewandt. Der für diese Fragen besonders zuständige SED-Historiker Walter Schmidt umschrieb dies so: „Wir brauchen eine von den Positionen des siegreichen Sozialismus auf deutschem Boden geschriebene Nationalgeschichte der DDR."[16]) Dabei sollen alle Gebiete einbezogen werden, die vor 1806 zum alten Deutschen Reich gehörten.

Es entspricht der Denkweise der leninistischen Revolutionslehre, daß die SED ihre „Nationalgeschichte der DDR" so weitgespannt betreibt: Die SED veranstaltet diese scheinbar gesamtdeutsche Geschichtsschau, gerade weil sie seit September 1974 das Zerbrechen der Deutschen Nation in eine sozialistische und eine kapitalistische Nation behauptet. — All dies geschieht gegen den Willen der Deutschen in Mittel- wie in Westdeutschland.

Anmerkungen:

[1]) s. „DDR-Handbuch", hrsg. vom Bundesmin. für innerdeutsche Beziehungen. 2. erw. Aufl. Köln 1979.
[2]) Wilhelm Pieck: „Reden und Aufsätze", Bd. II, Berlin (Ost), S. 300.
[3]) s. „Keesings Archiv der Gegenwart", 15. Jahrgang (1945), Bonn, S. 431.
[4]) s. „Neues Deutschland", 5. Okt. 1960, S. 3, Sp. 4.
[5]) s. Fritz Kopp: „Die Wendung zur ‚nationalen' Geschichtsbetrachtung in der Sowjetzone", 2. Aufl., München 1962.
[6]) s. „Protokoll der 2. Parteikonferenz der SED", Berlin (Ost), 1952, S. 122.
[7]) s. „Dokumente zur Außenpolitik der DDR", Bd. I, Berlin (Ost), 1954, S. 115.
[8]) s. „Protokoll des V. Parteitages der SED", Bd. 2, Berlin (Ost), 1959, S. 1388.
[9]) Selbst die „Frankfurter Rundschau", die nichtamtliche Nachrichten aus der DDR sehr kritisch betrachtet, hielt diese Widerspruchsnachricht für glaubwürdig (in ihrer Folge vom 21. Febr. 1975, S. 16, Sp. 1).
[10]) s. „Neues Deutschland", 13. Dez. 1974, S. 3.
[11]) „Kleines Politisches Wörterbuch", 4. überarb. Aufl. Dietz-Verlag, Berlin (Ost), 1983.
[12]) a. a. O. S. 636, rechte Sp.
[13]) a. o. O. S. 637, linke Sp.
[14]) a. a. O. S. 637, rechte Sp.
[15]) „Neues Deutschland" 16. Febr. 1982, S. 3.
[16]) „Zeitschrift für Geschichtswissenschaft", Berlin (Ost), 1981, Nr. 5, S. 399.

MICHAEL VOGT

Die Linke und die deutsche Frage

Nationale Argumente von links

Die undogmatische Linke

Das Verhältnis der undogmatischen Linken, also jener außerhalb von KPD/DKP oder SED stehenden und sich hauptsächlich innerhalb oder im Umfeld der SPD seit der Weimarer Republik befindenden Kräfte stellt sich, bezogen auf die Nation und die nationale Frage, als erheblich verschieden von dem der deutschen Kommunisten dar. Die SPD der Weimarer Republik — sicherlich ebenfalls ernsthaft um die Revision des Versailler Diktats bemüht — gelang es schließlich nicht, gegenüber den Wählermassen die Überzeugung mehrheitsfähig zu machen, daß sie es sein würde, die ein Wiederaufrichten der Nation würde bewerkstelligen können. 1933 war sie gescheitert. Und zweifellos mußte sie sich Dimitroffs[1]) Kritik an der zu spät erkannten Bedeutung der nationalen Frage, die dieser seinen kommunistischen Genossen vorhielt, selbst an den Hut stecken.

Nach dem Zusammenbruch 1945 spielte die SPD als Gegner der Adenauerpolitik solange eine positive nationale Rolle, als sie — ganz in Übereinstimmung mit der SED — deutlich machte, daß jeder Schritt in Richtung Westintegration und westliches Militärbündnis ein Schritt weg von der deutschen Einheit bedeute. Das deutschlandpolitische Programm der SPD war das Programm Kurt Schumachers: „Wiedervereinigung Deutschlands in Freiheit — und zwar in den Grenzen von 1937, mit Berlin als Hauptstadt, keine Aufgabe des Saargebietes, und vor allem keine Anerkennung der Oder/Neiße-Grenze."[2]) Faktisch aber war es die SPD, die trotz nationaler Positionen aufgrund persönlicher Differenzen in der Parteispitze der innenpolitischen Spaltung Deutschlands Vorschub leistete. Schuhmacher, der 1952 starb, geriet als Leiter der West-SPD über die Frage des Parteivorsitzes in Konflikt mit dem Berliner „Zentralausschuß der SPD" unter Otto Grotewohl. Grotewohls Vorschlag auf der SPD-Parteikonferenz im Oktober 1945 (!), einen einheitlichen Parteivorsitz zu bilden wurde unter Hinweis „auf die Zoneneinteilung und die Aufteilung Deutschlands abgelehnt."[3]) Man beließ es bei zwei Zentren unter Schuhmacher in Hannover für die Westzonen und unter Grotewohl in Berlin für die Ostzone. Dies war der „Verzicht, über die Zonengrenzen hinweg eine einheitliche Politik zu betreiben. Die Abgrenzung gegenüber dem ‚Osten' hatte begonnen. Die potenziell stärkste politische Kraft Nachkriegsdeutschlands nahm die Spaltung des Landes vorweg. Die Sozialdemokraten in der russischen Zone spürten bald, daß sie auf sich allein gestellt waren."[4])

Nachdem der Bundestag im Februar 1955 gegen den schon geschilderten Widerstand der SPD der NATO-Integration zustimmte und damit sämtliche gesamtdeutschen Neutralitätsmodelle am westlichen Widerstand (und dem von CDU/CSU/FDP) scheiterten, stellte sich auch die SPD (spätestens ab 1960) auf die neuen Realitäten ein. Die Frage der Nation trat damit ebenfalls in den Hintergrund. Die ursprüngliche nationale, auf deutsche Neutralität abzielende Haltung wurde zugunsten einer Bejahung des westlichen Bündnisses aufgegeben, was der SPD der einzig gangbare Weg schien, das bürgerlich-konservative Lager in der Regierungsverantwortung abzulösen.[5])

Günter Gaus hat die Ursachen des Verhaltens jener Linken, deren Haltung Theodor Schweisfurth ironisch als die von „Nationalallergetikern"[6]) bezeichnet, so geschildert: „Gerade jene Deutsche, die als junge Menschen nach 1945 die Augen vor den nationalsozialistischen deutschen Verbrechen nicht verschlossen, sondern als Schuld ihres Volkes akzeptierten, haben seither aus noblen Motiven dazu beigetragen, daß wir wiederum den Einklang mit unseren Nachbarn nicht fanden. Die betroffenen, zur Annahme der elterlichen Schuld bereiten Achtzehnjährigen der kurzen Besinnungsjahre nach Kriegsende wollten daher niemals wieder in nationalen Größen denken und fühlen."[7])

Und Günter Gaus, der erste Leiter der ständigen Vertretung Bonns in Ostberlin, weiter: „Die wahnwitzige nationalsozialistische Lesart der deutschen Geschichte findet noch immer ihre Entsprechung in dem gutgemeinten Irrtum der undogmatischen linken Demokraten in der Bundesrepublik, intellektuelle Distanz zur nationalen Vergangenheit sichere uns vor bösen Wiederholungen oder gebe uns doch wenigstens das Flair, deutsche Provinzialität gegen Weltläufigkeit eingetauscht zu haben. Das Gegenteil ist richtig. Unsere wirkliche und nicht nur scheinbare Rückkehr zur europäischen Normalität verlangt, die *nationale Bewußtlosigkeit auf der linken Seite unseres politischen Spektrums zu überwinden.*"[8])

Hitler diktierte am 2. April 1945 seinem „Reichleiter" Martin Bormann: „Die besondere Fähigkeit des deutschen Volkscharakters, immer dann, wenn ein Beharren auf nationaler Selbstbehauptung den Fortbestand der Nation bedroht, in einen politischen Winterschlaf zu verfallen, wird uns noch einmal zustatten kommen."[9]) Dazu Wolfgang Venohr: „Was sollte es aber nun bedeuten, wenn er den Deutschen einen ‚politischen Winterschlaf' anempfahl? Mit einem kräftigen Schuß Zynismus könnte man sagen, daß Hitler, der Verderber Deutschlands, mit diesen Worten den Nachkriegsregierungen in Bonn und Ost-Berlin den politischen Weg gewiesen hat. Denn: Von ‚nationaler Selbstbehauptung' kann nun wirklich keine Rede sein, wenn man sich die Politik der beiden deutschen Teilstaaten seit 35 Jahren ansieht. Viel eher schon von einem ‚politischen Winterschlaf', was den Fortbestand der deutschen Nation angeht."[10]) Dieser nationale Winterschlaf fiel der SPD (wie auch den bürgerlichen Kräften) um so leichter, als sich die nationale Frage „in Westdeutschland auf die Auseinandersetzung mit dem Kommunismus (verengte). Deutschlands Teilung ermöglichte der Bonner Republik, diesen Ideologiekonflikt, den andere westeuropäische Völker innerhalb ihrer nationalen Gesellschaften auszutragen haben, staatlich auszugrenzen: die DDR als unser Ersatz für eine nennenswerte kommunistische Partei. Die nationale Frage wurde zu einem Fall für den Verfassungsschutz."[11])

Und so war die Überraschung allgemein — auf der Linken wie auf der Rechten —, als die nationale Frage, die eigentlich längst totgeglaubt war, und obwohl man sich hüben wie drüben an oder im Vorhof der Macht schon so richtig eingelebt hatte, die Deutschen wieder einholte und niemand mehr — vor allem im westlichen Ausland — den deutschen Schwüren, immer von der Nation zu lassen, so recht glauben wollte. Über Nacht war er wieder da: ein neuer deutscher Nationalismus oder Patriotismus; und er kam, was die Sache für seine Gegner so erschwerte, von links!

Dabei standen die Zeichen der Zeit gar nicht gut für die Nation. Im Gegenteil: In den 70er Jahren schien es so, als habe man endgültig Abschied von der Nation genommen. In der DDR herrschte Honeckers nationale Abgrenzungspolitik, die mit einer wahren Entdeutschungskampagne und der 1974 vorgenommenen Änderung der Ulbrichtschen DDR-Verfassung, aus der sämtliche Bezüge auf Deutschland gestrichen wurden, ihren Höhepunkt fand. In der Bundesrepublik schien nach der Verabschiedung der Ostverträge in Sachen Nation eigentlich alles gelaufen. Auf nichts sei verzichtet worden, was nicht schon längst verloren gewesen sei, so tröstete die SPD das zögerliche Bürgertum über die die Spaltung Deutschlands festschreibende Anerkennungspolitik des Status quo hinweg (nur Egon Bahr sah darin wohl das Mittel einer echten Wiedervereinigungspolitik) und ermöglichte CDU/CSU per Stimmenthaltung ein „ja" zu den Verträgen. Der ursprüngliche Schwung der Ostpolitik unter Willy Brandt und vor allem Egon Bahr, der über den Status quo hinaus dachte und wollte, war verpufft. In der SPD herrschten „Macher" und Verwalter des Bestehenden. Auf internationaler Ebene einigte man sich 1975 in Helsinki noch einmal auf Festschreiben und Anerkennung des Status quo. Alles glich einem Versuch, die Zeit anhalten zu wollen; alles schien von der Furcht gezeichnet, nur ja nicht am Bestehenden zu rütteln, um nicht „böse Geister" zu wecken: Der politische Winterschlaf in seinem 3. Jahrzehnt.

Für die vorsichtige Rehabilitierung des nationalen Arguments bei Teilen der Linken lassen sich im wesentlichen vier Ursachen ausmachen: Zum einen geht das sehr stark auf eine einzelne Person zurück, die schon sehr früh zur deutschen Frage zurückfand, ja eigentlich nie von ihr gelassen hatte, auf den SDS-Chefideologen und fähigsten Kopf der studentischen Revolte der 60er Jahre in der BRD, Rudi Dutschke. Er war stets unabhängig genug geblieben, die nationale Frage nie aus dem Auge zu verlieren. Im Juni 1977 trat mit dem aufsehenden Artikel Dutschkes „Von der Schwierigkeit, ein Deutscher zu sein"[12]) erstmals wieder ein unabhängiger Linker positiv in den deutschen Belangen an die westdeutsche Öffentlichkeit.

Mit Dutschke, der 1961 die DDR verließ, eng verwoben (wenn auch in keinem Zusammenhang stehend) ist ein zweiter Faktor, der die nationale Diskussion wieder belebte: Zum Jahreswechsel 1977/78 brach sich der DDR-interne Protest gegen die Honeckersche Abgrenzungspolitik auch für Westdeutschland offen sichtbar Bahn. Wie beim Brandenburger Dutschke, der wegen seiner DDR-Herkunft nicht von der Nation loskam, machte sich selbst bei SED-Funktionären auf dem Höhepunkt der SED-Entdeutschungskampagne Unmut breit. Der Spiegel veröffentlichte im Januar 1978 ein oppositionelles, aus SED-Kreisen stammendes Manifest, das allen Absagen an den deutschen Nationalstaat eine deutliche Abfuhr erteilte.

Aber auch in Westdeutschland kam über die Umwelt-, Heimat- und Identitätsfrage etwas in Bewegung. Enttäuscht vom Internationalismus und zurückgeworfen auf die eigenen, unmittelbaren Probleme, erlebten Heimatschützer, Kernkraftgegner, Umweltbewußte, daß es um Schutz und Pflege „ihrer Heimat" ging und daß es diese Heimat, ihre Region (ja manchmal sogar ihr Vaterland) waren, die ihnen „irgendwie" so etwas wie Identität vermitteln konnten. Ein Regionalbewußtsein, der Stolz auf den heimatlichen deutschen Dialekt — vor Jahren noch als rückständig verpönt und vom „american way of life" völlig zugedeckt — kam wieder zum Tragen. Auf der Suche nach Identität wurde über die eigene Heimat das Deutschsein wieder entdeckt.

Die genannten drei Ursachen bedurften einer vierten, die den Prozeß der Entstehung eines „Neonationalismus" erst so richtig in „Schwung" brachte und als der eigentliche Auslöser einer *breiten* Diskussion über die nationale Frage innerhalb der Linken angesehen werden muß: Die in der Folge des sogenannten NATO-Nachrüstungsbeschlusses vom Dezember 1979 einsetzende Diskussion über die militärische Bedrohung *ganz* Deutschlands durch die Konfrontation der Supermächte gab der nationalen Debatte erst den richtigen Impetus.

Rudi Dutschke

Rudi Dutschke ist vielleicht der einzige führende Nachkriegsintellektuelle der undogmatischen Linken, bei dem sich durchgehend — wenn auch oft nur am Rand — ein Interesse und Engagement für die Nation nachweisen läßt. Das drückte er schon bei seinem Weggang aus der Mark Brandenburg so aus: „Als ich wenige Tage vor dem Bau der Mauer die DDR verließ, war mir eines schon klar: Du gehst nicht ins ‚Exil‘, du gehst in einen anderen Staat, nicht aber in ein anderes Land."[13]

Und: „Du weißt, meine DDR-Erfahrung hat mich nie verlassen,"[14] schrieb er 1978 an Herbert Marcuse. In der Frühphase des Sozialistischen Deutschen Studentenbundes (SDS) spielte kurzfristig die nationale Frage ebenfalls eine Rolle. Der antiautoritäre Protest begann sich, wie Bernd Rabehl bestätigt, einer der engsten Mitarbeiter Dutschkes, den er bei einer Demonstration gegen die Mauer kennengelernt hatte[15], „seit dem 13. August 1961 (zu) artikulieren".[16]

Zum Verhältnis von Marxismus und Nationalismus schrieb Rabehl 1967: „Die marxistische Linke muß Ansätze des Nationalismus weitertreiben, gerade auf den neuralgischen Punkt, daß Deutschland geteilt wurde durch den Bundesgenossen USA, der diese Teilung ab Teheran sanktionierte. Der Nationalismus in dieser Form ist eine Art Sammlung, schafft ein Bündnis zwischen den einzelnen Sozialisten, die dadurch politisch wirksam werden können."[17]

Und Rudi Dutschke legte im Juni 1967 einen Plan zur schrittweisen Wiedervereinigung Deutschlands vor. Ausgehend von einer Freistaatlösung für Westberlin sollten dort politische und gesellschaftliche Strukturen aufgebaut werden, den Westen der geteilten Stadt zum Modell eines geeinten Deutschland werden lassen würde[18]. „Ein von unten durch direkte Rätedemokratie getragenes Westberlin könnte ein strategischer Transmissionsriemen für eine zukünftige Wiedervereinigung Deutschlands sein."[19]

Diese Räterepublik Westberlin sollte sowohl die BRD als auch die DDR von unten revolutionieren, sie sollte zum Zentrum einer gesamtdeutschen Revolution werden und war gedacht als bewußte „Provokation für die Bundesrepublik und auch für die DDR".[20]

Zehn Jahre später, die SDS-Revolte war inzwischen verebbt, faßte Dutschke seine deutschen Erfahrungen 1976 in die folgende Strophe:

> „Wir kamen aus dem Osten,
> dieser war gar nicht so rot,
> waren gelandet im Westen,
> und spürten bald von so mancher Not.
> Die Spaltung vom 13. August machte uns rauher,
> wie Kinder, die ihre Eltern nicht finden.
> Mit kleinen Schnüren zogen wir an der großen Mauer,
> hatten uns doch damit abzufinden."[21]

Nicht abfinden wollte sich der SDS-Ideologe mit der politischen Anerkennung der deutschen Spaltung. „Mir fiel die Anerkennung der Bundesrepublik Deutschland ebenso schwer wie die der DDR. Ich verstand darunter eine Verewigung des Spaltungszustandes. Sollten meine Brüder ihren Geburtsort Koblenz nie kennenlernen, sollte ich als einer aus dem Brandenburgischen den Rhein nie sehen?"[22]

Die Spaltung, das war die Fortsetzung des 8. Mai 1945. „Gleichermaßen empfand ich es aber als *Beleidigung*, 10 Jahre nach dem Kriege noch besetzt zu sein. Die *Amerikanisierung* der BRD (Westzone) und *Russifizierung* der DDR (Ostzone) drückte die Spaltung, die Verunmöglichung der Einheit des Landes aus,"[23] heißt es auf einem Notizzettel Dutschkes. Die Jahre der Besatzung haben ihre Spuren in Deutschland hinterlassen:

„Es ist für mich außer Zweifel: In der DDR ist alles real, bloß nicht der Sozialismus; in der Bundesrepublik ist alles real, bloß nicht ‚Freiheit, Gleichheit, Brüderlichkeit', bloß keine reale Demokratie. Wie gesagt, Amerikanisierung und Russifizierung sind vorangeschritten, aber nicht die Wiedergewinnung eines realen Geschichtsbewußtseins der Deutschen. Ganz zu schweigen von einem nationalen Klassenbewußtsein der deutschen Arbeiterklasse."[24])

Bei einer Analyse der Ereignisse des 17. Juni 1953 kommt Dutschke zu folgendem unkonventionellen Resultat: „Hier ging es nicht um ein ‚faschistisches Abenteuer', um die DDR zu überrumpeln, es ging vielmehr um eine neue Niederlage der aktiv werdenden Arbeiterklasse in der DDR. Eine solche handfeste Niederlage war die Voraussetzung für die kapitalistische Möglichkeit der Fortführung des ‚Kalten Krieges'. Der Parole der Wiedervereinigung ihre sozialistische Sprengkraft zu rauben, war die entscheidende Funktion der Tätigkeit der Geheimdienste und Sender in diesen Tagen und Wochen des Juni 1953."[25])

Eine Komplizenschaft zwischen Moskau und Washington, die sich drei Jahre später wiederholen sollte. „Anläßlich des ungarischen Volksaufstandes von 1956 wurde mir eins klar: welches Volk sich auch immer in Mitteleuropa erheben möge, die Amerikaner und Russen werden ihre Herrschaftszone mit allen Mitteln verteidigen und die andere nicht berühren. Selbständigkeit, heute Autonomie genannt, ist nicht erwünscht."[26])

Für einen überzeugten Sozialisten kann es daher kein Vorbeigehen an der nationalen Frage geben. „Warum ist die Linke in der Bundesrepublik so blind in bezug auf die deutsche Frage? Die USA wünschten so wenig eine deutsche Wiedervereinigung wie die Sowjetunion. Wünschen es überhaupt noch die Deutschen? Das ist beileibe nicht sicher, Adenauer und die CDU/CSU trieben jahrzehntelang Separatismus, Ulbricht und die SED hatten natürlich für lange Zeit ein reales Interesse daran, schon um aus der Abhängigkeit von der SU herauskommen zu können."[27]) Diese Spaltung, gerade weil die Linke in dieser Frage keine geschichtliche Kontinuität aufrechterhalten hat, führt notwendigerweise in die Zerstörung der dialektischen Spannung von sozialer und nationaler Frage. Nicht nur objektiv, sondern auch subjektiv. Unter solchen Bedingungen fängt der linke Deutsche an, sich mit allem möglichen zu identifizieren, aber einen Grundzug des kommunistischen Manifestes zu ignorieren: Der Klassenkampf ist international, in seiner Form aber national."[28]) Uns Sozialisten und Kommunisten, die aufrecht und nicht ökonomisch-ideologisch gekrümmt an die sozialistische Wiedervereinigung Deutschlands gehen, muß klar werden, daß der ‚europäische' Sozialismus/ Kommunismus eine Abstraktion ist, die die konkrete nationale Besonderheit nicht berücksichtigt. Die Verquickung der Nationen im internationalen kapitalistischen Produktionsprozeß hat nicht die geschichtliche nationale Substanz aufgehoben. Das gilt besonders für unser Land, für die sozialistische Wiedervereinigung."[29])

Nach diesen Überlegungen von der „Schwierigkeit, ein Deutscher zu sein" im Jahre 1977 durchbrach Dutschke im April 1978 in aller Öffentlichkeit das Tabuthema der nationalen Frage. In einer dreiteiligen Artikelserie für die linksunabhängige Zeitschrift „Das da/avanti" befaßte er sich unter der Überschrift „Wer hat Angst vor der Wiedervereinigung" mit der „Absurdität der deutschen Teilung". Nicht zuletzt seine persönlichen DDR-Erfahrungen lassen ihn hinsichtlich der nationalen Identität der Deutschen — ein Thema, das rund 3 Jahrzehnte keinen Linken interessiert hatte — zum Schluß kommen: „Die absolute Mehrheit der internationalen Völkergemeinschaft hat ‚den Deutschen' längst das Recht zuerkannt, sich neu zu vereinigen. Die realen Siegermächte des 2. Weltkrieges, von der Monopolbourgeoisie bis zur Monopolbürokratie sind dagegen. Und offensichtlich haben sich die Amerikanisierung und die Russifizierung entgegengesetzt ausgewirkt in der nationalen Frage. Über die *kapitalistische Amerikanisierung* ging der zyklische Auflösungsprozeß der geschichtlichen und nationalen Identität bruchlos vor sich. Über die *asiatische Russifizierung* erfolgte dagegen eine subversive und widersprüchliche Festigung derselben."[30])

Den Versuch einer Verbindung der sozialen und der nationalen Frage, die dann ein von niemanden gefürchtetes Gesamtdeutschland würde entstehen lassen können, unternahmen SED-Oppositionelle, die sich — mit gewaltigem Eindruck auf die westdeutsche Linke — über den Spiegel im Januar 1978 an die Öffentlichkeit wandten.

Das DDR-Manifest

In seiner ersten Ausgabe 1978 veröffentlichte der Spiegel ein „Manifest des Bundes Demokratischer Kommunisten Deutschlands in der DDR". Als Verfasser wurden eine Gruppe mittlerer und höherer SED-Funktionäre bezeichnet. Heute weiß man, daß es sich bei dem Manifest um eine Reaktion auf die antinationale Abgrenzungspolitik Honeckers in den 70er Jahren handelte. Und man weiß heute auch, daß das Manifest mit Kenntnis und Billigung des amtierenden DDR-Ministerpräsidenten Willi Stoph in den Westen gelangte, daß es politisch höher anzusiedeln ist, als dies bislang vorgenommen wurde.

Die Aufregung im Westen war beträchtlich; mußte man sich ausgerechnet von „Demokratischen Kommunisten" an die ungelöste deutsche Frage erinnern lassen, wo doch die Entspannungspolitik dieses Thema weitgehend aus dem politischen Alltag vertrieben hatte. Rudi Dutschke kommentierte die Resonanz auf das DDR-Manifest sarkastisch-verbittert: „Was für ein Wirbel vollzog sich da im BRD-Land. Welch eine linke Verwirrung wurde da nicht offenbar? Der Geschichts- und Identitätsverlust von Generationen eines Landes trat hier für einen Augenblick in der vernebelnden Öffentlichkeit des Weststaates in Erscheinung. Als das ‚Spiegel'-Manifest erschien, begannen ‚die ganz Klugen' in diesem unserem Lande verrückt zu spielen. Den Bundesnachrichtendienst und den CIA zum ‚Weltgeist' zu erheben, wurde neue Mode, wie wenn umgekehrt Stasi und KGB von Strauß und Löwenthal zum ‚Weltgeist' ernannt wurden. Der erfahrene SPD-Taktiker Wehner kann in dem ‚Manifest' allein eine ‚Provokation' entdecken, von welcher Seite auch immer."[31])

Und eine „Provokation" war es auch, was da die SED-Funktionäre forderten und feststellten: „Noch haben die Sowjets ihr Ziel der Verewigung der deutschen Spaltung nicht erreicht. Auch die Deutschlandpolitik der SED-Spitze ist bisher gescheitert. Theorie und Praxis des SED-Politbüros unter Honecker stehen in direktem Gegensatz zur Theorie und Praxis der kommunistischen Parteien. Die historischen Erfahrungen in der UdSSR, Vietnam und Korea beweisen die Richtigkeit der theoretischen Verallgemeinerungen sowjetischer Wissenschaftler, *daß die nationale Komponente langlebiger als die soziale ist.*"[32]) „Die deutsche Arbeiterklasse ist eine Arbeiterklasse und muß es bleiben. *Jahrhundertalte Tradition und Blutsbande* sind weder durch imperialistische Machtpolitik noch durch Politbüro-Quislinge zerstörbar."[33] „Kein Konzept konnte die Spannungen an der Grenze und um die Grenze lösen. *Keine pseudotheoretischen Haarspaltereien um die Nation schaffen das praktisch ungelöste nationale Problem aus der Welt.* Damit bleibt für den Weltfrieden ein gefährlicher Spannungsherd auch weiterhin bestehen."[34])

Nach dieser Lageanalyse formulieren die SED-Oppositionellen ihre politischen Zielvorstellungen: „Es ist unser Ziel, *in ganz Deutschland* auf eine demokratischkommunistische Ordnung hinzuwirken, in der alle Menschenrechte für jeden Bürger voll verwirklicht sind."[35]) „Die demokratischen Kommunisten können in Deutschland nur zu politischem Einfluß gelangen, wenn sie die erste Forderung von Marx in der Revolution von 1848 zu ihrer eigenen machen und für Jahrzehnte unverrückbar daran festhalten: *Ganz Deutschland wird zu einer einigen, unteilbaren Republik erklärt*'."

Auf der Suche nach Identität

In einer Analyse einer völlig neuen Erscheinung bei der deutschen Linken, der Suche nach Identität, stellt Iring Fetscher für seine, die unmittelbare Nachkriegsgeneration fest: Diese skeptische Generation „war anfangs europabegeistert, zum Teil auch von Amerika fasziniert. Die westlichen Demokratien hatten jenen verhängnisvollen Irrweg vermieden, der uns über den wilhelminischen Untertan zum Nazi-PG und zu den Mitläufern der Verbrechen geführt hatte. Am liebsten wären viele von uns gleich Amerikaner geworden, nicht viel anders wollten übrigens im östlichen Teil des ehemaligen Deutschland manche Jugendliche anfangs gern Russen sein."[36]) Doch es sei schließlich ganz anders gekommen. „Nach vielen Jahrzehnten maximaler Distanz zu Deutschland ist das Bedürfnis, der Wunsch, ‚man selbst', auch national etwas Eigentümliches zu sein, wieder erwacht."[37]) Der Dichter Martin Walser vertraute Ähnliches schon 1975 seinem Tagebuch an: „Ich habe ein gestörtes Verhältnis zur Realität. Ich würde gern beweisen, daß mein gestörtes Verhältnis zur Realität etwas damit zu tun habe, daß ich Deutscher bin und 1927 geboren worden bin. Ich glaube nicht, daß man als Deutscher meines Jahrganges ein ungestörtes Verhältnis zur Realität haben kann. *Unsere nationale Realität selbst ist gestört.* Und wenn ein so Ausschlaggebendes gestört ist, ist es möglich, daß man zu allem davon Abgeleiteten kein rechtes Vertrauen gewinnen kann."[38])

Schärfer, radikaler, jugendlicher drückte das der junge Linke Thomas Schmid im Verlauf einer Podiumsdiskussion aus: „Was ich nicht mehr will: die Tradition der Selbstbezichtigung, die gerade bei den deutschen Linken so üblich ist, fortsetzen. Wenn ausländische Genossen kommen, gibt es ein schlechtes Ritual: man hat sich zusammen mit denen über das deutsche Elend zu entsetzen, Deutschland wird in den schwärzesten Farben gemalt; die ganze Welt ist besser — nur Deutschland ist der vollkommene Horror. Ich mag diese Unterwürfigkeit nicht mehr: von ausländischen Genossen nur akzeptiert zu sein, wenn ich mein eigenes Land verleugne. Das ist eine Sackgasse, *das steht in der Tradition der imperialistischen Entnazifizierung durch die gottverdammten Yankees, die die Demokratie bei uns verordnet haben.*"[39])

Diesen vor allem bei Schriftstellern und Publizisten zu beobachtenden Verdrängungsvorgang in Sachen nationaler Identität hat Martin Walser so kommentiert: „Diese Nation, als gespaltene, ist eine andauernde Quelle der Vertrauensvernichtung. Diese Nation widerspricht sich. Ich bin unfähig, nur weil ich in der BRD lebe, nur als Bewohner der BRD zu denken und zu empfinden. Aber noch weniger kann ich mir die DDR zu eigen machen. Ich kann keinen der beiden deutschen Staaten in mir oder überhaupt verteidigen. Jeder sozusagen natürliche Identifikationsprozeß wird andauernd durch den anderen Teil der Nation gestört."[40])

Die Folgen des Identitätsdefizites liegen für Walser auf der Hand: „Wenn wir BRD und DDR bleiben würden, wäre das Ergebnis nicht deutsch, sondern internationalistisch. Ich glaube, das dadurch verfügte bestimmte Geschichtsdefizit müsse die beiden so entstehenden Gesellschaften irgendwann unfähig machen, einer Generation nach der anderen die selbstverständliche Identität zu fundieren."[41])

Für Martin Walser ergibt sich daraus ein Bekenntnis zu einem sozialistischen Gesamtdeutschland. „Aus meinem historischen Bewußtsein ist Deutschland nicht zu tilgen. Sie können neue Landkarten drucken, aber sie können mein Bewußtsein nicht neu herstellen. *Ich weigere mich, an der Liquidierung von Geschichte teilzunehmen.* In mir hat ein anderes Deutschland immer noch eine Chance. Eines nämlich, das seinen Sozialismus nicht von einer Siegermacht draufgestülpt bekommt, sondern ihn ganz und gar selber entwickeln darf, und eines, das seine Entwicklung zur Demokratie nicht ausschließlich nach dem kapitalistischen Krisenrhythmus stolpern muß; dieses andere Deutschland könnte man, glaube ich, heute brauchen. Die Welt müßte vor einem solchen Deutschland nicht mehr zusammenzucken. *Wir alle haben auf dem Rücken den Vaterlandsleichnam*, den schönen, den schmutzigen, den sie zerschnitten haben, daß wir jetzt in zwei Abkürzungen leben sollen. *Wir dürften die BRD sowenig anerkennen wie die DDR. Wir müssen die Wunde namens Deutschland offenhalten.*"[42])

Der Status quo in Europa erweist sich für Walser als die eigentliche politische und geistige Sackgasse. „Warum akzeptieren wir eine Teilung wie ein Naturgesetz, obwohl wir einsehen können, daß sie aus ganz und gar zeitlichen Bedingungen entstand?"[43]) „Ich habe ein Bedürfnis nach geschichtlicher Überwindung des Zustands Bundesrepublik. Von Grund auf sollten wir weiter. Aber die herrschende öffentliche Meinung, das herrschende Denken, der vorherrschende Sprachgebrauch nennen dieses Bedürfnis *obsolet*, obsolet heißt veraltet; ich glaube nur, es sei alt."[44])

Dieses Alte, dieses zurück zu den Wurzeln ist es auch, was wieder Identität als nationale Identität vermitteln soll. Der schon zitierte Thomas Schmid setzt sich dabei sogar mit deutschen Tugenden auseinander, die sonst stets — im Gegensatz zu den edlen angelsächsischen Tugenden — als Sekundärtugenden diffamiert werden, mit denen man „auch ein KZ betreiben kann". „Heinar hat vorhin — abwertend — ein paar deutsche ‚Tugenden' aufgezählt, ich erinnere mich im Moment nur an zwei: Fleiß und Gehorsam. Ich denke, es gibt noch ein paar andere deutsche Tugenden, mit denen man etwas anfangen könnte, z. B. die Dickschädeligkeit, das Beharrungsvermögen, die Verbohrtheit auch. Das hat viel zu tun mit der deutschen Linken: der Hang zum Absoluten. Dieser hat unglaubliche Schrecken produziert. Ich kann aber nicht verleugnen, daß ich von diesem deutschen Hang zum Absoluten, von dieser Verbohrtheit und Dickschädeligkeit auch fasziniert bin: den Sachen auf den Grund gehen, auch auf den Grund des Schreckens, *nicht beim seichten common sense stehen bleiben. Tief, unergründlich, rätselhaft sein.* Gegenpart dazu sind die angelsächsischen Kulturen: die angelsächsische Toleranz ist eine Tugend, und uns Deutschen geht sie weithin ab. Aber sie hat auch ihr Negatives: alles dulden, an der Oberfläche bleiben, alles mit allem vereinbaren und versöhnen wollen, Seichtigkeit."[45])

Das ist der Punkt, wo sonst — spätestens — die „Notbremse" gezogen werden muß, wo die Deutschen mit dem finstersten Kapitel ihrer Geschichte drohend konfrontiert zu werden pflegen. „Auschwitz. Und damit hat sich's. Wenn wir Auschwitz bewältigen könnten, könnten wir uns wieder nationalen Aufgaben zuwenden."[46])

Diesen von Walser so charakterisierten Blockademechanismus deutscher Politik geht Thomas Schmid frontal an. Er steht, was der Vorteil seiner Generation ist, ohne zu verdrängen zur deutschen Geschichte, und zwar der ganzen deutschen Geschichte. „Ich werde die deutschen Schrecken gewiß nicht vergessen — aber ich will auch mein Deutschsein nicht länger vergessen, überspielen. Wo das deutsche Grauen liegt, da liegt auch ganz nah dabei die deutsche Faszination. Und ich möchte mich beidem nähern. Gefährlich ist das gewiß — wer das aber faschistoid nennt, der beeindruckt mich nicht mehr."[47]) „Kurz und gut: ich denke, wir werden mit dem deutschen Schrecken nur umgehen können, wenn wir unser Deutschsein nicht länger leugnen. *Ich bin diesem Deutschland nicht nur verhaftet, ich liebe es auch. Und ich will hier eine Linke, die nicht nur ‚kosmopolitisch', sondern auch ‚deutsch' ist. Die den Mangel an politischer Kultur in Deutschland nicht dadurch aufheben will, daß sie auf den Zug der anderen Länder aufspringt, sondern dadurch, daß sie eine spezifisch deutsche politische Kultur entwickelt.*"[48])

Wer derart unbekümmert mit wohlgepflegten Tabus umspringt, dem steht man zunächst fassungslos gegenüber. Man spürt direkt das Entsetzen, mit dem Iring Fetscher die Äußerungen dieses jungen Linken vorstellt: „‚‚Die imperialistische Entnazifizierung durch die gottverdammten Yankees' endlich ist eine Metapher, die noch vor fünf Jahren kein deutscher Linker in den Mund genommen hätte,"[49]) schreibt Fetscher. Und damit auch jeder versteht, auf was man sich mit einer derart weit getriebenen Identitätssuche einläßt, kommt Fetscher auch gleich mit dem politischen Totschlaghammer, der stets praktikablen Faschismuskeule hinter her: „Vor allem darf die Suche nach der nationalen Identität nicht den Nationalisten der äußersten Rechten überlassen bleiben. Auf der anderen Seite darf aber auch die Linke nicht aus Konkurrenzangst selbst in narzistischen Nationalismus verfallen. Wir haben schon einmal ‚linke Leute von rechts' gehabt, die nach ihren bescheidenen Möglichkeiten an der Zerstörung der Republik mitgewirkt haben."[50]) Ein Vorwurf — in den weiteren Jahren mehrfach von „berufsmäßigen" Warnern vor einer Hinwendung der Linken zur nationalen Frage variiert, der nicht mehr greift, denn, um mit Thomas Schmid zu sprechen, „wer das faschistoid nennt, der beeindruckt mich nicht mehr".

Die Suche nach einer nationalen Identität ist aber nicht nur auf den politischen oder literarischen Bereich beschränkt, sondern sie geht oft auch einher mit dem Versuch eines neuen, eines deutschen Zugangs zur eigenen Geschichte. Hans-Jürgen Syberberg hat in seinem Film „Hitler, ein Film aus Deutschland" einen Beitrag zur Rückgewinnung spezifisch deutscher künstlerischer und emotionaler Fähigkeiten leisten wollen. „In der freiwilligen Selbstaufgabe seiner schöpferischen Irrationalität, und vielleicht einzig hier, hat Deutschland wirklich den Krieg verloren."[51]) „Ja, nur hier, in einem Film der Kunst unserer Zeit über gerade diesen Hitler in uns, aus Deutschland, wird Hoffnung kommen dürfen. Für unsere Zukunft müssen wir ihn und damit uns überwinden, besiegen, und nur hier kann eine neue Identität durch Anerkennung und Trennung, Sublimierung und Arbeit an unserer tragischen Vergangenheit gefunden werden."[52])

Der künstlerisch eigenwillige Versuch Syberbergs im Rückgriff auf „deutsche schöpferische Irrationalität" eine Deutung des Nationalsozialismus vorzunehmen, mag als ein Beispiel für ein neues Geschichtsverständnis bei Teilen der Linken sein; daß der Regisseur Peymann die so verpönte, weil so konsequent und radikal nationalistische Hermannsschlacht von Heinrich von Kleist, mit der Kleist 1809 zum Haß und Kampf gegen die französische Besatzungsherrschaft aufrief, in Bochum zum Entsetzen vieler zum ersten Mal seit 1945 neu inszenierte und auf den Spielplan nahm, mag als weiterer Beleg dazu dienen.

Überdies darf schließlich auch der Trend in der modernen Musik, der mit der „Neuen Deutschen Welle" aufkam, Lieder wieder in Deutsch, oft sogar im heimatlichen Dialekt zu singen, als identitätsfördernd nicht unterschätzt werden. Und auch hier ging mit Udo Lindenberg ein engagierter Linker voran. Als „angelsächsische Seichtigkeit" noch „in" war, sang er seine Lieder, die nicht selten Deutschdeutsches behandeln, schon in Deutsch. Wie weit ein solcher Prozeß der Heimat- und Identitätssuche auch unpolitisch erfolgreich und damit politisch wirksam werden kann, zeigt u. a. das Oktoberfest 1984 in München, wo zur Begeisterung der

Anwesenden in den Bierzelten immer wieder ein steierisches Lied gesungen wurde, das dem neuen Heimatgefühl unmittelbarem Ausdruck verleiht und dessen Refrain lautet:

> „I will wieder ham,
> fühl mi do so alan.
> I brauch kei große Welt,
> I will nur ham nach Fürstenfeld."

Und schließlich waren es (mehrheitlich linke) Umweltschützer, Kernkraftgegner, Grüne und Alternative, die den Wert der eigenen Heimat wiederentdeckten; zunächst in Wyhl, Gorleben, Brokdorf und an der Startbahn West. Peter Bahn von den Grün-Alternativen sieht im neuen Heimatbewußtsein die Wurzel eines neuen, eines linken Patriotismus. „Eine Gegenbewegung zur Abstinenz bezüglich nationaler Identität ist erst seit dem Aufkommen der grünen und alternativen Bewegung zu verzeichnen und greift erst zaghaft auf die sozialistische Linke über. Nationale Identität als Grundlage für ein Wir-Bewußtsein, als Gegenpol einer internationalen, konsumorientierten und von multinationalen Konzernen gesteuerten Einheitszivilisation, die die Völker ihrer eigenen Kultur und ihrer vielfältigen Ausdrucks- und Kommunikationsformen beraubt — dies ist letztlich ein linkes Thema. *In den Kämpfen gegen Kernkraftwerke, Atommüllager und Autobahnneubauten ist der Begriff der Heimat wieder virulent geworden, die es als gewachsenen, vertrauten Lebensraum gegen ‚die da oben' zu verteidigen gilt.*"[53])

Aus dem Engagement für die engere Heimat, das längst nicht mehr auf Grüne, Linke oder „Aussteiger" beschränkt ist, sondern zu einer Art Volksfront mit Konservativen und Rechten geführt hat, aus diesem Engagement wird in der Solidarität der Betroffenen und Beteiligten eine zunächst westdeutsche und bald gesamtdeutsche Initiative. Der Weg zur Nation führt eben über die Region, führt über ein positives Verhältnis zur Heimat. Auch hier kamen die aktuellen Anstöße von links. „Ihre ersten Triebkräfte hat die neue Heimat-Bewegung aus dem Jugendprotest der sechziger Jahre gewonnen, paradoxerweise, denn diese Bewegung war entschieden antiprovinziell und antinational — am eigenen Staat interessierte sie nur dessen Komplizenrolle im ‚bösen Spiel' der Schutz-Weltmacht USA. Internationalismus hieß die Parole. Weltumarmend sollte die Solidarität sein. Der Internationalismus von einst lebt nur noch in bunten Indiomützchen fort und in der Parole ‚Jute statt Plastik'. Die Protestenergie von einst aber hat in einer Vielzahl von lokalen ‚Nein danke'-Gruppen und Bürgerinitiativen, die allmählich zu einer neuen Bewegung zusammenwuchsen, ihr neues Ziel gefunden. Es heißt, auch wo es nicht so benannt wird, Heimatschutz; das ‚Gespräch über Bäume', früher ein Zeichen sträflicher Wirklichkeitsflucht, ist erste Bürgerpflicht geworden."[54])

Inzwischen haben einige Linke auch erkannt, daß sie mit der Rehabilitierung der Nation und mit der Suche nach nationaler Identität BRD und DDR an die Wurzel gehen können, daß sie den Finger auf die in der Tat schwächste und wundeste Stelle im Selbstverständnis der beiden Teilstaaten gelegt haben — und das scheint ihnen Spaß zu machen. „Das weitgehende Fehlen einer nationalen Identität ist nur der allgemeinste Nenner der Identitätsarmut der politischen Parteien und sozialen Klassen. Insofern kann es nicht verwundern, daß die Infragestellung des westlichen Zivilisationsmodells ‚Alternative' und ‚Grüne' auf dieses Phänomen der kulturellen Entfremdung stößt. *Die nationale Spaltung wirkt daher konterrevolutionär und konterreformatorisch in beiden deutschen Gesellschaften, und die Herrschenden auf beiden Seiten wissen dies durchaus zu schätzen.* Die eigentliche innerdeutsche

Normalisierung ist nicht die gegenseitige Garantie des Status quo, sondern die Wiedergewinnung einer gesamtdeutschen Dimension."[55])

So wie sich der emanzipatorische neue Nationalismus auf der Linken *innenpolitisch* gegen die politischen, sozialen, ökonomischen und kulturellen Verhältnisse der BRD wendet, so muß er sich *außenpolitisch* zwangsläufig gegen die USA wenden, als dem eigentlichen Verursacher und Verantwortlichen für eben die von der Linken neuerdings beklagten Verhältnisse. Diese Gegnerschaft gegenüber den USA ist demnach im Hinblick auf die Emanzipation der deutschen Nation nicht weniger notwendig und positiv als die Hinwendung der Linken zu Heimat und zur deutschen Frage. In einem Geleitwort zur Herausgabe des Liederbuches der linken Musikgruppe „Zupfgeigenhansel" im Mai 1984 schreibt der Sozialist Diether Dehm: „Unser Volk war die bereitwilligste Manövriermasse für die Kulturmonopolisten aus den USA. Derart intensiv ist kein Volk in Westeuropa jemals kulturell fremdbestimmt worden. Das hier vorliegende Volksliederbuch ist in einer historischen Phase entstanden, die Geschichtsschreiber später wohl als *neuen nationalen Aufbruch* bezeichnen werden. Der deutsche Wald, die Heimat können sich nur noch auf die Linke verlassen, sei sie nun rot oder grün oder am besten beides."[56])

Am Anfang war die Nachrüstung

Die bisher aufgezeigten Strömungen wären vielleicht Randerscheinungen geblieben, oder hätten zumindest bis zum politischen Wirken erheblich länger gebraucht, hätte es nicht ein Ereignis gegeben, das der gesamten nationalen Debatte einen ungeheuren Schub verliehen hätte: den NATO-Nachrüstungsbeschluß vom Dezember 1979. Die Nachrüstung als „Raketenantrieb" des neuen deutschen Patriotismus von links brachte erst Millionen auf die Beine. Noch nie hatten in der Bundesrepublik so viele junge Menschen gegen ein politisches Vorhaben der Herrschenden demonstriert. Und schlaglichtartig wurde ihnen deutlich, daß Deutschland, geteilt an der Nahtstelle zwischen den Supermächten, dazu auserkoren ist, Aufmarschbasis und Speerspitze der einen Seite gegen die andere und damit potentielles Schlachtfeld zu sein. Und so verband sich der Protest gegen die Nachrüstung von Anfang an mit der deutschen Frage, wurden die Erhaltung des Friedens und die Wiederherstellung der deutschen Einheit plötzlich zwei Seiten einer Medaille.

Im Januar 1981 veröffentlichten Peter Brandt, der Sohn des SPD-Vorsitzenden Willy Brandt, und Herbert Ammon den Band „Die Linke und die nationale Frage". Damit wurde erstmals seit Rudi Dutschkes Vorstößen die deutsche Frage von links thematisiert und ausführlich dokumentiert. „Die vorliegende Dokumentation dient nicht dem Nachweis der ‚Nationalen Zuverlässigkeit' der Linken. Es geht vielmehr darum zu zeigen, wie sehr die deutsche Spaltung — also die Lebensfrage der Nation in der Nachkriegszeit — das Denken und die politische Praxis der deutschen Linken in Ost und West bis heute beherrscht hat. Denn entgegen einer — heute auch in linken und liberalen Kreisen — verbreiteten Ansicht hat sich das politische Engagement der Linken immer wieder an der nationalen Frage entzündet."[57]) „Den Bearbeitern dieses Bandes geht es nicht um die Wiederbelebung des ‚nationalen Traumas', sondern um die Einsicht in seine Existenz. Wir verstehen diese Dokumentation als Gedächtnishilfe für diejenigen, die beharrlich behaupten, die nationale Frage sei — zumal in Deutschland — ein *rechtes* Thema."[58])

Angeregt wurden die beiden Autoren durch die Situation Berlins, die, deutlicher als anderes, die deutsche Tragik widerspiegelt. „Die West-Berliner Situation zwingt zum Nachdenken über die Veränderlichkeit des Status quo. So stammen ja auch die meisten in der Phase der Neuorientierung der Ostpolitik entstandenen Konzepte aus der eingemauerten Halbstadt."[59]) „Vor diesem Hintergrund gibt es keine Perspektive für West-Berlin außerhalb der gesamtnationalen Perspektive für Deutschland. Und deshalb wird hier in jüngster Zeit ‚die deutsche Frage' erneut gestellt."[60])

Zu den Berliner Erfahrungen trat aber dann das Erkennen der Bedrohung des Friedens durch die Spaltung Deutschlands. „An diejenigen, die sich die These von der Notwendigkeit der deutschen Teilung zu eigen machen und in ihrer Kampagne für Frieden, Abrüstung und Entspannung in Europa die ‚Deutsche Frage' ausklammern, ist die Gegenfrage nach ihrem Friedensbegriff zu richten. Der Friede in Deutschland war in der Ära des Kalten Krieges durch die Abwesenheit von Krieg definiert. Wir müssen die Redlichkeit einer Argumentation bezweifeln, welche die fortdauernden Leiden unseres Volkes im Zustand der Spaltung ignoriert."[61])

Und so wurde seitens der Linken erstmals die Erkenntnis formuliert und begründet, daß die Teilung unseres Landes durch die Supermachtrivalität die Kriegsgefahr erhöht: „Die Teilung Deutschlands ist heute sowenig wie in der Ära des Kalten Krieges die Garantie des Friedens. Sie erhöht im Gegenteil die Kriegsgefahr: zum einen stärken die beiden deutschen Teilstaaten das Kräftepotential der beiden Supermächte in ihrem globalen Konflikt, zum anderen stoßen diese auf deutschem Boden mit ihren gigantischen Kriegsmaschinerien aufeinander."[62])

Der gleiche Gedanke fand auch Eingang in jenem offenen Brief, den der SED-Kritiker und Marxist Prof. Robert Havemann an Leonid Breschnew am 25. September 1981 anläßlich des Besuches des KPdSU-Generalsekretärs in Bonn verfaßte. Dieser von Peter Brandt, Heinrich Albertz und Ingeborg Drewitz initiierte Brief war seit Jahrzehnten das erste *gesamtdeutsche* Manifest, das von Bürgern aus der Bundesrepublik und der DDR gemeinsam unterzeichnet und von den führenden Vertretern der westdeutschen Linken getragen wurde. In diesem Brief finden sich sämtliche Elemente, die dann in den folgenden Jahren immer wieder Gegenstand der nationalen Diskussion werden sollten; man kann den Havemannbrief daher zurecht als die Kurzfassung des linken Neonationalismus bezeichnen. Das erste Element ist die Analyse der Bedrohung Deutschlands durch die Supermächte. „Bei der Zuspitzung der militärischen Konfrontation in Europa spielt die Teilung Deutschlands eine wesentliche Rolle. Ursprünglich schien hierdurch ein gefährlicher Aggressor für immer entmachtet und damit der Frieden in Europa gesichert. Aber das absolute Gegenteil war die Folge. Denn wenn das nukleare Inferno dereinst über uns kommen wird, dann vor allem, weil die Ost-West-Konfrontation die beiden deutschen Staaten zur Aufmarschbasis und nuklearen Speerspitze des einen gegen den anderen werden ließ. Die Teilung Deutschlands schuf nicht Sicherheit, sondern wurde Voraussetzung der tödlichsten Bedrohung, die es in Europa jemals gegeben hat."[63])

Daraus folgt zweitens die Forderung nach Abkopplung *ganz* Deutschlands von den Supermächten und nach der Wiederherstellung der deutschen Einheit.

„Es gilt insbesondere die beiden Teile Deutschlands der Blockkonfrontation zu entziehen. In diesem Zusammenhang sei daran erinnert, daß die Sowjetunion sich bis in die sechziger Jahre immer wieder für die Entmilitarisierung und Neutralisierung ganz Deutschlands ausgesprochen hat. 36 Jahre nach Ende des Krieges ist es jetzt zur dringenden Notwendigkeit geworden, die Friedensverträge zu schließen und alle Besatzungstruppen aus beiden Teilen Deutschlands abzuziehen. Wie wir Deutsche unsere nationale Frage dann lösen, muß man schon uns selbst überlassen und niemand sollte sich davor mehr fürchten, als vor dem Atomkrieg."[64])

Und schließlich muß dieses Gesamtdeutschland, um den sowjetischen Interessen Rechnung zu tragen, neutral und defensiv sein. „Dieses Ziel (die Wiedervereinigung, MV.) erscheint vielen Deutschen zwar erstrebenswert, aber vorläufig utopisch. Sie können sich nicht vorstellen, daß die Sowjetunion bereit sein könnte, auf ihre militärische Basis in der DDR zu verzichten. Wir glauben aber, daß dies sehr wohl möglich ist, wenn gleichzeitig die militärische Basis der USA in der Bundesrepublik Deutschland und damit in Europa überhaupt aufgelöst wird. Zugleich müßte im Friedensvertrag festgelegt und durch die Großmächte garantiert sein, daß in Deutschland nie wieder ein aggressives Militärpotential geschaffen wird."[65])

Diese Argumentationskette wird von Teilen der Friedensbewegung und der Grünen und Alternativen aufgegriffen, variiert und in diversen „Deutschlandmodellen" ausgestaltet. Es ist das bleibende Verdienst Robert Havemanns, der den Zusammenhang von Frieden und nationaler Frage am deutlichsten und als erster formulierte, Teile der Linken über die Friedensfrage zur Nation geführt zu haben. Am Anfang der Havemann folgenden Argumentationen steht stets die durch die Teilung Deutschlands hervorgerufene Bedrohung durch USA und UdSSR, steht der Kampf gegen die Nachrüstung mit Pershing II, Cruise Missiles und SS 20. „Die ursprüngliche Kriegszielsetzung der Alliierten, Deutschland zu entmilitarisieren, um so zu verhindern, daß es zum Herd eines neuen Krieges wird, haben die Blöcke in ihr totales Gegenteil verkehrt. Das Zentrum Europas, und das heißt beide Teile Deutschlands, sind zum Stapelplatz atomarer und konventioneller Vernichtungswaffen geworden, wie es sie in dieser Massierung auf deutschem Boden vorher nie gegeben hat. Beide Teile Deutschlands sind zur Hauptstütze (zur ‚Speerspitze') der Militärblöcke und ihrer jeweiligen Führungsmächte geworden. Die Dislozierung atomarer und konventioneller Waffensysteme der beiden Blöcke auf deutschem Boden macht diesen zur Zielscheibe des jeweils gegnerischen Blockes",[66]) schreibt Theodor Schweisfurth. Und Wolf Deinert bezieht sich ebenfalls auf Robert Havemann: „Wenn wir in Europa überleben wollen, dann muß die Ursache beseitigt werden für die Kriegsgefahr, und die Ursache ist die Verwandlung der beiden miteinander kämpfenden und streitenden Großmächte. Die DDR ist eine Militärbasis der Sowjetunion, und die Bundesrepublik ist die größte ausländische Militärbasis der Vereinigten Staaten. Früher hat man einmal geglaubt, es könnte der Frieden durch die Teilung Deutschlands gesichert werden, die ausländischen Truppen könnten gewissermaßen die Deutschen daran hindern, wieder über die Welt herzufallen. Nein, das ist umgekehrt gegangen, der Friede wurde immer unsicherer."[67])

Daran hat auch die Abschreckungspolitik nichts geändert, ja sie wurde quasi zum „Motor der Unsicherheit". *„Es müssen auch die Folgen der Sicherheitspolitik der Abschreckung mitgedacht werden, wenn diese versagt!* Wenn die Abschreckung versagt, dann wird der heiße Krieg, gleichgültig welche Strategie zur Anwendung kommt (flexible Reaktion oder massive Vergeltung), *das Zentrum Europas und damit Deutschland in einen gigantischen atomaren Verbrennungsofen verwandeln.*"[68]) „Der nächste Krieg, wenn er denn kommt, geht nicht von deutschem Boden aus, er wird zum deutschen Boden kommen."[69]) Die Kölner Grünen stellen schlicht fest: „Deutschland riskiert von der Landkarte getilgt zu werden, die Deutschen riskieren in einem atomaren Auschwitz umzukommen."[70])

Ulrich Albrecht macht deutlich, daß der „Schutz" der einen Supermacht das Ende des „Schützlings" der anderen bedeutet: „In welcher Weise gefährden die Maßnahmen, die besonders auf amerikanischer Seite zunächst einmal zu unserem Schutz getroffen werden, uns selber? Drastisch greifbar wird vielen dieser Aspekt, wenn sie lernen, daß die überaus meisten US-Kernwaffen auf deutschem Boden auf Trägern kurzer Reichweite sitzen, die ihnen im Ernstfall nur das Ansteuern eines Detonationsortes auf deutschem Boden gestatten."[71])

Heinrich Albertz ergänzt: „Und ich sage ganz offen, daß es mir speiübel wird, wenn ich das dauernde Gerede über die Brüder und Schwestern im anderen Teil Deutschlands höre, wenn (es) doch nur die Frage ist, fallen die ersten schrecklichen, vernichtenden Bomben in Magdeburg oder in Hannover."[72])

Und Herbert Ammon, Mitstreiter Peter Brandts, verdeutlicht den Prozeß der Wiederentdeckung der deutschen Frage durch die Friedensbewegung. „In der Friedensbewegung war man auf Widersprüche gestoßen, die man im öffentlichen Bewußtsein des Staates über Jahrzehnte hin kaschiert hatte: daß das Territorium Westdeutschlands nach den herrschenden strategischen Konzepten im Konfliktfall nur um den Preis der Zerstörung zu ‚verteidigen' ist; daß die Opfer eines zwangsläufig atomar geführten Krieges in erster Linie Deutsche sein würden, in den beiden deutschen Staaten; daß die deutschen Staaten seit ihrer Gründung die Aufmarschbasis der Hegemonialmächte in Ost und West darstellen, daß die Einbindung in die Militärblöcke die nationale Einheit blockiert."[73])

Daß es aber nicht nur um die aktuelle Raketenfrage (Pershing II und SS 20) gehen kann, daß es um die fremden Raketen auf deutschem Boden *an sich* geht, betonen die Berliner Alternativen: „Solange die Friedensbewegung ausschließlich darauf gerichtet ist, die amerikanischen Atom-Mittelstrecken-Raketen und die sowjetischen SS 20 zu verhindern, hat sie, auch bei einem Erfolg, einen Scheinsieg errungen. Die Möglichkeit, von deutschem Boden aus einen Krieg auszulösen, bleibt. Deutscher Boden bleibt Stapelplatz aller Atomwaffen, die bereits hier sind. Die Angst aller Deutschen vor der Vernichtung bliebe bestehen. Deswegen wollen wir die Verknüpfung der Friedensfrage mit der Deutschen Frage bewußt machen, damit die Möglichkeit, den letzten Krieg auf deutschem Boden zu zünden, verhindert wird."[74])

Denn: „Ist eine der beiden Seiten in einem konventionell geführten Krieg im Hintertreffen, wird sie doch Atomwaffen einsetzen. Das planen NATO und Warschauer Pakt. Und es unterliegt doch keinem Zweifel, daß bei einem solchen Kampf sowohl die Bundesrepublik als auch die DDR, das ganze Mitteleuropa vernichtet würden."[75])

Entsprechend heißt es in den ersten zwei der „25 Thesen für eine Grüne Deutschlandpolitik" der Alternativen Liste (AL) in Berlin: „1. Die beiden deutschen Staaten drohen heute mehr denn je zum vorgeschobenen Gefechtsfeld eines von den Supermächten ausgelösten atomaren Infernos zu werden! 2. Die Konzentration von Massenvernichtungsmitteln auf ihrem Boden und die Militärstrategie der NATO sowie des Warschauer Pakts haben die latente Gefahr einer kriegerischen Zuspitzung der Blockkonfrontation nicht vermindert, sondern erhöht."[76])

Die Kriegsangst schuf Gesamtdeutsches. „Das geteilte deutsche Volk beginnt gesamtdeutsch um sein Leben zu fürchten. Nicht die Wiedervereinigung, das nackte Überleben wird nunmehr zur Deutschen Frage: Wir Deutschen sind insgesamt Geisel im tödlichen Zentrum der rabiat hochrüstenden Atomgiganten."[77]) „Die akute Gefahr solch eines europäischen Einstiegs in die Apokalypse erfordert im gesamtdeutschen Lebensinteresse eine *gesamtdeutsche* – also auf *beide* Teile Deutschlands angelegte – antiatomare Friedensbewegung, die sich strikt und glaubwürdig sowohl östlichen wie westlichen ABC-Waffen und AKWs widersetzt. Wir müssen schon darum vor *beiden* Türen zugleich fegen",[78])

schreibt Heinz Brandt, und etwas ironisch ergänzt Stefan Heym: „*Einen* großen Vorteil jedoch hat die deutsche Teilung: Keiner der zwei deutschen Staaten ist, von sich aus und auf sich allein gestellt, mächtig genug, noch einmal einen Krieg vom Zaun zu brechen; allerdings hat auch keiner der beiden, von sich aus und auf sich allein gestellt, die Kraft, einen Krieg zu verhindern; das könnten, bestenfalls, nur beide zusammen."[79])

Doch dazu müßten die Deutschen handeln. „Diese beiden Deutschland, die wenigstens dieses eine gemeinsame Interesse haben: zu überleben — diese beiden Deutschland liegen genau in der Mitte des Theatre of War, jener Bühne also, auf der, nach der Vorstellung gewisser Militärs, der Atomkrieg stattfinden soll. Diesen beiden Deutschland, getrennt und doch vereint in dem einen Interesse, könnten sie, ja müßten sie nicht, ein jedes in dem Block, dem es zugehörig ist, darauf hinwirken, daß sie frei werden von Atomwaffen?"[80])

Dies könnte dann dazu führen, was Rudolf Bahro sogar als „nationale Wiedergeburt" bezeichnet: „Zum ersten Male seit der Spaltung und ungeachtet des anscheinend so unüberbrückbaren Systemgegensatzes haben wir diesseits und jenseits der Mauer Oppositionsbewegungen, die in ihren Antrieben und Zielen eins sind. Dieses Ergebnis einer tendenziell gesamtdeutschen Friedensbewegung bedeutet nicht weniger, als daß die von dem ‚Ökopax'-Komplex faszinierte zweite Nachkriegsgeneration in beiden deutschen Staaten auch die Perspektive der nationalen Wiedergeburt mit sich führt."[81])

Die deutsche Frage würde somit zum Schlüssel einer positiven europäischen Friedensordnung. „Wir lehnen es ab, das Bild einer euroäischen Friedensordnung zu akzeptieren, in dem die deutsche Teilung gleichsam als Dachträger des westöstlichen Gleichgewichts fungiert. Die Überwindung der kontinentalen Spaltung — somit des Status quo — gehört zu den offen ausgesprochenen Zielen aller politisch Denkenden in Ost- und Westeuropa. Die Aufhebung des Ost-West-Gegensatzes in einer europäischen Friedensgemeinschaft setzt nicht zuletzt eine Lösung der deutschen Frage voraus."[82])

Eine Lösung, auch und gerade im europäischen Interesse: „Immerhin kann festgestellt werden, daß die militärische Neutralität ganz Deutschlands der Sowjetunion als der für unser Volk relevantesten Großmacht neben unbestreitbaren Risiken auch erhebliche sicherheitspolitische Vorteile böte. Und daß eine Zurückdrängung der USA und der UdSSR als Hegemonialmächten und Hauptfaktoren der Kriegsgefahr in Europa auch im Interesse der anderen europäischen Völker läge, scheint uns unbestreitbar."[83]) „Ganz abgesehen, wie man zu dieser ‚gesamteuropäischen' Perspektive steht: wenn irgendwo der Anfang gemacht werden kann, die beiden Blöcke zu zerbrechen, dann in Deutschland. BRD und DDR sind nicht nur historisch als Eckpfeiler in ihre jeweiligen Bündnissysteme eingebaut worden, sie haben diese Funktion nach wie vor. Ihr Ausscheiden würde beide Blöcke ins Wanken bringen. Hier hat die Blockteilung daher eine besondere Sprengkraft und gewinnt die Forderung nach Auflösung von NATO und Warschauer Pakt einen konkreten ‚deutschen' Inhalt. Die ‚deutsche Frage' kann durch richtiges Herangehen zu einem ganz wesentlichen Hebel werden, der zunehmenden Kriegsgefahr zu begegnen."[84])

Und in dem vielbeachteten Buch von Wolfgang Venohr, „Die deutsche Einheit kommt bestimmt", in dem es dem Herausgeber erstmals gelang, *Vertreter der Linken und der Rechten* in Sachen deutscher Nation an einen Tisch zu bekommen, und das von Bürgerlichen und Liberalen — geschockt ob der für die Bourgeoisie ungewöhnlichen trauten Mehrsamkeit derer, die sich ja „eigentlich" bekämpfen müßten — als eine „Katastrophe"[85] bezeichnet wurde, in diesem Buch geht Theodor Schweisfurth die Blockbindung frontal an: „Aber wie und wo brechen wir die Blöcke auf? Als Logiker muß ich sagen, wir müssen am Anfang der Ursachenkette ansetzen. Das ist die Spaltung Deutschlands. Und auch als Deutscher darf ich das sagen, weil die doppelseitige Blocklähmung Europas Deutschland doppelt beutelt. Und ich muß es auch als Europäer sagen, weil in der Spaltung Deutschlands die einzige Lücke sehe, in die man den Hebel hineinschieben kann, der den Keil, der ganz Europa auseinanderhält und es der Fremdbestimmung unterwirft, herausdrückt. So kommt man als Rüstungsgegner ganz rational zur deutschen Frage."[86])

Hier wird die *deutsche* Aufgabe deutlich: „Unsere Aufgabe als *deutsche* Friedensbewegung besteht vorrangig darin, *Deutschland* beiderseits der Grenze der Blockkonfrontation zu entziehen. Damit leisten wir zugleich dem Frieden in Europa den größtmöglichen Dienst. Ich habe in zahlreichen Gesprächen mit Kommunisten, Sozialisten und Demokraten west- und osteuropäischer Länder den Eindruck gewonnen, daß dieser Zusammenhang sehr wohl verstanden wird."[87])

Die nationale Emanzipation des deutschen Volkes würde sich so als progressiver Sprengsatz für die verkrustete europäische Ordnung erweisen. „Die deutsche Geschichte ist seit jeher in hohem Maße von der geographischen Mittellage Deutschlands bestimmt.worden. Heute ist Deutschland der Angelpunkt des europäischen Status quo, in dem sich die Krisen und Widersprüche beider Systeme treffen und gegenseitig befruchten. Jede radikale Herausforderung an die politische Legitimität eines der beiden deutschen Fragmente ist deshalb nicht auf das jeweilige Territorium begrenzbar und damit zugleich eine Herausforderung des Status quo in seiner europäischen Gesamtheit."[88])

Eine solche Erkenntnis muß auch endgültig den Stab brechen über eine bis auf den heutigen Tag vornehmlich von der CDU/CSU betriebene Politik der Westintegration. „Nehmen wir die offiziell verkündete deutschland- und sicherheitspolitische Konzeption der CDU-Verfechter eines NATO-Beitritts für bare Münze. Was ist dann zu dieser Konzeption zu sagen? Sie war deutschlandpolitisch ein Fiasko ersten Ranges! Die Geschichte Nachkriegsdeutschlands hat den Stab über sie gebrochen. Sie erreichte nicht nur nicht ihr vorgebliches Ziel, die Wiedervereinigung Deutschlands, sondern sie trieb den Keil, der Deutschland spaltete, nur noch tiefer. Die Deutschlandpolitik der CDU scheiterte, weil die Sowjetunion sich als nicht erpreßbar erwies, und sie ist nicht erpreßbar bis zum heutigen Tag, auch nicht durch Pershing II und Cruise Missiles."[89]) „Auch deutschlandpolitisch erreichte die Blockpolitik das genaue Gegenteil ihrer vorgegebenen Zielsetzung: ein vereinigtes Deutschland mit freier bündnispolitischer Option ist nicht in Sicht. Kein Wunder, daß die ursprünglich europa- und deutschlandpolitische Zielangabe der Befürworter der militärischen Westintegration von den Blockfetischisten unserer Tage mit dem Mantel des Schweigens bedeckt wird — sie müßten schamrot werden, wenn durch die Erinnerung daran die Osteuropäer und die Deutschen ihnen heute die Rechnung präsentierten!"[90])

Dennoch war es eine Politik, die man der Masse der Westdeutschen bis heute als die einzig „mögliche" verkaufen konnte. „Dem künftigen Historiker, der unsere Zeit analysiert, wird es gewiß erstaunlich erscheinen, wie sehr erst seine herrschenden Klassen und seine ‚öffentliche Meinung', dann aber auch seine Bevölkerung diese Situation ‚verinnerlicht' haben und es geradezu für ‚national' geboten halten, daß diese Situation ewig weiter besteht. Sie haben aus dem Gedächtnis gestrichen, daß sie dabei stets bedroht sind, zum Sklaven der einen Weltmacht im Gladiatorenkampf gegen die andere abzusinken."[91])

Diese „Verinnerlichung" gelang mit der ebenso sehr falschen wie verlogenen Phrase von dem Frieden, der vor der Einheit stehen müsse. „Sorgenfaltig und verantwortungsbewußt heißt es, in unserer Wertskala ‚Frieden, Freiheit, deutsche Einheit' stehe der Frieden an erster Stelle, und auch die Freiheit stehe ganz obenan; die Spaltung Europas — und somit Deutschland — sei aber Bedingung für den Frieden, und für den Preis der Freiheit sei uns die Einheit ein zu geringes Gut. An dieser Argumentationsschablone stimmt nur die Werteskala. Sonst aber stimmt nichts an ihr. Das Argument unterstellt, daß Einheit nur in Unfrieden zu erreichen sei. Eine wahrhaft blockfetischistische Denkweise, in der die ‚Politik der Stärke' nachhallt. Eine Denkweise, die zu keiner anderen als der Vorstellung imstande ist, von der Sowjetunion könne man etwas bekommen nur durch Trotz, durch Druck, durch Krieg letztendlich. Daß mit der Sowjetunion auch ein friedlicher Ausgleich möglich sein könnte, will in diese Denkschablone nicht hineinpassen."[92])

Und außerdem liegt die Lösung der deutschen Frage durch Sprengung der Blöcke auch im europäischen Interesse. „Erstmals vielleicht seit 1945 ergibt sich damit eine Konstellation, die u. U. auch den deutschen Nachbarvölkern eine Überwindung der deutschen Spaltung weniger unheimlich machen könnte: die Gefahr einer Vernichtung der europäischen Zivilisation durch die Konfrontation der beiden militärischen Blöcke verdrängt zunehmend die Furcht vor einem wiedererstarkten deutschen Militarismus in der öffentlichen Diskussion in Ost und West."[93])

Obwohl solche Erkenntnisse durchaus einleuchtend sind, sind nicht nur Bürgerliche, sondern auch Teile der Linken über derartige „neonationalistische" Einlassungen teils verwirrt, teils irritiert oder schlicht entsetzt[94]). Ihnen hält Theodor Schweisfurth entgegen: „Wenn ich als Deutscher den atomaren Holocaust vor Augen sehe und wenn ich Europa, Deutschland eingeschlossen, davor bewahrt wissen will, dann bin ich nicht vom ‚furor teutonicus' besessen, sondern von schierer Überlebensangst. Und wenn ich als Deutscher die Ursache der Hochrüstungen in Europa in seiner und in Deutschlands Spaltung sehe und wenn ich deshalb die Ursachenkette umdrehen, Deutschland wiedervereinigt und die Spaltung des Kontinents beseitigt haben will, dann bete ich keine ‚deutschnationale Erweckungsbewegung' herbei, sondern eine Bewegung gegen die ‚Ausradierung' der Völker dieses Kontinents, das deutsche eingeschlossen."[95])

Und Herbert Ammon ergänzt: „Den Vorwurf des ‚Nationalismus' kann die neue Friedensbewegung gelassen abwehren. Die Deutsche Teilung als Voraussetzung für den europäischen Frieden — angesichts der wachsenden Friedensbedrohung von außerhalb Europas ist diese Hypothese so fragwürdig geworden, wie das mechanische Gleichgewichtsdenken."[96])

Gegen die These vom unerträglichen Koloß eines wiedervereinigten Deutschlands stellt wiederrum Schweisfurth fest: „Eine These wie die ‚Den Europäern und Moskau erscheint vor allem die Machtzusammenballung eines vereinten Deutschland bedrohlich', bedarf des Nachhakens. Was heißt hier ‚Macht'? Die militärische Macht eines auf Territorialverteidigung umgerüsteten Gesamtdeutschland ist gering. Die wirtschaftliche Macht eines vereinten Deutschland wäre in der Tat groß — aber wieso ist wirtschaftliche Macht eine Friedensbedrohung? Von dieser wirtschaftlichen Macht könnten viele profitieren — die Europäer, die Entwicklungsländer und auch ‚Moskau'."[97])

Peter Brandt bringt den Sachverhalt auf den Punkt, wenn er feststellt: „Wir kommen an diesem Problem der deutschen Spaltung nicht vorbei und auch, indem wir uns diesem Problem verweigern, lösen wir nicht die daraus resultierenden Probleme."[98])

Und Heinrich Albertz formuliert lapidar mit seinem Bekenntnis zum Patriotismus gegen die „Nationalallergetiker": „Wenn ein amerikanischer Präsident versucht, das Inferno von seinem eigenen Land technisch und militärisch fernzuhalten, dann ist dies im Interesse der Vereinigten Staaten, aber ganz sicher nicht in unserem Interesse. Wenn man *dies* einen neuen Patriotismus nennt, dann bitte sehr, dann ziehe ich mir auch diese Jacke an."[99])

Peter Brandt hält den überängstlichen Verzicht auf eine sozialistische Politik vor. „Wenn die Angst vor der Unberechenbarkeit des eigenen Volkes aber so weit führt, daß man es unbedingt geteilt und unter Aufsicht ausländischer Mächte halten will, dann ist das der Verzicht auf Demokratie und Sozialismus in Deutschland überhaupt."[100] „Die Herauslösung Deutschlands aus den Blöcken vermindert nicht nur die Kriegsgefahr in Europa und erlaubt eher als der heutige Zustand die Bewahrung der kulturellen Einheit der Nation, sondern verbessert auch nicht unwesentlich die Voraussetzungen für emanzipatorische linke Politik in West- wie in Ostdeutschland."[101]

Rudolf Bahro ergänzt: „Ich kann schwer begreifen, daß so viele von uns offenbar die Gelegenheit verpassen wollen, die nationalen Emotionen auf einen Zusammenhang hin zu integrieren, auf den sie in Deutschland noch niemals massenhaft gerichtet waren: auf ‚Frieden schaffen ohne Waffen', auf Volkssouveränität und Demokratie von unten, auf Bewahrung von Heimat, Landschaft, Sitte vor dem nivellierenden terroristischen Zugriff des zentralen Staatsapparats und des vaterlandslosen Kapitals."[102]

Bahro lapidar: „An der richtigen Stelle eingeordnet, gehört die deutsche Frage uns."[103]

Außerdem sei es an der Zeit, die nationalen Interessen eines Volkes nicht stets fälschlicherweise mit den Interessen der herrschenden Klasse gleichzusetzen. „Neben den besonderen Interessen von national Herrschenden gibt es jedoch auch besondere Interessenlagen von Völkern gegenüber anderen Völkern. Je offener das unter Linken eingestanden und diskutiert wird, desto weniger belastend für die internationale Solidarität."[104]

Und Peter Brandt weiter: „Wenn der Begriff von ‚nationalen Interessen' aus sozialistischer Perspektive einen Sinn hat, dann nur den, daß man die besonderen Interessen der deutschen Volksmassen von allgemeinen historischen Interessen der internationalen Arbeiterklasse unterscheidet."[105]

Aufgabe der Linken und der Grünen wäre es daher, über Deutschland und die deutsche Frage nachzudenken. „Wir wollen beginnen, auch über die Teilung unseres besetzten Landes zu sprechen, wenn es um Aufrüstung, um Stationierung, um Militärisches geht. Wem nützen diese Teilung, diese Feindbilder, wenn nicht den Aufrüstern, den Kalten Kriegern auf beiden Seiten."[106]

Stefan Heym ergänzt sein Credo für die eine Nation wie folgt: „Der Schrägstrich durch Deutschland markiert eine offene Wunde; wir können noch so viel Antibiotika darauf streuen, sie wird weiter eitern. Zur Zeit wird nicht viel davon geredet; aber die Frage steht im Raum und wird dort stehen, solange zu beiden Seiten der Elbe die gleiche Sprache gesprochen wird."[107]

Helmut Gollwitzer fordert: „Kein Verzicht auf nationales Denken,"[108] und stellt dann differenzierend klar:

„Solange Nationen Realitäten sind, und solange, wie es in der Neuzeit der Fall ist, Nationen eine Grundkategorie der internationalen Ordnung ist, und ebenso eine Grundkategorie für die individuelle Identität der meisten Menschen, solange wird man nationalistisches und nationales Denken unterscheiden müssen."[109] „Die Abschwörung nationalistischen Denkens darf nicht zum Verzicht auf nationales Denken führen."[110]

Das sei um so mehr von Bedeutung, als die Bourgeoisie in der nationalen Frage stets versagt habe. „So unterliegt es keinem Zweifel, daß die bürgerliche Rechte schon immer die nationalen Interessen mit den eigenen Besitz- und Machtinteressen identifizierte und die letzteren im Zweifelsfall voranstellte."[111]

Dennoch tat sich die Linke mit der Nation immer schwer. „Tatsächlich bedurfte es in der BRD lange eines emotionalen Kraftaktes, sich als Patriot zu bekennen, als einer, der sich zur Verantwortung, ja zur Liebe für sein Vaterland bekennt."[112])

Peter Schneider stellt fest: „Ich bin also knapp zehn Jahre älter als der Staat, der da neben mir und in mir aufgewachsen ist. Schon aus Altersgründen kann ich ihn nicht mein Vaterland nennen. Hinzu kommt, daß dieser Staat nur einen Teil des Landes repräsentiert, das mein Vaterland wäre. Falls mein Vaterland existiert, so ist es kein Staat, und der Staat, dessen Bürger ich bin, ist kein Vaterland."[113])

Und nach der Nationalität befragt: „Wenn ich auf die Frage nach meiner Nationalität ohne Zögern antworte, ich bin Deutscher, so optiere ich damit offensichtlich nicht für einen Staat, sondern für meine Zugehörigkeit zu einem Volk, das keine staatliche Identität mehr besitzt. Damit behaupte ich aber gleichzeitig, daß meine nationale Identität nicht an meine Zugehörigkeit zu einem der beiden deutschen Staaten gebunden ist."[114])

Ein Zustand, der historisch bedingt ist. „Wir sind doch nicht geschichtslos! Wir wissen, daß die Situation in Europa, hier in Deutschland ein Produkt der Konferenz von Jalta ist. Dort haben die Großmächte nicht nur beschlossen, den Faschismus zu besiegen, sie haben auch Europa und Deutschland geteilt. Diese Bundesrepublik Deutschland entstand als ein Produkt amerikanischer Strategie, die DDR als das der sowjetrussischen."[115])

Stefan Heym vertieft: „Und in diesem ganzen Wirrwarr, in dem alles in Bewegung ist und nichts bleibt, wie es gestern war, soll just die Zweiteilung Deutschlands mit der zweigeteilten Stadt Berlin auf immer festgeschrieben sein? Welch unmarxistischer Gedanke!"[116])

Dennoch bleiben die Probleme mit der Nation und der nationalen Tradition. „In französischen oder amerikanischen Schulen wird im Geschichtsunterricht mit viel größerer Selbstverständlichkeit ein nationales Geschichtsbild zugrunde gelegt als bei uns."[117])

Daher ist es äußerst wichtig, wenn Theodor Schweisfurth für die völkerrechtliche Entwicklung nach 1945 konstatiert: „Es ist eine Lüge, die von den Nationalallergetikern und anderen Geschichtsmanipulatoren gern lanciert wird, die Spaltung Deutschlands sei die Siegerstrafe für nazistische Verbrechen. Nein, als Strafe waren andere Sanktionen vorgesehen: Amputation der Ostgebiete, Reparationen, Denazifizierung und — Demilitarisierung! Wer Deutschlands Spaltung heute überwinden will, der kann dies deshalb guten antifaschistischen Gewissens tun, er schiebt mitnichten die Haftung Deutschlands für die Nazigreuel vor sich; er will nur, daß Deutschland nicht länger mehr Tummelfeld fremder Mächte ist."[118])

Dazu Helmut Gollwitzer: „Damit können wir uns natürlich nicht abfinden, selbst wenn man zu den bußfertigeren Deutschen zählt, zu denen ich, glaube ich, gehöre, die bereit sind, wegen der Nazischande viele Folgen auf sich zu nehmen; aber wenn wir 36 Jahre nach dem verlorenen Krieg nun zum Schlachtfeld gemacht werden, dann ist das zuviel an Buße und Sühne, was man von uns verlangt."[119])

Und die Grünen weisen die These vom „verbrecherischen Charakter des deutschen Volkes" zurück. „Für uns ist der deutsche Faschismus, der für den bisher größten Menschen- und Völkermord in der Geschichte die Verantwortung trägt, nicht erklärbar als das naturnotwendige Ergebnis der deutschen Geschichte oder als Ausdruck des deutschen Volkscharakters."[120])

Daher sei Leisetreterei bei den Verbrechen anderer Nationen durchaus nicht angebracht. „Es gibt keinen Grund zu verschweigen, daß die Vertreibung bzw. nationale Unterdrückung von gut 9 Millionen im östlichen Mitteleuropa lebenden Deutschen nach 1945 und die Annexion der ehemaligen deutschen Ostgebiete auch durch die Verbrechen des Faschismus nicht zu rechtfertigen sind, daß mit dieser weiß Gott chauvinistischen, antisozialistischen und konterrevolutionären Politik die Sowjetunion, Polen und die CSSR das Selbstbestimmungsrecht der Völker mit Füßen getreten haben."[121])

Spaltung und Blöcke können daher nicht das letzte Wort in der deutschen Geschichte sein. „,,Die Perspektive kann doch nicht sein, daß die beiden Bündnisse Ewigkeitswert haben. Denn das würde ja gleichzeitig bedeuten, daß man sich mit der Spaltung Deutschlands abfindet.' Dieser grundsätzliche Standpunkt Egon Bahrs aus dem Jahre 1978 kennzeichnet jenen politischen Auftrag einer Überwindung der Militärblöcke im Interesse der ‚Einheit der Nation'."[122])

Eine Überwindung der Blöcke — ganz im Einklang mit dem geltenden Völkerrecht: „Das Ziel, um das es geht, ist, den nationalen Kampf um Selbstbestimmung des eigenen Volkes zu verschmelzen mit dem sozialen Kampf um gesellschaftliche Selbstbestimmung. Dieses Ziel bedeutet erstens, daß jedes Volk sich emanzipiert von fremden Unterdrückern. Dieses Ziel bedeutet zweitens, daß in jedem Land die arbeitende Mehrheit ihre politische Hegemonie erkämpft und der Entstehung einer klassenlosen Gesellschaft den Weg bereitet."[123])

Und das gilt auch für die außerhalb von BRD und DDR lebenden Deutschen. „Natürlich fühlen wir uns durch Sprache und kulturelle Gemeinsamkeiten verbunden mit diesen Menschen, natürlich sind wir für die Autonomie der deutschsprachigen Ostbelgier, der Südtiroler, der Rußlanddeutschen usw., natürlich sind wir gegen Assimilierungsdruck, Diskriminierung und Zwangsaussiedlung — aber das verfechten wir für *alle* nationalen Minderheiten der Welt."[124])

Und zu Frage Österreichs stellen die Kölner Grünen an gleicher Stelle fest: „Dazu gehört, daß die Österreicher, die 1918 noch mit erdrückender Mehrheit die Vereinigung mit dem Deutschen Reich anstrebten, einen eigenen Weg eingeschlagen haben. Es ist müßig, darüber zu spekulieren, wie sich die Österreicher zu einem zukünftigen Deutschland stellen werden — und es ist *ihre* Sache, in die wir ‚Reichsdeutsche' uns nicht einzumischen haben."[125])

Schließlich bricht sich — ganz vorsichtig — sogar die Erkenntnis Bahn, daß Nation, nationale Frage, nationale Geschichte letztlich nicht von dem sie tragenden Volk zu trennen ist. Es darf also nicht mit Ausländerfeindlichkeit verwechselt werden, wenn Wolf Deinert die gespenstische Vision eines Deutschlands ohne Deutsche am Beispiel Westberlins entwirft. „West-Berlin ist die am wenigsten deutsche Stadt. Etwa sechzigtausend Deutsche verlassen die Stadt im Jahr. So viele kommen nicht wieder hinzu, aber etliche tausend Türken, Libanesen, Pakistanis. Im Jahre 2000 bin ich sechsundfünfzig. Ich möchte jetzt einen Schelmenroman schreiben, in dem sich beide Teile wiederfinden. Mit sechsundfünfzig werde ich irgendwo auf dem Kudamm sitzen, der eine türkische Basarstraße ist, zwischen all den Händlern und braunhäutigen Kunden, mit denen ich gemeinsam den behelfsmäßigen Personalausweis habe; ausgestellt vom Polizeipräsidenten von Berlin, der einen türkischen oder pakistanischen Vornamen hat, und für die ost- und westdeutschen Besucher Lesestunden abhalten."[126])

Die Raketenstationierungsdebatte warf aber auch noch eine weitere Frage auf, die man zuvor bei der Linken ebenfalls völlig vernachlässigt hatte. Es war die Frage nach den Ursachen der problemlosen Durchsetzung amerikanischen Willens in der BRD. Wer nicht in einem Herrn Kohl aus Oggersheim einen dämonischen, kriegswütigen Drahtzieher neuen deutschen Aggressionswillens sah, der kam schnell zu der Frage: Wie *souverän* ist die Bundesrepublik?, der 1982 ein ganzer Band der linken Buchreihe „Ästhetik und Kommunikation" gewidmet wurde. Und auch bei diesem Thema kamen Linke zu ganz erstaunlichen Erkenntnissen. „Egon

Bahr hat die Bemerkung gemacht: wenn es zum Konflikt kommt, dann ist ganz klar, daß die Amerikaner befehlen und wir gehorchen. Wenn das Egon Bahr sagt, der sich gleichzeitig immer gegen den Neutralismus der Bundesrepublik wendet, dann kann man doch nicht die Versuche, die beiden deutschen Staaten von dieser Konfrontation der beiden Blöcke abzukoppeln, von vorneherein für unstatthaft oder abwegig erklären."[127])

Lisa Abendroth ergänzt: „Die auf dem Boden der Bundesrepublik stationierten Truppen sind exterritorial. Sie können machen, was sie wollen. Und die Bundesrepublik Deutschland verfügt nicht über Atomwaffen, aber die auf ihrem Boden stationierten Truppen tun es."[128])

Bei der Raketenfrage wurde es schließlich deutlich. „Der Mangel an Souveränität kommt hier von einer ganz anderen Seite aus herein: Der Einsatz der amerikanischen Mittelstreckenraketen obliegt allein der Verfügungsgewalt der USA. Die Bundesregierung muß nicht einmal *gefragt* werden, wenn diese Waffen von westdeutschem Boden aus eingesetzt werden. Auf deutsch gesagt: Sind die Waffen einmal hier stationiert, können die Amerikaner damit machen, was sie wollen. Die westdeutsche Bundesregierung hat keinen Kommentar dazu zu geben, geschweige denn kann sie ein Veto einlegen, wenn die USA von Westdeutschland aus einen Atomkrieg beginnen sollten."[129])

Sollte sich eine Bundesregierung einmal dagegen wehren, lagen die Folgen auf der Hand — ökonomisch: „Die bloße Drohung, einen Schwellenanteil amerikanischen Kapitals aus der bundesrepublikanischen Wirtschaft abzuziehen, bringt auf der Stelle jede bundesdeutsche Regierung zur Räson; die Bundesrepublik ist par excellence erpreßbar, und die USA haben wiederholt davon Gebrauch gemacht."[130])

und militärisch: „Sollte sich eine deutsche Außenpolitik etwa zu dem finnischen Leitsatz bekennen, sich ‚von den Gegensätzen der Supermächte fernzuhalten‘, so ist schon dann jener Punkt erreicht, wo die Allianz zu Gegenmaßnahmen greift. Es würde dann das einsetzen, was im östlichen Bündnis ‚brüderliche Hilfe‘ für eines vom rechten Weg abirrenden Mitglieds heißt."[131])

Für die Raketenstationierung bedeutet das: „Die Kapitulation der BRD vor den beiden neuen Ansinnen der Regierung der USA — Doppelbeschluß der NATO und Neutronenwaffenproduktion wäre die Rückkehr in die volle Transformation in ein Protektorat und darüber hinaus die Umwandlung in eine Geisel, die auf fremden Befehl bereit ist, jederzeit Selbstmord zu begehen."[132])

Helmut Gollwitzer fügt hinzu: „Deshalb handelt es sich bei der Frage der Mittelstreckenraketen um nichts Geringeres als um die Preisgabe des letzten Restes bundesrepublikanischer Souveränität. Das nationale Interesse unseres Volkes, das nicht identisch ist mit den Interessen, die die gegenwärtige US-amerikanische Regierung vertritt, kann nicht mehr zur Geltung gebracht werden; die Bundesrepublik wird endgültig zum Satellit."[133])

So muß sich die Linke — welch ein Wechsel der Fronten — *für* deutsche Souveränität einsetzen. „Die angerissene Strategie hat zum faktischen Kern den Kampf um die vollständige Souveränität der BRD. Das ist ein Kampf, der *gegen* die Bourgeoisie geführt werden muß, denn das Paradoxe der gegenwärtigen Situation ist, daß gerade der *Verzicht* auf einen Teil der Souveränität Ausdruck der aggressiven Absichten dieser Bourgeoisie ist."[134]

Gollwitzer sieht eine solche Steigerung westdeutscher Souveränität u. a. durch ein Vetorecht bei der „Raketennutzung" garantiert. „Ich habe in einem Leserbrief im ‚Spiegel‘ der Bundesregierung heftig vorgeworfen, daß sie nämlich die Atomwaffen bei uns installieren läßt, ohne ein Vetorecht, aber, ich will dafür natürlich nicht, daß die Bundesregierung *für* die Verwendung der Atomwaffen im Kriegsfalle ein Mitspracherecht hat, sondern ich will nur, daß sie es jedenfalls verhüten kann, daß die Amerikaner oder auch die Franzosen solche Waffen bei uns einsetzen."[135])

Damit war es heraus: Deutschland ist ein besetztes Land. Heinrich Albertz hatte es als erster Linker gewagt, klipp und klar im Rahmen einer Diskussion mit dem damaligen Bundeskanzler Schmidt festzustellen: „Lieber Helmut Schmidt, warum sprichst Du eigentlich nicht von den Zwängen, in denen wir hier stehen, in denen Du als Bundeskanzler, in denen die gesamte westdeutsche Politik steht. Wir sind doch, wenn wir genau hinsehen, ein besetztes Land in beiden deutschen Staaten."[136])

Und Albertz weiter: „Die beiden Teile Deutschlands gehören zum Deutschen Reich, das den Krieg verloren hat, und für beide gelten die Vorbehaltsrechte der Siegermächte. Wer das noch nicht gemerkt hat, sollte einmal ein paar Jahre Bürgermeister in Berlin sein. Ich kann für mich in Anspruch nehmen, daß ich nie völlig vergessen habe, daß es sich bei den Rettern, bei den Schutzmächten immer auch um ganz schlichte Besatzungsmächte gehandelt hat."[137])

Zwar lassen sich die beiden Besatzungstruppen nicht miteinander vergleichen, „aber, was die faktischen Machtverhältnisse angeht, so sind sie vergleichbar, indem eben auf deutschem Boden aufgrund des verlorenen Krieges und der bedingungslosen Kapitulation die amerikanischen Truppen auf der einen und die rote Armee auf der anderen Seite stehen und uns zum Schießplatz machen wollen."[138])

Man könne daher nicht davon ausgehen, daß aus ehemaligen Besatzungstruppen nunmehr Bundesgenossen geworden seien. „In dem Maße, wie aus den drei westlichen Besatzungszonen ein neuer Staat wurde, und in dem Maße, wie dieser Staat in ein westliches Bündnissystem integriert wurde, hat sich ohne Frage die Funktion dieser Truppen teilweise geändert. Aber daneben handelt es sich nach wie vor um Besatzungstruppen."[139])

Mit solchen Erkenntnissen war die Linke über ihren Antiraketenprotest zu neuen (nationalen) Aufgaben vorgestoßen. „Will die Friedensbewegung die geographisch fugenlose militärische Konfrontation der beiden atomaren Supermächte im Zentrum des Kontinents beseitigt sehen, dann muß sie eine *friedensvertragliche Regelung* mit Deutschland zu ihrer Forderung machen."[140])

Und Theodor Schweisfurth weiter: „Wenn aber ein deutscher Regierungschef in Bonn erklären würde, es sei nun an der Zeit, in Verhandlungen mit den Siegermächten einzutreten über den Abschluß eines Friedensvertrages mit Deutschland und die Vereinbarung eines Procedere zur Wiederherstellung der staatlichen Einheit des deutschen Volkes, so verlangte er nichts Ungewöhnliches, so wäre das einzig Überraschende daran, daß diese Erklärung erst vier Jahrzehnte nach Kriegsende abgegeben wird."[141])

Linke, die einen Friedensvertrag für Deutschland fordern, Souveränitätsdefizite beklagen und die westlichen „Verbündeten" als Besatzer bezeichnen, während das Bürgertum den Status quo predigt — die Friedensfrage hat sämtliche Fronten verkehrt. Das Entsetzen im konservativen und liberalen Lager ob solcher Systemtranszendenz läßt sich vorstellen. Und in der Tat, die gesamte Nachkriegsordnung — sonst als „Befreiung" begrüßt — wird vom Ansatz her abgelehnt. „Das System von Jalta, die Anfang 1945 vereinbarte Aufteilung Europas in Einflußsphären, ist prinzipiell gegen die Selbstbestimmung der europäischen Völker gerichtet und daher im Ansatz unakzeptabel."[142])

Die Raketenfrage hat es offenbart. „Wir sind an einem Punkt angekommen, an dem sich die deutschen Interessen — in beiden deutschen Staaten — von denen der beiden Weltmächte unterscheiden und an dem man den Rücken steif machen muß."[143])

Die Emanzipation der Deutschen, so Peter Schneider, könne sich aber nur gegen die Besatzungsmächte wenden. „Und wie vor 1000 Jahren kann der Versuch, eine gemeinsame deutsche Sprache zu sprechen, nur mit einer Weigerung anfangen: mit der Weigerung, das Kirchenlatein aus Ost und West nachzuplappern."[144])

Mit lediglich antiwestlicher *oder* antiöstlicher Frontstellung käme man nicht weiter, würde man sich (vergeblich) um die entscheidenden Fragen versuchen herumzumogeln. „Wer die Denuklearisierung Westdeutschlands, die defensive Umrüstung der Bundeswehr, ein atomwaffenfreies Europa etc. verlangt und dabei die Existenz der Blöcke ungeschoren lassen will, wird scheitern. Wer für ‚unser Land‘ nur ‚eine krtische Mitgliedschaft in der NATO‘ anstrebt, bleibt Gefangener des Rüstungsdrucks der Blöcke und potentielles Opfer ihrer atomaren Strategie. Wer – scheinbar – noch viel radikaler den Austritt aus der NATO fordert, wird wie Diogenes mit der Laterne im Land herumgehen und Mehrheiten vergeblich suchen; und selbst wenn er sie fände, *diese* Mehrheit würfe die Raketen aus Thüringen und Sachsen nicht hinaus. Die Friedensbewegung darf sich den technokratischen Sicherheitspolitikern nicht indirekt unterwerfen, indem sie nur in deren technokratischen Geleisen denkt – nur mit umgekehrtem Vorzeichen. Die Friedensbewegung muß zu den *politischen Bedingungen* der Waffenkonnetration auf deutschem Boden durchstoßen, und diese Bedingungen sind: die Teilung Europas, die Teilung Deutschlands!"[145])

Und Theodor Schweisfurth weiter: „Wir können die Supermachtrivalität nicht aus der Welt schaffen; aber Deutschland und Europa könne sich ihr entziehen. Man muß nur den Mut und die Entschlossenheit gewinnen, nicht mehr Objekt dieser Rivalität zu sein."[146])

Damit war ein weiteres Stichwort gegeben: Die Blockeinbindung – von Adenauer und Ulbricht betrieben – stellt das eigentliche Problem dar, das es zu überwinden galt. „ – die Blöcke blockieren den Ausweg aus der atomaren (und konventionellen) Vernichtungsbedrohung Europas; – die Blöcke blockieren die Abrüstung in Europa; – die Blöcke blockieren die ‚Europäisierung Europas‘; – die Blöcke blockieren die Einheit Deutschlands."[147])

Schweisfurths Forderung daher: Aufbrechen der Blöcke, denn „wer die Zugehörigkeit des westdeutschen Separatstaates zur ‚Atlantischen Allianz‘ rigoros außer Diskussion stellt, schreibt die Lösung der nationalen Frage in den Schornstein. Ein Vierteljahrhundert nibelungischer Bündnistreue der Deutschen in Ost und West hat die staatliche Einheit der Deutschen nicht einen Millimeter näher gebracht. Die doppelte Blockbindung Deutschlands blockiert doppelt die Wiederherstellung der Einheit Deutschlands!"[148])

Die Kölner Grünen ergänzen: „Wer weder Mordopfer noch Mörder im 3. Weltkrieg werden will, wer weder für die USA noch für die UdSSR sterben will, wer nicht als Deutscher auf Deutsche schießen will, dem bleibt nur ein einziger Ausweg: hier und jetzt den Ausstieg aus den Blöcken zu beginnen."[149])

Die Abkoppelung *beider* deutscher Staaten von NATO *und* Warschauer Pakt richtet sich gegen niemand. „Wir respektieren die Befürchtungen der Sowjetunion, die mit der Stationierung der Angriffswaffen Pershing II und Cruise Missiles zum ersten Mal seit 1945 wieder von deutschem Boden aus direkt bedroht wird. Wir respektieren legitime Sicherheitsinteressen der Sowjetunion – wie wir umgekehrt erwarten, daß die Sowjetunion die Lebensinteressen des deutschen Volkes respektiert und sich aus Deutschland zurückzieht."[150])

Solchermaßen vorgetragenen Abkopplungswünschen ihrer „Partner" sich zu widersetzen, hätten die Supermächte keine zu rechtfertigende Möglichkeit. „Auf ein atomares ‚Disengagement‘ gerichtete Bestrebungen in Ost- und Westeuropa, die heute viel weiter in die nationalen Machtzentren hineinreichen als vor 20 Jahren, würden es den Supermächten erschweren, eine ernsthafte gesamtdeutsche Initiative dieser Art schon im Keim zu ersticken."[151])

Uns so könnte schließlich ein von den Blöcken befreites Deutschland und Europa aussehen: „Die kollektiven Selbstverteidigungssysteme NATO und Warschauer Pakt sind aufgelöst. Ausländische Streitkräfte, die als Besatzungstruppen, ‚Schutzmächte' oder Bündnispartner heute in vielen europäischen Staaten die Kasernen füllen, sind in ihre Heimatstaaten abgezogen, so daß in keinem europäischen Land mehr fremde Truppen stehen. Deutschland ist als Bundesstaat staatlich reorganisiert. Berlin — der Mauer, des Stacheldrahts und der vier Besatzungsmächte ledig — ist Deutschlands selbstverständliche Hauptstadt. Deutschland arbeitet in allen europäischen Institutionen als gleichberechtigtes Mitglied mit. Es ist Mitglied sowohl der EG wie des RGW. In militärischer Hinsicht ist es von allem Nuklearpotential der Supermächte gereinigt. Es hat eine einheitliche Armee. Diese Streitkräfte besitzen keinerlei Offensivwaffen; sie sind auf reine Territorialverteidigung umgerüstet."[152])

Und für die deutschen Staaten wäre das der erste Schritt zur Einheit. „Beide deutsche Staaten könnten dann, unter Modifikation der in den fünfziger Jahren von verschiedener Seite vorgeschlagenen Konföderationspläne, einen Staatenbund bilden, der eine enge Zusammenarbeit auf wesentlichen Gebieten institutionalisieren würde."[153])

Eine Veränderung des Status quo in die angestrebte Richtung setzt aber auch Veränderungen im Innenpolitischen voraus. „Das Ziel einer Konföderation der beiden deutschen Staaten unter neutralem Vorzeichen ist ein Stück konkreter Utopie. Sie steht nicht nur den gegenwärtigen Militärdoktrinen der Paktsysteme, sondern auch den gesellschaftlich-politischen Antagonismen in Ost und West im Wege. Ohne Veränderung gesellschaftlich-politischer Art werden Paktfreiheit und Konföderation nicht zu verwirklichen sein."[154])

Der erste organisatorische Schritt der stufenweisen Annäherung der deutschen Staaten sähe in etwa so aus: „Anzustreben ist die Bildung einer ‚Deutschen Gemeinschaft', die beide deutsche Staaten vertraglich miteinander verbände, mit Sitz in (Ost- und West-)Berlin. Als Organe der ‚Deutschen Gemeinschaft' kämen ein Gesamtdeutscher Abgeordnetenrat aus Vertretern beider Parlamente und ein Gesamtdeutsches Koordinationsbüro in Frage, das von je einem Sonderbeauftragten der beiden Regierungschefs geleitet würde und die praktische Zusammenarbeit koordinierte."[155])

Daß diese „nationalneutralistische Politik als Beitrag für eine kontinentalneutralistische Lösung"[156]) seitens der Linken zu *sozialistischen* Deutschlandmodellen führt, ist selbstverständlich, ändert aber am Wert und der Bedeutung der Ausrichtung von Teilen der Linken auf die Nation überhaupt nichts. „Ich glaube mich nicht zu irren, wenn ich sage, daß sowohl die Form, die ökonomische und politische, in der die Bundesrepublik Deutschland heute existiert, als auch der real existierende Sozialismus in der Deutschen Demokratischen Republik vergänglich sind."[157])

Robert Havemann assistiert Stefan Heym: „Ich wünsche mir eine Wiedervereinigung. Natürlich nicht in der Form eines Deutschland, wie es sagen wir gegenwärtig die Bundesrepublik darstellt. Auch auf keinen Fall so, wie es die DDR gegenwärtig uns zeigt. Ich finde, beide deutsche Staaten haben Eigenschaften, die mir ganz und gar mißfallen."[158])

Herbert Ammon und Peter Brandt führen diesen Ansatz weiter: „Man kann die deutsche Frage ‚radikal' im Sinne der Volkssouveränität und des Selbstbestimmungsrechtes stellen — demokratische ‚linke' Grundprinzipien. Die Parole lautet dann ‚Befreiung' des deutschen Volkes von Fremdbestimmung durch den westdeutschen Kapitalismus und die ostdeutsche Bürokratie und von ihren jeweiligen Hegemonialmächten. Wir halten als Kritiker, beider auf deutschem Boden ‚real existierenden' Systeme, an diesem genuin linken Prinzip fest."[159])

Ein wiedervereinigtes Deutschland, das wäre ein sozialistisches Deutschland. „Die Neuvereinigung Deutschlands ist nach unserer Überzeugung nur durch grundlegende demokratische und sozialistische Veränderung in beiden Staaten möglich. Konföderation und Paktfreiheit lösen zwar keinen Automatismus in dieser Richtung aus und können eben deshalb eine viel breitere Basis finden als die unabhängige sozialistische Linke."[160])

So können Brandt und Ammon abschließend feststellen: „Die Friedensbewegung hat somit Bewegung in die deutsche Frage gebracht. Als Etappe auf dem Weg zur nationalen Einheit wäre eine Konföderation zwischen den beiden deutschen Staaten denkbar, welche aller Voraussicht nach die auf demokratische und sozialistische Reformen in beiden Teilstaaten drängenden Kräfte stärkte. Es sind dies konkrete nationale Aufgaben für die Linke, die das Verlangen nach Frieden, Unabhängigkeit, Demokratie und sozialem Fortschritt von alters her gleichermaßen repräsentiert."[161])

Und Theodor Schweisfurth erinnert seine linken Genossen an das Marx'sche Programm der Kommunisten von 1848: „Wir wollen die *eine* und *unteilbare* deutsche Republik, den ‚Deutschen Bund': frei von Atomwaffen – frei mit den anderen Völkern Europas – und freundschaftlich mit ihnen verbunden nach West und Ost."[162])

Die emanzipatorische Politik des Disengagement setzt, das wurde schon deutlich, ein Arrangement mit der UdSSR voraus. Nur, wenn es im Interesse auch der Sowjets liegt, dann kann sich in der deutschen Frage etwas bewegen. Auch hier sehen unabhängige Linke Möglichkeiten. „Für die Sowjetunion bedeutete Frieden mit Deutschland vor allem die Befreiung von wachsender Einkreisungsangst."[163]) „An diesem Punkt hat die deutsche Friedensbewegung anzusetzen. Die Kritik am vorherrschenden Sicherheitskonzept des Westens wäre zu verbinden mit der nüchternen Einschätzung der sowjetischen Sicherheitsinteressen, die substanzielle Zugeständnisse nahelegen, um insbesondere das westdeutsche Militärpotential der NATO zu entziehen. Die Sowjetunion könnte gerade in der Phase des verschärften Großmacht- und Systemkonflikts mit den USA daran interessiert sein, mit den europäischen Völkern zu einem wirklichen Ausgleich zu kommen. Dazu gehört nicht zuletzt (das) Eingehen auf das Streben der Deutschen nach enger nationaler Verbundenheit."[164])

Und die Sowjets selbst? Während der Debatte um die Nachrüstung gab es *vor* dem Votum des Bundestages einige Signale aus Moskau und Ostberlin, die von der bürgerlichen Regierung der Bundesrepublik ganz im Stil der 50er Jahre erneut ignoriert wurden. So sagte der damalige KPdSU-Generalsekretär, Juri Andropow, zum Helmut Kohl in Moskau im Juli 1983: „Was *die Deutschen in der BRD und der DDR* betrifft, so müßten sie, wie das jemand unlängst ausdrückte, einander durch einen dichten Zaun von Raketen betrachten."[165])

Erich Honecker verwandte in seinem Brief an Kohl vom Oktober 1983 folgende Formulierung: „Ein atomwaffenfreies Europa ist letzten Endes das Ziel der europäischen Völker. Wir schließen uns *im Namen des deutschen Volkes* dem an."[166])

Der Spiegel zitierte einen sowjetischen Pressebericht, der ebenfalls als deutschlandpolitisches Signal verstanden werden konnte. „Dazu gehört der ‚Prawda'-Hinweis, ‚nicht nur in revanchistischen Kreisen' bestehe die Hoffnung auf ein ‚Zusammenwirken' der beiden deutschen Staaten."[167])

Selbst, so der Spiegel, die Frage der deutschen Ostgebiete sei noch nicht endgültig zu den Akten gelegt. „Moskaus Kalkül könnte so sein: Das Reizen mit der deutschnationalen Karte mag allein vielleicht gleichzeitig die US-Raketen von deutschem Boden fern- und die Polen im Zaum halten (die Oder-Neiße-Grenze sei nicht von Stalin erfunden, warnte sie das Moskauer ZK-Mitglied Tschakowski).“[168])

Daß in der Tat wieder einmal eine Chance verpaßt wurde, macht der Bericht des Chefredakteurs des „Kölner Stadt-Anzeigers" von seinem Gespräch mit Portugalow, einem engen Berater Andropows, überdeutlich. „Andererseits trauert man dem Gespann Helmut Schmidt/Giscard d'Estaing nach, weil im deutsch-französischen Verhältnis unter diesen Staatsmännern die Keimzelle einer Entwicklung zu einer möglichen dritten Kraft gesehen wurde, geeignet den bipolaren Gegensatz zwischen Sowjetunion und USA zu lindern oder schließlich sogar aufzuheben. Der Gedanke gewinnt in einem Gespräch eine geradezu, wie zugegeben wird, fantastische Vision: *Ein neutralisiertes Deutschland* — ,Deutschland' heißt es betont —, *ausgestattet als souveräne Atommacht*. Da lassen de Gaulle und Stalin, jeder auf seine Weise, grüßen."[169])

Doch selbst *nach* dem Bundestagsbeschluß, der amerikanischen Stationierung der neuen Raketen zuzustimmen, sind weitere Signale zumindest aus Ostberlin zu vernehmen. So wird einerseits die Vereinnahmung der *gesamten* deutschen Geschichte vorangetrieben und inzwischen sogar die Gestalt des Reichgründers Otto von Bismarck in die positiv zu bewertenden Persönlichkeiten mitaufgenommen[170]). In die gleiche Richtung geht auch der 1984 erschienene Reprint der Flugschrift „Deutschland in seiner tiefen Erniedrigung" aus dem Jahre 1806, dessen Ost-Berliner Einleitung politische Parallelen mit der Gegenwart geradezu aufdrängen. „Nachdruck der *vielzitierten*, heute aber nur noch *in wenigen Exemplaren* vorhandenen Schrift, für deren Verbreitung der Buchhändler Johann Philipp Palm am 26. 8. 1806 von französischen Truppen *standrechtlich erschossen* wurde. Der unbekannte Autor versucht eine Analyse der damaligen historischen *Situation in Deutschland* zu geben; dabei prangert er den Verrat den Rheinbundfürsten an und ruft zum Kampf gegen die Fremdherrschaft auf."[171])

Den aktuellen Bezug zu den von Palm bekämpften Rheinbundfürsten stellt Politbüromitglied Hermann Axen in der Sondernummer der SED-Theoriezeitschrift „Einheit" zum 35. Jahrestag der DDR her, wenn er ganz im Stil Walter Ulbrichts schreibt: „Das am Boden liegende deutsche Monopolkapital verband sich, um der Erhaltung seiner Klassenprivilegien willen, mit den reaktionärsten Kräften der imperialistischen Hauptmächte, die die Bildung eines westdeutschen Separatstaates als vorgeschobene Aggressionsbasis gegen den Sozialismus betrieben. Das deutsche Monopolkapital, dessen Ideologen stets geflissentlich den klassenmäßigen, den sozialen Inhalt der nationalen Frage zu leugnen suchen, erbrachten mit der Abtrennung der drei westlichen Besatzungszonen und ihrer Verwandlung in einen von den imperialistischen Westmächten abhängigen Separatstaat, die Bundesrepublik Deutschland, selbst den Beweis, daß die deutsche Großbourgeoisie — wie stets in der Geschichte — die Sache der Nation ihren schnöden Klasseninteressen opferte. Das deutsche Großkapital verriet bedenkenlos die Nation und zerstörte bewußt die Grundlagen der deutschen Einheit."[172]).

Die Linke und die nationale Frage — seit 1848 war diese Frage stets auch ein wesentliches Thema für die deutsche Linke. Daß die Natin zur Zeit eine Renaissance erlebt, das verdanken wir den besonderen politischen Umständen im Zuge der NATO-Nachrüstungsdebatte.

In der Tat war die etwa 1980 einsetzende ungewollte Koalition zwischen US-Administration und Teilen der deutschen Linken und Grünen einmalig. Man muß den Amerikanern dankbar sein. Hatte schon Jimmy Carter erklärt, im Konfliktfall in Europa werden die Bundesrepublik, die DDR und Österreich Hauptkampflinie sein und somit der atomaren Vernichtung preisgegeben, womit der US-Präsident auch die Österreicher aus ihren politischen Tagträumen einer österreichischen Nation geweckt und ihnen deutlich gemacht hatte, daß man der eigenen, der deutschen Geschichte nicht davonlaufen kann, will man nicht letztlich den „Anschluß im Massengrab" des atomaren Holocausts riskieren, so spitzte Ronald Reagen mit seinem kompromißlosen Kampf gegen das „Reich des Bösen" die Konfrontation mit der UdSSR noch zu. Die Haltung der USA, die den Deutschen ihre Lage an der Nahtstelle der Blöcke und als mögliche Opfer eben dieser Lage deutlich werden ließ, wie nie zuvor, stellt den granitenen Widerpart des keimenden neuen Nationalbewußtseins dar. Ohne Präsident Reagen, ohne seine Konfrontationspolitik, ohne die Nachrüstungsdebatte wäre man bei der deutschen Linken zumindest nicht so früh wieder auf die Nation gestoßen, wäre ein Satz wie dieser noch nicht formuliert worden: „Wie die Deutschen ihre nationale Frage lösen, muß man ihnen schon selbst überlassen, doch niemand sollte sich davor mehr fürchten, als vor dem Atomkrieg." (Robert Havemann)

Über die Friedensfrage kamen Teile der Linken zur Nation. Darin liegt die Chance, aber auch die Fragilität des linken Patriotismus: *die Chance*, weil erstmals in der Nachkriegsgeschichte Frieden für Europa und Wiederherstellung der deutschen Einheit zwei Seiten ein und derselben Medaille sind und nicht als sich wechselseitig ausschließende Zielsetzungen denunziert werden können und weil die Sache der Nation über die Sache des Friedens zu einer progressiven und zukunftsorientierten Perspektive wurde; *die Fragilität*, weil mittels eines Arrangement von USA und UdSSR auf Kosten ihrer Verbündeten und eines *vorläufigen* Endes der Konfrontationspolitik der Supermächte dem Friedensargument der Boden scheint entzogen werden zu können.

Demnach haben die Kritiker doch recht? Die deutsche Frage wurde nur vor dem Hintergrund einer aggressiven US-Politik wieder thematisierbar? Also doch friedensgefährdend? Der Blick auf den Kausalzusammenhang verstellt die Sicht auf die eigentlichen Ursachen der Spannung. Die deutsche Teilung ist ein *Produkt* des Ost-West-Gegensatzes, nicht dessen *Ursache*. Ohne den sowjetisch-amerikanischen Konflikt hätte es zwar ein besetztes, aber nie ein geteiltes Deutschland gegeben. Aufgrund dieses Konfliktes gab es nur die Alternativen: Spaltung Deutschlands oder einseitiges Einverleiben ganz Deutschlands durch Ost oder West, was die Fortsetzung des Krieges und das Ende der USA oder der UdSSR als europäische Großmacht bedeutet hätte. Mit der Teilung Deutschlands in zwei Machtbereiche wurde der Ost-West-Gegensatz zu einer politischen Konstante, die sich für Europa als immer gefährlicher herausstellte. Daß dieser Konflikt wieder einmal in aller Schärfe würde entbrennen können, das war lediglich eine Frage der Zeit. Mit Ronald Reagen brach der latente Gegensatz also nur *propagandistisch* wieder auf. Es waren nicht die Fakten, die die deutsche Linke auf die nationale Lage Deutschlands als europäisches Schlachtfeld aufhorchen ließ, sondern der Theaterdonner *um* die Fakten, der allerdings in einer US-Politik seinen Ausdruck fand, die ihren Anspruch als Weltmacht Nr. 1, den sie sich durch zwei Weltkriege erworben hatte, gegenüber der UdSSR deutlicher machte und rücksichtsloser durchzusetzen bereit war, als die Politik vorangegangener Präsidenten. Aber auch eine andere amerikanische Regierung — die freilich nach dem Erdrutschsieg Reagens nicht in Sicht ist — würde von dem gleichen Ost-West-Gegensatz ausgehen; und man darf nicht vergessen, daß es der Demokrat Jimmy Carter war, der für den Nachrüstungsbeschluß von 1979 die Verantwortung trägt. Auch ein Wechsel im Präsidentenamt in den USA würde an den Fakten des Konfliktes mit der Sowjetunion nichts ändern; und daß das sensibilisierte deutsche Bewußtsein als Ausweg aus der militärischen Gefahrenlage erstmals wieder die Nation ins Visier bekam, das ist nicht umzukehren. Die Risse im westlichen Bündnis in der Bundesrepublik (und im übrigen auch die im östlichen im Bewußtsein der DDR-Bevölkerung) bleiben. Und das ist gut so.

Es gibt also kein zurück. Die Linke wird, will sie politisch relevant werden und nicht ihren emanzipatorischen Ansatz verraten, um die deutsche Frage nicht herumkommen. Die Grünen und Alternativen werden, wollen sie nicht plötzlich US-Raketen auf deutschem Boden begrüßen und die Zerstörung der Umwelt bejahen, der Linken dabei helfen. Wer einmal bei der Heimat ankam, hat es zur Nation nicht mehr weit. Dennoch: der Weg ist dornenreich. Nationalallergetiker von links und rechts werden — kräftig unterstützt vom Ausland — den unabhängigen linken Patriotismus unablässig zu diskreditieren versuchen; und das Bürgertum wird aus Furcht vor dem Verlust von Wählermassen vor keiner Diffamierung zurückschrecken. Da muß die Linke durch. Denn nichts ist so dringend notwendig wie eine politische Massenbewegung, die eine solche politische Quantität und Qualität gewinnt, daß die UdSSR in ihr den schon so oft vergeblich gesuchten Ansprechpartner hätte, mit dem sie in Verhandlung treten könnte, um über die Lösung der deutschen Frage die eigenen sicherheitspolitischen und ökonomischen Probleme in den Griff zu bekommen.

Es wird noch ein langer Weg sein, bis das vollbracht ist, was der Dichter der DDR-Staatshymne, Johannes R. Becher, in einem Sonett im Jahre 1952 so beschreibt:

> „Wenn eines Tages, Deutschland, deine Glocken
> Vereinen sich zu einem Hochgesang
> Und deine Fahnen wehn wie ein Frohlocken
> Die Lieder schwingen im Zusammenklang.
>
> Wenn eines Tages alle deutschen Sender
> Verkünden feierlich: ‚Es ist vollbracht:
> *Ein* deutsches Land sind alle deutschen Länder
> Und *eine* Macht nur ist — des Friedens Macht!'
>
> Wenn dies erreicht ist — wie ein Händereichen,
> Das sich durch alle Völker weiterreicht,
> Daß sie in Liebe Deutschlands Namen nennen —
>
> Wenn dies erreicht ist, wird das Herz uns leicht,
> Dann wird das Schwere, wird das Dunkle weichen,
> Dann magst auch du, mein Herz, dir Ruhe gönnen."[173])

Anmerkungen:

[1]) VII. Weltkongreß der Kommunistischen Internationale, Referate, Aus der Diskussion, Schlußwort, Resolutionen, Frankfurt/M., 1971, S. 85.
[2]) Rolf Steininger, Deutsche Geschichte 1945—1961, 2 Bände, Bd. 1, Frankfurt 1983, S. 112.
[3]) a. a. O.
[4]) Heinrich Jaenicke, 30 Jahre und ein Tag. Die Geschichte der deutschen Teilung, Düsseldorf 1974, S. 121.
[5]) vgl. Peter Brandt/Herbert Ammon, Patriotismus von links, in: Wolfgang Venohr (Hrsg.), Die Deutsche Einheit kommt bestimmt, Bergisch Gladbach 1982, S. 139.
[6]) Theodor Schweisfurth, Das Ziel: Blockfreiheit, in: Venohr, Deutsche Einheit, S. 81.

[7]) Günter Gaus, Wo Deutschland liegt, Hamburg 1983, S. 18f.
[8]) a. a. O., S. 27. Hervorhebung von mir (MV).
[9]) Hitlers Politisches Testament, Hamburg 1981, S. 121.
[10]) Wolfgang Venohr, Deutschlands Mittellage, in: Deutschland Archiv 8/1984, S. 820.
[11]) Gaus, S. 32.
[12]) Rudi Dutschke, Mein langer Marsch, Reinbek 4 1981, S. 190f.
[13]) a. a. O., S. 190.
[14]) Rudi Dutschke, Die Revolte, Reinbek 1983, S. 215.
[15]) vgl. Dutschke, Marsch, S. 210.
[16]) Günter Bartsch, Revolution von rechts? Freiburg/Basel/Wien 1975, S. 122.
[17]) a. a. O., S. 125.
[18]) vgl. a. a. O., S. 125.
[19]) a. a. O.
[20]) a. a. O.
[21]) Dutschke, Marsch, S. 215.
[22]) Dutschke, Revolte, S. 68.
[23]) Dutschke, Marsch, S. 219.
[24]) a. a. O., S. 191.
[25]) a. a. O., S. 189.
[26]) a. a. O., S. 219.
[27]) a. a. O., S. 191.
[28]) a. a. O., S. 192.
[29]) a. a. O., S. 189.
[30]) Das da/avanti, Nr. 4/78, S. 22.
[31]) Das da/avanti, Nr. 6/78, S. 14f.
[32]) Brandt/Ammon, Die Linke und die nationale Frage, Reinbek 1981, S. 354. S. 343. Hervorhebungen von mir (MV).
[33]) a. a. O., S. 345. Hervorhebungen von mir (MV).
[34]) a. a. O., S. 343. Hervorhebungen von mir (MV).
[35]) a. a. O., S. 342. Hervorhebungen von mir (MV).
[36]) Iring Fetscher, Die Suche nach der nationalen Identität. in: Jürgen Habermas (Hrsg.), Stichworte zur ‚Geistigen Situation der Zeit', Band 1, Frankfurt 4 1982, S. 115.
[37]) a. a. O., S. 123.
[38]) Martin Walser, Händedruck mit Gespenstern, in: Habermas, Stichworte, S. 44. Hervorhebung von mir (MV).
[39]) Heinz Brüggemann/Heide Gerstenberger/Wilfried Gottschalch/Ulrich K. Preuß/Giesela Erler/Heinar Kipphardt/Thomas Schmid/Ulrich Sonnemann, Über den Mangel an politischer Kultur in Deutschland, Berlin 1978, 112f. Hervorhebung von mir, MV.
[40]) a. a. O., S. 44.
[41]) a. a. O., S. 49.
[42]) Stern, Nr. 38, 14. 9. 1978. Hervorhebung von mir, MV.
[43]) Walser, S. 49.
[44]) a. a. O., S. 50.
[45]) Brüggemann u. a., S. 112. Hervorhebung von mir, MV.
[46]) Walser, S. 48.
[47]) Brüggemann u. a., S. 113.
[48]) a. a. O., Hervorhebungen von mir, MV.
[49]) Fetscher, S. 121.
[50]) a. a. O., S. 130.
[51]) Hans-Jürgen Syberberg, Hitler, ein Film aus Deutschland, Reinbek, 1978, S. 9.
[52]) a. a. O.
[53]) Für eine nationale Politik der Linken, in: Debatte, Heft 3/1983, S. 33.
[54]) Geh über die Dörfer, in: Spiegel 40/1984, S. 253f.
[55]) AG Berlin- und Deutschlandpolitik der AL Berlin (Hrsg.), Paktfreiheit für beide deutsche Staaten oder bis daß der Tod uns eint?, Berlin 1982, S. 101f. Hervorhebung von mir, MV.
[56]) zitiert nach: Arno Klönne, Zurück zur Nation?, Köln 1984, S. 37f.
[57]) Brandt/Ammon, Die Linke, S. 10.

[58]) a.a.O., S. 13.
[59]) a.a.O., S. 26.
[60]) a.a.O., S. 27.
[61]) a.a.O.
[62]) a.a.O., S. 27f.
[63]) in: Befreiung, Nr. 22/23, Berlin 1981, S. 165f.
[64]) a.a.O., S. 166.
[65]) a.a.O.
[66]) Theodor Schweisfurth, Das Ziel: Blockfreiheit, in: Venohr, Deutsche Einheit, S. 95.
[67]) Zitat von Havemann in: Wolf Deinert, Der Aufbruch zum Überleben, Die Sprengkraft der Utopien Robert Havemanns, in: Hans-Jürgen Degen (Hrsg.), Was soll bloß aus Deutschland werden?, Berlin 1982, S. 75f.
[68]) Schweisfurth, Ziel, S. 95.
[69]) a.a.O., S. 96.
[70]) Deutsche Probleme — Probleme mit Deutschland, Materialbrief Nr. 0, Köln 1984, S. 30.
[71]) Ulricht Albrecht, Atomwaffenfreie Zonen in Europa, in: Degen, S. 118.
[72]) Heinrich Albertz, Wir sind doch ein besetztes Land, in: Dieter Hoffmann-Axthelm/Eberhard Knödler-Bunte, Wie souverän ist die Bundesrepublik, Berlin 1982, S. 118.
[73]) Herbert Ammon, Zur unerwarteten Wiederkehr eines ungeliebten Themas: Über die Nation an die Gebildeten unter ihren Verächtern, in: Degen, S. 162f.
[74]) AL — Arbeitsgruppe Berlin- und Deutschlandpolitik, Paktfreiheit für beide deutsche Staaten — Atomwaffenfreies Europa — Einheit für Deutschland, Berlin o.J. (1981), S. 11.
[75]) Wolfgang Herber, Wir sollten auch über die Teilung unseres besetzten Landes sprechen, in: wir selbst, Koblenz, Juni 1984, S. 18.
[76]) 25 Thesen für eine Grüne Deutschlandpolitik, in: a.a.O., S. 14.
[77]) Heinz Brandt, Für eine gesamtdeutsche Friedensbewegung, in: Degen, S.92.
[78]) a.a.O., S. 93.
[79]) Stefan Heym, Die Wunde der Teilung eitert weiter, in: Spiegel 45/1983, S. 68.
[80]) a.a.O., S. 72.
[81]) Rudolf Bahro, Ein Netz von erheblicher Spannkraft, in: Spiegel 50/1982, S. 58.
[82]) Brandt/Ammon, Die Linke, S. 56.
[83]) a.a.O., S. 57.
[84]) Aufsätze zur Diskussion, Nr. 23, Frankfurt 1983, S. 62.
[85]) Hermann Rudolph beim 74. „Bergedorfer Gesprächskreis", Protokoll, Hamburg 1983, S. 47.
[86]) Schweisfurth, Ziel, S. 82.
[87]) Peter Brandt, Warum ich die Kritik von Niels Kadritzke und Hermann Pfütze am Offenen Brief an Leonid Breschnew nicht überzeugend finde, in: Hoffmann-Axthelm u.a., S. 128.
[88]) Peter Brandt/Günter Minnerup, Die deutsche Frage — Problemskizze und Thesen, in: Prokla, Nr. 47, Berlin 1982, S. 114.
[89]) Schweisfurth, Ziel, S. 88f.
[90]) Theodor Schweisfurth, Disengagementpläne und Versuche der deutschen Wiedervereinigung in den fünfziger Jahren — Realpolitische Möglichkeiten der Anknüpfung heute, in: Ulrich Albrecht/Jürgen Graalfs/Detlef Lehnert/Rudolf Steinke, Deutsche Fragen — Europäische Antworten, Berlin 1983, S. 62.
[91]) Wolfgang Abendroth, Wie souverän ist die Bundesrepublik, in: Hoffmann-Axthelm u.a., S. 19.
[92]) Schweisfurth, Ziel, S. 91f.
[93]) Brandt/Minnerup, S.114.
[94]) vgl. u.a. Klönne, a.a.O.; Wolfgang Pohrt, Endstation, Berlin 1982; Hertmut Reese, Protagonisten der „nationalen Identität": die Nationalrevolutionäre, in: Frankfurter Hefte Nr. 6/1984.
[95]) Schweisfurth, Ziel, S. 83.
[96]) Herbert Ammon, Wer erhört Oma Meumes Gebet? Oder: Wie lange noch mit der Mauer leben, in: Manfried Hammer/Edelgard Abenstein/Daniel Danisch/Wolf Deinert/Helmut Diehl/Sieghard Pohl, Das Mauerbuch, Berlin 1981, S. 189.
[97]) Schweisfurth, Ziel, S. 94f.
[98]) Die Linke und die nationale Frage, eine Diskussion zwischen Peter Brandt und Eberhard Knödler-Bunte, in: Hoffmann-Axthelm, S. 162.
[99]) Heinrich Albertz, Wir sind doch ein besetztes Land, in: a.a.O., S. 118.

[100]) Peter Brandt, Neutralismus versus Internationalismus?, in: Atomwaffenfreies Europa, hrsg. vom AK atomwaffenfreies Europa, Berlin 1982, S. 49.
[101]) Brandt/Ammon, Die Linke, S. 57.
[102]) Rudolf Bahro, Überlegungen zu einem Neuansatz der Friedensbewegung in Deutschland, in: Befreiung Nr. 21, Berlin 1981, S. 32.
[103]) a. a. O.
[104]) Brandt, Neutralismus, S. 48.
[105]) Brandt/Knödler-Bunte, S. 148.
[106]) Herber, S. 19.
[107]) Stefan Heym, Die Wunde der Teilung eitert weiter, in: Spiegel 45/1983, S. 66.
[108]) Helmut Gollwitzer, Kein Verzicht auf nationales Denken, in: Hoffmann-Axthelm u. a., S. 103.
[109]) a. a. O., S. 104.
[110]) a. a. O., S. 113.
[111]) Brandt/Ammon, Die Linke, S. 9.
[112]) Ammon, Wiederkehr, S. 158.
[113]) Peter Schneider, Aufgegebenes Gelände, in: Hammer u. a., S. 241.
[114]) a. a. O., S. 242.
[115]) Herber, S. 18.
[116]) Heym, S. 66.
[117]) Lutz Niethammer, Von den Schwierigkeiten der Traditionsbildung in der Bundesrepublik, in: Wolfgang Ruppert (Hrsg.), Erinnerungsarbeit, Opladen 1982, S. 61.
[118]) Schweisfurth, Ziel, S. 81.
[119]) Helmut Gollwitzer, Nachträgliche Bedenken, in: Hoffmann-Axthelm u. a., S. 131.
[120]) Kölner Erklärung der Grünen, Für eine blockfreie Zukunft, für ein Deutschland ohne Amerikaner und Russen, Köln 1983, S. 1.
[121]) Deutsche Probleme – Probleme mit Deutschland, Materialbrief Nr. 0, Köln 1984, S. 29.
[122]) Peter Brandt/Detlef Lehnert, Die „Deutsche Frage" in der europäischen Geschichte und Gegenwart, in: Albrecht u. a., S. 37.
[123]) Deutsche Probleme, S. 30.
[124]) a. a. O., S. 29.
[125]) a. a. O.
[126]) Wolf Deinert, Homo scribens germanicus, in: Hammer u. a., S. 226.
[127]) Brandt/Knödler-Bunte, S. 148.
[128]) Wir sind die Eingeborenen von Trizonesien, Aus einem Gespräch mit Lisa und Wolfgang Abendroth und Helmut Ridder, in: Hoffmann-Axthelm u. a., S. 66.
[129]) Aufsätze zur Diskussion, S. 58.
[130]) Dieter Hoffmann-Axthelm, Sich nicht mehr beugen, in: Hoffmann-Axthelm, S. 12.
[131]) Albrecht, Zonen, S. 116.
[132]) Abendroth, S. 23.
[133]) Gollwitzer, Kein Verzicht, S. 113.
[134]) Aufsätze zur Diskussion, S. 63.
[135]) Gollwitzer, Bedenken, S. 131.
[136]) Albertz, S. 115.
[137]) in: Spiegel 36/1981, S. 40.
[138]) Heinrich Albertz, Aus einem besetzten Land, in: Hammer u. a., S. 253.
[139]) Brandt/Knödler-Bunte, S. 151.
[140]) Schweisfurth, Disengagementpläne, S. 65. Hervorhebung von mir, MV.
[141]) Schweisfurth, Ziel, S. 86.
[142]) Brandt, Neutralismus, S. 48.
[143]) in: Spiegel 36/1981, S. 40.
[144]) Schneider, S. 243.
[145]) Schweisfurth, Ziel, S. 96.
[146]) a. a. O., S. 82.
[147]) a. a. O., S. 81f.
[148]) a. a. O., S. 88.
[149]) Kölner Erklärung, S. 2.
[150]) a. a. O.

[151] Herbert Ammon/Peter Brandt, Wege zur Lösung der „Deutschen Frage", in: Befreiung Nr. 21, Berlin 1981, S. 65.
[152] Schweisfurth, Ziel, S. 85.
[153] Brandt/Ammon, Die Linke, S. 56f.
[154] 25 Thesen, S. 13.
[155] Ammon/Brandt, Wege, S. 65f.
[156] Brandt, Neutralismus, S. 48.
[157] Heym, S. 69.
[158] Perspektive Entmilitarisierung und Wiedervereinigung Deutschlands, ein Interview mit Robert Havemann und Pfarrer Eppelmann, in: Atomwaffenfreies Europa, S. 35.
[159] Ammon/Brandt, Wege, S. 43.
[160] Brandt/Ammon, Die Linke, S. 57.
[161] Brandt/Ammon, Patriotismus, S. 159.
[162] Schweisfurth, Ziel, S. 101.
[163] a.a.O., S. 158.
[164] a.a.O.
[165] Neues Deutschland, 6. 7. 1983. Hervorhebung von mir, MV.
[166] a.a.O., 10. 10. 1983. Hervorhebung von mir, MV.
[167] Spiegel 33/1983, S. 103.
[168] a.a.O.
[169] Kölner Stadt-Anzeiger, 24. 5. 1983. Hervorhebung von mir, MV.
[170] vgl. Kurt Hager, Gesetzmäßigkeiten unserer Epoche — Triebkräfte und Werte des Sozialismus, Berlin (0), 1984, S. 64f.
[171] Deutschland in seiner tiefen Erniedrigung, Reprint der anonymen Flugschrift von 1806, mit einem Geleitwort von Elvira Siegert, Berlin (0) 1983 (erschien 1984).
[172] Herman Axen, Die DDR und der Grundwiderspruch unserer Epoche, in: Einheit 9/10 1984, S. 826.
[173] zitiert nach Rudolf Bahro, Rede auf der Gedenkveranstaltung für Robert Havemann, in: Degen, S. 67f.

ROSE ELLER

Die deutsche Nationalkultur

Was ist Kultur? Versuch einer Begriffserklärung

Den ersten unzulänglichen Versuch einer Deutung des Wortinhaltes „Kultur" als Bewertung einer Lebensform setzt Voltaire (Jean Marie Arouet) 1694–1778 in seiner Schrift „Essai sur l'histoire générale et sur les mœurs et l'ésprit des nations"[1]), 1756, in der er den Begriff in die Wissenschaft einbringt. Im zweiten Teil dieses Werkes, „Essai sur les mœurs" beschreibt er die Weltgeschichte im Sinne der Kulturgeschichte als ununterbrochenes Entwicklungsgesetz in fortschreitender Vervollkommnung der Vernunft, wobei er die Geschichte als Handlung großer Menschen in einer bestimmten Gegebenheit innerhalb einer teils zufälligen, teils gesetzmäßigen Abfolge materieller und institutioneller Voraussetzungen im Sinne eines jeweils gegenwärtigen Entwicklungsstandes sieht.

In dieser Sicht gliedert er die Geschichte in einzelne Erscheinungsbilder wie Philosophie, Kultur usw. auf.

Eine tatsächliche Darlegung des Wortgehaltes gibt Immanuel Kant 1724–1804 in seiner „Kritik der praktischen Vernunft"[2]) 1788. Er erkennt als Kultur die Entwicklung der geistig-seelischen und leiblichen „Naturkräfte" des Menschen aus seiner natürlichen „Rohigkeit", in der sie den Menschen beherrschen, zu dem Zustand, in dem sie der Mensch beherrscht.

Er bestimmt weiter: Kultur „im vollen Sinne" ist die moralisch begründete Setzung und Nutzung seiner Zwecke durch den Menschen. „Äußerstes Ziel" der Kultur ist „eine nach Begriffen des Menschenrechts geordnete Staatsverfassung", die Rechtsordnung sichert die Kultur als begründetes Normensystem einer Gesellschaft.

Johann Gottfried Herder 1744–1803 sieht in „Ideen zur Philosophie der Geschichte der Menschheit"[3]) 1784–1791 die Kultur als „höhere Natur" des in der Geschichte der Menschheit als Lebensformen von Völkern Gewachsenen. In ihnen entfaltet sich die allgemeine Humanität zur „Blüte", die aber wie ein Lebewesen wieder vergeht.

Im Anschluß an Herders Humanitätsideal wird im ersten Drittel des 19. Jahrhts. unter Aufnahme der Hegelschen[4]) Philosophie „des objektiven Geistes" Kultur nur mehr als Summe geistiger Errungenschaften einer Zeit, eines Volkes, der Menschheit gesehen. „Die Idealisierung des Kulturbegriffes" ist eine philosophische Formel dieser Zeit.

Die Romantik faßt den Begriff als allein vom Gefühl bestimmbar auf, indem sie Kultur als das Nicht-Normierte, das Nicht-Normierbare, das unvermittelt Entstehende bzw. Entstandene bezeichnet. Die Zusammenlegung der romantischen Auffassung mit der idealisierten philosophischen führt zur Unterscheidung der „geistigen, inneren" Kultur von der „materiellen, äußeren" Kultur, die als Zivilisation verstanden wird.

Das Widersprüchige der romantischen Auslegung liegt in der Einengung des Begriffes gegenüber den tatsächlichen Kulturtaten dieser Zeit.

Die Romantik zeigt einen Geistesaufbruch der Nation ohne Beeinflussung von Außerdeutschem, aus der deutschen Seele geboren, daher mit Recht „deutsche Bewegung" genannt.

Sie vermag sich in allen Bereichen, die das deutsche Volk zuinnerst berühren, zu äußern: in der Philosophie, in der Sprachwissenschaft, auf allen künstlerischen Gebieten, in der Geschichtsauffassung, in der Rechtsvorstellung.

Die Romantik hätte im deutschen Expressionismus eine Nachfolge gefunden, wenn dieser nicht von fremdartigem Geist entwest worden wäre.

Die Biologie, die Medizin nennen die experimentelle Anzucht von Mikroorganismen pflanzlicher, tierischer, menschlicher Gewebszellen in besonderen Gefäßen mit besonderem Nährboden Kultur.

Das ist insofern richtig, als sich das Wort Kultur selbst vom lateinischen Zeitwort colere = pflegen, (be)sorgen ableitet. Das dazugehörige Hauptwort cultura versteht sich einerseits als die Tätigkeit, die einem Gegenstand als Pflege zukommt, um ihn zu veredeln oder für bestimmte Zwecke geeignet zu machen, andererseits bezeichnet das Wort auch das Ergebnis dieser tätigen Aufwendung.

Ursprünglich bezieht sich der Begriff im Sinne vorrangiger Lebenserhaltung und -sicherung auf den Ackerbau, worunter die Urbarmachung und der Anbau gemeint sind.

Der Sinngehalt „Pflege" wird im Augenblick erweiterter Lebensgestaltung von der körperlichen auf die geistige Tätigkeit übertragen, ohne den Herkunftsbezug ganz zu vergessen. Denn heute noch wird „Acker- und Waldland kultiviert". Es gibt daher eine Wild- und eine Kulturlandschaft.

Erst in der ersten Hälfte des 20. Jahrhts. wird eine neue Begriffsauslegung angestrebt, und auch der Zivilisationsbegriff schärfer umrissen.

Kultur wird als innere Lebenshaltung, somit als etwas Unsichtbares, Ungreifbares verstanden, das sich in bestimmten und bestimmbaren Lebensformen kundtut. An den Werken und Zeugnissen, die sie schafft, sind die Kultur und der jeweilige Kulturzustand abzulesen. Sie aber sind Ergebnisse der Kultur, nicht sie selbst.

Sie ist nie ganz zu erfassen, weil sie trotz wesentlichen, immer gleichbleibenden Merkmalen mit der Zeit läuft und so in ihren Erscheinungsbildern dem Wandel unterliegt.

Da sich der Kulturträger räumlichen Gegebenheiten wie Landschaft, Klima anpassen muß, ist auch die Kultur jeweils in begrenzter und überschaubarer Ausweitung anzutreffen.

Die Güter der Kultur werden von dem einzelnen aus dem einzelnen erbracht, nie aber für den einzelnen, sondern für eine ihm zugeteilte Umwelt. Das Spannungsfeld von Ich und Umwelt ist das Kraftfeld der Kultur als innere Lebenshaltung.

Die Beziehung der Innenwelt zur Außenwelt, ihre Harmonie oder Gegensätzlichkeit gebiert die Antriebskraft einer Kulturleistung. Wie diese Beziehung gesichtet, beachtet, erkannt und verwertet wird, ist Sache des Geistes, in dem Verstand und Gemüt sich ausdrücken. So sind Kulturgüter wie immer geartet, Schöpfungen einer Geisteshaltung, die von Hirn und Herz bestimmt wird.

Um diese zwischenmenschliche Beziehung zu ordnen, besitzt der Mensch eine Empfindungsfähigkeit, die Erwin Guido Kolbenheyer[5]) 1878 – 1962 metaphysischen Trieb nennt, der stets die nötige Kraft entwickelt, um den Anpassungskampf zu bestehen.

Das Leben auszumachen, die Erlebnisse individueller und überindividueller Art zu ordnen, ist Metaphysik.

Dieser metaphysische Ordnungsvorgang besitzt eine Genauigkeit, die der Genauigkeit künstlerischen Schaffens zunächststeht. Beide sind Voraussetzungen einer Kulturtat.

Die Auseinandersetzung des einzelnen mit der Umwelt erfordert eine ständige geistige und körperliche Anstrengung, ein sich Abmühen. Dieses Abmühen und die nie erlahmende Bereitschaft hierzu sind die unerläßliche Voraussetzung einer Kultur. Sie bringt die Möglichkeit der Meisterung des Schicksals.

Um eine geistige Leistung zu vollbringen, bedarf es einer bestimmten Ausstattung des menschlichen Gehirns, die die physiologische Grundlage einer gesteigerten Zurechtfindung in der lebenschaffenden Welt und ihren Veränderungsgegebenheiten bietet, aber auch die Einzelsteigerung in einen gemeinschaftlichen Wirkungszusammenhang bringt. Die Ausbildung bestimmter Erregungssysteme des Gehirns bringt den Menschen die Erlebnisfähigkeit, das Vermögen, Geschautes und Gehörtes zu er-leben; es abzubilden, ist Schöpfertum.

Ohne schöpferische Tat keine Kultur!

Da der Mensch in seiner Gesamterscheinung nur erbbiologisch zu sehen ist, ist er aus dem Zusammenspiel der Abstammungsbindungen der in Zehntausenden von Jahren dagewesenen Geschlechter geistig und seelisch geprägt. Er ist eingebunden in die aus diesen Geschlechtern in den weiten Zeitabläufen sich entwickelten Familien- und Stammesverbände, die selbst wieder unter schicksalshaften Bedingungen zu einer noch größeren Gemeinschaft zusammenwachsen.
Somit ist zusammenfassend „Kultur" als eine aus gemeinsamer Wurzel stammende und innerhalb der damit gesetzten Gemeinschaft im abgegrenzten Lebensraum geübte „innere Lebenshaltung" zu verstehen, die sich in der Zeit veränderbar, aber im Wesen unwandelbar in der Auseinandersetzung zwischen dem einzelnen und dem Ganzen zeigt und ihren Träger befähigt, in unablässiger geistiger und körperlicher Anstrengung verschiedene einzelmenschliche und gemeinschaftsfördernde Lebensformen wie Sprache, Religion, Sitte, Ehe, Familie, Staat, Recht, Kunst, Philosophie, Wissenschaft, Technik hervorzubringen.
Zivilisation ist eine „äußere Lebensform", die sich mit der Herstellung, oft bis ins kleinste möglichen Ausformung der Mittel beschäftigt, die eine immer höhere Stufe der Bequemlichkeit, des Genusses, der Verfeinerung gewährleisten.

Die Güter der Zivilisation sind Erzeugnisse des Verstandes, die die äußeren Bedürfnisse der Menschen befriedigen sollen. Diese äußeren Bedürfnisse sind im reichen Maße allen Menschen gemeinsam.

Die Zivilisation ist daher übertragbar, die Voraussetzungen sind erlernbar. Sie ist in großen Räumen gleich oder ähnlich anzutreffen.

Die Errungenschaften der Zivilisation trüben den Blick für die Kultur, weshalb heute bereits diese mit jener oberflächlich gleichgesetzt wird.

Wohl kann Kultur in Zivilisation übergehen, nie aber aus Zivilisation eine Kultur erwachsen.

So wie Kultur und Zivilisation nicht dasselbe sind, so wenig Schöpfertum und Unternehmertum.

Schöpfertum ist göttliche Ingeburt, Unternehmertum ist Triebkraft des Gehirns.

Aber es ist nicht so, daß Kultur in allen ihren Äußerungen gleichzeitig und ununterbrochen in Erscheinung tritt, das Auftreten geschieht nach außenhin scheinbar willkürlich, folgt aber dem Gedrängtsein und Genötigtwerden ihrer inneren Kräfte.

Da Kultur nur auf einem Mutterboden gedeihen kann, müssen gemeinsame Wurzeln den Saft aus der Tiefe ziehen, der überall dorthin reicht, wo gleiche oder ähnliche Gegebenheiten das Leben tragen. Demnach gibt es größer umschlossene Kulturräume, die Kulturkreise heißen, etwa alteuropäischer, abendländischer, morgenländischer oder orientalischer, mittelmeerländischer, ostasiatischer, mittel- und südamerikanischer Kulturkreis.

Die Nationalkultur
    Den engsten und sinnfälligsten Kulturkreis bildet ein Volk. Es ist der Träger, der innerhalb seines Lebensraumes vorauszusetzenden und vorausgesetzten Gesittung, die aus verschiedenen Brunnen, aber aus einem in ungeheurer Zeit- und Werttiefe sprudelnden Urquell gespeist wird.
    Diese alle Lebensbereiche umfangende Gesinnung heißt Nationalkultur.
    Die Gesittung der bäuerlichen Welt mit ihrem in den Jahrlauf eingebetteten und an ihn sich haltenden Brauchtum, heißt Volkskultur.
    Ein Volk ist nicht die Summe von Menschen, das ist die Bevölkerung, sondern eine organisch gewachsene, den einzelnen bindende Einheit, die sich aus der verzweigten Abhängigkeit der Abstammungsgesetzlichkeit gewesener und seiender Geschlechter entwickelt.
    Künstler, Erfinder lassen sich nicht züchten, sie werden aus der Gefühls- und Denkkraft der Voreltern durch Spaltung und Aufsplitterung der Erbmasse geboren.
    Ein junges Volk kennt nur den bäuerlichen Stand, aber im Innenleben der Familienmitglieder wirkt das Erbplasma unterschiedlich, so daß die Grenzen der Lebensaufgabe undicht werden.
    Das Geistesleben des Volkes ist die Wirksamkeit der aus dem Bauernstand herauswachsenden Lebensstände, dessen Leistungen auf einer bevorzugt angelegten und entwickelten Erbbedingung des Gehirns beruhen. Die Lebensstände eines Volkes verdanken daher ihre Ausbildung der erbbedingten Entwicklungsstufe des Gehirnnervensystems. Die Tätigkeit dieses Gehirnorgans ist ein Lebensgut des Gesamtvolkes, nach E. G. Kolbenheyer „Organbesitz des Volkes", bestehend aus der Funktionsmasse und der Funktionsleistung aller Einzelhirne, deren Ansprechbarkeit durch Geschlechter hindurch „freudebeflügelt und kämpfend erlitten" zur Sonderleistung be-gabt ist. Für die Lebensbehauptung eines Volkes ist die Erhaltung dieses Organbesitzes ausschlaggebend. Sie verlangt eine langsame, schrittweise Reifezeit, eine dauernde Schulung des Gehirns durch strenge Denkübungen und die Bereitschaft zu anstrengender, zeitweilig auch widerstrebender Arbeit. Selbstzucht und Bewährungsstärke fallen nicht aus den Sternen[6])!
    Im Geistesleben eines Volkes sind zwei wesenhaft unterschiedliche Vertreter zu beachten: Der geistig schaffende und der geistig tätige Mensch. Derjenige ist geistig schaffend, der die Lebensordnung eines Volkes weitgreifend lebensformend beeinflußt.
    Die geistig Schaffenden sind stets in der Minderheit, treten nicht immer augenfällig während ihres Erdenwandels auf, verändern und bestimmen aber das Leben ihres Kulturvolkes nachhaltig, indem sie den Stundenschlag der Zeit wahrnehmen und, entsprechend ihrer Einsicht ein über ihr Dasein hinausreichendes Zeitalter gestalten. Diese Menschen sind Bildner oder Wandler des Lebensstandes, der die Gehirnarbeit zu tun hat, sie sind die Geistesköpfe der Nation.
    Alle anderen Volksschichten sind ihnen mittelbar oder unmittelbar unterstellt, von ihnen abhängig, denn sie geben dem Tun des Gesamtvolkes die entscheidenden Impulse und beschreiten zuerst den Weg der Durchsetzung. Sie sind die begnadeten Zeuger der Kulturträchtigkeit.
    Dennoch ist die geistige Wirksamkeit im biologischen Sinne nicht übergeordnet, solange sie die Tätigkeit lenkt, einer Entwicklung, einer Lösung zuführt. Sie ist nicht überlegen, weil die geistige Leistungsmöglichkeit und ihre Wirkung im Volk die Folge eines biologischen Ereignisses in seinem Entwicklungsvorgang ist. Das Geistesleben wächst und reift mit dem Volke und wird in seinem weisenden und bestimmenden Vorgang von diesem er-lebt.
    Die geistig tätigen Menschen sind die Vollstrecker der Weisungen, sie sind die aufteilenden Vollzugsmenschen der geistig Schaffenden.

— NATIONALKULTUR —

Die geistig Schaffenden teilen sich in Talente und Genies. Sie sind Fahnenträger der Kultur, beide vermögen erstaunliche Taten zu vollbringen. Allein, dem Genie ist es vorbehalten, mit seinem Tun eine auf Dauer gesetzte Veränderung seines Volkes zu erreichen.

Genie ist ein einem Menschen innewohnender Geist, der begabt und willens ist, die Menschen in ihrem Bemühen um die Vervollkommnung ihres geistigen Schicksals auf neue Fährten zu lenken, selbst aber zuvörderst begehen. Ein Genie ist also Wegweiser und wird, weil es aus der Erbmasse des Volkes steigt, nur von diesem erlebt und kann nur in diesem wirken. Genie tritt dort auf, wo die Not es ruft, daher wird es auf unterschiedlichen Feldern fruchtbringend säen.

Genie verträgt sich nicht mit Masse, weil die Gleichheit gegen das Genie ist.

Die deutsche Nationalkultur

Die Kultur eines Volkes ist, und so auch die des deutschen Volkes innere Lebenshaltung, geprägt durch Herkunft, erbbiologisch gesehen durch die stammesgeschichtlichen Erbanlagen, und durch das Schicksal, d. h. seine geschichtliche Erfahrung innerhalb seines Lebensraumes.

Der Deutsche ist wie alle Europäer seiner Abstammung gemäß dreidimensional angelegt: ihn beherrschen Verstand, Gefühl und Sinn. Gefühl durch Verstand gebändigt, ist Vernunft, Verstand vom Gefühl gelenkt, ist Gemüt. Gemüt ist demnach ein Seelenzustand, der nur dem Deutschen eigen ist. Das Wort läßt sich in keine fremde Sprache übersetzen, so wenig wie das französische Wort ésprit. Mhd. muot bedeutet Sinnesart, Stimmung, Neigung, Gemüt ist die Summe aller dem Deutschen innewohnenden Sinnesarten, die aufeinander einwirken. Deutscher Geist ist der Einklang von Vernunft und Gemüt, damit höchste Ordnungsstufe der Natur des deutschen Menschen.

In der Altsteinzeit, beginnend um 70 000 v. d. Ztw. zeichnen und malen die Menschen der Cromagnon-Rasse — nach dem französischen Fundort ihrer Knochen so benannt — die frankokantabrischen Felsbilder in dreidimensionaler Gestaltung: Raum-, Gestalts- und Ausdrucksdarstellung[7]). Sie sind die ältesten Kulturzeugnisse der Menschheit, denn der Homo sapiens ist bis jetzt nur auf europäischem Boden gefunden worden. Diese Felsmalereien widerlegen eindeutig die Ausgangslehre: „ex oriente lux" und beweisen die Feststellung: „ex occidente lux". Sie besitzen bereits Symbolcharakter, versinnbildlichen die wirkenden und bewirkenden Erscheinungsbilder des Mondes und der Sonne, denen die Cromagnonmenschen Verehrung zollen[8]).

Die Fertigkeit, einen Gegenstand nachzubilden, ist dem homo sapiens bereits gegeben, die Fähigkeit, einen Gegenstand abzubilden, besitzt erst der homo sapiens sapiens. Die Fähigkeit, einen Gedanken abzubilden, zu versinnbildlichen, ist der Schritt vom homo faber zum homo symbolicus, die Geburt des Genies.

Die in der Endphase der Altsteinzeit einsetzende und in der Mittel- und Jungsteinzeit geformte Kultur wird von einer geschichtlich faßbaren Vorvolkeinheit im Nord-Ostsee-Raum, die nordwestliche deutsche Tiefebene, Jütland und Seeland umschließend, getragen. Die Menschen sind Cromagnonleute, die aufgrund ihrer Großsteindenkmäler Megalithiker genannt werden.

Noch ehe sie in ganz Europa ihre großartigen Menhire, Dolmen, Gang-, Kisten- und Hünengräber errichten, ihre astronomischen Steinsetzungen und Steinkreise schaffen, überraschen sie mit viel älteren, um 8000 v. d. Ztw. anzusetzenden Felsskulpturen, geschaute oder bearbeitete Großfelsbildern mit Symbolvorstellung. Sie sind die zur Zeit ältesten Steingestalten der Menschheit. Diese Felsfiguren etwa am Externstein oder am Ravenstein des Istenberges im Sauerland stellen drei Urtypen vor Augen: Den Einäugigen, die Atemgeburt, den Alten oder den Weisen[9]).

127

Diese drei Leitbilder und die an Mond und Sonne gebundene kosmische Religion mit belebter Sinngebung sind die Seinsgrundlage, aus der sich der deutsche Geist entzündet und die deutsche Gesittung aufsteigt. „Der Einäugige" ist ein Mannsgesicht mit dem linken offenen, dem Naturauge, und dem rechten geschlossenen Innenauge, das sinnbildhaft die Umsetzung des Gesehenen in Geschautes, die Einsicht in den Tiefensinn darstellt.

Dieser Einäugige tritt im Mythos als Odin auf, der um der Erkenntnis willen, der wesenhaften Erfassung des Geschehenen, sein rechtes Auge in Mimirs Brunnen wirft. Dafür fliegen ihm zwei Erkenntnisbringer, die Raben Hugin und Munin, Gedanke und Erinnerung, zu.

Der Einäugige ist das Sinnbild für die Ein-gebung des vom Naturauge aufgefangenen Licht-Bildes in das inwendig leuchtende, durchstrahlende Licht der Einbildung, des Einfalles, der Erkenntnis.

Die „Atemgeburt" wirft menschliche Köpfe aus Mund und Nase als Sinnbild der unmittelbaren und dauernden Einheit von Wesen und Geist trotz des ewigen „Stirb und Werde" im Auf und Ab der Natur um und am Menschen. Die Atemgeburt ist Sinnbild des Kerngeistes des inneren Menschen.

Das dritte Bild, „der Alte", zeigt sich als Beschützer, Behüter von Mensch und Tier, indem er sie um sich hat.

Diese Gestalt ist in der deutschen Sage als „getreuer Eckart" (Eckwart) anzutreffen, dem Goethe in der Ballade seine Urwesenheit in Erinnerung hält.

Die drei Lichtphasen des Mondes, die aufsteigende und sinkende Sonne, insonderheit im Jahreslauf, die immerwährende und doch gleichbleibende Veränderung dieser Himmelswelt wird dem Cromagnonmenschen zum Zeit- und Ordnungsbild. Diese Weltanschauung wird ihm zur Welt-Anschauung. Der siegreiche Kampf des Lichtes gegen die Finsternis gibt ihm den Glauben an eine alles überwachende und alles zum Guten wendende, unfaßbar über allem waltende Macht, die ihm Zuversicht, und der er Vertrauen schenkt.

Dieser Macht sind Götter wie Menschen unterworfen, sie wirkt und webt frei im Raume zwischen Himmel und Erde, der den Menschen als Schicksalsraum zugewiesen ist.

Der Sinngehalt der drei Leitbilder und die kosmische Gottesmacht machen die Seinstiefe aus, in die das Blutgedächtnis der Deutschen taucht, um aus ihr alle religiösen, künstlerischen, geistigen, menschlichen Bezogenheiten zu schöpfen. Aus ihr schöpft der Deutsche seine wesentlichen Charakterzüge: die Gewissensempfindlichkeit, seine Gemütstiefe, seine Gründlichkeit, seinen Forschungsdrang.

Diese gottbezogene Weltsicht und Wesensdeutung führt sehr früh, etwa um 5000 v. Ztw. zur Märchen- und Mythenbildung.

Beide Dichtungen kennen den Neid[10]). Nidhöggr = Neidheger nennt ihn der Mythos[11]). Er ist ein Nagetier, das die Wurzeln des Lebensbaumes anfrißt.

Das Märchen kennt ihn als weiße Maus, die gleichfalls die Wurzeln des Feigenbaums annagt[12]).

Der Neid ist der Zerstörer der geistigen Ingeburt. Als Zwietracht geistert er durch die deutsche Seele; wenn die Zeit bedrohlich wird, treten die Getreuen aus den Reihen und werden Verräter.

Die Steinfiguren der Cromagnonleute sind Urbilder geistig-seelischer Kernkraft, sind Leitbilder auf dem Zukunftsweg.

Diese Kernkraft bewahren sich die Megalithiker auch in der um 2000 v. Ztw. vollzogenen Ehe mit den aus dem südrussischen Steppengebiet zugewanderten Hirtenkriegern, die ihrerseits homines fabri mit Durchschlagskraft und Kampfeswillen sind. Ihrer Waffe nach werden sie als Streitaxtleute, nach ihrer Bestattungsart Einzelgrableute genannt.

Aus dieser Verbindung erwächst die vorindogermanische Volkseinheit, aus ihr wieder durch Abwanderung aus der Heimat in fremde Länder die indogermanischen Völker.

Die Germanen verbleiben in der Urheimat, erweitern nur allmählich und schrittweise ihren Lebensraum. Sie haben die Überlieferungswelt am besten bewahrt.

Das bezeugen Stammes- und Volksname.

Germane[13]) ist ein Doppelwort, aus den Wurzeln ker-, auch ger- und man, auch men gebildet. Ker ist in Kern, Kerl zu finden, man, men in Mensch. Ker bedeutet Ursprung, man bedeutet Geist. Demnach heißt Germane „Kerngeist".

Deutsch ist ein aus zwei Götternamenwurzeln geformtes Eigenschaftswort. Ti, älter Di und Ot, älter (W)od. In der ersten Silbe verbirgt sich der im Sonnenglanz bezeugte Lichtgott deos, deus, den die Streitaxtleute verehren, während die zweite Silbe (W)od den inwendigen Gott der Cromagnonleute meint. Erst in viel, viel späterer Zeit, in Asenzeit steht er als Wodan (Geist-ahn) dem Götterhimmel vor.

Das dem Hauptwort Diot zugehörige Eigenschaftswort heißt ahd diotisk, diutisk, mhd deutisch, nhd deutsch.

Die Sprache ist Kulturgut ersten Ranges[14]). Da sie den gesamten Zeitablauf in sich einschließt, Gewordenes, Seiendes, Werdendes, bindet sie das Volk an seine Geschichte, gibt ihm den Grundbau für die Zukunft. Sie ist das wichtigste Zeugnis völkischer Einheit, sie sorgt für die Pflege der Gesinnung und Gesittung. Die Art der Sprachpflege, die den Menschen über den Menschen hebt, bekundet den Grad seiner Kultur, gleichzeitig den der Nationalkultur.

Die deutsche Sprache ist unmittelbar aus dem Germanischen hervorgegangen, entsprechend der Volkswerdung, später als das Gotische. Durch die entsprechende Lautformung der Stämme in zwei Gruppen geteilt, ober- und niederdeutsch, durch die zweite Lautverschiebung geschieden, durch Luther zur Gesamtsprache gefügt.

Das Volk spricht die Mundarten, sie sind der lebendige Quell, aus denen sich das Deutsche erneuert und bereichert, was ihr als Ursprache möglich ist. Als Ursprache kommt sie aus Verfall und Durchfremdung wieder zur Reinheit, wenn sich der entsprechende Geist ihrer annimmt. Das Beispiel gibt die Sprachverwilderung während des 30jährigen Krieges, ihre Wiederherstellung geschieht durch die Dichter des evangelischen Kirchenliedes Paul Gerhardt 1607 – 1676 und Andreas Gryphius 1616 – 1664, vornehmlich aber durch Gottlieb Friedrich Klopstock 1724 – 1803.

Ihr Sinn für Gedankenklarheit schafft das Gepräge des Satzes und die Betonung auf der Wurzelsilbe.

Der Grundbau des Englischen, der nordischen Sprachen, aber auch der romanischen, in diesen besonders verwunderlich, ist deutsch.

Der Wortschatz der deutschen Sprache der Gegenwart verfügt etwa über 300 000 Wörter, die Hälfte nur hat das Englische, das Französische gar nur ein Viertel aufzuweisen.

Ihr Wortschatzreichtum, ihre Ausdruckskraft, die Klarheit der Gedankenführung, der freie Satzbau nach logischer Sinnhaftigkeit, die logische Wortbetonung befähigen sie, die Sprache der Philosophen zu sein. Sie ermächtigt diese, die Gegenstände mit Hilfe der Enthebung aus der Wirklichkeit zu nackten Begriffen zu machen, um so den Widerspruch von Sein und Schein aufzuheben und der Wahrheit auf die Spur zu kommen.

„Nicht daß ich's schon ergriffen habe, ich jage ihm aber nach, ob ich's auch ergreifen möchte", sagt Luther und umfaßt damit das Anliegen der Philosophie.

Die deutsche Philosophie, von und seit der Aufklärung angestachelt, befindet sich an der Spitze dieser Wissenschaft.

Ein anderes hohes Kulturgut sind Märchen und Mythen.

Sie zeigen die Welt, in der sie entstanden, und wie diese angeschaut wird. Diese Welt-anschauung beruht auf einem Ordnungssystem mit der Grundzahl drei, das heute noch herrscht.

Da sie blutgebunden sind, sind sie unmittelbare Zeugnisse von Gesittung und Gesinnung der Altvordern. Im Wissen um den Sieg des Lichtes gegen die Finsternis übt der Held Tapferkeit, Standhaftigkeit und Überwindung größter Beschwernisse. Nicht das Wort, die Tat zählt. Nicht das Geschehen ist maßgeblich, sondern das Verhalten des Menschen zum Geschehen.

Die Bewährung des Helden nach außen ohne inneren Wesensverlust ist der Grundton der Lebensführung.

Die Wirklichkeit, grausam, wie sie sein kann, ersteht in Märchen und Mythen, gemildert aber durch den Glanz der Poesie.

Sie sind beispielhaft und unübertroffen in Echtheit und Treue des Gehaltes von den Brüdern Jacob und Wilhelm Grimm 1785 – 1863 und 1786 – 1859 gesammelt und herausgegeben[15]). Diese Tätigkeit ist der Auftakt zu einer bis heute anhaltenden Forschung, in der sich namhafte österreichische Gelehrte verdient machen[16]).

Das Märchenbuch der Brüder Grimm wird neben der Luther-Bibel „das Hausbuch der Deutschen", durch die Übersetzung in 35 Sprachen wird es ein Weltbuch[17]).

Die Musikalität der Deutschen ist wesenstief. Sie ist das Innewerden des Göttlichen. Es ist kein Zufall, daß die deutsche geistliche Musik die der anderen Völker weit überstrahlt.

Musik ist Geist an sich. Einerseits durch mathematische Gesetzmäßigkeit im kosmischen Ordnungsprinzip eingebettet, andererseits Empfindungen zugewiesen, ist sie Ausdruck menschlichen Leides und menschlicher Freude und zugleich Idee. Sie ist in der Seele des Menschen zugleich im Universum beheimatet.

Für Schopenhauer ist Musik tönende Weltidee, der „Wille" selbst, während alle anderen Künste nur Abbilder des Willens sind.

Musik ist der sicherste Weg zu menschlichem Adel, zu Anmut und Würde. Bismarck gesteht, daß ihn die Musik Beethovens tapfer macht.

Musik ist der Sprache nahe verwandt, beide heben den Menschen aus der Alltäglichkeit ins Außerwirkliche.

Es sei das Wort Richard Wagners ein Bekenntnis aller Deutschen: „Ich glaube an Gott, Mozart, Beethoven ... Amen."[18])

Der Götterhimmel der Ahnen bevölkert sich erst in der Jungsteinzeit unter Einfluß der Streitaxtleute. Ahnenverehrung aber ist uralt. Leistungstüchtige und tatenstarke Menschen bleiben im Blutgedächtnis und werden nach langem Zeitabstand zu Göttern emporgehoben. Die Irminsul, „immer sein" am Externstein ist beredtes Sinnbild. Sie wird das Nationalheiligtum der Germanen und überall in den Landen aufgerichtet.

Die Zerstörung der Irminsul von Geismar in den Kriegen Karls d. Gr. gegen die Sachsen geschieht zu einer Zeit, in der die Volkswerdung der Deutschen noch im Flusse ist. Das Volk weiß mit dem fremden Gott nichts anzufangen. Gärung ob der Aufpfropfung wesensfremder Gedanken, ein seinem Blute zuwiderhandelnde Nötigung durch das Dogma, wo es in freier Sittlichkeit zu entscheiden gewohnt ist, erzeugen einen Seelenriß, der bleibt.

Innerlich zerrissen, von außen durch den Magyarenansturm im Osten bedroht, dauert der Schwebezustand zwischen Stammes- und Volksgemeinschaft noch eineinhalb Jahrhundert an. Selbst Heinrich I. 919—936 kann durch seine Volksgesinnung diesem Umstand nicht abhelfen. Seine ganze Kraft gilt der Abwehr des Feindes.

933 besiegt er das Reitervolk, aber er schlägt es nicht aufs Haupt. Was er begonnen, möchte er im Sohn vollendet wissen.

Die angebahnte deutsche Entwicklung drängt zur Entscheidung. Otto I. 936 —973, Heinrichs erster Sohn aus zweiter Ehe, nicht purpurgeboren, ist das staatsmännische Genie, das dem Volke Volks- und Staatsbewußtsein gibt.

Seine erste Tat ist die Verlagerung des politischen Schwergewichtes Europas vom Westen, wo noch die Karolinger in unmittelbarer Nachfolge Karls d. Gr. regieren, in die Mitte mit dem Blick nach Osten. Nicht ohne Widerstand im eigenen Hause setzt er seine Staatsreform durch. Er stellt den Staat nicht wie die Karolinger auf mittelländisch-römische Grundlage, sondern auf die alte germanische: Gefolgsherr und Gefolgschaft. Er unterteilt die Verwaltung in drei Gruppen: in das Herzogsamt, in das Grafenamt, in das Bischofsamt und stellt somit auch die Kirche unter den Staat. Der Herzog durch Lehenseid und Gefolgschaftstreue gebunden, das Grafenamt als Verwaltungsbehörde der Königsgüter und der Markgrafschaften dem König unmittelbar unterstellt, die Bischöfe wie die Grafen beamtet, nach seiner Wahl vom König eingesetzt, Königtum und Staat zugeordnet.

Äbte werden wie Herzöge mit Abtei und Ländern belehnt, allesamt an Herrscher und Staat gebunden. Der König wird nicht durch Erbschaft, sondern durch die germanische Wahl gekürt.

In der Auswirkung dieser staatlichen und volklichen Einheit, durch neuerlichen Einbruch des östlichen Feindes herausgefordert, schlägt Otto die Magyaren auf dem Lechfeld so entscheidend, daß nicht nur Deutschland, sondern auch Europa gerettet ist. Durch die Mission von Salzburg und Passau und die neuerliche Errichtung der bayrischen Mark im Lande unter der Enns, gelingt die Seßhaftmachung und Befriedung des überwundenen Gegners.

So ist die europäische Mitte Schutzmacht Europas geworden, denn mit der Annahme des Christentums ist die Annahme der deutschen Rechtsordnung, der deutschen Oberhoheit und der militärischen Hilfeleistung verknüpft.

Mit der Gewinnung der Kaiserkrone 962 nimmt die ottonische Renaissance des Kaisertums den abendländischen Gedanken Karls d. Gr. auf. Das von Otto d. Gr. gegründete Reich ist nicht nur eine Ordnungsmacht, es ist ein ethisch-religiöser Auftrag mit der Hinwendung gegen Osten als dem durch die Bodenform ungeschützten, empfindlichen Teil Europas, wie der Magdeburger Reiter versinnbildlicht.

Martin Luther ist mehr als der Empörer gegen die römische Kirche, er ist die Verleiblichung des deutschen Geistes aus Urmüttertiefe. Er versucht nicht wie Meister Eckart die Flucht zu Gott, sondern er steht vor Gott. Er tut es in todesmutiger Tapferkeit.

Er sucht die Wahrheit des Menschen selbst, um vor der Macht der Welt, die sich als Lüge, Unrecht, Aufgabe der Selbstzucht zeigt und ihn beherrscht, sich zu behaupten. Die Mächtigkeit der Welt ist ethisch auf den Menschen selbst, nicht auf seine Werke gerichtet. Nur in der letzten Gewißheit seiner selbst findet er die Wahrheit. Dieses mitleidlose, bedrängende Selbstgericht vollzieht sich zwischen ihm und Gott, ohne zurückzuweichen, denn mit dem ersten Schritt des Rückzugs gibt er sich selbst auf.

Mit der Entdeckung des Wortes „in iustitia tua libera me" (32. Psalm) gewinnt der Gottsucher die Einsicht, daß der Mensch aller Selbstmächtigkeit bar, nicht imstande ist, die Wahrheit durch sein eigenes Zutun zu erlangen. Diese Tatsache beweist ihm, daß der Mensch mit Gott zu tun hat.

Luthers Glaube in die zeitlose Gültigkeit gehoben, ist die Bindung des Menschen an Gott allein durch ihn selbst durch die Bindung der Wahrheit und Gerechtigkeit im Gewissen und die daraus genötigte Verantwortung gegenüber der Welt.

Dieses an Gott gebundene Gewissen gibt ihm die geistige Freiheit. Aus der vollkommenen Gebundenheit an das Ewige erwächst ihm die vollkommene Freiheit an das Irdische.

Was nun noch geschieht, ist nur mehr der Vollzug dessen, was dieses gotterfüllte Gewissen fordert.

Die einzige Waffe, die dieser Geistesrevolutionär einsetzt, ist das Wort. Da er hellhörig nach innen ist, besitzt er auch ein empfindliches Ohr nach außen. Luthers Sprachschöpfung liegt im Gewissen verankert. Durch seine Befreiung des Geistes aus dem Gewissen geht er der Welt nicht verloren, nicht in seiner Zeit und nicht in den Jahrhunderten nach ihm. So kann Goethe sagen: „Luther war ein Genie sehr bedeutender Art; er wirkt nun schon manchen guten Tag und die Zahl der Tage, wo er in fernen Jahrhunderten aufhören wird, produktiv zu sein, ist nicht abzusehen."[19])

Was Luther vorgelebt, spiegelt sich in Goethes Faust wider.

Wie wandelt der Dichter den faßbaren, geschichtlichen Dr. Johannes Faust! Dieser benützt sein reiches Wissen für die Schwarzkünste und die magia naturalis, so daß er schon zu Lebzeiten sagenumwoben ist. Sein plötzlicher Tod stempelt ihn zum Teufelsbündler. Schon 40 Jahre später erscheint das Volksbuch des Johannes Spieß, in dem Faust als lockerer, anrüchiger Geselle auftritt.

Der Fauststoff, der die deutsche und europäische Menschheit bis zum heutigen Tage nicht losläßt, beschäftigt Goethe ein Leben lang. Die Entwicklung der Faustgestalt ist von den Haltpunkten im Werdegang des Dichters nicht zu trennen. Vom Weltenstürmer des Stürmers und Drängers im Urfaust, der in der Liebe die Unhaltbarkeit des Glücks und die Fragwürdigkeit des großen Augenblicks gewahr wird, zeichnet der Klassiker im Fragment den Menschheitsvertreter mit allen Einschränkungen und Erweiterungen durch Maß und Gesetz. In der Tragödie 1. Teil hebt ihn der Dichter in die außerirdische Welt, wo er in der Beziehung zu metaphysischen Mächten eine neue, im Erleben aber noch kleine Welt erfährt. In der Tragödie 2. Teil erweitert sich die Welt zur großen Welt, die nicht mehr gibt als die kleine. Alles Streben, alles Ringen ist nur im Einsatz für andere nützlich. Aber auch damit kann der Mensch sich nicht erlösen, die Erlösung bleibt bei Gott. Gott sieht den Willen, nicht das Werk. Die Grundidee Gottes für den Menschen spricht der Engel: „Wer immer strebend sich bemüht, den können wir erlösen!"

Hätten je Tilmann Riemenschneider, Hans von Judenburg, Michael Pacher die Reinheit der Magd, die Hingabe der Mutter, die Charakterköpfe der Heiligen auf den Schnitzaltären gestalten können, wenn nicht die Künstler die Bilder der äußeren Lebensbegegnungen in das durchleuchtende Licht der inneren Ein-gebung gestellt hätten? Wie auch hätte Matthias Grünewald die „teuflische Mächtigkeit der Welt" in der „Versuchung des Hl. Antonius" am Isenheimer Altar versinnbildlichen können, wenn er nicht ihre Gemeinheit erlitten und in der Gottesgewißheit überwunden hätte?

Wie hätte der Künstler den äußeren Reichtum und seine Eitelkeit mit dem inneren Reichtum durch die Harmonie mit der Natur strafen können, wenn er die Erfahrung nicht gemacht hätte.

Zwei Begegnungen kommen auf den Künstler zu: Das Erlebnisbild, das

Wunschbild. Beide müssen von der Ein-bildung aufgenommen werden, um es zu gestalten.

Schon der griechische Philosoph Heraklit um 500 v. Ztw. sieht das Wesen der Dinge in der Veränderung. „Alles fließt", ist seine Grunderkenntnis. Da das Leben von der Natur vorgezeichnet ist, das Wasser im Wellenberg und Wellental sich bewegt, so zeigen sich die Geschehnisse als Neusetzung im Gegensatz zum Zuständlichen. Solch neue Ansätze sind Umbruchszeiten. Wenn sie Zukunftsträchtigkeit haben sollen, müssen sie mit Leidenschaft, mit dem Bereitschaftswillen aller entwickelt werden. Goethe spricht: „Alles, was der Mensch zu leisten unternimmt, es werde nun durch Tat oder Wort oder sonst hervorgebracht, muß aus sämtlichen vereinigten Kräften entspringen, alles Vereinzelte ist verwerflich."

Die Renaissance ist eine von allen Menschen getragene Zeitenwende. „Entdeckung der Welt, Entdeckung des Menschen" ist das geflügelte Wort nach der Verleugnung von Welt und Mensch im Mittelalter. Während eines einzigen Menschenalters wird der Vorhang der Welt aufgerissen.

Die Deutschen erobern dabei den Himmel.

Nikolaus Kopernikus, eigentlich Koppernigk 1473 – 1543 hebt die Erde aus dem Mittelpunkt des Firmaments und erkennt sie als kreisenden Umwandler der Sonne. Mit seinem Werk „de revolutionibus orbium coelestium" erweitert er die Welt ins Unermeßliche.

Darüber hinaus lehrt Giordano Bruno, Sohn einer deutschen Mutter, 1548 – 1600 das All als Welt nicht einer, sondern vieler Sonnen, „Della causa, principio et uno", „Del' infinito universo et mondi".

Johannes Kepler 1571 – 1630 errechnet die Gesetzmäßigkeit der Planetenbahnen.

Ihre Aussagen entmündigen die Kirche mit ihrer Lehre vom Himmel. Sie dürfen das nicht ungestraft tun. Giordano Bruno erleidet den Feuertod, die beiden anderen finden Freunde, die die Hand der Kirche abwehren.

In diese Zeit fällt auch das Leben des Theophrast Bompast von Hohenheim, 1493 – 1541, genannt Paracelsus (in Verehrung des griech. Arztes Celsus)[20].

Seine Erneuerungen sind umfangreich.

Er ist der Begründer der Botanik als Wissenschaft. Die Pflanzen als Arzneimittel betrachtet er aber mit dem Auge des Chemikers.

Als Arzt erforscht er die Ganzheit des Menschen, die Zusammenhänge von Körper, Geist und Seele.

„Die Welt und alles, was wir in ihrem Umkreis von ihr sehen und greifen, ist nur der halbe Teil der Welt. Das, was wir nicht von ihr sehen, ist ebenso umfangreich an Art und Gewicht. Das liegt daran, daß noch ein halber Mensch existiert, in welchem die unsichtbare Welt wirkt und sich abbildet."

In seinem Hauptwerk „opus paramirum" betrachtet er die Welt in kosmischer Sicht. Die Heilkunst muß sich auf die Naturvorgänge stützen, auf die Beschaffung wirksamer Heilmittel durch die Chemie und auf die selbstlose Hilfsbereitschaft des Arztes. Um den Menschen im Kosmos zu erkennen, setzt er ihn in fünf Sphären: der Sterne, des Giftes, der Menschennatur, des Geistes, Gottes.

Die mittelalterliche Säftelehre ersetzt er durch die Stofflehre: Salz, Quecksilber, Schwefel sind die Grundbestandteile des Körpers. Über dem Stofflichen steht die Kraft. Der letzte Träger des Lebens ist ein immaterielles Prinzip, der Archaeus, von ihm geht die Krankheit aus, schließlich der Tod.

Die erstmalige Tat des Paracelsus und damit großartige besteht im Zusammenspiel von Theorie und Praxis, von Erkenntnis und Erfahrung, in der Übertragung der Erprobung in die Anwendung, wodurch er Einsichten der gegenwärtigen

Forschung vorwegnimmt, z. B, daß er Krankheiten psychosomatisch sieht; aber auch tatsächliche Organkrankheiten beurteilt er richtig, z. B. die Ausscheidungskrankheiten. Er ist sich seiner Vorläufigkeit durchaus bewußt. In rücksichtsloser Sprache — er schreibt seine Werke deutsch — verwirft er alles bisherige Wissen, setzt aber auch seinen Geist vorbehaltlos für die Medizin ein. Er ist ein vom Wissenschaftsdrang besessener Mensch mit der seltenen Selbstlosigkeit für den Bedürftigen. Er sieht im Arztberuf eine methaphysische Tätigkeit, wie sie im urzeitlichen Leitbild aufscheint.

Gemeinsam ist den deutschen Renaissancemenschen die Rastlosigkeit, die Unstetheit und damit verbunden das glücklose Leben.

Die Antriebskraft der Kultur ist das geistige Leben, der Hebel ist die Wirtschaft. Wirtschaft in geordneter Staatsführung untersteht der Politik, schafft die Möglichkeit der Durchsetzung geistiger Ziele. Die Wirtschaft ist an die Stadt gebunden, daher geht die Entwicklung der Wirtschaft mit der der Stadt Hand in Hand.

Bis in die Gründerzeit ist die Stadt mit ihren Bauwerken Schaustück des Handwerkerfleißes und des Bürgerstolzes. Der Stadtkern gilt heute noch und heute wieder als Kleinod gegenüber dem ins Weite wachsenden, charakterlosen Weichbild. Die alte Stadt ist vom Unternehmergeist, nicht dem Unternehmertum geprägt.

Der Hanseate im Wirkungsbereich von London bis Nowgorod am Ilmensee ist ein königlicher Kaufmann. Er bringt dort, wo er auftritt, nicht alleine die Ware mit, sondern auch den Sinn für Schönheit und Geistigkeit, wie Visby auf Gotland, wie die baltischen Städte beweisen. Er hat die deutschen Städterechte in der Tasche, das der Stadt Lübeck und das von Magdeburg, die weit in den Osten getragen ein geordnetes Gemeinwesen aufbauen.

Nicht anders verhalten sich die Bildner der süddeutschen Städte. Wie könnten sie sonst gegen Venedig, gegen Pisa, Genua bestehen? Namen wie Fugger und Welser bedeuten nicht nur Geld, sondern Mäzenatentum und Wohlfahrtswesen.

Wien ist zur Zeit der Babenberger an Bedeutung im Reich nur von Köln übertroffen. Es unterhält ein besonderes Bürgertum, die Erbbürgergeschlechter. Diese sind Burginhaber und ritterliche Leute, cives et milites, so die Heimonen, die Pilgrime.

Es kommt der Eigenart der deutschen Kultur zu, daß sie sich nicht auf ihren eigenen Volkstumsboden beschränkt, sondern weit über die Grenzen ausströmt, Nachbarländer miteinbezieht. Bis nach dem Ersten Weltkrieg liegt der Osten im Einflußbereich der deutschen Kultur. Die geschichtlichen Ereignisse, die die Veränderung bringen, sind, wie alle geschichtlichen Gegebenheiten, von Macht und Neid bestimmt. Politische und religiöse Bedingungen, aber auch Aufbruchsgeist, Unternehmerfreude, Fleiß, Tüchtigkeit führen die Deutschen in alle Welt. Es ist die Suche nach Bewährung, die sie beflügelt. Wo sie ihre Füße setzen, wächst Gras. Trotzdem finden die Deutschen wenig Liebe in der Welt, am wenigsten bei den Nachbarn, die ihnen am meisten zu danken hätten.

Neid zerstört die Ingeburt des Menschen, der Haß gebiert die Ausgeburt. Das 20. Jh. weiß davon zu erzählen.

Aber es vermerkt auch: Die größte, allein auch die einzige geschichtliche Tat in Europa der zweiten Hälfte seines Ablaufes haben die Deutschen vollbracht, indem sie es fertigbringen, die Millionen ihrer vertriebenen Brüder aus dem Osten, wenn auch unter tausend Tränen und Schmerzen unter ihrem eigenen Dach ganz allein und ohne fremde Hilfe zu bergen. Es fordert eine überragende seelische und geistige Kraft, das zu vermögen, das zu leisten auf den Trümmern ihrer Städte und über den Millionen ihrer Toten.

Anmerkungen:

[1] Jean Orieux, Das Leben des Voltaire, deutsch neue Aufl. in einem Bd. Frankfurt, 1978.
[2] Siegfr. Körner, Kant, deutsche Übersetzung Göttingen, 1980, 2. Aufl.
[3] Karl G. Gerold, Herder 24. Bde. München, 1953.
[4] Georg Wilhelm Friedrich Hegel 1770−1831.
[5] Erwin G. Kolbenheyer, Das Geistesleben in seiner volksbiologischen Bedeutung, München 1942.
[6] Hoimar von Ditfurth, Der Geist fiel nicht vom Himmel, Hamburg, 1976.
[7] Herbert Kühn, Die Felsbilder Europas, Stuttgart, 1971.
[8] Paul Fischer, Mythos Stier, Düsseldorf, 1979; derselbe, Die Zeitrechnung nach dem Monde, Düsseldorf, 1972.
[9] Elisabeth Neumann-Gundrum, Europas Kultur der Großskulpturen, Urbilder, Urwissen einer europäischen Geistesstruktur, Gießen, 1981.
[10] Helmut Schoeck, Der Neid, München, 1980.
[11] Otto Hantl, Der Urglaube der Alteuropäer, Tübingen, 1984.
[12] Brüder Grimm, Kinder- u. Hausmärchen, Kassel, 1812/14, Nr. I/29.
[13] Elisabeth Neumann-Gundrum, Der Stammesname Germanen, Sonderdruck „Deutschland in Geschichte und Gegenwart" 32/2/1984, Tübingen. Dieselbe, Der Volksname „deutsch", ebendort 30/4/1982.
[14] Hermann Baltzer, Die deutsche Sprache, Weimar, 1935.
[15] Brüder Grimm, Kinder- und Hausmärchen, Kassel, 1812/14, 2 Bde. Jacob Grimm, Die deutsche Mythologie, Berlin, 1835, 3 Bde.
[16] Karl v. Spieß, Paul Zaunert, Edmund Mudrak, Viktor v. Geramb, Karl Haiding. Das vollständige Literaturverzeichnis ist gegeben in: Karl Haiding, Märchen und Schwänke aus dem Burgenland, Graz, 1981.
[17] Einzusehen im Grimm-Museum in Kassel.
[18] Hans v. Dettelbach, Die inneren Mächte, Salzburg, 1940.
[19] Rose Eller, Luther, der Deutsche; Vortrag auf der 18. Politischen Akademie der AFP, 1983 Manuskript.
[20] Paul Diepgen, Paracelsus, in Willi Andreas-Wilh. v. Scholz, Die großen Deutschen, Berlin, 1935.

DAS
DEUTSCHE ÖSTERREICH

LOTHAR HÖBELT

Von St. Gotthard bis St. Germain

Österreich in der deutschen Geschichte von den Türkenkriegen bis zum Ende der Habsburgermonarchie

Wenn wir von der Stellung Österreichs in und zu Deutschland um die Mitte des 17. Jahrhunderts sprechen, so müssen wir — auch wenn es pedantisch erscheinen mag — den knappen Versuch einer Definition vorausschicken: denn kaum etwas ist so vieldeutig wie der Begriff Österreich[1]). Wählen wir eine formalistische Auffassung, so können wir uns auf eine landesgeschichtliche Betrachtung der Entwicklung „Österreichs" unter und ob der Enns zurückziehen. Schließen wir uns der Sprache der Zeit an, so umfaßt Österreich das Herrschaftsgebiet der Habsburger, der „Casa d'Austria", des Hauses Österreich, zu dem damals auch noch die spanische Linie zählte. Die von der deutschen Linie der Habsburger beherrschten Gebiete umschlossen den Süden und Osten des Reiches vom Oberrhein bis fast zur Warthe, umfaßten aber noch keineswegs das gesamte Territorium der nachmaligen Republik Österreich von Anno 1922: In Salzburg ist der Fürsterzbischof und Primas Germaniae selbstverständlich reichsunmittelbar, ebenso der Graf von Hohenems im Westen, Villach ist bambergisch, das Burgenland wohl habsburgisch, gehört aber nicht zum Reich, sondern zu jenem schmalen Grenzstreifen Landes von Kaschau bis zum Karst, der alles ist, was die Habsburger aus der ungarischen Erbschaft im Gefolge der Schlacht von Mohács 1526 zu retten vermochten und der überdies kaum irgendwo wirklich von Magyaren bevölkert ist.

Auch das Reich, das Heilige Römische Reich Deutscher Nation, ist nicht einfach mit Deutschland gleichzusetzen. Doch trotz der „welschen Fürsten", die es in seinen Reihen zählt, und der fiktiven „iura imperialia" in Italien, trotz des burgundischen Kreises mit seinen Franzosen und den Flamen, die von der Entwicklung zur deutschen Hochsprache nicht überlagert worden sind, wie sie mit dem Buchdruck und Luthers Bibelübersetzung im plattdeutschen Norden eingesetzt hat, ist dieses Reich in seinem Kern zweifellos ein deutsches und umfaßt — von einigen Unklarheiten im baltischen Nordosten abgesehen — fast das gesamte geschlossene Siedlungsgebiet der Deutschen[2]).

Wenn wir demnach vom Verhältnis der Habsburger zum Reich als dem Verhältnis Österreichs zu Deutschland sprechen, so handelt es sich in beiden Fällen um Näherungswerte, die sich erst im Laufe der Zeit zu dem entwickeln, als was wir sie der Kürze halber gleich hier bezeichnen wollen.

Der Westfälische Friede bietet sich als Ausgangspunkt an: Er beendete eine Epoche, in der die Habsburger noch einmal als Kaiser zu einer überragenden Machtfülle im Reich gelangt waren — auch wenn diese auf den schwankenden Fundamenten der Wallensteinschen Armee ruhte —, während in Münster und Osnabrück 1648 im Gegenzug sogar das Mitspracherecht Frankreichs (und seines Verbündeten Schweden) in Reichsfragen vertraglich verankert worden war. Als einzigen Gewinn aus der Frühphase des 30jährigen Krieges hatte der Kaiser dafür die Durchsetzung des Absolutismus, insbesondere aber auch der Gegenreformation, in den Erblanden in den Frieden hinübergerettet — die in Zukunft vielbeschworene „Libertät" der einzelnen Reichsfürsten kam in diesem Punkt auch dem Reichsoberhaupt selbst zugute. Erst um die Mitte des 17. Jahrhunderts waren auch die drei deutschen Linien der Habsburger, die zeitweise in Prag, Graz und Innsbruck residiert hatten, wiederum endgültig in einer Hand vereinigt und Wien avancierte zur unumstrittenen Hauptstadt des habsburgischen Länderkomplexes, indirekt auch zu der des Reiches (in dem es eine extreme Randlage einnahm, einen scharfen Tagesritt entfernt von den ersten türkischen Garnisonen).

Das Ergebnis all dieser Entwicklungen war man oft versucht als Beginn der Trennung Österreichs vom Reich zu interpretieren. Mit derselben Berechtigung könnte man freilich auch von der Trennung Brandenburgs oder Bayerns vom Reich sprechen, ganz abgesehen davon, daß die kaiserliche Autorität (etwa auf dem Weg über den neben dem Reichskammergericht als Höchstgericht fungierenden Reichshofrat) für viele der Reichsstände ein Gewicht behielt, das mit modernen Souveränitätsansprüchen seitens der Reichsstände kaum zu vereinbaren gewesen wäre. Auch die Besonderheiten der Sozialstruktur, wie sie sich in den verschiedenen deutschen Territorien ausgebildet hatten, waren zwar bemerkenswert, isolierten jedoch keineswegs ein aus dem Rahmen fallendes Österreich von einem im übrigen homogenen Reichskörper. (Während der Adel z. B. in Württemberg kaum eine und in Bayern keine sehr überragende Rolle spielte, dominierte in Brandenburg-Preußen der Kleinadel, die „Krautjunker", während in Österreich, insbesondere Böhmen und Westungarn, der Latifundienbesitz des Hochadels, der „Magnaten", prägend wirkte.)[3])

Wenn Österreich dennoch eine Sonderstellung zukam, so lag das einerseits eben an seinem Vorrang als Hausmacht des Kaisers, zum anderen aber auch daran, daß Österreich in den folgenden Jahrzehnten jene Entwicklung vorexerzierte, die Preußen im 18. Jahrhundert wiederholen sollte — den Aufstieg vom Reichsstand zur Großmacht, deren Interessen naturgemäß auch über die Reichsgrenzen hinausreichten. Die österreichischen Erwerbungen in den Niederlanden (Belgien und Luxemburg) und in Italien als Teil des spanischen Erbes, wiewohl nicht deutsch in ethnischer Hinsicht, waren dabei durchaus geeignet, die Habsburger noch stärker mit dem Reich zu verklammern und sie in ihrer traditionellen Rolle als Hauptwidersacher Frankreichs zu bestätigen: Die Wacht am Rhein erstreckte sich nunmehr von den Ligurischen Alpen bis an die Nordsee.

Mit den Eroberungen, die der Kaiser im Osten machte, indem er den Ansprüchen seines Hauses als Träger der Stephanskrone nach mehr als anderthalb Jahrhunderten Substanz verlieh, vollzog sich hingegen etwas ganz anderes — die Verwandlung Österreichs in Österreich-Ungarn (auch wenn es diesen Namen erst wiederum anderthalb Jahrhunderte später offiziell annehmen sollte). Man braucht den Abwehrcharakter der Ereignisse von 1663/64 und 1683 nicht über Gebühr zu betonen. Die jährlichen Kriegszüge des Osmanischen Reiches in der Spätblüte seiner Macht zeugten mehr von zielloser Aggressivität, ja innerer Brüchigkeit des Systems, als von strategisch-politischem Weitblick. Da war der Zugriff des Kaisers auf Ungarn schon systematischer, wenn auch keineswegs immer politisch weitblickender, insbesondere in religiösen Fragen. Hatten die Haiducken zu Beginn des 17. Jahrhunderts für Stephan Bocskay sogar noch den Königstitel ertrotzt und die siebenbürgischen Fürsten während des 30jährigen Krieges vom Kaiser Konzession um Konzession und Komitat um Komitat erpreßt, so versuchten die Habsburger nunmehr, jenen gegenreformatorischen (wenn auch fiskalisch noch nicht ganz ausgereiften) Absolutismus, dem sich in den Erblanden diesseits der Leitha seit den 1620er Jahren nichts mehr entgegenstellte, auch in Ungarn einzuführen bzw. ihren

Machtbereich nach Siebenbürgen auszudehnen. Auch im Verhältnis zu den Türken markierte die Schlacht bei St. Gotthard an der Raab 1664 eine Wende (selbst wenn sie noch keine politischen Folgen zeitigte), signalisierte sie doch deutlich die Überlegenheit moderner europäischer Kriegführung über den orientalischen Heerbann des Großherrn[4]). Der Aufstieg zur Großmacht vollzog sich freilich nicht allein aus eigener Kraft: Einen beachtlichen Teil der kaiserlichen Truppen bildete 1664 wie 1683 und in den Jahren danach die Reichsarmee, jenes später so verspottete Sammelsurium von Kontingenten der mehreren hundert Reichsstände, die (anders als die Polen) von den Türken kaum etwas zu fürchten und von einem Sieg kaum etwas zu erhoffen hatten. Was hingegen den nervus rerum betrifft, so spielten bei der Entscheidung, die (Rück-)Eroberung Ungarns zu wagen, päpstliche Hilfsgelder eine beträchtliche Rolle, die an die Stelle des Silbers der spanischen Vettern getreten waren, für die der Kampf gegen den allerchristlichsten König in Versailles allemal Vorrang hatte vor dem Kampf gegen die Ungläubigen[5]). Eine Generation später, 1717, als Prinz Eugen zur Krönung seiner Laufbahn unterhalb Belgrads jene berühmte „Bruck'n" schlagen ließ, marschierten nur mehr 4 bayerische Soldregimenter in den Reihen der „hinüberruckenden" Armee, die der Kaiser diesmal wohl oder übel aus eigenen Mitteln finanziert hatte[6]). Hier wird eine Entwicklungslinie deutlich, die das umschließt, was mit der Kurzformel Aufstieg Österreichs zur Großmacht gemeint ist, und die den Habsburgern neue Aufgaben und Möglichkeiten eröffnete, die zum Teil vom Reich wegführten, ihre Stellung im Reich aber umgekehrt womöglich auch wiederum zu stärken vermochten.

Das Königreich Ungarn, dessen Krone die Habsburger seit 1527 trugen, ließ sich jedoch auch nach dem Sieg über die Türken nicht als ein Territorium wie andere in den habsburgischen Länderkomplex einordnen. Ein handfestes Indiz dafür waren die aufständischen Kuruzzen, die noch während der Krisenjahre des Spanischen Erbfolgekrieges bis in die Umgebung von Wien Streifzüge unternahmen und einmal nur knapp daran vorbeigingen, den Kaiser selbst gefangen zu nehmen[7]). Die ungarische „Gentry" (wie sie sich nach englischem Vorbild später zu nennen belieben wird) war eine zu breitgefächerte Schicht, um nach dem Muster des erbländischen Adels domestiziert oder im Weigerungsfall exiliert zu werden. Maria Theresia hat diese Sonderstellung Ungarns implizit anerkannt, als sie im Zuge ihrer Verwaltungsreformen nicht nur die ertragreichen „Außenbesitzungen" (Mailand und die Niederlande), sondern auch Ungarn — das bei weitem nicht das Seine zu den Staatsfinanzen beitrug — von der Unterstellung unter die österreichischen Zentralbehörden ausnahm. Sie nahm damit auf administrativem Wege den „Ausgleich" von 1867 vorweg und ist deshalb auch zuweilen ins Schußfeld jener Historiker geraten, die glauben, nationale Konflikte ließen sich durch Akte staatsmännischer Weisheit auf die Dauer aus der Welt schaffen. Allein diese Teilung — die ursprünglich entlang der Reichsgrenze verlief — war vermutlich früher oder später unvermeidlich und trug Gegebenheiten Rechnung, die die Habsburger lange Zeit zu ihrem Schaden ignoriert hatten.

Doch die damit angeschnittenen Perspektiven greifen weit voraus. Zunächst drohte dem Hinauswachsen Österreichs aus dem Reich nach 1683 der Hinauswurf aus dem Reich in den Jahren unmittelbar nach 1740 zu folgen: Wohl trat Preußen die Lawine los, als es in den Wintertagen des Jahres 1740 Schlesien okkupierte, doch noch gravierender war, daß sich zumindest anfangs auch die überwältigende Mehrheit der anderen Reichsfürsten gegen Maria Theresia und hinter die — gar nicht so weit hergeholten — bayerischen und sächsischen Erbansprüche stellte. Während in Frankfurt zum ersten Mal seit mehr als dreihundert Jahren ein nichthabsburgischer Kaiser gewählt wurde, ließ sich Maria Theresia in Preßburg zur Königin von Ungarn krönen[8]).

Der Österreichische Erbfolgekrieg endete dank der Unterstützung der Seemächte Holland und England mit der Behauptung Maria Theresias. Er bedeutete nichtsdestoweniger einen Wendepunkt in der Geschichte Österreichs: Hatte er doch schlagend die Überspannung der Kräfte demonstriert, die aus der Behauptung eines über ganz Europa verstreuten Herrschaftsbereiches notgedrungen resultieren mußte. Die Absicherung und Erweiterung der Grenzen im Osten und Süden (wo schon Maria Theresias Vater in den 1730er Jahren wiederum Verluste hatte hinnehmen müssen) bzw. im Westen (wo die Verteidigung der Niederlande von jeher mehr von den Holländern als von den Habsburgern besorgt worden war) trat — ganz im Sinne von „challenge" und „response" nach Toynbee — in Zukunft zurück zugunsten einer verstärkten Hinwendung zum Reich.

Der alte Dualismus von Kaiser und Reichsständen hatte im österreichisch-preußischen Dualismus eine Zuspitzung erfahren, die seine Qualität entscheidend veränderte. Betrat Friedrich der Große die weltpolitische Bühne bloß als auslösendes Moment einer von Frankreich inszenierten Kurfürstenverschwörung, so hatte sich bereits wenige Jahre später der preußisch-österreichische Gegensatz als einer herauskristallisiert, der sogar den alten habsburgisch-französischen zu transzendieren imstande war. Ungewöhnlich an dem Vorgehen Preußens war nicht etwa die Tatsache einer Allianz gegen den Kaiser (— was hatten die Pfalz 1619, Sachsen 1631 oder Bayern 1701 anderes getan? —), ungewöhnlich und neuartig war das Ausmaß seines Erfolges. Ein Teil der Erklärung für diesen Erfolg liefert Preußens geopolitische Lage am Schnittpunkt zweier Mächtesysteme, des um die französisch-habsburgische Achse sich drehenden westeuropäisch-mediterranen und des baltischen Subsystems, wo sein Aufstieg parallel zu dem Rußlands erfolgte — eine Interessengemeinschaft, zuweilen sogar Schutzfunktion von seiten des Zarenreiches, die über 1762 und 1807, 1813 und 1870 noch mehrmals ihre Wirksamkeit unter Beweis stellen sollte. Zum andern lag das zweifellos vor allem an der straffen Organisation und Beinahe-Identität von Staat und Armee, die Preußen berühmt-berüchtigt gemacht hat. Nur sollte, wer von der preußischen „Militärmonarchie" spricht, nicht aus dem Auge verlieren, wie relativ selten man in Potsdam diese Maschinerie in Bewegung setzte, ja ein Gutteil der Erfolge Friedrichs des Großen beruhte nicht zuletzt darauf, daß sein Vater dieses bewunderte Kriegsinstrument gepflegt, aber selten verwendet hatte, während Österreich fast ständig an irgendeiner Ecke seiner weitverstreuten Besitzungen in militärische Konflikte verstrickt war, die an seinen Kräften zehrten — eine Beobachtung übrigens, die auch in späteren Epochen noch Gültigkeit behalten sollte, von den Napoleonischen Kriegen bis hin zu 1866.

Wenn der Schock, der von dem drohenden Zusammenbruch der habsburgischen Stellung im Reich ausgegangen war, auch eine langfristige Umorientierung der österreichischen Politik zur Folge hatte, so war die gesteigerte Aufmerksamkeit des Wiener Kabinetts für das Verhältnis Österreichs zu Deutschland doch nicht unproblematisch: Hatten sich die österreichischen Herrscher in dem Jahrhundert nach dem Westfälischen Frieden im Reich zumeist auf eine Politik des „benevolent neglect" beschränkt, so waren sie nunmehr bemüht, ihr Gewicht wiederum stärker zur Geltung zu bringen, ohne dabei auf die Empfindlichkeiten der kleineren Fürstenhöfe immer gebührend Rücksicht zu nehmen. Bewegte sich die Wahl eines Habsburgers zum Bischof von Münster, später dann sogar Fürsterzbischof und Kurfürsten von Köln (Beethovens Landesherr!) noch im Rahmen der Reichsverfassung, so mußte das Streben Josephs II. nach dem Erwerb Bayerns schon schwerwiegendere Befürchtungen auf den Plan rufen, die durch eine Reihe mitunter recht verwegener Ländertauschprojekte, wie sie im Stile der mechanistischen Politik des aufgeklärten Zeitalters durch die Staatskanzleien geisterten, weiter genährt wurden. Im Reichsdeputationshauptschluß von 1803 schließlich — unter gänzlich veränderten Bedingungen allerdings — gab der Kaiser seine treueste Klientel im Reich preis, Reichsritterschaft und freie Städte, für die allein die direkte Bindung an den Kaiser noch ihren Wert hatte, und beteiligte sich selbst an der Beute[9]).

Inzwischen hatte bereits begonnen, was man auch Österreichs zweites Heldenzeitalter genannt hat, der Kampf gegen Napoleon. Hatte das erste Heldenzeitalter, der Aufstieg zur Großmacht, Österreich von einem Reichsstand mit beträchtlicher fremdnationaler Bevölkerung (Tschechen, Slowenen) endgültig zu einem Vielvölkerstaat mit deutschem Kern werden lassen, so ließ das zweite — ein duldendes, kein triumphales, dessen Auswirkungen bis knapp an den Verlust der Großmachtstellung Österreichs reichten — Österreichs Position als erster deutscher Staat in einer Situation des erwachenden Nationalgefühls erstmals in einer über die Reichsverfassung weit hinausgehenden Weise hervortreten. Österreichs Profilierung als die konterrevolutionäre Kontinentalmacht par excellence war keineswegs frei von deutschlandpolitischen Hintergedanken erfolgt: Nachdem Preußen 1790 eben den Moment zu einer Neuauflage des Überfalls von 1740 versäumt hatte und Leopold II. die undankbare Aufgabe zugefallen war, einer Existenzkrise auszuweichen, die gerade auf Grund seines Erfolgs von der Historiographie lange Zeit ignoriert worden ist[10]), witterte man in den Revolutionskriegen eine Chance, verlorenes Terrain wieder gut zu machen. Während Preußen für seine Teilnahme an der Kanonade von Valmy Kompensationen in Polen forderte und erhielt — also auf dem besten Wege war, wie Österreich ein Jahrhundert zuvor, sich aus Deutschland hinauszuentwickeln — sollte Österreich seinen Lohn im Elsaß finden oder für seine Abstinenz bei der 2. Teilung Polens doch noch mit der Erwerbung Bayerns entschädigt werden. Und wenn Österreich 1795 weiterkämpfte — als Preußen sich in die Neutralität zurückzog —, so steckte dahinter auch das Kalkül, nach einem Erfolg im Westen — nunmehr auch mit Rußland als Rückendeckung — im Reich Preußen in die Schranken weisen zu können. Es waren dies die Jahre, in denen sich Erzherzog Karl seinen Ruf als „Retter Germaniens" erwarb.

Doch schon damals begann sich abzuzeichnen, daß dieses Kalkül letzten Endes militärisch nicht aufgehen würde: Über Mantua und Marengo, Ulm und Austerlitz führte der Weg nach Wagram und zum Staatsbankrott von 1811. Schon zuvor, im Jahre 1806, hatte ein Herold vom Platz Am Hof in Wien aus das Ende des Heiligen Römischen Reiches Deutscher Nation verkündet, nachdem sich Kaiser Franz, um nicht wie weiland Maria Theresia als bloßer König von Ungarn auftreten zu müssen, vorsorglich den erblichen Kaisertitel von Österreich beigelegt hatte, womit Österreich nun auch staatsrechtlich zur Bezeichnung für die gesamte, nach dem Verlust Mailands und der Niederlande inzwischen ziemlich kompakte habsburgische Ländermasse avancierte. Und doch: Fast hatte es den Anschein, als ob Österreichs militärische Position in Europa und seine politische Stellung in Deutschland in einem verkehrt proportionalen Verhältnis zueinander stünden: Seine „moralischen Eroberungen" in Deutschland (um einen Ausdruck zu verwenden, der bereits auf eine spätere Epoche verweist) wuchsen in dem Maße, in dem seine militärischen Erfolge ausblieben. Hatte Österreich sich auch noch so viele Sünden und Lieblosigkeiten dem zusammenbrechenden Reich gegenüber zuschulden kommen lassen, nie stand es den Bestrebungen der deutschen Nationalbewegung so nahe wie 1809, als Graf Stadion den Appell an das deutsche Nationalgefühl zum Teil seines Programmes erhob, sich unter den Fahnen Österreichs eine preußische Legion formierte und Beethoven den später so genannten „Yorck'schen Marsch" für die böhmische Landwehr komponierte[11]).

Dieser Gleichklang der Seelen war nicht von Dauer, der Dank ans Haus Österreich blieb aus. Denn während Österreich mit bewundernswerter Zähigkeit durch mehr als ein Dutzend Kriegsjahre eine Niederlage nach der anderen überwunden hatte, war das friderizianische Preußen 1806 praktisch über Nacht zusammengebrochen. Während Österreich Deutschland nach außen hin verteidigt hatte (und der ursprüngliche Kabinettskrieg hatte zunehmend auch diese Dimension angenommen), fand Preußen Zeit zu Reformen im Inneren des Staates. In Österreich hingegen verordnete Metternich dem erschöpften Staatswesen eine Rekonvaleszenzperiode absoluter Ruhe. Preußen konnte 1813 anknüpfen, wo Stadion 1809 begonnen hatte: Beides war nicht hundertprozentig ehrlich gemeint und zielte selbstverständlich mehr auf die Instrumentalisierung als auf die Förderung der nationalen Hochstimmung ab, entfaltete aber nichtsdestoweniger seine Wirkung. Als Ergebnis eines bewegten Vierteljahrhunderts europäischer Geschichte hatte Österreich alle Schlachten um den Vorrang in Deutschland gewonnen, auch wenn es sie militärisch verlor — bis auf die letzten, siegreichen, von 1813, als es erst als Zweiter auf der Wallstatt erschien. Indem Österreich unter Metternichs Leitung den optimalen Zeitpunkt zum Eingreifen abwartete und sich nicht — wie so oft in den Jahren davor — verleiten ließ, vorzeitig loszuschlagen, hatte es die Priorität der nationalen Erhebung an seinen Rivalen Preußen abtreten müssen. Dafür brachte Metternichs überlegene Diplomatie ihm auf dem Wiener Kongreß anstelle des Streubesitzes in Schwaben, den es 1805 verloren hatte, die beherrschende Position in Italien ein, während Preußen statt der angestrebten Erweiterung in Polen mit den Rheinprovinzen vorlieb nehmen mußte, die (das alte Problem!) keinerlei Verbindung zu seinen ostelbischen Territorien aufwiesen[12]).

Metternich war bei alledem kein Politiker, dem die Bedeutung der nationalen Aufbruchsstimmung verborgen geblieben war: Sein berühmter Ausspruch, Italien sei für ihn bloß ein geographischer Begriff, läßt sich in diesem Sinne nicht auf Deutschland übertragen. Er gehörte auch nicht zu jenen, die sich aus Deutschland zurückziehen wollten und vertrat gegen manche Widerstände sein Programm einer Führungsrolle der Präsidialmacht Österreich im Deutschen Bund. Als Konservativer hatte er recht, dem demokratischen Element der Nationalbewegung zu mißtrauen. Es fragt sich, ob er als dynastisch denkender Österreicher recht hatte, den Einheitsbestrebungen der Nationalbewegung zu mißtrauen. Denn auch mit der Proklamation des Kaisertums Österreich 1803 war aus der Habsburgermonarchie noch lange kein Einheitsstaat geworden, war das grundlegende Dilemma jedes Eintritts Österreichs in eine deutsche Staatlichkeit nicht aus der Welt geschafft: Es mochte möglich sein, die Tschechen und Slowenen, deren Siedlungsgebiete fast ausschließlich auf dem Boden des alten Reiches und somit auch des an seine Stelle getretenen Deutschen Bundes lagen, in der einen oder anderen Form — mehr schlecht als recht — mit einem deutschen Nationalstaat zu verbinden, wie ja auch das Polenproblem in den preußischen Ostprovinzen die Gründung des kleindeutschen Reiches 1870/71 nicht zu hindern vermocht hat. Es war jedoch sicher nicht möglich, auch die Länder der Stephanskrone einem deutschen Reich anzugliedern, das bis zum Eisernen Tor reichen müßte. Damit war das Aufgehen in einem deutschen Reich nationalstaatlicher Prägung von einem dynastischen Standpunkt für die Habsburger von vornherein untragbar, hätte es doch die Trennung von Ungarn bedeutet, allenfalls noch die Reduktion auf eine bloße Personalunion von Deutschem Reich und Ungarn. Auch vom rein nationalen Standpunkt war es überdies nicht unbedenklich, die Deutschen östlich der alten Reichsgrenze, die von den Habsburgern entweder ins Land geholt worden waren (wie die Banater Schwaben oder die Bukowina-Deutschen) oder schon vordem dort beheimatet waren (wie die Siebenbürger und Zipser Sachsen) von jeder Verbindung mit dem Reich abzukoppeln und ohne Sukkurs zu lassen.

Als Ausweg bot sich nur jener Plan an, den Fürst Schwarzenberg 1849 in die Diskussion warf, das „Reich der 70 Millionen", kein deutscher Nationalstaat, sondern ein Imperium von der Nordsee bis zum Schwarzen Meer, das alle Deutschen in seinen Grenzen beherbergte, aber auch alle nichtdeutschen Untertanen der Habsburger (und solche, die es noch werden würden). Die Führungsrolle in einem solchen Raum konnte nur den Habsburgern zufallen, die als angestammte Dynastie im einen, als deutsche Fürsten im anderen Falle für das deutsche wie für das nichtdeutsche Element in dieser ungleichen Kombination akzeptabel wären. Gingen die anderen deutschen Regierungen auf diesen Vorschlag nicht ein — und vom preußischen Standpunkt sprach allerdings wenig für ihn —, so blieb den Österreichern nichts anderes übrig, als vermittels einer föderativen, möglichst locker strukturierten Staatenordnung zwischen beiden Polen zu balancieren, um ihr Hinterland im Südosten ebenso zu bewahren wie ihren Einfluß in Deutschland.

Das Dilemma, an dem die großdeutsche Lösung von 1848 scheitern sollte, war hier schon vorgezeichnet. Ob es für Metternich schon 1815 mit ausschlaggebend war, ist nicht sicher, wohl aber, daß es im Laufe der Jahre an Brisanz nur noch zunehmen konnte. Wenn man Österreich (sprich: Österreich-Ungarn, wie es sich in den Türkenkriegen herausgebildet hatte) erhalten wollte — und selbst ohne jeden Funken dynastischen Gefühls kam ihm allein schon als Stützkorsett für die deutschen Minderheiten im Südosten und als Mittler kultureller und wirtschaftlicher deutscher Impulse eine positive Aufgabe im nationalen Sinn zu —, konnte es nur die Wahl zwischen einer kleindeutschen Lösung und dem Reich der 70 Millionen geben, allenfalls noch einer dritten, die beides beinhaltete: Das war das Konzept des engeren und des weiteren Bundes, wie es Gagern nach dem Scheitern der großdeutschen Lösung 1849 vorschlug und wie es Bismarck in abgewandelter Form in den siebziger Jahren mit dem Zweibund verwirklichen sollte. Max Weber hat einmal scharfsinnig und scharfsichtig bemerkt, Bismarck habe 10 Millionen Deutsche aus dem Reich ausgeschlossen, um mit ihrer Hilfe 30 Millionen Nichtdeutsche zu beherrschen. Bismarck schloß mit ihnen aber auch 10 Millionen österreichische Katholiken aus, die das preußische und das protestantische Übergewicht im neuen Reich über den Haufen geworfen hätten. So wie Österreich im Rahmen eines nicht näher strukturierten Reiches der 70 Millionen die Führungsrolle zufallen mußte, so verschob sich das Schwergewicht nunmehr nach Berlin. Für viele war der Zweibund daher auch ein geniales Herrschaftsinstrument der preußischen Junker, denn Ostelbien dominierte Preußen, Preußen den kleindeutschen Bund, dieser den Mitteleuropablock. Diese Sicht der Dinge vereinfacht in unzulässiger Weise, denn sie negiert die dabei auftretenden Reibungsverluste, aber sie ist nicht grundfalsch. Das Beharrungsvermögen der Habsburgermonarchie, die nicht schon 1848 oder zu einem beliebigen Zeitpunkt in den Jahren danach in ihre nationalen Bestandteile auseinanderfiel, hat Bismarck diese politische Glanzleistung ermöglicht.

Es stellt sich spätestens hier die Frage, warum es Österreich nicht gelang, seiner Variante des Reichs der 70 Millionen zum Durchbruch zu verhelfen, warum es gegenüber Preußen so klar ins Hintertreffen geriet. Ein Teil der Erklärung liegt sicherlich darin, daß es dieses Projekt nicht zielbewußt genug verfolgte und ohne äußeren Anstoß (wie ihn z. B. die Frankfurter Nationalversammlung 1848 oder Bismarcks Ernennung zum Ministerpräsidenten mit sich brachte) sich vielfach damit zufrieden gab, den Status quo, die einander überlappende Koexistenz von Kaisertum Österreich und Deutschem Bund fortzuschreiben. Schwarzenbergs Initiative 1849 hat manches von einem Verhinderungsprojekt an sich und erst recht die kopflose Diplomatie Österreichs im Jahre 1866 vermag nicht den Eindruck zu vermitteln, als hätte sie selbst im Falle eines Sieges konstruktive Lösungen anzubieten gehabt, wie es im österreichischen Sinne in Deutschland weitergehen sollte. Ein weiteres Element, das infolge der raschen preußischen Siege von 1866 und 1870 nicht so recht augenfällig zur Geltung kam, aber hinter den Kulissen eine nicht zu unterschätzende Rolle spielte, war die stillschweigende Unterstützung Rußlands für Preußen, das schon seit über einem Jahrhundert die Kunst beherrschte, die beiden deutschen Großmächte gegeneinander auszuspielen.

Doch geht die österreichische Niederlage von 1866 nicht in einem Zusammentreffen von Zündnadelgewehr und diplomatischen Finessen auf. So überraschend die Niederlage der kampferprobten, österreichischen Armee den Zeitgenossen erschienen sein mag, so sehr war Österreich unter den Bedingungen des 19. Jahrhunderts Preußen gegenüber benachteiligt. (Früher hätte man in diesem Zusammenhang vermutlich von Rückständigkeit gesprochen, doch hat sich der Begriff Fortschritt inzwischen zu einem so ambivalenten Vokabel entwickelt, daß man derlei Wertungen besser unterläßt.) Das reicht von dem interessanten Phänomen, daß im von der Barockkultur voll erfaßten katholischen Süden Deutschlands die bildenden Künste blühten, während im protestantischen Norden die Sprachkultur — die mit der nationalen Identität in einem viel engeren Zusammenhang stand — unvergleichlich höher entwickelt war, bis zu der nicht geologisch, aber geschichtlich zufälligen Tatsache, daß die größten Kohlenlager des Kontinents, die Basis jeglichen industriellen Aufstiegs im Zeitalter der Dampfmaschine und der Eisenbahn, gerade in den preußischen Rheinprovinzen und nicht im Salzburgischen oder in Mähren zu finden waren. So sprachen eine ganze Reihe von Indikatoren für Preußen als deutsche Führungsmacht, doch wäre es irreführend, diese Entscheidung als zwangsläufig darzustellen, wie das sowohl die kleindeutsche Historiographie des neunzehnten, wie die kleinösterreichische des zwanzigsten Jahrhunderts mitunter anklingen läßt. Die glühendsten Revanchisten auf österreichischer Seite waren nach 1866 auch weder die feudalen Hofkreise (wenn deren Mißtrauen gegen die Emporkömmlinge im Norden auch schwer zu überwinden war) noch der Sachse Beust (allein die Fluktuation der leitenden Staatsmänner zwischen den deutschen Staaten sagt überdies einiges über die im Deutschen Bund vorhandene innere Gemeinsamkeit aus), sondern Männer des nationalliberalen Lagers wie Kriegsminister Kuhn, der Verteidiger Tirols im Jahre 1866, oder der Marinekommandant Tegetthoff, der Sieger von Lissa, die 1870 einer militärischen Revision der Entscheidung von 1866 das Wort redeten, nicht etwa, weil sie „anti-deutsch" eingestellt gewesen wären, sondern weil sie Österreich aus Deutschland nicht aussperren lassen wollten. (Wobei 1870/71 auch noch eine Zeitlang in Schwebe blieb, ob nicht auch Bayern aus dem zum „Zweiten Reich" erweiterten Norddeutschen Bund ausgeklammert bleiben würde[13].)

Österreich geriet so innerhalb der deutschen Nation gegenüber Preußen machtpolitisch in eine ähnliche Situation wie das Britische Reich einige Jahrzehnte später im Rahmen der angelsächsischen Welt gegenüber den USA — es wurde zum Juniorpartner degradiert. Der Zweibund in der ursprünglich projektierten Form eines durch die Parlamente beider Reiche verabschiedeten Verfassungsgesetzes — wie es dann noch einmal während des 1. Weltkrieges ventiliert wurde —, entsprach sogar formal ziemlich genau den Vorstellungen Gagerns von einem engeren und einem weiteren Bund. Für Wien freilich war es eine bittere Pille, daß die Trennung

Österreichs und Ungarns entlang der alten Reichsgrenze, die es als Ergebnis der großdeutschen Lösung stets perhorresziert hatte, nach dem Ausscheiden aus dem Deutschen Bund bis zu einem gewissen Grad dennoch Wirklichkeit wurde und sich die politischen Gewichte innerhalb des neuen Mitteleuropablocks nicht allein nach Berlin verschoben hatten, sondern ein wenig auch nach Budapest. Wie eine lange Reihe seiner Ahnen, sah sich auch Franz Joseph nach langem gezwungen, die Eigengesetzlichkeit der Länder der Stephanskrone anzuerkennen. Die Methoden, die Völker der Habsburgermonarchie mit ihren einander ausschließenden politischen Aspirationen in „wohltemperierter Unzufriedenheit" zu erhalten, waren diesseits und jenseits der Leitha verschiedene.

Wie stand es mit den Deutschen in Österreich nach 1866/67? Das Aufkommen der Nationalbewegungen auch von seiten der slawischen Völker war eine unausweichliche Entwicklung und stand in keinem ursächlichen Zusammenhang mit dem Ausscheiden Österreichs aus Deutschland bzw. dem Deutschen Bund. Das Zusammentreffen beider Entwicklungen schuf dennoch den Eindruck einer Bedrohung, die möglicherweise vielfach übertrieben wurde, für die jedoch viele Indizien zu sprechen schienen, vom Sturz des letzten deutsch-liberalen Ministeriums 1879 über den Verlust der deutschen Mehrheit im Abgeordnetenhaus (und im böhmischen Landtag) Mitte der achtziger Jahre bis zu den berüchtigten Badenischen Sprachenverordnungen[14]). Daß sich der relative Bedeutungsverlust der Deutschen gegen Ende der Monarchie zumindest verlangsamte, daß ihr Anteil etwa am Offizierskorps konstant hoch blieb und den Verlusten an „nationalem Besitzstand" in manchen Teilen des Reiches Gewinne an anderen Stellen gegenüberstanden, mochte vergleichsweise weniger auffallen. Der mögliche Gegensatz zwischen österreichischer Reichsidee und deutschem Nationalbewußtsein, der daraus resultierte, war kein allgemeiner und notwendiger; er konnte auch als fruchtbares — der Staatsvergötzung entgegenwirkendes — Spannungsverhältnis aufgefaßt werden. Schon die berühmte Behauptung Schönerers, der es niemals zum Führer, allenfalls zum „Guru" der Deutschnationalen bringen sollte, von 1878: „Immer mehr und mehr hört man in diesen Ländern den Ruf: Wenn wir nur schon zum Deutschen Reich gehören würden!"[15]), blieb ein vereinzelter Ruf von umstrittener Ernsthaftigkeit und in polemischer Absicht. Er war plausibel allenfalls in den nordwestböhmischen Bezirken, die sich der tschechischen Einwanderung und dem Druck der Behörden in Prag ausgesetzt sahen, nicht in dem Kranz deutscher Siedlungen von Gurahumora in der Bukowina bis zur Gotschee, deren einigendes Band die Monarchie war, nicht in der Haupt- und Residenzstadt Wien und auch nicht wirklich in Graz, das zur heimlichen Hauptstadt der Deutschnationalen in Österreich aufrückte. Selbst die Deutschradikalen oder Freialldeutschen in Böhmen beschränkten ihre Hauptforderungen auf die Schaffung eines national abgegrenzten eigenen Kronlandes — eine Vorstellung von nationaler Autonomie, die so weit nicht entfernt war von den Vorschlägen, die als letzte Rettungsversuche des Vielvölkerstaates in die Geschichtsschreibung eingegangen sind.

Was die Deutschen zu fordern hätten, so formulierte es just zur Jahrhundertwende Otto Steinwender, der Begründer und einer der originellsten, darum aber nicht beliebtesten Köpfe der Deutschen Volkspartei, sei „wohlwollende Unparteilichkeit" von seiten der Regierung. Nationale und liberale Grundsätze kombinierend, fügte er hinzu: „Es ist nicht Aufgabe des Staates, uns unseren Besitzstand zu erhalten; das müssen wir schon selber besorgen, der Staat darf uns nur nicht in unserem Hause stören."[16]) Die zweite Kardinalforderung der Deutschen in Österreich aber sei das Festhalten am Bündnis mit dem Deutschen Reich. Dieses Bündnis war nicht allein eine innenpolitische Notwendigkeit angesichts der Unvereinbarkeit der großdeutschen Lösung mit dem Bestand Österreich-Ungarns, es stellte auf Grund der Rivalität mit dem auf Dauer überlegenen Zarenreich auch eine außenpolitische Notwendigkeit dar — auf alle Fälle für Österreich, wohl aber auch für das Deutsche Reich, das ja stets mit einem Zweifrontenkrieg zu rechnen hatte. Die Solidarität der Deutschen diesseits und jenseits der Grenzen wirkte zweifellos zementierend auf die Allianz der beiden mitteleuropäischen Kaiserreiche, um den Preis allerdings, sie gerade deshalb manchen der nichtdeutschen Völker der Monarchie (mit Ausnahme der Ungarn) suspekt erscheinen zu lassen. Das Fundament dieser Nibelungentreue aber bildete die Einsicht, ohne dieses Bündnis dem Druck Rußlands ziemlich hilflos ausgeliefert zu sein.

Man erweist der Rechtfertigungsmythologie der machtpolitisch durchaus legitimen, wenn auch in sich wenig schlüssigen Politik der Sieger des Weltkriegs zu viel Reverenz, wenn man sich mit forensischer Logik in die uferlose Diskussion über die sogenannte Kriegsschuldfrage einläßt. Nur soviel sei gesagt: Wer Österreich-Ungarn als bloße Marionette Berlins betrachtet, unterschätzt das Eigengewicht der Donaumonarchie und ihrer Probleme — auch ein Blankoscheck bedarf eines Einlösers. Obwohl alle seine anfänglichen Feldzugspläne scheiterten, bewährte sich der Zweibund militärisch über die Maßen gut. Rußland war 1917 wirklich „geschwächt und nicht mehr kampffähig" — zwischen der Februar- und der Oktoberrevolution desertierte mehr als ein Drittel der russischen Armee. Der Zweibund vermochte allerdings nicht zu verhindern, daß dieser Erfolg durch die unzeitige Provokation der USA aufs Spiel gesetzt wurde. (Auch die Admirale Österreich-Ungarns hielten um die Jahreswende 1916/17 den uneingeschränkten U-Boot-Krieg für notwendig und erfolgversprechend.) In dem Maße, in dem sich Rußlands Niederlage 1917 abzuzeichnen begann, setzte ein Wettlauf mit der Zeit ein, ob es den Mittelmächten gelingen würde, ihre für kurze Zeit erlangte relative Überlegenheit zu einem entscheidenden Schlag im Westen zu nützen (wo in der Schlußphase des Krieges auch vier österreichisch-ungarische Divisionen kämpften)[17]. Die Niederlage Rußlands beseitigte aber auch die stärkste sicherheitspolitische Klammer des Zweibundes — und es ist nicht allein mit Kriegsmüdigkeit zu erklären, daß jene Vorgänge, die sich schließlich zur Sixtusaffäre ausweiten sollten, gerade in diese Monate fielen[18]).

Es steht rückblickend mit ziemlicher Sicherheit fest, daß es vom deutschen Standpunkt aus 1917 vernünftig gewesen wäre, Elsaß-Lothringen aufzugeben und dafür die Position Deutschlands im Osten ungehindert auf Kosten Rußlands für absehbare Zeit zu sichern. (Eben deshalb ist es auch höchst fraglich, ob die Westmächte zu einem solchen Frieden um diese Zeit ernsthaft bereit gewesen wären.) Man wird es jedoch weder als fair noch als klug bezeichnen können, wenn Kaiser Karl versprach, sich für die Abtretung Elsaß-Lothringens einzusetzen, er jede territoriale Konzession an Italien aber rundweg ablehnte. Die näheren Umstände dieses gut gemeinten, aber schlecht eingefädelten Friedensfühlers, der bei Gelingen weite Teile Europas vor dem Schock des Umsturzes von 1918 bewahren hätte können, warf einen Schatten auf das Verhältnis des Reiches, aber auch der Deutschen in Österreich zur Dynastie. Dennoch schieden sie nicht leichten Herzens von Österreich-Ungarn. Die Polarisierung von schwarz-gelben und schwarz-rot-goldenen Traditionen, wie sie in diesem Jahrhundert noch eine tragische Zuspitzung erfahren sollte, war über weite Strecken damals kaum gegeben: Es gab in der Republik (Deutsch-)Österreich nach 1919 kaum politisch aktive Monarchisten, aber eine große Anzahl von Leuten aus allen Lagern, die sich im Grunde ihres Herzens die Anhänglichkeit an die Dynastie der Habsburger bewahrt hatten, genauso wie umgekehrt die Genugtuung über den Wiederaufstieg des Deutschen

Reiches — zu unterscheiden vom Nationalsozialismus als politisches System — offenbar auch vor dem Erzhaus und den Repräsentanten der alten Armee nicht halt machte[19]).

Der sogenannte „Anschluß" war eine logische Folge der Desintegration der Monarchie in Nationalstaaten bzw. Pseudo-Nationalstaaten. Er war kein Dogma — auch nicht für die Deutschnationalen, die 1918 im gesamtdeutschen Interesse auch nicht immer für den günstigsten Termin eines Zusammenschlusses mit dem von Bismarck geschaffenen Deutschen Reich hielten[20]). (Die Reduktion der Frage auf das wirtschaftliche Moment stellt das typische Produkt einer nachträglichen Rationalisierung und überflüssigen Apologetik dar.)

Ein 1911 als Christlichsozialer gewählter Abgeordneter stellte im Verfassungsausschuß den Antrag, den Charakter der neuen Republik als deutscher Nationalstaat ausdrücklich in der Verfassung festzuschreiben[21]). Die Republik Österreich hat einen „Nationalrat", eben den der Deutschen in Österreich, weil Kaiser Karl in seinem „Völkermanifest" die Reichsratsabgeordneten der Nationalitäten Österreichs aufgefordert hatte, zu Nationalräten zusammenzutreten[22]). Und sie erhielt auf den Friedenskonferenzen den Namen Österreich ohne nähere Qualifikation zugewiesen, um den von Wien aus regierten Rumpfstaat in erster Linie mit der Schuld (und den Schulden) des größeren Österreich vor 1918 zu belasten — und um den Eindruck zu verwischen, daß es ein anderes Österreich gab, das über das Gebiet vom Bodensee bis zum Neusiedlersee und von der Drau bis zur Thaya weit hinausreichte. (Letzteres galt natürlich selbst für Deutsch-Österreich: Von den Mitgliedern der provisorischen Nationalversammlung, die zu Beginn des Jahres 1919 zusammentrat, sollte ursprünglich genau ein Drittel „einberufen" anstatt gewählt werden, weil die Besatzungsmächte — vor allem die tschechoslowakischen Truppen in den Sudetengebieten — Wahlen zu verhindern wußten.)

Was bedeutete das Erbe der engen Verbindung der Deutschen Österreichs mit anderen Völkern für Deutschland nach 1918? Unter anderem auch dies: die negativen (oder vermeintlich negativen) Erfahrungen des Vielvölkerreiches wirkten auf dem Umweg über die Biographie Hitlers prägend auf die „nationale Revolution" in der Weimarer Republik, die auf Grund von Versailles und den Folgen von Anfang an in der Luft lag, keineswegs jedoch notwendigerweise in dieser Form. Die Kombination dieser ursprünglich süddeutsch-österreichischen Bewegung mit dem Machtpotential des industriellen preußischen Norden Deutschlands ergab eine explosive, allzu explosive Mischung. Dieses „neue Deutschland" vermochte es auch nicht, an die positiven Aspekte der Erbschaft der Habsburgermonarchie im Zusammenleben mit den Völkern des europäischen Ostens vom Bug bis an die Drina und an den dort vielerorts vorhandenen „goodwill" anzuknüpfen.

Es wäre vermessen, zu behaupten, daß die Rolle — und das Schicksal — Österreichs in der deutschen Geschichte des letzten Jahrhunderts eine sehr glückliche gewesen sei. Das mag manche Überspanntheiten und Berührungsängste in diesem Bereich erklären, vielleicht auch zu entschuldigen (sofern man solche Begriffe in diesem Zusammenhang überhaupt gebrauchen sollte). Es ändert nichts an der Einbindung der Deutschen Österreichs in die deutsche Geschichte — und Gegenwart; nicht als ihr Objekt, sondern als aktiver und unverzichtbarer Bestandteil, zum Guten oder zum Schlechten.

Anmerkungen:

[1]) Vgl. Erich Zöllner, Formen und Wandlungen des Österreichbegriffes. Jetzt in: Ders., Probleme und Aufgaben der österreichischen Geschichtsforschung (Wien 1984), S. 13—38.

[2]) Vgl. jetzt Mohammed Rassem, Im Schatten der Apokalypse. Zur deutschen Lage (Graz–Wien–Köln 1984).

[3]) Vgl. R. J. W. Evans, The Making of the Habsburg Monarchy 1550–1700. An Interpretation (Oxford 1979); Gerhard Pfeiffer, Bayern und Brandenburg-Preussen. Ein geschichtlicher Vergleich (München 1984), S. 129 ff.

[4]) Vgl. Johann Christoph Allmayer-Beck und Erich Lessing, Die kaiserlichen Kriegsvölker (München 1978), S. 165 ff. – ein Prachtband, nicht nur was die Ausstattung betrifft; zum Thema Türkenkriege ist aus Anlaß des Jubiläumsjahres 1983 eine ganze Reihe von mehr oder minder ergiebigen Publikationen erschienen; infolge des Autors – des derzeitigen ungarischen Kultusministers – interessant: Béla Köpeczi, Staatsräson und christliche Solidarität. Die ungarischen Aufstände und Europa in der zweiten Hälfte des 17. Jahrhunderts (Wien 1983).

[5]) Vgl. Jean Bérenger, Finances et absolutisme autrichien dans la seconde moitié du XVIIe siècle (Paris 1975), S. 406 ff.

[6]) Allmayer-Beck/Lessing, Kaiserliche Kriegsvölker, S. 244.

[7]) Charles W. Ingrao, Josef I. Der „vergessene" Kaiser (Graz 1982), S. 145.

[8]) Zu den Herrscherpersönlichkeiten vgl. in neuester Zeit: Theodor Schieder, Friedrich der Große. Ein Königtum der Widersprüche (Frankfurt/M. 1983); Adam Wandruszka, Maria Theresia (Göttingen 1980).

[9]) Vgl. Karl Otmar Frh. v. Aretin, Heiliges Römisches Reich 1776–1806. Reichsverfassung und Staatssouveränität (Wiesbaden 1967).

[10]) Vgl. Adam Wandruszka, Leopold II., Bd. 2 (Wien–München 1965).

[11]) Johann Christoph Allmayer-Beck und Erich Lessing, Das Heer unter dem Doppeladler (München 1981), S. 194, 197. Die Rolle Österreichs in diesen für seine Stellung in Deutschland entscheidenden Jahrzehnten ist lange Zeit vernachlässigt worden und erst jüngst durch die Jubiläumsausstellungen über Erzherzog Johann in Stainz und Andreas Hofer in Innsbruck wiederum etwas mehr in den Mittelpunkt des Interesses getreten.

[12]) Zu Metternichs Diplomatie vgl. Henry Kissinger, Großmacht Diplomatie (Frankfurt/M. 1975); als Biographie noch nicht übertroffen: Heinrich v. Srbik, Metternich, 2 Bde. (München 1925). Für das folgende vgl. als die Position Österreichs voll integrierende Darstellung demnächst Heinrich Lutz, Deutschland zwischen Habsburg und Preußen (Berlin 1985).

[13]) Edmund von Glaise-Horstenau, Franz Josephs Weggefährte (Zürich–Leipzig–Wien 1930), S. 457 ff.; Peter Handel-Mazzetti und Hans Hugo Sokol, Wilhelm von Tegetthoff (Linz 1952), S. 337 f.; Heinrich Lutz, Österreich-Ungarn und die Gründung des Deutschen Reiches. Europäische Entscheidungen (Frankfurt/M. 1979), S. 284 ff.

[14]) Vgl. Berthold Sutter, Die Badenischen Sprachenverordnungen von 1897, 2 Bde. (Graz–Köln 1960/65). Beachtenswert seine Einschätzung der damaligen Haltung der katholisch-konservativen Parteien und ihrer Folgen (Bd. 2, S. 114).

[15]) Eduard Pichl, Georg Schönerer und die Entwicklung des Alldeutschtums in der Ostmark, Bd. 1 (Wien 1912), S. 67.

[16]) Otto Steinwender, Parlaments-Dämmerung (Wien 1900), S. 12.

[17]) Maximilian Polatschek, Österreichisch-ungarische Truppen an der Westfront 1914/1918, phil. Diss. Wien 1974.

[18]) Robert A. Kann, Die Sixtusaffäre und die geheimen Friedensverhandlungen Österreich-Ungarns im ersten Weltkrieg (Wien 1966).

[19]) Peter Broucek, Ein General im Zwielicht. Die Erinnerungen Edmund Glaises von Horstenau, Bd. 2 (Wien 1983), S. 67 und passim.

[20]) Vgl. z. B. das Briefkonzept des Meraner Abgeordneten (und späteren großdeutschen Handelsministers) Kraft vom 19. 11. 1918 oder den Brief Beurles an Groß, den ehem. Obmann des Nationalverbandes vom 22. 11. 1918 (Tiroler Landesarchiv, Nachlaß Kraft, Karton 6, Mappe 8a bzw. Haus-, Hof- und Staatsarchiv, Nachlaß Groß, Karton 5).

[21]) Antrag Kemetter vom 12. 12. 1918 (Parlamentsarchiv, Verfassungsausschuß der prov. Nationalversammlung).

[22]) Auch die Bezeichnung „Nationalversammlung" kam in diesem Zusammenhang schon vor, so z. B. in einem Manifestentwurf des deutschradikalen Abgeordneten Teufel. Vgl. Helmut Rumpler, Das Völkermanifest Kaiser Karls vom 16. Oktober 1918 (Wien 1966), S. 84.

BERNHARD REINHOLD PILZ

Schwarz-Rot-Gold und Rot-Weiß-Rot

Die Farbsymbolik Österreichs und der deutschen Nation in ihrer historischen Kontinuität

Die Farben der Republik Österreich sind bekanntlich Rot-Weiß-Rot. Als Farbsymbolik des Staatswappens war dazu schon am Beginn der Ersten Republik bewußt die Farbzusammensetzung von Schwarz, Rot und Gold vom damaligen deutschösterreichischen Staatsrat am 31. Oktober 1918 angenommen und von der Konstituierenden Nationalversammlung der Republik Deutschösterreich am 8. Mai 1919 beschlossen worden. Die rot-weiß-rote Staatsflagge und die schwarz-rot-goldenen Farben des Staatswappens sind heute nach wie vor verfassungsmäßige Farbsymbolik unserer Republik!

Wie kam es dazu?

Welche historische Kontinuität steht hinter der Symbolik der „deutschen Farben"?

Durch welches politische Wollen und durch welche nationalen Willenskundgebungen wurde die geschichtliche Entwicklung bestimmt?

Die „alten deutschen Farben"

Landes- und Reichsfarben in unserem Sinn kannte das deutsche Mittelalter nicht; von einem „Reichsschild" war keine Rede[1]. Wenngleich das Heilige Römische Reich Deutscher Nation zeit seines Bestehens überhaupt keine „Reichsfarben" gekannt hatte, so zeigt allerdings das Reichswappen einen schwarzen, zuweilen rotbewehrten Adler auf goldenem Untergrund[2]. „In Wahrheit ward bis zum Ende des alten Reiches (1806) in amtlicher und nichtamtlicher Übung nur der schwarze Adler auf goldenem Grund verwendet. Schwarz und Gelb allein dürfen als Wappenfarben gelten". Diese Farben des ersten deutschen Königswappens waren dann zur Hausfarbe der Habsburger – als Farben des Kaisertums Österreich und später der österreichisch-ungarischen Monarchie – geworden, als „die Umwandlung der Ritterheere in ein Massenaufgebot ... farbige Abzeichen für die verschiedenen Haufen forderte"[3]. In Österreich hat Schwarz-Gelb mit der Kaiserwürde bis 1918 weitergelebt[4]. Die entscheidende Entwicklung „deutscher Farben", nämlich Rot und Weiß darf wohl in die Zeit der großen staufischen Herrscher in die Mitte des 12. und 13. Jahrhunderts gesetzt werden[5]. Es war die rote Heeresfahne als Reichsbanner, als Sinnbild der Staatshoheitsrechte in der roten Lehensfahne mit einem weißen Kreuzzeichen, und als Zeichen der Gerichtsbarkeit in der Blutfahne[6].

Eine Fülle von gleichartigen Zeugnissen „hält die Doppelfarbe Weiß-Rot als das volkstümliche Sinnbild des Reichsgedankens" in den folgenden Jahrhunderten fest[7].

Im Jahre 1230 hat der Babenberger Herzog Friedrich II., der Streitbare, den Bindenschild mit einem weißen Querbalken im roten Feld in „Anpassung der Mode seiner Zeit" aber auch um die Abhängigkeit der Herzogtümer Österreich und Steiermark vom deutschen Königtum allmählich zu lockern eingeführt[8]. Von Wien wird „ausdrücklich bezeugt, daß es mit der Forderung einer bevorzugten Stellung zum Reich seit 1236 ein weißes Kreuz in rotem Felde als Fahne aufnahm, als Hauptstadt der österreichischen Herzöge das alte Heereszeichen des Landesfürsten, den einköpfigen goldenen Adler auf schwarzem Grund, führte"[9]). Somit legte sich in der Mitte des 13. Jahrhunderts um das Kernland des Reiches ein „dichter Kranz deutscher Grenzmarken, die allesamt die Farben des Reichsbanners in ihr Heerzeichen" aufnahmen[10]). Zahlreiche „Fehlschlüsse" und „Irrwege und Grenzfragen der Forschung" über die direkte Herleitung der schwarz-rot-goldenen Nationalflagge aus den „alten deutschen Farben" sind bis weit in das 20. Jahrhundert bestehen geblieben[11]).

Die Farben der Urburschenschaft

Das erste „Farbenlied" der Jenaer Urburschenschaft:

> „... die Farben Rot und Schwarz mit Gold umzogen,
> Sie deuten einen tiefen heiligen Sinn:
> Der Jüngling soll von jugendlichen Freuden
> Den hohen Ernst des Lebens nimmer scheiden."[12])

bezeugt deutlich Form, Symbolik und Auftrag im Bewußtsein an die „deutsche" Freischar[13]), dem Freicorps des Major Lützow[14]), welches schwarze Waffenröcke mit roten Aufschlägen, rotem Vorstoß und gelbblanken Knöpfen trug[15]). Die Urburschenschaft empfand dabei „eine zeitweilig dem Kampf entnommene Kriegerschar zu sein, die sich jeden Augenblick des Kampfes wieder gegenwärtig sein müsse[16]).

Theodor Körner, der Freiheitsdichter und Lützower Befreiungskämpfer schrieb im Jahr seines Schlachtentodes 1813 im „Lied der schwarzen Jäger" über das Symbol der Farben im Freiheits- und Einheitskampf gegen Napoleon:

> „Noch trauern wir im schwarzen Rächerkleide,
> um den gestorbnen Mut;
> Doch fragt man euch, was dieses Rot bedeute:
> Das deutet Frankenblut."

Wobei dieser noch 1812 auf den Sieg bei Aspern eingeht:

> „Hoch lebe das Haus Oesterreich! —
> Der Adler sinkt, die Fahne fliegt.
> Heil dir, mein Volk, du hast gesiegt!"[17])

und ein:

> „Frisch auf, Habsburg! der Teufel muß erliegen;
> Gott ist mit dir, wo deine Banner fliegen.
> Hoch, Oesterreich, hoch! — Dein Schwert, dein Karl wird siegen!"

ausruft.

Dies bezeugt deutlich den gemeinsamen deutschen Freiheitswillen, ausgedrückt durch den heldenmütigen Befreiungskampf gegen die napoleonische Fremdherrschaft. — Wenngleich es noch kein gemeinsames Kampf- und Einheitssymbol des Deutschen Volkes bisher gegeben hat, sollte dies die Geburtsstunde des schwarz-rot-goldenen Nationalsymboles sein!

Die Burschenschaft zu Jena hatte schon bei ihrer Gründung am 12. Juni 1815 die Fahne bestimmt und bereits am 18. Oktober 1815, beim gemeinsamen Gedenken der Studenten und Bürgerschaft an die Leipziger Völkerschlacht, die Fahne vorgetragen. Die von den Frauen und Jungfrauen der Jenaer Gesellschaft am 31. März 1816 überreichte Fahne, die „heute noch in Rot-Schwarz-Rot nebeneinander die beiden Farben der Jenaer Urburschenschaft lebendig hält", zeigt „lediglich" einen in Gold gestickten Eichenzweig, der sich auf die schwarze Mittelbahn legt und ganz leicht auf die roten Seitenflächen übergreift, sowie goldene Fransen als dritte Farbe[18]). — Nach dem Wartburgfest 1817 und der Gründung der Deutschen Burschenschaft protokollierte diese am 17. Oktober 1818 „die ehemalige deutsche Farbe" als allgemeine Farbe für die Burschenschaft bestimmen zu wollen[19]).

Obzwar also die schwarz-rot-goldenen Farben nicht die „alten deutschen Farben" waren, beruht ihr symbolisches Wirken in der Folgezeit darauf, daß sie für diese gehalten wurden.

Gerade die Verfolgung der Burschenschaft und ihre erste Auflösung 1819 infolge der sogenannten Karlsbader Beschlüsse brachte dem burschenschaftlichen Dreifarb große Verbreitung und hohes Ansehen im Volk[20]). Der Metternichsche Diplomat Graf Zichy sah „schon allein die Farbe dieser Fahne, welche gold und schwarz, den Farben Deutschlands, gestreift, mit einer blutroten breiten Bordüre, als ein Symbol des Mittels, durch welches das neue Reich zu gründen" sei[21]). Doch die politische Anschauung der Burschenschaft blieb „im höchsten und furchtbarsten Sinne revolutionär, weil auf die Idee der politischen Einheit Deutschlands begründet". So ein „literarischer Schildknappe Metternichs"[22]).

Das volkstümlich gewordene Lied August von Binzers zur Auflösung der Burschenschaft, „Wir hatten gebauet ein stattliches Haus" gipfelt in den Strophen:

> „Das Band ist zerschnitten, war schwarz, rot und gold,
> und Gott hat es gelitten, wer weiß, was er gewollt!

> Das Haus mag zerfallen — was hats denn für Not?
> Der Geist lebt in uns allen, und unsre Burg ist Gott!"[23])

Es weist aber auch auf die nationalrevolutionäre Zukunft der schwarz-rot-goldenen Trikolore!

Die Hambacher Fahnen

„Hinauf! Patrioten zum Schloß, zum Schloß!
Hoch flattern die deutschen Fahnen"![24])

Am Hambacher Fest von 1832, welches der Hauptredner und Burschenschafter Johann August Wirth „als Geburtstag der deutschen Nationalität und der europäischen Gesamtfreiheit"[25]) sah, flatterte das „dreifarbige demokratische Symbol der Deutschen zum erstenmal als Fahne"[26]). Das bunte Bild beherrschten schwarz-rot-goldene Embleme, an der Spitze des Festzuges trägt die deutsche Trikolore im Mittelstreifen die Inschrift „Deutschlands Wiedergeburt"[27]), daneben aber zeigen sich „brüderlich"[28]) polnische und französische Farben sowie auch andere Symbole[29]). Mit dieser „ersten großen Volks- und Massenversammlung der deutschen Geschichte", die man „als Stimmung des deutschen Volkes werten darf"[30]), wurden die Farben der Burschenschaft das allgemein anerkannte Symbol der deutschen Einheit; im Bericht des Bundestages als „Panier aller derer, die, unter Umsturz des Bestehenden, ein deutsches Reich wollten"[31]) beargwöhnt. Wollen und Auftrag drückt der zweite Hauptredner und Burschenschafter Philipp Jakob Siebenpfeiffer in einem neuen „Farbenlied" aus:

> „Was tändelt der Badner mit Gelb und Rot,
> Mit Weiß, Blau, Rot Bayer und Hesse?
> Die vielen Farben sind Deutschlands Not.
> Vereinigte Kraft nur zeigt Größe.
> Drum weg mit der Farben buntem Tand,
> Nur eine Farb' und ein Vaterland!"[24])

Die Farben der Revolution 1848

Mit dem neuerlichen Verbot der Farben Schwarz-Rot-Gold durch die Bundesversammlung am 5.7.1832, gewannen jedoch diese immer mehr an Popularität als Farben der Sehnsucht nach nationaler Einheit. Somit war es nicht verwunderlich als plötzlich im Revolutionsjahre 1848 überall unsere Farben als Farben der Revolution auftauchten und sich überall als diese manifestierten.

Aus der Londoner Verbannung grüßt Ferdinand Freiligrath:[32])

> „In Kümmernis und Dunkelheit,
> Da mußten wir sie bergen!
> Nun haben wir sie doch befreit,
> Befreit aus ihren Särgen!
> Ha wie das blitzt und rauscht und rollt!
> Hurra, du Schwarz, du Rot, du Gold!"

Und der aufrüttelnde Kehrreim erzielte ein weites Echo als Revolutionsweise:

> „Pulver ist schwarz,
> Blut ist rot,
> Golden flackert die Flamme!"

Am 9. März 1848 hatte die Frankfurter Nationalversammlung Schwarz-Rot-Gold zu Bundesfarben erklärt, „um damit der gesamtdeutschen Symbolpublizistik den Wind aus den Segeln zu nehmen"[33]), was jedoch schon damals durchschaut worden war.

Am 25. März 1848 sind „erste großdeutsche Abzeichen in den Knopflöchern oder an den Hüten" aufgetaucht, und „nachdem in der Nacht vom 1. zum 2. April 1848 eine riesenhafte schwarzrotgoldene Fahne" am Stephansturm erschienen war, „verbreitete sich die großdeutsche Begeisterung in Wien fast allgemein"[34]).

Der Wiener Universitätsarchivar Gall[35]) betont, daß in den Märztagen eindeutig das als Freiheitsfarbe verstandene Weiß in Fahnen, Armbinden und Kokarden der Wiener akademischen Legionäre dominiert hätte und erst allmählich die „deutschen Farben" an seine Stelle getreten wären, welche aber mindestens ebensosehr als Freiheits- wie als Nationalfarben begriffen worden sind. Eindeutig in Verruf aber seien die altehrwürdigen, seit den Tagen Prinz Eugens, in der Armee dominierenden Kaiserfarben Schwarz-Gelb gekommen. Im Oktober flatterte vom Turm des Stephansdomes die schwarz-rot-goldene Fahne[36]), eine andere wurde der Statue Josephs II. auf dem Josefsplatz in die Hand gedrückt. Grenzpfähle zwischen Tirol und dem Königreich Lombardo-Venetien wurden mit den „deutschen Farben" angestrichen. Eine schwarz-rot-goldene Fahne führten auch die Tiroler Studenten bei den Wiener Märzereignissen mit, schließlich trug dann auch Erzherzog Johann selbst, der von der Frankfurter Nationalversammlung zum Deutschen Reichsverweser gewählt wurde, ein schwarz-rot-goldenes Burschenband[37]). Durch den Reichsverweser, dessen volksfeierlicher Einzug und Empfang in Frankfurt am 11. Juli 1848 sämtliche zeitgenössischen Darstellungen in einem schwarz-rotgoldenen Flaggenmeer versinken lassen, wurde dann am 13. November 1848 das Gesetz einer gesamtdeutschen schwarz-rot-goldenen Kriegs- und Handelsflagge verkündet[38]).

Hatten noch im Oktober Wiener Arbeiter, Kleinbürger und Studenten unter der schwarz-rot-goldenen Fahne der deutschen Einheit und Freiheit gegen „die Österreicher", die „schwarz-gelben" Truppen des Feldmarschalls Windischgrätz und des Banus Jellacić gekämpft[39]), so bedeutete die österreichische Gegenreaktion das „Wiedererwachen des großösterreichischen Staatsgedankens gegenüber 'Deutschland'"[40]). Das Schwarz-Rot-Gold bekam allerdings nach 1850 einen „großdeutschösterreichischen Charakter mit einer gegen die kleindeutschen" Bestrebungen Preußens gerichteten Spitze[41]).

Preußen hatte schon im April 1850 seinen Soldaten die zwei Jahre zuvor eingeführte schwarz-rot-goldene Kokarde weiterzutragen verboten und demonstrativ seine schwarz-weißen Farben herausgestellt; diese waren „übrigens bezeichnenderweise oft Nationalfarben" genannt worden. Dies war der Beginn des unglückseligen „Flaggenstreites", welcher gerade das sich konstituierende sogenannte nationale Lager in Befürworter der „kleindeutschen Lösung" und Kämpfer für die „großdeutsche Lösung" zu trennen drohte.

Schwarz-Rot-Gold in Österreich

Die erhebenden Feiern zum hundertsten Geburtstag des Freiheitsdichters Friedrich Schiller brachten den Beginn einer „neuen Einheitsbewegung" die vorwiegend auf Mittel- und Süddeutschland, aber auch auf Österreich übergriff[42]).

Ab 1859 kam es auch an den deutschen Universitäten Österreichs zur Gründung von Burschenschaften nach urburschenschaftlichen Traditionen und schon bald in den schwarz-rot-goldenen Lebensbundfarben[43]). Wandruszka[44]) betont, daß die Farben Schwarz-Rot-Gold in Österreich „bis zu ihrer Verdrängung durch das Schwarz-Weiß-Rot der Hakenkreuzfahne" das „Symbol der 'Nationalen'" gewesen sind und definiert die „deutschnationale" Richtung als jene, die „das geistige Erbe der nationalen, freiheitlichen und demokratischen Begeisterung der Wiener Studentenschaft von 1848 fortführt"; und nennt als Bannerträger die nationalen Burschenschaften, die Turn- und Schulvereine, später die „völkischen" Gruppen der Jugendbewegung und die „freiheitliche" Intelligenz vor allem der Provinz. Zahlreiche Propagandademonstrationen für die Deutsche Einheit und Freiheit gingen von diesen aus, wie zum Beispiel „ein spektakulärer Fackelzug" zum Empfang der Kaiserin Elisabeth 1862 in Wien[45]). Aber auch sogenannte „großdeutsche"[46]) Kreise versuchten das schwarz-rot-goldene Symbol für ihre Politik der Überspielung des preußischen Rivalen und dadurch der Bindung des „dritten Deutschland" an Österreich einzusetzen. Der Höhepunkt dieser Bewegung war der von Österreich einberufene Fürstentag 1863 unter dem Vorsitz Kaiser Franz Josephs[47]).

Für Wien, schreibt Wentzcke, „wo man sie wenige Jahre zuvor in Acht und Aberacht getan hatte, genehmigte Kaiser Franz Josef anläßlich des dritten deutschen Juristentages die amtliche Beschaffung der verfemten Fahnen; nicht nur die Straßen, auch die auf Staatskosten gedruckte Festfolge wiesen die schwarz-rotgoldenen Farben" auf[48]).

Österreich machte sich auch „das Symbol der Sehnsucht nach der nationalen Einheit" im Kampf um die Vorherrschaft in Deutschland zunutze und „propagierte die Farben" 1866 gegen Preußen[49]). Im Bruderkrieg erhielt „die sogenannte Reichsarmee", das unter dem Befehl des Prinzen Alexander von Hessen stehende 8. Armeecorps, eine schwarz-rot-goldene Armbinde als Erkennungszeichen. „Es war das letzte offizielle Auftreten der alten deutschen Farben, die jetzt nur noch in demonstrativer Weise gebraucht werden", schreibt im Jahre 1881 ein Zeitzeuge[50]). Beim deutschen Bundesschießen 1868 in Wien prangten noch einmal „Häuser, Straßen und Plätze in einem Meer von schwarz-rot-goldenen Fahnen"[51]) und die älteste deutsche Burschenschaft in Wien, Olympia, trägt ab 1. Februar 1869 demonstrativ das schwarz-rot-goldene Burschenband, obwohl viele Bundesbrüder unter den kaiserlichen Fahnen dienen mußten und einer bei Königgrätz dem Heldentod erlag, war es „doch selbstverständlich, daß eine preußenfeindliche Gesinnung den Herzen der Olympen völlig fern lag"[52]). Diese Haltung symbolisiert auch die nationale und burschenschaftliche Haltung groß- und kleindeutscher Patrioten der Folgezeit.

Auch, oder gerade nach der Staatssymbolisierung des neugeschaffenen Deutschen Reiches durch die Farben Bismarcks[53]) 1871, zeigte sich „ein demokratisch-radikaler Zug bei den österreichischen Nationalen, besonders auch bei den nationalen Burschenschaften", durch das nicht nur „symbolische Festhalten am ‚Banner Schwarz-Rot-Gold'"[54]). Somit charakterisiert R. Sieger 1919 richtig:

„Für die deutschnationale Bewegung in Österreich war bis zum Weltkriege Schwarz-Weiß-Rot die Farbe des Deutschen Reiches, Schwarz-Rot-Gold die Farbe der Sehnsucht nach diesem Reich". Und weiter: „Als sich aber gegen Ende des 19. Jahrhunderts die Deutschen in Österreich durch die Sprachverordnungen den Slaven gegenüber schwer geschädigt fühlten, wurde Schwarz-Rot-Gold die Kampffarbe gegen die Slaven und demgemäß die des Deutschen Schulvereins. Einen Gegensatz zu Schwarz-Weiß-Rot sollte sie nicht bedeuten. Den mißtrauischen Behörden gegenüber betonte man mit Nachdruck, daß die Farben eine nationale, keine staatsrechtlich-politische Bedeutung hätten, daß also Schwarz-Rot-Gold mit Schwarz-Gelb nicht unvereinbar sei"![55])

Gerade die letzten beiden Sätze gilt es den Nationalen in der Republik Österreich auch heute zu beweisen: Die verfassungsmäßige Farbensymbolik der Staatsfarben Rot-Weiß-Rot und des Staatswappens Schwarz-Rot-Gold haben allerdings das einst revolutionäre Bekenntnis zur Pflicht der staatsbürgerlichen Achtung der Hoheitssymbole und Hoheitsfarben gemacht!

Die Farbsymbolik der Republik Österreich

Der Geburtstag der deutschösterreichischen Staatsfarben liegt noch vor der Ausrufung der Republik Deutschösterreich und kann mit 31. Oktober 1918 datiert werden. In der 13. Sitzung des Staatsrates war nämlich der Antrag Miklas, „als deutschösterreichische Staatsfarben die Farben Rot-Weiß-Rot" festzusetzen zum Beschluß erhoben worden, gleichsam wie der Antrag Dr. Renners, daß „das Staatswappen aus einem Stadtturm aus schwarzen Quadern, gekreuzten Hämmern in Rot, umgeben von einem goldenen Kranz von Ähren" zu bestehen habe, mit der wörtlichen Begründung in Klammern: „Schwarz-Rot-Gold, Symbole für Bürger, Arbeiter und Bauern"![56]) Der Wiener Rechtshistoriker Brauneder betont, daß damit die „Weichen deutlich gestellt" waren, wenngleich der Staatsrat diese Beschlüsse nicht als Gesetzesvorlage sogleich in die Provisorische Nationalversammlung eingebracht hatte[57]). Der Staatsrat hatte lediglich „in der Zeit des provisorischen Regimes die Frage des Staatswappens und des Staatssiegels beraten" um „die Frage der Konstituierenden Nationalversammlung vorzubehalten", wie es später in der Begründung zum Gesetzesentwurf heißt[58]).

Wie kam es aber zu dieser aussagestarken Kombination deutscher Farbensymbolik? Zeigt dies das Wollen der zukünftigen Staatsform in Verknüpfung nationaler Tradition?

Wenn Gall schreibt[59]), „Miklas ist es dann zu danken, daß der Bindenschild tatsächlich Bestandteil des republikanischen Wappens wurde", so ist dies sicher für die Initiative als Antragsteller richtig. Dabei sollte aber allerdings nicht vergessen werden, daß gerade elf Tage später, am 11. November 1918, derselbe Sprecher der Christlichsozialen mit zwei weiteren Parteigenossen im Staatsrat dem Gesetzesentwurf über die Staats- und Regierungsform der Deutschösterreichischen Republik, gerade wegen der Bezeichnung „Republik" die Zustimmung versagt hat. Die von Miklas beantragte „Demokratische Monarchie" wurde in derselben Staatsratssitzung abgelehnt. Dagegen wurde nur eine Stimme gegen den Anschluß an Deutschland abgegeben[60]). In der Provisorischen Nationalversammlung wurde dieses

Gesetz aber einstimmig angenommen, obwohl Miklas betonte, seine Partei hätte eine allgemeine Volksabstimmung bevorzugt und „so vitale und fundamentale Fragen wie die Frage über die Staatsform nicht von der Provisorischen Nationalversammlung, deren Mandate aus dem Jahre 1911 stammen", entscheiden lassen. Miklas schloß mit einem „Heil Deutschösterreich!", gleichsam wie Staatskanzler Dr. Karl Renner, der sich in seinem Kundmachungsantrag ausdrücklich auf die Tage „1848" berief[61]).

Zurück zum Staatsratsbeschluß vom 31. Oktober 1918. Analysiert man die Zusammensetzung der zwanzig Mitglieder des Staatsrates, so ergeben sich neben sechs Christlichsozialen und drei Sozialdemokraten ungefähr acht Mitglieder, welche sich „direkt" mit den schwarz-rot-goldenen Bewegungsmotivationen assoziieren lassen könnten. Davon sind vier nachweislich Burschenschafter[62]). Eine berufsmäßige Analyse, nach der eigenen zeitgenössischen Gliederung in die drei „Hauptstände der Gesellschaft" erscheint vordergründig irrelevant, ergibt sich doch ein überwältigender Überhang von fünfzehn Bürgern, drei Bauern und nur zwei Arbeitern. Diese „ständische" Dimension könnte vielleicht gerade das große Bewußtsein für Landestradition und nationale Hoffnung ausdrücken. — Nämlich die historische Kontinuität des aus dem Landeswappen abgeleiteten Rot-Weiß-Rot als Flagge der Republik und die nationaldemokratischen Symbolfarben des Hoheitswappens.

Erst die später erfolgte schriftliche Begründung zum Entwurf eines „Gesetzes über das Staatswappen und das Staatssiegel der Republik Deutschösterreich" zeigt deutliche Motivationsgrundlagen für die Wahl der Farbsymbolik[63]).

Darin heißt es: Der Staatsrat hat „ein Emblem in Aussicht genommen, das die drei Hauptstände der Gesellschaft, Bürger, Bauer und Arbeiter, symbolisch darstellt und in der Wahl der Farben Schwarz, Rot und Gold zugleich die nationale Zusammensetzung der Republik Deutschösterreich versinnbildlicht"! Man spricht also jetzt ausdrücklich von „Hauptständen" und nicht von „Hauptklassen", wie noch am Beginn des Novembers die Tageszeitungen zu berichten pflegten[64]). Zweideutig ist allerdings die Formulierung, daß die Farbenwahl „zugleich die nationale Zusammensetzung" Deutschösterreichs verkörpere. Da vorher die auch von Renner schon formulierten Hauptstände genannt sind, kann es sich nur um die völkische Zusammensetzung der Deutschösterreichischen Republik handeln, das heißt also nur um die ethnisch überwiegend deutsche Bevölkerung Deutschösterreichs. Damit werden aber in logischer und faktischer Konsequenz die sogenannten „großdeutschen Farben" wohl auch als ethnische Symbolik bewußt von den Begründern der Ersten Republik in die bis heute verfassungsmäßig gültige Staatssymbolik gesetzt. Nach dem Zerfall der „Völkermonarchie" in seine Nationen hatte also die Republik Land und Volk mit Rot-Weiß-Rot und Schwarz-Rot-Gold symbolisiert!

Lesen wir weiter in der Begründung, so wird ausdrücklich betont, daß „das rot-weiß-rote Bindenschild ... nicht das Schild eines Herrscherhauses (ist), auch nicht das der Babenberger, sondern das Zeichen des Landes Österreich in der Zeit der Babenberger gewesen (war) und schon vor diesem fürstlichen Geschlecht landesüblich" war. Die historisch erstaunlich richtige Definition als Landeswappen und die dadurch indirekte Interpretation der sich erst in einem späteren Gesetz — nämlich jenem über die Staatsform vom 21. Oktober 1919[65]) — manifestierenden Ableitung als Staatsflagge, zeigt deutlich eine antimonarchische aber landestraditionsbewußte und republikanische Motivation. Jäger-Sunstenau nannte später einmal die rot-weiß-rote Staatsflagge „die Aristokratin unter den neugeschaffenen Nationalflaggen", weil sie „als einzige, vom Landeswappen abgeleitet, mit diesem identisch ist"[66]). All diese Begründungen des Staatsrates sind aber eigentlich retrospektiver

Art, weil sie in dieser schriftlichen Gestaltung und Form erst in den Beilagen zum Wappengesetz mit 6. Mai 1919 der Konstituierenden Nationalversammlung vorgelegt werden[67]).

Gehen wir zurück zur Motivationsforschung über die Staatsratsentscheidung vom 31. Oktober 1918, so dürfen wir auf keinen Fall die Willenskundgebungen des Volkes und dessen verschiedenartige Demonstrationen vergessen. Damals genauso wie heute scheinen gerade die Macht der Straße und die Demonstrationen der Massen die Entscheidungsgewalt und Entscheidungsfindung der Volksvertreter beeinflußt zu haben; sicherlich — dies sei vorangestellt — war die Frage der Farben und Fahnen nicht die wichtigste, oder auch nur annähernd lebensnotwendigste Frage, sie war aber direkt und indirekt die Artikulation von Ideologien und Weltanschauungen gerade in einer Zeit der größten materiellen Not und des menschlichen Elends der Nachkriegszeit.

Lassen wir also möglichst die Quellen als Zeitzeugen direkt reden, Tageszeitungen, Berichte, Tagebücher ...

Die Sprache der Zeit zeigt die Wahrheit des Augenblicks.

Der Beginn schwarz-rot-goldener Willenskundgebungen und öffentlicher Demonstration „deutscher Farben" im Schicksalsjahr 1918 ist sicherlich festzusetzen mit dem „Farbenbummel der deutschen Studentenschaft an der Wiener Universität" am 15. Juni, als Vorläufer des tags darauf folgenden Deutschen Volkstages in Wien, mit „stark antihabsburgischer Propaganda", welche aber bezeichnenderweise mit dem „indirekten Österreich-Bekenntnis der deutschnationalen Altherrenschaft" Hand in Hand ging[68]). Die schwarz-rot-goldene Burschenschaft Olympia[69]) leitete die gemeinsame Farbendemonstration der wehrhaften Korporationen und der deutsch-katholischen Verbindungen. Auf die Aufforderung des Redners der schwarz-rot-goldenen Burschenschaft Teutonia, Adolf Bauer, „den deutschen Charakter der Wiener Hochschulen wahren zu wollen", dankte der anwesende Rektor und versicherte, „daß das Professorenkollegium und die Höhrerschaft einig wie an der Front auch im Hinterlande zum Wohle des Vaterlandes und des deutschen Volkes zusammenstehen werde".[70])

Der Tag der Übernahme der Regierungs- und Vollzugsgewalt durch den Staatsrat am 30. Oktober 1918 manifestiert sich als erster Höhepunkt „farblicher Massendemonstration" mit deutlichem Symbolcharakter. In einer „Kundgebung der deutschen Studentenschaft in Wien"[71]) am Vormittag des 30. Oktober forderten diese in Anwesenheit des Rektors und der deutschen Professorenschaft im Festsaal der Universität Wien und im Akademhof „treue Waffenbrüderschaft mit dem deutschen Reiche", „äußeren und inneren Frieden" und stellten sich „fest und geschlossen hinter die Beschlüsse der deutschen Nationalversammlung". Gemeinsam protestierten der Burschenschafter Adolf Bauer, der Sozialdemokrat Dr. Frank und der Kaiserschützenoberleutnant Hans Ransmayer gegen das Sonderfriedensangebot Andrassys. — Mit dem Rektor an der Spitze „formierten sich einige Tausend Studenten, denen sich Tausende von anderen Personen anschlossen" und zogen zum Parlament, wo unter anderem Franz Dinghofer, Karl Renner und Gustav Groß zu den Demonstranten sprachen. Die „Salzburger Chronik"[72]) berichtete weiter. „Abg. Malik forderte die in der Studentenschaft befindlichen Offiziere auf, die Kappenrosetten mit schwarz-rot-goldenem Bande zu verdecken."

Ohne direkten Quellennachweis schreibt demgegenüber Gall[73]) allerdings später, von „besonders radikalen akademischen Elementen", welche die auf den Fahnenmasten zur Reichsratssitzung aufgezogenen „schwarz-gelben Fahnen in den Schmutz" gerissen hätten. Aber auch ein zweiter Zeitzeuge widerlegt Galls Vergleich mit dem Vorfall am 12. November 1918. Franz Brandl[74]), der spätere Wiener Polizeipräsident, schreibt in seinem Tagebuch von „einem Zusammentreffen von fast symbolhafter Bedeutung! In dem Augenblicke, da die Studenten auf ihrem Zuge sich dem Parlament nähern, kurbelte ein Diener die schwarz-gelbe Fahne herunter". Endlich aber wird Galls Behauptung durch den Bericht des Wiener Polizeipräsidenten Schober an das Präsidium des k. k. Ministeriums des Innern vom 30. Oktober 1918 widerlegt. Darin heißt es: „Während der Rede Dinghofers wurden die beiden Fahnen von Parlamentsdienern eingezogen, da die Sitzung des Abgeordnetenhauses geschlossen worden war. Der Auftrag hierzu war von der Gebäudeverwaltung gegeben worden. Als Dinghofer geendet hatte, bewegte sich der Zug neuerlich zur Universität zurück. Auf der Rampe der Universität wurden abermals nationale Lieder abgesungen, worauf sich die Studenten ruhig zerstreuten"! — Soweit der offizielle Polizeibericht[75]).

Wenige Stunden später fand im Landhaus die Sitzung der Provisorischen Nationalversammlung statt. Nach Mitteilung des Burschenschafters und Zeitzeugen Adolf Bauer[76]) zogen die „Deutschnationalen mit einer schwarz-rot-goldenen Fahne unter Rufen auf Großdeutschland" vom Schottentor zum Landhaus und „erschienen als die ersten am Platz". Die Studenten „verteilten sich planmäßig, um eine Art ziviler Ordnerpolizei zu bilden. Sie waren bedacht, den Abgeordneten den Weg zum Landhaus freizuhalten und allfällige Putschgelüste nicht um sich greifen zu lassen". Dann seien aus der inneren Stadt die Sozialdemokraten mit einer roten Fahne und unter Rufen auf die sozialistische Republik angerückt, und „die Lage wurde zu Zeiten kritisch", so nach Paul Molisch.

Ausführlich berichtet die „Neue Freie Presse" über die am Nachmittag folgende „Straßendemonstration vor dem Landhause", welche wir nun lediglich im Hinblick auf unsere Farbensymbolik und Fahnendemonstration zitieren werden:[77]) Es wird von einer „Menge von vielen Tausenden", von „Demonstrationen", besser von „einer großen Volksversammlung unter freiem Himmel" gesprochen, in der „alle politischen Parteien vertreten" waren: „Deutschbürgerliche, Deutschnationale und Sozialdemokraten." („... die Christlichsozialen blieben zu Hause", berichtet Brandl)[78])

Man schreibt, „daß der Enkel aus demselben Fenster auf das erregte Straßenbild hinunterschaut, aus dem der Großvater in den Märztagen des Jahres 1848 spähte ...

und hört angenehm gedämpft die getragenen Klänge der ‚Wacht am Rhein' von ferne, welche die Menge in der Herrengasse anstimmt.

Ordner mit schwarz-rot-goldener Armschleife, Abzeichen in denselben Farben auf dem Hut oder im Knopfloch walten mit Umsicht und höflichem Ton ihres Amtes ...

Die Offiziere haben zum großen Teil die Rosette auf ihrer Kappe mit dem Bändchen in den deutschen Nationalfarben bedeckt.

Und weiter beim Abmarsch aus der Herrengasse: „Vor einer Schar Arbeiter wurde eine große rote Fahne vorangetragen. Dahinter eine Standarte mit der Inschrift: ‚Hoch die soziale Republik! Befreiung für Friedrich Adler!' Etwas später ertönen stürmische Heilrufe. Ein schwarz-rot-goldenes Banner wird entrollt und entblößten Hauptes singt das Publikum ‚Die Wacht am Rhein'."

Um halb 7 Uhr abends eine Offiziers- und Mannschaftsdeputation im Landhaus: „Eine zahlreiche Menschenmenge hatte sich ihm angeschlossen. Vor dem Zug schritt ein Fahnenträger mit einem schwarz-rot-goldenen Banner."

Schon gegen 5 Uhr nachmittags zogen „etwa 4000 Demonstranten vom Rathaus durch die Stadiongasse zum Parlamentsgebäude: (Dort) wurde unter dem Beifall der Demonstranten und unter lauten Hoch- und Heilrufen eine rote Fahne auf dem linken Mast vor dem Reichsratsgebäude gehißt. Einige jugendliche Demonstranten warfen auch hier Steine gegen das Parlament ..."

Auch Brandl[79]) berichtet, daß „Erinnerungen an 1848 heraufbeschworen werden" und „schwarz-rot-goldene Fahnen auftauchen, aber auch rote"! Polizeipräsident Schober betont in seinem Bericht an das k. k. Ministerium des Inneren, daß am Bummel vor dem Parlament auch „der R. F. A. Vinzenz Malik, der in Offiziersuniform erschienen war", sich „die Rosette der Kappe durch eine Kokarde in den Farben Schwarz-Rot-Gold ersetzt" hätte. — So die Meldung Schobers, der selbst das Sängerschafterband trug![81]) Unter dem nachhaltigen Eindruck dieser mächtig demonstrativen Ereignisse tagte der Staatsrat auch am 31. Oktober und fällte unter anderem seine „weichenstellende" Entscheidung[82]) über „die Staatsfarben und das Wappen für Deutschösterreich", wie es die Presse in den folgenden Tagen kommentarlos verbreitet[83]).

Wie nachhaltig der Eindruck dieser schwarz-rot-goldenen und roten Fahnen des Tages der Annahme der Provisorischen Verfassung durch die provisorische Nationalversammlung Deutschösterreichs und der Bildung der Regierung Renner gerade noch in der 2. Republik waren, zeigt Brauneder[84]) auf mit seinem Hinweis auf das von Bundespräsident Renner in Auftrag gegebene Ölgemälde mit dem Titel: „Die Ausrufung der 1. Republik am 30. Oktober 1918 vom Balkon des Landhauses in Wien"[85]), was allerdings den Volkswillen des Tages definiert, de facto und de jure aber erst am 12. November 1918 um 15.55 Uhr durch Präsident Dr. Franz Dinghofer geschehen sollte[86]). Dieser Tag bringt auch den Höhepunkt, nicht nur der „Demonstration der Farben", und die amtliche „Wiener Zeitung" kündigt „die feierliche Hissung der Nationalfahne vor dem Sitzungsraume der Provisorischen Nationalversammlung" an[87]).

Verfolgen wir die Ereignisse des 12. November 1918 in bezug auf unsere Thematik und ordnen chronologisch die Ereignisse der Pressemeldungen, so standen am Beginn schon Provokationen der „Roten Garde": Die „Wiener Zeitung" meldet:[88]) „Heute um die Mittagstunde hatte eine Abordnung der Roten Garde beim Rathaus gefordert, daß die rotweißroten Fahnen von den Türmen herabgelassen werden. Das Verlangen wurde nicht erfüllt."

Dagegen berichtet die „Neue Freie Presse", daß die gehißten Fahnen von Offizieren der Roten Garde als „aufreizend" empfunden worden sind, aber dem „Verlangen" nicht nachgekommen wurde, „da es sich doch um die gesetzlichen Nationalfarben handle". „Doch ließ der Bürgermeister für alle Fälle zur Beruhigung neben den offiziellen Farben eine rote Fahne hissen"[89])!

Etwas später wurden nach der „Wiener Zeitung"[90]) „Hundertfünfzig deutschnationale Studenten, die von der Universitätsstraße mit eigener schwarzrotgoldener Fahne kamen, von der Roten Garde aufgefordert, die Fahne herauszugeben, die dann in den Kot geworfen wurde".

Wenn der Wiener Zeitgeschichtsprofessor Jedlicka später schreibt, daß „Studenten" vor der Wiener Universität „unter den Fahnen von 1848 gegen die Arbeiterschaft" demonstriert hätten, obgleich die Sozialdemokratische Partei schon beim Gründungsakt der Republik das Aufgehen dieses Staates in die deutsche Republik proklamierte[91]), so konnte dieses Ereignis nach unserer Quellenlage keine Bestätigung bringen. Im Gegenteil, die „Neue Freie Presse" berichtet:[92]) „Die deutschnationalen, die deutschfreiheitlichen u n d sozialistischen Studenten hatten sich um 2 Uhr nachmittags in der Aula der Universität versammelt und werden von dort zum Parlament ziehen. Von der Schauflergasse aus erfolgt der Zug der Deutschnationalen".

In diesem Zusammenhang seien zwei Gesamtbeurteilungen des 12. November 1918 eingeflochten, welche die nach 1945 vertretene offizielle Zeitgeschichtsforschung bezeugt, wenn auch meiner Meinung nach zumindest in terminologischer

Ungenauigkeit. Einleitend zur obigen Aussage schreibt Jedlicka: „Der 12. November 1918 mit der Ausrufung der Republik unter dem Eindruck der radikalen Entwicklung in Deutschland, auf welches man nun in allen Parteien blickte, brachte die ersten nationalen Kundgebungen". — Dann folgt das oben Zitierte.

Stadler zitiert Erika Weinzierl — die Lehrstuhlnachfolgerin Jedlickas — als „kritischer"[93]) und zitiert diese zur Rennerproklamation der provisorischen Nationalversammlung vom 12. 11. 1918[94]) wörtlich:[95]) „Das sie (Bürger, Bauern und Arbeiter, Anm. d. Verf.) einigende Band war jedoch nicht demokratisch-republikanische Überzeugung gewesen, sondern das nationale Moment und die Not der Stunde. Dabei haben die Arbeiter allzubald die von einigen ihrer Politiker und Publizisten verbreitete Legende von ihrer ‚siegreichen Revolution' ... über Gebühr strapaziert, während Bürger und Bauern ebenso rasch vergaßen, daß die Republik auch durch das Votum ihrer politischen Vertreter zustande gekommen war ..."

Doch zurück zu den Ereignissen. — Die „Neue Freie Presse"[96]) berichtet über „Die Kundgebung auf der Ringstraße" von „Tausenden und Abertausenden von Menschen": „Aus der großen dunklen Menschenmasse schimmert das grelle Rot der Fahnen und Armbinden, welche die Ordner tragen, hervor ...

Ordner der sozialdemokratischen Partei — Arbeiterrat ...

zahlreiche Frauen und Mädchen, von denen viele die rote Farbe irgendwie in der Kleidung bevorzugt hatten...

Die Tore der Burg (sind) geschlossen. Von dem großen Haupttor weht die rot-weiß-rote Fahne des neuen deutschösterreichischen Staates...

Das Rathaus hat rot-weiß-roten Fahnenschmuck angelegt...

Die Parlamentsdiener ... zum erstenmal mit Armbinden in den neuen Staatsfarben ...

Die Rossebändiger sind von roten Fahnen umgeben und auch um die Kollossalgestalt der Pallas Athene schimmert es grellrot...

Der goldene Helm der Pallas Athene ragt aus einem schwarzen Menschenknäuel hervor...

Arbeiterlieder ... die Klänge der Wacht am Rhein ...

Präsident Dinghofer endet mit den Worten: Aber das Ziel unserer politischen Entwicklung, die Vereinigung mit der jungen Republik Deutschland ist erreicht. Die Zeit des freien Gemeinwesens ist gekommen.

Die Ausrufung der Republik.

Und jetzt ist der Augenblick da, dem diese tausendköpfige Menge entgegenharrt. Auf den Flaggenmasten sollen die Fahnen in den Farben des neuen Staatswesens aufgezogen werden. Eine Pause tritt ein. Aus der Ferne vermag man nur wahrzunehmen, daß irgend etwas die genaue und exakte Durchführung des in Aussicht genommenen Programms hinderte. Wer etwas entfernt vom Parlamentsgebäude stand ... der mochte wahrnehmen, daß rings um die Flaggenmasten ein Getümmel entstand. Jetzt hört man das knarrende Geräusch, welches das Aufziehen der Fahnen begleitet. Das Fahnentuch wird sichtbar.

Rot-weiß-rot?

Nein. Nur ein rotes Fahnentuch wird sichtbar, und es vermag sich nicht auszubreiten. Man sieht aus der Farbe, daß der Stoff des Banners zerrissen und zerschlissen ist. Der harrenden Menge bemächtigt sich eine gewisse Nervosität. Die erwartungsvolle Stille, mit der man das Hissen der Farben verfolgt hatte, geht urplötzlich in ein unruhiges, schier verlegenes Murmeln über."

Soweit die Schilderungen eines Reporters aus der Ferne. — Was war aber nun wirklich geschehen? Provokationen der „Roten Garde" hatten sich ja schon mittags angekündigt. Die „Salzburger Chronik"[97]) berichtet von der Verstreuung von Flugblättern, in „welchen zur Gründung bzw. zum Eintritt in eine kommunisti-

sche Partei aufgefordert" wurde. Und weiter über die Ereignisse nachmittags: „Ein Zug von etwa 800 Deutschnationalen, der unter Vorantragung schwarz-rot-goldener Fahnen, geführt von der Studentenschaft, heranmarschierte, konnte sich nur mit Mühe in der Allee gegenüber dem Parlament einen Weg sichern. Es kam zu einem Zusammenstoße, bei dem den Deutschnationalen die Fahnen in hartem Kampfe von der überwiegenden Überzahl entrissen und zerfetzt wurden...
Als der Präsident die Vereinigung mit dem Deutschen Reiche verkündete, erschollen lebhafte Heilrufe; als er die Vereinigung mit der jungen deutschen Republik aussprach, wurde dies mit stürmischen Hochrufen begrüßt. Als er jedoch am Schlusse seiner Ausführungen Deutschösterreich eine demokratische Republik nannte, riefen die auf der Rampe stehenden: ‚Die sozialistische Republik'."

Die „Neue Freie Presse" zitiert nach der Schilderung eines unmittelbaren Augenzeugen[98]):

„... als Dr. Dinghofer das Zeichen zum Hissen der rot-weiß-roten Fahnen gab, kam es zum ersten Zwischenfall. Stürmische Pfuirufe wurden laut, unterbrochen von neuerlichen Hochrufen auf die sozialistische und kommunistische Republik. Die Fahnen waren in der Menge kaum sichtbar geworden, als sie von Soldaten der Roten Garde, die neben den Fahnenmasten Aufstellung genommen hatten, auch schon wieder heruntergerissen wurden.

Die weißen Streifen wurden aus den Fahnentüchern herausgerissen, die beiden roten Teile zusammengebunden, und schon wenige Sekunden später sah man die roten Stoffetzen an den Masten emporsteigen.

Das war das Signal, auch an anderen Stellen rote Fahnen zu hissen. Ein Zivilist kletterte, von Roten Gardisten unterstützt, auf den Athene-Brunnen und befestigte eine rote Fahne an der vergoldeten Speerstange der Pallas Athene, Mitglieder der Roten Garden in voller Rüstung erstiegen die Brunnenfiguren und die Gruppe der Rossebändiger und pflanzte auch dort rote Fahnen auf."

Nur mit Mühe konnte Staatskanzler Dr. Renner das Gesetz über die „Staats- und Regierungsform von Deutschösterreich" verkünden; dann schließt er den Aufruf „An das deutschösterreichische Volk" mit einem „Heil Deutschösterreich"![99])

Als dritter (zweiter nach der Fahnenschändung) und letzter Redner spricht Präsident Seitz u. a.: „Wir haben die Institution des Kaisertums bekämpft; aber wir werden einzelne Personen, die als Bürger unter Bürgern leben wollen, stets gleich behandeln. ... Bauer und Bürger müssen mit den Arbeitern zusammenwirken. Niemand hat das Recht, mit physischer Gewalt den anderen zu unterjochen..."[100]).

In bezug auf die deutschösterreichische Staatsflagge war dies, allerdings nicht nur symbolisch, Minuten vorher geschehen, — wie die amtliche „Wiener Zeitung" wörtlich schreibt: „ ... so daß ein bloß rotes Fahnentuch entstand, das dann die Sozialdemokraten unter dem Jubel der Parteigenossen hochzogen"![101]) — Ein symptomatischeres Zeichen eines „linken" Demokratieverständnisses zeigt aber der folgende terroristische Anschlag auf das Parlament, wobei die schon stundenlang schwerbewaffneten „Roten Garden" hundert Schüsse gegen das Gebäude abgaben, mehrere Unbeteiligte verletzten, und das Parlament stürmen wollten[102]). — Erstaunlich ist es allerdings wenn der damalige Unterstaatssekretär für das Heerwesen, Dr. Deutsch, sich tapfer den Roten Gardisten entgegenstellte und dann lediglich von „einigen unreifen Kommunisten" schreibt, die „einen von ihrer Parteileitung selbst nicht gewollten Putschversuch gegen das Parlament unternahmen".[103])

Die Fahnenschändung aber wird heute von den Historikern in Österreich verschiedentlich beurteilt: Mikoletzky[104]), meint, daß es sich hierbei „keinesfalls um einen kommunistischen Putschversuch gehandelt haben" kann, der „die Erzwingung der Räterepublik" (wie Goldinger meint)[105]) „mit sich bringen sollte", weil ja „Präsident Seitz dazu eine Ansprache" gehalten habe. Grobauer[106]) schreibt von „revolutionären Arbeitern", Andics[107]) von einem „kommunistischen Putschversuch" und Hochenbichler von „Bolschewiken"[108]); manche finden den Vorfall gar nicht erwähnenswert.

Klar und treffend berichtet Polizeipräsident Schober: „Die rot-weiß-rote Fahne ... wurde von Roten Garden mit Zustimmung der Arbeiterschaft heruntergerissen und die rote Fahne aufgezogen"[109]). Und die „Salzburger Chronik" symptomatisch: „Über diesen Zwischenfall der bei den bürgerlichen Nationalräten Verblüffung erregte, kam man schnell hinweg"[110])!

Trotzdem, so glaube ich, ist es aber auch farbsymbolisch gesehen nicht richtig zu interpretieren wie Gall[111]): „Das brausende Hoch der Menge galt nicht den Farben der jungen Republik, sondern dem Rot der Internationale ..."; denn schließlich sollte man nicht die Loyalität der weiterhin hoffnungsvollen Schwarz-Rot-Goldenen vergessen und deren Eintreten für „Deutschösterreich als Bestandteil der deutschen Republik"! – Mag das Beispiel von Graz diese Gesinnung symbolisieren, wo das Rathaus „in den Farben Rotweißrot und Schwarzrotgelb"(!)[112]) beflaggt war, im Gegensatz zu Wien, wo die rote Fahne zu hissen erzwungen worden war.

Am 14. November 1918 meldet die „Salzburger Chronik", daß namens der deutschösterreichischen Staatsregierung gestern vormittag die Wiener Hofburg, „vor deren Toren die rot-weiß-rote Flagge weht", in den Besitz des neuen Staates übernommen wurde, wobei die „Amtshandlung sich bei geschlossenen Zugängen und ohne jedes Publikum in aller Ruhe" vollzog[113]).

Am 8. Mai 1919 wird in der 13. Sitzung der Konstituierenden Nationalversammlung für Deutschösterreich das „Gesetz über das Staatswappen und das Staatssiegel der Republik Deutschösterreich" (StGbl. 257) ohne jedwede Wortmeldung aus dem Plenum in erster, zweiter und dritter Lesung angenommen.

Lediglich aus heraldischen Gründen wird der ursprüngliche Vorschlag Renners in eine „diskretere Form" gebracht, in Sichel, Hammer und Mauerkrone und dem Adler. Dieser „fungiere überhaupt als Zeichen der Staatlichkeit" und sei kein „monarchisches Zeichen", sondern „versinnbildlicht die Souveränität des Staates", heißt es in der Begründung zum Entwurf[114]). Und der Berichterstatter des Hauptausschusses, Dr. Ramek betont nun auch mündlich: „das Brustschild, das er (der Adler) trägt, weist die Farben Rot-Weiß-Rot auf, das sind die Farben der alten Ostmark, auf deren Boden unsere deutschösterreichische Republik entstanden ist. Er hat in seinen Fängen die Sichel und den Hammer, das Zeichen der werktätigen Volkes, der Bauern und der Arbeiter, des gewerblichen, überhaupt des wirtschaftlichen Volkes, und er trägt die Bürgerkrone, das Zeichen der Demokratie"[115]). Die schon von mir am Beginn des Kapitels behandelten Begründungen, zeigen somit, wie Brauneder schreibt: „eine Gleichrangigkeit der beiden Trikoloren, wobei in die ‚deutschen Farben' die spezifisch österreichischen, die historischen der sogenannten ‚Ostmark' eingepflanzt" sind[116]).

Allerdings offen war nach diesem Gesetz noch die Form und Farben der Staatsflagge, und Brauneder fragt wohl berechtigt: „Schwarz-Rot-Gold oder Rot-Weiß-Rot?" War diese Auswahl schon allein de jure wirklich gegeben, nachdem am 31. Juli 1919 durch die endgültige Annahme der Verfassung des Deutschen Reiches in Artikel 3 Schwarz-Rot-Gold als „Reichsfarben" festgesetzt worden waren? Vorweggenommen sei die Entscheidung der Konstituierenden Nationalversammlung für Deutschösterreich, die in der 33. Sitzung am 21. Oktober 1919 das folgenschwere Gesetz „über die Staatsform" (StGBl 484) verabschiedete.

Wirklich unter anderem und ohne Wortmeldung aus dem Plenum zu diesem Punkt bestimmte es im Artikel 5: „Die Flagge der Republik Österreich besteht aus drei gleichbreiten waagrechten Streifen, von denen der mittlere weiß, der obere und der untere rot ist" (1). — Berichterstatter Dr. Weiskirchner meinte, daß zu diesem Artikel „kein Wort zu verlieren" sei. Und wörtlich: „Ich würde nur wünschen, daß die Flagge der Republik Österreich sich recht zahlreich und recht häufig zu zeigen Gelegenheit haben werde."[117]) Das Gesetz vollzog nach Brauneder „insoferne den Staatsvertrag von Saint Germain, als es Deutschösterreich in ‚Republik Österreich' umbenannte (Art. 1) und die bisherigen Anschlußbestimmungen außer Kraft setzte"[118]). Als Staatssprache wurde im Artikel 3 die deutsche Sprache bestimmt.

Brauneder betont weiter, daß mit der Staatsflagge in Rot-Weiß-Rot freilich diese Farben — wenn auch nicht gesetzlich — zu jenen der Republik geworden waren.

Erst die autoritäre Verfassung 1934 fixierte erstmals „Staatsfarben" im Artikel 3/1: Die Farben Österreichs sind Rot-Weiß-Rot; wobei wohl die Gestalt nicht aber die Farben des Staatswappens verändert wurde[119]).

Durch die Einführung deutscher Reichsgesetze in Österreich am 15. März 1938 (Gesetzblatt f. d. Land Österreich 6/1938) wurde das Reichsflaggengesetz vom 15. September 1935 (RGBl. I S. 1145) wirksam, welches im Artikel 1 bestimmte: „Die Reichsfarben sind Schwarz-Weiß-Rot", und im Artikel 2: „Reichs- und Nationalflagge ist die Hakenkreuzflagge".

Über die schwarz-rot-goldenen Fahnen in Österreich hatte allerdings Adolf Hitler schon in den Jahren 1925 bis 1927 geschrieben: „Nur an einer Stelle des deutschen Sprachgebietes war so etwas wie eine bürgerliche Parteifahne vorhanden, in Deutschösterreich. Indem ein Teil der dortigen nationalen Bürgertums die Farben der achtundvierziger Jahre, Schwarz-Rot-Gold, zu seiner Parteifahne erkoren hatte, schuf es ein Symbol, das, wenn auch weltanschaulich ohne jede Bedeutung, staatspolitisch dennoch revolutionären Charakter trug. ... Allerdings war das Schwarz-Rot-Gold der deutschen Parteien des alten Österreich die Farbe des Jahres 48, also einer Zeit, die phantastisch gewesen sein mochte, allein im einzelnen die ehrlichsten deutschen Seelen als Vertreter besaß..."[120]).

Nun, zumindest in der Zeit der Republik ist das „Staatspolitisch-Revolutionäre" des Schwarz-Rot-Goldenen Symboles vollends gewichen. Nicht zuletzt durch die Aufnahme dieser Farbsymbolik auch in das Staatswappen der 2. Republik durch das Gesetz vom 1. Mai 1945 über Wappen, Farben, Siegel und Embleme der Republik Österreich (Wappengesetz), (StGBl. 7), wo Artikel 1 (1) aussagt: „Die Republik Österreich führt das mit Gesetz vom 8. Mai 1919, St.G.Bl.Nr. 257, eingeführte Staatswappen..."[121]).

Schon der Rechtshistoriker Brauneder hat aufgezeigt, daß seit 1981 die schwarz-rot-goldene Farbsymbolik „sogar ausdrücklich" im Bundes-Verfassungsgesetz (B-VG Art. 8a) verankert ist: „In seinem Staatswappen hatte somit Österreich als erster der nach 1945 auf dem Boden des ehemaligen Deutschen Reiches entstandenen Staaten die deutschen Farben von 1848 reaktiviert, von vielen und wohl vor allem den Alliierten sicherlich unbemerkt und ungewollt ..."[122]).

Im übrigen Rumpfdeutschland trat am 23. Mai 1949 das sogenannte Grundgesetz der Bundesrepublik Deutschland in Kraft mit der Aufforderung an das deutsche Volk in der Präambel, „In freier Selbstbestimmung die Einheit und Freiheit Deutschlands zu vollenden!" Im Artikel 22 bestimmte es Schwarz-Rot-Gold als Farben der Bundesflagge. Am 7. Oktober 1949 trat die sogenannte Verfassung der Deutschen Demokratischen Republik in Kraft mit der Bestimmung der Staatsflagge (Artikel 1) aus den Farben Schwarz-Rot-Gold. Gerade aber der

Volksaufstand des 17. Juni 1953 sollte noch einmal das schwarzrotgoldene Freiheitsbanner als Kampf- und Einheitssymbol für die Deutsche Nation weihen[123].

Anmerkungen:

[1]) Paul Wentzcke, Die deutschen Farben (1955) S. 13.
[2]) Vgl. u. a. Arnold Rabbow, dtv-Lexikon politische Symbole A – Z (1970) S. 218. – Gerhard Taddey (Hrsg.), Lexikon der deutschen Geschichte (1979) S. 242. – Konrad Fuchs/Heribert Raab, dtv-Wörterbuch zur Geschichte. Bd. 1, S. 185.
[3]) Paul Wentzcke, Die deutschen Farben (1955) S. 22.
[4]) Vgl. Fuchs/Raab, a. a. O.
[5]) Vgl. Paul Wentzcke, Die deutschen Farben (1955) S.29f.
[6]) Vgl. Ludwig Buschkiel, Die deutschen Farben (1935) S. 8ff.
[7]) Vgl. Paul Wentzcke, Die deutschen Farben (1955) im dritten Abschnitt: Die rot-weißen Farben im Reich und in den Grenzländern Deutschlands. S. 36 – 57.
[8]) (Karl Rudolf Pakosta), Die Herkunft des rotweißroten Bindenschildes (1967) S. 31ff. – Vgl. dazu auch Franz Gall, Österreichische Wappenkunde (1977) S. 124f.
[9]) Paul Wentzcke, Die deutschen Farben (1955) S. 42. – 1237 (!) erhielt Wien die Stellung einer Reichsstadt vom Kaiser verbrieft; vgl. Zöllner, Geschichte Österreichs (1974) S. 77.
[10]) Paul Wentzcke, Die deutschen Farben (1955) S. 53.
[11]) Vgl. dazu Ludwig Buschkiel, Die deutschen Farben (1935) S. 30 – 36. Paul Wentzcke, Die deutschen Farben (1955) S. 63 – 76. – Michael Damböck, Schwarz-Rot-Gold, in: Aula 1/1984 S. 32.
[12]) Abgedr. bei Paul Wentzcke, Die deutschen Farben (1955) S. 81: Verfasser ist Heinrich Netto.
[13]) Paul Wentzcke, Die deutschen Farben (1955) S. 84f.
[14]) Fahnen oder Standarten besaß das Freikorps nicht, weil ihnen Feldzeichen ausdrücklich verboten waren.
[15]) Vgl. Paul Wentzcke, Die deutschen Farben (1955) S. 82 – 86. – Ludwig Buschkiel, a. a. O. S. 41ff. – Egmont Zechlin, Schwarz Rot Gold und Schwarz Weiß Rot in Geschichte und Gegenwart (1920) S. 16 – 22.
[16]) So Arminius Riemer, Führer und Redner der Jenaer Burschenschaft beim Wartburgfest 1817. Zit. bei Paul Wentzcke, Die deutschen Farben (1955) S. 83.
[17]) Aus: Körners sämtliche Werke in vier Bänden (Stuttgart o. J.) Erster Band S. 27, 12ff u. 37f.
[18]) Paul Wentzcke, Die deutschen Farben (1955) S. 79ff. – Abb. der Fahne von 1816 auch in: Paul Wentzcke, Hoheitszeichen und Farben des Reiches (1939) Abb. 8 und in: Handbuch der Deutschen Burschenschaft (1982) Abb. II.
[19]) Ludwig Buschkiel, a. a. O. S. 45f.
[20]) Vgl. Arnold Rabbow, a. a. O. S. 218.
[21]) Zit. bei Paul Wentzcke, Hoheitszeichen und Farben des Reiches (1939) S. 62.
[22]) Paul Wentzcke, a. a. O. S. 63 meint damit Friedrich von Gentz, den er zitiert.
[23]) Vgl. Paul Wentzcke, Die deutschen Farben (1955) S. 94f, der die bedeutsame Werbekraft dieses Liedes betont. – Ludwig Buschkiel, a. a. O. S. 51 zeigt den Urtext als: ... War Rot, Schwarz und Gold ..., und sieht darin ein Beispiel, daß auf die Reihenfolge der Farben wenig Gewicht gelegt worden war.
[24]) Abgedr. in: Johann Georg August Wirth, Das Nationalfest der Deutschen zu Hambach (1832) Erstes Heft s. 12f. Das Lied in sieben Strophen gibt in aller Kürze fast das ganze Programm von Hambach wieder: Freiheit, das heißt Meinungs-, Presse- und Wirtschaftsfreiheit, Freiheit der politischen Willensbildung und -formierung, also verfassungsmäßig verankerte Demokratie, soziale Gerechtigkeit und Deutschlands Einheit; so Hellmut Diwald, Mut zur Geschichte (1983) S. 111.
[25]) Zit. nach Paul Wentzcke, Die deutschen Farben (1955) S. 98. – Vgl. auch J. G. A. Wirth, a. a. O. S. 41 und 99.
[26]) Hellmut Diwald, a. a. O. S. 110. – Die burschenschaftliche Fahne erhielt (damals) ihre Weihe als schwarz-rot-goldene Volks- und Freiheitsfahne: so ein heutiges Burschenschafterurteil; vgl. Harry Gerber, Der geschichtliche Weg der Deutschen Burschenschaft bis 1945 (1955) S. 9.
[27]) Abb. in: Hambacher Fest 1832 1982 (1982) S. 193, wo auch vermutet wird, daß diese möglicherweise zum ersten Mal in der Zusammenstellung als Trikolore, als Erstexemplar angesehen werden kann.
[28]) So Andreas Mölzer, Volksfest oder Revolution, in: Aula 5/1982 S. 6. – Paul Wentzcke, Die deutschen Farben (1955) S. 99, spricht von der blau-weiß-roten Trikolore Frankreichs und vom Zeichen des

"nationalen" polnischen Staates: "Den vereinigten Freistaaten Deutschlands und dem konföderierten republikanischen Europa galt der am stärksten beachtete Trinkspruch".

[29]) Georg L. Mosse, Die Nationalisierung der Massen (1976) S. 105, nennt die altdeutsche Kleidung, Rutenbündel als Symbol für Kraft und Entschlossenheit oder Eichenblattgewinde.

[30]) Hellmut Diwald, a.a.O. S. 110, 113.

[31]) Zit. nach Gerhard Schäfer, Studentische Korporationen (1977) S. 16 Anm. 32.

[32]) Abgedr. in Alexander Lipping/Björn Grabendorff, 1848 – Der Deutsche macht in Güte die Revolution (1982) S. 78f.

[33]) Arnold Rabbow, a.a.O. S. 220 zitiert einen Nürnberger Korrespondenten, der dies der Angst des Deutschen Bundes zugute hielt.

[34]) Jiří Kořalka, Prag – Frankfurt im Frühjahr 1848: Österreich zwischen Großdeutschtum und Austroslawismus, in: Österreich und die deutsche Frage im 19. und 20. Jahrhundert (1982) S. 130. – Aus dem Tagebuch Erzherzogin Sophies am 6. April 1848: "Es ist ein verzweiflungsvoller Zustand von Erregung und Wahnsinnstaten. Von allen Kirchen weht die schwarz-rot-goldene Fahne, selbst vom erzbischöflichen Palais und vom Balkon der Reichskanzlei". Zit. in: Brigitte Hamann, Die Habsburger und die deutsche Frage im 19. Jahrhundert, in: Österreich und die deutsche Frage im 19. und 20 Jahrhundert (1982) S. 215 und Anm. 7 ebendort.

[35]) Franz Gall, Alma Mater Rudolfina (1965) S. 156: Beschreibt auch die Uniform der akademischen Legion, als blauer Kaputrock, hechtgraue Pantalons und der deutsche Hut oder Stürmer mit einer Straußenfeder und einer schwarz-rot-goldenen Kokarde auf der links aufgebogenen Krempe. Daneben trugen die Legionäre schwarz-rot-goldene Burschenbänder.

[36]) Vgl. die Abb. in Wolfgang Häusler (Hrsg.), Ernst Violand (1984) S. 23. Die Fahne wehte vom 6. bis 31. Oktober 1848.

[37]) Vgl. Adam Wandruszka, Großdeutsche und Kleindeutsche Ideologie, in: Deutschland und Österreich (1980) S. 177f.

[38]) Vgl. z.B. in Bildersaal Deutscher Geschichte (1890) S. 300. – Oder in: Paul Wentzcke, Die deutschen Farben (1955) Abb. 10.

[39]) Vgl. Adam Wandruszka, a.a.O. S. 125f.

[40]) Vgl. Veit Valentin, Geschichte der deutschen Revolution von 1848–49, 2. Bd. (1931) S. 227.

[41]) Vgl. Arnold Rabbow, a.a.O. S. 220.

[42]) Vgl. Paul Wentzcke, Die deutschen Farben (1955) S. 121f. – Ludwig Buschkiel, Die deutschen Farben (1935) S. 101.

[43]) Am 10.11.1959 Gründung der späteren Burschenschaft Olympia nach urburschenschaftlicher Tradition. Vgl. Paul Zugmayer, Die Anfänge der Burschenschaft Olympia in Wien (1925).

[44]) Adam Wandruszka, Die Entwicklung der Parteien und politischen Bewegungen, in: Geschichte der Republik Österreich (1977) S. 372.

[45]) Brigitte Hamann, Die Habsburger und die deutsche Frage im 19. Jahrhundert, in: Österreich und die deutsche Frage im 19. und 20. Jahrhundert (1982) S. 220.

[46]) Adam Wandruszka, Die Entwicklung der Parteien und politischen Bewegungen, in: Geschichte der Republik Österreich (1977) S. 370–374, definiert für den Zeitraum 1848/49 bis 1866/67 vier Richtungen: die "großösterreichische", die "großdeutsche", die "deutschnationale" und die "kleindeutsche" Gruppe.

[47]) Vgl. Adam Wandruszka, Großdeutsche und kleindeutsche Ideologie 1840–1871, in: Deutschland und Österreich (1980) S. 136f.

[48]) Paul Wentzcke, Die deutschen Farben (1955) S. 123.

[49]) Vgl. Arnold Rabbow, dtv-Lexikon politischer Symbole (1970) s. 81.

[50]) Alfred Grenser, Die National- und Landesfarben von 150 Staaten der Erde (1881) S. 18.

[51]) Vgl. Paul Wentzcke, Die deutschen Farben (1955) S. 129.

[52]) Ludwig Fronz, Zur Geschichte der Burschenschaft Olympia in Wien, in: Festschrift zur Erinnerung an den 50jährigen Bestand ... (1909) S. 18.

[53]) Verfügung vom 3. August 1871: neue Reichsfarben Schwarz, Weiß (die Zollernfarben) und Rot (die Oberhoheit andeutend), vgl. Alfred Grenser, Die National- und Landesfarben von 150 Staaten der Erde (1881) S. 17f.

[54]) Adam Wandruszka, Die Entwicklung der Parteien und politischen Bewegungen, in: Geschichte der Republik Österreich (1977) S. 380.

[55]) R. Sieger, Schwarz-Rot-Gold, in: Grenzboten, III (1919) S. 108f: zitiert nach Ludwig Buschkiel, Die deutschen Farben (1935) S. 102.

[56]) Protokoll der 13. Sitzung: Beschlüsse der Staatsratssitzung vom 31. Oktober 1918 S. 3.

[57] Wilhelm Brauneder, Schwarz-Rot-Gold: Die Farben des österreichischen Bundeswappen, in: Aula 10/1984 S. 21.
[58] Beilagen der Sten. Prot. d. Konst. Nationalversammlung Nr. 202 (vom 6.5.1919) S. 2.
[59] Franz Gall, Heraldik der Gegenwart, in: Adler 10/12 (1960) S. 143.
[60] Vgl. u.a. Walter Goldinger, Die Entstehung der Republik Österreich, in: Geschichte der Republik Österreich (1977) S. 43.
[61] Sten. Prot. d. Prov. Nationalversammlung, 3. Sitzung vom 12. November 1918 S. 68f.
[62] Als Quelle zur Analyse wurden die Angaben aus der Salzburger Chronik vom 2.11.1918 S. 2 verwendet.
Die Burschenschafter sind: Rafael Pacher (d.-rad.) B! Teutonia-Prag; Dr. Otto Steinwender (d.-agr.) B! Silesia-Wien; Dr. Julius Sylvester (dn.) B! Teutonia-Wien, B! Libertas-Wien; Karl Hermann Wolf (d.-rad.) B! Ghibeliinia-Prag. Vgl. 100 Jahre Deutsche Burschenschaft in Österreich (1959) S. 14, 8, 13, 13.
[63] Beilagen Nr. 202 (vom 6.5.1919) S. 2.
202 der Beilagen zu den Sten. Prot. d. Konst. Nationalversammlung (undatiert, aber auf Beschluß des Kabinettsrates vom 5. Mai 1919 in der 12. Sitzung d. Konst. Nat. Vers. als Zuschrift der Staatsregierung erwähnt. In: Sten. Prot. d. Konst. Nationalversammlung vom 6.5.1919, S. 301, 305.
[64] Vgl. Salzburger Volksblatt vom 2.11.1918 S. 1. — Neue Freie Presse (Morgenblatt) vom 1.11.1918 S. 5: Ebenso wird darin von den „alten Babenbergerfarben" gesprochen.
[65] Vgl. Sten. Prot. d. Konst. Nationalversammlung vom 21. Oktober 1919 und 410 der Beilagen/1919.
[66] Hanns Jäger-Sustenau, Die österreichische Fahne, in: Österreich in Geschichte und Literatur 3 (1960) S. 136.
[67] Diese Beilagen Nr. 202/1919 wurden allerdings als „Vorlage der Staatsregierung" präsentiert, was deren Aussagekraft verstärkt.
[68] Dies betont Franz Gall, Alma Mater Rudolphina (1965) S. 188.
[69] Vgl. Zur Hundertjahrfeier der Burschenschaft Olympia in Wien im Jahre 1959 (1959) S. 67.
[70] Neue Freie Presse, Abendblatt, vom 15.6.1918 S. 4.
[71] Salzburger Chronik vom 30.10.1918 S. 5 — Vgl. auch Franz Gall, Alma Mater Rudolphina (1965) S. 188f.
[72] Salzburger Chronik vom 31.10.1918 S. 1.
[73] Franz Gall, a.a.O. S. 189.
[74] Abgedr. b. Rudolf Neck, Österreich im Jahre 1918 (1968) S. 92.
[75] Abgedr. b. Ludwig Jedlicka, Österreich 1918/19 (1969) S. 57f.
[76] Die Mitteilungen des Beteiligten Adolf Bauer, Burschenschaft Teutonia, werden von Paul Molisch, Politische Geschichte der deutschen Hochschulen in Österreich von 1848 bis 1918 (1939) S. 255 formuliert und von mir danach zitiert.
[77] Neue Freie Presse, Morgenblatt vom 31.11.1918, S. 5/6.
[78] Zit. nach Rudolf Neck, Österreich im Jahre 1918 (1968) S. 92.
[79] Zit. nach Rudolf Neck, Österreich im Jahre 1918 (1968) S. 93.
[80] Zit. nach Ludwig Jedlicka, Ende und Anfang Österreichs 1918/19 (1969) S. 58.
[81] Vgl. die Abb. in Festschrift zum 50. Todestag von DDDr. h. c. Johannes Schober (1982) S. 101.
[82] Nach Auskunft beim Österreichischen Staatsarchiv/Allgemeines Verwaltungsarchiv (Dr. Mikoletzky) vom 11.1.1985 liegt dort nur ein Beschlüsse-Protokoll auf von der 13. Sitzung des Staatsrates vom 30.10.1918, in welches der Verfasser Einsicht nahm. — Leider bleibt damit Diskussion und Argumentation der Sitzung noch im Dunkeln.
[83] Vgl. Neue Freie Presse, Morgenblatt, vom 1.11.1918 S. 5 und Salzburger Volksblatt vom 2.11.1918 S. 1.
[84] Wilhelm Brauneder, a.a.O. S. 21: Darnach ist das Ölgemälde für ein — nicht zustandegekommenes — „Museum der Republik" in Auftrag gegeben worden.
[85] Vgl. Abb. in Österreich in der Zwischenkriegszeit, Katalog von Siegfried Nasko (1976) S. 39: Historienbild (Öl auf Leinwand) von Max Frey; Original, Bolzmanngesellschaft. — Und Katalog Nr. 16 mit falscher Datierung (!) in der Beschreibung.
[86] Vgl. Walter Kleindel, Österreich: Daten zur Geschichte und Kultur (1978) S. 312, 315.
[87] Vgl. Wiener Zeitung vom 12.11.1918 S. 3.
[88] Wiener Zeitung vom 13.11.1918 S. 4.
[89] Neue Freie Presse, Morgenblatt, vom 13.11.1918 S. 3. — Vgl. dazu auch den Polizeibericht Schobers, abgedr. in Rudolf Neck, a.a.O. S. 148.

[90]) Wiener Zeitung vom 13.11.1918 S. 4. — Nach dem Polizeibericht Schobers: wurden sie von den roten Garden mit vorgehaltenem Revolver genötigt, die Fahnen abzuliefern, die dann in den Kot geworfen und mit Füßen getreten wurden. Abgedr. in: Rudolf Neck, a. a. O. S. 147.
[91]) Ludwig Jedlicka, Vom alten zum neuen Österreich 2. Aufl. (1977) S. 196.
[92]) Neue Freie Presse, Abendblatt vom 12.11.1918 S. 2.
[93]) Karl R. Stadler, Die Gründung der Republik, in: Österreich 1918 – 1938 (1983) S. 73. Dies bezieht sich auf das Urteil Goldingers.
[94]) Sten.Prot. d. Prov. Nationalversammlung vom 12.11.1918 S. 68 – 69. Wurde auch abgedruckt in der Neuen Freien Presse, Morgenblatt vom 13.11.1918 S. 2.
[95]) Erika Weinzierl, Österreich 1918 – 1938, in: Plaschka/Mack, Die Auflösung des Habsburgreiches (1970) S. 530.
[96]) Neue Freie Presse, Morgenblatt vom 13.11.1918 S. 2/3.
[97]) Salzburger Chronik vom 13.11.1918 S. 1.
[98]) Neue Freie Presse, Morgenblatt vom 13.11.1918 S. 3. — Vgl. auch Brandl, der in sein Tagebuch schreibt: ... Die Kommunisten Steinhart und Friedländer schreien in der Menge und statt der rot-weiß-roten wird eine rote Fahne hinaufgekurbelt. In: Rudolf Neck, al a. O. S. 136.
[99]) Abgedr. in der Neuen Freien Presse, Morgenblatt vom 13.11.1918 S. 2. — Das Gesetz vom 12.11.1918 wurde in der Entwurfform schon am 12.11.1918 von der Neuen Freien Presse, Morgenblatt S. 4 abgedruckt!
[100]) Neue Freie Presse, Morgenblatt vom 13.11.1918 S. 3.
[101]) Wiener Zeitung vom 13.11.1918 S. 3.
[102]) Vgl. Neue Freie Presse, Morgenblatt vom 13.11.1918 S. 3f. — Auf Berichte der „Korrespondenz Wilhelm" beziehen sich auch andere Tageszeitungen, wie z. B. die Salzburger Chronik vom 13.11.1918 S. 1f.
Vgl. dazu auch die Tagebucheintragungen Brandls, die retrospektive Schilderung des Zeitzeugen Anton Kolbabek sowie den Polizeibericht Schobers; alles abgedr. bei Rudolf Neck, Österreich im Jahre 1918 (1968) S. 135ff, 137ff und 146ff.
[103]) Julius Deutsch, Geschichte der deutschösterreichischen Arbeiterbewegung (1919) S. 67
[104]) Hanns Leo Mikoletzky, Österreichische Zeitgeschichte 3. Aufl. (1969) S. 62f.
[105]) Walter Goldinger, Die Entstehung der Republik. Der geschichtliche Ablauf der Ereignisse in Österreich von 1918 bis 1945, in: Geschichte der Republik Österreich (1977) S. 44f: bezeichnet als Ziel und Zweck dieses Sturmes die Erzwingung der Räterepublik!
[106]) Franz Joseph Grobauer, Heiß umfehdet, wild umstritten (o. J.) S. 26.
[107]) Hellmut Andics, Der 12. November 1918, in: wien aktuell, 83 (1978) 3, S. XXXf.
[108]) Eduard Hochenbichler, Johannes Schober als Polizeipräsident, in: Festschrift zum 50. Todestag von DDDr. h. c. Johannes Schober (1982) S. 87.
[109]) Abgedr. in Rudolf Neck, a. a. O. S. 148.
[110]) Salzburger Chronik vom 13.11.1918 S. 1.
[111]) Franz Gall, Farben, Wappen und Siegel der Republik Österreich, in: Adler 8 (1968) 5, S. 67.
[112]) Wiener Zeitung vom 13.11.1918 S. 4.
[113]) Salzburger Chronik vom 14.11.1918 S. 4.
[114]) 202 der Beilagen zu den Sten. protok. d. Konst. Nationalversammlung 1919.
[115]) Sten. Protok. d. Konst. Nationalversammlung vom 8. Mai 1919 S. 315f.
[116]) Wilhelm Brauneder, Schwarz-Rot-Gold: Die Farben des österreichischen Bundeswappens, in: Aula 10/84 S. 22.
[117]) Sten. Protok. d. Konst. Nationalversammlung vom 21. Oktober 1919 S. 866.
[118]) Wilhelm Brauneder, a. a. O. S. 22. — Vgl. dazu auch 410 der Beilagen zu dem Sten. Prot. d. Konst. Nationalversammlung 1919.
[119]) BGBl 1/1934. Vgl. auch BGBl. 444/1936. Vgl. auch Franz Gall, Farben, Wappen und Siegel der Republik Österreich, in: Adler 8 (1968) H. 5, S. 72.
[120]) Adolf Hitler, Mein Kampf (1937) S. 552f.
[121]) Weiter heißt es „... Dieses Wappen wird zur Erinnerung an die Wiedererringung der Unabhängigkeit Österreichs und den Wiederaufbau des Staatswesens im Jahre 1945 dadurch ergänzt, daß eine gesprengte Eisenkette die beiden Fänge des Adlers umschließt."
[122]) Wilhelm Brauneder, a. a. O. S. 24.
[123]) Vgl. dazu besonders die Bilder in: Wolfgang Strauss, Aufstand für Deutschland. Der 17. Juni 1953 (1983) zwischen S. 128 und 129.

NIKOLAUS VON PRERADOVICH

Österreichs nationales Lager 1882 bis 1938

In der österreichisch-ungarischen Monarchie, in Deutsch-Österreich und danach in „Österreich" existierten drei politische Lager: das Christlichsoziale, das Sozialdemokratische und das Deutschnationale. Das war bereits vor 1918 so, aber auch in der Ersten Republik. Die Lage feierte, mit einiger Verzögerung bis 1949, fröhliche Urständ auch nach dem denkwürdigen Mai 1945. In diesen mehr als 100 Jahren sind zu verschiedenen Zeiten, verschiedene Akzente gesetzt worden. Der Wiener Historiker Adam Wandruszka schreibt: „Verfolgt man die drei Lager und ihre politische Ideengeschichte bis zu den Ursprüngen, so ergibt sich eine interessante Feststellung: Die Geschichte aller drei Gruppen reicht nicht nur in dieselbe Zeit, die achtziger Jahre des 19. Jahrhunderts zurück, sondern wir können auch, je weiter wir die Stammbäume der drei Lager zurückverfolgen, eine immer stärkere Berührung und Verflechtung der Bewegungen und ihrer führenden Persönlichkeiten feststellen, bis wir die Gründerväter aller drei Lager und damit die österreichische Parteiengeschichte und Innenpolitik des 20. Jahrhunderts in einem Kreis beisammen finden, geschart um den ältesten von ihnen, eine der widerspruchvollsten, ja verhängnisvollsten, vielleicht, was den eigenen menschlichen und geistigen Rang betrifft, nicht bedeutende, aber hinsichtlich der Wirkung bedeutungsvollste politische Persönlichkeit: um den jungen Georg von Schönerer. Hier genügt der Hinweis auf die Beziehungen zwischen dem Freiherrn von Vogelsang und Schönerer, die Erwähnung der Tatsache, daß Karl Lueger, Viktor Adler und Engelbert Pernerstorfer zu den frühen Gefolgsleuten Schönerers gehörten, daß Adler zusammen mit dem Historiker Heinrich Friedjung wesentlich an der Abfassung des „Linzer Programms" vom 1. September 1882 beteiligt war, daß Engelbert Pernerstorfer, der ebenso wie Adler eine bestimmende Rolle in der sozialistischen Bewegung spielen sollte, seit Mai 1881 Schönerers Zeitschrift „Deutsche Worte" leitete und später durch die Gründung des Deutschen Schulvereins ein entscheidender Anreger der „nationalen Schutzarbeit" unter den Deutschen Österreichs wurde. Diese personellen Beziehungen zwischen den Gründern der sozialistischen, christlichsozialen und national-sozialen Bewegung deuten auch bereits auf das allen drei Richtungen gemeinsame Anliegen hin: „eine Antwort zu finden auf die sozialen Probleme."[1])

Schönerers Herkunft

Aus welcher sozialen Schicht kam Georg Ritter v. Schönerer? Um die Mitte des 18. Jahrhunderts lebte zu Zwaring im heutigen Bezirk Umgebung Graz der Bauernknecht Jakob Schenner. Mit der Magd Maria Anna Reisner erzeugte er 1758 einen vorehelich geborenen Sohn Mathias. Dieser zog von der Steiermark nach Wien. Im Jahre 1798 heiratete er Elisabeth Boigner. Die Braut war die Tochter eines Tagelöhners. Der Jung-Ehemann nannte sich nicht mehr Schenner, sondern Schönerer. Als Beruf gab er an: Hausmeister und Zimmerputzer. Nach fast zehnjähriger Ehe wurde dem Paar ein Sohn geboren, 1807, der des Vaters Vornamen führen sollte. Dieser jüngere Mathias studierte auf dem Polytechnikum. Mit rund 30 Jahren war er „dirigierender Bauführer" der Wien-Raaber-Eisenbahn. Zehn Jahre danach hatte er es zum Bürodirektor gebracht. Anno 1860 wirkte Mathias Schönerer d. J. als Verwaltungsrat der Kaiserin-Elisabeth-Westbahn. In demselben Jahr wurde er in den Ritterstand erhoben. Als Wappenfigur nahm er sich das Flugrad der Eisenbahner. Mathias Ritter v. Schönerer hatte es zu beträchtlichem Reichtum gebracht. Er kaufte in den 70er Jahren des vergangenen Jahrhunderts Schloß Rosenau bei Zwettl mit Schickenhof, Rottenbach und Marbach. 1838 hatte er sich mit der Tochter eines Chemiefabrikanten aus dem südwestlichen Deutschland vermählt. 1842 wurde dem Paar ein Sohn geboren, der den Namen des Drachentöters Georg erhielt. Er studierte in Dresden, Hohenberg bei Stuttgart und Ungarisch-Altenburg Nationalökonomie und Agrarwissenschaft. Sodann arbeitete er als Praktikant auf schwäbischen, böhmischen und mährischen Gütern. Auf Grund dieser ausgezeichneten Ausbildung übernahm er Gut Rosenau mit seinen 1 200 Hektar und machte daraus einen landwirtschaftlichen Musterbetrieb. Zum Unterschied von Politikern späterer Zeiten hatte Ritter v. Schönerer auf der Basis einer glänzenden Lehre in Theorie und Praxis seinen Beruf überaus erfolgreich ausgeübt. Aus seiner Ehe mit Philippine v. Gschmeidler ist ein Sohn hervorgegangen, der als k. u. k. Hauptmann d. Res. im Jahre 1918 der damals grassierenden spanischen Grippe erlag. Damit ist das junge Geschlecht erloschen. Auch das ist typisch für die Aufsteiger in „Österreich" in dem vergangenen und unserem Jahrhundert[2]). Um den Gründervater Schönerer scharten sich bekanntlich Viktor Adler, Engelbert Pernerstorfer und Karl Lueger. Mit der einzigen Ausnahme Adlers, der wie mancher andere Führer der österreichischen Linken dem jüdischen Großbürgertum entstammte, sind die drei restlichen − allen voran Schönerer − Sprossen der Aufsteiger und zwar von Aufsteigern aus dem einfachsten Milieu. Den rasanten sozialen Aufstieg der Familie Schönerer haben wir soeben dargelegt. Luegers Vater war Hausmeister an der Technischen Hochschule Wien und Pernerstorfers Erzeuger ist Schneider gewesen[3].

Wandruszka bemerkt abfällig: „Der ‚Schloßherr von Rosenau', der ‚Ritter Georg', hat sich dem wirklichen Landadel gegenüber stets als Parvenü gefühlt und manche Verkrampftheit seines Wesens ist nur aus einer Art überkompensiertem sozialen Minderwertigkeitsgefühl heraus zu erklären." Soferne einfache Herkunft „soziales Minderwertigkeitsgefühl" verursachen sollte, so hätten in den letzten Jahrzehnten der Donaumonarchie die allermeisten hohen Würdenträger allen Grund zu dieser Kompensation gehabt! Im Ersten Weltkrieg haben sechs Offiziere den Rang von Feldmarschällen erreicht − ohne die Erzherzoge versteht sich! Von diesen sechs Feldmarschällen sind nicht weniger als vier in einem Unteroffiziershaushalt aufgewachsen. Das heißt die Väter der k. u. k. Feldmarschälle waren bei der Geburt der späteren Heerführer im Stande von k. u. k. Unteroffizieren. Es handelt sich um: Freiherr v. Böhm-Ermolli, Boroević de Bojna, Freiherr v. Krobatin und Baron Rohr de Denta. Diese Männer sind somit geadelt worden, weil sie Karriere gemacht hatten, keineswegs haben sie so erfolgreiche Laufbahnen durchmessen, weil sie etwa adlig gewesen wären! Der weit überwiegende Teil der Theresien-Ritter des Ersten Weltkrieges gehörten dieser Art von Aufsteigern an: Freiherr v. Bardolff, Freiherr Loutschunig v. Felsenhof, Baron Glogovac wurden als Söhne von Unteroffizieren, Bauern und Arbeitern geboren, um nur einige zu nennen. Besonders einprägsam ist der Aufstieg folgender drei Familien: Franz Prokeš war Krämer zu Groß-Seelowitz in Mähren, sein Sohn Maximilian Prokesch ist untergeordneter Beamter im Mürztal gewesen, dessen Sohn aber hieß am Ende seiner Laufbahn Anton Graf Prokesch v. Osten, k. k. Geheimer Rat, Feldzeugmeister, Botschafter, Lebenslängliches Mitglied des Herrenhauses, Wirkliches Mitglied der Akademie der Wissenschaften. Die Familie ist erloschen. − Johann Beck war

Gast- und Landwirt zu Busch in Mähren, der Sohn Anton Ritter v. Beck, k. k. Hofrat, dessen Sohn Max Wladimir Freiherr v. Beck, k. u. k. Geheimer Rat, Lebenslängliches Mitglied des Herrenhauses, k. k. Ministerpräsident — die Familie ist erloschen. — Anton Bienerth lebte als Weber und Häusler zu Gerlsdorf in Mähren, dessen Sohn Andreas diente sich in Jahrzehnten vom einfachen Soldaten zum k. k. Oberleutnant empor, dessen Sohn Karl Freiherr v. Bienerth, k. u. k. Geheimer Rat, Feldmarschalleutnant, Militärkommandant von Krakau, dessen Sohn aber: Richard Graf v. Bienerth-Schmerling, k. u. k. Geheimer Rat, Lebenslängliches Mitglied des Herrenhauses, k. k. Ministerpräsident. Die Familie ist erloschen. Das waren wahrlich Laufbahnen! Nicht Amerika, die Österreichisch-Ungarische Monarchie war das Land der unbegrenzten Möglichkeiten[4]).

Das Linzer Programm

Das Linzer Programm vom 1. September 1882, welches Ritter v. Schönerer mit seinen „Jüngern" abgefaßt hat, lautete: *„Es ist sowohl im nationalen, als auch im staatlichen Interesse gelegen, daß diejenigen Länder der österreichisch-ungarischen Monarchie, welche ehemals dem Deutschen Bund angehörten, für sich ein möglichst unabhängiges und streng einheitlich organisiertes Ganzes bilden und es muß demnach angestrebt werden: 1. Daß das derzeit bestehende Verhältnis zwischen der diesseitigen Reichshälfte und Ungarn durch eine Personalunion ersetzt werde; 2. daß das Königreich Dalmatien, sowie Bosnien und die Herzegowina endgültig in Ungarn einverleibt werden; 3. daß die Kronländer Galizien und die Bukowina entweder mit Ungarn vereinigt, oder aber denselben eine Sonderstellung ähnlich jener eingeräumt werde, wie sie Kroatien innerhalb des ungarischen Staatsverbandes besitzt. 2, 4. Daß die deutsche Sprache ausschließliche Sprache des Heeres, der Vertretungskörper und der öffentlichen Ämter sei, daß demnach der gesamte innere Amtsverkehr sowie die öffentlichen Bücher und Protokolle ausschließlich in deutscher Sprache geführt werden und daß niemand eine Staatsanstellung oder ein öffentliches Amt bekleiden könne, der nicht der deutschen Sprache in Wort und Schrift vollkommen mächtig ist; 5. daß in Orten mit sprachlich gemischter Bevölkerung an mindestens einer Volksschule der Unterricht in deutscher Sprache erteilt und an allen Mittelschulen die deutsche Sprache als obligater Gegenstand gelehrt werde, wogegen kein Schüler zur Erlernung einer anderen, etwa landes- oder bezirksüblichen Sprache gezwungen werden kann; 6. daß sämtliche Staatsprüfungen und Rigorosen, soferne sie zur Erlangung einer Anstellung im Staats- oder Landesdienst berechtigen sollen, ausschließlich in deutscher Sprache abgelegt werden müssen. 3, 7. Daß die bestehende gekünstelte, unvollständige und ungerechte Interessenvertretung durch eine fortschreitende Erweiterung des Wahlrechtes sowie insbesondere durch Vermehrung der Abgeordnetenzahl für die Landgemeinden und durch Einführung der direkten Wahl mittelst geheimer Abstimmung zu einer wahren Volksvertretung umgestaltet werde. 6, 16. Die Einführung einer progressiven Einkommenssteuer an Stelle der gegenwärtig bestehenden direkten Steuern, unter Festsetzung eines steuerfreien Existenzminimums, Aufstellung höherer Steuersätze für das Renteneinkommen — arbeitsfreies Einkommen aus Aktienbesitz — und niedrigere Sätze für Arbeitseinkommen sowie wirksamer Vorkehrungen gegen Steuerumgehungen seitens des mobilen Kapitals; 17. eine gründliche Reform der Erbsteuer mit besonderer Rücksichtnahme auf die Armenversorgung, ferner Einführung von Luxussteuern sowie einer ausgiebigen Besteuerung der Börsengeschäfte; 18. eine umfassende Reform der indirekten Steuern in der Weise, daß die unentbehrlichen Lebens- und Gebrauchsartikel gar nicht oder in möglichst geringem Maße, dagegen Luxusartikel ausgiebig getroffen werden. 7, 19. Die Schaffung eines gemeinsamen Zollgebietes mit dem Deutschen Reich unter Einbeziehung Ungarns und der Balkan-*

länder sowie die Erzielung eines einheitlichen Vorgehens beider Reiche in allen wirtschaftlichen Fragen nach den Grundsätzen des wirtschaftlichen Schutzsystems. 20. Die Organisation der arbeitenden Klassen durch Einführung von obligatorischen Gewerbegenossenschaften und Arbeitergewerksvereinen sowie Bildung von Wirtschaftskammern mit getrennten Sektionen für Handel-, Gewerbe-, Land- und Forstwirtschaft und für die Interessen des Arbeiterstandes. 8, 22. Die Verstaatlichung der Eisenbahnen; 23. die Verstaatlichung des Versicherungswesens; 24. die Schaffung eines Aktiengesetzes, welches einen wirksamen Schutz gegen sittliche und wirtschaftliche Gefahren gewährt; 31. die Erhaltung und dauernde Befestigung des Bündnisses mit dem Deutschen Reiche durch einen Staatsvertrag; 32. die Entfaltung einer kräftigen und zielbewußten Orientpolitik, insbesondere die Wahrung der österreichischen Interessen an der unteren Donau und in den Balkanländern; 33. die kräftige Wahrung der maritimen Interessen Österreichs, insbesondere im Mittelmeere und in den Mittelmeerländern. 12.

Zur Durchführung der angestrebten Reformen ist die Beseitigung des jüdischen Einflusses auf allen Gebieten des öffentlichen Lebens unerläßlich."[5])

Das „Linzer Programm" ist eine überaus anregende Lektüre. Fast sämtliche Errungenschaften des darauf folgenden Jahrhunderts sind darin enthalten. Ob es sich um das Wahlrecht oder die Alters- bzw. Krankenversicherung handelt, ob es der Anstoß zur Begründung von Handels-, Landwirtschafts- oder Arbeiterkammern ist oder ob die Verstaatlichung gewisser Betriebe gefordert wird. Georg Ritter v. Schönerer hat offensichtlich eine erstklassige Mannschaft um sich versammelt. Zweierlei ist besonders bemerkenswert: 1. Es wird nicht verlangt, daß sich die deutschen Kronländer der österreichisch-ungarischen Monarchie sogleich an das Deutsche Reich anschließen sollen. Damals genügte es noch, wenn die Forderung aufgestellt wurde, der „Zweibund" des Jahres 1879 zwischen Berlin und Wien solle durch einen Staatsvertrag weiter gefestigt werden und 2. Der Wunsch, daß der jüdische Einfluß auf allen Gebieten des öffentlichen Lebens beseitigt werden müsse. Nicht die Forderung an sich ist erstaunlich, sondern der Umstand, daß zwei der Mitarbeiter am „Linzer Programm" — Viktor Adler und Heinrich Friedjung — Juden gewesen sind. Zu der damaligen Zeit galt als Jude nur eine Person, die der mosaischen Glaubensgemeinschaft angehörte. Ein getaufter Jude, war somit kein Jude!

Bereits dreizehn Jahre nach dem „Linzer Programm" verkündete Ritter v. Schönerer: „Deutschnationale im Deutschen Reich und im deutschen Österreich, redet doch nicht immer bei Sedanfeiern, Bismarckfeiern oder sonstigen alldeutschen Merktagen von einem geeinten Deutschland. — Es gibt noch kein Deutschland — denn das heutige ‚Deutsche Reich' ist noch lange nicht Deutschland. Das heutige Deutsche Reich zählt rund 45 Millionen Stammesdeutsche; fast 15 Millionen, also der Zahl nach ein Drittel der deutschen Reichsbevölkerung, steht noch außerhalb eines staatsrechtlichen (was die Ostmark anbelangt) auf verfassungsmäßigem Wege zu schaffenden Alldeutschlands, — wer daher das Deutsche Reich als Deutschland bezeichnet, begeht einen völkischen, geschichtlichen und alldeutschen Irrtum! Den Feinden unseres Volkstums mag es freilich genehm sein, wenn der deutsche Michel den Rumpf ‚Deutsches Reich' für den ganzen Körper Deutschland hinnimmt, aber keinem wahrhaft Deutschgesinnten, ob dieser oder jener Partei angehörig, darf es einerlei sein, ob man die um das heutige Deutsche Reich ringsum wohnenden Deutschen sozusagen vor den Kopf stößt, indem man das durch die Siege 1870/71 geschaffene Deutsche Reich als geschlossenes ‚Deutschland' bezeichnet; denn dieses Deutsche Reich kann nach den Grundsätzen der Nationalpolitik nur als die Grundlage für ein, was die deutsche Ostmark betrifft, auf – sagen wir – verfassungsmäßigem Wege zu erstrebendes Alldeutschland, im Sinne des Arndt'schen Liedes: ‚Was ist des Deutschen Vaterland?' und des Jahn'schen Einheitstraumes betrachtet werden. – Heil Alldeutschland! Heil dem Bismarck der Zukunft!" Noch deutlicher wird Georg v. Schönerer 1906: „Unser irregeführter, schnöde verlassener deutscher Volksstamm in der Ostmark kann nur mehr im Deutschen Reich Schutz und Schirm seines Volkstums finden. Vollberechtigt ist also der Ruf, mit dem ich schließe: Heil dem Hort unserer Zukunft, Heil dem deutschen Hohenzollernreich!"

Anschluß als Ziel

Die maßgebende Forderung des Nationalen Lagers nach dem Jahre 1918 war der Anschluß an das Deutsche Reich! Diese Forderung erhoben jedoch beileibe nicht die beiden nationalen Parteien – Großdeutsche und Landbund – allein. Sämtliche Parteien – mit der einzigen Ausnahme der Kommunisten, welche die ersten waren, die von einer „Österreichischen Nation" sprachen – hatten den Wunsch nach dem Zusammenschluß Deutsch-Österreichs – so der selbstgewählte Name bis September 1919 – mit dem Deutschen Reich in ihre Programme aufgenommen. Die „Großdeutsche Volkspartei" erklärte: „Der unverrückbare Leitstern unserer Außenpolitik ist der Anschluß Österreichs an das Deutsche Reich." Der „Landbund" – eine nationalliberale Bauernpartei – verkündete: „Der Landbund will im deutschen Landvolk das natürliche Einheitsgefühl heben und vertiefen. Der Zusammenschluß aller deutschen Stämme im geschlossenen Sprachgebiet zu einem einigen Deutschen Reich bildet unverrückbar sein außenpolitisches Ziel." Die SPÖ sagte: „Die Sozialdemokratie betrachtet den Anschluß Deutsch-Österreichs an das Deutsche Reich als notwendigen Abschluß der nationalen Revolution von 1918. Sie erstrebt mit friedlichen Mitteln den Anschluß an die Deutsche Republik!" Das Sylvester-Programm der Christlichsozialen Partei, deren voller Titel lautete: Christlichsoziale Partei – eine österreichische Volkespartei, schrieb: „Die Christlichsoziale Partei, als nationale Partei, verlangt insbesondere auch die Gleichberechtigung des deutschen Volkes in der europäischen Völkerfamilie und die Ausgestaltung des Verhältnisses zum Deutschen Reich auf Grund des Selbstbestimmungsrechtes der Völker. Es fällt auf, daß die Christlichsozialen das Wort „Anschluß" nicht in ihr Programm aufgenommen haben. Der Passus ist überaus vorsichtig, wenn nicht vage gehalten. Die „Ausgestaltung des Verhältnisses zum Deutschen Reich auf Grund des Selbstbestimmungsrechtes der Völker" kann den Anschluß, aber auch alles mögliche andere bedeuten[7])!

Nicht unerhebliche Kräfte innerhalb der Christlichsozialen Partei waren nichts weniger als Anschluß-Freunde! Verschiedentlich haben sich führende Männer dieser Partei – den allgemeinen politischen Trend bedenkend – energisch dagegen gewehrt, nicht für oder gar gegen den Zusammenschluß der beiden deutschen Staaten zu sein. Josef Joham (CV, Carolina, Graz), der spätere Generaldirektor der Credit-Anstalt, sagte in seiner Rede auf den Cartellverband im Wintersemester 1911: „Dieses Gefühl der Zusammengehörigkeit deutscher Kultur, deutscher Sitte, deutscher Sprache, deutscher Geschichte und deutscher Tatkraft umspannt uns und das Hochgefühl einer solchen Nation anzugehören, konnte sich nicht an eines Reiches Grenzen festhalten lassen, das geistige Band es verbindet über politische Grenzen hinaus Länder, die sich im Volkstum gleich sind." – Der Philistersenior Rolph Trummer (CV, Carolina, Graz), der spätere Landeshauptmann der Steiermark, sprach am 28. April 1928: „Ich möchte es daher ein für allemal klar stellen: Für uns Angehörige des großen Cartellverbandes endet Deutschland, die deutsche Nation nicht in Oberschlesien, nicht an den Karawanken und an den Grenzen

Deutsch-Südtirols, für uns reicht Deutschland soweit auf Erden, so weit die deutsche Zunge klingt, soweit deutsches Wissen und deutsches Können und überhaupt deutsche Kultur zu finden sind. Gerade diese universelle Auffassung des Deutschtums und der nationalen Betätigung vermochte Nationalhelden wie Schlageter (CV, Falkenstein, Freiburg i. Br.), Reuth-Nicolussi (CV, Austria, Innsbruck) und andere hervorzubringen. Aus dieser Einstellung eine Gegnerschaft des staatspolitischen Zusammenschlusses aller Deutschen des geschlossenen deutschen Sprachraumes ableiten zu wollen, heißt uns etwas unterschieben, was wir entschieden zurückweisen müssen." — Immerhin könnte ein kritischer Betrachter sagen, das sind nicht mehr als zwei Aussprüche führender Männer ein und derselben Corporation des Cartellverbandes. Wir sind in der angenehmen Lage derartigen Überlegungen begegnen zu können. Die allgemeine Versammlung des gesamten Cartellverbandes — von Flensburg bis Klagenfurt — beschloß im Jahre 1926: „Der Cartellverband erwartet von allen seinen Verbindungen und Mitgliedern, daß sie gemäß den Grundsätzen des Verbandes in ihrem ganzen Denken und Handeln sich stets ihrer großen Pflicht gegen das deutsche Volkstum bewußt sind. Darum hat jeder Cartellbruder sich mit ganzer Kraft für deutsches Wesen und deutsche Kultur einzusetzen. Die Schicksalsverbundenheit aller Deutschen kann unserer Auffassung nach niemals durch staatliche Grenzen zerrissen werden."[8])

Ende Oktober 1918 erklärte die Provisorische deutsch-österreichische Nationalversammlung den Staat Deutsch-Österreich begründen zu wollen. Drei Wochen danach wurde das Gesetz über die Staatsform Deutsch-Österreichs beschlossen: Artikel 1 Deutsch-Österreich ist eine demokratische Republik, Artikel 2 Deutsch-Österreich ist ein Bestandteil der deutschen Republik. An demselben Tag — 12. November 1918 — sprach der damalige Staatskanzler der ersten und nachmalige Bundespräsident der zweiten Republik (Deutsch-)Österreich, Karl Renner, SPÖ, die folgenden Worte: „Notwendig aber ist dieser Beschluß besonders in seinem Artikel 2, welcher sagt, daß die deutsch-österreichische Republik ein Bestandteil der deutschen Republik ist, notwendig ist er in dem Verhältnis zu unserem Stammvolk. Unser großes Volk ist in Not und Unglück. Das Volk, dessen Stolz es immer war, das Volk der Dichter und Denker zu heißen, unser deutsches Volk des Humanismus, unser deutsches Volk der Völkerliebe, unser deutsches Volk ist im Augenblick tief gebeugt. Aber gerade in dieser Stunde, wo es so leicht und so bequem und vielleicht auch so verführerisch wäre, seine Rechnung abgesondert zu stellen und vielleicht auch von der List der Feinde Vorteile zu erhaschen, in dieser Stunde solle unser Volk in allen Gauen wissen: Wir sind ein Stamm und eine Schicksalsgemeinschaft."

Am 22. November erfolgte die Erklärung über den Umfang und die Grenzen des Staatsgebietes von Deutsch-Österreich: 1. Der Staat Deutsch-Österreich übt die volle Gebietshoheit über das geschlossene Siedlungsgebiet der Deutschen innerhalb der bisher im Reichsrat vertretenen Königreiche und Länder aus. 2. Die in den Siedlungsgebieten anderer Nationen eingeschlossenen, allein oder überwiegend von Deutschen bewohnten oder verwalteten Sprachinseln, Städte, Gemeinden und Ortschaften der im Reichsrat vertretenen Königreiche und Länder bleiben bis zur verfassungs- und völkerrechtlichen Sicherstellung ihrer politischen und nationalen Rechte einstweilen unter der Hoheit des Staates Deutsch-Österreich und bilden dessen zeitweiligen Rechtsbereich. Sie behalten ihre bisherige Vertretung in der Provisorischen Nationalversammlung und bleiben den Gesetzen und Behörden von Deutsch-Österreich unterstellt. Die Republik umfaßt: Österreich unter der Enns einschließlich des Kreises Deutsch-Südmähren, Österreich ob der Enns einschließlich des Kreises Deutsch-Südböhmen, Salzburg, Steiermark, Kärnten mit Ausschluß der geschlossenen jugoslawischen Siedlungsgebiete, die Grafschaft Tirol mit Ausschluß des geschlossenen italienischen Siedlungsgebietes, Vorarlberg, Deutsch-Böhmen und Sudetenland sowie die deutschen Siedlungsgebiete von Brünn, Iglau und Olmütz. – Zwischen dem 30. Oktober und dem 12. November 1918 hatten sich die Provinzen Deutsch-Böhmen, Sudetenland und der Kreis Deutsch-Südmähren an die Republik Deutsch-Österreich angeschlossen. Sie waren damit de jure seit der deutsch-österreichischen Anschlußerklärung an das Deutsche Reich vom 12. November 1918 gleich Deutsch-Österreich ihrem eigenen Willen nach ein Bestandteil des Deutschen Reiches und das bis zur Übergabe des Diktats von St. Germain, also nahezu ein Jahr hindurch. – Von den beiden Hauptstädten aus ließ man es jedoch nicht bei verbalen Erklärungen bewenden. Vom 27. Februar bis zum 2. März 1919 führten die Vertreter des Deutschen Reiches, Reichsaußenminister Graf v. Brockdorff-Rantzau, und der Republik Deutsch-Österreich, Otto Bauer, SPÖ, Staatssekretär für Auswärtige Angelegenheiten, umfassende Verhandlungen, die im „Berliner Protokoll" vom 2. März 1919 ihren Niederschlag fanden.

Artikel 1 des Übereinkommens lautet: Die deutsche Reichsregierung und die deutsch-österreichische Regierung sind übereingekommen, mit tunlichster Beschleunigung über den Zusammenschluß des Deutschen Reiches und Deutsch-Österreichs einen Staatsvertrag abzuschließen. Nach der Ratifikation des Vertrages sollte der Zusammenschluß durch Reichsgesetz erfolgen, bei dessen Beratung deutsch-österreichische Berater bereits mitwirken würden. Deutsch-Österreich sollte als Ganzes in das Deutsche Reich eintreten. Falls sich einzelne Länder abspalten sollten, um als besondere Gliedstaaten in das Reich einzutreten, sei es um sich anderen Gliedstaaten anzuschließen, wird die deutsche Reichsregierung nur im Einvernehmen mit der deutsch-österreichischen Regierung ihre Aufnahme vollziehen. In den weiteren Artikeln werden die handelspolitischen Vereinbarungen, die Verkehrsfragen, die Währungsregelung und sonstige staatsfinanzielle Probleme bis in die kleinsten Einzelheiten festgelegt. Der Stadt Wien wurde in Artikel VI ein besonderes Entgegenkommen bewiesen. Es sollten eigene Verhandlungen über diesen Punkt unter Hinzuziehung von Vertretern Wiens eingeleitet werden. Schon jetzt aber wurden die folgenden Wünsche in das „Berliner Protokoll" aufgenommen: 1. Der Reichspräsident hätte für einen Teil des Jahres seinen Sitz in Wien zu nehmen. Hierbei wäre in Aussicht zu nehmen, daß während dieser Zeit das Auswärtige Amt in Wien ausreichend vertreten ist. 2. Der Deutsche Reichstag hätte alljährlich eine Sitzung in Wien abzuhalten. 3. Eine Reihe von obersten Reichsämtern, von Monopolverwaltungen des Reiches und, im Falle der Schaffung öffentlich-rechtlicher Industrieverbände, eine Reihe von Leitungen solcher Verbände wären dauernd nach Wien zu verlegen. 4. Auch wäre die Schaffung von Kulturinstituten, die vom Reiche erhalten werden, wie z. B. eine Musikhochschule, in Wien in Aussicht zu nehmen[9]).

Am 16. Februar 1919 sind die ersten Wahlen in dem neuen Staate abgehalten worden. Das Ergebnis lautete: Großdeutsche Vereinigung 26, Christlichsoziale 69, Sozialdemokraten 72 Sitze. Die nunmehr gewählte Konstituierende deutsch-österreichische Nationalversammlung wiederholte am 12. März 1919 feierlich das Gesetz vom 12. November 1918, welches da heißt: „1. Deutsch-Österreich ist eine demokratische Republik. Alle öffentliche Gewalt geht vom Volke aus. 2. Deutsch-Österreich ist ein Bestandteil des Deutschen Reiches." – Die Vorstellung, die Alliierten – allen voran Frankreich – würden es zulassen, dem Deutschen Reich anno Domini 1919 10 Millionen Alpen- und Sudetendeutsche zuzuführen, war allerdings etwas naiv. Der 28. Juni 1919 brachte dem Reich das Diktat von Versailles. In Artikel 80 wurde Deutschland gezwungen, die Unabhängigkeit

Deutsch-Österreichs als unabänderlich hinzunehmen. Artikel 61, Absatz 2 der Weimarer Verfassung lautete: „Deutsch-Österreich erhält nach seinem Anschluß an das Deutsche Reich das Recht der Teilnahme am Reichsrat mit der seiner Bevölkerung entsprechenden Stimmenzahl. Bis dahin haben die Vertreter Deutsch-Österreichs beratende Stimme!" Die Reaktion des französischen Ministerpräsidenten Georges Clemenceau erfolgte bereits am 2. September: „In dem Artikel 61 der Weimarer Verfassung, die Zulassung Österreichs zum Reichsrat ausspricht, stellt er diese Republik den das deutsche Reich bildenden Ländern gleich, eine Gleichstellung, die mit der Achtung der österreichischen Unabhängigkeit nicht vereinbar ist. Indem er die Teilnahme Österreichs am Reichsrat zuläßt, schafft der Artikel 61 ein politisches Band zwischen Deutschland und Österreich und eine gemeinsame politische Betätigung, die im vollkommenen Widerspruch mit der Unabhängigkeit Österreichs steht. Unter dem Vorbehalt weiterer Maßnahmen erklären die alliierten und assoziierten Mächte der deutschen Regierung, daß diese Verletzungen ihrer Verpflichtungen in einem wesentlichen Punkt die Mächte zwingen wird, unmittelbar die Ausdehnung ihrer Besetzung auf das rechte Rheinufer zu befehlen, falls ihre Forderung nicht innerhalb von vierzehn Tagen vom Datum der vorliegenden Note gerechnet, erfüllt ist. − Am 22. September mußte das Deutsche Reich − dem militärischen Drucke Frankreichs nachgebend − Artikel 61, Absatz 2 der Verfassung von Weimar zurücknehmen[10]).

Bereits am 25. Juli 1919 hatte der führende Kopf der österreichischen Sozialdemokratie, Otto Bauer, Staatssekretär für Auswärtige Angelegenheiten, sein Amt zurückgelegt. Als Grund für diesen Schritt führte der Politiker aus: „Das Scheitern meines Versuches mit Italien zu einer Verständigung über Südtirol zu gelangen und mein Eintreten für den Anschluß an Deutschland, das mich bei den französischen Machthabern mißliebig gemacht hat." Am 10. September dieses denkwürdigen Jahres bekam Deutsch-Österreich den Text des Diktates von St. Germain zugestellt. Artikel 88 des Dokuments lautete: „Die Unabhängigkeit Österreichs ist unabänderlich." Anstatt des selbstgewählten Namens Deutsch-Österreich durfte sich die Republik nur noch − Österreich nennen. Dazu erklärte Staatskanzler Renner: „Das Gefühl dieser Verarmung und das Gefühl als Bruchstück nicht selbständig leben zu können, zusammen mit dem unzerstörbaren Gefühl der nationalen und kulturellen Gemeinschaft mit den Deutschen des Reiches hat die Nationalversammlung zweimal bestimmt, in feierlicher Weise den Anschluß an das Deutsche Reich zu verkünden. Es gehört zu meiner schmerzlichen Pflicht, dem Hause zu berichten, daß der Friedensvertrag uns die Freiheit dieser Entschließung nimmt." Die Volksvertretung wandte sich in einem flammenden Appell an die Weltöffentlichkeit: „Die Nationalversammlung erhebt vor aller Welt feierlichen Protest dagegen, daß der Friedensvertrag von St. Germain unter dem Vorwande, die Unabhängigkeit Deutsch-Österreichs zu schützen, dem deutsch-österreichischen Volk sein Selbstbestimmungsrecht nimmt, ihm die Erfüllung seines Herzenswunsches, seine wirtschaftliche, kulturelle und politische Lebensnotwendigkeit, die Vereinigung mit dem deutschen Mutterlande verweigert. Die Nationalversammlung spricht die Hoffnung aus, daß, sobald der Friede den Geist nationaler Gehässigkeit, den der Krieg hervorgerufen hat, überwunden haben wird, der Völkerbund auch dem deutschen Volk das Recht auf Einheit und Freiheit der Nation, das er allen anderen Völkern gewährt, nicht dauernd vorenthalten wird. In schmerzlicher Enttäuschung legt sie Verwahrung ein gegen den leider unwiderruflichen Entschluß der alliierten und assoziierten Mächte, dreieinhalb Millionen Sudetendeutsche von den Alpendeutschen, mit denen sie seit Jahrhunderten eine politische und wirtschaftliche Einheit bilden, gewaltsam loszureißen, ihrer nationalen Freiheit zu berauben und unter die Fremdherrschaft eines Volkes stellen, das sich in demselben Friedensvertrag als ihr Feind bekennt."

Drei Tage danach schrieb die halbamtliche „Wiener Abendpost": „Durch die Fertigung des Friedensvertrages ist die auswärtige Stellung der deutschen Alpenlande für die nächste Zukunft festgelegt. Sie tragen wider ihren eigenen Willen den Namen ‚Österreich'. Die Republik Österreich tritt damit in die Geschichte ein. Sie hat sich wiederholt dagegen verwahrt, materiell und geistig das Erbe des alten Österreich zu sein. Jene Ablehnung sollte vor allen Völkern bezeugen, daß die deutschen Alpenlande es weit von sich weisen, die Tradition des Habsburgerreiches fortzusetzen." Mitte des Monats erklärte Staatskanzler Renner anläßlich der 6. Länderkonferenz: „Die Bezeichnung ‚Deutsch-Österreich' paßt nicht mehr, denn das Staatsgebiet umfaßt keinesfalls mehr alle Deutschen des ehemaligen Österreich, sondern nur das Gebiet der Ostalpen, soweit es von Deutschen besiedelt ist. Deshalb würde der Name ‚Deutsche Alpenlande' am besten entsprechen."[11])

Im Vorarlberger Landtag wurde bereits am 6. Dezember 1919 die Frage des Selbstbestimmungsrechtes des Landes verhandelt. Der Antrag des Landesrates, der Landtag solle von der Staatsregierung in Wien verlangen, daß sie das Selbstbestimmungsrecht Vorarlbergs anerkenne und diese Frage beim Obersten Rat in Paris beziehungsweise beim Völkerbund anhängig mache, wurde mit 20 gegen 7 Stimmen angenommen. – In einem weiteren Antrag ist der Landesrat ermächtigt worden, das Selbstbestimmungsrecht erforderlichen Falles selbst geltend zu machen. Fünf Tage später nahm der Tiroler Landtag einen Dringlichkeitsantrag aller Parteien an. Der Landtag wolle beschließen, die Landesregierung zu beauftragen, zur Rettung des Landes vor dem gänzlichen Zusammenbruch sofort mit der Staatsregierung in Wien Verhandlungen einzuleiten, damit diese beim Obersten Rat in Paris erwirke, daß Tirol mit dem Deutschen Reich zu einem gemeinsamen Reich zusammengeschlossen werde. Wiederum fünf Tage danach – 16. Dezember 1919 – nahm der Salzburger Landtag einen Antrag des Verfassungsausschusses an, welcher ausführt, die Landesregierung solle beauftragt werden, im Wege der Staatsregierung, an den Obersten Rat in Paris das Ersuchen zu richten, diese möge mindestens den wirtschaftlichen Anschluß an Bayern gestatten. Salzburg zählt bekanntlich erst seit dem Jahre 1815 ständig zu den Herrschaftsgebieten des Hauses Habsburg-Lothringen[12]).

Am 18. Mai 1919 stimmte das Land Vorarlberg ab! Die Frage lautete Anschluß Ja oder Nein? Allerdings handelte es sich nicht um den Anschluß an das Deutsche Reich oder an Bayern, sondern um den Anschluß an die schweizerische Eidgenossenschaft. Mit Nein stimmten – 11 176, mit Ja votierten – 46 934 Vorarlberger! Nicht weniger als 80,6% der Stimmabgeber wünschten somit sich von Deutsch-Österreich ab- und nach der Schweiz hinzuwenden. – Das Land Tirol hielt am 24. April 1921 eine Volksabstimmung über die Frage des Anschlusses ab. Das Ergebnis lautete: 300 Stimmen ungültig, 1 722 Nein- und 132 296 Ja-Stimmen. Die Abstimmung wurde trotz des Einspruches der Zentralregierung und der Ententevertreter unter sehr reger Beteiligung abgehalten. Nur drei Tage danach beschloß der Landtag von Salzburg – wiederum gegen Einspruch der Wiener „Zentralstellen" und der Alliierten – daß die Anschluß-Abstimmung am 29. Mai abzuhalten wäre. An dem gleichen Tag nahm der oberösterreichische Landtag in Linz den Antrag der Großdeutschen einstimmig an, in welchem die Bundesregierung aufgefordert wurde, den Gesetzesentwurf zur Durchführung der Abstimmung in ganz Österreich über die Frage des Anschlusses an das Deutsche Reich zur Verabschiedung zu bringen. Zu dem vorgegebenen Zeitpunkt wurde in Salzburg die Volksabstimmung in Sachen „Anschluß an das Deutsche Reich" durchgeführt. Das Ergebnis lautete: 797 Nein-Stimmen und 100 762 Ja-Stimmen[13]).

So war die Lage ein Jahr oder etwas mehr als ein Jahr nach der Konstituierung des neuen Staates von Gnaden — besser gesagt auf Druck — der Alliierten. Die Provisorische und die Konstituierende Nationalversammlung hatten einstimmig beschlossen, Deutsch-Österreich an das Deutsche Reich anzuschließen. Die verantwortlichen Leiter der Außenpolitik in Berlin und Wien waren sich im „Berliner Protokoll" bis in die kleinsten Einzelheiten wegen der Durchführung des Zusammenschlusses einig geworden. Durch die Diktate von St. Germain und von Versailles wurde der Anschluß verboten und damit die „Unabhängigkeit" des Landes, welches sich nur noch Österreich und nicht mehr nach eigener Wahl Deutsch-Österreich nennen durfte, eine „unabänderliche". Die Nationalversammlung und die scheidenden sudetendeutschen Abgeordneten fanden würdige Worte, diesen krassen Bruch des Selbstbestimmungsrechtes in das rechte Licht zu setzen. Sämtliche Parteien hatten jedoch auch nach dem ausdrücklichen Verboten in den Diktaten von St. Germain und Versailles — diesen — den Anschluß — als einen Punkt in ihre Programme aufgenommen. Die Großdeutschen, die Landbündler und die Sozialdemokraten waren unbedingte Anhänger des Zusammenschlusses der beiden deutschen Staaten. Die Christlichsoziale Meinung in dieser Frage war zumindest geteilt. Die Argumente auf dem Parteitag von 1919 waren nicht sehr durchschlagend. Ebenso ist die Formulierung des — aus propagandistischen Gründen — unbedingt notwendigen Anschluß-Paragraphen im Sylvester-Programm eine ungewöhnlich weiche und nach allen Seiten hin dehnbare. — Am 24. März 1920 meldet der deutsche Gesandte v. Rosenberg, er habe an dem vergangenen Tage eine ausführliche Unterredung mit dem Staatskanzler Renner gehabt. Dieser hätte seinem Glauben Ausdruck verliehen, daß der Anschluß bis zum Herbst des Jahres vollzogen sein werde. Gesandter v. Rosenberg berichtet weiter unter dem 20. Mai: „Staatskanzler Renner äußerte sich äußerst besorgt über die Separationsgelüste der Alpenländer. Die Salzburger hielten Verbindung mit Wittelsbach'schen Kreisen. Erst vor kurzem seien Vertreter, die der Salzburger Regierung nahestünden, zu einer vertraulichen Aussprache in Bayern gewesen. In Oberösterreich machten sich ähnliche Tendenzen bemerkbar. Auch in Tirol seien Neigungen zu Unbesonnenheiten bemerkbar. Er, der Staatskanzler, glaube daher, daß es nützlich wäre, wenn von Berlin gelegentlich ein kalter Wasserstrahl käme. Er werde in diesem Sinne den österreichischen Gesandten in der Reichshauptstadt, Ludo Hartmann, instruieren, und bäte mich gleichfalls zu berichten. Er wünschte offenbar eine öffentliche Kundgebung und meinte, darin müsse etwa gesagt werden: Der Anschluß Österreichs an Deutschland könne nur von Österreich aus betrieben werden, die österreichische Regierung habe bereits erklärt, daß sie die Angelegenheit zu gegebener Zeit vor den Völkerbund bringen und dort die Vereinigung ganz Österreichs mit dem deutschen Mutterlande beantragen werde. Ein vorzeitiger Anschluß einzelner Länder würde nur zur Folge haben, daß die deutschen Stammesbrüder in den zunächst am Anschluß nicht beteiligten Ländern in eine doppelt schwierige Lage gerieten. Hierzu könne die österreichische Regierung nicht die Hand reichen und darum könnten solche Anschlußbestrebungen einzelner Länder auch von Deutschland nicht ermutigt werden. Ich erwiderte — setzte Herr v. Rosenberg fort — dem Staatskanzler, es sei mir fraglich, ob die deutsche Regierung im gegenwärtigen Moment, das heißt unmittelbar vor den Wahlen, eine solche Verlautbarung erlassen könne, denn diese werde, auch wenn sie noch so weise abgewogen sei, von der Opposition im Wahlkampf gegen die bestehende Regierung ausgenutzt werden. Mir schien es wichtiger, man warte zunächst das Ergebnis der Wahlen und den

Zusammentritt des Reichstages ab und überlasse es dann der amtierenden Regierung, zu der Frage Stellung zu nehmen. Jedenfalls würde man außerordentlich vorsichtig zu Werke gehen und darauf Bedacht nehmen müssen, daß nicht der Anschlußgedanke als solcher Schaden leide." Die Befürchtungen des Staatskanzlers, der als sozialdemokratischer Zentralist nur einen Anschluß Gesamt-Österreichs zulassen wollte – Schwerpunkt: Wien – dort hatte die SPÖ Zweidrittelmehrheit, während sie in den Bundesländern froh sein konnte 30% der Stimmen zu erlangen – sind offensichtlich nicht ohne reale Basis gewesen. Am 10. Juni 1920 beantwortete der christlichsoziale Landeshauptmann von Salzburg, Oskar Meyer, eine Anfrage des deutsch-freiheitlichen Landesverbandes mit folgenden Worten: „Die Landesregierung wird alles tun, um die begründete Forderung Salzburgs nach dem Anschluß an Bayern als einzige Rettung aus den gegenwärtigen unerträglichen Nöten, ungeachtet aller Schwierigkeiten durchzusetzen." Wenige Tage danach hatte der deutsche Vertreter mit dem christlichsozialen Vizekanzler Jodok Fink eine Unterredung. Der Vorarlberger sagte: „Die Länder würden, wenn nicht außenpolitische Schwierigkeiten bestünden, lieber heute als morgen den Anschluß an Deutschland beziehungsweise an die Schweiz proklamieren."[14])

Das nationale Lager in der Ersten Republik

Dieser allgemeine, sämtliche Schichten des Volkes in den Alpen und an der Donau umfassende Wunsch, ja die Forderung nach dem Zusammenschluß der beiden deutschen Staaten gab dem nationalen Lager zweifellos einen allgemeinen psychologischen Auftrieb. Andererseits aber war die Lage vom parteitaktischen Denken aus betrachtet, gerade deshalb nicht so überaus günstig, weil der hervorstechendste Punkt, der „Leitstern" – wie es in den Programmen heißt – eben nicht eine besondere Spezialität des Nationalen Lagers gewesen ist, sondern eine allumfassende Denkrichtung in der gesamten Parteienlandschaft, immer mit Ausnahme der Kommunisten. Zum Nationalen Lager 1918 bis 1938 sind zu rechnen: Die Großdeutschen, der Landbund, die NSDAP, welche aber erst ab 1931 politisches Gewicht bekam, und beträchtliche Teile des Heimatschutzes. Die Heimwehr war ursprünglich die militante Zusammenfassung aller Nicht-Marxisten, also Abwehr der von Otto Bauer proklamierten Diktatur des Proletariats. In der Hoch-Zeit dieser Bewegung – nach dem linken Putsch-Versuch von 1927 – trafen sich in den Reihen der Heimatwehr, wie man in Tirol sagte, vom schwarzen CVer, über den schwarz-gelben Offizier a. D., den blauen Großdeutschen, den deutschnationalen Burschenschafter bis hin zu den wenigen Männern, die damals die NSDAP bildeten, alles in den Reihen des Heimatschutzes. In jenen drei Männern, die es zu Bundesführern des Heimatschutzes gebracht hatten, zeigt sich die ganze Gegensätzlichkeit der Bewegung: Richard Steidle, Innsbrucker CVer, Walter Pfrimer, Grazer Burschenschafter und Fürst v. Starhemberg, Verkehrsgast eines Innsbrucker Corps. Die Schicksale dieser drei Männer sind desgleichen höchst unterschiedliche gewesen: Steidle kam im Konzentrationslager um, Pfrimer wurde nach 1938 geehrt und Starhemberg verlebte seine Jahre in der Emigration.

Zusammenfassend: Innerhalb der Heimwehr gab es starke Kräfte, die durchaus dem Nationalen Lager zuzurechnen sind. Vor allem fanden sich solche Gruppen in der Steiermark, Kärnten, Salzburg und Oberösterreich. Katholisch war die Heimatwehr in Tirol und Vorarlberg, klerikal – bis hin zu einem politischen Bündnis mit den Christlichzozialen – in Niederösterreich, und legitimistisch in Wien. Der Steierische, später Deutsch-Österreichische Heimatschutz verfügte nicht allein in diesem Lande über Anhänger. Sowohl kärntnerische, als auch oberösterreichische Heimatschutz-Ortsgruppen bekannten sich zu der betont nationalen Richtung der

Steiermark. Erst im Herbst 1932 fiel der Steierische Heimatschutz in die zwei Richtungen Österreichischer und Deutsch-Österreichischer Heimatschutz auseinander. Das als besonders durchschlagskräftig geltende Wiener Studentenfreikorps des Heimatschutzes gehörte trotz seiner geographischen Lage dem Steierischen Heimatschutz an und führte die Farben Schwarz-Weiß-Rot in seinem Abzeichen.

Dieser „Steierische Heimatschutz", also jener Teil der Heimwehrbewegung, der eindeutig dem Nationalen Lager zuzurechnen ist, versuchte am 13. September 1931 unter der Führung des Judenburger Rechtsanwaltes Dr. Walter Pfrimer durch einen Putsch an die Macht zu kommen. Frei nach dem ersten Satz des „Korneuburger Eides" vom 11. Mai 1930: „Wir wollen nach der Macht im Staate greifen." Dies war konsequenterweise die einzige Möglichkeit, wie eine reine Wehrbewegung ans Ruder kommen konnte.

Die übrigen paramilitärischen Formationen sind jeweils der militante Arm der betreffenden Parteien gewesen: Der Republikanische Schutzbund für die SPÖ, die Bauernwehr für den Landbund, die SA und SS für die NSDAP und — mit einigen Einschränkungen — die Ostmärkischen Sturmscharen und der Freiheitsbund für die Christlichsozialen. Also: fast jede Partei, hatte eine militärisch organisierte Truppe, zum Saalschutz, zur Eroberung der Straße und zur Terrorisierung des jeweiligen Gegners. Das Hauptgewicht aber liegt eindeutig bei der betreffenden Partei. Einzig der Heimatschutz in Österreich und der Stahlhelm im Deutschen Reich sind Wehrverbände gewissermaßen im luftleeren Raum gewesen. Der Stahlhelm hat es nie erprobt, sich einer Wahl zu stellen, als Wahlwerber aufzutreten. Der Heimatschutz tat solches mit seinem „Heimatblock", der jedoch die zahlenmäßigen Erwartungen in keiner Weise erfüllte. Zahlreiche Männer waren der politischen Kungelei, der stetigen wirtschaftlichen Miseren leid, sie wollten eine Wende, eine echte Änderung! Dafür waren sie auch bereit, sich selbst einzusetzen, aber nicht auf der parlamentarischen Ebene. Eine reine Wehrbewegung hat nur die eine Chance an die Macht zu kommen — den Putsch. Die Steierische Heimwehr hat die zwingende Konsequenz erkannt, den Putsch gewagt — und verloren!

Mit dem mißlungenen Pfrimer-Putsch begann der Aufstieg der NSDAP in Österreich und der Beginn der Spaltung im Heimwehr-Lager. Die restlose Abkoppelung fand mit dem „Venediger Abkommen" vom 19. November 1933 statt. Aus dem Steierischen wurde der Deutsch-Österreichische Heimatschutz, der jedoch bald in die SA aufging. Die drei bedeutendsten Führer des Steierischen Heimatschutzes waren: Konstantin Kammerhofer, später SA-Brigadeführer, sodann SS-Gruppenführer, der steierische Landesrat August Edler v. Meyszner, SA-Brigadeführer, später SS-Gruppenführer und Hanns Rauter, nachmals SS-Obergruppenführer[15]).

Das politische Gewicht der Nationalen

Wie war das zahlenmäßige Stärkeverhältnis des nationalen Lagers — Großdeutsche, Landbund, Steierische Heimwehr, NSDAP — gegenüber den restlichen Parteien und wie ist ihr Einfluß, unbeschadet der Zahlenstärke von 1918 bis 1938 gewesen? Will man das tatsächliche politische Gewicht des nationalen Lagers ermessen, darf zweierlei nicht aus den Augen gelassen werden: 1. Genügt es nicht einfach die Zahl der Mandate im Nationalrat zu nennen und 2. Genügt es ganz und gar nicht allein den Nationalrat zu betrachten, ohne die Landtage irgendeiner Aufmerksamkeit zu würdigen. In der Mitte der zwanziger Jahre, gleichzeitig Halbzeit für die erste demokratische Republik, verfügten die Großdeutschen über 10, der Landbund über 5 Mandate im Nationalrat. Dieser zählte insgesamt 165 Sitze. Die beiden nationalen Parteien verfügten somit noch nicht einmal über 10%

der Mandate im Zentralparlament. Zu den beiden genannten politischen Gruppierungen traten vorübergehend noch der Schoberblock und – mit Einschränkungen – der Heimatblock. Ab 20. November 1920 existierte keine Regierung mehr, die von der SPÖ gestellt wurde oder deren Mitarbeit hatte. Ab der 1. Regierung Schober, 21. 6. 1921, hatten die Großdeutschen Leopold Waber und Alexander Angerer das Innen- und das Handelsministerium inne, von Johannes Schober als Bundeskanzler und Außenminister ganz zu schweigen. In der 1. Regierung Seipel, 31. 5. 1922, ist der Großdeutsche Felix Frank Vizekanzler und Innenminister, seine Parteifreunde Waber und Emil Kraft verwalteten die Ministerien für Justiz und Handel. In dem 2. und 3. Kabinett Seipel, 1923/24, wirkte Frank als Vizekanzler und Justizminister, Hans Schürff amtierte als Handelsminister. Von 1924 bis 1926 ist der christlichsoziale Rudolf Ramek Bundeskanzler gewesen. In beiden Regierungen war Waber Vizekanzler und Justiz-, Schürff Handelsminister. In den Jahren 1926 und 1927 folgte wieder Ignaz Seipel als Kabinettschef. Der Großdeutsche Franz Dinghofer hatte das Amt des Vizekanzlers und Justizministers inne, während Schürff von neuem dem Ministerium Handel und Verkehr vorstand. In der folgenden Bundesregierung, Kanzler wiederum Seipel, 1927/29, sind die Vertreter des nationalen Lagers gewesen: Karl Hartleb, Landbund, Vizekanzler, Dinghofer und Franz Slama von den Großdeutschen leiteten hintereinander das Justizressort und Hans Schürff blieb Handelsminister. Das kurzfristige – Mai bis September 1929 – christlichsoziale Kabinett des Wirtschaftsführers Ernst Ritter Streer v. Streeruwitz zählte Vinzenz Schumy, Landbund, als Vizekanzler und Innenminister, Franz Slama und Hans Schürff, als Justiz- und Handelsminister. In der Regierung des konservativ-nationalen Wiener Sängerschafters Johannes Schober, 1929/30, war er selbst Kanzler und Außenminister, Vinzenz Schumy, Landbund, Innenminister, Franz Slama von den Großdeutschen verwaltete das Justizressort, und der Wiener Burschenschafter und desgleichen national-konservative Heinrich Ritter v. Srbik stand dem Ministerium für Unterricht vor. Nur zwei Monate währte das Kabinett Vaugoin, September bis November 1929. Zwei Minister sind sie zu der damaligen Zeit dem nationalen Lager zuzuzählen: Fürst v. Starhemberg als Innen- und Franz Hueber als Justizminister. Starhemberg schwenkte bekanntlich in den folgenden Jahren vom nationalen in das konservative Lager über. Finanzielle Schwierigkeiten, die seine Mutter, christlichsoziale Bundesrätin, mit Hilfe des oberösterreichischen Landeshauptmannes, Prälat Hauser, abwenden half, sollen den Wandel bewirkt haben. In der Regierung Ender, 1930/31, findet sich Johannes Schober als Vizekanzler und Außenminister sowie der Landbundführer Franz Winkler (p. B.: Saxo-Burgundia, Kaaden), als Innenminister. In den beiden Kabinetten des christlichsozialen Buresch war Franz Winkler als Vizekanzler und Innenminister, sein Parteifreund Franz Bachinger als Minister ohne Geschäftsbereich, zuständig für das Sicherheitswesen, tätig. Im ersten – noch demokratischen Kabinett Dollfuß waren die Großdeutschen nicht vertreten, die der Kanzler gerne in seiner Regierung gesehen hätte. Der Landbund zeigte sich stark: Winkler, Vizekanzler, Bachinger, später Schumy Innenminister und Robert Kerber Soziale Verwaltung. Von den drei Ministern, die durch den Heimatschutz gestellt wurden – Fey, Freiherr v. Neustädter-Stürmer recte Marquis Gozani, Jakoncig – kann man den Innsbrucker Corpsstudenten Guido Jakoncig dem nationalen Lager zuzählen, die beiden anderen Heimwehrführer mit Sicherheit nicht. Von September 1933 an – da schied der Landbund aus dem Kabinett Dollfuß aus – bis Juli 1936 blieben Christlichsoziale und Österreichische Heimwehr unter sich. Im Zuge des „Juli-Abkommens" mit dem Deutschen Reich wurde der katholisch-konservativ-nationale Edmund Glaise v. Horstenau als Minister ohne Geschäftsbereich in der 3.

Regierung Schuschnigg aufgenommen. Im 5. Kabinett Schuschnigg saß neben Glaise-Horstenau bereits Arthur Seyß-Inquart, katholisch-national, Mitglied des Steierischen Heimatschutzes, als Innenminister am Tisch. Diese Regierung hatte eine Laufzeit vom 16. 2. bis zum 11. 3. 1938. — Der langen Rede kurzer Sinn: Trotz der verhältnismäßig schwachen Vertretung des nationalen Lagers im Nationalrat läßt sich eine erstaunlich hohe Beteiligung von Männern des nationalen Lagers an der Regierungsverantwortung feststellen. Zwei Jahre wirkte Johannes Schober als Bundeskanzler und Außenminister. Ab der 1. Regierung Seipel 1922 bis zum Jahre 1933 stellten die Nationalen in ununterbrochener Folge Vizekanzler, mit Ausnahme von September 1929 bis November 1930. Daneben verwalteten sie noch zwei bis drei Ministerien. Der faktische Einfluß des Nationalen Lagers geht somit weit über das hinaus, was an der Zahl der Mandatare im Nationalrat abzulesen ist. Keine Regierung von 1921 bis 1933 hat nicht mehrere Männer der Großdeutschen, des Landbundes, des Schoberblocks oder des Heimatblocks in ihren Reihen, die fast stets den stellv. Regierungschef stellen und darüber hinaus die wichtigsten Ministerien: Innen-, Außenministerium, Justiz, Handel und Unterricht verwalten[16]).

Entsprechend ihres politischen Einflußes in der österreichischen Bundesregierung in den 20er und beginnenden 30er Jahren legten die Großdeutschen und nach ihnen die Landbündler bedeutendes Gewicht darauf, einen der ihren als österreichischen Gesandten in der Reichshauptstadt zu sehen. Der Volkshochschul-Lehrer Ludo Hartmann wurde von seinen Genossen 1918 rasch zum Universitätsprofessor und — unter einem — zum österreichischen Gesandten in Berlin ernannt. „Das Kriterium der ‚Güte' eines Deutsch-Österreichers war für die Wilhelmstraße der Grad von dessen Anschlußfreudigkeit. Allerdings darf diese nicht zu kämpferische Formen annehmen, wie bei dem Gesandten Hartmann."[17])

Von 1922 bis 1925 wirkte als Vertreter der Republik in der Reichshauptstadt der Unterstaatssekretär a. D. Richard Riedl, Wiener Burschenschafter und bedeutender Wirtschaftsfachmann, der den Großdeutschen nahe stand. Sodann, ab dem Jahre 1925 bis zum Jahre 1933 der langjährige großdeutsche Vizekanzler Felix Frank. Dollfuß hätte in seinem Kabinett — als dieses noch auf parlamentarische Mehrheiten angewiesen war — gerne neben dem Landbund und dem Heimatblock auch noch die Großdeutschen begrüßt. Diese traten der Regierung Dollfuß aber nicht bei! Durch das „Protokoll von Lausanne", welches einen wirtschaftlichen und politischen Zusammenschluß zwischen Österreich und dem Reich auf weitere 20 Jahre, also bis zum Jahr 1952, hinausschob, war das Tischtuch zwischen Schwarz und Blau endgültig zerschnitten. Daher mußte Frank seinen Posten räumen. Der Großdeutsche wurde durch einen Landbündler ersetzt. Ing. Stefan Tauschitz aus Kärnten behielt die wichtige Stellung bis zum März 1938. Von Juli bis August 1934 ist er neben seiner Tätigkeit als österreichischer Gesandter in Berlin auch noch Staatssekretär für Auswärtige Angelegenheiten in Wien gewesen[18]).

Um die Mitte der 20er Jahre saßen in sämtlichen neun Landtagen der österreichischen Bundesländer: 223 Christlichsoziale, 190 Sozialdemolraten, 33 Großdeutsche, 28 Landbündler und 2 Nationalsozialisten. Aufs Ganze gesehen, ist das für das nationale Lager kein sehr eindrucksvolles Ergebnis. Betrachtet man die einzelnen Bundesländer, erstaunt die Unterschiedlichkeit. Im Landtag und Gemeinderat von Wien hatten die Sozialdemokraten Zweidrittelmehrheit: 78 SPÖ, 41 Christlichsoziale, 1 Abgeordneter der Jüdischen Wählergemeinschaft. Weite — auch vermeintlich politisch denkende Kreise — sind der Ansicht, daß die Republik Österreich aus Wien besteht. Sieht man die Sache so, war der Einfluß des nationalen Lagers — da in Wien nicht vertreten — gleich Null! In Niederösterreich sind unter 60 Abgeordneten 6 Großdeutsche zu erkennen (10%), in Tirol: 37 Volksvertreter —

4 Großdeutsche (11%), in Vorarlberg: 30 Abgeordnete — 2 Großdeutsche, 2 Landbündler (13%), in Salzburg: 27 Parlamentarier — 2 Großdeutsche, 1 Landbündler, 1 NSDAP (14%), in Oberösterreich: 60 Mandatare — 10 Großdeutsche (17%), in der Steiermark: 70 — 4 Großdeutsche, 8 Landbündler (17%), in dem eben erst hinzugetretenen Burgenland: 32 Parlamentarier — 7 Landbündler 22%, in Kärnten 42 Abgeordnete: davon 5 Großdeutsche, 10 Landbündler, 1 Nationalsozialist (38%). Der Landbund allein hatte in diesem — seit 1945 „rotem" Bundesland mehr Landtagsabgeordnete aufzuweisen als die Christlichsozialen. Zweierlei ist zu beachten: Im Nationalrat ist das Nationale Lager schwach vertreten, hat jedoch einen bestimmenden Einfluß auf alle Bundesregierungen von 1921 bis 1933. In den Bundesländern schwankt die Zahl der Abgeordneten zwischen Null und 38 v. H. Dazu ist in verschiedenen Bundesländern der Anteil des nationalen Lagers in sich verschieden: Einmal gibt es nur Großdeutsche, das andere Mal nur Landbündler. Die NSDAP hat im Jahre 1927 von 476 Landtagsabgeordneten ganze — zwei! In diesem Jahr — neun Jahre nach der Begründung des Reststaates und 11 Jahre vor dem Anschluß an das Deutsche Reich — sind die eindeutigen Vertreter des nationalen Lagers auf parlamentarischer Ebene die Großdeutschen und die Landbündler.

Aufstieg der NSDAP

Dieses Bild ändert sich ganz grundlegend mit dem 24. April 1932. Die „Österreichische Zeitgeschichte" berichtet: „Im Wiener Landtag saßen nunmehr 66 Sozialdemokraten, 19 Christlichsoziale — 15 Nationalsozialisten und das in dem Landtag, in welchem kurz zuvor nicht ein Vertreter des nationalen Lagers zu erkennen war! In den Bezirksvertretungen der Bundeshauptstadt verteilten sich die Mandate: 373 SPÖ, 140 Christlichsoziale, 115 NSDAP. Der niederösterreichische Landtag setzte sich aus 28 Christlichsozialen, 20 SPÖ und 8 NSDAP zusammen, der Salzburger aus 12 Christlichsozialen, 8 Sozialdemokraten, 6 NSDAP. Die übrigen Bundesländer zeigen ähnliche Ergebnisse. Im Jahre 1927 saßen in neun Landtagen 2 Nationalsozialisten. Fünf Jahre danach lassen sich in nur drei Landtagen 29 Mitglieder der NSDAP erkennen. Die Nationalsozialisten, die bei den Nationalratswahlen 1930 in ganz Österreich kaum 120 000 Stimmen erreicht hatten, brachten nunmehr allein in Wien, Niederösterreich und Salzburg 336 000 Stimmen auf ihr Konto. — Und das nach der Niederlage Hitlers bei der Reichspräsidentenwahl und vor dem Großerfolg bei den Sommer-Reichtagswahlen[20]).

Im Jahre 1934 ist dreimal versucht worden, die Diktatur Dollfuß mit Gewalt zu stürzen: Im Februar von der SPÖ und im Juli von der SS in Wien und der SA, SS, dem Deutschösterreichischen Heimatschutz und der Bauernwehr, dies die Wehrorganisation des Landbundes, in den Bundesländern. Verbreiteter Meinung nach wären die Österreicher nach dem Anschluß vom März 1938 nicht allein schlecht behandelt worden, sondern das Land wäre geradezu als besetztes Gebiet, als reichsdeutsche Kolonie in die nächsten sieben Jahre gegangen. Keiner der maßgebenden Posten wäre an Landeskinder, sondern alle an die „zuagraßten" Altreicher gekommen. Das „Rot-Weiß-Rot-Buch, Gerechtigkeit für Österreich! Darstellungen, Dokumente und Nachweise zur Okkupation Österreichs", spricht es ganz klar aus: „Nur relativ wenige Offiziere aus Österreich erreichten höhere Kommandoposten. Hier handelte es sich um die wenigen bekannten Verräter."[21])

Die österreichische Bundesregierung Seyß-Inquart, die vom 12. März bis zum 24. Mai 1938 im Amte war, und die ihr nachfolgende Administration Seyß-Inquart als Reichsstatthalter bis zum 30. April 1939 bestand der Natur der Dinge nach aus Österreichern.

Nun könnte jemand — frei nach den trefflichen Ausführungen des „Rot-Weiß-Rot-Buches" — sagen: Natürlich, eben, das wurde ja gerade mitgeteilt: Das waren die wenigen bekannten Verräter! Um der historischen Wahrheit — und um die geht es uns doch — näher zu kommen, wollen wir noch einige andere Mitteilungen machen und damit Argumente sammeln: 110 Alt-Österreicher erreichten hohe Ränge — Dienstgrade — in der Schutzstaffel vom Standartenführer (Oberst) bis zum Obergruppenführer (General der Infanterie). Das österreichische Bundesheer verfügte am 1. März 1938 über 60 Generale dazu noch je ein General der Polizei und der Gendarmerie, zusammen: 62. In dem großdeutschen Heer, der Luftwaffe, der Waffen-SS, der Polizei und der Gendarmerie dienten nicht weniger als 248 Österreicher in Generalsrang, zuzüglich eines Admirals! 350 Österreicher erkämpften sich das Ritterkreuz zum Eisernen Kreuz in seinen verschiedenen Stufen. Der erste Ritterkreuzträger des Zweiten Weltkrieges — Leutnant Stolz — war ebenso Österreicher, wie der einzige Schwertertäger aus dem Mannschaftsstand, Steinbatz, der dritte Brillantenträger der Wehrmacht, Gollob, und der erfolgreichste Scharfschütze des Heeres, Hetzenauer. In sozialer Hinsicht ist alles vertreten: vom Bergarbeiter- oder Bauernsohn bis zum Prinzen aus einem bis 1918 regierenden Hause: Sylvester Stadler — Egmont Prinz zur Lippe-Weißenfeld. Sechshundert Österreicher haben den Dienstgrad eines Oberst erreicht. Der frühere Rittmeister a. D. Alfred Freiherr v. Winzor, Generalsekretär der Vereinigung Katholischer Edelleute in Österreich — also nichts weniger als ein Mann des nationalen Lagers oder gar ein Nationalsozialist — meldete sich sogleich zur Luftwaffe, wurde sogleich und ohne Anstand übernommen und erreichte den Dienstgrad eines Oberst der Luftwaffe, zuletzt Kampfkommandant von St. Pölten. Er sagte nach dem denkwürdigen Mai 1945 rückblickend: Als Oberst der deutschen Luftwaffe, da war man doch wer! Sofern es Ihnen immer noch zu elitär zugehen sollte, wir können auch mit großen Zahlen aufwarten: 66 690 Österreicher dienten — überwiegend freiwillig — in den Reihen der Waffen-SS und 581 915 Personen sind nach dem Mai 1945 im Zuge des NS-Verbotsgesetzes als ehemalige Parteigenossen in die Mühlen der Justiz geraten. 581 915 von wenig mehr als insgesamt 6 Millionen Einwohnern — das sind ziemlich viele „bekannte wenige Verräter". Die Rede: Die meisten waren doch eigentlich nicht wirkliche Nationalsozialisten zieht nicht, denn entweder waren sie Angehörige der NSDAP aus freien Stücken, dann steht die hohe Zahl, oder aber waren sie gezwungen worden, der NSDAP beizutreten, — dann hätte man sie nach 1945 nicht verfolgen dürfen[23]!

Anmerkungen:

[1]) Heinrich Benedikt (Hg.): Geschichte der Republik Österreich, Wien 1954, 292/293.
[2]) Nikolaus v. Preradovich: Die Herkunft Georgs v. Schönerer in „Die Aula", 7. Jg., Nov. 1956, Folge 2, 15/16.
[3]) Benedikt a. a. O.: 295; Wer ist's 1905, Unsere Zeitgenossen, 1. Jg., Leipzig, 636.
[4]) Benedikt a. a. O.: 295; Nikolaus v. Preradovich: Die Führungsschichten in Österreich und Preußen, 1804—1918 mit einem Ausblick bis 1945, Wiesbaden 1955, 53, 54, 179, 180; Genealogisches Handbuch des Adels, Bd. 23, 314/315 (Prokesch); Ebd. Bd. 31, 22/23 (Beck); Ebd. Bd. 16, 36 vgl. auch Gothaisches Taschenbuch der gräflichen Häuser 1937, 48 (Bienerth).
[5]) Heinrich Schnee: Georg Ritter von Schönerer, Ein Kämpfer für All-Deutschland, Reichenberg 1940, 129—137.
[7]) Nikolaus v. Preradovich: Die Wilhelmstraße und der Anschluß Österreichs, 1918—1933, Bern —Frankfurt 1971, 20.

[8]) 75 Jahre Carolina, Geschichte der katholischen österreichischen Hochschulverbindung Carolina zu Graz, Graz 1963, 152/153, 197/198; Vgl. auch: Die Ehrenmitglieder, Alten Herren und Studierenden des OeCV, des österr. Cartell-Verbandes der katholischen deutschen Studentenverbindungen, Nach dem Stande vom 1. April 1935 mit Nachträgen, Als Handschrift gedruckt, Verlag des OeCV, Wien o. J.
[9]) Nikolaus v. Preradovich: Der nationale Gedanke in Österreich, 1866–1938, Göttingen o. J. (1962), 11–13.
[10]) Benedikt a. a. O.: 384; Preradovich: Der nationale Gedanke a. a. O.: 14/15.
[11]) Preradovich: Der nationale Gedanke a. a. O.: 15/16.
[12]) Preradovich: Die Wilhelmstraße ... a. a. O.: 21.
[13]) Preradovich: Der nationale Gedanke a. a. O.: 19/20; Ders.: Die Wilhelmstraße ... a. a. O.: Dokumentenanhang, Deutsche Paßstelle Bregenz.
[14]) Archiv des Auswärtigen Amtes Bonn, Abt. IIb, PO 2, Österreich Bd. 1 III Oe 40, Wien 24. 3. 1920, Telegramm Nr. 79; Preradovich: Die Wilhelmstraße ... 22/24.
[15]) Erinnerungen des Verfassers als Mitglied des Steierischen und des Österreichischen Heimatschutzes; Benedikt: a. a. O.: 359–368; Hans Leo Mikoletzky: Österreichische Zeitgeschichte, Wien 1962, „Heimwehr" 106, 121, 194; Josef Hofmann: Der Pfrimer-Putsch, Wien–Graz 1965, Publikationen des österreichischen Institutes für Zeitgeschichte, Bd. 4; Dienstaltersliste der Schutzstaffel der NSDAP vom 9. November 1944, 9 (Rauter), 11 (Meyszner), 12 (Kammerhofer).
[16]) Bertold Spuler: Regenten und Regierungen der Welt, Bd. 4, Neueste Zeit: 1917/18–1964, Würzburg 1964, 424/437; Österreichischer Amtskalender, 1979/80, Wien 1979, 817–823.
[17]) Preradovich: Die Wilhelmstraße ... a. a. O.: 25.
[18]) Wer ist's, Degener Unsere Zeitgenossen, Leipzig 1922 582 (Hartmann); Gothaisches Jahrbuch für Diplomatie, Verwaltung und Wirtschaft, 1927, Gotha, 28 (Frank) Oswald Knauer: Österreichs Männer des öffentlichen Lebens von 1848 bis heute, Wien 1960, 77 (Riedl), 92 (Tauschitz).
[19]) Goth. Jahrbuch a. a. O.: 1927: 113, 123, 124, 125, 126, 127, 128, 129, 130, 131.
[20]) Mikoletzky: a. a. O.: 211.
[21]) Rot-Weiß-Rot-Buch, Gerechtigkeit für Österreich, 1. Teil nach amtlichen Quellen, Wien 1946, Druck und Verlag der österreichischen Staatsdruckerei, 114.
[22]) Spuler a. a. O.: 437/439; Stockhorst: 5000 Köpfe, Wer war was im Dritten Reich? 1967: Kürschners Deutscher Gelehrten-Kalender, 1966, 1575 (Menghin, vgl. auch Verzeichnis des CV, 1935, 106 (Menghin); Knauer: a. a. O.: 52 (Klausner); Ebd. 13 (Angelis); Vgl. auch Wolf Keilig (Hg.): Rangliste des Deutschen Heeres, 1944/45, Bad Nauheim, 1955, 16, 316; Knauer: a. a. O.: 97 und Goth. Jahrbuch a. a. O.: 1944, 52 (Wächter); Kürschners Deutsch Gelehrten-Kalender a. a. O.: 1862/1863, (Platner); Goth. Jahrbuch a. a. O.: 1944, 50 (Rafelsberger) und Dienstaltersliste der Schutzstaffel a. a. O.
[23]) Dienstalterslistе der SS a. a. O.: 9. 11. 1944; Nikolaus v. Preradovich: Österreicher als Generale des Zweiten Weltkriegs in „Feldgrau", Burgdorf bei Hannover, Juli, September 1954, Januar und September 1955; Ders.: Österreicher als Obersten des Deutschen Heeres und der Deutschen Luftwaffe ebd. November 1955; Ders.: Österreicher als Ritterkreuzträger ebd. Februar 1961 „Die Kameradschaft", Klagenfurt, Juli/August 1960; Mikoletzky: a. a. O.: 470.

HANS MERKEL

Okkupation, Annexion oder Fusion?

Der Anschluß Österreichs an das Deutsche Reich im Jahre 1938

Die Frage der rechtlichen Natur des Anschlusses ist in der Wissenschaft vor allem in den 50er Jahren behandelt worden, und zwar hauptsächlich in Österreich und dort nicht ohne Leidenschaft. Das dem österreichischen Engagement zugrundeliegende Motiv dürfte in dem damaligen Bemühen zu suchen sein, der wiedererstandenen und durch den Staatsvertrag auf Unabhängigkeit von Deutschland festgelegten Republik ein tiefer als in der unmittelbaren Nachkriegszeit fundiertes Selbstverständnis, dem Staat also eine gewisse Tradition zu geben. Österreich sollte daher nicht als ein vom besiegten Deutschen Reich durch Abspaltung entstandener neuer Staat erscheinen, sondern als der mit der ersten österreichischen Republik identische. Diese Versuche, die neue Unabhängigkeit zu verankern, finden ihre Entsprechung in den zeitlich parallel laufenden Bestrebungen, die Existenz einer eigenen, sich von der deutschen unterscheidenden österreichischen Nation nachzuweisen. Um beide Problemkomplexe ist es längst ruhig geworden: um die angebliche österreichische Nation, weil in einem mehr und mehr zusammenwachsenden Europa die Begründung eines neuen Nationalismus nicht mehr möglich ist; um die Frage der Identität der beiden österreichischen Republiken, weil das heutige Österreich angesichts seiner Einbindung in den freien Teil Europas mit all den damit verbundenen Vorteilen im Gegensatz zum Österreich der Vorkriegszeit kein armer und hilfsbedürftiger Staat ohne echte Freunde, kein „Staat wider Willen" mehr ist, sondern ein Gemeinwesen, in dem die Dinge ordentlicher bestellt sind als in den meisten Teilen der Welt. Dementsprechend kann man sich heute sine ira et studio mit diesen Fragen befassen, ohne damit vernünftige Menschen aus der Fassung zu bringen.

Hinsichtlich der Rechtsnatur des Anschlusses sind seinerzeit drei Theorien vertreten worden: die Okkupationstheorie und die Theorie der unvollendeten Annexion, Theorien, die seinerzeit den politischen Vorstellungen offizieller österreichischer Kreise am besten entsprachen, sowie die Annexionstheorie. Der Anschluß könnte aber auch eine Fusion gewesen sein. Die Vertreter der beiden erstgenannten Theorien vertraten die Auffassung, daß der österreichische Staat vom Tag seines Anschlusses an das Deutsche Reich bis zum Tag der österreichischen Unabhängigkeitserklärung am 27. April 1945 ein vom Deutschen Reich gewaltsam besetzter Staat gewesen sei. Träfe dies zu, wäre der österreichische Staat durch den Anschluß nicht untergegangen, sondern lediglich seiner staats- und völkerrechtlichen Handlungsfähigkeit beraubt worden mit der Folge, daß mit dem Ende der deutschen Besetzung der österreichische Staat seine staats- und völkerrechtliche Handlungsfähigkeit — vorbehaltlich der kriegsbedingten alliierten Beschränkungen — zurückgewonnen hätte[1]. Die Vertreter der Annexionstheorie waren demgegenüber der Meinung, daß der Anschluß eine Annexion dargestellt habe. Müßte dem zugestimmt werden, wäre der österreichische Staat durch den Anschluß untergegangen und sein Gebiet rechtswirksamer Bestandteil des Deutschen Reiches geworden. Der nach dem Ende der reichsdeutschen Herrschaft entstandene österreichische Staat wäre demnach ein neuer, mit dem Österreich von 1938 nicht identischer Staat [2]). Sollte im Anschluß eine Fusion gesehen werden müssen, wäre die Konsequenz hinsichtlich der österrreichischen Identität die gleiche wie bei der Annexion[3]).

Die Anhänger der Okkupationstheorie lehnen eine reichsdeutsch-österreichische Fusion mit dem Hinweis ab, daß einer solchen ein rechtswirksamer völkerrechtlicher Vertrag hätte zugrunde liegen müssen, ein solcher jedoch nicht zustande gekommen sei[4]). Eine Annexion Österreichs durch das Reich ist nach Auffassung der Anhänger der Okkupationstheorie in erster Linie deshalb abzulehnen, weil das Reich nie den Geschäftswillen zu einer solchen erklärt, vielmehr allein den Willen gehabt habe, sich Österreich auf Grund eines völkerrechtlichen Vertrages einzuverleiben[5]). Demgegenüber leugnen die Anhänger der Theorie der unvollendeten Annexion die Annexionsabsicht des Reiches nicht, sind aber der Auffassung, daß zu der vollständigen Okkupation des Landes als weiteres Merkmal einer rechtswirksamen Annexion ein Rechtstitel hätte hinzutreten müssen. Dies sei jedoch nicht der Fall gewesen. Weder hätten die Mitglieder der Völkerrechtsgemeinschaft die Annexion de iure anerkannt, noch sei die Rechtswidrigkeit des geschaffenen Zustands durch den Ablauf einer längeren Zeit unbestrittener und ungestörter Herrschaft geheilt worden. Österreich sei ab 1938 daher allenfalls auf dem Wege gewesen, rechtsgültiger Bestandteil des Reiches zu werden. Dieser Prozeß sei aber durch den Krieg und die deutsche Niederlage unterbrochen worden, weshalb Österreich in der Zeit nach dem Anschluß nur „scheintot" gewesen sei). Die Anhänger der Annexionstheorie dagegen vertreten die Auffassung, daß eine Annexion auch ohne nachfolgenden Rechtstitel rechtswirksam sei, sofern ihr Effektivität zugesprochen werden könne. Diese sei gegeben gewesen, denn Österreich habe gegen den Anschluß keinerlei Widerstand geleistet und nach seiner vollständigen Besetzung nicht einmal den Schein einer fortdauernden Staatsgewalt in Form einer Exilregierung zu wahren versucht[7]).

Erinnern wir uns der wesentlichen, den Anschluß ausmachenden Tatsachen! Am 12. und 13. März 1938 wurde das Gebiet des österreichischen Staates von reichsdeutschen Truppen vollständig besetzt[8]). Während der im Gang befindlichen Besetzung erließ die österreichische Regierung unter Bundeskanzler Seyß-Inquart am 13. März 1938 ein Bundesverfassungsgesetz, das Österreich zum Land des Deutschen Reiches erklärte; sodann unterzeichnete Hitler am selben Tag ein „Gesetz über die Wiedervereinigung Österreichs mit dem Deutschen Reich", in dem das von der Regierung Seyß-Inquart erlassene Bundesverfassungsgesetz zum deutschen Reichsgesetz erklärt wurde[9]). Hiernach könnte der Anschluß sowohl eine Annexion als auch eine Fusion gewesen sein. Da in der Wissenschaft die Fusion zwar gelegentlich behauptet, kaum je aber näher begründet worden ist, soll zunächst die Frage abgehandelt werden, ob aus den genannten Geschehnissen die rechtswirksame Annexion Österreichs abgeleitet werden kann.

Aus den beiden korrespondierenden Wiedervereinigungsgesetzen ergibt sich zwar, daß das Reich den Willen hatte, den Anschluß als einen einvernehmlichen, also vertraglichen Akt erscheinen zu lassen. Hieraus jedoch den Schluß zu ziehen, das Reich habe keinen Annexionswillen gehabt, keinen Willen also, Österreich sich auch entgegen dessen Willen einzuverleiben[10]), ist weltfremd angesichts des bereits vor dem Erlaß der beiden Gesetze begonnenen Einmarsches. Der Versuch der Reichsregierung, dem Einverleibungsakt einen Rechtsgrund zu geben, entsprang politischen Zweckmäßigkeitserwägungen und nicht der Überzeugung, daß man auf eine Machtausdehnung verzichten müsse, wenn sie mit einer Verletzung der österreichischen Souveränität verbunden ist. Daß das den deutschen Einverleibungswillen zum Ausdruck bringende Wiedervereinigungsgesetz den Begriff „Annexion" nicht enthielt, ist unerheblich. Entscheidend vielmehr ist, daß das Reich mit der Formulierung „Österreich ist ein Land des Deutschen Reiches" klar seinen Willen erklärte, das besetzte Gebiet unter allen Umständen als eigenes Staatsgebiet zu beherrschen. Die subjektive Voraussetzung für eine Annexion war daher gegeben[11]).

Auf der objektiven Seite erfordert die Annexion eines Staates die völlige Inbesitznahme seines Gebietes durch den annektierenden Staat, die völlige Vernichtung der bisherigen Staatsgewalt und die endgültige Errichtung der Staatsgewalt des annektierenden Staates[11]). Die Frage ist nun, ob es zutrifft, daß zur Rechtswirksamkeit einer Annexion auch ein Rechtstitel erforderlich sei. Die Anhänger der Theorie der unvollendeten Annexion bejahen diese Frage mit etwa folgender Begründung: Während nach älterer völkerrechtlicher Lehre auch die rechtswidrige Okkupation eines Staates in Annexionsabsicht dann als rechtswirksame Annexion gegolten habe, wenn es dem okkupierenden Staat effektiv gelungen war, dem okkupierten Staat seine Staatsgewalt aufzuzwingen, habe in der Zeit nach dem Ersten Weltkrieg unter dem Einfluß die zwischenstaatliche Gewaltanwendung weitgehend beschränkender Vertragswerke wie der Satzung des Völkerbunds, des Paktes von Paris vom 27. August 1928 und der Resolution der Völkerbundversammlung vom 11. März 1932 der Satz „ex iniuria ius non oritur" uneingeschränkte Geltung erlangt; hiernach könne aus Unrecht kein Recht entstehen, solange nicht der Unrechtstatbestand durch Hinzutritt eines Rechtstitels geheilt sei[12]).

Den Anhängern der Theorie der unvollendeten Annexion ist insofern Recht zu geben, als jede Annexion als einseitiger, die Souveränität des betroffenen Staates verletzender Akt rechtswidrig ist[13]). Eine andere Frage aber ist es, ob die Rechtswidrigkeit des Aktes auch dessen Rechtsunwirksamkeit bedeutet oder nicht. Bei einer Teilannexion, also der Annexion eines Teils eines im übrigen weiterbestehenden Staates ist die Frage zu bejahen. Denn was nützte einem Rechtssubjekt ein Recht, das ihm entgegen seinem Willen von einem anderen Rechtssubjekt rechtswirksam entzogen werden könnte? Die Rechtsordnung wird ihrem Sinn als einer dem Schutz der Rechtssubjekte dienenden Ordnung nur dann gerecht, wenn die Rechtslage trotz geänderter Tatsachenlage erhalten bleibt, wenn also im Fall der Teilannexion der betroffene Staat sein Beherrschungsrecht behält, um daraus einen Anspruch auf Wiedereinräumung des verlorenen Besitzes geltend machen und durchsetzen zu können. Die Teilannexion wird daher — wenn man von den Ausnahmefällen der Verjährung und der Ersitzung absieht — erst dann rechtswirksam, wenn der betroffene Staat den durch sie geschaffenen Zustand anerkennt und damit dessen Rechtswidrigkeit heilt.

Anders liegen die Dinge bei der Vollannexion, also wenn ein Staat insgesamt annektiert wird: Mit der völligen Vernichtung der alten und der endgültigen Errichtung der neuen Staatsgewalt ist der annektierte Staat von der Bildfläche verschwunden; er ist untergegangen. Obwohl rechtswidrig herbeigeführt, kann die Völkerrechtsordnung an diesem Ergebnis nicht vorübergehen. Die Völkerrechtsordnung besteht, weil Staaten bestehen, sie ist die Rechtsordnung bestehender Staaten. Die Existenz der Staaten ist daher durch das Völkerrecht zwar geschützt, nicht aber durch dieses bedingt. Entstehung und Untergang von Staaten müssen deshalb als tatsächliche, in keiner Weise rechtliche Vorgänge in dem Sinne verstanden werden, daß sie zu ihrer Wirksamkeit eines bestimmten von der Rechtsordnung vorgegebenen Verfahrens bedürften. „Sowenig eine innerstaatliche Rechtsordnung den Tod eines Menschen als rechtens nicht eingetreten und den Toten als lebend im Sinne des Gesetzes erklären oder umgekehrt einen lebenden Menschen als von Rechts wegen überhaupt nicht geboren erfassen kann, ebensowenig kann die

Völkerrechtsordnung den Untergang eines Staates ignorieren, wenn er geschichtliche Tatsache ist, oder an der Entstehung eines neuen Staates auf die Dauer vorübergehen, sobald dieser Staat unbestritten geschichtlich existiert[14])". Entstehung und Untergang von Staaten sind daher, auch wenn sie rechtswidrig verursacht werden, stets rechtswirksam. Zur Rechtswirksamkeit einer Vollannexion ist dementsprechend ein Rechtstitel nicht erforderlich.

Daß hiernach die Vollannexion als das größere Übel weniger streng behandelt erscheint als die Teilannexion, findet seine zwingende Erklärung darin, daß es im Fall des Untergangs eines Staates keinen von der Rechtsverletzung unmittelbar Betroffenen mehr gibt. Ein auf den Willen des Betroffenen zurückzuführender Rechtstitel ist daher undenkbar. Angesichts dieser Tatsache hat man versucht, die Erforderlichkeit des Rechtstitels bei der Vollannexion durch andere Bezugnahmen zu begründen, und zur Wirksamkeit der Vollannexion — wie schon erwähnt — entweder die de-iure-Anerkennung durch die Mitglieder der Staatengemeinschaft oder eine längere Zeit unbestrittener und ungestörter Herrschaft über das annektierte Gebiet verlangt[15]). In beiden Fällen macht man die Frage der Rechtswirksamkeit der Annexion von dem Verhalten und damit von dem Willen dritter Staaten abhängig. Das ist bei der Teilannexion jedenfalls unzulässig, denn bei ihr darf es nur — das ergibt sich aus dem souveränitätsbedingten Gebot der Achtung der Staaten voreinander — auf den Willen des betroffenen Staates ankommen. Es ist aber auch kein zwingender Grund dafür ersichtlich, warum das, was bei der Teilannexion keine Rolle spielt, nämlich der Wille Dritter, nunmehr bei der Vollannexion von Bedeutung sein soll. Selbstverständlich können dritte Staaten den betroffenen Staat beispielsweise durch Protest gegen die Annexion, aber auch durch politischen Druck und durch Sanktionen gegen den annektierenden Staat unterstützen. Diese Möglichkeit muß man allen Mitgliedern der Staatengemeinschaft zubilligen, weil sie im eigenen Interesse keinen Rechtsbrecher — also auch keinen solchen, der sich (noch) nicht unmittelbar gegen sie richtet — gewähren zu lassen brauchen. Protest und Druck aber, die vergeblich bleiben, vermögen keine weitere Rechtswirkung zu entfalten. Und ein Recht, Sanktionen zu ergreifen, kann nur so lange bestehen, wie die Rechtsverletzung währt. Das ist bei der Teilannexion längstenfalls bis zur Anerkennung durch den betroffenen Staat der Fall. Bei der Vollannexion endigt die Rechtsverletzung begriffsnotwendig mit dem Untergang des annektierten Staates.

Die ungerecht wirkende Härte der vorstehenden Ausführungen wird dadurch abgemildert, daß der Wechsel der Staatsgewalt — wie bereits ausgeführt — endgültig sein muß; die Vollannexion muß also effektiv sein. Effektivität ist aber auch bei vollständiger Okkupation mit Annexionsabsicht so lange noch nicht gegeben, wie von irgendeiner Seite dem Wechsel der Staatsgewalt Widerstand entgegengebracht wird, auf Grund dessen die Aussicht besteht, daß der ursprüngliche Zustand wiederhergestellt wird[16]). Die Vollannexion ist somit auch bei vollständiger Okkupation noch unvollendet:

— solange der zu annektierende Staat auf seinem Boden noch in irgendeiner Form die Staatsgewalt des annektierenden Staates erfolgreich bekämpft;
— solange die bisherige Staatsgewalt noch in der Lage ist, von fremdem Boden aus in irgendeiner Form auf den Besitzstand des annektierenden Staates einzuwirken, also z. B. eine Exilregierung mit Aussicht auf Erfolg versucht, Drittstaaten zu Sanktionen gegen den Rechtsbrecher zu bewegen;
— wenn die Okkupation mit Annexionswillen während eines Krieges erfolgte und an diesem beteiligte Verbündete des zu annektierenden Staates den Versuch, den ursprünglichen Zustand im Rahmen des Krieges wiederherzustellen, noch nicht aufgegeben haben;

— und solange Mitglieder der Staatengemeinschaft im unmittelbaren Anschluß an den Rechtsbruch mit Aussicht auf Erfolg durch politischen Druck oder Sanktionen versuchen, den rechtswidrig geschaffenen Zustand wieder zu beseitigen. Die bloße Nichtanerkennung durch Drittstaaten, aber auch die Erklärung, daß man die Annexion nicht anzuerkennen gedenke, reicht nach all dem zur Verhinderung der Effektivität des Wechsels der Staatsgewalt nicht aus, denn durch sie allein läßt sich die einmal errichtete neue Staatsgewalt nicht mehr vertreiben.

Wendet man den so umrissenen Annexionsbegriff auf den Anschluß an, so ist zunächst festzustellen, daß das Deutsche Reich durch die militärische Besetzung Österreichs dieses vollständig in Besitz genommen hat. Auch hat es unter gleichzeitiger völliger Vernichtung der bisherigen Staatsgewalt seine eigene Staatsgewalt errichtet. Österreich wurde — wie schon ausgeführt — zum „Land des Deutschen Reiches" erklärt, die österreichische „Bundesregierung" wurde in „Österreichische Landesregierung" umbenannt, und der bisherige Bundeskanzler Seyß-Inquart wurde Reichsstatthalter. Sämtliche österreichischen Staatsangehörigen wurden zu deutschen Staatsangehörigen erklärt. Ferner wurden ab 15. März 1938 alle wichtigen Reichsgesetze auch für Österreich in Kraft gesetzt. Zudem wurde durch „Führererlaß" angeordnet, daß Reichsgesetze, die nach Inkrafttreten des Wiedervereinigungsgesetzes verkündet werden, auch für das Land Österreich gelten[17]). Demnach war das Verhältnis Österreichs zum Reich genauso gestaltet worden wie das Verhältnis, das auch die anderen deutschen Länder zum Reich hatten: Alle in Österreich ausgeübte staatliche Gewalt ließ sich allein aus dem Willen der Reichsregierung ableiten; die österreichische Landesregierung war der Reichsregierung unterstellt und konnte Landesgesetze nur mit Zustimmung des zuständigen Reichsministers erlassen, dessen Anordnungen sie auch im übrigen Folge zu leisten hatte[18]).

Unrichtig ist der Hinweis Verostas, daß, weil weite Teile der österreichischen Rechtsordnung durch den Anschluß unberührt geblieben sind, nicht von einem völligen Untergang der österreichischen Staatsgewalt gesprochen werden könne[19]). Wenn nach dem Anschluß österreichische Gesetze weitergalten, was tatsächlich der Fall war, dann nur deshalb, weil dies seitens der deutschen Staatsgewalt ausdrücklich bestimmt wurde. Art. II des Wiedervereinigungsgesetzes sagt nämlich: „Das derzeit in Österreich geltende Recht bleibt bis auf weiteres in Kraft." Soweit das österreichische Recht in der Folgezeit nicht durch deutsches Reichsrecht abgelöst wurde, lag sein Geltungsgrund allein in der genannten reichsgesetzlichen Bestimmung. Das bis zum Anschluß geltende österreichische Recht wurde also vom Reich in bezug auf den Reichsbestandteil Österreich rezipiert. Es war mithin kein österreichisches Recht mehr, sondern deutsches Recht.

Der Wechsel von der österreichischen zur reichsdeutschen Staatsgewalt ist auch effektiv geworden. Die deutsche Staatsgewalt hatte sich bereits am 13. März 1938 so weit durchgesetzt, daß sie überall in Österreich Gehorsam fand. Von etwaigen Einzelerscheinungen abgesehen, setzte kein Österreicher der deutschen Staatsgewalt aktiven oder passiven Widerstand entgegen. Der Einmarsch der deutschen Truppen wurde vielmehr von der österreichischen Bevölkerung jubelnd willkommen geheißen. Auch in der Folgezeit kamen die Österreicher im gleichen Maße wie die übrigen Deutschen den ihnen von der Staatsgewalt auferlegten Verpflichtungen nach. Dies änderte sich auch mit Ausbruch des Zweiten Weltkriegs nicht. Wesentlich in diesem Zusammenhang ist, daß der Anschluß auch von hervorragenden, keineswegs nationalsozialistisch gesinnten Persönlichkeiten, die als Repräsentanten weiter Kreise Österreichs gelten konnten, als Erfüllung eines seit dem Zusammenbruch der Donaumonarchie sehnlich gehegten Wunsches begrüßt wurde[20]). Es sei daran erinnert, daß die österreichischen Bischöfe, darunter Kardinal Innitzer, am 18. März 1938 im Hinblick auf die von der Reichsregierung auf den 10. April 1939 festgesetzte Volksabstimmung folgendes kundgetan haben:

„Aus innerster Überzeugung und mit freiem Willen erklären wir ... anläßlich der großen geschichtlichen Geschehnisse in Deutsch-Österreich: Wir erkennen freudig an, daß die nationalsozialistische Bewegung auf dem Gebiet des völkischen und wirtschaftlichen Aufbaus sowie der Sozialpolitik für das Deutsche Reich und Volk und namentlich für die ärmsten Schichten des Volkes Hervorragendes geleistet hat und leistet. Wir sind auch der Überzeugung, daß durch das Wirken der nationalsozialistischen Bewegung die Gefahr des alles zerstörenden gottlosen Bolschewismus abgewehrt wurde. Die Bischöfe begleiten dieses Wirken für die Zukunft mit ihren besten Segenswünschen und werden auch die Gläubigen in diesem Sinne ermahnen. Am Tage der Volksabstimmung ist es für uns Bischöfe selbstverständliche nationale Pflicht, uns als Deutsche zum Deutschen Reich zu bekennen, und wir erwarten von allen gläubigen Christen, daß sie wissen, was sie ihrem Volke schuldig sind."[21])

Ferner sei an die Ausführungen erinnert, die der erste Kanzler der ersten und erste Präsident der zweiten österreichischen Republik, der Sozialdemokrat Dr. Karl Renner, zum Anschluß und zu der anberaumten Volksabstimmung machte: „Obschon nicht mit jenen Methoden, zu denen ich mich bekenne, errungen, ist der Anschluß nunmehr doch vollzogen, ist geschichtliche Tatsache, und dies betrachte ich als wahrhafte Genugtuung für die Demütigungen von 1918/1919, für St. Germain und Versailles. Ich müßte meine ganze Vergangenheit als theoretischer Vorkämpfer des Selbstbestimmungsrechts der Nationen verleugnen, wenn ich die große geschichtliche Tat des Wiederzusammenschlusses der deutschen Nation nicht freudigen Herzens begrüßte ... Das traurige Zwischenspiel des halben Jahrhunderts 1866—1918 geht hiermit in unserer tausendjährigen gemeinsamen Geschichte unter ... Als Sozialdemokrat und somit als Vertreter des Selbstbestimmungsrecht der Nationen ... werde ich mit ‚Ja' stimmen."[22])

Für die Effektivität des Wechsels der Staatsgewalt spricht ferner, daß nach dem Anschluß keine österreichische Exilregierung ins Leben gerufen wurde[23]); weiterhin, daß sich das Reich zur Zeit des Anschlusses mit keinem Verbündeten des österreichischen Staates im Kriegszustand befand. Unstreitig hat auch kein Staat der Welt versucht, im Wege von Repressalien oder des Krieges die Unabhängigkeit Österreichs wiederherzustellen. Die Welt hat sich vielmehr alsbald mit dem neuen Zustand abgefunden. Dies kam darin zum Ausdruck, daß alle Staaten ihre diplomatischen Vertretungen aus Wien zurückzogen und für ihre Konsuln das Exequatur vom Reich erbaten[24]). Auch die Staaten, die ihre Auffassung, daß der Anschluß in völkerrechtswidriger Weise erfolgt sei, ausdrücklich kundgaben — es handelte sich um Chile, Mexiko, Spanien und die Sowjetunion —, bezweifelten nicht, daß Österreich als Staat untergegangen und sein Staatsgebiet Bestandteil des Reiches geworden war[25]). Am 16. März 1938 erklärte der damalige britische Außenminister Halifax im Oberhaus, daß „The Government ... are bound to recognize that the Austrian State has been abolished as a national entity and is in process of being completely absorbed into the German Reich".[26]) Nachdem am 19. März 1938 der US Secretary of State das Verschwinden Österreichs als eine Tatsache bezeichnet hatte, teilten die USA dem Reich am 6. April 1938 mit, daß sie es für notwendig hielten, ihre diplomatische Vertretung aus Wien zurückzuziehen und an deren Stelle ein Generalkonsulat zu errichten[27]). Eine erneute Bestätigung des Untergangs Österreichs und seines Aufgehens im Reich brachte mittelbar das zwischen dem Reich, Großbritannien, Frankreich und Italien am 29. September 1938 auf der

Grundlage der von der Tschechoslowakei am 21. September 1938 erklärten Abtretungsbereitschaft hinsichtlich des Sudetenlandes geschlossene Münchener Abkommen, das dem Reich Gebiete Südböhmens und Südmährens zusprach, die ihm ohne den Anschluß nicht hätten gegeben werden können[28]). Erst am 27. Juli 1942 erklärte der damalige US Secretary of State, Cordell Hull, daß die USA die Annexion Österreichs niemals anerkannt hätten, bezeichnete also den Anschluß nochmals ausdrücklich als Annexion. Auch die Moskauer Deklaration vom 30. Oktober 1943 verwendet den Ausdruck „annexation" und sagt, daß Österreich „re-established" werden solle. Die Proklamation Nr. 1 des britischen Feldmarschalls Alexander an das österreichische Volk von Anfang Mai 1945 sagte, daß die alliierten Streitkräfte Österreich als Sieger beträten, insoweit als Österreich als ein zugehöriger Teil Deutschlands Krieg gegen die Vereinten Nationen geführt habe. Schließlich bezeichnete auch das Urteil des Nürnberger Internationalen Militärgerichtshofes vom 1. Oktober 1946 den Anschluß als Annexion[29]).

Als Zwischenergebnis kann festgehalten werden, daß Österreich zwischen 1938 und 1945 nicht lediglich ein okkupierter und auch kein bloß „scheintoter" Staat war, sondern ein rechtswirksamer Bestandteil des deutschen Reiches. Sein Untergang als Staat wurde durch Annexion bewirkt, wenn es zutreffen sollte, daß die Einverleibung ins Reich entgegen dem Willen der österreichischen Regierung erfolgt ist. Im Fall des einvernehmlichen Anschlusses läge eine Fusion vor. Für die Fusion sprechen die beiden korrespondierenden Wiedervereinigungsgesetze[30]). Dem wird jedoch entgegengehalten, daß die Bestellung der Regierung Seyß-Inquart, die das Gesetz erlassen hat, nichtig gewesen sei. Der österreichische Bundespräsident Miklas habe nämlich am 11. März 1938 nicht freiwillig, sondern nur auf Grund der ultimativen Androhung des Einmarsches deutscher Truppen die Regierung Schuschnigg ihres Amtes enthoben und sie durch die dem Reich genehme Regierung Seyß-Inquart ersetzt[31]). Außerdem habe Seyß-Inquart niemals den Einmarsch deutscher Truppen verlangt oder sich mit deren Entsendung einverstanden erklärt[32]). Im übrigen wäre ein einvernehmlicher Anschluß auch deshalb rechtswidrig und nichtig gewesen, weil er gegen eine Reihe völkerrechtlich wirksamer Abmachungen verstoßen hätte, darunter die Verträge von Versailles und St. Germain sowie das Übereinkommen über die Normalisierung der österreichisch-deutschen Beziehungen vom 11. Juli 1936[33]).

Nach dem damals gültigen österreichischen Verfassungsrecht waren die Amtsenthebung der Regierung Schuschnigg und die Bestellung der Regierung Seyß-Inquart nicht zu beanstanden[34]). Die Frage ist, wie die in der Verfügung dieses Regierungswechsels liegende Willenserklärung völkerrechtlich zu beurteilen ist. Zwar kann die frühere Streitfrage, ob eine völkerrechtlich relevante Willenserklärung zu ihrer vollen Wirksamkeit eines von Mängeln freien Willens des Erklärenden bedürfe, insbesondere ob der Willensmangel des rechtswidrig angedrohten oder angewandten Zwangs rechtserheblich sei, heute als ausgestanden gelten; sie ist zu bejahen[35]). Problematisch indes dürfte nach wie vor die Frage sein, ob eine mit Willensmängeln behaftete Erklärung nichtig oder nur anfechtbar sei. Rechtswidrig erzwungene Verträge werden von Art. 52 der Wiener Vertragsrechtskonvention als nichtig bezeichnet. Dies spricht dafür, daß heutzutage alle erzwungenen Willenserklärungen als nichtig bezeichnet werden müssen. Wie war dies jedoch vor dem Inkrafttreten der Konvention, als es keine entsprechende Norm gab? Die Tendenz ging seinerzeit dahin, lediglich Anfechtbarkeit anzunehmen[36]). Meines Erachtens zu Recht. Auch eine erzwungene Erklärung ist eine Willenserklärung, denn neben dem angedrohten oder angewandten Zwang ist auch der eigene Wille für die Erklärung kausal. Bis zur Anwendung der vis absoluta hat der Gezwungene die

Wahl, die verlangte Erklärung abzugeben und dem Zwang zu entrinnen oder die Erklärung zu verweigern und den Zwang weiterhin zu erdulden. Da eine Erklärung, die dem wahren — d. h. nicht rechtswidrig beeinflußten — Willen entspricht, von einer Erklärung, die unter rechtswidrigen Zwang zustande gekommen ist, äußerlich nicht unterschieden werden kann, muß für die Zeit vor dem Inkrafttreten der Wiener Konvention aus Gründen der Rechtssicherheit angenommen werden, daß der gezwungene Staat selbst darüber befinden konnte, ob er an die erzwungene Erklärung gebunden sein wollte oder nicht. Das bedeutet, daß eine erzwungene Willenserklärung vor dem genannten Zeitpunkt nicht als automatisch nichtig betrachtet werden durfte, sondern daß es der Anfechtung als weiterer Willenserklärung bedurft hätte, um die erzwungene Willenserklärung aus der Welt zu schaffen. Bundespräsident Miklas hätte demnach seine in der Regierungsneubildung liegende Willenserklärung, um sie unwirksam zu machen, dem Reich gegenüber in geeigneter Weise anfechten müssen. Miklas tat dies jedoch nicht, sondern legte am 13. März 1938 sein Amt als Bundespräsident nieder. Die durch rechtswidrigen Zwang zustande gekommene Bestellung der Regierung Seyß-Inquart war daher rechtswirksam. Die Umstände der Regierungsneubildung konnten deshalb auch keinen Einfluß auf die Rechtswirksamkeit des österreichischen Wiedervereinigungsgesetzes haben.

Ohne Einfluß auf die Rechtswirksamkeit dieses Gesetzes wäre ferner, wenn Seyß-Inquart die Entsendung deutscher Truppen weder verlangt noch sich damit einverstanden erklärt haben sollte, was angenommen werden muß[37]). Zwar hätte in diesem Fall der deutsche Einmarsch eine eindeutige Völkerrechtsverletzung dargestellt. Hinsichtlich des Wiedervereinigungsgesetzes wäre dieser Gewaltakt aber nur dann von Bedeutung gewesen, wenn er als Mittel notwendig gewesen wäre, den Erlaß dieses Gesetzes zu erzwingen. Hierfür gibt es jedoch keinerlei Anhaltspunkte. Laut Merkl ergibt sich aus dem Akteninhalt des Strafprozesses gegen das Mitglied der Regierung Seyß-Inquart, Ing. Reinthaller, beim Landgericht Wien als Volksgericht lediglich, daß die Regierungsmitglieder in der Aussprache über das Gesetz die Durchführung einer Volksabstimmung vor dem Vollzug des Anschlusses als den geeigneteren Weg bezeichnet haben[38]). Hierdurch haben sie zum Ausdruck gebracht, was ihnen lieber sei, nicht jedoch, daß sie die umgekehrte Lösung ablehnten. Schließlich konnte die Rechtswirksamkeit der reichsdeutsch-österreichischen Fusion auch nicht durch ihr entgegenstehende Verträge beeinträchtigt werden. Zwar enthielten die Verträge von Versailles und St. Germain ein das Reich und Österreich bindendes Anschlußverbot; auch wurde weder das Reich noch Österreich durch seine Partner von der Beachtung dieses Verbots entbunden. Hieraus jedoch die Nichtigkeit der Fusion zu folgern, ist unzulässig. Nichtigkeit könnte nur dann angenommen werden, wenn die Fusion gegen eine zwingende Norm des Völkerrechts verstoßen hätte[39]). Das war jedoch nicht der Fall, da Zusammenschlüsse von Staaten nicht generell verboten sind. Die Partner der Verträge von Versailles und St. Germain hätten vom Reich und von Österreich in Ansehung der Fusion lediglich Erfüllung der alten Verträge verlangen und im Weigerungsfall Sanktionen ergreifen können. Sie erwogen jedoch nicht einmal, in dieser Richtung tätig zu werden. Schließlich berührte auch das Übereinkommen über die Normalisierung der österreichisch-deutschen Beziehungen vom 11. Juli 1936 die Rechtswirksamkeit der Fusion nicht, da dieses die österreichische Unabhängigkeit anerkennende Übereinkommen zwangsläufig dadurch sein Ende finden mußte, daß die Vertragspartner mit der Durchführung der Fusion eine denselben Gegenstand, nämlich die österreichisch-deutschen Beziehungen in anderer Weise behandelnde vertragliche Abmachung schlossen[40]). Somit steht fest, daß der österreichische Staat am 13. März

1938 durch Fusion mit dem Deutschen Reich untergegangen ist[41]). Der nach dem Ende der reichsdeutschen Herrschaft entstandene österreichische Staat ist daher ein neuer, mit dem alten Österreich nicht identischer Staat.

Dieses Ergebnis mag unbillig erscheinen, wenn man die Vorgänge bedenkt, die sich in den vorstehenden Ausführungen hinter der juristisch dürren Formulierung „rechtswidrig angedrohter Zwang" verbergen. Es stehen einem die Haare zu Berge, wenn man zur Kenntnis nimmt, in welcher Weise die Vertreter des Reiches damals mit den Vertretern des österreichischen Staates verfahren, ja umgesprungen sind. Dies gilt besonders für Hitlers Zusammentreffen mit Bundeskanzler Schuschnigg am 12. Februar 1938 auf dem Obersalzberg und für die über Innenminister Seyß-Inquart laufenden Aktionen Görings gegen Bundeskanzler Schuschnigg und Bundespräsident Miklas am 11. März 1938. Diese zweifelsohne peinlichen Umstände dürfen jedoch den Blick darauf nicht verstellen, daß der Anschluß in seiner Zeit von der überwältigenden Mehrheit der Deutschen des Reiches und Österreichs ohne Rücksicht auf die Art seiner Durchführung als die Erfüllung des seit 1918 sehnlich gehegten Wunsches empfunden wurde, ein großes deutsches Volksreich zu bilden[42]). Mehr noch: Nach Verklingen der ersten Empörung setzte sich auch im Ausland die Erkenntnis durch, daß der weiteren Aufrechterhaltung der österreichischen Unabhängigkeit eine Künstlichkeit angehaftet hätte, die mit dem Willen der betroffenen Bevölkerung nicht zu vereinbaren gewesen wäre. So wurde denn der Anschluß weltweit als ein vom Nationalsozialismus unabhängiger, völlig natürlicher, letztlich gerechter und daher für alle Zeiten unumkehrbarer Vorgang empfunden, den man als Ausdruck verwirklichten Selbstbestimmungsrechts ohne Schwierigkeiten würde hinnehmen können[43]). In der Zeit nach dem Zweiten Weltkrieg hat es leider keinen einzigen Fall mehr gegeben, in dem dem Selbstbestimmungsrecht der Völker in so eindeutiger Weise entsprochen worden ist.

Anmerkungen:

[1]) *Merkl*, Das deutsche Eigentum und vermögensrechtliche Ansprüche Österreichs, in Juristische Blätter 1955, S. 243 ff.; *Reut-Nicolussi*, Um die Rechtskontinuität Österreichs, in Wissenschaft und Weltbild 1950, S. 250 ff; *Toncic-Sorinj*, Die falsche Annexionstheorie, in Österreichische Monatshefte 1950, S. 232 ff.; *Verdroß*, Österreichs Recht auf politische Unabhängigkeit, in Österreichische Monatshefte 1955, S. 5 ff.; *Verosta*, Die internationale Stellung Österreichs 1938–1947, Wien 1947; „von besonderer Seite" in Österreichische Monatshefte 1950, S. 195 ff.; *Werner*, Das Österreich vom 13. März 1938 und vom 27. April 1945, in Juristische Blätter 1946, S. 2 ff.

[2]) *Brandweiner*, Die Rechtsstellung Österreichs, 1951, S. 24 f., 34, 42 f.; *Jellinek*, Der automatische Erwerb und Verlust der Staatsangehörigkeit durch völkerrechtliche Verträge, zugleich ein Beitrag zur Lehre von der Staatensukzession, in Beiträge zum ausländischen öffentlichen Recht und Völkerrecht, Heft 27, Berlin-Detmold-Köln 1951, S. 142 f.; *Kelsen*, Principles of International Law, New York 1952, S. 262.; *Schärf*, Gilt das Konkordat?, in Die Zukunft 1950, S. 34 ff. und S. 117 ff.

[3]) *Berber*, Lehrbuch des Völkerrechts, I. Band, 2. Aufl., 1975, S. 356, 360 ff.

[4]) Toncic-Sorinj, a. a. O., S. 232 ff.; *Merkl*, Das deutsche Eigentum, a. a. O., S. 243 ff.; ders., Der Anschluß Österreichs an das Reich – eine Geschichtslegende, a. a. O. S. 439 f.

[5]) „von besonderer Seite", a. a. O., S. 195 ff.

[6]) *Toncic-Sorinj*, a. a. O., S. 232 ff.; *Verdroß*, Die völkerrechtliche Kontinuität von Staaten, in Klang-Festschrift, 1950, S. 18 ff.; ders., Völkerrecht, 4. Aufl. 1959, S. 188 f.; „von besonderer Seite", a. a. O., S. 195 ff.

[7]) *Brandweiner*, S. 30 und 32; *Schärf*; a. a. O. S. 34 ff.

[8]) *Goldinger*, Geschichte der Republik Österreich, 1962, S. 251 ff.; *Benoist-Méchin*, Griff über die Grenzen 1938, 1966, S. 277 ff.

[9]) öBGBl 1938, Nr. 75; RGBl I, 1938, S. 237.

[10]) S. oben
[11]) *Berber*, S. 361; *Verdroß*, Die völkerrechtliche Kontinuität, a. a. O., S. 18 ff.
[12]) *Verdroß*, Die völkerrechtliche Kontinuität, S. 18 ff.; ähnlich *Verdroß-Simma*, Universelles Völkerrecht, 2. Aufl., S. 65.
[13]) *Berber*, S. 180 ff.; *Verdroß-Simma*, S. 231 fff.
[14]) *von der Heydte*, Deutschlands Rechtslage, in Die Friedenswarte, 1950/51, s. 323 ff.
[15]) S. oben
[16]) *Berber*, 360 F.; *Verdroß-Simma*, S. 64 f.
[17]) S. insbes. RGBL I, 1938, S. 237, 245, 247 ff., 255 und 790.
[18]) S. insbes. den 2. Führererlaß über die Einführung deutscher Reichsgesetze in Österreich vom 17. März 1938 (RGBl I, 1938, S. 255).
[19]) *Verosta*, S. 9.
[20]) *Preradovich*, Der nationale Gedanke in Österreich 1866–1938, in Historisch-politische Hefte der Ranke-Gesellschaft, Muster-Schmidt-Verlag, Göttingen, Heft 8, S. 11 ff.
[21]) Text bei *Benoist-Méchin*, S. 305 f.
[22]) Text bei *Langoth*, Kampf um Österreich, Wels 1951, S. 324 f.
[23]) *Schärf*, a. a. O., S. 34 ff. Interessant ist in diesem Zusammenhang, daß der österreichische Gesandte in Washington bekanntgab, daß Österreich „had ceased to exist as an independent nation and had been incorporated in the German Reich" (*Lauterpacht*, Recognition in International Law, Cambridge 1948, S. 398).
[24]) *Jellinek*, a. a. O., S. 143.
[25]) Vgl. die bei *Verosta*, S. 22, 33 f. und 41 abgedruckten Erklärungen.
[26]) *Lauterpacht*, S. 399.
[27]) *Lauterpacht*, S. 398.
[28]) Vgl. *Reut-Nicolussi*, a. a. O., S. 240 ff.
[29]) Sämtliche Texte bei *Verosta*, S. 23, 47, 52 f. und 63 f.
[30]) S. oben S. 6 f.
[31]) *Merkl*, Das deutsche Eigentum, a. a. O., S. 243 ff.; *Werner*, a. a. O., S. 2 ff.
[32]) *Toncic-Sorinj*, a. a. O., S. 232 ff.
[33]) *Toncic-Sorinj*, a. a. O., S. 232 ff.; „von besonderer Seite", a. a. O., s. 195 ff.
[34]) Art. 70 Abs. 1 der Verfassung 1929 und Art. 82 Abs. 1 der Verfassung 1934.
[35]) *Verdroß-Simma*, S. 378 ff.
[36]) *Guggenheim*, Lehrbuch des Völkerrechts I, Basel 1948, S. 86 ff.; *Pasching*, Allgemeine Rechtsgrundsätze über die Elemente des völkerrechtlichen Vertrages, in Zeitschrift für öffentliches Recht, Wien 1934, S. 38 ff; *Verdroß*, Völkerrecht, 4. Aufl., 1959, S. 110 ff.
[37]) *Benoist-Méchin*, S. 266 f.; *Goldinger*, S. 249.
[38]) *Merkl*, Geschichtslegende, a. a. O., S. 439 f.
[39]) *Berber*, S. 472 ff; vgl. heute auch Art. 53 der Wiener Konvention.
[40]) *Berber*, S. 474; vgl. heute auch Art. 59 der Wiener Konvention, der den Grundsatz „lex posterior derogat legi priori" kodifiziert hat.
[41]) *Berber*, S. 246 und 356.
[42]) *Preradovich*, a. a. O., S. 11 ff.; vgl. auch die Worte Philipp Scheidemanns am 6. Februar 1919 im Berliner Reichstag: „Möge die Zeit nahe sein, da unsere österreichischen Brüder ihren Platz in der großen deutschen Volksgemeinschaft wieder einnehmen werden." (zit. nach Benoist-Méchin, S. 102).
[43]) Hinsichtlich Großbritannien s. *Bergmann*, Chamberlains Appeasement-Politik im Spiegel der englischen Presse, Staatsexamensarbeit, Universität Kiel, 1964

HELMUT GOLOWITSCH

Die Nation, die aus Moskau kam

Die „Österreichische Nation" — Erfindung der KP-Propaganda

Die Kommunistische Partei Österreichs (KPÖ), die in der Ersten Republik ein mikroskopisch kleiner Faktor in der österreichischen Innenpolitik gewesen war, befand sich bereits seit ihrem Verbot am 26. Mai 1933 in der Illegalität. Das Zentralkomitee agierte im Ausland und zwar abwechselnd in Prag, Paris und Moskau. Führende Mitglieder der Partei waren vor allem in Moskau tätig, dem Sitz der Kommunistischen Internationale *Komintern*. Funkverbindungen bestanden zwischen Prag und Moskau. Auf diesem Wege wurden Anweisungen des Vorsitzenden des Zentralkomitees der KPÖ in Moskau, Johann Koplenig, an die illegalen kommunistischen Gruppen in Österreich übermittelt[1]).

Nach Ausbruch des Krieges sammelten sich die Mitglieder des Zentralkomitees in Moskau, als deren bekannteste die Genossen Koplenig, Fischer, Honner, Fürnberg, Deubler, Gabler und Zucker-Schilling anzusehen sind. Ernst Fischer gestaltete im Moskauer Rundfunk KP-Sendungen in deutscher Sprache für Österreich. Der Kontakt zur illegalen Parteiorganisation in Österreich, insbesonders zu den Betriebszellen in Wien und der Obersteiermark, wurde auf dem Funkwege und durch Abgesandte gehalten, welche die Weisungen des Zentralkomitees überbrachten.

„... durchwegs gegen den Willen der Bevölkerung..."

„Die nationale Frage hat in Österreich eine lange Vorgeschichte", sagt der Marxismus-Historiker Dr. Helmut Konrad in einer Veröffentlichung des sozialistischen „Boltzmann-Instituts für Geschichte der Arbeiterbewegung". *„Es ist die leidvolle Geschichte des Entstehens einer eigenständigen ‚österreichischen Nation', deren Marksteine fast durchwegs gegen den Willen der jeweils betroffenen Bevölkerung gesetzt wurden."*[2])

Nach 1918 hatte die nationale Frage für die Sozialdemokratie nur in der Form der „Anschlußfrage" existiert. Die Austromarxisten definierten die Nation mit kulturellen Kriterien und schrieben die deutschen Österreicher der ethnographisch festgelegten deutschen Nation zu. Der Anschlußgedanke gründete sich darüber hinaus auf wirtschaftliche und politische Überlegungen Otto Bauers, der den Sieg der Arbeiterklasse im gesamten deutschen Raum erringen wollte und dem eine staatliche Trennung sinnlos erschien. Die Anschlußforderung wurde zu einem sozialdemokratischen Dogma, welches noch lange nachwirkte und die 1938 von Karl Renner abgegebene Begrüßungserklärung des (nationalsozialistischen) Anschlusses erklärlich macht. Eine ähnliche Haltung zog sich durch alle anderen Parteien und Gruppierungen mit Ausnahme der „Legitimisten", die den Habsburger wieder auf einem eigenständigen österreichischen Thron installiert sehen wollten.

Die Sozialisten postulierten noch 1926 in ihrem „Linzer Programm" dessen Initiator Otto Bauer war: *„Die Sozialdemokraten betrachten den Anschluß Deutsch-*

österreichs an das Deutsche Reich als notwendigen Abschluß der nationalen Revolution von 1918. Sie erstreben mit friedlichen Mitteln den Anschluß an die Deutsche Republik."[3])

Die Position war klar: Der Sozialismus sollte die Lösung der nationalen Frage ebenso wie der sozialen Frage bringen und die Deutschen im Reich und in Österreich vereinen.

Von dieser Position sollten die Sozialisten bis 1943 – einige sogar darüber hinaus – nicht mehr abweichen. Die Anschlußforderung sollte nur temporär ausgesetzt beziehungsweise aufgeschoben werden.

Die Christlich-Sozialen: der deutsche Weg!

Nicht anders als die Großdeutschen und die Sozialdemokraten erstrebten die Christlich-Sozialen den Anschluß, den bereits die Konstituierende Nationalversammlung 1918 beschlossen hatte[4]) und der in der Folge durch den Diktatfrieden von St. Germain den Deutschösterreichern verboten worden war[5]). War auch die unmittelbare Vereinigung mit dem Reich nicht möglich, so versuchten die christlich-sozialen Regierungen doch, die geistige und wirtschaftliche Abnabelung durch eine Politik der kleinen Schritte zu verhindern. Die Regierungen Seipel, Streeruwitz, Schober, Ender, Buresch und Dollfuß führten alljährlich mehrmonatigen Austausch von Verwaltungsbeamten mit dem Deutschen Reich zum Zwecke des Rechtsvergleichs und der Rechtsangleichung durch. Zwischenstaatliche Ausschüsse und Konferenzen arbeiteten an der erwünschten Rechtsangleichung[6]).

1931 versuchte die österreichische Regierung Ender zusammen mit der Reichsregierung Brüning, das Anschlußverbot auf wirtschaftlichem Gebiet zu unterlaufen. Die beiden Außenminister Schober und Curtius vereinbarten am 19. März 1931 in Wien eine Zollunion zwischen den beiden Staaten, die jedoch am Einspruch der Siegermächte scheiterte. Unter diesen realpolitischen Zwängen versuchten die Christlichsozialen Österreich sowohl innen- wie außenpolitisch auf einen „deutschen Weg" des Konsenses mit dem Deutschen Reich zu führen. Es war dies eine vorsichtige Politik, die erschwert wurde durch die Unmöglichkeit, die soziale Frage angesichts eines wirtschaftspolitisch protektionistisch handelnden Europas im kleinen Binnenmarkt selbst zu lösen. Hier erhielt der Anschlußgedanke seine soziale und wirtschaftspolitische Dynamik, welche sich die Nationalsozialisten zunutze machen konnten – forderten sie doch den Anschluß ohne Rücksicht auf die internationale Vertragslage als revolutionären Akt.

So befanden sich die christlich-sozialen Führer auf schwankender Kommandobrücke, bedrängt von den Sozialisten und den Nationalsozialisten, welche den Anschluß jetzt und heute forderten.

Dem hatten die Christlichsozialen nur pragmatisches Taktieren – und nach den blutigen Ereignissen des Jahres 1934 – die austrofaschistische Diktatur entgegenzusetzen.

Solchermaßen staatspolitisch in der Klemme, war ihr Standpunkt in der nationalen Frage doch eindeutig. Der Prälat und Bundeskanzler Dr. Seipel formulierte den Unterschied zwischen Nation und Staatsvolk wie folgt: *„Für uns ist die Nation, unabhängig von der Staatszugehörigkeit, die große Kulturgemeinschaft; sie steht uns Deutschen höher als der Staat." „Die Nation ist die Summe von Menschen, die auf der Grundlage gleicher Abstammung durch eine lange Schicksalsgemeinschaft zu einer Kultur- und Sprachgemeinschaft zusammengewachsen sind, während die Staaten, ebenfalls durch eine Schicksalsgemeinschaft entstanden, die Menschen zusammenfassen, denen sie nach außen und innen Schutz und Sicherheit verbürgen..."*

Mit Absicht hatte Seipel auch die Möglichkeit einer selbständigen Republik Österreich deutscher Prägung offen gelassen: „*Wenn wir das Leben unserer Nation in der Schaffung des Einheitsstaates nicht erschöpft sehen, dann können wir uns ... auch damit abfinden, daß wir in einem deutschen Staate leben, der dem deutschen Reiche nicht angehört...*"

Für Seipel war dieses „Abfinden" realpolitische Notwendigkeit nach einem verlorenen Krieg.

Für Bundeskanzler Dollfuß war es bereits eine Frage des politischen Überlebens, als er nach der Machtergreifung der Nationalsozialisten im Deutschen Reich am 11. September 1933 den eigenständigen deutschen Weg betonte: „*Wir wollen den sozialen, christlichen, deutschen Staat Österreich.*"[7])

Als Dollfuß diese Worte sprach, stützte er sich bereits auf die Gewalt der Bajonette und kämpfte mit dem Rücken gegen die Wand.

Die Monarchisten: „Patriotismus" für den Kaiser!

In dem bisher skizzierten Spektrum war kein Platz für die von einer kleinen Minderheit erstrebte Restaurierung der Habsburger.

Die Sozialdemokratie stand auf dem Boden der gesamtdeutschen Republik. Die Nationalsozialisten lehnten ebenfalls das „reaktionäre" alte Regime ab.

Die Christlichsozialen schließlich betrachteten die Republik als deutschen Staat. Mit der dahingegangenen übernationalen Reichsidee entfiel für sie die Notwendigkeit der einigenden Klammer eines Habsburgerherrschers.

Die „Legitimisten" — wie sich die Monarchisten nannten — mußten jedoch an eben diese altösterreichische Reichsidee anschließen, wollten sie die Restaurierung der Habsburger politisch begründen. Für sie galt also, die universale Staatsidee des alten Österreich auf den deutschen Reststaat zu übertragen.

Federführend war hier Ernst Karl Winter, Wiener Vizebürgermeister von 1934 bis 1936, der in den „Wiener Politischen Blättern" ein von nationalen Bezügen losgelöstes — rein auf der Liebe zum „angestammten Herrscherhaus" beruhendes Österreichertum lobpries. Leopold von Andrian, einem glühenden Verehrer des Habsburgerthrones, blieb es schließlich 1927 vorbehalten, zu behaupten, daß es einen österreichischen Patriotismus nicht geben könne, wenn ihm keine österreichische Nation entspräche[8]).

Hauptsächlich in den Kreisen des durch die Republik um seine Vorrechte gebrachten höheren Adels verankert, spielten die „Legitimisten" auch innerhalb der christlich-sozialen Bewegung keine bedeutende Rolle. Ihr Einfluß auf die Volksmassen war gleich Null.

Kein Geringerer als Seipel wies die Thesen der Monarchisten entschieden von sich: „*Der begriffliche Unterschied zwischen Nation und Staat ist uns in Österreich früher in Fleisch und Blut übergegangen als den Angehörigen der meisten anderen deutschen Stämme oder gar anderer Völker... Die Österreicher, die sich wissenschaftlich mit dem Verhältnis von Nation und Staat beschäftigen, haben den Unterschied zwischen beiden nicht erfunden, sondern vorgefunden. Das Zusammenleben mit neun anderen Nationen in der alten Monarchie war für sie ein Anschauungsunterricht. Niemals wurde der Versuch gemacht, aus den zehn Volksstämmen der österreichisch-ungarischen Monarchie eine neue ‚österreichische Nation' zu formen ... Die Erkenntnis der Volksbürgerschaft neben der Staatsbürgerschaft hatte und hat den größten praktischen Wert.*"[9])

Coudenhove-Kalergi: Abtrennung Wiens von Österreich

Einen utopischen Vorschlag zur Lösung der nationalen Frage Österreichs brachte der Führer der Paneuropa-Bewegung, Richard Graf Coudenhove-Kalergi 1923 vor: Wien, welches eine deutsch-jüdisch-slawische Mischkultur besitze, sollte von Österreich abgetrennt und internationalisiert werden. *Die Donaumetropole, deren Stadtvolk „aus Deutschen, Tschechen und Juden" bestehe, „einst Hauptstadt eines Völkerstaates, wird Völkerstadt, Kosmopolis; stellt sich unter Schutz und Kontrolle des Völkerbundes und gründet polyglotte Hochschulen, Akademien, Kunstinstitute".*

Sobald Wien nicht mehr Hauptstadt eines Landes sei, „dessen Hauptschuld am Weltkrieg erwiesen ist", könne der Völkerbund seinen Sitz dorthin verlegen. Wien könne neutrale und internationale Metropole Europas und Hauptstadt der Welt werden. Wien sei für diese Rolle bestens geeignet, denn: *„Wien ist, obwohl die Mehrheit seiner Einwohner deutsch spricht, keine rein deutsche Stadt; das übrige Österreich aber ist kerndeutsches Land."*

Für das übrige kerndeutsche Österreich würde diese Regelung lediglich Vorteile bringen, denn „innerhalb eines Staatsganzen ist ein gerechter Ausgleich zwischen so unproportionierten und einander fremden Elementen wie Wien und Österreich unerreichbar; entweder wird die österreichische Provinz zum erweiterten Stadtgebiet Wiens degradiert und rechtlos — oder der Weltstadt Wien werden vom Bauernvolk Österreichs die Lebensformen vorgeschrieben; Wien will die Provinz — die Provinz will Wien beherrschen".

Die Abtrennung Wiens würde alle Probleme lösen, das kosmopolitische Wien könne seiner Wesensart gemäß eine internationale Rolle spielen, während „das Schicksal des österreichischen Alpenvolkes weltpolitisch bedeutungslos" sei. Das deutsche Österreich schließlich „hätte die Möglichkeit zu einer kantonalen Entwicklung; wünscht es den Anschluß an Deutschland, so dürfte ihm der Völkerbund um den Preis der Internationalisierung Wiens diese Erlaubnis leichter erteilen".[10])

Der Vorschlag Coudenhove-Kalergis hatte keine größere Resonanz, seine Paneuropa-Bewegung gelangte nie über die Bedeutung eines kleinen Intellektuellenzirkels hinaus. Die großen, politisch bestimmten Lager hatten andere Vorstellungen.

1933: Widerstand gegen Hitlers Umarmung

Hitlers Wahlsieg am 5. März 1933, der mit der Ausschaltung des österreichischen Parlamentes durch Dollfuß am 4. März 1933 zeitlich zusammenfiel, verängstigte die Christlichsozialen und die Sozialdemokraten, welche sich einem nationalsozialistischen Sog „Heim ins Reich" ausgesetzt sahen.

Keine der beiden Gruppen wollte den großdeutschen Gedanken unter den Vorzeichen des Nationalsozialismus verwirklicht sehen. Daher faßten die Sozialdemokraten auf ihrem Parteitag vom 14. bis 16. Oktober 1933 folgenden Abwehrbeschluß: *„Angesichts der durch den Faschismus im Deutschen Reich veränderten Lage des deutschen Volkes beschließt der Parteitag: Aus dem 6. Abschnitt des Parteiprogrammes wird der Punkt 4, der den Anschluß Deutschösterreichs an das Deutsche Reich fordert, gestrichen."*[11])

Die Absage an den Anschluß war nur temporär — für die Zeit der NS-Herrschaft — gedacht. Keineswegs verzichtete die Sozialdemokratie auf den Anspruch, die deutsche Frage durch den Sieg der Arbeiterklasse im gesamten deutschen Raum zu lösen.

Für Bundeskanzler Dollfuß begann eine schwierige Zeit des Taktierens. Einerseits betonte er die deutsche Eigenart und deutsche Sendung Österreichs in einer Vielzahl öffentlicher Reden, auf der anderen Seite versuchte er, ein weltliches

„christliches Reich" als Gegengewicht zum nationalsozialistisch regierten Deutschen Reich aufzubauen.

Nach schweren Verfassungsverletzungen[12]) erließ Dollfuß am 1. Mai 1934 eine neue Verfassung „im Namen Gottes, des Allmächtigen", welche nun endgültig den Mehrparteienstaat abschaffte und unter Berufung auf die päpstliche Enzyklika „Quadragesimo anno" einen christlich-faschistischen Ständestaat auf berufsständischer Grundlage einführte.

Die neue, in Anlehnung an den italienischen Faschismus gebastelte Ordnung konnte freilich in Österreich niemanden überzeugen.

Die in der Illegalität befindlichen Sozialdemokraten, Nationalsozialisten und Kommunisten gedachten keineswegs, dieses Regime am Überleben zu halten.

Dollfuß sah sich so dem Hegemonieanspruch Berlins alleine gegenüber, wobei die katastrophale soziale Lage im Inneren den illegalen Nationalsozialisten enormen Auftrieb verlieh, die auf die erfolgte Beseitigung der Arbeitslosigkeit im Deutschen Reich verweisen konnten.

Die Weisung Moskaus: Die Kommunisten „begründen" die „Österreichische Nation"

Angesichts des sich verstärkenden politischen Druckes von Innen und Außen mußte Dollfuß einen „modus vivendi" mit dem Deutschen Reich suchen, um sein Experiment eines weltlichen Staates auf christlicher Grundlage zu retten.

Noch schien eine föderalistische Lösung möglich, nach der die Außenpolitik mit dem Deutschen Reich koordiniert und den Nationalsozialisten im Inneren größeres Mitspracherecht eingeräumt werden konnte. Innerhalb einer solchen Konstruktion war an ein Weiterbestehen eines „christlich-deutschen Staates" Österreich zu denken.

Nach Dollfuß' Ermordung durch aufständische Nationalsozialisten am 25. Juli 1934 übernahm sein Nachfolger, Dr. Kurt Schuschnigg, diese politische Linie.

Hitler gab am 21. Mai 1935 ein deutliches Signal, als er erklärte, das Deutsche Reich habe keine Annexionsabsicht gegenüber Österreich.

Die mächtigste Stütze des austrofaschistischen Regimes, Italiens Diktator Mussolini, war mittlerweile in die Bündnis-„Achse Rom-Berlin" eingetreten, so daß eine Einigung zwischen Wien und Berlin dringend geboten schien.

Im Oktober 1935 überreichte daher der deutsche Gesandte in Wien, Franz von Papen, den Entwurf eines Vertrages, der einerseits Österreichs Selbständigkeit garantieren sollte, andererseits aber eine Ausrichtung der österreichischen Politik an der des Deutschen Reiches vorsah. Innenpolitisch sollten die Lager versöhnt werden, indem Vertreter der nationalsozialistischen Opposition in die Regierung aufgenommen werden sollten.

Diese Konstruktion hätte tatsächlich eine enorme politische Stärkung des Deutschen Reiches bedeutet, ohne daß die Siegermächte des Weltkrieges eine Handhabe zum Eingreifen gehabt hätten.

Es schien so, als könnte ein mächtiger mitteleuropäischer Block, bestehend aus Italien, dem Reich und Österreich entstehen, wobei die machtpolitische Ausstrahlung auf benachbarte Staaten als sicher anzunehmen war. Die Lösung der österreichischen Frage konnte für so verbündete Mächte die Vorherrschaft in Europa bedeuten.

Am 11. Mai 1936 befaßte sich das Exekutivkomitee der Kommunistischen Internationale[13]) in Moskau mit der sich zu verändern drohenden mitteleuropäischen Situation, wobei die österreichische Frage als zentrale Frage behandelt wurde.

Auf dieser Sitzung überraschte der Generalsekretär der Komintern, Georgi Michailovic Dimitroff[14]) die österreichischen Genossen mit der Forderung, *„daß die KPÖ ihren Kampf für eine demokratische Republik mit dem Kampf für nationale Selbständigkeit Österreichs verbinden müsse"*.[15])

Dieser Kampf für die *„nationale Eigenständigkeit"* Österreichs sollte sich, so führte der Generalsekretär der Komintern weiter aus, *„gegen die von Hitler ausgehende Gefahr des Anschlusses, d.h. der Einverleibung Österreichs durch Deutschland"* richten[16]).

Johann Koplenig, der Vorsitzende der KPÖ, reiste von Moskau ab und überbrachte die Weisung der Komintern (die sicherlich die direkte Weisung Stalins war) den österreichischen Genossen im Exil. Bereits im Juli 1936 berief Koplenig eine Sitzung des erweiterten Politbüros des Zentralkomitees der KPÖ in Prag ein, um den Genossen klarzumachen, *„der Kampf gegen die drohende Annexion durch Hitler-Deutschland sei ein nationaler Freiheitskampf"*.[17]) Wörtlich führte Koplenig aus: *„Wenn wir die Unabhängigkeit Österreichs verteidigen, dann verteidigen wir die nationalen Eigenheiten und Besonderheiten des österreichischen Volkes auch gegenüber den Hitlerschen Gleichschaltungsmethoden, gegenüber den jede Entwicklung der deutschen Kultur hemmenden Methoden ... Unsere Feststellungen zu dieser Frage haben selbstverständlich nichts zu tun mit der Ideologie vom österreichischen Menschen."*[18])

Die kryptischen Ausführungen Koplenigs sollten nicht nur eine Abgrenzung zu den als reaktionär empfundenen Ansichten der Monarchisten darstellen, es ging auch darum, die eigenen Mitglieder zu Beginn nicht zu heftig vor den Kopf zu stoßen, für die das Deutschtum der Österreicher bisher eine gegebene und nicht einmal diskutierte Tatsache dargestellt hatte.

Das Politbüro jedoch hatte den Moskauer Auftrag verstanden. Um die Weisung aus Moskau jedoch vor der Öffentlichkeit zu verschleiern, erteilte das Politbüro des ZK der KPÖ dem Genossen Alfred Klahr den parteiamtlichen Auftrag, den Standpunkt der Parteiführung über den *„nationalen Freiheitskampf"* Österreichs in einer Artikelserie in der kommunistischen Zeitschrift „Weg und Ziel" wissenschaftlich zu untersuchen[19]).

Nicht auf Befehl Moskaus – nein, als Ausfluß der „Wissenschaft" sollte die „österreichische Nation" ins Spiel kommen.

Der unbrauchbare Stalin'sche Nationsbegriff
Die Kommunisten gelangen zum faschistischen Nationsbegriff Mussolinis

Über die aktive Rolle der KPÖ „im Kampf für die nationale Eigenständigkeit Österreichs" fragt J. W. Brügel im Gewerkschaftsblatt „Arbeit und Wirtschaft" (Oktober 1979): *„Aber hat sie das der schönen Augen der Österreicher wegen getan, oder war es nicht vielmehr Bestandteil der Moskauer Strategie, Deutschland, wenn und soweit man es nicht erobern kann, zu schwächen?"* Sicherlich war dies das Ziel der Kommunisten gewesen.

Die politische Entwicklung war mittlerweile in eine kritische Phase getreten: Österreich hatte am 11. Juli 1936 das sogenannte Juliabkommen mit dem Deutschen Reich auf Anraten und Wunsch Mussolinis unterzeichnet, welches im wesentlichen dem von Papen im Oktober 1935 überreichten Entwurf entsprach.

Für die Kommunisten war es also höchste Zeit, die „Österreichische Nation" zu propagieren, die Arbeiterschaft hinter dieser Parole zu sammeln und Schuschnigg als „nationalen Verräter" hinzustellen.

Schwierigkeiten hatte man mit der Definition der neuen „Nation". Der Kommunist Franz Marek erinnert sich: *„Um es gleich zu sagen, die Diskussion traf uns* *völlig unvorbereitet. Die Theorie von der eigennationalen Entwicklung in Österreich, die (Moskauer, Anm. d. Red.) Erkenntnis, daß die Österreicher keine Deutschen sind, sondern eine eigene Nation bilden, widersprach nicht nur allen konventionellen, traditionellen und offiziellen Auffassungen, die Funktionäre der Partei hatten sich auch bisher kaum mit der nationalen Frage und mit den Besonderheiten der österreichischen Entwicklung beschäftigt. Die erste ideologische Reflexbewegung war, daß man krampfhaft nach Stalins ‚Nationaler Frage' zu suchen und zu fragen begann, was der Marxismus als Nation bezeichnet.*"[20])

Während der „Wissenschaftler" Klahr noch im Parteiauftrag an seiner Definition bastelte, verkündete der große Genosse und Vorsitzende Koplenig (selbstverständlich gefahrlos im Exil) das neue Dogma bei jeder Gelegenheit. Im März 1937 nahm Koplenig als Sprecher des Zentralkomitees der KPÖ auf der „Reichskonferenz des kommunistischen Jugendverbandes Österreichs" vorweg, „was das Resultat der Diskussion sein sollte, nämlich die Erkenntnis von der eigenen nationalen Entwicklung Österreichs". Er sagte wörtlich: „*Was haben wir der ‚vaterländischen' und nationalsozialistischen Propaganda unter der Jugend entgegenzustellen? Der Kampf um die Unabhängigkeit Österreichs ist nicht nur ein Kampf um staatliche Selbständigkeit, sondern er ist zugleich der Kampf um die politische und nationale Selbstbestimmung ...*"[21])

In der Märznummer von „*Weg und Ziel*" begann nun unter dem Titel „*Zur nationalen Frage in Österreich*" die sorgsam von Dr. Alfred Klahr vorbereitete Artikelserie, mit der die „Österreichische Nation" marxistisch untermauert und in die Arbeitergehirne hineingehämmert werden sollte.

Der redaktionelle Vorspann zu dieser Artikelserie war noch äußerst vorsichtig gehalten: „*Angesichts der letzten Entwicklung in Österreich, angesichts der vom Ständestaat erfolgten Proklamierung Österreichs zu einem zweiten deutschen Staat wird eine marxistische Überprüfung des Verhältnisses der deutschen Österreicher zur deutschen Nation zur dringenden Notwendigkeit.*"

Noch sprach die Redaktion vorsichtig von den „deutschen Österreichern", denn der direkte Sprung hinüber zur „Österreichischen Nation" war den Lesern wahrlich nicht zuzumuten, hatten die Kommunisten doch noch 1918 offen für die Schaffung eines einheitlichen, auch die Deutschen in Österreich umfassenden Nationalstaates plädiert[22]).

„*Die Vorsicht der Redaktion*", sagt Konrad, „*läßt bereits deutlich erkennen, daß Klahr auch in seiner eigenen Partei keineswegs nur Zustimmung fand und bis zur Übernahme seiner Theorie als offizielle Linie durch die KPÖ noch Widerstände zu überwinden waren.*"[23])

In seinen Studien, die sich in den folgenden Nummern von „*Weg und Ziel*" fortsetzten, ging Klahr von der Stalin'schen Definition der Nation aus[24]), fand mit dieser jedoch nicht das Auslangen, da insbesonders nicht klar war, was eigentlich unter „*Gemeinschaft des Territoriums*" und des „*Wirtschaftslebens*" zu verstehen sein sollte. Auch die „*stabile Gemeinschaft der Sprache*", eines der Stalin'schen Definitionsmerkmale, deutete über eine „österreichische Nation" in einen größeren Rahmen hinaus, ebenso wie die „*in der Kulturgemeinschaft zum Ausdruck kommende Geistesart*".

Da mit der Stalin'schen Definition nicht weiterzukommen war, berief sich Klahr auf die staatliche Selbständigkeit, welche die Nation konstituiere: „*Die Österreicher haben auf der Grundlage der jahrzehntelangen staatlichen Selbständigkeit eine eigene nationale, von der deutschen Nation verschiedene Entwicklung durchgemacht. Ihr Kampf um die Aufrechterhaltung der staatlichen Selbständigkeit bedeutet den Kampf um die Grundlage der selbständigen nationalen Unabhängigkeit Österreichs.*"[23])

Damit war Klahr ganz klar bei der faschistischen Nations-Definition gelandet, die nicht auf ethnisch-kulturellen Grundlagen fußt, sondern postuliert, daß es der Staat ist, welcher die Nation bildet.

Benito Mussolini, Denker und Schöpfer des faschistischen Staates und seiner Lehre, formuliert dies so: Die lauterste Form von Demokratie sei es, wenn das Volk nicht mengenmäßig aufgefaßt werde, sondern wertmäßig im Hinblick auf seinen echtesten Inhalt, der sich als Gewissen und Wille weniger — ja eines einzigen — darstelle. Diese wenigen oder dieser einzige bilden die Nation unter der Bedingung, daß diese Staat ist.

"Es ist ja nicht die Nation, die den Staat erzeugt, nach der verschimmelt naturalistischen Auffassung, die der Schriftstellerei in den Nationalstaaten des neunzehnten Jahrhunderts zugrunde lag.

Vielmehr wird die Nation durch den Staat geschaffen, welcher dem auf seine eigene innerliche Einigkeit bedachten Volk einen Willen und damit auch ein tatsächliches Dasein gibt.

Das Recht einer Nation auf Unabhängigkeit", fährt Mussolini fort, *"schreibt sich nicht von einem literarischen und rein begrifflichen Bewußtsein des eigenen Daseins her*[26]*) und daher noch weniger von mehr oder minder erkannten erstarrten Sachlagen, sondern von tätiger Verantwortung und politischem Willen, der wirksam und bereit ist, sein Recht zu beweisen auf eine Art Staat im Werden.*"[27])

Mit anderen Worten: Der Wille weniger — auch eines einzelnen — hat staatsschaffende und staatsgestaltende Kraft und begründet damit auch die Nation. „In der Tat", sagt Mussolini, „ist der Staat als sittlicher Gesamtwille Schöpfer des Rechtes."

Der Staat ist für Mussolini natürlich totalitär, denn der „sittliche Gesamtwille" wird ja durch wenige oder einen einzelnen verkörpert, kann also nicht demokratisch umgesetzt werden.

Für die Kommunisten bedeutete es jedoch keine Schwierigkeit, theoretisch dieser Definition zu folgen: auch der Marxismus-Stalinismus vertrat die These, daß einige wenige einsichtige Berufsrevolutionäre legitimiert sind, stellvertretend für die Arbeiterklasse zu handeln. Auch der Marxismus bedarf schließlich nicht der Zustimmung des Volkes zu seinen Thesen, sondern setzt diese durch die Diktatur des Proletariats durch.

Die faschistische Elite-Theorie der legitimen Herrschaft weniger über viele war als soziologisches Konzept bereits um die Jahrhundertwende entwickelt worden; als klassische Vertreter gelten Sorel, Mosca, Michels und Pareto. In scharfem Gegensatz dazu hatte ursprünglich die marxistische Lehre gestanden, wonach eine zwangsläufige wirtschaftliche Entwicklung das Proletariat so anwachsen lassen würde, daß die Revolution der Massen zur gesellschaftlichen Notwendigkeit würde.

Bereits Lenin hatte diese These verworfen und die Behauptung aufgestellt, daß auch eine Minderheit, eine intellektuelle Elite, den Umsturz herbeiführen und sodann die „befreiten Massen" (gewaltsam) zum Klassenbewußtsein erziehen könne.

Stalin baute diese Theorie aus und fügte dem Umsturzgedanken noch den der Verschwörung und der Volksfrontpolitik unter Benutzung nichtkommunistischer Gruppen hinzu.

Nachdem also die faschistische Theorie der Elite von Lenin und Stalin aus realpolitischen Erwägungen vollinhaltlich übernommen worden war, bedeutete es für Stalin keinen großen Sprung mehr, auch jene nützliche faschistische Theorie zu übernehmen, wonach der Staat die Nation konstituiert.

Diese These sollte in der Zukunft angesichts der sich verstärkt imperialistisch orientierenden Außenpolitik der Sowjetunion noch an Bedeutung gewinnen. Dort wo Rußland heute Nationen teilt oder sich deren Gebiete einverleibt, dient das Schlagwort von der „sozialistischen Nation" dazu, den Freiheitswillen der Völker und ihr Streben nach Einheit der Nation zu unterdrücken.

„Rudolf der Stifter" und der Befehl der Partei

Hatte man sich im Polit-Büro der KPÖ im schönen Prager Exil klaglos über die nun von Klahr verkündeten Thesen einigen können, so brach an der Basis der illegalen KPÖ in Österreich die Diskussion erst richtig los.

Genosse Marek erinnert sich: „*Es gab in jenen Monaten kaum einen Treff, bei dem nicht über kurz oder lang über die nationale Frage diskutiert wurde. Es waren leidenschaftliche Diskussionen, wie immer, wenn eine neue Erkenntnis (auf Verordnung Moskaus, Anm. d. Red.) erstarrte Vorstellungen sprengt. Eine Abstimmung in den ersten Tagen hätte gewiß ergeben, daß die meisten Funktionäre diese neue These ablehnten* — nicht zufällig wurde Alfred Klahr, der unter dem Pseudonym ,Rudolf' seine Artikel in „Weg und Ziel" veröffentlichte, als ,Rudolf der Stifter' bezeichnet."
„*Dem illegalen Kader der Partei*", so klagt heute Marek im Rückblick, „*fielen die ersten Ergebnisse dieser Untersuchung im Frühjahr 1937 auf den Kopf.*"[28]) KPÖ-Vorsitzender Koplenig duldete jedoch keine lange Diskussion über die in Moskau und Prag ausgekochten Thesen unter seinem kleinen Parteivolk.

Im August 1937 tagte im Prager Exil die „Reichskonferenz der KPÖ". Dieser bombastische Name sollte vortäuschen, daß es sich hier um eine machtvolle, repräsentative Tagung einer großen Arbeiterbewegung gehandelt hätte. Tatsächlich fand die „Reichskonferenz" in einem kleinen Waldwirtshaus in der Nähe eines Steinbruches unweit von Prag statt[29]). Für die kleine Funktionärsgruppe, welche die dem Genossen Koplenig in Moskau erteilten Weisungen absegnen sollte, reichte jedoch dieser Rahmen vollauf.

Zentralkomitee-Mitglied Erwin Zucker-Schilling formulierte die Linie der Partei: „*Der Unabhängigkeitskampf ist deshalb ein nationaler Kampf, weil er Aufgaben zu lösen hat, die das ganze österreichische Volk betreffen.*"[30])

Die entstehende Diskussion würgte der große Vorsitzende Koplenig ab, indem er den anwesenden Genossen klarmachte, daß diese Konferenz nicht etwa zusammengetreten sei, um zu debattieren: „*Manche Genossen sind der Meinung, daß es für das österreichische Volk keine nationale Frage gäbe, weil es bisher als eine Selbstverständlichkeit gegolten habe, daß die Österreicher ein Bestandteil der deutschen Nation seien. Dies war nicht immer so selbstverständlich, aber ich will jetzt nicht darüber diskutieren. Für uns ist es wichtig, das Neue in der Entwicklung zu sehen.*"[31])

Die Genossen verstanden, waren gehorsam bereit, das „*Neue zu sehen*" und segneten die Parteilinie durch Beschluß ab.

„Das Neue" war die Auffassung Moskaus, man müsse der Losung der Austrofaschisten vom zweiten deutschen Staat entgegentreten, indem man eine nationale Trennungslinie zwischen Österreichern und Deutschen zog. Damit konnte man auch gegen die ebenfalls illegalen „Sozialfaschisten" (Sozialdemokraten) mobil machen, „*die an der alten sozialdemokratischen Auffassung festhielten, die Österreicher seien Deutsche und nur, solange Hitler herrsche, dürfe der Anschluß nicht vollzogen werden. Befanden sich die Österreicher aber auf dem Weg zu einer eigenen Nation, so konnte die antifaschistische Volksfront auf viel breiteren Widerhall in nichtproletarischen Schichten rechnen*".[32])

Das heißt: die bislang zahlenmäßig bedeutungslose KPÖ hoffte, mit Hilfe des *„Konzeptes der österreichischen Nation und einer nationalen Front gegen Hitlerdeutschland"*[33]) illegale Sozialdemokraten auf ihre Seite zu ziehen und auch bürgerliche und konservative Schichten anzusprechen, die im Lager der Monarchisten zu finden waren.

1945 sollte die KPÖ unter dem Schutz der Russen aus dieser Haltung dann die Berechtigung ableiten, eine staatstragende und mitbestimmende Rolle bei der Gründung und Verwaltung der zweiten Republik zu spielen.

Die Antwort der Sozialisten: gegen den „Spuk" des „österreichischen Menschen"

Nach dem gescheiterten Februarputsch 1934 waren führende Funktionäre der Sozialdemokratischen Arbeiterpartei (SDAP) in die Tschechoslowakei geflüchtet, wo Otto Bauer und Julius Deutsch in Brünn das „Auslandsbüro der österreichischen Sozialisten" gründeten und dort die „Arbeiter-Zeitung" und das theoretische Organ „Der Kampf" weiter herausgaben.

In Österreich selbst fanden sich am 9. März 1934 zum Weiterkämpfen entschlossene Funktionäre der unteren und mittleren Führungsschicht zur illegalen Partei der „Revolutionären Sozialisten" (RS) zusammen, die sich als Nachfolger und Erben der aufgelösten SDAP betrachteten und eng mit dem Auslandsbüro zusammenarbeiteten.

Als die Kommunisten auf dem 7. Weltkongreß der Komintern 1935 die Devise der Volksfrontpolitik gemeinsam mit nichtmarxistischen Gruppen beschlossen und die österreichischen Kommunisten mit ihrem Politbüro-Beschluß vom Juli 1936 die These der „österreichischen Nation" aufgestellt hatten, setzte eine Umarmungspolitik der KPÖ gegenüber den Monarchisten und Revolutionären Sozialisten ein. Selbstverständlich beanspruchten die Kommunisten, die bislang eine zahlenmäßig bedeutungslose Sekte gewesen waren und in der Ersten Republik nie einen Parlamentssitz hatten erringen können, nun die Federführung im „nationalen" Freiheitskampf". Wohl auch in der Hoffnung, einen Teil der Massenbasis der Revolutionären Sozialisten abwerben zu können.

Im Januar 1937 meldete sich Otto Bauer aus dem Exil im „Kampf" mit dem Artikel *„Der Sozialismus und die deutsche Frage"*. In diesem Artikel lehnte Bauer den Gedanken der Unabhängigkeit Österreichs schärfstens ab. Die österreichischen Sozialisten seien, sagte Bauer, zwar entschieden gegen den Nationalsozialismus, dies habe aber nichts zu tun mit *„dem Spuk des aus Katholizismus, Habsburgertradition und feudaler Barockkultur zusammengebauten österreichischen Menschen"*. Dies habe auch nichts mit einer Politik zu tun, die, *„den klerikal-schwarzgelben Separatismus der nationalen Gemeinschaft des deutschen Volkes entgegenstellt, und ebensowenig mit der Verherrlichung der österreichischen Kleinstaaterei, die unsere Industrie zur Schrumpfung und unsere Arbeiter zur Arbeitslosigkeit verdammt"*.

Die erfolgte Streichung des Anschlußparagraphen erklärte Bauer als lediglich vorübergehende Maßnahme: Die österreichischen Sozialisten sind *„heute Todfeinde jeder Bindung an Deutschland ..., weil wir das österreichische Volk vor dem brutalsten Faschismus bewahren wollen"*; der Anschluß Österreichs an Deutschland sei in einem kapitalistischen Europa abzulehnen, weil er bei Österreichs Nachbarn Beunruhigung auslösen würde, aber *„in einer Föderation der sozialistischen Republiken der ‚Alten Welt' ... wird das deutsche Volk im Reich und in Österreich vereinigt sein"*.[34])

Die Position war eindeutig: Die Österreicher als Teil des deutschen Volkes würden in einer sozialistischen Zukunft mit den Deutschen des Reiches wieder eine Einheit bilden.

Auf der Parteikonferenz der illegalen Revolutionären Sozialisten im Oktober 1937 richtete die Führung der Revolutionären Sozialisten heftige Angriffe gegen die KPÖ wegen deren Volksfrontlosung und ihrer Parole vom „nationalen Unabhängigkeitskampf".[35])

Im Dezember 1937 sagte RS-Obmann Buttinger in der Zeitschrift „Der Kampf" den Kommunisten offen die Meinung: *„Wir finden keinen Grund, warum wir die sozialistische Bewegung heute Volksfrontbewegung nennen und ihre klaren Freiheitslosungen durch verwaschene und irreale, um nicht zu sagen politisch lächerliche Volksfrontlosungen ersetzen sollen ... Wenn nun auch die Kommunisten von der ‚schönen blauen Donau'*[36]*) und von der ‚Eigenart und Selbständigkeit der österreichischen Kultur' reden (siehe kommunistische Monatsschrift ‚Weg und Ziel'), so werden wir ihnen auf diesem Wege ganz gewiß nicht folgen. Wir werden unserer Propaganda nicht die Quadragesimo Anno*[37]*), den Prinzen Eugen, den Johann Strauß und das Traditionsgewäsch eines reaktionären Österreichertums beimischen ..."*[38])

Diese Haltung der Revolutionären Sozialisten blieb auch nach dem Anschluß Österreichs unverändert. Auch nach dem März 1938 lehnte die „Auslandsvertretung der österreichischen Sozialisten" die Wiederherstellung der Unabhängigkeit Österreichs strikt ab und trat für eine revolutionäre Lösung durch eine gesamtdeutsche Revolution ein.

Großdeutscher Führer Schuschnigg?

Bereits 1936 hatte der Generalsekretär der politischen Einheitsorganisation „Vaterländische Front" (vergleichbar einer Staats-Einheitspartei) in einem Lehrbehelf der christlichen Mittelschullehrer die Frage aufgeworfen: *„Wir haben uns aber dazu noch eine entscheidende Frage zu stellen. Wir dürfen die Dinge nicht nur als selbstbewußte, traditionsbewußte Österreicher und als gute Europäer, sondern müssen sie ebenso als Deutsche betrachten, als älteste Träger deutscher Kultur, Art und Sitte. Wir haben uns daher vor unserem nationalen Gewissen die Frage zu beantworten, ob die österreichische Staatsidee die wahren Interessen des deutschen Volkes fördert oder ein Lebensinteresse des deutschen Volkes verletzt. Wir sind deutschen Stammes, sind in urdeutschem Boden verwurzelt und sind mit der deutschen Sprache als Muttersprache begnadet. Wir könnten uns nicht zu einer Staatsidee bekennen, die irgendwelche fremde Interessen den legitimen deutschen Interessen überordnete und die geistigkulturelle Sendung des Deutschtums schmälerte."*[39]) Es ist unbestritten, daß viele, wenn nicht die meisten Christlichsozialen den faschistischen Ständestaat stützten, jedoch nicht, um ein Bollwerk gegen den großdeutschen Gedanken zu errichten.

Das Bollwerk wurde vielmehr gegen den Nationalsozialismus errichtet, in dem sie die Verkörperung eines nichtchristlichen Prinzips sahen, sowie gegen die zur Macht drängende austromarxistische Bewegung.

Noch am 10. März 1938, kurz vor dem Einmarsch der deutschen Truppen, versuchte das „Österreichische Jungvolk" mit großdeutschen Parolen dem drohenden Anschluß entgegenzutreten. In einem an Wiener Mittelschulen verteilten Flugblatt hieß es:

„Die junge Revolution marschiert!

Zertrümmert ist der Liberalismus. Die soldatisch-revolutionäre Haltung unserer Zeit ist durchgebrochen, die Haltung, die sich in Führertum und Gefolgschaft, Wahrhaftigkeit, Schlichtheit, Volksgemeinschaft, Glauben und Einsatz verkörpert.

An uns ist es, sie nun mit den ewigen Werten, Christentum und Deutschtum, zur neuen Weltanschauung zu vereinen."

„Erst diese Grundlagen geben uns das Recht und die Möglichkeit, das Reich der christlichen Völker des Abendlandes zu formen und zu führen. Das Reich, dessen

Herzstück Österreich werden soll und das kein machtberauschter, kleindeutscher Nationalstaat sein wird, sondern ein großdeutsches, freigeordnetes Reich von der Nordsee bis zum Schwarzen Meer.
Der deutsche Führer, der diese Idee trägt, ist Schuschnigg!
Deutsch-Österreichs Graue Jungenschaft kämpft mit ihm!
Deutscher Mann, Du stimmst für ihn, stimmst mit ja!"[40])

Nationalpolitisch gesehen war dies nichts anderes als Hitlers Konzept, jedoch mit Wien anstelle Berlins als Zentrum des Reiches. Am 11. März 1938 war die Gewalt der Entwicklung auch über diesen letzten Versuch hinweggegangen und Schuschnigg erklärte resigniert: *„um keinen Preis, auch in dieser ernsten Stunde nicht, deutsches Blut zu vergießen..."*

Der Anschluß
Dr. Karl Renner: „Es freut mich ..."

In der Nacht vom 11. zum 12. März 1938 betraten deutsche Truppen österreichischen Boden, nirgends durch Widerstand gehindert, jedoch von zahllosen Volksmassen bejubelt. Für die meisten Sozialisten bedeutete der Einmarsch lediglich, daß sie einen Faschismus gegen einen anderen vertauschen mußten, der Anschluß selbst wurde jedoch als Fortschritt und Erfüllung einer alten sozialdemokratischen Forderung angesehen. So waren es nicht nur die katholischen Bischöfe Österreichs, die den Anschluß öffentlich begrüßten, sondern am 14. März 1938 erschien Dr. Karl Renner, der frühere sozialdemokratische Bundeskanzler, *„aus freien Stücken im Wiener Rathaus bei dem eben eingesetzten NS-Bürgermeister Dr. Neubacher und sagte ihm: ‚Es freut mich, daß es gerade ein Österreicher (nämlich Hitler) ist, der meinen Traum verwirklicht, Österreich nach Deutschland zurückzuholen.' Als Konsequenz dieser Haltung veröffentlichte Renner dann im ‚Neuen Wiener Tagblatt' die Erklärung, daß er den ‚Anschluß ... die große geschichtliche Tat des Wiederzusammenschlusses der deutschen Nation ... freudigen Herzens begrüße..."*[41])

In der „Wienerwald-Rundschau" sprach sich der ehemalige sozialdemokratische Landesrat von Niederösterreich, Schneidmadl, ebenfalls für den Anschluß aus: *„Ich stimme am 10. April mit Ja! Ich bin gewiß, daß auch meine Freunde und Gesinnungsgenossen es so halten werden."*[42])

Der frühere Wiener sozialdemokratische Stadtrat Weber schrieb an den neuen Wiener Bürgermeister Neubacher: *„... ich verneige mich vor der unwiderstehlichen Bewegung und ihren Männern, die durch ihren stahlharten Willen und höchsten Idealismus ... den Anschluß schließlich vollendet haben ..."*[43])

Es wäre allerdings verfehlt, aus diesen politischen großdeutschen Bekenntnissen führender Sozialdemokraten eine opportunistische Haltung ableiten zu wollen, wie dies die KPÖ heute tut und dieselbe sogar als „schändlich" qualifiziert[44].

Die Sozialdemokratie wußte sehr wohl, was nun auf sie zukam, schließlich waren die ersten Verhaftungen der Arbeiterführer schon im Gange. Keineswegs strichen die Sozialdemokraten ihre politischen Ziele. Sie waren der festen Überzeugung, daß die verrottete alte Ordnung nun zu Recht ins Grab sank – Hitler würde leidvolles Zwischenspiel sein – am Ende aber würde der neue Morgen des Sozialismus stehen und zwar eines gesamtdeutschen Sozialismus.

Am 21. Februar 1938, als der Untergang des Ständestaates klar erkennbar war, formulierte der Informationsdienst des Zentralkomitees der Revolutionären Sozialisten in schwerer Stunde nochmals die Haltung der Sozialdemokratie, wobei pikanterweise ein antisemitischer Seitenhieb nicht fehlte: *„Jesuitische Kanonenchristen, engstirnige Austrozünftler, angstdemokratische Geldjuden und die definitiv in die Mistgrube der Geschichte geschleuderten Legitimisten machen nun Konkurs ... Wir* *wissen gut genug, was die Gleichschaltung für uns, für die Arbeiterklasse bedeutet. Und dennoch muß jeder Arbeiter wissen, daß wir keinen Grund haben, in das hysterische Gewinsel der Klerikofaschisten einzustimmen. Sie gehen für immer unter, ihr Österreichertum hat kein Morgen, keine neue Auferstehung. Das sozialistische Österreich kann kein Hitler und kein Seyss-Inquart um seine Zukunft bringen."*[45])

So war es kein Wunder, daß die Volksabstimmung über den Anschluß Österreichs an das Deutsche Reich am 10. Oktober 1938 schließlich eine Mehrheit von 99 Prozent für den Anschluß ergab.

Während sich die nationalsozialistischen Führer noch über das Abstimmungsergebnis freuten, nahm die Sozialdemokratie den Kampf gegen den Nationalsozialismus auf. Sie sollte dabei viele Opfer bringen und ihre vogelfreien Führer sollten leidvolle Jahre des Kampfes und der Emigration erleben.

Exilsozialisten: Für gesamtdeutsche Revolution

Wie auch so viele andere Österreicher mußte der Führer der illegalen Revolutionären Sozialisten in Österreich, Joseph Buttinger, im Frühjahr 1938 in die Pariser Emigration. Dort wies Buttinger „in der Pariser Emigration im Frühjahr 1938 die Idee der Wiedererrichtung eines unabhängigen Österreich nach dem Falle Hitlers offen zurück, wobei Bauer und Adler mit ihm einer Meinung waren und Bauer das erste politische Manifest des österreichischen Sozialismus nach dem Anschluß entwarf. Diese sogenannte Resolution von Brüssel rief zu einer gesamtdeutschen sozialistischen Revolution auf. Sobald Hitlers Regime in einem Krieg zu Fall gebracht war, solle für Österreich das Selbstbestimmungsrecht gefordert werden, und je größer die Aussichten für eine deutsche Revolution sein würden, desto wichtiger sei der Widerstand gegen eine etwaige Wiederaufrichtung der österreichischen Selbständigkeit."[46])

Otto Bauer formulierte im „Kampf" im April 1938 die offizielle Haltung der Auslandsvertretung der österreichischen Sozialisten: „Österreich ist gewesen. Österreichische Klerikale und Monarchisten mögen im Ausland Komitees gründen, die von der Wiederherstellung eines österreichischen Staatswesens phantasieren, mögen sich einbilden, eine österreichische Irredenta organisieren zu können. Das ist kindisches Spiel. Der österreichische Sozialismus ... kann sich zu der vollzogenen Tatsache der Annexion Österreichs durch das Dritte Reich nicht reaktionär verhalten, sondern nur revolutionär. Wir können das Rad der Weltgeschichte nicht zurückdrehen ... Die deutsche und die österreichische Revolution von 1918 haben den Anschluß Österreichs an Deutschland auf die Tagesordnung gesetzt und proklamiert; aber ist die Revolution im Kampf um den Anschluß gescheitert, so hat die faschistische Gegenrevolution ihn nunmehr verwirklicht."[47])

Bei aller konsequenter Feindschaft gegenüber dem Nationalsozialismus betrachteten die Sozialdemokraten den Anschluß als historischen Fortschritt und bekämpften auf das Heftigste die kommunistischen Bemühungen, in Exil und Illegalität eine Volksfront zur Wiedererrichtung Österreichs auf die Beine zu stellen. Von diesen Bestrebungen ging nämlich auch eine reale Gefahr für die Sozialdemokratie aus: die Kommunisten — vorher etwa von der Bedeutung einer Sekte — hatten nun in der Emigration die mächtigeren Bataillone hinter sich.

Der enorme Apparat der Komintern in Moskau, die Hilfsquellen des Weltkommunismus, die Machtmittel der Sowjetunion — sie standen den Kommunisten zur Verfügung. Es war abzusehen, wer in einer Volksfront sehr rasch federführend gewesen wäre.

Die Sozialisten hatten sich mit dieser Frage sehr eingehend bereits Anfang April 1938 in Brüssel auf einer Tagung der führenden Sozialisten in der Emigration befaßt. Zugegen war bei den Beratungen auch Friedrich Adler, damals Sekretär der „Sozialistischen Arbeiterinternationale" (Sozialdem. II. Internationale) gewesen. Im Beschluß der Tagung hieß es: „*Die Kommunistische Partei Österreichs hat im Gegensatz zur Auffassung der RS ihre ganze Politik auf die Losung ‚Wiederherstellung der Unabhängigkeit Österreichs' aufgebaut ... Die Schwäche der kommunistischen Argumentation tritt am deutlichsten dadurch in Erscheinung, daß von den Kommunisten der sinnlose Versuch unternommen wird, die Österreicher als eigene Nation hinzustellen und den Kampf der Österreicher gegen die Hitler-Diktatur als nationalen Befreiungskampf zu proklamieren. Aber die Parole, die wir der Fremdherrschaft der faschistischen Satrapen aus dem Reiche entgegensetzen, kann nicht die reaktionäre Parole der Wiederherstellung der Unabhängigkeit Österreichs sein, sondern nur die revolutionäre Parole der gesamtdeutschen Revolution.*"[48])

Eine solche Revolution würde nach Überzeugung der Sozialisten ausbrechen, sobald sich Niederlagen des Deutschen Reiches abzeichnen würden. In diesem Falle müßten dann alle sozialistischen Kader zur Verfügung stehen. Aus diesem Grund gab die Auslandsvertretung der Sozialisten die Weisung heraus, zunächst keine Untergrundarbeit zu leisten, sondern sich auf karitative Tätigkeiten wie Spendensammlungen für Inhaftierte zu beschränken.

Im Juni 1939 beschloß das Zentralkomitee der KPÖ erneut, den Kampf für die Weltrevolution als „Kampf für die selbständige Republik Österreich" zu führen. Nun wurden die Sozialisten noch deutlicher. Im Juli 1939 schrieb Victor Knapp (hinter diesem Pseudonym verbarg sich vermutlich der Spitzenfunktionär der Revolutionären Sozialisten, Podlipnig) in der in Paris erscheinenden Nachfolgezeitschrift des „Kampf", die sich nun „Der sozialistische Kampf" nannte: „Was für einen Sinn hat dann die Wiederherstellung der selbständigen demokratischen Republik Österreich, wenn nicht den, die Arbeiterrevolution zu schwächen und den bürgerlichen Nationalismus zu kräftigen? Unsere Haltung zur gesamtdeutschen Revolution und opportunistische Spekulation auf das österreichische Spießbürgerressentiment sind unvereinbar."[49])

Während die Sozialisten also auf eine gesamtdeutsche Revolution hinarbeiteten, rühmt sich noch heute die KPÖ, „*als einzige der illegalen Gruppen vom Tag des ‚Anschlusses' an einen Kampf geführt zu haben, dessen Hauptziel es war, Österreich wieder vom Deutschen Reich loszureißen*"[50]). Sie tat dies mit Hilfe der Doktrin der „Österreichischen Nation", welche aufgrund eines Moskauer Beschlusses entstanden war.

Den Kommunisten gelang in all diesen Jahren eine einzige Volksfrontaktion zusammen mit den Sozialisten: Nach dem deutschen Einmarsch in Prag protestierten Sozialisten und Kommunisten gemeinsam und forderten zum „*einheitlichen Kampf der Arbeiter gegen den gemeinsamen faschistischen Feind auf*". Diese Gemeinsamkeit währte nur kurz, da die Sozialisten umgehend ihr Verhältnis zu den Kommunisten wieder klarstellten: „Der sozialistische Kampf", der bereits in London erschien, verlangte von der KPÖ die Aufgabe des Kampfes um die österreichische Unabhängigkeit als Vorbedingung „jeder engeren politischen Zusammenarbeit"[51]). Chefredakteure waren damals Oscar Pollak, nach 1945 Chefredakteur der Arbeiter-Zeitung, und Karl Czernetz, nach 1945 außenpolitischer Fachmann der SPÖ und Österreichs Vertreter im Europarat.

Auch eine Aufforderung der Kommunistischen Internationale an die Sozialistische Arbeiterinternationale und an die Amsterdamer Gewerkschaftsinternationale, dafür einzutreten, „den Demokraten Österreichs Hilfe zu erweisen, sich vom fremdländischen Joch zu befreien", wurde von den internationalen sozialdemokratischen Organisationen mit Ablehnung beantwortet.

Hiermit war der letzte kommunistische Umarmungsversuch gescheitert und es war den Kommunisten nicht gelungen, die Sozialdemokratie von ihrem großdeutschen Standpunkt abzubringen.
Erst Stalins Machtwort sollte im November 1943 eine neue Situation schaffen.

Der deutsch-sowjetische Nichtangriffspakt: „verbrecherischer Krieg gegen Hitler"

Am 10. März 1939 gab Josef Stalin auf dem 18. Parteitag der KPdSU eine erstaunliche Erklärung ab: *„Wir sind für den Frieden und wollen unsere Beziehungen zu allen Ländern festigen."*

Jenen kommunistischen Genossen, die sich noch erstaunt fragten, was solche Schalmeientöne anstelle einer entschiedenen Kampfansage an den Faschismus bedeuten sollten, wurden bald die Augen geöffnet.

Am 23. August 1939 unterzeichneten die Vertreter des Deutschen Reiches und der Sowjetunion den Nichtangriffspakt, der in einem geheimen Anhang bereits die spätere Zerstückelung Polens zwischen Deutschland und Rußland enthielt. Am 6. November 1939 erklärte der Generalsekretär der Komintern, Dimitroff die gesamteuropäische Volksfrontpolitik für beendet und forderte die Kommunisten in den gegen Hitler kriegführenden Ländern auf, alle Beziehungen zu den Sozialisten abzubrechen: *„Die Kommunisten können keine wie immer geartete Einheitsfront mit solchen Leuten eingehen, die in gemeinsamer Front mit den Imperialisten kämpfen und den verbrecherischen volksfeindlichen Krieg (gegen Hitler, Anm. d. Red.) unterstützen."*[52])

Einzelne höhere kommunistische Parteiführer waren in Moskau kurz vor Paktabschluß informiert worden, wie z. B. der tschechische Parteiführer Klement Gottwald, der wiederum den Österreicher Ernst Fischer unterrichtete. Die im Moskauer Exil lebenden Parteiführungen stiegen nahtlos auf die neue Linie um. Sie hatten die Aufgabe, die Beschlüsse der Kommunistischen Internationale an die kommunistischen Widerstandsbewegungen in ihren Ländern zu übermitteln.

Für die deutschen Kommunisten gab der stets wendige und Moskau tief ergebene Walter Ulbricht in der kommunistischen Zeitung „Welt" die neue Devise aus: *„Wer gegen die Freundschaft des deutschen und des Sowjetvolkes intrigiert, ist ein Feind des deutschen Volkes und wird als Helfershelfer des englischen Imperialismus gebrandmarkt."*[55])

In bezug auf Österreich bedeutete die so plötzlich erblühte herzliche Freundschaft Stalins zu Hitler, welche immerhin mit der Überlassung halb Polens belohnt worden war, einen radikalen Kurswechsel der von der KPÖ einzuschlagenden Linie.

Über diesen Zeitabschnitt berichtet die parteiamtliche „Geschichte der Kommunistischen Partei Österreichs" wie folgt: *„Die Verfechter der Münchner Politik, die nie einen einheitlichen Kampf mit der Sowjetunion gegen Hitler gewollt hatten, entfalteten eine weltweite Hetze (!) über den angeblichen Verrat der Sowjetunion."*[54])

Stalin sei Dank fanden die KPÖ-Genossen jedoch umgehend zum richtigen Kurs: *„Die kommunistischen österreichischen Emigranten waren imstande, sich rasch zurechtzufinden; sie hatten Verbindungen zu den dortigen kommunistischen Parteien und konnten kollektiv beraten. Das traf sogar auf die ehemaligen Spanienkämpfer zu, die in Südfrankreich im KZ waren. Auch erfahrene Parteifunktionäre wußten gleich, wieviel es geschlagen hatte. So konnte Genosse Honner, der allein in Jugoslawien war, sofort über seine Verbindungen ins Land hinein richtige Erklärungen und politische Anleitungen geben."*[55])

Für die Auslandsleitung der KPÖ war die eigene Haltung durch die Richtlinie der Komintern vorgegeben. Daß die Ausrichtung an den Wünschen der Sowjetunion für die österreichischen Kommunisten eine Selbstverständlichkeit gewesen sei, bestätigte nach dem Krieg das Mitglied des Zentralkomitees Friedl Fürnberg[56]).

Der Hitler-Stalin-Pakt hatte natürlich jede „antifaschistische Volksfront" illusorisch gemacht und in den Auslandspublikationen der KPÖ und der KPD taucht in der Folge das Wort „Faschismus" nicht mehr auf. Dies hatte seine Ursache in „*der damaligen offiziellen sowjetischen Sprachregelung. Folglich konnte es auch keine Antifaschisten geben ... Die Volksfrontpolitik war im wahrsten Sinne des Wortes gegenstandslos geworden, nachdem es offiziell keinen Faschismus mehr gab, den es zu bekämpfen galt*"[57]).

An die Stelle der Umwerbung der Sozialdemokraten trat nun wieder die hemmungslose Beschimpfung der Sozialisten.

Im Dezember 1939 erschien ein Artikel in der Zeitschrift „Kommunistische Internationale", der von den kommunistischen Parteien Österreichs, Deutschlands und der Tschechoslowakei unterzeichnet war. Hierin wurden die Sozialdemokraten als „*Verräter der Revolution, Mörder von Karl Liebknecht und Rosa Luxemburg, Agenten der englischen Imperialisten, Kettenhunde des Kapitalismus gegen die Sowjetunion und den Sozialismus*" sowie als Hetzer bezeichnet, die den „*Schwindel des anglo-französischen Imperialismus vom angeblichen antifaschistischen Krieg gegen das Hitler-Regime*" decken[58]).

Den Anschluß war die Sowjetunion nunmehr bereit, de facto anzuerkennen. „*Diese Tatsache wird illustriert durch den Beschluß der Sowjetunion, die österreichische Staatsbürgerschaft nicht weiter anzuerkennen. Die österreichischen Emigranten in der Sowjetunion wurden vor die Wahl gestellt, entweder die deutsche Staatsbürgerschaft anzunehmen oder als Staatenlose zu gelten.*"[59])

Der Moskauer Rundfunk, dessen deutschsprachiges Programm bisher den österreichischen Kommunisten als Sprachrohr zur Verfügung gestanden hatte, wurde in seinen deutschsprachigen Sendungen nunmehr dazu verwendet, die Freundschaft Stalin-Hitler zu preisen. Interessant ist in diesem Zusammenhang, daß nunmehr auch der Vorsitzende der KPÖ, Johann Koplenig, in das Zentralkomitee der illegalen Kommunistischen Partei Deutschlands kooptiert wurde[60]).

Dies geschah sicherlich nicht zur besseren Abstimmung der beiderseitigen Politik, denn beide Parteien waren in der Komintern ohnehin vereint. Offenbar sollte ein vorsichtiges erstes Signal in Richtung der übrigen Genossen gesetzt und eine gesamtdeutsche Linie gezeigt werden.

Der Angriff auf die Sowjetunion: neuerlicher Schwenk der Kommunisten

Am 22. Juni 1941 eröffneten die deutschen Truppen den Kampf gegen die Sowjetunion. Über Nacht war es für Stalin wieder wichtig geworden, Subversion und Sabotage im Hinterland des Feindes zu fördern. Hierzu mußte er sich in erster Linie der bestehenden illegalen kommunistischen Organisationen bedienen. Im November 1941 legten die Spitzen der KPÖ zusammen mit Vertretern der KPdSU die neue Linie über die „sowjetische Unterstützung des Kampfes für die Unabhängigkeit Österreichs" fest[61]).

Einen Monat später teilten Stalin und Molotow dem britischen Außenminister Eden mit, daß nach dem Willen der Sowjetunion Österreich wieder als eigener Staat entstehen solle.

Die Briten hatten andere Vorstellungen: Wien sollte die Hauptstadt einer großen Donauföderation werden unter Einschluß Süddeutschlands. Dieser Plan wurde vom Londoner Büro der österreichischen Sozialisten zumindest nicht abgelehnt, wie auch überhaupt zu vermerken ist, daß die Emigrantengruppen aufgrund ihrer Abhängigkeit es vermieden, sich in Gegensatz zur Politik ihrer Gastländer zu setzen.

Noch im Dezember hielten die Briten an ihrem Plan einer großen Donauföderation fest. Stalin allerdings sah die Zeit gekommen, seine Vorstellungen einer Neuordnung Europas durchzusetzen.

Am 1. November 1943 trafen sich die Außenminister Großbritanniens, der USA und der Sowjetunion in Moskau. Dort konnten die Briten angesichts der schwankenden Haltung der USA ihren Standpunkt nicht durchsetzen und so kam es, daß im Abschlußkommuniqué, der sogenannten „Moskauer Deklaration" verkündet wurde, daß die verbündeten Staaten „... wünschen, ein freies unabhängiges Österreich wiedererrichtet zu sehen".

Stalin hatte nicht vergessen, einen Pferdefuß geschickt in den Text einzubauen: *„... da Österreich ... für die Teilnahme am Kriege an der Seite Hitler-Deutschlands eine Verantwortung trägt, soll anläßlich der endgültigen Abrechnung Bedacht darauf genommen werden, wieviel es selbst zu seiner Befreiung beigetragen haben wird."*

Damit waren die Sozialdemokraten in einer verteufelten Situation: Die Westmächte waren auf die Moskauer Linie eingeschwenkt, von dort war keine Hilfe zur Durchsetzung eines großdeutschen Standpunktes mehr zu erwarten.

Der Passus, daß bei einer „Endabrechnung" der österreichische Beitrag zu seiner „Befreiung" in Betracht gezogen werden würde, war eine unverhohlene Drohung, daß Österreich Nachteile zu erleiden haben würde, wenn nicht alle jene Kräfte, die für Österreich sprechen konnten, noch vor Kriegsende „eigene Beiträge" zu seiner Befreiung leisten würden. Unter Befreiung aber verstand der Text der Moskauer Deklaration die Eigenstaatlichkeit.

Wollten die Sozialdemokraten ihrer Heimat nicht schweren Schaden zufügen und sich selbst von der Gestaltung der Dinge nach dem Krieg ausschließen, so mußten sie auf die kommunistische Linie einschwenken und ihre Politik um 180 Grad herumdrehen.

Der spätere SPÖ-Abgeordnete Czernetz schilderte nach dem Krieg diesen dramatischen Schwenk so: *„Wir haben über Nacht, wirklich über Nacht, die Gelegenheit ergriffen und haben in einer unserer Londoner Information eindeutig gesagt, wir stehen auf dem Boden dieser Erklärung, Wiederherstellung Österreichs..."*.[62])

Es war sicherlich nicht Romantik gewesen, die Stalin veranlaßt hatte, der eigenstaatlichen Zukunft Österreichs seine besondere Aufmerksamkeit zuzuwenden. Er wußte um die strategische Bedeutung der ungarischen Tiefebene und des böhmischen Raumes. Ein sowjetischer Vorposten in Wien war für die Kontrolle beider Bereiche wichtig. Darüber hinaus war eine kommunistische Machtergreifung in einem Kleinstaat sicherlich leichter zu bewerkstelligen als in einem großräumigen politischen Gebilde.

In der Tat ist dieser Versuch, aus Österreich eine Volksdemokratie zu machen, nach 1945 auch unternommen worden und lediglich an der unbeugsamen Haltung der österreichischen Sozialisten gescheitert.

Einen Monat nach der „Moskauer Deklaration" wurde Österreichs Nachkriegsschicksal am 1. Dezember 1943 auf der Stalin-Roosevelt-Churchill-Konferenz in Teheran endgültig festgelegt.

Roosevelt schlug auf dieser Konferenz die Aufteilung des deutschen Raumes in fünf Einzelstaaten vor.

Churchill meinte, dies gehe zu weit. Man sollte sich mit der Abtrennung

Preußens begnügen und aus Österreich, der Pfalz, Baden, Württemberg und Bayern eine Donauföderation schaffen, die mit Wien als Hauptstadt offenbar auch Ungarn einschließen sollte.

Stalin wandte sich sofort gegen den Plan, deutsche Gebiete in größere Föderationen einzubeziehen. Dies würde es den „deutschen Elementen" lediglich ermöglichen, wieder einen großen Staat aufzubauen.

Roosevelt, seit geraumer Zeit ein naiver Bewunderer Stalins, fiel Churchill in den Rücken und meinte, auch er sei der Meinung, daß Deutschland *„eine viel geringere Gefahr für die Zivilisation darstellte, als es 107 Provinzen hatte"*[63]).

Somit mußte sich Churchill beugen und es blieb bei der Regelung der Moskauer Deklaration.

Der amerikanische Historiker William Lloyd Sherman urteilt über den in der Deklaration enthaltenen „Mitschuld"-Paragraphen, daß dieser den sowjetischen Gesichtspunkt verdeutlicht, *„daß Österreich nur wiederhergestellt wurde, um Deutschland aufzuspalten"*[64]).

In der Tat hatte Stalin in der Teheraner Konferenz gesagt, es werde nur eine Nachkriegsgefahr geben: die deutsche Wiedervereinigung. Dieser Tendenz der Deutschen werde die künftige Internationale Organisation (die UNO, Anm. d. Red.) mit wirtschaftlichen und mit Gewaltmaßnahmen entgegentreten müssen[65]).

Für die Russen bot die Formel der Moskauer Deklaration dann Ende April 1945 die Möglichkeit, ohne weitere Rücksprache mit den westlichen Alliierten unter der Oberhoheit ihrer „sowjetischen Militäradministration" die Republik Österreich neu zu begründen und an die Spitze des Staates einen Mann ihrer Wahl zu stellen.

Es war Pech für die Sowjets, daß sie mit Karl Renner den falschen Griff taten und Österreichs Entwicklung zu einem freien Gemeinwesen nicht verhindern konnten.

Anmerkungen:

[1]) Konrad, Helmut: „Widerstand an Donau und Moldau", Europa-Verlag Wien – München – Zürich 1978, S. 40.

[2]) Konrad, Helmut: a. a. O., S. 146.

[3]) Berchtold, Klaus: „Österreichische Parteiprogramme 1868 – 1966", Verlag f. Geschichte und Politik, Wien 1967, S. 264.

[4]) Bundesgesetz vom 12. Nov. 1918 über die Staatsform: „1. Deutschösterreich ist eine demokratische Republik. Alle öffentlichen Gewalten werden vom Volk eingesetzt. 2. Deutschösterreich ist ein Bestandteil der Deutschen Republik."

[5]) Präsident Hauser erstattete der Nationalversammlung am 6. Sept. 1919 Bericht über das im Diktatfrieden enthaltene Anschlußverbot: „Eines der ureigensten Rechte eines Menschen ist, daß er, wenn er von jemandem verfolgt wird, ... irgendwo eine Zuflucht sucht und auch eine Zuflucht findet. Und wo anders soll er Zuflucht suchen und Zuflucht finden, als bei seiner eigenen Familie. Uns wird die Zuflucht zu unserer Mutternation, zur Mutter Germania verweigert ..." Die Nationalversammlung faßte daraufhin folgenden Protestbeschluß: „Die Nationalversammlung erhebt vor aller Welt feierlich ihren Protest dagegen, daß der Friedensvertrag von St. Germain ... dem deutschösterreichischen Volke sein Selbstbestimmungsrecht nimmt, ihm die Erfüllung seines Herzenswunsches ... die Vereinigung mit dem deutschen Mutterlande verweigert ..."

[6]) Pfeifer, Helfried: „Werden und Wesen der Republik Österreich", 2. Aufl., Wien 1967 (Eckartschriften 21), S. 63.

[7]) Programmatische Rede vor der „Vaterländischen Front" (austrofaschistische staatstragende Organisation), bereits auf Abwehr des nationalsozialistischen Anschlußanspruches angelegt.

[8]) Hoor, Ernst: „Österreich 1918 – 1938 Staat ohne Nation. Republik ohne Republikaner." Wien 1966, S. 73.

[9] In: „Der Wiener Student" vom 15. Juli 1931.
[10] Coudenhove-Kalergi, Richard: „Krise der Weltanschauung", Pan-Europa-Verlag, Wien 1923, S. 80ff.
[11] Litschauer, G. F., Jambor, Walter: „Österreichische Geschichte", Obelisk Verlag Wien 1974, S. 333.
[12] Seit der Ausschaltung des Parlaments am 4. März 1933 regierte Dollfuß mit Notverordnungen auf der Grundlage des „Kriegswirtschaftlichen Ermächtigungsgesetzes" vom 24.7.1917, welches längst in Vergessenheit geraten war, bis die Regierung Dollfuß es wieder aus der Versenkung holte. Mit Hilfe dieses Gesetzes wurde auch die neue faschistische Verfassung erlassen.
[13] Die Kommunistische Internationale (Abk.: Komintern) war die 1919 in Moskau gegründete III. internationale Vereinigung aller komm. Parteien der Welt. Sie stand in scharfem Gegensatz zur II. Internationale der Sozialdemokraten, welche von ihr als „Sozialfaschisten" beschimpft wurden. Die Komintern lenkte durch ihr ständiges Organ, das Exekutivkomitee, die Politik der Gliedparteien in den einzelnen Ländern. Die Komintern stand ausschließlich unter sowjetischem Einfluß und arbeitete als Instrument der Stalin'schen Außenpolitik.
[14] Bulgarischer Kommunist und Terrorist (Sabotageakte in Sofia 1925), 1933 in Berlin von der Anklage der Brandstiftung am Reichstagsgebäude mangels an Beweisen freigesprochen, 1935 bis 1944 Generalsekretär der Komintern in Moskau, 1946 von den Sowjets importierter Ministerpräsident von Bulgarien.
[15] Franz West, hoher Funktionär der damals illegalen KPÖ, in „Extrablatt" vom Dezember 1979.
[16] Schirinja, K. K., in „Beiträge zur Geschichte der Arbeiterbewegung", Nr. 5, Jg. 1972.
[17] Erwin Zucker-Schilling, damals Mitglied des Zentralkomitees der KPÖ in „Extrablatt", Nr. 2, Februar 1980.
[18] West, Franz: „Die Linke im Ständestaat Österreich", Europa-Verlag Wien – München – Zürich 1978, S. 252.
[19] Erwin Zucker-Schilling in „Extrablatt" Nr. 2/1980.
[20] Marek, Franz: „Diskussionen über die nationale Frage" in: „Aus der Vergangenheit der KPÖ. Genossen Koplenig zum 70. Geburtstag." Herausgegeben von der Histor. Kommission beim ZK der KPÖ. Globus-Verlag Wien 1961, S. 26.
[21] West, Franz: „Die Linke im Ständestaat Österreich", Europa-Verlag Wien – München – Zürich 1978, S. 254f.
[22] Mauritz, Rainer u. Grotheer H.: „Wohin treibt Österreich. Analyse einer separatistischen Bewegung." Münster 1967.
[23] Konrad, Helmut: a.a.O., S. 144.
[24] Stalin, Josef: „Marxismus und nationale Frage", Wien 1913. In dieser Broschüre gibt Stalin folgende Nations-Definition, die weitgehend auf ethnischer Grundlage fußt: „Die Nation ist eine historisch entstandene, stabile Gemeinschaft der Sprache, des Territoriums, des Wirtschaftslebens und der in der Kulturgemeinschaft zum Ausdruck kommenden Geistesart."
[25] West, Franz: a.a.O., S. 255.
[26] Hier nimmt Mussolini Stellung gegen den ethnischen Nationsbegriff, der sich von den Schriftstellern der deutschen Romantik herleitet, auch in der italienischen Literatur der „Irredenta" vertreten wurde und der die Nation begrifflich definiert (vergl. Seipels Definition). Mussolini stellt dem den gestaltenden Willen der Staatsschöpfer entgegen.
[27] Mussolini, Benito: „La dottrina del fascismo." Auf deutsch: „Die Lehre des Faschismus", Novissima-Verlag Rom, S. 19f.
[28] Marek, Franz: a.a.O., S. 25f.
[29] „Aus der Vergangenheit der KPÖ", a.a.O., S. 129.
[30] „Geschichte der Kommunistischen Partei Österreichs." Von einem Autorenkollektiv der Historischen Kommission beim ZK d. KPÖ. Globus-Verlag Wien, S. 182.
[31] Erwin Zucker-Schilling in „Extrablatt" Nr. 2, Februar 1980.
[32] „Geschichte der Komm. Partei Österreichs", S. 181.
[33] Stadler, Karl R., im Vorwort zu West, Franz, a.a.O., S. 11.
[34] Zitiert in: West, Franz, a.a.O., S. 257f.
[35] „Geschichte der komm. Partei Österreichs", a.a.O., S. 183.
[36] Unter diesem Titel hatte der Kommunist Ernst Fischer in „Weg und Ziel" (Nr. 4, 1937) unter dem Pseudonym Peter Wieden einen Artikel veröffentlicht, in dem er „fortschrittliche österreichische Kulturtraditionen" in Gegensatz zur gesamtdeutschen Kultur zu stellen versucht hatte.
[37] Päpstliche Enzyklika, welche von den Austrofaschisten als geistige Grundlage ihres „Ständestaates" herangezogen bzw. nach Meinung vieler Katholiken dazu mißbraucht wurde.

[38]) West, Franz: a. a. O., S. 259f.
[39]) Adam, Walter: „Österreich – Grundlage der vaterl. Erziehung", Wien 1936, S. 46.
[40]) Zitiert bei Litschauer, Jambor, a. a. O., S. 345f.
[41–43]) „Geschichte der komm. Partei Österreichs", a. a. O. Zitiert auf Seite 192f.
[44]) „Geschichte der komm. Partei Österreichs", a. a. O., S. 192.
[45]) West, Franz: a. a. O., S. 329.
[46]) Schuschnigg, Kurt: „Im Kampf gegen Hitler – Die Überwindung der Anschlußidee." Molden Wien – München 1969, S. 89.
[47]) „Geschichte der Kommunistischen Partei Österreichs", a. a. O., S. 194.
[48]) ???
[49]) „Der sozialistische Kampf", Nr. 15, 29. Juli 1939, S. 252f.
[50]) ???
[51]) „Geschichte der Kommunistischen Partei Österreichs", a. a. O., S. 198.
[52]) Zitiert bei: Frederik, Hans: „Volksfront", Verlag Politisches Archiv, Landshut 1977, S. 287.
[53]) Konrad, Helmut: a. a. O., S. 115.
[54]) [55]) „Gesch. d. komm. Partei Österreichs", a. a. O., S. 204.
[56]) Konrad, Helmut: a. a. O., S. 113f.
[57]) Vogelmann, Karl: „Die Propaganda der österreichischen Emigration in der Sowjetunion für einen selbständigen österreichischen Nationalstaat", phil. Diss. Wien, 1973, Seite 51.
[58]) „Kommunistische Internationale", 20. Jg., Dez. 1939, S. 1290.
[59]) Vogelmann, Karl: a. a. O., S. 63.
[60]) Konrad, Helmut: a. a. O., S. 19.
[61]) „Gesch. d. komm. Partei Österreichs", a. a. O., S. 220.
[62]) Zitiert in „Gesch. d. komm. Partei Österreichs", a. a. O., S. 221.
[63]) Foreign Relations of the United States, Diplomatic Papers: The Conferences at Cairo and Teheran 1943, Washington 1961, S. 602f.
[64]) Sherman, W. L.: „The Soviet Union and the occupation of Austria", Bonn.
[65]) Foreign Relations..., a. a. O., S. 603.

RAINER ÜBLAGGER

Die nationalen Traditionen der österreichischen Sozialdemokratie

Vierzig Jahre nach Gründung der Zweiten Republik haben die Österreicher zu einem staatlichen Selbstwertgefühl gefunden, wie es in der ungeliebten, mit dem Stigma der wirtschaftlichen Lebensunfähigkeit belasteten Ersten Republik niemals hatte entstehen können. Was das moderne Österreich sozial, wirtschaftlich und in vielen Wissenschaften erreicht hat, verleiht ihm im internationalen Vergleich eine Spitzenstellung. Auch die traumatischen Erfahrungen nach dem Zweiten Weltkrieg, als Österreich den Großmachtinteressen der Sieger hilflos ausgeliefert war, sind dem Bewußtsein einer weltweiten Anerkennung gewichen. Das neue staatliche Selbstbewußtsein besteht also völlig zu Recht (obwohl erst die Bewältigung der großen ökologischen Bedrohungen zeigen wird, was dieser Staat wirklich wert ist) und es hilft ein angenehmeres politisches Klima zu schaffen. Eine seiner erfreulichsten Nebenerscheinungen liegt in der langsam zunehmenden Unbefangenheit des Österreichers bei der Erörterung geschichtlicher Themen. Sogar das große Tabu dieses Staates, die nationale Frage, läßt sich in weiten Kreisen der Bevölkerung wieder diskutieren. Allerdings treten bei derartigen Gesprächen häufig große Wissenslücken zutage. Ein besonders krasser Mangel an politischer Bildung offenbart sich in der häufig zu hörenden und vor allem von jungen Österreichern tatsächlich für richtig gehaltenen Identifizierung von „national" und „nationalsozialistisch". Diese gänzlich ahistorische Gleichsetzung beruht auf einer jahrzehntelang sowohl von staatlichen Einrichtungen als auch von einflußreichen gesellschaftlichen Gruppen geförderten Verdrängung des Wissens über die bedeutende Rolle des nationalen Bekenntnisses in der Geschichte aller großen politischen Bewegungen Österreichs. Auch die Selbstdarstellung der österreichischen Sozialdemokratie rückte in der Zweiten Republik das opportune Bekenntnis zu einer eigenständigen „österreichischen Nation" in den Vordergrund und tat gleichzeitig die deutschnationalen Traditionen meist als parteigeschichtliche Nebenaspekte ab. Das Gegenteil aber ist richtig: Nur jener Bereich des politischen Spektrums, der sich ausdrücklich als national bezeichnete, war konsequenter als die Sozialdemokratie im Bekenntnis zur deutschen aus „Schicksalsgemeinschaft erwachsenen Charaktergemeinschaft", wie Otto Bauer den Begriff der Nation definierte.

Die vielfältigen Wurzeln des sozialdemokratischen Nationalismus

Otto Bauer, der jüdische Industriellensohn aus dem Sudetenland, war nach dem Tode Victor Adlers von 1918 bis 1934 Vorsitzender der Sozialdemokratischen Arbeiterpartei (Deutsch-) Österreichs (SDAP). Darüberhinaus zählte er zu den führenden austromarxistischen Theoretikern, unter denen er sich als Vordenker in nationalpolitischen Fragen profilierte. Als Bauer in einer Parlamentsrede in der Zwischenkriegszeit „von der heiligen Erde Südtirols, der einzigen ‚Stelle der Welt, wo der Süden deutsch ist' "[1]) schwärmte, offenbarte er eine an der Spitze der österreichischen Sozialdemokratie unvermutete Wurzel des Deutschnationalismus: die emotionale. Viel häufiger war dieses gefühlsbetonte Deutschbewußtsein an der sozialdemokratischen Basis anzutreffen. Schon als ab 1867 unter dem Einfluß des Liberalismus die ersten Arbeiterbildungsvereine gegründet wurden, drang nationales Gedankengut in Arbeiterkreise vor. Man las Schiller, sang Volkslieder, trat der als deutsche Nationalkirche angesehenen altkatholischen Konfession bei und war damit unzugänglich für die Gedankenwelt des proletarischen Internationalismus[2]). Die Arbeiter der damaligen Zeit suchten im Nationalismus jene Geborgenheit, die ihnen der sozialistische Rationalismus nicht bot. Dazu gesellte sich in den ethnischen Mischgebieten Österreichs, die zum Teil erst im Zuge der Industrialisierung entstanden sind, ein starkes materielles Motiv für einen abgrenzenden Nationalismus der deutschen Arbeiterschaft. Denn diese sah sich immer häufiger anspruchsloseren tschechischen Arbeitern oder — wie man das damals ausdrückte — „slawischen Lohndrückern"[3]) gegenüber. In den letzten Jahrzehnten der Monarchie kam es deshalb sogar zu einem ethnischen (tschechischdeutschen) gewerkschaftlichen Separatismus. Die nationalen Bindungen hatten sich als stärker erwiesen als das sozialistische Dogma der Einheitlichkeit der gewerkschaftlichen Organisation in einem gemeinsamen Staats- und Wirtschaftsgebiet. Generell läßt sich sagen, „daß der Internationalismus vor dem Ersten Weltkrieg an der Basis der österreichischen Arbeiterklasse nicht wirklich verankert, sondern nur in deklamatorischer Form vorhanden war. Man dachte national und fühlte sich jener Nation zugehörig, deren Sprache man sprach."[4])

Die zweite Kette von nationalen Traditionen in der österreichischen Sozialdemokratie findet sich in der ideologischen Begründung der gesamtdeutschen Orientierung durch die intellektuellen Führer der Bewegung. Wobei allerdings zu berücksichtigen ist, daß emotionale, theoretische und andere Motive, wie das am Beispiel Otto Bauers schon gezeigt wurde, je nach Person, Ort und Zeit in unterschiedlicher Verteilung ineinanderflossen. Bereits die sozialistischen „Klassiker" Karl Marx und Friedrich Engels legten den Grundstein für diese Entwicklung — die im Austromarxismus ihren Höhepunkt fand — indem sie in der Schaffung von größtmöglichen Nationalstaaten mit einem einheitlichen Wirtschaftsgefüge eine wichtige Bedingung der europäischen Revolution sahen. Ferner unterschied Marx bekanntlich zwischen revolutionären (u. a. Deutsche) und konterrevolutionären (u. a. Tschechen und Kroaten) Nationen. Somit war ein Untergang der habsburgischen Monarchie und die Stärkung Deutschlands durch den Anschluß ihrer deutschen Teile aus marxistischer Sicht ein erstrebenswerter Schritt auf dem Weg zur Revolution in Europa. Ferdinand Lassalle (1825–1864), der Gründer der deutschen sozialdemokratischen Bewegung, hat den „Anschluß" dann schon direkt gefordert. Er, der auf einige Ideologen der österreichischen Arbeiterbewegung einen großen Einfluß ausübte, verlangte in seinem Werk *Der italienische Krieg und die Aufgabe Preußens* (1859) die Auflösung der österreichischen Vielvölkermonarchie und hoffte: „An dem Tage, wo Österreich seine außerdeutschen Provinzen, Italien wie Ungarn, entrissen werden, an dem Tage, wo Österreich auf seine zum Bund gehörigen 12 900 000 Einwohner ... reduziert und ... wo Österreich einfach in eine deutsche Provinz verwandelt wird, — an diesem Tage sind nicht nur 12 900 000 Einwohner, die sich dann erst als Deutsche fühlen können, Deutschland wiedergegeben, an diesem Tage ist der Dualismus aufgehoben und die deutsche Einheit ... damit unvermeidlich geworden."[5])

Ein weiterer Schritt auf diesem Weg wurde durch die teilweise Abkehr vom Liberalismus und die zunehmende antijüdische Ausrichtung vor allem der Deutschnationalen um Georg Ritter v. Schönerer ausgelöst. Beide Entwicklungen führten gegen Ende des 19. Jh. ehemalige Nationale an die Spitze der österreichischen Sozialdemokratie. Victor Adler, 1884 noch im Vorstand des betont nationalen „Deutschen Schulvereins" tätig, übernahm 1889 die Führung der neugegründeten SDAP. Sein enger politischer Freund Engelbert Pernerstorfer — ebenso wie Adler Mitverfasser des nationalen „Linzer Programms" von 1882 — trat nach vielen Jahren als deutschnationaler „wilder" Reichsratsabgeordneter 1904 zur sozialdemokratischen Partei über. Zu Adler schreibt der Chronist der österreichischen Sozialdemokratie Fritz Kaufmann: „Gewiß wäre er, wie viele andere seines Schlages, ein treuer Deutschnationaler geblieben, wenn Schönerer nicht den Weg von Christus zu Wotan gefunden hätte. Seine Loslösung von Schönerer war eine notgedrungene ..."[6]). Die meisten dieser „Neosozialisten" blieben ihren alten Überzeugungen persönlich treu, manche — wie Pernerstorfer — auch in ihrer alltäglichen Parteiarbeit.

Trotz der vielen Anknüpfungspunkte für eine Bewältigung der nationalen Frage wurde aber dieses zentrale politische Problem des österreichischen Vielvölkerstaates innerhalb der sozialdemokratischen Partei stark verdrängt und mit anderen Herausforderungen, wie dem Kampf um das allgemeine Wahlrecht, übertüncht. Schließlich gerieten die Sozialdemokraten in der nationalen Frage jedoch so stark unter Zugzwang, daß sie sich ihr stellen mußten. Man versuchte deshalb mit der marxistischen Methode die besonderen österreichischen Probleme zu analysieren. Das „konnte nur heißen, marxistische Antworten auf die nationale Frage zu suchen. Der Austromarxismus war entstanden."[7]) Die ideologische Bewältigung der nationalen Probleme stellte also den eindeutigen Arbeitsschwerpunkt der austromarxistischen Denker dar.

Vor allem Otto Bauer und Karl Renner schlossen nun an die skizzierten nationalen Traditionen an. Renner, ein weltanschaulicher Abkömmling der Linksliberalen von 1848, versuchte für die ethnischen Probleme der Monarchie vor allem staatsrechtliche und verwaltungstechnische Lösungen zu finden. Sein „Prinzip der Personalautonomie" sollte der Rettung des Vielvölkerstaates dienen. Es sah vor, die nationale Frage von ihren räumlichen Bezügen zu lösen und sie auf ihre kulturelle Dimension zu reduzieren. Dazu hätten die Nationalitäten ähnlich den Religionsgemeinschaften organisiert werden sollen. Renner bezweckte damit auch die Aufrechterhaltung der sozialen Vorherrschaft des Deutschtums im Donauraum, die ihm sogar 1918 noch ein Anliegen war, weshalb er bis zuletzt an einer Rettung der Monarchie interessiert war. Zum strikten Bejaher des Anschlusses wurde Renner erst, als sich nach dem Zusammenbruch der Monarchie seine Hoffnungen auf eine Donauföderation zerschlugen[8]).

Im Gegensatz zum Lassalleaner Renner beschäftigte sich der Marxist Otto Bauer vor allem mit den theoretischen Aspekten der nationalen Frage. Schon frühzeitig hatte Bauer seine gesamtdeutsche Überzeugung gewonnen, was eindrucksvoll in seinem Erstlingswerk *Die Nationalitätenfrage und die Sozialdemokratie* (1907) dokumentiert ist, wenn es mit den Worten ausklingt:

> Geduld! Es kommt der Tag, da wird gespannt,
> ein einig Zelt ob allem deutschen Land!

Zweifellos lag ein Hauptmotiv für Bauers Nationalgefühl in seiner marxistisch fundierten Ansicht, daß die deutsche Arbeiterklasse die fortschrittlichste der Erde sei. So betonte er in der sozialistischen Zeitschrift *Der Kampf* die enge Zusammengehörigkeit der österreichischen und der deutschen Sozialdemokratie, die noch fester sei als das Band der sozialistischen Internationale: „Die deutsche Sozialdemokratie in Österreich war stets und ist ein Glied der großen Partei des deutschen Proletariats: Bismarcks Reichsgrenze kann nicht trennen, was die doppelte Kraft der Klassengemeinschaft und der nationalen Gemeinschaft vereint."[9])

Ein knappes Jahrzehnt später glaubte Bauer die Zeit für die Überwindung dieser Grenze gekommen. Er prägte nun den Begriff der „Nationalen Revolution" als Aushängeschild für den Anschluß der deutschen Teile der untergehenden Monarchie an Deutschland[10]). Am 17. Oktober 1918 veröffentlichte Bauer in der *Arbeiter-Zeitung* seine Überzeugung, daß „jedes Volk, das eine eigene Sprache spricht und eine eigene Kultur besitzt, das Recht habe, alle seine Teile in einem unabhängigen Staate zu vereinigen" und im Augenblick kein anderer Weg offen sei „als der, zurückzugreifen auf unser ursprünglich nationales Programm, ... für das schon 1848 Marx und Engels gekämpft haben: auf das Programm, ... in dem sich Deutschösterreich als ein Bundesstaat dem Deutschen Reiche anschließt."[11])

Mit Otto Bauer erreichte die theoretische Untermauerung der Deutschlandorientierung der österreichischen Sozialdemokratie ihren Höhepunkt. Was nach dem Untergang der Monarchie folgte, war reale sozialdemokratische Anschlußpolitik als Regierungspartei. Der Übergang von der Theorie zur Praxis war bruchlos: „Der Anschluß an Deutschland bahnt uns also den Weg zum Sozialismus. Darum muß der Kampf um den Sozialismus hierzulande zunächst geführt werden als ein Kampf um den Anschluß an Deutschland,"[12]) erklärte auch der deutschösterreichische Außenminister (1918/19) Otto Bauer – in frühzeitiger Widerlegung mancher seiner Parteifreunde in unseren Tagen, die die historischen Anschlußbestrebungen gerne als „reaktionäres" Anliegen ausschließlich rechter Kreise darstellen.

Der Kampf um den Anschluß 1918/19

Als die Donauvölker nach dem Ende des Ersten Weltkrieges das Selbstbestimmungsrecht beanspruchten, wurden auch die deutschen Österreicher vor die Notwendigkeit einer politischen Neuorientierung gestellt. Diese konnte damals für Österreich, das seit 1866 erstmals in seiner fast tausendjährigen Geschichte ohne staatsrechtliche Bindungen an Gesamtdeutschland war, lediglich in der Beendigung seines nationalen Separatismus liegen. Der Zweifel an der wirtschaftlichen Lebensfähigkeit Deutschösterreichs motivierte die Österreicher ebenso für den Anschluß an die Deutsche Republik, wie ein tiefes nationales Zusammengehörigkeitsgefühl, das sich in dieser schweren Notzeit des gesamten deutschen Volkes besonders stark offenbarte. Letztlich konnte ein Erfolg der österreichischen Anschlußpolitik nur durch dauernden Druck der Siegermächte des Ersten Weltkrieges verhindert werden. Da die Sozialdemokratie die Abkehr vom „Ancien regime" der Habsburger am deutlichsten dokumentierte, wurde sie in den ersten Jahren der Republik zur dominierenden politischen Kraft. Vor allem war sie dies bis zum Staatsvertrag von St. Germain – zu jener Zeit also, in der Anschluß mit einer realen Aussicht auf Erfolg betrieben werden konnte. Die Sozialdemokratie kann deshalb als die Hauptträgerin der deutsch-österreichischen Anschlußpolitik bezeichnet werden.

Am 21. Oktober 1918 traten die 1911 gewählten deutschen Abgeordneten des österreichischen Reichsrates im Niederösterreichischen Landhaus als Provisorische Nationalversammlung Deutschösterreichs zusammen. Diese beschloß am 12. November 1918 ohne Gegenstimme das „Gesetz über die Staats- und Regierungsform von Deutschösterreich", dessen erste zwei Artikel lauteten:

„Art. 1: Deutschösterreich ist eine demokratische Republik. Alle öffentlichen Gewalten werden vom Volke eingesetzt.

Art. 2: Deutschösterreich ist ein Bestandteil der Deutschen Republik. Besondere Gesetze regeln die Teilnahme Deutschösterreichs an der Gesetzgebung und Verwaltung der Deutschen Republik sowie die Ausdehnung des Geltungsbereiches von Gesetzen und Einrichtungen der Deutschen Republik auf Deutschösterreich."

Karl Renner bewertete in seiner Regierungserklärung als erster Regierungschef der Republik die nationalpolitische Bedeutung dieses verfassungsrelevanten Gesetzes laut Parlamentsbericht mit den eindrucksvollen Worten: „Notwendig aber ist dieser Beschluß besonders in seinem Artikel 2, welcher sagt, daß die deutschösterreichische Republik ein Bestandteil der deutschen Republik ist, notwendig ist er im Verhältnis zu unserem Stammvolke. (Zwischenruf: Sehr richtig!) Unser großes Volk ist in Not und in Unglück. Das Volk, dessen Stolz es immer war, das Volk der Dichter und Denker zu heißen, unser deutsches Volk des Humanismus, unser deutsches Volk der Völkerliebe, unser deutsches Volk ist im Augenblicke tief gebeugt. Aber gerade in dieser Stunde, wo es so leicht und so bequem und vielleicht auch so verführerisch wäre, seine Rechnung abgesondert zu stellen (Sehr gut!) und vielleicht auch von der List der Feinde Vorteile zu erhaschen, in dieser Stunde soll unser deutsches Volk in allen Gauen wissen: Wir sind ein Stamm und eine Schicksalsgemeinschaft. (Die Versammlung erhebt sich. Stürmischer, lang anhaltender Beifall und Händeklatschen im Saale und auf den Galerien.)"[13]). Damit drückte Renner nicht nur seine persönliche Meinung aus, sondern auch die des sozialdemokratischen Parteivorstandes, des Klubs der sozialdemokratischen Reichsratsabgeordneten und der Delegierten zum Parteitag, die alle den Anschluß zur offiziellen Parteipolitik erklärt hatten[14]).

Da das Gesetz vom 12. November als einseitige Willenskundgebung aber nur programmatischen Charakter hatte, lag es an dem Außenminister Otto Bauer, zu einem konkreten Übereinkommen mit der Deutschen Republik zu gelangen. Zu dem Zweck telegraphierte er bereits am 13. November nach Berlin: „Durch den Beschluß seiner provisorischen Vertretung hat Deutschösterreich seinen Willen kundgetan, sich mit den anderen deutschen Stämmen wieder zu vereinigen ... Wir bitten ... diese Bestrebungen des deutschen Volkes in Österreich zu unterstützen und in direkte Verhandlungen ... über die Teilnahme an der Gesetzgebung und Verwaltung des Deutschen Reiches einzutreten ... Insbesondere die deutschen Arbeiterklassen sind überzeugt, daß die neue Regierung der Deutschen Republik uns ... beistehen wird."[15]) Der Außenminister der Deutschen Republik Graf von Brockdorff-Rantzau kam dem Wunsch Bauers nach Verhandlungen über die Modalitäten des Anschlusses bereitwillig nach. Intensive Gespräche zwischen den beiden deutschen Staatsmännern mündeten am 2. März 1919 in einen als „Berliner Protokoll" bezeichneten Geheimvertrag, der folgende Regelungen vorsah:

„ § 1 des Artikels I führte aus, daß die deutsche Reichsregierung und die deutschösterreichische Regierung übereingekommen seien, mit tunlichster Beschleunigung über den Zusammenschluß des Deutschen Reiches und Deutschösterreichs einen Staatsvertrag abzuschließen, der beiden Parlamenten zur Genehmigung vorgelegt und sodann ratifiziert werden sollte.

§ 2 bestimmte, daß die Durchführung des Zusammenschlusses durch Reichsgesetze erfolgen sollte, bei deren Beratung und Verabschiedung deutsch-österreichische Vertreter in den gesetzgebenden Körperschaften des Deutschen Reiches bereits mitwirken würden.

Nach § 3 sollte der Zusammenschluß auf der Grundlage erfolgen, daß Deutschösterreich als selbständiger Gliedstaat in das Reich eintrete.

Es folgten Bestimmungen über eigene Vertretungsbehörden Deutschösterreichs beim Päpstlichen Stuhl und — für die Dauer der wirtschaftlichen Übergangszeit — bei den Nachfolgestaaten der früheren österreichisch-ungarischen Monarchie, über das Verhältnis zwischen Kirche und Staat, über landsmannschaftliche Rücksichtnahmen bei der Schaffung eines Reichsheeres und eines Reichseisenbahnsystems, über Sonderrechte der deutschösterreichischen Post- und Telegraphenverwaltung und der Zollverwaltung und schließlich über die Übernahme eines angemessenen Teiles der früheren österreichischen Beamten deutscher Nationalität in den Dienst des Deutschen Reiches.

Im Artikel II wurden die handelspolitischen Vereinbarungen zusammengefaßt. Dabei standen die Angleichung an den reichsdeutschen Zolltarif, die Einhebung von Schutzzöllen und der Abschluß von Sonderverträgen mit den Nachfolgestaaten der Monarchie im Vordergrund.

Artikel IV, Währungsfragen, sah die Herstellung einer vollen Währungsgemeinschaft und damit den Übergang Deutschösterreichs zur Markwährung vor.

Im Artikel VI wurde Wien als zweite Hauptstadt des Reiches anerkannt."[16])

Doch nur kurze Zeit nach Abschluß dieses Geheimvertrages einigten sich die Alliierten und Assoziierten Mächte in Paris auf ein absolutes Anschlußverbot. Als Staatskanzler Renner am 10. Sept. 1919 in St. Germain den sogenannten Friedensvertrag unterzeichnete, war damit auch die gesamtdeutsche Politik der österreichischen Sozialdemokratie gescheitert. Deutschösterreich mußte nun die auf den Anschluß abzielenden Verfassungsbestimmungen aufheben, auf Deutschböhmen, das Sudetenland sowie Deutschsüdtirol verzichten und als symbolische Bekräftigung die Silbe „Deutsch-" aus seiner Staatsbezeichnung streichen. Was nützte es, daß die Konstituierende Nationalversammlung das Diktat von St. Germain nur unter Protest beschloß und ihr sozialdemokratischer Präsident Seitz erbittert feststellte, es gebe „wohl niemanden in dieser Versammlung und niemanden in Deutschösterreich, der den hohen Begriff des Friedens in Einklang bringen könnte mit dem Akte, der sich hier vollzieht"[17]). Für Otto Bauer war das Fehlschlagen seines Traumes vom Anschluß auch von persönlicher Tragik. Schon zwei Monate vor St. Germain war er als Außenminister zurückgetreten, da er der extrem konservativen und anschlußfeindlichen französischen Regierung als — wie er selbst in einem Brief an Karl Renner schrieb — „exponierter Großdeutscher und als vermeintlicher Bolschewik verdächtig"[18]) war. Dennoch wußten Bauer und seine Gesinnungsfreunde, mehr als einen symbolischen Kampf geliefert zu haben, wenn er in einem Rückblick feststellte: „So waren wir im Kampf um den Anschluß unterlegen, trotzdem war dieser Kampf keineswegs wirkungslos. In dem Augenblick, in dem das alte Österreich zusammengebrochen war, hatte es der neuen Republik ein neues Ideal ... Lebensziel und Lebenswillen gegeben. Dieses nationale Ideal hat die junge Republik gewaltig gefestigt."[19])

Otto Bauer — Zauderer oder Nationalist?

Schillernd ist das Bild des Anschlußpolitikers Otto Bauer in der meist linksorientierten Zeitgeschichte. Besonders bemerkenswert erscheint die Sicht des seit 1942 in New York lebenden und bereits zitierten Geschichtsschreibers der österreichischen Sozialdemokratie Fritz Kaufmann, als er im Jahre 1978 kritisch anmerkte: „Gegen den Willen der Entente ließ sich der Anschluß selbstverständlich weder durch ohnmächtige Proklamationen noch durch geheime Abmachungen durchsetzen. Der einzige Weg, der zumindest eine Erfolgschance geboten hätte, wäre die Schaffung eines fait accompli gewesen ... Der Gedanke liegt nahe, daß eine faktische Durchführung des Anschlusses gleich in den ersten Novembertagen hätte gelingen können ... Tatsächlich waren zwischen dem 6. und 8. November reichsdeutsche Truppen in Tirol und Salzburg einmarschiert, um sich nach dem Abschluß des einseitigen österreichischen Waffenstillstandes den Rücken gegen einen Vorstoß feindlicher Kräfte aus dem Süden zu decken. Wären diese in Österreich geblieben, wäre der Anschluß praktisch vollzogen gewesen; denn es ist durchaus möglich, daß die Entente sich in einem solchen Fall auf Proteste beschränkt hätte ... Auch eine zweite Gelegenheit zum Handeln, die zwar nicht den Anschluß an Deutschland, aber möglicherweise die Rettung deutscher Gebiete im Sudetenland hätte bringen können, wurde später versäumt. In Ungarn war die kommunistische Regierung unter Béla Kun ans Ruder gelangt und hatte die Tschechoslowakei mit Krieg überzogen. Sie hatte deren Truppen ... entscheidend geschlagen ... und fast die ganze Slowakei zurückerobert. Der Weg nach Prag schien offen zu stehen. Hätte die österreichische Regierung damals den Mut aufgebracht, einige für diesen Zweck leicht aus ehemaligen Offizieren und Unteroffizieren zu bildende Bataillone von ‚Freiwilligen' auf Brünn marschieren zu lassen, dann wäre vielleicht auch in diesem Fall ein ‚fait accompli' für die Befreiung der angrenzenden deutschen Sprachgebiete der Tschechoslowakei geschaffen worden ... Aber Otto Bauer und die anderen Sozialdemokraten in der Regierung waren ebensowenig Abenteuerer wie Revolutionäre. Auch diese Aktion unterblieb, mittels derer kühnere und entschlossenere Männer möglicherweise tatsächlich eine Erweiterung der österreichischen Grenzen erreicht, aber ebenso möglicherweise das Land in ein furchtbares Chaos hätten hineinreißen können."[20])

Bauer wird allerdings dieser Vorwurf der Unentschlossenheit bei dem Vollzug des Anschlusses nur sehr selten gemacht. Viel häufiger stellt die Zeitgeschichte bei ihm und seinen sozialdemokratischen Regierungskollegen völlig andere „Verfehlungen" fest: „Befremdend wirkt ... die Trennung von Theorie und Praxis, die der Bauerschen Anschlußpolitik zugrundelag und ihn daran hinderte, in der konkreten historischen Situation den Kampf um die richtige Lösung der nationalen Frage als Kampf für den Sozialismus zu führen. Im Gegenteil gewinnt man den Eindruck, daß Bauer die Lösung der nationalen Frage für vorrangig hielt und geradezu umgekehrt den Kampf um den Sozialismus als Mittel zur Erlangung der deutschen nationalstaatlichen Einheit betrachtete."[21]) Die Vorwürfe an den deutschösterreichischen Außenminister, der immerhin als einer der bedeutendsten sozialistischen Theoretiker gilt, gipfeln in der Interpretation: „Bauer ordnet(e) offenkundig seine gesamte Politik der Anschlußdoktrin unter, selbst auf die Gefahr, daß er die Prinzipien des proletarischen Internationalismus verletzte ..."[22]). Als Beweis wird die Haltung Bauers zur totalitären Räte-Republik Béla Kuns in Ungarn angeführt. Denn Bauer und mit ihm die österreichische Sozialdemokratie hatten versucht, die Furcht der Entente vor dem Übergreifen des ungarischen Kommunismus auf Deutschösterreich für Zugeständnisse auf nationalem Gebiet zu nützen — obwohl Bauer wußte, daß Kun auf seine sozialistische Solidarität hoffte, um die politische Isolation Räte-Ungarns zu überwinden. Dessenungeachtet aber hatte Bauer am 15. Mai 1919 dem österreichischen Gesandten in Budapest angekündigt, daß sich Österreich der Feindschaft der Entente zu Räte-Ungarn bedienen werde, um Deutsch-Westungarn zu gewinnen. Selbst die Zulassung des Anschlusses durch die demokratischen Siegermächte hatte Bauer in diesem Zusammenhang für möglich gehalten[23]).

1920 – 1933: Weiterhin für den „notwendigen Abschluß der nationalen Revolution"

Die Sozialdemokraten blieben auch über die Jahre ihrer Regierungsbeteiligung (1918–20) hinaus überzeugte Verfechter des Anschlusses. Nach St. Germain vertrat die SDAP die revisionistische Auffassung, daß das Anschlußverbot zu den undurchführbaren Artikeln des aufgezwungenen Vertrages gehöre, da Österreich als selbständiger Staat nicht lebensfähig sei. Wie sehr diese Ansicht der Volksstimmung entsprach, bewiesen die 1921 abgehaltenen Volksabstimmungen über die Angliederung Österreichs an das Deutsche Reich, die in Tirol eine Mehrheit von 98,8 % und in Salzburg von 99,3 % für den Anschluß erbrachten. Weitere Abstimmungen wurden durch massive Drohungen der Siegermächte verhindert. Gleichwohl hieß es im *Linzer Programm* der SDAP vom 3. November 1926 (Abschnitt VI/Punkt 4): „Die Sozialdemokratie betrachtet den Anschluß Deutschösterreichs an das Deutsche Reich als notwendigen Abschluß der nationalen Revolutionen von 1918. Sie erstrebt mit friedlichen Mitteln den Anschluß an die Deutsche Republik."[24]) Erst die Machtübernahme Hitlers 1933 leitete eine vorerst rein taktische Wende in der sozialdemokratischen Haltung zum Deutschen Reich ein. Der Parteitag der SDAP vom 14. bis 16. Oktober 1933 in Wien faßte folgende Resolution: „Angesichts der durch den Faschismus im Deutschen Reich veränderten Lage des deutschen Volkes beschließt der Parteitag: Aus dem 6. Abschnitt des Parteiprogramms wird der Punkt 4, der den Anschluß Deutschösterreichs an das Deutsche Reich fordert, gestrichen."[25]) Doch der Lauf der Geschichte im folgenden Jahrzehnt sollte den Stellenwert dieses Beschlusses für die sozialdemokratische Deutschlandpolitik auf den eines bloßen Formalaktes reduzieren.

1933–1938: Gegen das Gerede der Vaterländischen und Kommunisten von der „schönen blauen Donau"

Die Selbstauflösung des österreichischen Nationalrates durch den Rücktritt seiner drei Präsidenten am 4. März 1933 leitete die schrittweise Entwicklung zum autoritären „christlichen, deutschen Bundesstaat auf ständischer Grundlage" (Präambel der Verfassung von 1934) unter Bundeskanzler Dollfuß ein. Nachdem schon 1933 die KPÖ und die NSDAP verboten worden waren, lieferte der sozialdemokratische Aufstandsversuch um den 12. Februar 1934 die Gelegenheit auch die SDAP zu verbieten. Daraufhin etablierten sich als illegale Untergrundpartei die „Revolutionären Sozialisten" (RS) mit Joseph Buttinger an der Spitze. Zu dieser Zeit überwand der österreichische Staats- und auch der Nationsgedanke erstmals das Ghetto kleinster Splittergruppen. Die austrofaschistischen Machthaber stellten die gegen Nationalsozialismus und Anschluß gerichteten Thesen von Österreich als dem „zweiten deutschen Staat" auf. Ein Verfassungsgesetz (BGBl. 4/1934 – II) erklärte die „Vaterländische Front" zur Staatspartei, die berufen sei, „Träger des österreichischen Staatsgedankens zu sein"[26]). Die vaterländische Politik des austrofaschistischen Bürger- und Bauerntums fand pikanterweise ihre einzige Entsprechung in den 1937 auftauchenden Bestrebungen der Kommunisten auf marxistischem Wege den Entstehungsprozess einer eigenständigen österreichischen Nation nachzuweisen. Die beiden autoritären bzw. totalitären politischen Bewegungen bildeten in der letzten Phase des Ständestaates eine auf Unabhängigkeit gerichtete Interessengemeinschaft gegen das nationalsozialistische Deutschland. Der Höhepunkt dieser Entwicklung liegt in der Übernahme der Schuschnigg-Parole „Rot–weiß–rot bis in den Tod" durch das ZK der KPÖ[27]).

Die Revolutionären Sozialisten allerdings hatten für die neuen Staats- und Nationskonzeptionen der Vaterländischen und Kommunisten nur Spott und Hohn übrig. Nach einer Parteikonferenz im Dezember 1937 präzisierte Joseph Buttinger die Haltung der RS mit den klaren Worten: „Die einzige reale *Volks*front' (Hervorhebung durch R. Ü.) in Österreich ist daher heute gleichbedeutend mit der Front des sozialistischen Freiheitskampfes ... Wenn nun auch die Kommunisten von der ‚schönen blauen Donau' und von der ‚Eigenart und Selbständigkeit der österreichischen Kultur' reden, so werden wir ihnen auf diesem Weg ganz gewiß nicht folgen."[28]) Im übrigen spielte die nationale Frage sowohl bei den RS als auch bei jenen führenden Sozialdemokraten, die wie Otto Bauer und Julius Deutsch 1934 den Weg ins Exil nach Brünn gegangen waren, während des Ständestaates nur eine untergeordnete Rolle: Daß die Orientierung auf ein eigenstaatliches Österreich rein taktische Gründe hatte, galt als ebenso unumstritten, wie die Ansicht, die Österreicher seien ein Teil des deutschen Volkes[29]).

„Ja" zum Anschluß trotz Hitler

Otto Bauer hatte schon 1920 die Auffassung vertreten, das Ziel des Anschlusses unter allen Bedingungen aufrechtzuerhalten, selbst wenn Österreich dadurch „zunächst zu einem bürgerlichen, ja sogar zu einem reaktionären Deutschland kommen"[30]) würde. Es sollte Karl Renner sein, der diesem Vorsatz in der konkreten historischen Situation des unter nationalsozialistischen Vorzeichen vollzogenen Anschlusses folgte. Am 3. April 1938, wenige Tage vor dem Anschlußplebiszit Hitlers, ließ Renner folgende berühmte Erklärung veröffentlichen: „Ich habe als erster Kanzler Deutsch-Österreichs am 12. November 1918 in der Nationalversammlung den Antrag gestellt und zur einstimmigen Annahme gebracht: ‚Deutsch-Österreich ist ein Bestandteil der Deutschen Republik'. Ich habe als Präsident der Friedensdelegation von St. Germain durch viele Monate um den Anschluß gerungen — die Not im Lande und die feindliche Besetzung der Grenzen haben die Nationalversammlung und so auch mich genötigt, den Demütigungen des Friedensvertrages und dem bedingten Anschlußverbot uns zu unterwerfen. Trotzdem habe ich seit 1919 in zahllosen Schriften und ungezählten Versammlungen im Lande und im Reich den Kampf um den Anschluß weitergeführt. Obschon nicht mit jenen Methoden, zu denen ich mich bekenne, errungen, ist der Anschluß nunmehr vollzogen, ist geschichtliche Tatsache und diese betrachte ich als wahrhafte Genugtuung für die Demütigungen von 1918 und 1919, für St. Germain und Versailles. Ich müßte meine ganze Vergangenheit als Vorkämpfer des Selbstbestimmungsrechtes der Nationen wie als deutschösterreichischer Staatsmann verleugnen, wenn ich die große geschichtliche Tat des Wiederzusammenschlusses der deutschen Nation nicht freudigen Herzens begrüßte ... Als Sozialdemokrat und somit als Verfechter des Selbstbestimmungsrechtes der Nationen, als erster Kanzler der Republik Deutsch-Österreich und als gewesener Präsident ihrer Friedensdelegation zu St. Germain werde ich mit ‚Ja' stimmen."[31])

Es ist unverständlich, daß bis heute immer wieder die Theorie auftaucht, Renner sei zu dieser Stellungnahme von den Nationalsozialisten erpreßt worden. Denn schon in der Mainummer 1938 der britischen Monatszeitschrift *World Review* hatte Renner ausdrücklich alle Gerüchte zurückgewiesen, er habe unter Zwang gestanden. Außerdem drückte er in diesem Artikel seine Überzeugung aus, daß der Anschluß dauerhafter sein werde als das nationalsozialistische System[32]).

Noch viel weiter ging Renner im Herbst 1938 mit einer Broschüre, die nach dem Zweiten Weltkrieg nahezu lückenlos totgeschwiegen wurde. Zuerst bestätigte er noch einmal, daß der Anschlußgedanke auch nach 1919 nicht erloschen sei: „Weder das Ganze, noch ein Glied des Volkes von Deutschösterreich hat somit je auf das nationale Selbstbestimmungsrecht verzichtet. Sie haben die letzte Entscheidung der Zukunft vorbehalten. Sie wußten, diese werde in der Fülle der Zeit gerecht richten."[33]) Dann rechtfertigte Renner die gesamtdeutsche Politik des Deutschen Reiches — das zu diesem Zeitpunkt seine Ausdehnungsbestrebungen ja tatsächlich noch auf die abgetrennten deutschen Siedlungsgebiete beschränkte — mit größter Offenheit: „Es dauerte kein Jahrzehnt und die Unhaltbarkeit der Pariser Diktate wurde beinahe allgemeine Überzeugung der Welt. Die Eingeweihten wußten, daß eine *generelle Revision unerläßlich wäre* und dennoch unternahm keiner der Siegermächte einen offenen, ernsten Schritt, das Problem der Revision im Sinne der Wiederherstellung des Rechts aufzurollen. So kam es, daß nichts übrigblieb als *die gewaltsame Auflehnung der Entrechteten wie der Verkürzten*, daß diese eine Erlösung durch *Kriegsdrohung und gegebenenfalls durch Krieg* zu suchen genötigt waren."[34]) Folgerichtig lobte Renner in einem mit 1. November datierten Zusatz zu dieser Broschüre die „beispiellose *Beharrlichkeit und Tatkraft der deutschen Reichsführung*"[35]) bei der Lösung der sudetendeutschen Frage durch die Erreichung des Münchener Abkommens (die Kursive entspricht dem gesperrten Druck im Text Renners).

1938–1943: Gesamtdeutsche Revolution statt österreichischer Eigenstaatlichkeit

„Österreich aber ist gewesen,"[36]) war auch die Auffassung der österreichischen Exilsozialisten. „Der österreichische Sozialismus, der heute zersprengt ist und der morgen wiedererstehen wird, kann sich zu der vollzogenen Tatsache der Annexion Österreichs durch das Dritte Reich nicht reaktionär verhalten, sondern nur revolutionär. Wir können das Rad der Geschichte nicht zurückdrehen ... Die Zukunft der österreichischen Arbeiterklasse ist die Zukunft der deutschen Revolution."[37]) In diesen Worten Otto Bauers klingt schon die Parole der „gesamtdeutschen Revolution" an, die am 1. April 1938 in Brüssel von den führenden Funktionären sowohl der ehemaligen SDAP als auch der nunmehr ebenso im Exil befindlichen RS in Form einer einstimmig gefaßten Resolution ausgegeben wurde. Ihre Interpretation durch Otto Bauer wurde zum politischen Testament dieser im Juli 1938 in Paris verstorbenen überragenden Gestalt des österreichischen Sozialismus: „Die Kommunisten ... haben nach der Annexion ... nicht gezögert ... die Losreißung Österreichs vom Reiche, die Wiederherstellung eines unabhängigen Österreich als Kampfziel zu proklamieren. Die Sozialisten dagegen haben in einer Konferenz, die Anfang April 1938 in Brüssel stattfand, festgestellt, daß das österreichische Volk nicht durch die Losreißung vom Reiche, sondern nur durch die gesamtdeutsche Revolution gegen den deutschen Faschismus befreit werden könne. Sie haben der irredentistisch-separatistischen Losung der besiegten Vaterländischen die gesamtdeutsch-revolutionäre Losung gegenübergestellt."[38])

Damit war die Grundlage der Deutschlandpolitik aller sozialistischen Exilgruppen in den Hauptstädten der westlichen Welt gegeben. Die gesamtdeutsche Perspektive zog eine Unzahl weitgehender politischer Konsequenzen nach sich und trennte die österreichischen Auslandssozialisten von den bürgerlichen Emigrantenorganisationen, die die Wiederherstellung der österreichischen Eigenstaatlichkeit forderten. So besteht heute kein Zweifel mehr, daß es nur die sozialistische Auslandsvertretung war, die eine österreichische Exilregierung in Frankreich verhinderte[39]). Ein besonders bezeichnendes Beispiel findet sich in der Politik des „Auslandsbüros der österreichischen Sozialisten in London" bezüglich des (mit der Frage der Eigenstaatlichkeit engstens zusammenhängenden) Problems der Einstufung der Exilösterreicher als feindliche bzw. nicht-feindliche Ausländer durch Großbritannien. Das Auslandsbüro erklärte sich nämlich nicht „damit einverstanden, daß die Österreicher als nicht-feindliche Ausländer in Großbritannien umklassifiziert werden sollten,"[40]) wie dies elf der dreizehn österreichischen Emigrantenorganisationen in England am 3. September 1941 in einer gemeinsamen Erklärung forderten. In den USA weigerte sich das „Austrian Labor Committee", die von den bürgerlichen Separatisten angestrebte Trennung der österreichischen von den deutschen Kriegsgefangenen durch eigene Eingaben an das State und das War Department zu unterstützen[41]). Kein Wunder also, daß vor allem in New York und London gegen die österreichischen Exilsozialisten immer häufiger der Vorwurf des „Pangermanismus" erhoben wurde. Dazu trug auch die „Auslandsvertretung der österreichischen Sozialisten" (AVÖS) bei, die als Dachorganisation der österreichischen Exilsozialisten schon im Frühsommer 1938 eine „Konzentration" mit den sozialistischen Exilgruppen aus dem „Altreich" erreichen wollte. Dieser Versuch scheiterte jedoch, da die „Sozialdemokratische Partei Deutschlands" (SOPADE) fürchtete, die Bildung einer einheitlichen deutschen sozialistischen Partei mit den österreichischen Revolutionären Sozialisten würde eine Stärkung der Linkskräfte und außerdem die Anerkennung des Anschlusses bedeuten. Die AVÖS brachte aber immerhin ein Kartell unter dem Namen „Sozialistische Arbeitsgemeinschaft" mit allen nicht der SOPADE unterstehenden deutschen sozialistischen Exilorganisationen zustande[42]). Zusammenfassend läßt sich über die Politik der österreichischen sozialistischen Emigration sagen, daß „das Ziel der Auslandssozialisten der Anschluß Österreichs an Deutschland war, solange nur die geringste Möglichkeit eines solchen überhaupt bestand"[43]).

Über die Ansichten des sozialistischen Widerstandes zur nationalen Frage liegen naturgemäß nur bruchstückhafte Informationen vor. Alles deutet auf eine völlige Übereinstimmung mit den Genossen im Exil hin. Besonders eindrücklich dokumentieren dies die nationalsozialistischen Anklageschriften gegen österreichische Sozialisten, in denen die gegen Kommunisten und Monarchisten stets erhobene Beschuldigung der „Losreißung der Alpen- und Donaugaue vom Reich" fehlt[44]).

Die Moskauer Deklaration 1943 — der erzwungene Traditionsbruch

Erst als die alliierten Großmächte USA, Sowjetunion und Großbritannien in der „Moskauer Deklaration" vom 1. November 1943 die Wiederherstellung der österreichischen Eigenstaatlichkeit offiziell zum Kriegsziel erklärten, begann sich die österreichische Sozialdemokratie dem Druck der Ereignisse zu beugen und von ihren alten deutschnationalen Traditionen Abstand zu nehmen. Nur einzelne leisteten dem, was Otto Bauer einst als den „Spuk eines aus Katholizismus, Habsburgertradition und feudaler Barockkultur zusammengebrauten österreichischen Menschen"[45]) bezeichnete, noch Widerstand.

Die Führung in diesem unter den gegebenen Bedingungen aussichtslosen Kampf übernahm Friedrich Adler, der Sohn des Parteigründers. Er war schon immer bekannt dafür, die gesamtdeutschen revolutionären Ideen von 1848 noch entschiedener zu vertreten als selbst Otto Bauer[46]). In seinem amerikanischen Exil lehnte er auch noch nach dem 1. November den „österreichischen Partikularismus"[47]) ab. Schon an der Jahreswende 1939/40 hatte Adler in Vorahnung des Kommenden besorgt an seine Genossen appelliert: „Die österreichischen Sozialisten haben *keine Kriegsziele, sondern Revolutionsziele* ... Sie können sich nicht blind die Parolen irgendwelcher kriegführender Mächte zu eigen machen ... Sie müssen sich stets der Würde ihrer *eigenen Aufgabe* bewußt bleiben und dürfen sich nicht durch eine momentane Konjunktur verlocken lassen, zu Mitläufern fremder politischer Ziele zu werden."[48]) Vor allem kritisierte der radikaldemokratische Adler an der Moskauer Deklaration die Tatsache, daß damit „die Großmächte eine Entscheidung über Österreich getroffen haben, ohne daß das österreichische Volk die Möglichkeit hatte, seine Meinung über diese Fragen zu äußern. Darum haben wir keinerlei Anlaß eine Mitverantwortung für diese Entscheidung zu übernehmen."[49]) Etwa zur selben Zeit stellte Friedrich Adler — auch schon in einer Vorausschau auf das besetzte Österreich — resignierend fest: „Wie zu erwarten war, haben sich und werden sich auch in Zukunft schwächere Charaktere von allem, was deutsch heißt, möglichst zu distanzieren suchen."[50])

Wie die Besatzungsmächte das Problem der deutschnationalen Traditionen der österreichischen Sozialdemokratie dann endgültig zu lösen beabsichtigten, belegt mit aller Eindringlichkeit der sogenannte Fall Oberhumer. In der Grazer sozialistischen *Neuen Zeit* vom 11. März 1956 findet sich ein Rückblick auf diesen aufschlußreichen Vorgang: „Am 17. Februar 1946 veröffentlichte das Organ der Sozialistischen Partei Oberösterreichs, das in Linz erscheinende ‚Tagblatt', aus der Feder seines damaligen Chefredakteurs Dr. Oberhumer einen Artikel. In diesem wandte sich der seit 1921 der Sozialdemokratischen Partei angehörende Verfasser gegen die vor allem von kommunistischer Seite und den Trägern des Dollfuß-Regimes vertretene Auffassung, daß es ein besonderes österreichisches Volk gäbe. Die Österreicher seien Deutsche österreichischer Staatsbürgerschaft, eine politische Nation, aber ein Teil des gesamtdeutschen Volkes. Darauf wurde dieser Tageszeitung von der amerikanischen Besatzungsmacht die Drucklizenz entzogen und dem Verfasser die Ausübung des Berufes verboten ... Gen. Oberhumer blieb seines Postens enthoben und zog sich verbittert wieder in jenen Gemüseladen in einer Linzer Straße zurück, in der er während der ganzen Nazizeit seinen nazibegeisterten Linzer Stadtbürgern Salat und Karfiol verkaufte ..."[51])

Den Fall Oberhumer nahm der nach dem Kriegsende weitgehend verstummte Friedrich Adler in seinen *Bemerkungen zur Lage im okkupierten Österreich* noch einmal zum Anlaß, vor der „Flucht aus der Nation"[52]) zu warnen. Dieses Bekenntnis zur deutschen Nation, das Adler bis zu seinem Tode (1960) vertrat, brachte ihm im besetzten Österreich viel Kritik ein. Allerdings erhielt er auch — wenngleich verdeckte — Zustimmung: etwa dadurch, daß Adolf Schärf dem Parteitag 1946 Grüße von ihm überbrachte oder daß die „stellvertretende Vorsitzende der SPD, Luise Schröder, auf dem Parteitag 1947 trotz des Protestes von polnischen und tschechischen Gastdelegierten sprechen konnte und daß eine Deutschland betreffende Stelle in das Aktionsprogramm aufgenommen wurde."[53])

Trotzdem: Friedrich Adler blieb weiterhin in seinem Züricher Nachkriegsexil — ein ebenso deutliches Signal, wie der Ablauf des Falles Oberhumer. Der in der nationalen Frage sehr feinfühlig gewordene deutschbewußte Genosse hatte nun die Zeichen der Zeit verstanden. Die alte nationale Tradition der österreichischen Sozialdemokratie schien endgültig gebrochen.

Zweite Republik: Vom Staatsbekenntnis zur Nationsfiktion?

Doch da durchbrach plötzlich ein Mann das von den Machthabern innerhalb und außerhalb der Partei verordnete Schweigen, dem die Nürnberger Rassegesetze im Dritten Reich sein Deutschtum abgesprochen hatten, wie er in seinen Lebenserinnerungen selbst schrieb[54]): der prominente Sozialdemokrat und spätere Linzer Bürgermeister Ernst Koref. Ausgerechnet in der staatspolitisch hochbrisanten Sitzung des Hauptausschusses des Parlaments zum Staatsvertrag von 1955 unterstrich Koref als Sprecher der SPÖ, daß er „deutschfühlend"[55]) sei. „Ich freue mich noch heute darüber, daß ich in jener historischen Debatte dieses Bekenntnis abgelegt habe,"[56]) erklärte er in seinen 1980 erschienenen und mit einem Vorwort von Bundeskanzler Bruno Kreisky versehenen Memoiren.

Es dauerte aber ein weiteres Jahrzehnt bis auch die Parteiführung wieder den festen Boden der ethnischen und historischen Realitäten betrat. Der SPÖ-Vorsitzende und Vizekanzler Bruno Pittermann äußerte nun im April 1964 auf einer Tagung des Bundes Sozialistischer Akademiker: „Auf die Frage, ob wir Deutsche oder Österreicher sind, wird die Mehrheit der Österreicher wie 1918 antworten: Deutsche Österreicher, wie es auch slowenische, kroatische, tschechische oder magyarische Österreicher — wenn auch nur als kleine Minderheiten — gibt."[57]) Auch eine Aussage des Bundespräsidenten und ehemaligen Parteivorsitzenden (1945–1957) Adolf Schärf, die er im Juni 1964 traf, ist als ein Versuch der Wiedergewinnung eines realistischen Standpunkts in der deutschen Frage zu interpretieren. In offizieller Eigenschaft als Bundespräsident stellte er anläßlich eines bevorstehenden Staatsbesuches in der Bundesrepublik Deutschland gegenüber der dpa fest: „Ich bin überzeugt, daß die Deutschen das Nibelungenlied immer als ein deutsches Epos betrachten werden, auch wenn es in Österreich aufgezeichnet wurde, und in Österreich wird man nie vergessen, Goethe und Schiller als geistigen Besitz anzusehen. In Österreich werden sich Staatsbewußtsein und Nationalbewußtsein zusammenfinden, unabhängig davon aber wird es ein Volksbewußtsein geben, das die Gemeinsamkeit im deutschen Kulturgut immer wieder geistig lebendig erhalten wird."[58])

Im Zusammenhang mit der Diskussion um die richtige Wahl des Staatsfeiertages formulierte der Linzer Bürgermeister Koref 1965 noch deutlicher. In einem Artikel in der *Zukunft*, dem ideologischen Diskussionsforum der SPÖ, plädierte er für den 12. November als Staatsfeiertag — dem Jahrestag der Ausrufung der demokratischen Republik Deutschösterreich als Bestandteil der Deutschen Republik — und stellte weiter fest: „Das Bekenntnis zu Volk und Vaterland setzt also ein klares, innerlich-fundiertes Bewußtsein voraus. Dieses kann und soll geweckt, gepflegt und gefestigt werden. Denn nur so entwickelt sich das, was man Liebe und Treue zu Volk und Heimat nennt ... Man soll den Österreicher von heute trotz der nahen Vergangenheit schlimmster Erlebnisse meines Erachtens nicht vor die Alternative stellen: deutsch *oder* österreichisch! Man erschrecke nicht! Ich halte dies für grundsätzlich und taktisch verfehlt. Ich bin fest davon überzeugt, daß wir unsere Staatsbürger nicht vor dieses Dilemma stellen sollten! Die übergroße Mehrheit des Volkes wird dadurch unsicher, schwankend und verstimmt. Sagen wir es vielmehr klipp und klar: Wir sind deutsche Österreicher, und spielen wir nicht weiterhin aus Opportunitätsgründen Verstecken!"[59])

Besonders scharf wandte sich 1967 der damalige Vorsitzende des Verbandes Sozialistischer Studenten Günter Rehak gegen die immer bedrückender werdenden Praktiken bei der Durchsetzung des Bekenntnisses zur „österreichischen Nation". In einem offenen Brief an die SPÖ-Jugend schrieb er: „Liebe Freunde! Am 26. November hat die Vollversammlung des österreichischen Bundesjugendringes beschlossen, ihren Mitgliedern in Hinkunft neben anderem ein Bekenntnis zur österreichischen Nation abzuverlangen. So weit der heitere Teil. Die sozialistischen Jugendorganisationen haben für diese Statutenänderung gestimmt. Und das ist traurig ... Die Nichtexistenz des Bekenntnisgegenstandes demonstriert lediglich die politische Willkür, intellektuelle Leere und demagogische Verlogenheit derartiger Bekenntnisse auf Bestellung. Was wollt ihr jetzt tun? Wollt Ihr für den Rest Eurer Tage als gespaltene Persönlichkeiten mit der rechten Mundhälfte ein Bekenntnis zur österreichischen Nation lispeln (um der Mittel aus dem Bundesjugendplan nicht verlustig zu gehen) und mit der linken darauf pfeifen? Oder wollt Ihr das patriotische Affentheater mitmachen? Das fragt Euch in aller Freundschaft Dipl.-Ing. Günter Rehak, Obmann des Verbandes Sozialistischer Studenten Österreichs."[60])
In der *Zukunft* äußerte sich Rehak im selben Jahr ganz allgemein zu den totalitären Aspekten der Einführung des „nichtexistenten Bekenntnisgegenstandes": „Die ‚österreichische Nation' eignet sich nun tatsächlich als Objekt einer Ersatzbefriedigung. Sie wird symbolhaft für die gesamte österreichische Gesellschaft genommen, das Bekenntnis zu ihr soll Norm allen politischen Handelns sein. Ihre Befürworter fühlen sich als Hüter dieses Symbols, als Kontrollinstanz, die in schulmeisterlicher Manier Zensuren erteilt und politisches Verhalten benotet. Hier können sich auch starke Aggressionen entwickeln ... Es läßt sich nicht leugnen (und sie leugnen es auch gar nicht), daß die Patrioten eine Uniformierung der Meinung über die ‚österreichische Nation' anstreben und eine Verfolgung und Benachteiligung abweichender Auffassungen befürworten. Dieses totalitäre Element übersehen zu haben

könnte sich eines Tages als fatale Nachlässigkeit erweisen."⁶¹) Dies besonders angesichts der Rolle, welche ehemalige Vaterländische und Kommunisten, also die „Anhänger autoritärer und totalitärer Systeme im Rahmen des österreichischen Patriotismus spielen"⁶²).

Auch der dritte SPÖ-Vorsitzende (1967—1983) in der Zweiten Republik, Bruno Kreisky, wies 1970 am Beginn seiner Amtszeit als Bundeskanzler eine realistische Haltung in der Frage der ethnischen Identität der Österreicher nach. In einem Zeitschriftenartikel stellte Kreisky fest, daß Österreich lediglich aufgrund der in manchen Städten häufig auftretenden nicht-deutschen Namen „kein *rein* deutsches Land"⁶³) (Hervorhebung durch R. Ü.) sei. Den Titel dieses Aufsatzes, *Deutschland viergeteilt*, bezog Kreisky auf die sowjetische Auffassung, daß Deutschland in die BRD, die DDR, die Gebiete jenseits der Oder-Neiße-Linie und Österreich geteilt sei.

Damit dürfte hinlänglich belegt sein, daß die Führung der österreichischen Sozialdemokratie nach dem Zweiten Weltkrieg zwar immer ein unbedingtes Bekenntnis zur österreichischen Eigenstaatlichkeit ablegte, die schrankenlose Propagierung der Fiktion einer eigenständigen österreichischen Nation durch extreme politische Kräfte innerhalb und außerhalb der Partei aber keinesfalls übernahm.

Anmerkungen:

[1]) Zitiert nach: Helmut Konrad, „Die Herausbildung des Austromarxismus und das Verhältnis zu Deutschland," *Die deutsche und die österreichische Arbeiterbewegung zur Zeit der Zweiten Internationale*, Hg. H. Konrad (Wien 1982), S. 43.
[2]) Ibid., S. 34.
[3]) Ibid., S. 35.
[4]) Ibid., S. 36.
[5]) Zitiert nach: Helmut Konrad, „Wurzeln deutschnationalen Denkens in der österreichischen Arbeiterbewegung", *Sozialdemokratie und „Anschluß": Historische Wurzeln, Anschluß 1918 und 1938, Nachwirkungen*, Hg. H. Konrad (Wien 1978), S. 21.
[6]) Fritz Kaufmann, *Sozialdemokratie in Österreich* (Wien 1978), S. 22.
[7]) Konrad, „Die Herausbildung des Austromarxismus ...," S. 31.
[8]) Ibid., S. 40.
[9]) Otto Bauer, „Die Einheit des deutschen Sozialismus," *Der Kampf* (1909), S. 246 ff.
[10]) Kaufmann, *Sozialdemokratie* ..., S. 111.
[11]) Otto Bauer in der *Arbeiter-Zeitung* vom 17. Okt. 1918. Zitiert nach: Hanns Haas, „Otto Bauer und der Anschluß 1918/1919", *Sozialdemokratie und „Anschluß"*, S. 43.
[12]) Otto Bauer, *Der Weg zum Sozialismus* (Wien 1919), S. 32.
[13]) Zitiert nach: Kurt Schuschnigg, *Im Kampf gegen Hitler: Die Überwindung der Anschlußidee* (Wien 1969), S. 45 f.
[14]) Kaufmann, *Sozialdemokratie* ..., S. 111.
[15]) Zitiert nach: Helmuth Fechner, „Österreich und die erste deutsche Republik", *CC-Blätter* (März 1975), S. 8.
[16]) Zitiert nach: Norbert Gugerbauer, „Nationalitätenfrage und Sozialdemokratie 1918—1938—1978", *Freie Argumente* (H. 2/1978), S. 51.
[17]) Zitiert nach: Wilhelm Brauneder und Friedrich Lachmayer, *Österreichische Verfassungsgeschichte* (Wien 1976), S. 195.
[18]) Zitiert nach: Otto Leichter, *Otto Bauer: Tragödie oder Triumph* (Wien 1970), S. 130.
[19]) Otto Bauer, *Die österreichische Revolution (Wien 1923)*, S. 157.
[20]) Kaufmann, *Sozialdemokratie* ... , S. 114 f.
[21]) Haas, „Otto Bauer und ...," S. 42.
[22]) Loc. cit.
[23]) Ibid., S. 40—42.
[24]) Zitiert nach: Wolfgang Neugebauer, *Von der Klassengesellschaft zur sozialen Demokratie: Die österreichische Sozialdemokratie im Spiegel ihrer Programme 1889—1978* (Wien 1979), S. 57.

[25]) Loc. cit.
[26]) Brauneder, *Österreichische Verfassungsgeschichte*, S. 233.
[27]) Wolfgang Neugebauer, „Die nationale Frage im Widerstand", *Sozialdemokratie und „Anschluß"*, S. 90.
[28]) Joseph Buttinger in *Der Kampf* im Dezember 1937. Zitiert nach Neugebauer, „Die nationale Frage ...," S. 89 f.
[29]) Zitiert nach Neugebauer, „Die nationale Frage ...", S. 88.
[30]) Otto Bauer, „Die alte und die neue Linke", *Der Kampf* (1920), S. 249 ff.
[31]) Interview mit Karl Renner, *Neues Wiener Tagblatt* vom 3. April 1938.
[32]) Zitiert nach: Raimund Löw, „Wie Karl Renner Österreich verriet", *Forum*, H. 286 (Oktober 1977), S. 34.
[33]) Karl Renner, *Die Gründung der Republik Deutschösterreich, der Anschluß und die Sudetendeutschen: Dokumente eines Kampfes ums Recht* (Wien 1938), S. 76. Zitiert nach: Löw, „Wie Karl Renner ...", S. 35. Löw berichtet, daß diese Broschüre in der ansonsten fast lückenlosen Renner-Bibliographie übergangen wurde und auch aus dem Nachlaß des ehemaligen Bundespräsidenten im Österreichischen Staatsarchiv entfernt worden ist. Lediglich Adolf Schärf habe ein Exemplar des Bandes — „offensichtlich von seiner Verantwortung für die Nachwelt gedrückt", wie Löw schreibt — in einem verschlossenen Kuvert beim Internationalen Institut für Sozialgeschichte in Amsterdam hinterlegt, wobei sich das Institut verpflichten mußte, das Siegel erst 1970 zu erbrechen.
[34]) Ibid., S. 78.
[35]) Ibid., S. 7 f.
[36]) Heinrich Weber (Pseudonym für Otto Bauer), „Österreichs Ende", *Der Kampf* (April 1938), S. 427.
[37]) Loc. cit.
[38]) Otto Bauer, „Nach der Annexion", *Der Sozialistische Kampf* (Juni 1938), S. 2 ff.
[39]) Franz Goldner, *Die österreichische Emigration: 1938 bis 1945* (Wien 1977), S. 56.
[40]) Ibid., S. 119. Hochinteressant ist, daß die zweite Exilgruppe, die diese Erklärung nicht unterzeichnete, die „Association of Christian Socialists in Great Britain" war. Sie galt als die Auslandsorganisation der alten Christlichsozialen Partei!
[41]) Ibid., S. 191.
[42]) Vgl. Helene Maimann, *Politik im Wartesaal: Österreichische Exilpolitik in Großbritannien 1938 — 1945* (Wien 1975), S. 50 — 51.
[43]) Goldner, *Die österreichische Emigration*, S. 58.
[44]) Neugebauer, „Die nationale Frage ...", S. 92.
[45]) Otto Bauer in *Der Kampf* im Jänner 1937. Zitiert nach: Andreas Mölzer, „Eine Fiktion wird zum Dogma: Der Begriff der ‚Österreichischen Nation' zwischen 1933 und 1983", *AULA* (10/1983), S. 22.
[46]) Leichter, *Otto Bauer*, S. 146.
[47]) Vgl. Rudolf G. Ardelt, „Das ‚Problem' Friedrich Adler", *Sozialdemokratie und „Anschluß"*, S. 83.
[48]) Friedrich Adler, *Einige Richtlinien zur Klarstellung der Probleme, die der Krieg an den österreichischen Sozialisten stellt* (Ende 1939/Anfang 1940), Adler-Archiv, Mappe 229. Zitiert nach: Ardelt, „Das ‚Problem' ...", S. 76.
[49]) Friedrich Adler an die Mitglieder des erweiterten Austrian Labor Committee, New York, 18.11.1943, Adler Archiv, Mappe 58. Zitiert nach: Ardelt, „Das ‚Problem'...", S. 78 — 79.
[50]) Friedrich Adler, „Die Legende vom glücklichen Österreich", *Austrian Labor Information* (November/Dezember 1943). Zitiert nach: Ardelt, „Das ‚Problem' ...", S. 80.
[51]) *Neue Zeit*, 11. März 1956.
[52]) Friedrich Adler, *Bemerkungen zur Lage im okkupierten Österreich* (1946), Adler-Archiv (des Vereines für Geschichte der Arbeiterbewegung), Mappe 232. Zitiert nach: Ardelt, „Das ‚Problem' ...", S. 83.
[53]) Friedrich Adler an Wilhelm Ellenbogen, Zürich, 6.12.1947, Adler-Archiv, Mappe 111. Zitiert nach: Ardelt, „Das ‚Problem' ...", S. 83.
[54—58]) Ernst Koref, *Die Gezeiten meines Lebens*, (Wien 1980). Zitiert nach: *AULA* (10/1983). S. 25 — 26.
[59]) Ernst Koref, „Der 12. November: Geburtstag der Republik", *Die Zukunft* (Mitte März 1965), S. 6 — 7.
[60]) Zitiert nach: Norbert Gugerbauer, „Nationalitätenfrage und Sozialdemokratie 1918 — 1938 — 1978", *Freie Argumente* (H. 3/1978), S. 57 — 58.
[61]) Günter Rehak, „Versuch einer politischen Standortbestimmung des österreichischen Patriotismus", *Die Zukunft* (H. 19/1967), S. 21.
[62]) Ibid., S. 22.
[63]) Bruno Kreisky, „Deutschland viergeteilt", *Monat*, 22. Jg. (H. 260/1970), S. 22.

OTTO SCRINZI

Das Nationale Lager nach 1945

Aufgaben — Entwicklung — Persönlichkeiten

Die Wiederherstellung einer souveränen Republik Österreich in den Grenzen von 1937 durch die Siegermächte war — und sollte es durch zehn Jahre bleiben — eine nur bedingt erfolgte Verwendungszusage. Eine andere höchst greifbare Tatsache blieb das Einverständnis zwischen den vorerst als Besatzern auftretenden Befreiern und den zur eingeschränkten Eigenstaatlichkeit Befreiten, daß dem sogenannten Dritten Lager eine politische Mitwirkung beim Wiederaufbau der Zweiten Republik mindestens auf lange Zeit nicht mehr eingeräumt wurde. Die „quasi natürliche und gottgewollte Dreiteilung" Österreichs, welche nach dem Untergang der großen liberalen Parteien des 19. Jahrhunderts das politische Spektrum Österreichs mit einer auch am Wähleranteil gemessen erstaunlichen Beständigkeit prägten, schien nunmehr endgültig der Vergangenheit anzugehören. Die noch vor rauchenden Trümmern gebildete antifaschistische Allianz zwischen ÖVP, SPÖ und KPÖ von Gnaden der Sieger suchte vorerst mit dem Recht des Stärkeren das ganze öffentliche Leben von den „Relikten des Faschismus" zu reinigen. Die jeweilige Zuteilung der Menschen in das Lager der Vollbürger oder jener mit eingeschränkten Rechten wurde vorwiegend nach rein formalen Maßstäben getroffen. Grundsätzlich war jeder, der zwischen 1938 und 1945 in Österreich eine leitende Stellung in Politik, Wirtschaft, Verwaltung, hohen und anderen Schulen innegehabt hatte, verdächtigt und zu entfernen. Mit Hilfe der NS-Gesetzgebung wurden diese Willkür- und Gewaltakte in das durchsichtige Gewand einer gesetzlichen und demokratischen Maßnahme gekleidet. Dabei beriefen sich die Lizenzparteien auf Aufträge der Besatzungsmächte. Volksgerichte, Vermögensverfall, Ausschluß von über 600 000 Staatsbürgern von den Wahlen in die gesetzgebenden Körperschaften, Sühnesteuer, Entlassung aus öffentlichen Dienstverhältnissen, Aberkennung von Pensionsansprüchen, Rückstufungen von Beamten waren ebensosehr Vergeltungsakte wie Versuche, jede neuerliche politische Betätigung dieses Lagers durch Einschüchterung und Angst hintanzuhalten. Hand in Hand mit diesen gegen Einzelpersonen gerichteten Maßnahmen gingen solche, welche auf die dauernde Zerstörung der bislang tragenden Strukturen des Dritten Lagers abzielten: Verbote der national-freiheitlichen Hochschulverbindungen, der ehemals deutschen Turnvereine und zahlreicher anderer kultureller und volkstreuer Einrichtungen folgten.

Schwerste Strafandrohungen, einschließlich der bis 1968 für politische Delikte, das heißt im Klartext Betätigung oder Wiederbetätigung im NS-Sinne in Kraft gebliebenen Todesstrafe (während die Todesstrafe für gemeine Blutsverbrechen abgeschafft war) zusammen mit den harten, Zehntausende von Existenzen vernichtenden materiellen Maßnahmen führten zu einer generellen Diskriminierung des Dritten Lagers. Dabei sollen ursprünglich revolutionäre Lösungsvorstellungen, in welchen „Bäume und Gaskandelaber eine Rolle gespielt hätten" die antifaschistische Befreiungsfront beschäftigt haben. Dazu die *Arbeiter-Zeitung:* „Ein Weg, mit dem Naziproblem fertig zu werden, wäre gewesen, daß im Augenblick der Befreiung das österreichische Volk in revolutionärer Erhebung mit den Nazis Mode gemacht hätte: eine volkstümliche, radikale, gründliche Abrechnung und Säuberung und dann Schluß."

Der erste Durchbruch

Wie erinnerlich, kam es 1945 unter massivem sowjetischen Druck zur Bildung einer Drei-Parteien-Regierung, in welcher die KPÖ unter anderem den Innen- und Unterrichtsminister stellte. Nach dem Ende dieses kurzen Zwischenspieles und vor allem nach Abzug der Besatzungsmächte gab es zweifellos bei beiden Großparteien Überlegungen nach dem US-amerikanischen und (falsch angewendeten) englischen Beispiel auch Österreich zu einer Zwei-Parteien-Demokratie zu entwickeln. Dies dürfte nicht zuletzt am sozialistischen Widerstand gescheitert sein, welche bei einem Majorz-Wahlrecht eine Verewigung der konservativen Mehrheit fürchteten. Die Entwicklung in der Bundesrepublik, welche erst vier Jahre später erstmals freie Wahlen abhalten durfte, war hingegen von vornherein auf ein Mehrparteien-Parlament hin angelegt.

Wie sehr ein solches Wahlrecht eine Vergewaltigung der gewachsenen politischen Ordnung in Österreich dargestellt hätte, haben dann die Wahlen von 1949 bewiesen, wo die dritte Kraft erstmals antreten konnte. Die dabei erzielte Mandatsverteilung von 77 ÖVP-, 67 SPÖ- und 16 WDU-Mandaten war fast spiegelgleich mit den Wahlergebnissen der Frühzeit der Ersten Republik. Bei den Herbstwahlen des Jahres 1945 waren ja rund 600 000 an sich wahlberechtigte Bürger vom aktiven und ein kleiner Teil auch vom passiven Wahlrecht ausgeschlossen.

Seit die Stunde des Majorz-Wahlrechtes verpaßt war, geisterten bis in die unmittelbare Gegenwart immer wieder Reformvorschläge in Richtung eines Persönlichkeitswahlrechtes durch den Raum. Dies aber nicht, um die wünschenswerte bessere Beziehung zwischen Wählern und Gewählten, die Befreiung der Abgeordneten vom Listen- und Clubzwang zu erreichen, sondern in erster Linie, um damit die dritte Kraft auszuschalten. Es ist hier nicht der Ort Überlegungen anzustellen, warum dieser Schritt bis heute nicht getan wurde. Nicht zuletzt glaubte man offenbar mit Hilfe des koalitionären Proporzes die Macht der beiden Großparteien auf lange Zeit zementieren zu können, zumal Österreich sich sehr rasch zu einem Gewerkschafts- und Kammerstaat zu entwickeln schien. Damit wurde politische Macht in einen Bereich verlegt, welcher der dritten Kraft auf lange Zeit verschlossen schien. Wie die spätere Entwicklung gezeigt hat, sind beide Rechnungen nicht ganz aufgegangen.

Alarmierend wirkten für die Proporz-Parteien die großen Wahlerfolge der neuen politischen Kraft bei Betriebsratswahlen nach 1949. Besonders schockierend waren die Einbrüche in diesem Bereich für die Sozialisten, welche hier an ein Vertretungsmonopol geglaubt hatten. Nachdem durch die geschilderten Maßnahmen die traditionelle Dreiteilung der österreichischen politischen Landschaft in sozialistische, christlich-soziale und nationale Regionen zerschlagen war, hat es nicht an Versuchen gefehlt, in den so entstandenen Leerraum mit neuen Parteien einzudringen. Der Versuch, das von „Nazismus und Deutsch-Nationalismus gründlich gesäuberte" Gelände politisch neu zu besiedeln, ist mißlungen. Ob dies nach Hainburg so bleiben wird, muß abgewartet werden. Wenn den Grünen und Alternativen der Einzug ins Parlament 1987 gelänge, käme dies tatsächlich einer historischen Wende gleich. Die Auswirkungen einer solchen, vor allem auf die dritte Kraft, können derzeit noch nicht eingeschätzt werden. Ob ein inzwischen „liberalisiertes" Lager einen solchen Einbruch besser abzuwehren vermag, muß bezweifelt werden.

Bisher sind zumindestens alle liberalen Experimente auf Bundes- und Landesebene erfolglos geblieben. Wie *Viktor Reimann* schrieb, hat der politische Liberalismus in Österreich der Ersten und offenbar auch der Zweiten Republik keine „formative Kraft".

Mit der Beseitigung der letzten Reste der NS-Gesetzgebung, der Eingliederung von über 300 000 vertriebenen Volksdeutschen und der Rückkehr der letzten Kriegsgefangenen hat sich die Wählerszene in Österreich wieder normalisiert. Bei an sich stagnierender Bevölkerung und zum Teil als Folgewirkung der Herabsetzung des Wahlalters ist die Zahl der Wahlberechtigten zwischen 1945 und 1979 von 3,45 auf 5,19 Millionen angestiegen.

Unter diesen Gegebenheiten kommt es im März 1949 zur Gründung des „Verbandes der Unabhängigen". Die beiden nach Herkunft und Überzeugung liberalen Parteigründer, *H. A. Kraus* und *V. Reimann*, wollten die gar nicht kleine Münze der Nationalen als Sperrsechser für den Einstieg ins Parlament benutzen. Die Rechnung ging auf: es konnten 489.000 Stimmen erzielt werden, was einem 11,6%igen Wähleranteil entsprach und 16 Nationalratssitze abwarf. Umgekehrt muß zugegeben werden, daß die beiden als Gegner des NS-Regimes ausgewiesenen Männer unter den besonderen Umständen der vierfachen Besetzung eine gewisse Garantie für den Wahlantritt waren. Daß die damalige Kanzlerpartei (ÖVP) den Wiedereintritt des nationalen Lagers in die politische Arena mit Hilfe der Alliierten verhindern wollte, war einerseits eine folgerichtige Fortsetzung der Politik des Ständestaates 1933/34. Dies hat aber bis heute das Verhältnis der beiden nichtsozialistischen Parteien belastet und nicht unwesentlich zum Aufstieg der SPÖ zur Mehrheitspartei beigetragen.

Demokratie — ein Lernprozeß

In einem 1985 erscheinenden Buch des Dritten Lagers, gleichviel ob 1945 oder 1955 als Stichjahr genommen wird, ist eine Rückbesinnung auf jene politischen Grundpositionen des Nationalen Lagers und die Persönlichkeiten, die sich ihnen verpflichtet fühlten, nützlich. Im Blick auf Gegenwart und Zukunft scheint dies doppelt notwendig, weil in der als Mehrheitsbildner seit 1945 erstmals wieder zu Regierungsehren gekommenen politischen Vertretung des Dritten Lagers sich ein Standortwechsel nach liberal zu vollziehen droht, bzw. derzeit diskutiert wird.

Eine vorrangige Notwendigkeit war es jedoch keineswegs nur für die dritte Kraft allein, wie die beiden anderen es allzu selbstgefällig gerne hinstellen, das vergangene und neue Verhältnis zur Demokratie zu überdenken und einzuüben. Unter Verdrängung der Vorgeschichte wurde die Verantwortung für die sieben Jahre der Zugehörigkeit zum Großdeutschen Reich und seinem politischen System einseitig dem Nationalen Lager „angelastet". Man muß aber diesen Abschnitt der österreichischen Geschichte zwischen 1933 und 1945 als Ganzes und außerdem im zeithistorischen Zusammenhang sehen. Die sowjetrussische Diktatur des Proletariats saß seit 1917 fest im Sattel; die neuen und alten Demokratien des mittleren und westlichen Europa waren unter den Erschütterungen der Weltwirtschaftskrise zunehmend ins Wanken geraten; Weimar schien geradezu das Symbol der Unregierbarkeit demokratischer Länder. In einer Reihe von anderen Staaten waren autoritäre Herrschaftssysteme vorübergehend oder dauernd eingerichtet worden wie etwa in Italien, Polen, Portugal und Spanien.

Das Volksfront-Experiment in Frankreich vollzog sich zwar formal im Rahmen der bestehenden parlamentarischen republikanischen Verfassung, zielte letztendlich aber auf die Beseitigung der pluralistischen Demokratie. Der sozialistischen Lesart, daß der Februaraufstand von 1934 auf die Wiederherstellung einer funktionierenden Parteidemokratie in Österreich abgestellt gewesen sei, wird man nur sehr bedingt folgen können. Umgekehrt ist auch die Heimwehrbewegung zuletzt aus Mißtrauen gegen den Parteienstaat und im Blick auf *Mussolini* und *Hitler*, zu ständestaatlich-faschistischen Reformen entschlossen gewesen. Mit der allerorten einsetzenden Umwandlung des parlamentarischen zum Parteienstaat war es nur eine Frage der Zeit, wann man beim Einparteienstaat halten werden.

Zu dem in allen drei politischen Lagern Österreichs verbreitetem Zweifel an der Demokratie gesellte sich jener an der wirtschaftlichen Überlebensfähigkeit Österreichs. War doch dieser Staat gegen den einmütig bekundeten Willen der konstituierenden Nationalversammlung gehindert worden, Teil des neu entstandenen Deutschen Reiches zu werden.

Der demokratische Lernprozeß, welcher in den beiden anderen Lagern zum Teil schon vor der Niederlage von 1945 eingesetzt hatte und in den Monaten und Jahren nach 1945 in allen drei politischen Gruppen fortgesetzt wurde, hatte aber psychologisch grundlegend unterschiedliche Voraussetzungen. Führende Christlich-Soziale und Sozialdemokraten haben teils in der äußeren oder inneren Emigration, teils in den Anhaltelagern ihr neues Verhältnis zum demokratischen Nachkriegs-Österreich erarbeiten können. Die später führende Generation des Dritten Lagers war überwiegend durch das Kriegserlebnis und die mit dem Krieg verbundene „soldatische Gesellschaftsordnung" geprägt. Für die beiden großen Lager waren der militärische Zusammenbruch und die Abdankung des NS-Regimes ein Neuanfang; für die Nationalen wenigstens teilweise Zerstörung und Zusammenbruch eines großen, aus den Fesseln von Versailles und St. Germain befreiten gemeinsamen Reiches aller Deutschen. Im Grund gibt es für die ganze nach 1900 geborene Generation, deren politische Leitfiguren Adenauer, Churchill, De Gaspari, De Gaulle, Hitler, Horthy, Raab, Roosevelt, Salazar, Stalin waren, im Grunde kein zweifelsfreies oder ungebrochenes Verhältnis zur Demokratie. Es ist daher höchst willkürlich, wenn nach 1945 in Österreich allein dem Dritten Lager Demokratiefähigkeit oder sogar -willigkeit abgesprochen oder sie mindestens periodisch angezweifelt wurden. Man war in jenen Jahren mit dem Faschismusvorwurf rasch zur Hand. Bis in die jüngste Zeit — das in mehreren Auflagen erschienene Buch „Rechtsextremismus in Österreich" ist ein übles Beispiel — wurde alles, Vereine, Verbände, Verbindungen, sofern sie sich dem Dritten Lager zuzählten, in den Topf eines demokratiefeindlichen Neonazismus geworfen.

Nach der im Vergleich zu anderen nicht demokratischen Ländern kurzen Periode von Österreichs Zugehörigkeit zum Dritten Reich, wurde ausschließlich den Nationalen Demokratiebruch vorgeworfen. Mit diesen Vorwürfen mußten sich alle seit 1949 demokratisch gewählten Vertreter der dritten Kraft auf allen Ebenen und in den verschiedensten Körperschaften auseinandersetzen. Im Windschatten solcher Vorwürfe ließen sich die auch nicht gerade demokratiefreundlichen Institutionen wie die Einheitsgewerkschaft ohne Urwahlen, Koalitionspakte ohne parlamentarische Kontrolle, Proporz- und Parteibuchwirtschaft kultivieren.

Erst mit dem (vorläufigen?) Ende der Großen Koalition 1966 haben sich die Dinge für das Dritte Lager zum Besseren gewendet und konnte es seine Integration in die demokratischen Strukturen der Zweiten Republik endgültig vollziehen und anerkannt erhalten.

Die Republik als deutscher Teilstaat

Die zweite große Aufgabe war es, die Wandlung von der „Anschlußpartei" in eine zu bewirken, deren loyales und verfassungstreues Verhältnis zur Zweiten Republik sowohl vom Ausland, das heißt in erster Linie von den Staatsvertragsmächten, aber auch vom innenpolitischen Gegner anerkannt wurde. Dies mußte oder sollte mindestens ohne den Verzicht auf die in diesem Lager immer betonte gesamtdeutsche Verantwortung geschehen. Sie wird im Dritten Lager mehr als ein bloß gutnachbarliches Verhältnis zu den beiden deutschen Nachfolgestaaten nördlich der Alpen zu sein haben.

Wer diesen Prozeß vorurteilsfrei verfolgt hat, wird einräumen müssen, daß das heutige Nationale Lager zu Österreich nicht in einem bloßen Zwangsverhältnis kraft Verfassung und staatsvertraglichen Anschlußverbotes steht. Als mittelbarer Beweis für eine neue Sicht der Dinge mag gelten, daß der Europagedanke gerade in diesem Lager vertrauens- und hoffnungsvoll aufgenommen wurde. Während die damaligen Koalitionsparteien der Europäischen Wirtschaftsgemeinschaft ablehnend bis feindselig, wie die SPÖ, gegenüberstanden, hat die parlamentarische Vertretung der National-Freiheitlichen die Vollmitgliedschaft Österreichs bei der Europäischen Wirtschaftsgemeinschaft mit Neutralitätsklausel gefordert. Das Ischler Programm der FPÖ von 1968 hat mit seiner Forderung nach Schaffung des „Europäischen Bundesstaates" die entschiedenste Abkehr vom souveränen Nationalstaat dokumentiert. Daneben gab es zweifellos immer eine Minderheit, welche im Europabekenntnis vor allem den Verzicht auf die deutsche Wiedervereinigung, bezogen auf den völkerrechtlichen Zustand von 1937, sah.

Nach 25 Jahren teils vergeblicher, teils schwer enttäuschter Hoffnungen darf heute vermutet werden, daß die Europabegeisterung in diesem Lager erheblich abgenommen hat. Die unbefriedigende Entwicklung im europäischen Integrationsprozeß hat zugleich alten Gedanken neuen Auftrieb gegeben, daß daran die grundsatzlose und selbstsüchtige und bloß parteiisch denkende Demokratie schuld sei. Zunehmend anti-westliche und insbesondere anti-amerikanische Kräfte suchen im Anschluß an die Ostpolitik Bismarcks neue Lösungsmöglichkeiten für die deutsche Frage.

Eng mit der Frage der österreichischen Eigenstaatlichkeit hängt jene unseres Verhältnisses zur österreichischen Neutralität zusammen. Diese Neutralität wird zwar von allen drei politischen Lagern grundsätzlich bejaht, im dritten jedoch viel differenzierter und kritischer gesehen als in den beiden anderen. Übereinstimmung besteht zwischen allen drei Gruppen, daß die Neutralität in der nach 1945 entstandenen Lage der unabdingbare und auch gerechtfertigte Preis für die Wiedergewinnung unserer staatlichen (Teil-)Souveränität war und daß sie uns wahrscheinlich das Teilungsschicksal des „Altreiches" erspart hat. Die schmerzhaften wirtschaftlichen und völkerrechtlichen Opfer schienen in Anbetracht der wiedergewonnenen Freiheit und erhaltenen Einheit erträglich. Bei der Neutralitätsschelte gegen das Dritte Lager wird gerne übersehen, daß die national-freiheitlichen Abgeordneten der Neutralitätserklärung des österreichischen Parlamentes zugestimmt haben. Die folgende Ablehnung des Neutralitätsgesetzes steht dazu in keinem Widerspruch. Sie erfolgte wegen einer Reihe inhaltlicher Mängel dieses Gesetzes. In diese sachlich begründete Ablehnung des Neutralitätsgesetzes wurde immer wieder eine latente Anschlußsehnsucht hinein-interpretiert.

Den Neutralitätsauftrag haben die Nationalen allerdings immer etwas anders als die beiden großen Parteien gesehen. Für diese war die Neutralität zugleich ein wertvoller Schrittmacher auf dem Wege zu einem nationalen Österreichertum im Sinne der Werdung einer „Österreichischen Nation". Dagegen ortete das Dritte Lager einen, geschichtlich gesehen, neuen Handlungsspielraum zum Vollzug einer vorwiegend kulturell verstandenen gesamtdeutschen Politik, welche auch die Wiedervereinigungsfrage für das Vor-Hitlersche Deutsche Reich einschloß. Für ÖVP und SPÖ war die Neutralitätsgewährung zugleich die Streichung des österreichischen Anteiles an der sogenannten gesamtdeutschen Kriegsschuld und ihre damit zusammenhängenden, nicht enden wollenden moralischen und wirtschaftlichen Folgen. Nach dem Verständnis des Dritten Lagers sollte die oft beschworene „aktive Neutralitätspolitik" auch genutzt werden, einen Beitrag zur friedlichen Überwindung der deutschen Teilung zu leisten, weil eine solche einen entscheiden Beitrag zur Überwindung der europäischen Teilung und damit zur Herstellung einer Friedensordnung darstellen würde. Die Vertretung einer derartigen Politik im österreichischen Parlament war in den seit dem Staatsvertrag von 1955 und der folgenden Neutralitätserklärung abgelaufenen 30 Jahren immer wieder der Verdächtigung und Verleumdung durch die politischen Gegner ausgesetzt.

Betrachtet man aus der Warte von 1985 wieweit das nationale Österreich seit 1945 seinen aus der gemeinsamen Geschichte, Abstammung, Sprache und Kultur sowie der mitteleuropäischen Verschränkung zu wahrenden Auftrag erfüllt hat, darf im Blick auf bundesrepublikanische und auch Verhältnisse in der DDR angemerkt werden, daß Österreich diesem Auftrag eher besser entsprochen hat und daß Geschichtsverlust und Traditionsbruch in Österreich viel weniger tief gegangen sind. Das deutsche Identitätsbewußtsein war bei der Mehrheit der Österreicher bis in die jüngere Zeit fast ungebrochen. Allmählich scheinen aber auch traditionell nationale Menschen den ständigen Angriffen der Meinungsmacher aber auch vieler öffentlicher Amtsträger bis hin zur Staatsspitze auf diese Identität zu erliegen. Jenen Neoliberalen, welche sich als mittelbare Schützenhelfer bei der österreichischen Nationswerdung betätigen, sollte das Wort eines wahrhaft großen Liberalen zu denken geben. Salvador de Madariaga hat in einer vergleichbaren Krisensituation seinem für Separatismus seit altersher anfälligem spanischen Volke zugerufen: „Der Zweite Weltkrieg muß letztlich in eine Ära großer Völkerfamilien auslaufen. Es ist jetzt nicht die Stunde um eine fertige Nation aufzuteilen, sondern um sie in eine größere zu integrieren. Es ist nicht die Stunde, um Zwergrepubliken zu vermehren, sondern um die Kontinente zu förderieren." (Madariaga hatte die Selbständigkeitsbestrebungen vor allem der Katalanen und Basken im Auge.)

Damit halten wir an jener Wegkreuzung, an welcher sich zeigen wird, ob im geschichtlich-politischen Selbstverständnis des Dritten Lagers ein grundlegender Bruch eintreten wird. Bestand nach 1945 eine Zeit lang die Gefahr, daß im besten „Säuberungsstil" die Führung des Nationalen Lagers hätte liquidiert werden können, würde der Verzicht auf die nationalen Schwerpunkte bisherige Politik dieses Lager zweifellos schwächen und die Gefahr erhöhen, von den Grünen auf den vierten Platz verwiesen zu werden. Eine solche Politik würde letzten Endes den Triumph der Gegner des deutschen Volkes und ihre 1919, 1945 und 1955 angestrebten Ziele der Verwirklichung näherbringen: nämlich mit der Abtrennung eines weiteren Gliedes der Nation das Volk der europäischen Mitte von der Bühne, auf welcher die abendländischen Entscheidungen fallen, endgültig zu verdrängen. Die europäische Landkarte könnte dann jenes Aussehen erreichen, welches der tschechische Panslawist *Hanuš Kuffner* in seinem 1918 erschienenen Buch, Unser Staat und der Weltfriede, entworfen hat: ein gegenüber der heutigen Bundesrepublik noch wesentlich verkleinertes „nemecka reservace" (deutsches Reservat) und anstelle Österreichs ein etwa den Alpenvorländern zwischen Donau und Enns entsprechender Gebietsstreifen „Redomezi" (Mittelmark).

Kampf um den inneren Frieden

Eine große, heute fast schon vergessene aber menschlich außerordentlich wichtige Aufgabe war dem sich neu formierenden Dritten Lager darin gestellt, das Unrecht abzubauen, das Hunderttausenden staats- und gesetzestreuen Bürgern aus der Anwendung der Kollektivschuldthese nach 1945 widerfahren war. Die Überwindung und Bereinigung dieses Zustandes war zugleich ein wichtiger und unerläßlicher Beitrag zur Herstellung des inneren Friedens im Lande. Mit wechselnden Vorzeichen waren in den stürmischen Jahren zwischen 1933 und 1945 viele Tausende Bürger der politischen Verfolgung und Diskriminierung unterworfen worden.

Zu dem Verlust von politischen Rechten kamen wirtschaftliche Sühnemaßnahmen bis hin zum gänzlichen Vermögensverfall, die Vertreibung der sogenannten Belasteten und Minderbelasteten aus öffentlichen Stellungen und qualifizierten Berufen. Der zähe Kampf um diesen Teil einer innerstaatlichen Wiedergutmachung, immer vom Vorwurf der Unbelehrbarkeit, der Ewig-Gestrigkeit oder gar der Widerbetätigung begleitet, muß als eine besondere Leistung des Dritten Lagers noch gewürdigt werden. Er könnte heute unter der vom gegenwärtigen Bundespräsidenten ausgegebenen Devise gesehen werden: Jeder Friede beginnt im eigenen Haus.

Die Wiederherstellung der Gleichheit vor dem Gesetz hat außerdem einer für den Bestand eines Gemeinwesens fragwürdigen Entwicklung, wenn nicht Einhalt geboten, so sie doch entschärft: daß nämlich Opportunismus die wichtigste Überlebenstugend zu werden drohte. Der unserem Land durch die verschiedenen Umstürze widerfahrene Verlust an geistigem Kapital war ohnedies schon zu groß geworden. Daß innerhalb einer Generation die Universitäten und Hochschulen dreimal politisch motivierten Säuberungen unterworfen wurden, haben wir bis heute nicht überwunden und stellt die eigentliche Ursache dafür dar, daß wir als „Kulturgroßmacht" abzudanken im Begriffe sind. Stellvertretend sei dabei nur an das Schicksal des Alt-Österreichers *Ferdinand Porsche* erinnert.

Der unermüdliche Einsatz der damaligen WDU-Abgeordneten, der wachsende Einfluß besonnener und versöhnlicher Kräfte in den gegnerischen Lagern, steigender Wohlstand und nicht zuletzt Zeitablauf führten dieses schwierige Kapitel der österreichischen Nachkriegsgeschichte endlich einem Abschluß zu.

Nach der umrißhaften Beschreibung dieser vier bedeutenden Schwerpunktaufgaben ist nun die Frage zu stellen, unter welchen Bedingungen und Voraussetzungen konnten diese und eine Reihe anderer Aufgaben gelöst werden? Wollte man dabei den heute so gängig gewordenen Begriff der Chancengleichheit zum Maßstab nehmen, so hat es eine solche bis in den Beginn der 70er-Jahre hinein nicht annähernd gegeben. Die Besatzungsmächte und die von ihnen lizensierten politischen Parteien haben im buchstäblichen Sinne dem Dritten Lager die Existenzgrundlagen zu entziehen versucht. Die traditionellen Vorfeldorganisationen und unerläßlichen Substrukturen — sie wurden schon aufgezählt — waren zum Teil aufgelöst, zum Teil verboten und ihres Vermögens beraubt. In den ersten fünf Jahren nach 1945 gab es kaum Publikationsmöglichkeiten. Später wurden Rundfunk und Fernsehen zwischen den beiden großen Parteien aufgeteilt. Sie haben nach jahrelanger parlamentarischer Präsenz der dritten Kraft diese nicht oder nur abwertend zur Kenntnis genommen. Ihre Kulturellen und sportlichen Einrichtungen vor allem der Jugend waren lange Zeit von der öffentlichen Förderung ausgeschlossen oder wurden erheblich benachteiligt. Die nationale Jugendarbeit kam dadurch fast zum Erliegen. Die Mitgliedschaft im sogenannten Bundesjugendring, eine Voraussetzung zur Inanspruchnahme von Förderungsmitteln aus dem allgemeinen Steueraufkommen, war nur durch das kaudinische Joch des Bekenntnisses zur „österreichischen Nation" zu erreichen. Die dort überwiegend vertretenen Parteiberufsjugendlichen verweigerten nationalen oder sogenannten „rechten" Vereinigungen den ihnen zustehenden Anteil an Förderungsgeldern. Dies hat leider da und dort einem unkritischen und apolitischen Wohlverhalten und letztendlich einem gewissen weltanschaulichen Neutralismus in manchen dieser Institutionen Vorschub geleistet. An die Stelle einer Erziehung zum Einsatz in Gemeinwesen trat manchmal eine sektiererische Gesinnungszucht.

Dies zusammen mit den Säuberungsprozessen in unseren öffentlichen Erziehungs- und Bildungsanstalten hat zu einem gefährlichen Abdorren der Wurzeln des nationalen Lagers beigetragen. Diese Entwicklung wurde zusätzlich verstärkt durch die Folgen der breitangelegten Umerziehung, deren jüngste Mißgeburt, mindestens was den zeitgeschichtlichen Teil anlangt, die „Medienkoffer" für die höheren Schulen sind.

In keinem der drei politischen Lager ist der Traditionsabbruch so nachhaltig und der Generationenkonflikt so tiefgreifend geworden wie im national-freiheitlichen.

Doch waren auch die sozialen und gesellschaftlichen Änderungen, welche über Österreich hinaus sich europaweit nach 1945 vollzogen haben, geeignet, die Arbeitsvoraussetzungen einer volksbewußten Politik zu erschweren. Landflucht und Industrialisierung, Rückgang der Selbständigen, Verstaatlichung und Aufblähung der öffentlichen Verwaltung mit dem wachsenden Heer der damit unmittelbar von den machthabenden Parteien abhängigen Bevölkerung, haben zu einem ununterbrochenen Verlust traditioneller Anhänger und Wähler geführt. Von den für die bürgerliche Existenz einer weitgehend verstaatlichten und verwalteten Gesellschaft so wichtigen Interessenvertretungen und Kammern waren nationale Funktionäre so gut wie ausgeschlossen. Eine Ausnahme bildeten dabei lediglich einige kleinere Kammern der Selbständigen und der verschiedenen akademischen Berufe und einzelne berufsständische Länderkammern.

Nach einem hoffnungsvollen Anfang und einer kurzen Blüte sank auch der so wichtige Einfluß in der Hochschülerschaft fast auf Null. Die nationalen Hochschulverbindungen, seit 1813 und 1848 Geburtsstätten der bedeutendsten und einflußreichsten geistigen und politischen Führer des Dritten Lagers haben sich von den Schlägen der Jahre 1938 (Selbstauflösung) und 1945 (Verbote) nie mehr zu wirklich kräftigem Leben aufschwingen können. Farbe bekennen ist in einer Zeit des farblosen oder farbwechselnden Anpassungsverhaltens keine gefragte Weltanschauung geblieben.

Viele nationale Akademiker und andere meinungsbildende Persönlichkeiten aus Wirtschaft und Wissenschaft haben sich übernationalen meist US-amerikanische Wappen führenden Vereinigungen angeschlossen und sind aus der Verantwortung für das Hier und Heute des eigenen Volkes in humanitär-kosmopolitisch ausgerichtete, letztlich aber unverbindliche Anonymität hinübergewechselt. Das nationale Mäzenatentum, welches für die Volkstumsarbeit, die Tätigkeit der Vorfeldorganisationen, das Verlagswesen und vieles andere so lebenswichtig war, ist beinahe ausgestorben. Dies hat unter anderem bewirkt, daß der langsame und mühselige politische Wiederaufstieg der dritten Kraft fast von keinem bedeutenden Buch- oder breitenwirksamen Zeitschriften-Verlag begleitet war. Um so höher ist es deshalb einzuschätzen, daß es trotzdem gelungen ist, einige kleinere periodische Druckschriften aus dem allgemeinen Untergang zu retten und bis in die Gegenwart heraufzuführen. Der fast unübersehbaren Flut von Bewältigungs-, Rechtfertigungs- und Umerziehungsliteratur vor allem auf der linken Seite stehen nur wenige aufrechte Schriften auf der rechten gegenüber.

Die gewonnene Zukunft

Die großen Stimmen aus der Ersten Republik sind verstummt. Der nationale Österreicher ist heute fast ausschließlich auf bundesdeutsche Veröffentlichungen angewiesen. Unter den gewandelten äußeren und inneren Verhältnissen der Zweiten Republik ist das nationale Theorie-Defizit besonders beklagenswert. Kaum eine der bestehenden mittleren oder hohen Schulen, ehemals Orte national-freiheitlichen Lehrens und Lernens, stattet ihre Abgänger mit jenem geistigen Rüstzeug aus, welches sie ebensosehr zur Auseinandersetzung mit dem politischen Gegner wie zur Entwicklung zukunftsweisender politischer Handlungsentwürfe befähigen würde.

Dem teils erzwungenen, teils freiwilligen Rückzug volksbewußt denkender Erzieher und Lehrer folgte der strategisch gelenkte Einzug sozialistischer. Die trotz eines verzweifelten Abwehrkampfes der dritten Partei mit den Stimmen der großen Parteien beschlossene neue Hochschulorganisation hat diesem ursprünglich nur durch Außensteuerung in Gang gekommenen Prozeß der marxistischen Besitzergreifung an der Bildungsfront eine nun durch Drittelparität wirkende Innensteuerung verliehen. Heute stellen die Hochschulen mit ihrem ständig wachsenden Potential an sozialistischen Lehrern und marxistisch-indoktrinierten Studenten ein durchaus „kritisches Gemenge" dar. Die Herrschaft dieser neuen Bildungsklasse vollzieht sich nicht mit den Gewehrläufen, von denen in der Mao-Bibel die Rede ist, sondern mit der viel gefährlicheren Waffe einer neuen Sprache. Die Sprachlosigkeit der vaterlosen Gesellschaft wurde abgelöst von der Neusprachlichkeit der Hochschulabgänger der letzten zehn Jahre. Die sogenannte informierte Gesellschaft ist nicht nur immer stärker in den Griff der Inhaber des Informationsmonopols geraten – gleich ob der gedruckten, gesprochenen oder bildgebenden – die Medien sind längst zur vierten Gewalt aufgestiegen. Der babylonischen Esoterik der wissenschaftlichen Sprache gesellt sich eine ideologisch bestimmte Sprachherrschaft von Sinnerzeugern zu. Beim immer lauter werdenden Ruf nach direkter oder partizipatorischer Demokratie kann daraus eine tödliche Gefahr für jede Bürgerfreiheit werden.

Bewußt wollen wir an dieser Stelle, wo es sich um die Arbeitsbedingungen der dritten Kraft handelt, die Fragen der Finanzierung ausklammern. Daß Demokratie Geld sei, hat schon Spengler lange vor der Heraufkunft der Medienherrschaft erkannt. Das system-immanente Korruptionswesen hat in den vergangenen zehn Jahren die Fundamente unserer Republik gefährlich erschüttert. Ob der von allen Parteien eingeschlagene Weg der Parteienfinanzierung aus Steuermitteln wirklich richtig und zielführend ist, muß heute bezweifelt werden. Mindestens hat er e i n e n erwarteten Erfolg nicht gehabt: die Verhinderung der Bestechung und Bestechlichkeit, das Spendenunwesen zu Lasten der Steuerzahler und nicht zuletzt die schon erwähnte Korruption. Daß insgesamt die Wettbewerbsbedingungen, unter welchen die dritte Kraft seit 1949 ihr politisches Mitspracherecht erkämpfen mußte, nicht gerade günstig waren, ist an diesen wenigen Beispielen einsichtig geworden. So bleibt im dritten und letzten Abschnitt noch einiges darüber zu sagen, aufgrund welcher Leistungen es trotzdem möglich war, das mühsam wiedererrungene Gelände bis heute, freilich unter erheblichen Verlusten, zu verteidigen.

Die Lage unmittelbar nach 1945 war dadurch gekennzeichnet, daß die damals in Österreich lebenden führenden nationalen Persönlichkeiten aus ihren öffentlichen und privaten Funktionen entfernt und ein nicht geringer Teil in den sogenannten Anhaltelagern interniert waren. Bis 15. 9. 1946 waren in Österreich 53 520 Personen aus politischen Gründen verhaftet worden: rund 28 000 von den Besatzern, 24 000 von den österreichischen Behörden. Im Mai 1947 waren immer noch 16 509 Personen angehalten, unter denen der Anteil an Akademikern, Beamten und Facharbeitern 59% betrug. Neben einer Reihe von Todesurteilen hatten die österreichischen Gerichte in den ersten beiden Nachkriegsjahren 30 000 Jahre Freiheitsstrafen verhängt; 100 000 Personen waren aus dem öffentlichen Dienst, 70 000 aus der Wirtschaft entfernt worden. Die Vermögen von rund 10 000 Österreichern wurden für verfallen erklärt. Dazu kamen noch über 300 Millionen Schillinge an geleisteten „Sühneabgaben". Dieser „kalte" Bürgerkrieg hält Vergleichen mit manchen aus religiösen, rassischen oder revolutionären Motiven stattgehabten Pogromen im Verlaufe der Geschichte durchaus stand. Die Folgen dieser sogenannten „Entnazifizierung" haben in dem russisch besetzten Teil Österreichs noch dadurch eine regionale Zuschärfung erfahren, daß von dort eine Massenflucht von Personen in den Westen eingesetzt hatte, die unabhängig von ihrer politischen Zugehörigkeit allein kraft ihrer Stellung oder ihres Standes gefährdet waren. Die Folgen wirken im Osten Österreichs noch heute nach.

Daß die Zahl der Wahlberechtigten von 1945 auf 1949 um eine runde Million zugenommen hat, war auf drei Ursachen zurückzuführen: die Wiederzuerkennung des Wahlrechtes an ehemalige Nationalsozialisten, den Zustrom von Heimatvertriebenen und ihre Einbürgerung und die Heimkehrer aus alliierter Gefangenschaft. In den beiden ersten Gruppen war der nationale Wähleranteil sicher überproportional. Unter den Heimkehrern gab es nicht wenige, welche aus den Erfahrungen mit den Siegern, vor allem durch die unmenschliche und demütigende Behandlung, welcher sie als deutsche Soldaten trotz ihrer österreichischen Herkunft ausgesetzt waren, erst zu einem neuen nationalen Bewußtsein gelangten.

Alles in allem aber hatten Krieg und Nachkriegszeit zu einem erheblichen Verlust von nationalen Führungspersönlichkeiten geführt. Unter den kämpfenden Soldaten nicht zuletzt auch deshalb, weil viele ehemalige nationale Freiwillige in jenen Eliteverbänden waren, die einen besonders hohen Blutzoll entrichtet haben. Auch der unverhältnismäßig große Verlust an Offizieren hat in die gleiche Richtung gewirkt.

Einen erwünschten und wirkungsvollen Ausgleich dieser Verluste erfuhr das Dritte Lager durch den Zustrom von volksbewußten, hochbegabten und einsatzfreudigen Persönlichkeiten aus den Reihen der Heimatvertriebenen. Die überraschenden und mit einem Ost-West-Gefälle regional zunehmenden Wahlerfolge der WdU (Wahlpartei der Unabhängigen) sind nicht zuletzt durch die Stimmpräferenz der Heimatvertriebenen für die dritte Kraft zustande gekommen (sie haben damit ihren guten historischen Instinkt für Ursachen und Urheber des Zweiten Weltkrieges unter Beweis gestellt). Daß im Gegensatz zur Bundesrepublik in Österreich sich keine „Vertriebenenparteien" gebildet haben, ist vorwiegend auf die Überzeugung dieses Personenkreises zurückzuführen, daß ihre Anliegen bei der bestehenden nationalen Partei in guten Händen wären. Wegen dieses ihres Verhaltens wird begreiflich, warum sich vor allem sozialistische Kräfte gegen die Einbürgerung und politische Gleichstellung der Heimatvertriebenen zur Wehr gesetzt haben, obwohl sie in der überwiegenden Mehrheit Alt-Österreicher waren.

Die beschriebenen Veränderungen haben natürlich zu einer Veränderung in der Struktur und Verteilung der Wählerstimmen in den einzelnen Bundesländern geführt, so daß es zwischen Ost und West hinsichtlich des Stimmenanteiles der dritten Partei Differenzen bis zu 500% gab.

Bei der Bildung der ersten politischen Führungskader in den Jahren zwischen 1947 und 49, aber auch noch in den folgenden, waren viele negative Faktoren wirksam:

1. Eine Reihe von hervorragenden Persönlichkeiten dieses Lagers war gesetzlich vom aktiven und passiven Wahlrecht ausgeschlossen.

2. Die Einvernahme des Staates und seine Aufteilung nach dem Proporz der sich damals überwiegend antifaschistisch verstehenden Parteien machte die Mitgliedschaft oder gar Funktionsübernahme in der entstehenden dritten Partei zu einem gewissen Risiko und erforderte, daß die Betreffenden berufliche oder wirtschaftliche Nachteile in Kauf zu nehmen bereit waren.

3. Die Aufblähung aller öffentlichen Dienste, die Verstaatlichung von mehr als 60% der Industrie und fast des ganzen Bankenwesens machte eine immer größere Zahl

von Menschen als Dienstnehmer, Auftrag- oder Kreditsuchende von den beiden Regierungsparteien abhängig und zu Parteibuchkäufern.

4. Die um sich greifende politische Ohne-Mich-Haltung war besonders stark bei jenen Anhängern des Nationalen Lagers, welche Opfer der Gesinnungsjustiz geworden und gar nicht selten aus ihrer bisherigen Lebensbahn geworfen worden waren.

5. Bis zu dem zur Mitte der 50er-Jahre einsetzenden wirtschaftlichen Aufschwung (er war nicht zuletzt einem Manne, nämlich dem Finanzminister *Dr. Kamitz* zu verdanken, der vorher noch als Mitglied einer als verbrecherisch erklärten Organisation figurierte) haben viele Nationale ums nackte Überleben oder die Rückgabe ihrer verfallenen Vermögen kämpfen und nicht zuletzt deshalb politische Abstinenz üben müssen.

6. Nach den überraschenden Anfangserfolgen der Jahre 1949–1951 verstärkte sich, besonders im Arbeitnehmerbereich, der Druck der anderen Parteien und der Gewerkschaft; zusätzlich wurden erfolgreiche Betriebsräte, Kammerfunktionäre, Bürgermeister durch verlockende Angebote abgeworben. Wer künftig noch ein „Nazi" zu bleiben hatte, begannen nunmehr die Proporzparteien zu bestimmen.

7. Schließlich kann nicht verschwiegen werden, daß der wachsende Wohlstand zu allgemeiner politischer Indifferenz und Opportunismus führte und auch das Nationale Lager nicht ungeschoren ließ.

Blättert man heute die Liste der Gründungsväter – die Mütter waren traditionell spärlich vertreten – von 1949 durch, so kann mit Stolz gesagt werden, daß sie sich unabhängig von ihren im Durchschnitt eher unbedeutenden Rollen in der Zeit von 1938–45 durch berufliche, wissenschaftliche, soldatische und gemeinnützige Leistung für die neuen Führungsaufgaben qualifiziert haben. In dem hier gesteckten Rahmen kann natürlich eine auch nur annähernd vollständige Aufzählung all der verdienten Männer und Frauen nicht erfolgen. Stellvertretend für viele seien nur einige genannt: von den Hochschulprofessoren, Borodajkewycz, Schönbauer, Mannlicher, Pfeiffer, Raschhofer, Breitner, Klaudy, Friedrich; von den Publizisten Stüber, Kernmayer, Prinz Karl Rohan, Münzl, Miltschinsky, Papesch; unter den hochausgezeichneten Soldaten Golob, Lohausen, Punzert, Rohr, Elsnitz, Steinacher, Stendebach, aus dem Lager der bäuerlichen Vertreter Hartlieb, Hainzl, Grünbart, Pirker, Scheuch. Beachtlich war insgesamt der Anteil der national-freiheitlichen Waffenstudenten.

Man kann nach Aufzählung dieser Namen mit gutem Grund sagen, daß die schließlich im März 1949 gegründete dritte Partei, mit welcher, wie einleitend erwähnt, die an sich verdienstvollen formellen Gründer *Kraus* und *Reimann* allerdings anderes vorhatten, keineswegs eine Nachfolgepartei der NSDAP war, wie es unter anderen Verhältnissen etwa falangistische und neofaschistische Parteien in Spanien und Italien gewesen sind.

Höherrangige ehemalige NS-Funktionäre sind erst mit der Neugründung von 1954 bis 56, als deren Ergebnis schließlich die Freiheitliche Partei Österreichs (FPÖ) sich herausmauserte, in das politisch aktive Dritte Lager eingezogen. Sie wurden dabei keineswegs von restaurativen Motiven bewegt. Die meisten von ihnen waren von der Absicht getragen, das im nationalen Sinne Bleibende an unverzichtbaren Grundwerten, gereinigt von den Irrtümern und Belastungen eines endgültig vergangenen Geschichtsabschnittes, und ihre großen Erfahrungen einzubringen. Dies gilt ganz vornehmlich vom Parteigründer und ersten Obmann der FPÖ Ing. *Reinthaller*.

Bei kritischer Durchsicht der von der neuen dritten Kraft zwischen 1949 und 1968 entworfenen und beschlossenen Parteiprogramme, bei unvoreingenommener Bewertung ihrer Tätigkeit in den gesetzgebenden Körperschaften, Kammern und Verwaltungsbehörden kann an der gelungenen demokratischen Integration und an ihrer verfassungstreuen Haltung an sich kein Zweifel bestehen. Die nationalen Aussagen und Forderungen im engeren Wortsinne bedeuten keine bloße Fortschreibung der nationalen Politik von gestern oder vorgestern, sondern gehen von der gegebenen Lage der Gesamtnation, der zur Neutralität verpflichteten eigenständigen Republik und der besonderen Lage zwischen den zwei großen Machtblöcken aus und suchen Österreich als Staat wie der österreichischen Bevölkerung als Teil der deutschen Nation zu dienen. Eine Neuordnung der politischen Inhalte in diesem Zusammenhang ist weder aus der bisherigen Entwicklung noch der gegenwärtigen Lage gerechtfertigt. Andererseits ist es unbestritten, daß zusätzliche Schwerpunktaufgaben gestellt sind und neue, bisher ungelöste Fragen neue Antworten erfordern. Einige von ihnen sollen im Rahmen dieses Buches gegeben werden.

Literatur-Verzeichnis I

[1] G. Bruckmann, Die Zukunft Österr., Orac 1984.
[2] F. L. Carsten, Faschismus in Österr., W. Fink, 1977.
[3] Gerlich-Müller, Österreichs Parteien seit 1945, Braumüller 1983.
[4] F. Heer, Der Kampf um die österr. Identität, Böjlau, 1981.
[5] A. C. Hudal, Römische Tagebücher, L. Stocker, 1976.
[6] K. Berchtold, Österr. Parteiprogramme 1868–1966, Verl. f. Gesch. u. Pol. 1967.
[7] W. Oberleitner, Pol. Handbuch Österreichs 1945–1980, Ö. Bundesverl. 1981.
[8] K. Piringer, Die Geschichte der Freiheitlichen, Orac-Pietsch 1982.
[9] M. Rauchensteiner, Der Sonderfall, Styria 1979.
[10] Rechtsextremismus in Österr., 3. Aufl., Ö. Bundesverl. 1979.
[11] V. Reimann, Die Dritte Kraft in Österr., Molden 1980.
[12] E. Reiter, Programm u. Programmentwicklung der FPÖ, Braumüller, 1982.
[13] K. Schuschnigg, Im Kampf gegen Hitler, Molden, 1969.
[14] H. Sündermann, Wie deutsch bleibt Österreich?, Druffel, 1970.
[15] D. Stiefel, Entnazifizierung in Österreich, Europaverl. 1981.
[16] F. Stüber, Ich war Abgeordneter, L. Stocker, 1974.
[17] A. Wandruska, Österr. polit. Struktur, in Benedikt, Gesch. d. Rep. Österreich, Wien 1954.

FELIX ERMACORA

Staatsvertrag und Neutralität

I. Die historische Entwicklung von Staatsvertrag und Neutralität

1. Staatsvertrag und Neutralität Österreichs können weder historisch noch politisch voneinander getrennt werden. Wenngleich der Staatsvertrag und die immerwährende Neutralität Österreichs vom Juristischen her unabhängig voneinander betrachtet werden können, so können sie vom Historischen und Politischen her nicht unabhängig voneinander gesehen werden. Beide müßten, isoliert betrachtet, in ihrer Bedeutung für Österreich und Europa unverständlich bleiben. Politisch und historisch gesehen kann gesagt werden: ohne Neutralität kein Staatsvertrag!

Der Staatsvertrag allerdings ist keine Bedingung für die immerwährende Neutralität gewesen. Er war ein Mittel für die Neutralität oder, besser gesagt, der Abschluß des Staatsvertrages, das Ja der UdSSR zum Abschluß des Staatsvertrages war ein Mittel für die immerwährende Neutralität.

Es mag aus Gründen österreichischen Selbstbewußtseins vielleicht verständlich sein, wenn man von wissenschaftlicher Seite eine Art Kontinuität des Neutralitätsgedankens in und für Österreich ins Treffen führt. Aber eine eigentliche Neutralitätspolitik einer österreichischen Regierung, die in der Bevölkerung hätte Fuß fassen können, hat es nach dem 1. Weltkrieg nicht gegeben. Um dieses Faktum kommt auch der patriotische Betrachter österreichischer Geschichte nicht herum. Wohl hat es Stimmen gegeben, die in den Jahren 1918–1920 eine Neutralität Österreichs befürwortet hatten, wohl hat es Entwürfe gegeben, die die „Neutralisierung" österreichischer Gebietsteile angeboten hatten, aber eine eigentliche Neutralitätspolitik Österreichs scheiterte an der Anschlußfrage. Denn solange man neutralitätspolitische Absichten erwog, haben sich diese an der Anschlußfrage gestoßen.

2. Auch die Erklärungen über eine österreichische Neutralität nach dem Ende des zweiten Weltkriegs, als es schon um die Erreichung des Staatsvertrags ging, waren die persönlichen Meinungen von Politikern, die immer wieder auf Widerspruch gestoßen sind, vor allem in der Ära der großen Koalition bis 1955, in der besonders die SPÖ alles eher als neutralitätsfreundlich gewesen ist. Das kann nachgelesen werden.

3. Die Frage nach einer Neutralität Österreichs tauchte ernsthaft erst auf, als sich die Mächte in Europa antagonistisch neu formierten. Mit der Herausbildung der sogenannten Blöcke in Europa, der NATO und des Warschauer Paktes, klangen eher neutralistische als neutralitätspolitische Töne an. Entscheidend für das Verständnis der immerwährenden Neutralität Österreichs war die Außenministerkonferenz vom März 1954. Sie fand in Berlin statt. Sie war auch der Frage nach dem österreichischen Staatsvertrag gewidmet, die seit fast 10 Jahren ergebnislos verhandelt worden war. Der österreichische Außenminister Leopold Figl wurde auf dieser Konferenz gehört. Wie bekannt, machte der sowjetische Außenminister Molotow den Vorschlag, man solle doch zum Staatsvertrag ja sagen, sofern man bereit sei, a) Österreich eine fremd-militärische Stützpunktlosigkeit aufzuerlegen und b) sofern in Österreich in äußerst begrenztem Umfang militärische Stützpunkte der Alliierten eingerichtet würden, die zur Unterhaltung anderer alliierter strategischer Punkte in Europa erforderlich wären. Außenminister Figl lehnte nach Rücksprache mit dem Wiener Ballhausplatz diese Bedingungen für einen Abschluß des Staatsvertrages

ab. Es ist zu erkennen, daß Stützpunktlosigkeit und Bündnislosigkeit keine immerwährende Neutralität bedeuten. Die immerwährende Neutralität ist ein völkerrechtliches Rechtsinstitut; Bündnislosigkeit und Stützpunktlosigkeit, als Verpflichtungen in einen völkerrechtlichen Vertrag aufgenommen, sind zwei isolierte Gegenstände eines allfälligen völkerrechtlichen Rechtsgeschäftes, nicht mehr.

4. Seit der Berliner Außenministerkonferenz im Jahre 1954 sind die Fronten der europäischen Politik in Bewegung geraten. Nachdem sich schon seit 1948 die osteuropäischen Staaten durch bilaterale Verträge zu Nichtangriffsbündnissen und Verteidigungsbündnissen zusammengeschlossen hatten, formierte sich auch die westliche Staatenwelt, indem sie zunächst die WEU und EVG begründete, dann die USA und Kanada durch einen Nordatlantikpakt militärisch zur NATO verband.

Von 1954 bis 1955 waren die Verhandlungen der westlichen Alliierten mit der im Jahre 1949 gebildeten BRD über ihren Beitritt zur NATO soweit gediehen, daß diese Erweiterung der NATO unmittelbar vor der Tür stand. Der Nichtabschluß des österreichischen Staatsvertrages mußte aufgrund der von den Alliierten über Österreich getroffenen Abmachungen den westlichen Alliierten faktisch die Möglichkeit geben, ihre NATO-Interessen bis an die Enns vorzuschieben. Und im Zusammenhang mit diesen Erwägungen hat die sowjetische Außenpolitik zu erkennen gegeben, daß ihr das „Ja" zum Staatsvertrag mehr wert war als die weitere alliierte Besetzung Österreichs. Der sowjetische Außenminister Molotow gab in einer Rede vor dem Obersten Sowjet vom 9. Februar 1955 zu verstehen, daß die UdSSR ihre Zustimmung zum Staatsvertrag ohne Vorbedingungen zu geben bereit war. Man wolle mit Österreich verhandeln. Diese Gunst der Stunde erkannten die maßgebenden österreichischen Politiker. Man hat den Eindruck, daß es die Politiker der ÖVP – Raab und Figl – waren, die die Initiative ergriffen und die SPÖ nachgezogen hatten. Im April 1955 reiste eine österreichische Regierungsdelegation nach Moskau. Dort fanden die sogenannten Moskauer Verhandlungen statt, in denen die Idee geboren wurde, daß die frühere Stützpunkt- und Bündnislosigkeit zu einer immerwährenden Neutralität geformt werden könne, wie sie von der Schweiz gehandhabt wird. Es herrscht auch heute noch Parteienstreit, wer den „Königsgedanken" gehabt habe, die Formel von der immerwährenden Neutralität nach Schweizer Vorbild in die Diskussion zu bringen. Jedenfalls war das Ergebnis der Moskauer Verhandlungen das Moskauer Memorandum, in dem sich die österreichischen Politiker verpflichteten, sich dafür zu verwenden, daß das österreichische Parlament eine Erklärung über eine immerwährende Neutralität Österreichs abgeben werde. Das Moskauer Memorandum spricht als eine Art sowjetischer Gegenleistung von dem „Ja" der UdSSR zum Staatsvertrag. Gleichgültig, wie man die Rechtsnatur des Moskauer Memorandums auch beurteilen mag, es war ein politischer Akt ersten Ranges, weil es die Bedingungen für das „Ja" der UdSSR zum Staatsvertrag enthält, die von einer zu außenpolitischen Verhandlungen ermächtigten Regierungsdelegation erarbeitet worden sind. Wenngleich fast alle Bedingungen im Moskauer Memorandum heute als erfüllt angesehen werden können, so beweist es dennoch, daß Moskau an dieser Neutralität Österreichs ein ganz anderes Interesse hatte als die westlichen Alliierten.

5. Der österreichische Bundeskanzler Raab berichtete dem Nationalrat bald nach seiner Rückkehr aus Moskau über die Beratungsergebnisse und über die Absicht, das Parlament mit der Frage der österreichischen Neutralität zu befassen. Während neuerlich über den Staatsvertrag verhandelt wurde und dabei die künftige immerwährende Neutralität Österreichs schon als ein gegebenes Faktum mit in Diskussion stand, erarbeitete die Bundesregierung aufgrund eines parlamentarischen

Auftrages das Neutralitätsgesetz. Dieses ist dem Nationalrat als eine Regierungsvorlage am 19. Juli 1955 unterbreitet worden. In einer Botschafterkonferenz über den Staatsvertrag ist u. a. auch über die die Österreichische Wehrhoheit betreffenden Bestimmungen des Staatsvertrages verhandelt worden. Die Bestimmungen waren nach dem Muster des italienischen Friedensvertrages formuliert worden. Die zahlenmäßige Beschränkung der Streitkräfte war ebenso vorgesehen wie die Beschränkungen der waffenmäßigen Ausrüstung des Heeres. Rauchensteiner und Ermacora hatten anläßlich der 25. Wiederkehr des Tages, an dem der Staatsvertrag unterzeichnet worden war, Zugang zu den Dokumenten der Botschafterkonferenz erhalten. Aus diesen Dokumenten ist ersichtlich, wie die österreichische Verhandlungsdelegation bemüht war, die Beschränkungen der österreichischen Wehrhoheit abzubauen; manches ist ihr dabei auch gelungen. Beachtenswert ist jedoch, daß die österreichischen Verhandler nicht bemüht waren, die Klausel über die Beschränkung österreichischer Ausrüstung mit Spezialwaffen, die heute für die Raketenfrage eine so bedeutende Rolle spielt, zu entschärfen.

6. Nachdem der Staatsvertrag vom österreichischen Parlament genehmigt und sodann auch ratifiziert worden war, fanden Ratifikationsvorgänge in den Parlamenten der Staaten der Alliierten statt. In den entsprechenden Debatten spielte — von der UdSSR abgesehen — die Frage der österreichischen Neutralität eine besondere Rolle. Hier ragt die Diskussion in den amerikanischen Gremien besonders hervor. Der amerikanische Außenminister wurde im Hinblick auf die zu erwartende österreichische Neutralitätserklärung befragt, wie es um die österreichische Verteidigung bestellt sei, und ob Österreich als immerwährend neutraler Staat nicht ein militärisches Vakuum sein werde. Außenminister Dulles beantwortete die Frage mit einem „Nein"; indem er auf eine Erklärung des österreichischen Bundeskanzlers Raab verwies, nach der Raab auf die Aufstellung eines österreichischen Bundesheeres aufmerksam machte.

7. Nachdem der Ratifikationsprozeß des österreichischen Staatsvertrages abgeschlossen war, begannen die Fristen für den Abzug der Besatzungstruppen zu laufen. Gemäß Art. 20 StV war schließlich der 26. Oktober 1955 der Tag, bis zu dem der letzte Besatzungssoldat Österreich verlassen haben mußte. Diesen Tag wählten die österreichischen Politiker, um das Neutralitätsgesetz im Plenum des Nationalrats so zu behandeln, daß glaubwürdig gesagt werden konnte, daß die Neutralität Österreichs aus „freien Stücken" beschlossen wurde. Die im Parlament vertretenen politischen Parteien gaben zum Neutralitätsgesetz staatstragende Erklärungen ab, die sich weitgehend mit den Erläuternden Bemerkungen deckten, die die Regierungsvorlage begleitet hatten. Im Nationalrat waren die Kommunistische Partei und der Verband der Unabhängigen die Oppositionsparteien. Es ist nicht uninteressant, die Haltung dieser beiden Parteien zum österreichischen Neutralitätsgesetz zu beachten. Diese Haltung kann so zusammengefaßt werden, daß die kommunistischen Vertreter ein gehöriges Maß an sowjetischer Neutralitätsauffassung öffentlich machten, während die Vertreter des VdU besondere Skepsis über die immerwährende Neutralität äußerten. Besonders beachtenswert ist, daß im Verlauf der parlamentarischen und wissenschaftlichen Diskussion, die die Entstehung der österreichischen Neutralität begleitet hatten, nirgends auch nur ein Wort über die von der herrschenden westlichen Lehre abweichende sowjetische Neutralitätsauffassung geäußert wurde. Man kann ohne weiteres sagen, daß dies ein intellektuelles Versagen aller jener gewesen ist, die zum Ausdruck dieser Erkenntnisse berufen waren. Ich nehme mich von dieser Kritik nicht aus, bemerke aber, daß, als die immerwährende Neutralität im Rahmen der Beratungen über die Teilnahme Öster-

reichs an dem wirtschaftlichen Zusammenschluß Europas ihren Höhepunkt erreicht hatten, ich es gewesen bin, der erstmals gegen die herrschende Lehre anfechtend auf den Unterschied zwischen der westlichen und der kommunistischen Neutralitätsauffassung aufmerksam gemacht habe. Ich hatte mein Wissen aus einer sehr gründlichen Untersuchung des Bundesdeutschen F. Fiedler bezogen.

8. Mit der Beschlußfassung über das Neutralitätsgesetz war die historische Entwicklung der immerwährenden Neutralität Österreichs noch nicht abgeschlossen. Das Neutralitätsgesetz allein hätte diese immerwährende Neutralität zu einem ausschließlich innerstaatlichen, jederzeit widerrufbaren Akt gemacht. Diesbezügliche Stimmen sind dementsprechend auch laut geworden. Es ist einer weitsichtigen Konzeption zu danken, die österreichische Gelehrte einbrachten, daß die immerwährende Neutralität Österreichs auch eine bedeutende völkerrechtliche Wirkung hatte. Österreich hat seine immerwährende Neutralität den damaligen Mitgliedstaaten der Vereinten Nationen — es waren 80 — notifiziert. Die so angesprochenen Staaten haben diese Notifikation zumeist zur Kenntnis genommen. Mit diesem Notifikationsvorgang wurde die immerwährende Neutralität Österreichs international verankert. Das ist ein juristischer Erkenntnisvorgang, den vor allem der weltbekannte österreichische Völkerrechtsgelehrte Prof. A. Verdross sichtbar machte: die Notifikation der immerwährenden Neutralität Österreichs an die Staatenwelt wird als ein einseitiges völkerrechtliches Rechtsgeschäft gewertet; die Zurkenntnisnahme dieser Notifikation ist ein ihr korrespondierender Akt der Staaten, der für sich auch ein einseitiges völkerrechtliches Rechtsgeschäft ist! Die beiden einseitigen Rechtsgeschäfte korrespondieren und machen so die immerwährende Neutralität Österreichs zu einem Status, den einzuhalten Österreich kraft Treu und Glauben gegenüber der Staatenwelt verpflichtet wurde, und zwar so, wie Österreich zum Zeitpunkt der Notifikation diese Neutralität selbst verstanden hat: nicht als Neutralisierung, sondern als eine bewaffnete Neutralität, das heißt als eine Neutralität, die zur Selbstverteidigung verpflichtet!

9. Das verdient deshalb hervorgehoben zu werden, weil die immerwährende Neutralität Österreichs keine Fremdverteidigung zuläßt. Sie würde dies dann bewirken, wenn der Wunsch des Moskauer Memorandums Wirklichkeit geworden wäre, daß die ursprünglichen Staatsvertragspartner, d. s. die Alliierten des zweiten Weltkrieges, eine Garantie für diese Neutralität übernommen hätten. Schon das erste Vorfühlen in diese Richtung ist gescheitert und sodann nicht weiter fortgesetzt worden.

10. Ein weiterer Schritt zur Ausbildung der österreichischen Neutralität war der Beitritt Österreichs als immerwährend neutraler Staat zu den Vereinten Nationen. Dieser Beitritt hat für die österreichische Neutralität institutionellen Charakter, und zwar deshalb, weil die Welt in den Jahren 1955/56, also zum Zeitpunkt der Entstehung der österreichischen Neutralität, noch immer von der Auffassung der Konzeption der UNO-Charta ausgehen konnte, daß die UNO ein Instrument kollektiver Sicherheit sei. Wenn also nun ein Staat in eine Staatenverbindung aufgenommen wird, die vom Grundsatz der kollektiven Sicherheit getragen ist, dann ist die immerwährende Neutralität und mit ihr ein Staat, der sich als Mitgliedstaat der UNO zu ihr bekennt, ein Element im Konzept der kollektiven Sicherheit! Oder muß man die Aufnahme des immerwährend neutralen Österreichs in die UNO — Hans Kelsen meinte in einem Kommentar zur UNO-Satzung, daß immerwährende Neutralität und UNO-Mitgliedschaft einander ausschlössen — schon damals als eine Bestätigung ansehen, daß die UNO ihre Funktion als ein

Instrument kollektiver Sicherheit verloren hat? Diese Frage ist noch nie eingehend untersucht worden.

Ich meine, daß mit dem Beitritt Österreichs zur UNO die juristische Struktur der immerwährenden Neutralität Österreichs ihre Abrundung gefunden hat.

II. Zum Inhalt der österreichischen Neutralität

11. Aus der Entwicklung der immerwährenden Neutralität Österreichs in ihrem historisch-politischen Prozeß wird deutlich, daß sie etwas anderes ist als eine simple Stützpunkt- und Bündnislosigkeit. Diese ist ein Zustand, jene aber ein Rechtsinstitut des Völkerrechts und des österreichischen Staatsrechts. Als Rechtsinstitut ist die immerwährende Neutralität Österreichs ein Komplex von völker- und staatsrechtlichen Rechten und Pflichten, die von Österreich, aber auch von der Staatenwelt zu beachten sind.

12. Die österreichische Neutralität ist eine immerwährende. Damit hat sie den Status der Schweizer Neutralität angenommen; sie eifert vom Politischen her mehr der Neutralität Schwedens nach.

Die Eigenschaft des „Immerwährenden" einer Neutralität setzt sie in Gegensatz zur aktuellen Neutralität, die ein Staat in einem konkreten Konfliktfall einnimmt. Immerwährende Neutralität bedeutet, daß der betreffende Staat unabhängig von jedem Konfliktfall für alle Zukunft weder an einem Konflikt teilnehmen, noch einen solchen beginnen oder unterstützen will. Diese Verpflichtungen, die der immerwährend Neutrale auf sich genommen hat, sind freiwillige Souveränitätsbeschränkungen, wenn man das „jus ad bellum ac pacis" nach wie vor zu einem bedeutenden Inhalt der Souveränität rechnet. Diese Verpflichtungen immerwährender Neutralität ergeben sich aus dem allgemeinen, d. h. dem nicht geschriebenen Völkerrecht, das sich aus der Staatenpraxis herausgebildet hat, für die gerade die Haltung der Schweiz entscheidendes Vorbild war, da alle anderen Neutralitäten, vor allem die Belgiens und der Niederlande, ihre Bewährungsproben im Interessenkonflikt des 1. Weltkriegs nicht bestehen konnten.

Zusätzlich zu diesen ungeschriebenen Pflichten aus der Neutralität kommt die Verpflichtung jedes Staates zur Selbstverteidigung, die im Falle der Notwehr heute durch Art. 51 der Charta der Vereinten Nationen nicht nur anerkannt ist, sondern auch praktiziert wird. Die Verpflichtung zur Selbstverteidigung ist durch den Status der immerwährenden Neutralität nicht aufgehoben, sondern geradezu verstärkt.

Zusätzlich zu diesen Verpflichtungen treten Verpflichtungen, die sich aus dem geschriebenen Völkerrecht ergeben. Diese Pflichten werden aus der V(XIII.) Haager Konvention abgeleitet, die sich mit den Pflichten der Neutralen im Krieg befaßt. Wenn diese Pflichten für den aus konkretem Anlaß Neutralen gelten, dann um so mehr für den immerwährend Neutralen. Wozu noch kommt, daß Österreich die genannten Haager Abkommen schon seit 1907 anerkannt hat.

13. Neben diesen Verpflichtungen aus der immerwährenden Neutralität, die völkerrechtlich begründet sind, hat das Neutralitätsgesetz spezifische Pflichten ausgesprochen. Sie sind zwar ausdrücklich innerstaatlich begründet, können aber aus den allgemeinen völkerrechtlichen Pflichten ebenso abgeleitet werden. Doch ihre ausdrückliche Normierung macht den Rechtsbestand sicherer und voraussehbarer. Diese innerstaatlich ausgesprochenen Pflichten sind die Verpflichtung, keine fremden militärischen Stützpunkte auf österreichischem Staatsgebiet zu dulden und keine Militärbündnisse einzugehen. Das Neutralitätsgesetz übernimmt die Notwehrpflicht, wie sie in Art. 51 der Charta der Vereinten Nationen ausgesprochen ist, ausdrücklich als eine Neutralitätspflicht: Das Gesetz sagt nämlich, daß Österreich seine Neutralität bzw. seine Unabhängigkeit und die Unverletzlichkeit seiner

Grenzen, der die Neutralität zu dienen hat, mit „allen zu Gebote stehenden Mitteln" verteidigen will. Auch das gehört zu einer für die anderen Staaten voraussehbaren Haltung Österreichs.

14. Aus diesen Pflichten folgen auch Rechte. Es sind Rechte, die gegenüber anderen Staaten oder internationalen Organisationen bestehen, nämlich daß diese immerwährende Neutralität Österreichs auch geachtet wird. Dazu kommt das Recht, sich in den Vereinten Nationen Sanktionen gegen dritte Staaten entschlagen zu können.

15. Die von der österreichischen Völkerrechtswissenschaft angestellten Interpretationen dieser Rechte und Pflichten aus der immerwährenden Neutralität hat zur Theorie geführt, daß es aus der Neutralität *abgeleitete* Rechte und Pflichten gebe. Sie werden vor allem im Interpretationsweg gewonnen. Dabei spielt die Interpretation des V. (XIII.) Haager Abkommens eine besondere Rolle. Die Lehre hat die These von „Vorwirkungen der Neutralität" entwickelt. Nach meiner Meinung gibt es solche Vorwirkungen, die Rechtspflichtcharakter haben, nicht. Sie fallen, wie manches andere, was zur österreichischen Neutralität gesagt wurde, in den Bereich der Neutralitätspolitik, die Interessenpolitik ist und darum der Staatsklugheit zuzurechnen ist.

Daß diese These gerechtfertigt ist, ergibt sich aus dem völkerrechtlichen Recht auf Souveränität und damit auf Unabhängigkeit eines jeden Staates. Souveränität und Unabhängigkeit können nur gesichert sein, wenn völkerrechtliche Verpflichtungen — von Verpflichtungen aus dem Bereich der internationalen Menschenrechte und des humanitären Rechtes abgesehen — restriktiv, d. h. mit größtmöglicher Achtung staatlicher Handlungsfähigkeit interpretiert werden. Österreich ist der Herr der Interpretation der aus der Neutralität folgenden Pflichten, sofern es dabei Zweifel geben sollte. Daß dieser Grundsatz zu Interpretationskonflikten mit Auffassungen anderer Staaten führen kann, liegt auf der Hand. Aber kein Staat hat das Recht, seine Auffassung über das Verständnis der Neutralität Österreich aufzuoktroyieren.

16. Das allerdings verlangt eine Präzisierung: Die immerwährende Neutralität Österreichs ist eine *bewaffnete*, d. h. sie ist auch militärisch zu verteidigen. Im Grund gibt es keine unbewaffnete immerwährende Neutralität. Diese wandelt sich in ihrer Qualität zu einer Neutralisierung, so ist etwa Costa Ricas „immerwährende Neutralität" zu verstehen.

Die immerwährende Neutralität Österreichs *ist keine wirtschaftliche Neutralität*, d. h. Österreichs Wirtschaft ist vom Neutralitätsrechtlichen weder einem bestimmten Wirtschaftssystem verbunden noch einer bestimmten zwischenstaatlichen Wirtschaftsorganisation verpflichtet. Österreich ist neutralitätsrechtlich frei, seinen Außenhandel, sein Wirtschaftssystem zu bestimmen und seinen Wirtschaftsmarkt zu suchen. Eine ganz andere Frage ist dabei die nach der Staatsklugheit, in welche Bindungen man sich begeben will.

Die immerwährende Neutralität ist *keine ideologische*, d. h. der Staat selbst kann nicht verpflichtet werden, in weltanschaulichen Fragen nicht Partei zu ergreifen! Das gilt vor allem für die menschenrechtlichen und humanitären Fragen. Österreich ist frei, die menschenrechtlichen Probleme und humanitären Fragen nach den von ihm selbst gewählten Maßstäben zu bestimmen. Gerade diese Frage hat Österreich wegen politischer Haltungen seiner Politiker in das Zwielicht der Blockfreiheit gebracht, die mit der immerwährenden Neutralität nur gemein hat, daß der Blockfreie keinem Militärblock zugehören darf. Gerade in der Beurteilung menschenrechtlicher Probleme haben sich die Blockfreien weitgehend aus dem menschenrechtspolitischen Konflikt zwischen Ost und West herausgehalten. Erst die Afghanistan-Krise 1979/80 hat hier einen Einbruch erzielt und eine Wendung angedeutet.

Endlich ist zu sagen, daß die immerwährende Neutralität ausschließlich ein den Staat betreffendes Rechtsinstrument ist. Es berechtigt weder die Bürger und private Einrichtungen noch verpflichtet es sie. Das gilt vor allem für die staatlich nicht gelenkten Massenmedien.

17. Die immerwährende Neutralität als Rechtsinstitut ist ein fester Bestandteil geltenden allgemeinen Völkerrechts. Der Staat, der sich zur immerwährenden Neutralität bekannt hat, ist von ihren Pflichten nur dann entbunden, wenn er aus Gründen, die im konkreten Fall liegen, zur Selbstverteidigung aufgrund aggressiver Akte eines Dritten zu greifen hat. Gegenüber dem Staat, der Handlungen der Aggression setzt, ist der immerwährend neutrale Staat seiner Pflichten aus der Neutralität ledig. Das heißt, er ist auch nicht mehr gebunden, das Gebot der Stützpunkt- und Bündnislosigkeit zu beachten. Ob der immerwährend neutrale Staat schon im Frieden auf den Aggressionsfall hin Bündnisverträge eingehen kann, ist umstritten. Die herrschende Lehre spricht sich dagegen aus. Die schweizerische Theorie vor dem ersten Weltkrieg befürwortete vor allem den Bündnisvertrag zwischen Neutralen auf den Aggressionsfall hin. Die schweizerische Staatenpraxis kennt Fälle, nach denen die Schweiz, ohne angegriffen worden zu sein, Abmachungen mit einem dritten Staat getroffen hat, die sich auf eine Zusammenarbeit im Angriffsfall den Neutralen betreffend bezogen.

III. Über die Neutralitätspolitik

18. Es wäre falsch zu sagen, daß die Außenpolitik eines immerwährend neutralen Staates in toto Neutralitätspolitik zu sein hat. Außenpolitik und Neutralitätspolitik eines immerwährend neutralen Staates sind daher nicht identisch. Nur die immerwährende Neutralität berührenden Fragen der Außenpolitik müssen auch neutralitätspolitisch abgewogen werden. Die Politik eines immerwährend neutralen Staates darf sich daher nicht hinter der immerwährenden Neutralität verschanzen, wenn sie eine Entscheidung oder eine Unterlassung ihrer Handlungen in Wahrheit aus anderen Gründen zu verantworten hat. Das ist im konkreten Fall zu prüfen. So überhaupt Neutralitätspolitik ein Handeln im konkreten Fall, ein Unterlassen im konkreten Fall ist!

Österreichs Neutralitätspolitik kann daher nicht in abstracto beurteilt werden, sondern ist an den konkreten Handlungen und Unterlassungen zu messen. Vor allem sind Neutralitätspolitik und Politik aufgrund des Staatsvertrages zu trennen.

19. Es gibt eine Reihe von hervorragenden Anlaßfällen, anhand derer das neutralitätspolitische Handeln Österreichs gefordert worden ist. Aus diesem Handeln und Unterlassen können entsprechende Schlüsse gezogen werden. Folgende Sachverhalte können als neutralitätspolitisch besonders relevant angesehen werden:
— die Haltung Österreichs in der Ungarnkrise 1956 und in der CSSR-Krise 1968,
— der Beitritt Österreichs zur kommunistisch dominierten Donaukommission aufgrund der Donaukonvention,
— das Verhalten Österreichs zur Bewegung europäischer Einigung, vor allem in bezug auf die wirtschaftlichen Zusammenschlüsse in Europa,
— die verteidigungspolitischen Anstrengungen Österreichs als Maßstab für die Effektivität bewaffneter Neutralität,
— die Ausprägungen der internationalen Menschenrechtspolitik,
— die Mitarbeit Österreichs im Schoße der Vereinten Nationen.

In allen diesen Hauptfällen österreichischer Neutralitätspolitik sind die Grundsätze des österreichischen Neutralitätsrechts immer wieder berührt worden. Die Neutralitätspolitik oszilliert um das Institut der immerwährenden Neutralität. Es ist auf Tendenzen zu achten, ob diese in ihren Auswirkungen und in ihrer Gesamtheit nicht ein Verhalten manifestieren, das den Inhalt der Neutralität nicht schlechthin zu wandeln imstande ist.

Im nachstehenden seien einige wesentliche Schwerpunkte der Neutralitätspolitik skizziert:

a) Die neutralitätspolitische Haltung Österreichs in der Ungarnkrise und in der Tschechenkrise

20. Die Fakten hinsichtlich dieser beiden Ereignisse sind längst weitgehend aufgearbeitet. Es genügt daher, im vorliegenden Zusammenhang noch einmal auf die neutralitätspolitischen Probleme aufmerksam zu machen, die mit diesen Ereignissen entstanden sind und Österreich vor echte Bewährungsproben stellten, die im Moment des Ereignisses solche waren, wenngleich man sie im Rückblick nicht mehr als mit dieser Tragweite ausgestattet sehen mag. Der ungarische Volksaufstand 1956 richtete sich, ähnlich wie der der Ostdeutschen 1953, aus kleinerem Anlaß aufbrechend, gegen das kommunistische Regime. Die Intervention der sowjetischen Militärmacht, die aufgrund des Warschauer Paktes auch in Ungarn stationiert war (und auch heute noch ist), machte den Konflikt zeitweise zu einem internationalen Konflikt im Sinne der Genfer Konventionen von 1949. Österreich wurde zwar nicht Gegenstand der sowjetischen Intervention, doch hätte der Fall den Verteidigungsfall heraufbeschwören können, wenn sowjetische Truppen in Form der Nacheile die ungarischen Streitkräfte, die die österreichische Staatsgrenze überschritten hatten, verfolgt hätten. Allerdings, sie rückten nur bis zur österreichischen Grenze vor. Die verteidigungspolitischen Vorgänge hat *Rauchensteiner* eingehend nachgezeichnet. Österreich entsandte die schwachen Kräfte des erst in Aufstellung begriffenen Bundesheeres in das betroffene Grenzgebiet und bekundete so den Willen, gegebenenfalls die österreichische Unabhängigkeit zu verteidigen. Österreich handelte gemäß der V. Haager Konvention, indem es die Grenze überschreitenden ungarischen Truppen entsprechend dieser Konvention behandelt hatte, und es ließ keinen Zweifel, daß es auf seinem Staatsgebiet keine fremden militärischen Stützpunkte dulden würde. Dazu kam, daß sich Österreich als Land des politischen Asyls bewährte, ohne einen politischen Kompromiß einzugehen. Es zeigte im Ansatz, daß Österreich durch seine Humanitätspolitik nicht ideologisch neutral sei.

21. In der Tschechenkrise vom 21. August 1968, in der die Außenpolitik der UdSSR durch die sogenannte Breschnewdoktrin manifestiert worden war, hat Österreich nicht gezögert, durch die Entsendung von Einheiten des österreichischen Bundesheeres an die österreichische Staatsgrenze, seinen Willen zur Verteidigungsbereitschaft zu dokumentieren. Auch in diesem Fall bewährte sich Österreich als Asylland. In der Tschechenkrise ist aber sehr deutlich zutage getreten, daß sich das österreichische Parlament in unzweideutiger Weise durch alle im Parlament vertretenen politischen Parteien nicht scheute, die Invasion der Warschauer Paktstaaten-Armeen als eine völkerrechtswidrige Invasion zu verurteilen und die kritische Stellungnahme des Parlaments zu den Menschenrechtsverletzungen durchaus mit der immerwährenden Neutralität Österreichs als vereinbar ansah.

22. In diesem Zusammenhang ist es auch erwähnenswert, daß Österreich, vor allem Wien, mehrfach die Stätte des Sudetendeutschen Tages war, und daß die österreichische Regierung immer die Demarchen von Ostblockstaaten zurückgewiesen

hatte, daß die Aufnahme der Sudetendeutschen in Österreich der Neutralität widerspreche.

b) Der Beitritt zur Donaukonvention

23. Seit die Donau ein internationales Gewässer ist, und dieser Status eine völkerrechtliche Rolle spielt, ist Österreich Mitglied der dementsprechenden Donaukonvention gewesen. Als diese Mitgliedschaft nach dem zweiten Weltkrieg wieder zur Debatte stand, und es sich bald zeigte, daß nur die kommunistischen Anrainerstaaten ihre Mitgliedschaft erneuerten, ist Österreich dennoch dieser Konvention wiederum beigetreten. Österreich hat keinen Neutralitätsvorbehalt abgegeben, obwohl der Text der Konvention manche Zweifel aufwirft, ob er ohne Bedachtnahme auf die Neutralität überhaupt gehandhabt werden könne. Das österreichische Außenministerium meinte, daß die Abgabe eines besonderen Neutralitätsvorbehalts nicht erforderlich sei, weil ein immerwährend neutraler Staat eben nur unter der Bedachtnahme auf seine Neutralität Mitglied einer solchen Konvention werden könne. Das Besondere an dieser Mitgliedschaft ist, daß Österreich auch einen Sitz in der Donaukommission hat, die Beschlüsse auch mit Mehrheit ihrer Mitglieder, also theoretisch gegen Österreich gerichtet, fassen könnte.

c) Österreich und die wirtschaftliche Integration Europas

24. Österreich ist im Jahre 1955 anstandslos dem Europarat beigetreten. Einem Staatenbund, der seine Beschlüsse in der Regel einstimmig faßt und der den Austritt anstandslos zuläßt sowie für den Staat keine verbindlichen Beschlüsse fassen läßt. Seit dem Jahre 1959 formierte sich die westliche Staatenwelt in wirtschaftlicher Hinsicht. Eine Kerngruppe westeuropäischer Staaten – die sogenannten Beneluxstaaten – bildeten eine Avantgarde im wirtschaftlichen Zusammenschluß, die anderen Großen Kontinentaleuropas haben sich bis 1959 zur EWG zusammengeschlossen.

25. Die Grundlage dieses Zusammenschlusses sind die sogenannten Römerverträge. Diese haben supranationalen Charakter, als sie in einzelnen Gremien Mehrheitsentscheidungen zulassen, die für die Staaten verbindlichen Charakter einnehmen. Der Anlage der Römerverträge nach war die EWG als Basisstufe für eine politische Union Europas gedacht; vielleicht ist sie dies auch heute noch. Jedenfalls war mit der EWG viel „europäische Emotion" verbunden. Man sah das vereinte Europa vor der Tür. Für Österreich stand die Frage zur Diskussion, ob es sich dieser EG anschließen solle. Politiker und gelehrte Gefolgsmänner haben wieder einmal die These von der wirtschaftlichen Neutralität aus der Taufe gehoben und unter extensiver Interpretation österreichischer Verpflichtungen zu beweisen versucht, daß für Österreich aus neutralitäts-*rechtlichen* Gründen eine Zugehörigkeit des immerwährend neutralen Staates zur EG rechtlich verboten sei. Hier standen einander in der Argumentation FPÖ und ÖVP einerseits und SPÖ andererseits, je unterstützt von den Fachleuten, die ihr Fachwissen in den Dienst der Politik stellten, gegenüber. Die Argumentation der SPÖ ging sogar soweit, in einer EG-Mitgliedschaft auch einen Widerspruch zum Anschlußverbot des Art. 4 des Staatsvertrags von 1955 zu sehen. Daß Letzteres jedenfalls nicht haltbar ist, ist heute, mehr als 25 Jahre nach dieser Argumentation, ganz sichtbar. Fällt es heute irgendjemandem ein, Frankreich, Großbritannien, die Beneluxländer des Anschlusses an Deutschland, noch dazu an das geteilte Deutschland, zu zeihen? Niemand kommt auf diesen Gedanken! Er hatte in Österreich jedoch Funken geschlagen.

26. Als sich die UdSSR ebenfalls ins Gespräch mengte und einen allfälligen EG-Beitritt Österreichs neutralitätsrechtlich in einer Österreich begrenzenden Weise kommentierte, konnte man erkennen, daß zumindest neutralitätspolitische Überlegungen zu beachten sind. Das ist denn auch der wahre Kern des Problems. Es geht in dieser Frage nicht um Neutralitätsrecht, sondern um Neutralitätspolitik. Diese Auffassung wurde auch von Schweden und der Schweiz geteilt. Ich halte diese Auffassung für richtig. Mit neutralitätspolitischen Vorkehrungen scheint mir auch der Anschluß an die EG schon damals denkbar gewesen zu sein, nämlich in einem „Anschlußvertrag" vorzukehren, daß Österreich die Vertragshoheit nach wie vor zustehe, daß es für seinen Krisen- und Verteidigungsfall selbständig Vorsorge treffen können und daß Österreich ein Vertragsaustrittsrecht zustehen müsse. Es ist die Kunst der Politik, unter diesen Bedingungen die Mitgliedschaft zur EG zu suchen. Was damals vielleicht möglich gewesen wäre, scheint heute nicht mehr möglich zu sein. Österreich hat weder einen EG-Anschluß vornehmen können, noch eine sogenannte Assoziierung. Geblieben ist eine Art Zoll- und Freihandelsabkommen, das Österreich mit der EG im Jahre 1972 abschließen konnte und — da Österreich durch die sogenannte Meistbegünstigungsklausel den kommunistischen Volkswirtschaften die Meistbegünstigung einräumt — auch von sowjetischer Seite den politischen Sanktus erhielt.

27. Im Jahre 1959 ist Österreich der EFTA beigetreten, deren Mitglied es auch heute noch ist. Eine arg geschrumpfte EFTA, nachdem nacheinander Großbritannien, Portugal, Griechenland der EG beitraten bzw. im Zuge sind, ihr beizutreten.

28. Manche neutralitätspolitische Frage ist durch die Handels- und Technologiebeziehungen Österreichs aufgetaucht, manche neutralitätsfaktische Frage bringt die Energieabhängigkeit Österreichs mit sich. Hainburg hin oder her, die starke österreichische E-Wirtschaft vermindert die Abhängigkeit von anderen — vielleicht politisch weitaus gefährlicheren und abhängigkeitsbedingten — Energiequellen. Ich gebe zu, daß das Themen sind, die die Umweltschützer nicht interessieren, die aber in das Gesamtkalkül österreichischer Außenpolitik mit aufgenommen werden.

Die moderne Handels-, Energie- und Technologiepolitik, die samt und sonders neutralitätspolitisch von Interesse ist, scheint aber den neutralitätspolitischen Reiz längst verloren zu haben, obwohl die neutralitätspolitische Frage bei all diesen Problemen ebenso besteht wie seinerzeit im Jahre 1959 mit einem allfälligen EG-Beitritt.

Die eigentliche neutralitätspolitische Frage stellte sich jedenfalls, wenn es Kräfte gäbe, die wirksam eine politische Einigung Europas anstrebten und erreichen könnten.

d) Die verteidigungspolitischen Anstrengungen Österreichs

29. Leitet man in Umkehrschlüssen aus der V. Haager Konvention wirtschaftspolitische Neutralitätspflichten ab, so ist es um vieles mehr gerechtfertigt, aus der verteidigungspolitischen Lage und dem Konzept der bewaffneten Neutralität neutralitätsrechtliche Überlegungen abzuleiten. Sie gehen in den Kern des Instituts der immerwährenden Neutralität, weil sie unmittelbar die Abhängigkeit, die Sicherheit, die Selbständigkeit Österreichs betreffen. Die immerwährende Neutralität verlangt Verteidigung „mit allen zu Gebote stehenden Mitteln". Die immerwährende Neutralität verlangt außenpolitisch, daß Österreich kein militärisches Vakuum sei und damit ein Unsicherheitsfaktor für alle anderen angrenzenden Staaten. Österreich muß verteidigungsmäßig so stark sein, daß in einem Konfliktsfall mit

dem immerwährend neutralen Österreich nicht gerechnet werden dürfte! Österreich darf für keinen Staat ein Handelsobjekt sein und nicht zum Risikofaktor werden. Der Neutralitätsfall ist das rechtliche, der Verteidigungsfall das politische Kriterium.

30. Im Hinblick auf die sogenannte Entspannungspolitik der 60er und 70er Jahre hat die österreichische Staatspolitik den neutralitätsrechtlichen Aspekt der Verteidigungsverpflichtung allzuleicht genommen. Die Art der Budgetierung der Landesverteidigung mochte so lange angegangen sein, solange Österreichs Rüstung von den Geschenken alliierter Mächte zehrte, aber mit der Technologisierung moderner Heere, mit der Wandlung von Raketenwaffen zu konventionellen Waffen, mit der Planung und dem Ausbau einer umfassenden Landesverteidigung zeigte sich rasch, daß jenes Budget, das für die umfassende Landesverteidigung aufgewendet wird, Österreich faktisch zum militärischen Vakuum führt. Die fahrlässige oder absichtliche Herbeiführung oder Zulassung eines militärischen Vakuums für Österreich ist Verletzung des Völkerrechts. Mein Fachkollege Univ.-Prof. Zemanek hat dies schon seinerzeit in bezug auf die Bestrebungen eines DDr. G. Nenning im Wege eines Volksbegehrens, das Bundesheer abschaffen zu wollen, und im Hinblick auf die mangelnde Sicherung österreichischer Lufthoheit ganz klar herausgestellt. Ich schließe mich diesen Vorbehalten, die samt und sonders neutralitäts*rechtlichen* Gehalts sind, voll und ganz an.

Das, was Österreich in den 60er Jahren und dann unter Kreisky in dieser Hinsicht versäumt hat, kann in wenigen Jahren nicht ohne weiteres gemacht werden. Die verantwortlichen österreichischen Regierungen haben hier nicht staatspolitisch, der immerwährenden Neutralität dienend, gehandelt, sondern parteipolitisch. Vor allem Argumente, daß eine UNO-City oder ein Konferenzzentrum der Sicherheit und Neutralität Österreichs mehr dienen als Instrumente der militärischen Landesverteidigung zeigten ganz deutlich, was Regierungsmitglieder von einem Verteidigungswillen Österreichs hielten. Als ob nicht die Lehre des zweiten Weltkriegs, wonach weder ein Völkerbund noch ein Völkerbundpalast für sich Frieden stiften konnten, genug sei.

31. Mit der Wandlung österreichischer Verteidigungspolitik nach 1975 durch die Aufnahme der Verpflichtung zur umfassenden Landesverteidigung in die Bundesverfassung, vor allem aber nach 1983, durch das Ausscheiden der sozialdemokratischen „Friedensapostel" aus der aktiven Politik, scheint eine gewisse Einsicht in die Verteidigungsnotwendigkeit Österreichs eingekehrt zu sein. Die Entscheidung, sogenannte Abfangjäger anzuschaffen, bedeutet zwar nur, einen Nachholbedarf zu erfüllen, aber psychologisch ist diese Entscheidung von neutralitätspolitischer Bedeutung. Die Typenwahl eines Abfangjägers kann neutralitätspolitische Bedeutung gewinnen, wenn mit ihr eine Systemverbindung zu militärischen Blöcken hergestellt wird.

e) Die Mitarbeit Österreichs in den Vereinten Nationen

32. In unnachahmlicher Weise hat Wolfgang Strasser die Mitarbeit Österreichs in den Vereinten Nationen nachgezeichnet. Wie ich bereits hervorgehoben habe, ist nicht alle Außenpolitik Österreichs Neutralitätspolitik. Das gilt auch für die Mitarbeit in den Vereinten Nationen. Die gesamte UN-Politik ist nicht Neutralitätspolitik. Da die Vereinten Nationen aber immer mehr zum Forum der verbalen Auseinandersetzung zwischen Ost und West, Nord und Süd geworden sind, und ihrer ganzen Anlage nach ein Konfliktschlichtungselement der Weltpolitik darstellen, stehen neutralitätspolitische Fragen bei der Mitarbeit in den UN im Vorder-

grund. Ich habe auf das eigentliche rechtliche Problem der Mitgliedschaft Österreichs bei den UN schon aufmerksam gemacht: durch die Mitgliedschaft eines immerwährend neutralen Österreich in den UN gewinnen die Mitgliedschaft der immerwährend neutralen Staaten, aber auch die Institution der UN neuen Charakter. Einmal ist mit dem System der kollektiven Sicherheit auch die immerwährende Neutralität vereinbar, weil sie ihr Element ist, zum anderen trägt der immerwährend neutrale Staat nicht durch sein Stillesitzen, sondern durch seine aktive Politik zum Frieden bei. Vor allem durch die österreichische UN-Politik ist die Politik des immerwährend neutralen Österreich zur „aktiven Neutralitätspolitik" geworden, die die bilaterale Politik nur fortzusetzen hat.

33. Das einzige wirklich juristische Problem ist die Frage, wie sich das immerwährend neutrale Österreich Beschlüssen des Sicherheitsrates gegenüber verhalten soll, die im Zuge der Erhaltung von internationalem Frieden und internationaler Sicherheit Sanktionen im Sinne des Kap. VII der Charta aussprechen. Das ist bis heute in zwei Fällen geschehen: im Zusammenhang mit dem seinerzeitigen Südrhodesien-Fall und mit der Haltung der Republik Südafrika hinsichtlich ihrer Apartheid-Politik. In dem einen Fall hat der Sicherheitsrat ein Handelsembargo ausgesprochen, in dem anderen Fall ein Waffenembargo. Das sind die Mitglieder der UN verpflichtende Beschlüsse, die aber zugleich eine Verurteilung der betroffenen staatlichen Systeme bedeuten. Österreich hat eine rechtlich pragmatische Lösung dieser auch es betreffenden Konfliktsituation gefunden. Es hat sich im konkreten Fall durch einen Beschluß der Bundesregierung, der einer Regierungshandlung auf außenpolitischem Gebiet gleichkommt, den Beschlüssen des Sicherheitsrates unterworfen. Es hat die Unterwerfung unter jedweden Beschluß des Sicherheitsrates durch den positiven Akt im konkreten Fall generell vermieden.

34. Im übrigen hat Österreich neutralitätspolitische Handlungen im Rahmen der UN gesetzt. Es hat an friedenserhaltenden Maßnahmen der UN teilgenommen. In mehreren Fällen – Kongokrise 1959/60, Nahostkrise 1973ff., Zypernkrise 1964/74ff. – hat Österreich Einheiten österreichischer Polizei und des Bundesheeres den UN zur Verfügung gestellt. Diese Einheiten haben sich bewährt und das Ansehen Österreichs gemehrt.

35. Österreich hat in allen wesentlichen außenpolitischen Fragen, die es durch die UN berühren, in den UN eine nach allen Seiten hin abgewogene Haltung eingenommen. Dort, wo Österreich „ins Gerede" gekommen ist, war es weniger durch die Haltung seiner routinierten UN-Delegationen, als durch Handlungen und Meinungsäußerungen seiner außenpolitisch tätigen Politiker. Diese Haltungen haben dann – Österreich zugerechnet – auch Österreich ins Gerede gebracht. Die Haltung der österreichischen Politik in der Nahostfrage war ebensowenig ausbalanciert wie in Fragen der Mittelamerikapolitik. Zu deutlich war der Hang zu den Blockfreien hin spürbar.

36. In menschenrechtspolitischen Fragen wird das Kriterium von Neutralität und Blockfreiheit immer bedeutender, je politischer Menschenrechte gesehen werden. Österreich ist ursprünglich mit einem unpolitischen menschenrechtlichen Ansatz in die Mitarbeit bei den UN eingetreten. Je politischer Menschenrechtsfragen geworden sind, desto schwieriger ist der Standort der UN GV-Res. 2144 (XXI) durchzuhalten gewesen, Menschenrechtsverletzungen, wo immer sie sich ereignen mögen, abzulehnen und zu verurteilen. Da gibt es denn doch Nuancen in der Art der öffentlichen Beurteilung solcher Fragen. Der Hang, etwa Nicaragua mehr menschenrechtlich Positives zuzuerkennen als El Salvador, ist vielleicht eines der

Beispiele, wo sich die Wege in der Menschenrechtspolitik gabeln könnten. Man müßte jeden konkreten in den UN ausdiskutierten Fall unter die Lupe nehmen, die österreichischen Stellungnahmen analysieren, das Abstimmungsverhalten bis in die kleinste Abstimmung über Satz- und Wortreihen verfolgen, um ein wirklich klares Bild österreichischer Neutralitätspolitik im Menschenrechtlichen zu gewinnen.

Aber auch im Grundsätzlichen hat es Zeiten gegeben, wo man bereit war, die elementaren politischen Rechte unter dem Druck revolutionärer Dynamik „links" abweichen zu lassen und sozialen Rechten den Vorrang zu geben. Beide Rechtskörper sind gleichwertig. Die Kernfragen lauten daher: wie verhält sich das neutrale Österreich zu den großen und systematischen Menschenrechtsverletzungen in Chile, im Nahen Osten, im Südlichen Afrika, in Afghanistan, im Iran, im Fernen Osten — Vietnam und Kambodscha —, wie verhält sich Österreich zur Politik der Entwicklungshilfe? Das und anderes sind die Grenzlinien zur Haltung der Blockfreien.

IV. Schlußfolgerungen

37. Wenn eine bestimmte Neutralitätspolitik über lange Zeit unwidersprochen geführt wird, könnten sich Elemente dieser Neutralitätspolitik so verdichten, daß sie allmählich selbst zu Verhaltensregeln des Völkerrechts werden. Der Zeitraum, den die immerwährende Neutralität Österreichs für Österreichs Außenpolitik geprägt hat, ist noch nicht lang genug, um aus ihr völkerrechtliche Gewohnheiten ableiten zu können. Folgende neutralitätspolitische Maximen können aus der österreichischen Neutralitätspolitik abgeleitet werden:

Im Rahmen *wirtschaftlicher Neutralitätspolitik* haben sich drei Grundsätze herausgebildet: das Recht eines neutralen Staates, von einem Vertrag aus neutralitätspolitischen Gründen zurücktreten zu können; das Recht, sich nicht von vornherein zwischenstaatlichen Entscheidungen unterwerfen zu müssen; das Recht des Neutralen, seine Vertragshoheit wahren zu können.

In der *Landesverteidigungspolitik* gilt immer noch der Satz von der bewaffneten Neutralität, jedoch ist an seine Seite die These getreten, daß nur eine ausgewogene Außenpolitik neben der Verteidigungspolitik der neutralen Sicherheitspolitik dienlich sein kann.

Die Neutralitätspolitik ist keine Isolationspolitik, sie ist vor allem eine Besuchsdiplomatie-Politik, um Konflikte zu verhindern und gute Nachbarschaft zu erzielen. Die Neutralität ist eine solche des *offenen Wortes*.

Die österreichische Neutralitätspolitik verfolgt eine *diskriminationslose Humanitätspolitik*.

38. Die Begriffe „*totale Neutralität*" und „*ideologische Neutralität*" sollte es im Österreichischen Neutralitätsvokabular nicht geben. Die österreichische Neutralität hat sich von der schweizerischen Neutralität, an der sie ursprünglich Maß zu nehmen gehabt hätte, entfernt. Das gilt vor allem für das Ausmaß der Verteidigungspolitik. Andererseits jedoch läßt Österreich durch seine friedensfördernde Politik in den Vereinten Nationen die schweizerische Neutralitätspolitik klassischer erscheinen als die österreichische. Im Gegensatz zur Schweiz und zu Schweden hat Österreich einen ganz besonderen Neutralitätspartner: die UdSSR. Im Bereich der internationalen Beziehungen Österreichs scheint die UdSSR eine Art „väterliche Rolle" gegenüber dem österreichischen Neutralitätsverhalten einzunehmen.

39. Den Blick in die Zukunft des Instituts der immerwährenden Neutralität in Europa im allgemeinen und der österreichischen immerwährenden Neutralität im Donauraum im besonderen zu richten, ist eine Aufgabe neutralitätswissenschaftli-

cher Zukunftsforschung und politischer Planung. Derzeit wird die Phase des Entspannungsprozesses (Détente) gepflegt, die unaufhörliche Beschwörung dieses Prozesses tendiert — trotz der spannungsgeladenen Gegenwart in allen Regionen der Erde — noch immer dahin, von „Entspannung" selbst zu sprechen. Daß in dem prozeßhaften Ablauf der Entspannungsmomente zwar nicht die immerwährende Neutralität, aber der immerwährend neutrale Staat eine Rolle spielt, wurde nicht nur an mancher Stelle von Persönlichkeiten des nationalen und internationalen Lebens gesagt, sondern durch Taten auch bewiesen.

Eine ganz andere Frage ist jedoch, wie die *Funktion der immerwährenden Neutralität* bei einer Auflösung der militärischen Blöcke oder einer intensiveren europäischen Integration, bei einer totalen Abrüstung vom Standpunkt einer „Kosten-Nutzen-Analyse" zu beurteilen sein wird. Ob die immerwährende Neutralität zum Modell eines Rapacki-Plan ähnlichen Sicherheitsgürtels *(Ernest Fischer, Kreisky)* oder ob die immerwährende Neutralität zum Modell einer grenzüberschreitenden „neutralisierten Zone" werden könnte, die Staaten verschiedener Gesellschaftssysteme miteinschlösse *(D. Frei)*, oder ob die immerwährende Neutralität ausschließlich der staatlichen Unabhängigkeitswahrung — und nichts anderem — dienen sollte, das alles müßte den Gegenstand einer besonderen modell- und spieltheoretischen Untersuchung bilden. Ansätze für Untersuchungen solcher Art sind vorhanden. Zu ihnen zählen auch *D. Freis* „Conflict Reduction by Mutual Disengagement", in: International Interactions, 1974 (I), S. 101 — und *Neuholds/ Vetscheras* Skizze „Austrias Security Policy", UNIDAR, Genf 1984.

Sicher ist mir, daß eine Truppenverdünnung allein, wenn nur sie als Ergebnis einer europäischen Sicherheitskonferenz erarbeitet werden sollte, das Institut der immerwährenden Neutralität als ein „mit allen zu Gebote stehenden Mitteln" zu verteidigendes Institut nicht funktionslos machen würde. Im gegenwärtigen Bemühen um das Gleichgewicht der Blöcke und Kräfte in Europa oder auf europäischem Territorium hat die immerwährende Neutralität Österreichs eine ausgleichende und stabilisierende Wirkung, deren Funktion und Bedeutung über die Grenzen der Staaten hinausgeht. Sie ist anerkannt und bewährt.

Die Literatur zum österreichischen Neutralitätsproblem ist schon unübersehbar geworden. Aus dem reichen Schrifttum sind vor allem folgende Darstellungen hervorzuheben:

F. Ermacora, 20 Jahre österreichische Neutralität, Frankfurt/Main 1975.
K. Ginther, Neutralität und Neutralitätspolitik — die österreichische Neutralität zwischen Schweizer Muster und sowjetischer Koexistenzdoktrin, Wien/New York 1975.
H. Mayrzdt/Binswanger, Die Neutralen in der Europäischen Integration, Wien 1970.
M. Rauchensteiner, Spätherbst 1956, die Neutralität auf dem Prüfstand, Wien 1981.
D. Schindler, Aspects contemporains de la neutralité, in Recueil des Cours de l'Académie de Droit International de la Haye, Bd. 127, 1967, II, Leiden 1969, 225ff.
J. Späni-Schleidt, Die Interpretation der dauernden Neutralität durch das schweizerische und das österreichische Parlament, Schriftenreihe der Schweizerischen Gesellschaft für Außenpolitik, Bd. 8, Bern 1983.
G. Stourzh, Geschichte des Staatsvertrags 1945—1955, 2. Aufl., Graz/Wien/Köln 1980.
A. Verdross, Die immerwährende Neutralität Österreichs, 4. Aufl., Wien 1977.
St. Verosta, Die dauernde Neutralität — ein Grundriß, 1967.
H. Vetschera (Hrsg.), Materialien zu Neutralität und Sicherheitspolitik, Wien 1982.
K. Zemanek, „Zeitgemäße" Neutralität, in: Daniel Frei (Hrsg.), Die Schweiz in einer sich wandelnden Welt, Zürich 1977, 9ff.

ANDREAS MÖLZER

Ökonomischer Anschluß?
Zu Geschichte und Gegenwart der deutsch-österreichischen Wirtschaftsbeziehungen

Das politische Selbstverständnis der österreichischen Zweiten Republik gründet sich nicht zuletzt auf ein neu erworbenes wirtschaftliches Selbstbewußtsein. Zwischen 1918 und 1938 galt es als stärkstes „realpolitisches" Argument für den Anschluß an das Reich, daß Restösterreich schon aus rein ökonomischen Gründen als nicht lebensfähig betrachtet wurde. Hermann Oncken etwa sah in der Rückkehr zur großdeutschen Idee ein Hauptergebnis des Ersten Weltkrieges. Im Jahre 1921 schrieb er: „Großdeutschland ist jetzt möglich geworden, weil der österreichische Hausstaat nicht mehr existiert, und es ist nötig geworden, weil Deutschösterreich allein nicht leben kann ..., also auf die Vereinigung mit dem Deutschen Reich angewiesen ist."[1]) Im völligen Gegensatz dazu wurde es nach 1945 bzw. nach dem Abschluß des Staatsvertrages von 1955 zu einer sozusagen staatstragenden Überzeugung, daß Österreich auch als ökonomische Gemeinschaft sehr wohl lebensfähig sei, und deshalb seine Existenz als souveräner Staat auch aus Gründen dieser Art in keiner Weise in Frage zu stellen wäre.

Obwohl nun Österreichs Wirtschaft spätestens seit Beginn der 50er Jahre ihre historischen Verflechtungen mit dem reichsdeutschen bzw. bundesdeutschen Raum wieder aufnahm und in steter, wenn auch meist ein wenig nachhinkender Entwicklung alle Bewegungen der Bundesrepublik Deutschland nachvollzog, blieb der Glaube an die selbständige ökonomische Lebensfähigkeit des Landes ein unantastbares Dogma der österreichischen Politik. Und dies aus gutem Grund, verbietet doch der Staatsvertrag ausdrücklich jedwede, auch ökonomische, Vereinigung mit Deutschland. Im Artikel 4 heißt es:

„Verbot des Anschlusses"

1. Die Alliierten und Assoziierten Mächte erklären, daß eine politische oder wirtschaftliche Vereinigung zwischen Österreich und Deutschland verboten ist. Österreich anerkennt voll und ganz seine Verantwortlichkeiten auf diesem Gebiete und wird keine wie immer geartete politische oder wirtschaftliche Vereinigung mit Deutschland eingehen.

2. Um einer solchen Vereinigung vorzubeugen, wird Österreich keinerlei Vereinbarung mit Deutschland treffen, oder irgendeine Handlung setzen, oder irgendwelche Maßnahmen treffen, die geeignet wären, unmittelbar oder mittelbar eine politische oder wirtschaftliche Vereinigung mit Deutschland zu födern oder seine territoriale Unversehrtheit oder politische oder wirtschaftliche Unabhängigkeit zu beeinträchtigen."[2])

Dennoch wurde es zur stillschweigend akzeptierten Tatsache, daß die Bundesrepublik Deutschland mit Abstand Österreichs wichtigster Handelspartner wurde, daß der zentrale Faktor im wirtschaftlichen Gedeihen der Alpenrepublik, der Fremdenverkehr nämlich, fast vollständig vom bundesdeutschen Gast abhängt und daß schließlich auch der österreichische Schilling in währungspolitischer Hinsicht geradezu sklavisch an die Deutsche Mark gebunden ist.

Erst in jüngster Zeit wurden dazu kritische Stimmen laut, die darauf hinwiesen, daß diese Abhängigkeit Österreichs von Westdeutschland geradezu ungesund und überdies neutralitätspolitisch gefährlich sei. Soweit diese Kritik aus Österreich selbst kommt, mag der Anlaß dafür in der Tatsache liegen, daß man in den letzten Jahren eben nicht mehr nur den Aufschwung der bundesdeutschen Wirtschaft nachvollzieht, sondern in logischer Zwangsläufigkeit auch deren Krisenerscheinungen. Seitens des Auslandes ist es Moskau, das immer wieder warnende bis drohende Töne von sich gibt. Erst im Sommer 1984 griff der Kreml die engen Wirtschaftsbeziehungen zwischen Wien und Bonn heftig an, indem er von einem „ökonomischen Anschluß"[3]) sprach, der da auf kaltem Wege vollzogen werde. Und bereits im Herbst des Jahres 1970 beschuldigte das sowjetische Blatt „Komsomolskaja Prawda" Österreich, einen „stillen Anschluß" an die Bundesrepublik zu dulden. Gleichzeitig wurde Wien vor „gefährlichen Folgen" gewarnt, wenn es versuche, „den Staatsvertrag zu revidieren."[4])

Nun, von einem Willen zur Revision des Staatsvertrages kann in Österreich keine Rede sein. Wohl aber dringt es derzeit langsam ins Bewußtsein der Österreicher, daß die alpenländische Volkswirtschaft in so hohem Maße mit den beiden anderen deutschen Staaten, insbesondere natürlich mit Westdeutschland, verflochten ist, daß man von einer gewissermaßen autarken Lebensfähigkeit des Landes kaum sprechen kann. Und wirkliche Alternativen zu dieser deutsch-österreichischen Wirtschaftsverflechtung gibt es nicht. Man stelle sich vor, die Alpenrepublik wäre statt dessen mit dem ebenfalls benachbarten Italien oder mit Jugoslawien in derartiger Weise verbunden. Anstelle der nach wie vor relativ stabilen ökonomischen Lage müßten Chaos und Krise, Dauerstreiks und schwerste Versorgungsmängel treten.

Abgesehen davon aber erzwingen die ethnischen, historischen und kulturellen Gemeinsamkeiten aller Deutschen — auch wenn sie in drei voneinander separierten Republiken leben — offenbar auch ein Zusammenwirken im Bereich der Wirtschaft. Der österreichische Vizekanzler und Handelsminister Norbert Steger, Parteivorsitzender der nationalliberalen FPÖ, bestätigte dies, als er jüngst in einer westdeutschen Zeitung schrieb: „Gemeinsame Kultur und gemeinsame Geschichte finden weitgehend auch ihre Widerspiegelung in der Wirtschaft."[5])

Von der frühen Industrialisierung der Alpenländer zum Deutschen Zollverein

Um die Bedeutung der auf nationalen Gemeinsamkeiten basierenden Wirtschaftsverflechtungen in ihrer historischen Kontinuität nachzuweisen, ist es müßig, auf mittelalterliche und frühneuzeitliche Strukturen hinzuweisen. Bedeutsam ist es vielmehr, jene Linien zu verfolgen, die seit der beginnenden Industrialisierung in der Warenerzeugung, dem Handel und dem Verkehrswesen die deutsch-österreichischen Lande mit dem übrigen Deutschland verbanden.

Der Beginn einer solchen, bis in unsere Gegenwart reichenden Entwicklung mag in der Regierungszeit Maria Theresias und Josephs II. angesetzt werden, als man versuchte, die frühe industriell-gewerbliche Wirtschaft durch staatliche Lenkungsmaßnahmen zu fördern. Die Bemühungen Maria Theresias, Josephs und ihrer Berater galten in erster Linie der Beseitigung aller Hemmnisse, die dem Aufschwung der wirtschaftlichen Produktion entgegenstanden. Dabei war es vor allem der Zunftzwang, der die gewerbliche und oft auch industrielle Arbeit behinderte. Er wurde unter Maria Theresia gemildert, unter Joseph II. für das Textilgewerbe und die Metallindustrie aufgehoben[6])

Dank dieser beginnenden Liberalisierung des Wirtschaftslebens vermochten die habsburgischen Erblande seit der Mitte des 18. Jahrhunderts Anregungen und Spezialisten, sowie risikofreudige Unternehmerpersönlichkeiten aus dem technisch fortgeschrittenen Westen heranzuziehen. Fabrikanten, Ingenieure und Facharbeiter kamen aus Frankreich und England, vor allem aber auch aus dem Rheinland, aus dem alemannischen Raum und aus dem Hanseatischen.

Während im 18. Jahrhundert, als die staatliche Wirtschaftspolitik leitend, regelnd, aber auch verbietend in die beginnende Industrialisierung eingriff, noch zahlreiche Adelige als Fabriksgründer auftraten, wurde dies mit dem beginnenden 19. Jahrhundert nahezu vollends eine Domäne des Bürgertums. Kaiser Franz II. trat, ganz im Gegensatz zu seinen sonst eher starren Ansichten, für freie Entfaltungsmöglichkeiten des Unternehmertums ein, weshalb sich in der Zeit des Vormärz zahlreich kaufmännische, Gewerbe- und Industrievereine in Österreich zu etablieren vermochten.

Die frühe, eher noch vom Merkantilismus geprägte Industrialisierung war in den deutschen Erbländern des Habsburger Staates vor allem auch von der Textilerzeugung beherrscht. Noch im Vormärz waren Woll- und Seidenwaren der wichtigste Ausfuhrartikel Österreichs. Hier waren es Schweizer und elsässische Familien, die in Westösterreich florierende Großbetriebe errichteten. Und die berühmte Wiener Samterzeugung wurde bereits seit 1768 von dem Hamburger Unternehmer Engelbert König beherrscht. Bereits am Ende des 18. Jahrhunderts begann der Aufstieg der schwäbischen Bierbrauerdynastie Dreher, die nach dem Erwerb der Schwechater Brauhäuser unter Anwendung neuer Braumethoden das „Lagerbier" erzeugte. Ähnlich war es im Bereich der Möbelerzeugung, wo der von Fürst Metternich aus dem Rheinland geholte Michael Thonet einen legendären Ruf erwarb.

Einen Schwerpunkt der Industrialisierung in den Habsburger Ländern bildeten die Sudetengebiete. Die Deutschen waren dort die Pioniere der industriellen Entwicklung, wohingegen der tschechische Anteil äußerst gering war. Gemäß der Bedeutung dieses neuen Industrireviers wurde die erste österreichische Eisenbahn mit Dampfbetrieb, die Kaiser-Ferdinand-Nordbahn auch von Wien über Brünn nach Oderberg geführt, wo man im Jahre 1848 den Anschluß an das preußische Eisenbahnnetz schuf. Damit gab es eine direkte Verbindung Wien – Hamburg, was allein deshalb schon von Bedeutung war, da der österreichische Exporthandel über die Nord- und Ostseehäfen zunächst noch bedeutender war als jener über die Adriahäfen.

Diese Verflechtungen der deutsch-österreichischen Länder in der Phase der frühen Industrialisierung sind zum einen wohl in der Tatsache begründet, daß die habsburgische Merkantilpolitik ein Teil der Politik der deutschen Kaiser war und somit einen Sog auf ganz Deutschland ausübte. Zum anderen boten gemeinsame Kultur, Geschichte und Sprache einfach einen natürlichen Wirtschaftsraum, der den Rahmen für gewerbliche und industrielle Neuerungen bildete.

Dies änderte sich erst grundsätzlich mit der Gründung des Deutschen Zollvereins. Erst das Versagen des vom österreichischen Staatskanzler Metternich gelenkten Deutschen Bundes vor den gesamtdeutschen Wirtschaftsproblemen verlieh dem preußischen Vorgehen hin zum Deutschen Zollverein eine höhere Berechtigung. Die politische Zielsetzung dieses Zollvereins erwuchs erst allmählich neben der wirtschaftlichen Ausdehnungstendenz, dem Streben nach der Schaffung eines großen inneren Marktes. Obwohl der Zollverein in ökonomischer Hinsicht zunächst eher gegen England Frontstellung bezog als gegen Österreich, waren seit 1834 doch „mehr als 25 Millionen Deutsche unter der Führung Preußens in einem Wirtschaftsgebiet geeinigt, das nicht mehr die jahrhundertealten Schlagbäume kannte. Der Deutsche Zollverein ist mittelbar eine sehr starke Tragfläche für Bismarcks Reichsschöpfung geworden, für die Schaffung einer staatlichen Teilgemeinschaft der Nation ohne Österreich", schrieb Heinrich von Srbik in seiner

„Deutschen Einheit"[8]). Der Deutsche Zollverein führte seine Mitgliedstaaten zu innerer und äußerer ökonomischer Kraft und bahnte die „seelische Gemeinschaft" (Srbik) eines Großteils der Nation an. Der „Apostel der nationalen Wirtschaft", der Reutlinger Friedrich List, der der große Vordenker dieses Deutschen Zollvereines gewesen war, hatte sich dieses wirtschaftliche Einigungswerk anders vorgestellt. Er hatte „stets an eine großdeutsche und weltwirtschaftliche Ausweitung des preußisch-deutschen Zollvereines gedacht, dem Österreich mit Ungarn später angehören sollte und niemals hätte er im Zollverein einen Hebel preußischer politischer Hegemonie sehen wollen."[9])

Die Wirtschaftsbeziehungen im Zweibund

Bevor Österreich im Jahre 1866 aus dem Ringen um die deutsche Einheit ausscheiden mußte, kam es noch zu einem Versuch, diese Einheit unter Einschluß der Habsburger Lande auf ökonomischer Grundlage herzustellen: In den Jahren nach der Niederschlagung der 48er Revolution unternahm der Wiener Handelsminister Karl Ludwig Bruck den Versuch, ganz Mitteleuropa durch eine umfassende Zollunion umzuformen. Zu diesem Zweck sollte die gesamte Habsburger Monarchie in den Deutschen Bund aufgenommen werden und somit alles Land zwischen Nordsee und Siebenbürgen, zwischen Rhein und Memel in eine Handels- und Zolleinheit verschmolzen werden[10]). Nach Brucks Meinung wären „alle politischen Fragen, und damit auch die Einigung Deutschlands, von ihrer ökonomischen Basis aus zu lösen."[11])

Tatsächlich gelang es Bruck im Februar 1853 einen preußisch-österreichischen Handelsvertrag auszuhandeln, der als verheißungsvoller Anfang des geplanten großen Zollbundes galt. Er war von 1854 bis 1866 in Kraft, ausdrücklich darin vereinbart, daß vor Ablauf dieser Frist über die völlige Zolleinigung verhandelt werden müsse. Als bedeutungsvollste Folge dieses Vertrages trat im Jahre 1862 das Allgemeine Deutsche Handelsgesetzbuch in Kraft, das auch in Österreich Geltung erlangte.

Die Geschichte ging indessen andere Wege, und die Schlacht von Königgrätz zeitigte auch das Ende der wirtschaftlichen Stellung Österreichs in Deutschland. Die Ideen des Schwaben Friedrich List und des Österreichers Karl Ludwig Bruck von einem geeinten mitteleuropäisch-deutschen Wirtschaftsraum wurden von der Geschichte überholt.

Obwohl Wien bereits 1868 mit dem Norddeutschen Bund einen Handelsvertrag abschloß, der später in den Vertrag mit dem neuen Deutschen Kaiserreich überging, blieb die Zoll- und Handelspolitik Bismarck-Deutschlands für Österreich ungünstig. Die hohen deutschen Getreidezölle und die Sperre bzw. Erschwerung für österreichisch-ungarische Viehexporte hemmten den Außenhandel der Doppelmonarchie. Erst unter Bismarcks Nachfolger Caprivi kam es dann auch auf wirtschaftlichem Gebiet zum Einvernehmen zwischen den Zweibundpartnern. Die österreichische Handelsbilanz gegenüber dem Deutschen Reich war zwar weitgehend aktiv, und bereits vor 1914 entfielen immerhin etwa 13 Prozent aller langfristig im Ausland angelegten deutschen Kapitalien auf die Donaumonarchie[12]). Deutschlands primäre ökonomische Interessen lagen aber auf anderem Gebiet. Die Entwicklung der Weltwirtschaft brachte es mit sich, daß es einen steigenden Anteil am Seehandel gewann und damit zum Konkurrenten Englands wurde. Die Zukunft Deutschlands liege auf dem Wasser, verkündete Kaiser Wilhelm; deutsche Kolonien und Faktoreien wurden in fernen Weltteilen angelegt, während die blühenden deutschen Siedlungen im Südosten Europas gleich wie die deutsch-österreichischen

Alpenländer vom Aufschwung der reichsdeutschen Wirtschaft weitgehend ausgeschlossen blieben.

Anschluß als wirtschaftliche Notwendigkeit?

Bereits während des Ersten Weltkrieges tritt auch im Deutschen Reich diesbezüglich ein Umschwung ein. Die Mitteleuropa-Ideen eines Friedrich Naumann, die realistischerweise davon ausgingen, daß Mitteleuropa deutsch dominiert oder überhaupt nicht sein werde, sind das beste Beispiel dafür. Gustav Stresemann schrieb bereits im Dezember 1918: „Gelingt es uns..., die Deutsch-Österreicher an uns zu fesseln, dann kommen wir über manches hinweg, was wir nach anderer Richtung hin verloren haben; dann haben wir den großen Block der 70 Millionen Deutschen inmitten Europas, an dem keiner vorbeigehen kann ..."[13])

Dem entsprach der unbedingte Anschlußwillen aller politischen Kräfte im Restösterreich der Jahre nach 1918. Zwar galt es für die Österreicher in erster Linie, „den Anschluß dort zu suchen, wohin wir nach unserer Geschichte, Sprache und Kultur gehören."[14]) Dennoch waren es aber vorrangig wirtschaftliche Gründe, die zu einer möglichst raschen Verwirklichung des Anschlusses zu zwingen schienen. Karl Renner, der sozialdemokratische Staatskanzler des Jahres 1918, verkündete, daß allein schon „die Furcht, sich allein nicht ernähren und daheim nicht Arbeit finden zu können", die Anschlußbewegung verstehen ließe[15]. Und auch die Christlichsozialen forderten im Aktionsprogramm ihres Parlamentsklubs forcierte Verhandlungen über die Verwirklichung des Anschlusses, wobei „insbesondere auf die vollkommene Sicherung der wirtschaftlichen Interessen Deutschösterreichs Bedacht zu nehmen" sei[16]).

Tatsächlich erschien Österreichs wirtschaftliche Lage nach dem Ende der Donaumonarchie ohne jede Hoffnung: Die großen Kohlenlager der Habsburger Lande waren ausnahmslos außerhalb des späteren Staatsgebietes der Republik gelegen. Die der Republik zur Verfügung stehenden Bergbaugebiete litten unter stark veralteten technischen Ausrüstungen, und die Nutzung der Wasserkräfte konnte wegen Geldmangels kaum ausgebaut werden. Die historische Zusammenarbeit mit den entwickelten Industriegebieten Deutsch-Böhmens und die Versorgung mit landwirtschaftlichen Produkten aus den Agrargebieten Ungarns brach nach 1918 größtenteils zusammen. Österreich war gezwungen, Nahrungsmittel, mineralische Brennstoffe und Rohstoffe für Industrie und Gewerbe weitgehend einzuführen, weshalb die Handelsbilanz naturgemäß schwer passiv war. Für den Warenexport nahm Deutschland bereits seit 1918 die erste Stelle ein; was den Import betraf, so kamen bis 1927 die meisten Güter noch aus der Tschechoslowakei und erst danach trat die Weimarer Republik an deren Stelle[17]). Die Behauptung, Österreich sei nicht lebensfähig, fand in den Arbeitslosenzahlen eine weitere dramatische Bestätigung: 1933 waren 480 000, im Jahre 1937 immerhin noch 398 000 Österreicher ohne ständigen Arbeitsplatz.

Um den, von den Siegermächten in den Pariser Vororte-Verträgen verbotenen Anschluß dennoch vorzubereiten, kam es neben zahlreichen anderen Maßnahmen auch zu einem gezielten wirtschaftspolitischen Vorgehen. Das deutsche Außenamt betrieb seit 1925 die Gründung von Interessengemeinschaften zwischen deutschen und österreichischen Industrien, und Gustav Stresemann forderte vom Reichswirtschaftsministerium, „die Industrien beider Länder als Schrittmacher der deutschen Politik gegenüber Österreich ... zu verwenden."[18]) Diese Politik sollte nach den Plänen der beiden Außenminister Curtius und Schober im Jahre 1931 in einer Zollunion zwischen Deutschland und Österreich auch staats- und völkerrechtlich abgesichert werden. Und obwohl auch dieses Projekt am Veto der Siegermächte scheiterte, schritt die wirtschaftliche Verflechtung zwischen beiden Staaten voran. Bereits vor der Weltwirtschaftskrise kann von einer beherrschenden Stellung der deutschen Großindustrie in Österreich gesprochen werden. So befanden sich 56 Prozent des Aktienkapitals des größten Montanunternehmens des Landes, der Österreichischen Alpine Montangesellschaft, im Besitz der deutschen Vereinigten Stahlwerke AG. Die österreichische Elektroindustrie war mit einem Gesamtanteil von 47 Prozent am Aktienkapital überhaupt eine Domäne deutscher Großkonzerne und nach 1933 verstärkte sich auch der Einfluß der deutschen chemischen Industrie sowie des deutschen Bankwesens[19]).

Nachdem im Reich der Nationalsozialismus die Macht ergriffen hatte, wurde der Anschlußgedanke naturgemäß Teil einer gesamt- und großdeutschen Konzeption, die nicht zuletzt die Schaffung eines autarken, deutsch dominierten Großwirtschaftsraumes in Mitteleuropa ins Auge gefaßt hatte[20]). Die für eine solche Großmachtpolitik Deutschlands notwendigen Rohstoffe waren zumindest teilweise in Südosteuropa vorhanden. Der Anschluß Österreichs brachte dem Dritten Reich somit in wirtschaftlicher Hinsicht doppelten Gewinn. Einerseits gewann Deutschland eine direkte Ausgangsbasis für seine wirtschaftliche Südostexpansion, andererseits hatte Österreich selbst einiges zu bieten: Neben den österreichischen Gold- und Devisenreserven waren dies vor allem Eisenerz, Magnesit, Erdöl, Holz und andere Rohstoffe sowie ein Heer von qualifizierten Arbeitskräften und freistehende Industriekapazitäten[21]).

So stellte der im März 1938 vollzogene Anschluß auch in wirtschaftspolitischer Hinsicht den vorübergehenden Abschluß einer Entwicklung dar, die seit den Mitteleuropaplänen eines Karl Ludwig Bruck die deutsche Einheit auf der Basis eines ökonomischen Großraumes im Zentrum des alten Kontinents sichern wollte. Zweifellos aber haben nach dem März 1938 allzu vordergründige deutsche Wirtschaftsinteressen, die den Anschlußwillen der Österreicher in mancherlei Hinsicht als Vehikel benützten, viele Illusionen der Alpen- und Donaudeutschen in dieser äußerst emotional besetzten Problematik zerstört. Wenn dabei auch nachträglich aus opportunistischen Gründen manches übertrieben worden ist, so steht doch fest, daß die gesamtdeutsche Gesinnung vieler Österreicher zwischen 1938 und 1945 auf Grund der Politik Berlins in den „Alpen- und Donaugauen" schweren Schaden genommen hat.

Wiederaufbau und Wirtschaftswunder

Die neue österreichische Republik war von den Siegermächten nicht zuletzt mit dem Hintergedanken einer Schwächung des deutschen Faktors in Mitteleuropa wiedererrichtet worden. Dies geht ja auch aus dem bereits zitierten Artikel 4 des Österreichischen Staatsvertrages von 1955 hervor. Diesen Absichten der Siegermächte entsprach aber auch das neue, von nun an die Zweite Republik tragenden Parteien, propagierte Selbstgefühl der „österreichischen Nation", deren Hauptcharakteristikum in der Abkehr von der deutschen Geschichte und jeglicher gesamtdeutscher Gemeinsamkeit bestehen sollte. Dem hatte — nach dem Willen ihrer Schöpfer und Verfechter — auch die wirtschaftliche Ausrichtung der Alpenrepublik zu folgen. Als man Ende der 40er Jahre beispielsweise ein Wiederaufleben des österreichischen Fremdenverkehrs zu fördern versuchte, wurde allen Ernstes davon gesprochen, daß dafür vor allem bei den Bürgern der westlichen Siegermächte geworben werden müsse. Von den „Deutschen" wollte man in diesem Zusammenhang selbstredend nichts wissen. Diese sollten gewissermaßen zuerst einmal ihr Wohlverhalten beweisen, bis man sie gnadenhalber wieder als Feriengäste ins Land lassen wollte.

ÖKONOMISCHER ANSCHLUSS?

Die Tatsachen wiesen allerdings in eine andere Richtung. Österreich lag wie die anderen deutschen Länder in Schutt und Asche. Die Städte waren durch Luftangriffe zerstört, die Industriebetriebe waren stark beschädigt oder wurden nun von den Siegern demontiert, und das Verkehrsnetz war in katastrophalem Zustand[22]). Die Erfordernisse des Wiederaufbaues waren also am Rhein und an der Donau, an der Nordsee und in den Alpen die selben. Ein großer Teil der jungen Männer des Landes war gefallen oder befand sich in Gefangenschaft. Hunderttausende von Heimatlosen und Vertriebenen mußten integriert werden und überdies hatte man Reparationsansprüche der Siegermächte zu befürchten. All dies hatten alle Deutschen nach 1945 gemeinsam durchzumachen, ob sie auf dem Staatsgebiet des wiedererrichteten Österreich oder auf dem Gebiet des ehemaligen „Altreiches" lebten. Von noch größeren Härten waren allenfalls jene Menschen betroffen, die in den sowjetisch besetzten Zonen ihr Dasein fristen mußten.

Diese zwingende Parallelität des Wiederaufbaues in Österreich und Deutschland wurde durch den Marshallplan noch gefördert. Ebenso wie die drei deutschen Westzonen bekam die Alpenrepublik bis 1955 Finanzhilfen von nahezu 1,6 Milliarden Dollar, was ihr den Anschluß an das aufkeimende westdeutsche Wirtschaftswunder erleichterte. Während allerdings in Österreich die „Schlüsselindustrie" — Berg- und Hüttenbetriebe, Erdölindustrie, Verkehrswirtschaft, Elektroindustrie und Großbanken — verstaatlicht wird, führte in Westdeutschland die im wesentlichen von Ludwig Erhard konzipierte, marktwirtschaftliche Politik zu einem ungeahnten ökonomischen Aufschwung. Mit eben dieser „verstaatlichten Industrie", deren Grundstock nach 1945 nicht zuletzt aus dem sogenannten „deutschen Eigentum" bestand, lud sich die österreichische Wirtschaft — frei nach sozialistisch östlichem Vorbild — eine Last auf, die die Alpenrepublik bis heute in zunehmende Probleme bringt.

Die wiederaufstrebende westdeutsche Privatwirtschaft hingegen konnte bald an neue Auslandsinvestitionen denken. Die erste Welle bundesdeutscher Betriebsansiedlungen nach dem Kriege fand allerdings vorläufig nur auf dem Papier statt. Firmen, die zum Teil schon vor Jahrzehnten in Österreich produziert hatten, ließen lediglich ihre Namen wieder registrieren. Erst später, als der Staatsvertrag abgeschlossen war und die Besatzungstruppen das Land verlassen hatten, zogen sie mit Maschinen und technischem „Know-how" in der Alpenrepublik ein, um sich erneut den österreichischen Markt zu erschließen. Zwar gab es dafür auch starke ökonomische Gründe: Exporte in EFTA-Länder waren leichter zu bewerkstelligen. Überdies war Österreich in den Jahren des frühen Wirtschaftswunders noch ein Land mit niedrigem Lohnniveau, relativ geringen Lohnnebenkosten und hoher sozialer Stabilität[23]). Den Ausschlag aber gaben Faktoren wie die „Zukunftsträchtigkeit des Marktes, die gleiche Muttersprache und eine ähnliche Mentalität."[24])

Damit begann jener wirtschaftliche Verflechtungsprozeß zwischen Westdeutschland und Österreich, der vor der gemeinsamen Geschichte, aber auch im internationalen Vergleich, einzigartig ist.

„Ohne die Deutschen geht es nicht"

Nach nahezu vier Jahrzehnten, in denen es für Österreichs politisches Establishment als ausgemacht galt, daß die eigenständige wirtschaftliche Lebensfähigkeit des Landes außerhalb jeglichen Zweifels stehe, brachte der Frühsommer des Jahres 1984 eine allgemeine Ernüchterung für die Wirtschaftspolitiker zwischen Bodensee und Neusiedlersee. Der überlang andauernde Streik der bundesdeutschen Metallarbeiter bewies die ökonomische Abhängigkeit der österreichischen Wirtschaft von

Westdeutschland auf so augenfällige Art und Weise, daß selbst die alpenländischen Medien nicht umhin konnten, darüber zu berichten.

Hatte man während der steten Aufwärtsentwicklung der österreichischen Wirtschaft die aus der Bundesrepublik Deutschland kommenden Impulse eher bagatellisiert, so hob man nun die von Westdeutschland ausgehenden Krisenerscheinungen entsprechend hervor. Endlich bot sich Gelegenheit, dem großen Nachbarn am Zeug zu flicken und die überstarke Abhängigkeit der österreichischen Wirtschaft von bundesdeutschen Entwicklungen zu kritisieren. Tatsächlich sind im Falle eines, die gesamte metallverarbeitende Industrie Westdeutschlands einbeziehenden Streiks, sofort und unmittelbar 20 000 österreichische Arbeitsplätze betroffen. Im konkreten Fall mußte etwa das BMW-Motorenwerk in Steyr einen Teil seiner Belegschaft auf Sonderurlaub schicken. Österreichische Sicherheitsgurte-Hersteller, der Reifenerzeuger Semperit, der Blechproduzent VOEST-Alpine, das General-Motors-Werk in Wien-Aspern und die Daimler-Benz-Geländewagenproduktion der Grazer Puch-Werke wurden ebenso unmittelbar betroffen. Sonderurlaube, Kurzarbeit, Arbeitslosenunterstützung und Sozialbeihilfe sollten den betroffenen Arbeitnehmern über die Auswirkungen des bundesdeutschen Streiks hinweghelfen. Vor vier oder fünf Jahren hat man noch kritisiert, daß Österreich zwar für 10 oder 15 Milliarden Schilling Autos aus der Bundesrepublik Deutschland bezieht, daß die Autohersteller aber kaum etwas kaufen. Von 1980 bis 1983 wurden nun die Zulieferungen an die bundesdeutsche Autoindustrie verdreifacht und dadurch die Abhängigkeit Österreichs von Westdeutschland nur auf eine noch breitere Basis gestellt.

Nach einer Erhebung der Deutschen Handelskammer sind nicht weniger als 1 700 westdeutsche Unternehmen in Österreich vertreten — sei es durch Tochtergesellschaften oder durch kapitalmäßige Beteiligung.

Westdeutsche Unternehmen haben dabei in den letzten 30 Jahren in Österreich nominal mehr als 18 Milliarden Schilling investiert. Der Großteil des westdeutschen Kapitals arbeitet dabei aber in wenigen Branchen: in der Metall- und Elektroindustrie, im Fahrzeugbau, in der chemischen Industrie und — seit etwa einem Jahrzehnt verstärkt — im Handel.

Geradezu extrem stark ist dabei auch Österreichs Außenhandelsverflechtung mit den Bundesdeutschen geworden. Fast 31 Prozent aller österreichischen Exporte gehen ins Land des deutschen Michels. Davon wieder 60 Prozent in die beiden südlichsten Bundesländer Bayern und Baden-Württemberg. Noch gravierender ist es bei den Importen. 41,5 Prozent aller nach Österreich eingeführten Waren kommen aus Westdeutschland. Auch der österreichische Schilling ist geradezu sklavisch an die D-Mark gebunden. Wird die D-Mark stärker, muß Österreich mitziehen, auch wenn unsere Exporteure dadurch noch schwerer verkaufen können. Die Zinsen werden für Österreich nicht in der Nationalbank oder in den Bankinstituten, sondern in Frankfurt fixiert.

Ebenso verhält es sich im Bereich des Medienwesens, wo immerhin 93 Prozent aller in Österreich verkauften „ausländischen" Zeitschriften aus Westdeutschland kommen. Selbst der ORF ist mit ZDF und ARD so intensiv verflochten, daß sogar der Staatsrundfunk von bundesdeutschen Einflüssen abhängig ist. Generell kann man sagen, daß ohne die Westdeutschen in Österreich kaum etwas geht: Allein in der Exportwirtschaft sind zumindest 200 000 österreichische Beschäftigte direkt von bundesdeutschen Käufern abhängig; im Fremdenverkehr sind es noch einmal 200 000; dazu kommen noch die 120 000 bis 150 000, die direkt oder indirekt in von westdeutschem Kapital abhängigen Betrieben arbeiten.

Summa summarum — und das ist eher vorsichtig geschätzt — leben mehr als eine halbe Million der 2,8 Millionen österreichischen Beschäftigten von der Zusammenarbeit mit den Bundesdeutschen. Dazu kämen dann noch jene Österreicher, die in Betrieben arbeiten, die westdeutsche Lieferungen benötigen. Hier Schätzungen anzustellen, wagt nicht einmal das Handelsministerium. Und all das bei einer Gesamtbevölkerung von 7,5 Millionen Menschen[25]).

Ein kleiner, aber wichtiger Absatzmarkt

Westdeutsche Unternehmen sind also aus der österreichischen Wirtschaft nicht mehr wegzudenken. Umgekehrt aber stellt der österreichische Markt für die bundesdeutsche Wirtschaft selbst einen nicht zu unterschätzenden Faktor dar[26]). Von den nahezu 70 Milliarden D-Mark, die die Westdeutschen während der vergangenen drei Jahrzehnte im Ausland investierten, fiel für Österreich immerhin so viel ab, daß es international gesehen den achten Rang einnimmt. Nur die traditionellen Exportpartner Bonns, Frankreich und Belgien etwa, sowie überseeische Hoffnungsmärkte westdeutscher Großkonzerne schneiden dabei noch besser ab.

Zwar ist Österreich nur der neuntgrößte Handelspartner der Bundesrepublik Deutschland, in der Relation zur Bevölkerungszahl hält es aber den zweiten Platz. Bei den Pro-Kopf-Umsätzen westdeutscher Waren übertrifft nur noch die Schweiz die Alpenrepublik. Laut Statistik verkauften die Westdeutschen im Jahre 1983 jedem Österreicher Waren im Wert von rund 21 000 Schilling, 3 000 D-Mark also. Bei den wesentlich zahlungskräftigeren Schweizern brachten sie es auf 25 000 Schilling. Darin mag der Grund liegen, daß die großen westdeutschen Unternehmen Österreich auch bei ständig steigenden Lohnkosten und horrenden Steuern nicht den Rücken kehren. Für sie bleibt die Alpenrepublik ein kleiner, aber feiner Absatzmarkt. In der Masse aber sind es vorwiegend unauffällige Mittelbetriebe, die sich während der vergangenen Jahrzehnte in Österreich ansiedelten. Gemeinsam können sie heute einen jährlichen Umsatz von 140 Milliarden Schilling, 20 Milliarden D-Mark also, erwirtschaften, womit sie mehr als die gesamte österreichische Großindustrie schaffen und in Summe eine beachtliche Marktmacht darstellen.

Im Gegensatz zu jenen westdeutschen Großkonzernen, die in Österreich Tochtergesellschaften unterhalten, hält sich aber die Chance dieser Mittelbetriebe, Einfluß auf die Wirtschaftspolitik der Wiener Regierung zu nehmen, in Grenzen. Und selbst bundesdeutsche Großunternehmen ziehen bei den Auftragsvergaben für Großprojekte gegenüber der österreichischen verstaatlichten Industrie häufig den kürzeren, da man es in der Alpenrepublik mit marktwirtschaftlichen Usancen häufig nicht allzu genau nimmt.

In Moskau allerdings beobachtet man den hohen Marktanteil westdeutscher Firmen in Österreich mit größtem Unbehagen. Unter dem Titel „Handel zwischen Österreich und Bundesrepublik eine Einbahnstraße" wies das KP-Organ „Prawda" im Sommer in einem Bericht seines Wiener Korrespondenten auf das wachsende Handelsbilanzdefizit und die zunehmende wirtschaftliche Abhängigkeit Österreichs von Westdeutschland hin. Kritik übte die „Prawda" aber vor allem an der großzügigen Förderung bundesdeutscher Unternehmen aus Steuermitteln, was angeblich der Entwicklung der österreichischen Industrie schade. Mit Bestürzung stellte das Moskauer Parteiorgan fest, daß im Jahre 1982 aus der Bundesrepublik Waren im Werte von 134,9 Milliarden Schilling nach Österreich eingeführt worden seien, wohingegen Wien lediglich Güter um 78,3 Milliarden nach Westdeutschland exportiert habe[27]).

Norbert Steger, österreichischer Handelsminister, kommentierte diese, von den Sowjets als so außerordentlich gefährlich empfundene Entwicklung, ebenso kühl wie treffend: „Vieles deutet darauf hin, daß die ausgezeichneten Wirtschaftsbeziehungen zwischen unseren beiden Staaten nicht zuletzt wegen der teilweise komplementären Wirtschaftsstruktur eine weitere Vertiefung erfahren werden."[28])

Wien – Ostberlin, eine neue Achse?

Jenseits aller gleichartigen Wirtschaftsstrukturen, jenseits aller Ähnlichkeiten der sozialen und politischen Verhältnisse, bahnt sich aber derzeit eine neue Art von deutsch-österreichischen Wirtschaftsbeziehungen an und zwar zwischen Österreich und der Deutschen Demokratischen Republik. Tatsächlich hat sich zwischen der Alpenrepublik und der DDR in den letzten Jahren eine Art von „Freundschaftsverhältnis" entwickelt, das ausschließlich durch Kultur- und Wirtschaftsbeziehungen bestimmt ist. Die fast zur täglichen Selbstverständlichkeit gewordenen Darbietungen österreichischer Kultur ermöglichen den DDR-Bürgern — und nicht nur denen der Hauptstadt — den unkomplizierten Zugang zu den Ausdrucksformen einer westlichen Gesellschaft, der ihnen sonst verschlossen bliebe. Daneben sind es die Handelsbeziehungen, die sich seit 1980 beinahe verdreifacht haben. Der Großauftrag für die österreichische verstaatlichte Industrie zum Bau eines Konverterstahlwerkes für Eisenhüttenstadt war da nur ein Anfang.

In den nächsten Jahren sollen österreichische Wirtschaftsunternehmen für elf Milliarden Schilling (fast 1,6 Milliarden DM) Industrieanlagen und Ausrüstungen in die DDR liefern und damit den in den Wirtschaftsbeziehungen zwischen der DDR und Österreich erreichten Stand konsolidieren.

Die neuen Lieferungen der österreichischen Industrie an die DDR sind in einem Zusatzprotokoll zu einem langfristigen Rahmenabkommen über die wirtschaftliche Zusammenarbeit beider Staaten enthalten, das anläßlich des DDR-Besuchs des österreichischen Bundeskanzlers Fred Sinowatz (5. und 6. November 1984) in Ost-Berlin unterzeichnet wurde.

Der Aufschwung in den Wirtschaftsbeziehungen zwischen der DDR und Österreich war 1978 beim ersten DDR-Besuch eines österreichischen Bundeskanzlers — damals Bruno Kreisky — angebahnt worden. Damals hatten Honecker und Kreisky abgesprochen, den Warenaustausch „zügig und kontinuierlich im Interesse beider Seiten zu steigern".

Dieses vereinbarte Konzept ist im Laufe der nachfolgenden Jahre weitgehend verwirklicht worden. 1978 lag der Außenhandelsumsatz zwischen der DDR und Österreich bei rund 820 Millionen Valuta-Mark (zum Vergleich: der Warenaustausch der DDR mit Frankreich betrug damals 1,3 Milliarden, der mit Großbritannien 1,4 Milliarden Valuta-Mark). 1980 hatte sich der Außenhandelsumsatz der DDR mit Österreich bereits auf 1,9 Milliarden erhöht, stieg 1981 auf 2,5 Milliarden und war 1982 bei 3,0 Milliarden Valuta-Mark angelangt.

Im vergangenen Jahr erreichte der Warenaustausch zwischen beiden Staaten mit knapp 4,7 Milliarden Valuta-Mark seinen bisherigen Höchststand. Damit war in der DDR-Außenhandelsstatistik — in der von der DDR auch der innerdeutsche Handel ausgewiesen ist — Österreich auf den siebenten Platz (1980: Platz 12) vorgerückt. Vor Österreich rangierten in dieser Statistik — außer dem innerdeutschen Handel mit 10,2 Milliarden Valuta-Mark — nur noch Staaten aus dem RGW-Bereich, angeführt von der Sowjetunion (60,8 Milliarden), gefolgt von der CSSR (11,8), Ungarn (8,2), Polen (7,9).

Damit hatte der DDR-Handelspartner Österreich alle sonstigen westlichen Industriestaaten im Warenaustausch mit der DDR überrundet.

Der Umsatz-Aufschwung des vergangenen Jahres im Handel zwischen der DDR und Österreich basierte weitgehend auf dem vom österreichischen Staatsunternehmen VOEST-Alpine AG errichteten Konverter-Stahlwerk (im Wert von 1,7 Milliarden DM) in Eisenhüttenstadt, das jährlich 2,2 Millionen Tonnen Rohstahl produzieren soll[29]).

Die stille Wirtschaftsgemeinschaft der Deutschen

Um die Mitte der 70er Jahre untersuchte eine Arbeitsgruppe von Professoren die These von der historisch-politischen Kontinuität der deutschen Nation. Der Leitbegriff der Nation wurde dabei als eine „besonders verdichtete Kommunikations- und Handlungsstruktur" begriffen. Als bemerkenswertes Ergebnis dieser Untersuchung wurde ein Katalog von Merkmalen ausgewiesen, die das Fortbestehen der geschichtlich gewachsenen Nation gegen vielerlei Zweifel dokumentieren. Es sind dies „die gemeinsame Abstammung, die verwandtschaftlichen Beziehungen, das Bewußtsein von der Einheitlichkeit der Kultur und die relative, doch faktische Gleichheit der ökonomisch-sozialen Lebensverhältnisse."[30]) Die Tatsache der engen wirtschafts- und handelspolitischen Verflechtungen wurde dabei interessanterweise nicht erwähnt.

Geht man diese Kriterien für ein Fortbestehen der alten Nation aber der Reihe nach durch, so erweist sich bald, daß sie — abgesehen von der gemeinsamen Abstammung, die letztlich sowohl für die Bürger der Bundesrepublik und der DDR, als auch für jene Österreichs außer Zweifel steht — zumeist auch handfeste wirtschaftliche Hintergründe haben.

Was etwa die verwandtschaftlichen Beziehungen betrifft, so ist ihre gegenwärtige Intensität zwischen West- und Mitteldeutschland zwar vorwiegend durch die politische Situation der Teilung und der Unfreiheit im Osten bedingt. Jeder Deutsche, der in den vergangenen Jahrzehnten „mit den Füßen abgestimmt" hat und in den Westen gegangen ist, vergrößerte die Zahl jener Bundesbürger, die in der DDR Verwandte haben. Was das diesbezügliche Verhältnis zwischen Westdeutschland und Österreich betrifft, so sind es bereits ausgesprochen wirtschaftliche Gründe, die diese grenzüberschreitenden Verwandtschaftsverhältnisse begründen. Etwa 41 000 Bundesdeutsche leben derzeit in Österreich[31]), wobei jene, die etwa wegen Eheschließungen österreichische Staatsbürger wurden, nicht mitgezählt sind. Der Grund für ihre häufig auf Dauer angelegte Ansiedlung in der Alpenrepublik liegt zumeist in der Tätigkeit für eine der westdeutschen Firmen. Von jenen nahezu 110 000 Österreichern[32]), die ihren Dauerwohnsitz gegenwärtig in der Bundesrepublik haben, kann man nahezu ausschließlich behaupten, daß sie aus wirtschaftlichen Gründen ins Nachbarland gingen. Die beruflichen Entfaltungsmöglichkeiten, gerade für qualifizierte Berufe wie Techniker etc., waren und sind in Westdeutschland eben ganz andere wie in der Alpenrepublik. Wenn man von diesen 110 000 in der Bundesrepublik lebenden Österreichern annimmt, daß jeder mehrere enge Verwandte in der Heimat hat, so hieße das, daß etwa eine Million Österreicher — bei 7,5 Millionen Einwohnern eine außerordentlich hohe Zahl — enge Verwandte in Westdeutschland haben. Bedenkt man außerdem die ständigen Kontakte durch den Fremdenverkehr, der ja in Österreich zu mehr als 70 Prozent von Bundesbürgern bestritten wird, wie aber auch in allen drei deutschen Republiken integrierten Volksdeutschen, so muß man feststellen, daß es in der deutschen Geschichte wohl noch nie eine derartige Verdichtung in den gesamtnationalen Verwandtschaftsbeziehungen gegeben hat, wie in der Zeit seit 1945.

Neben den politischen Ursachen wie Vertreibung und dem Abwanderungsdruck durch das mitteldeutsche SED-Regime, ist es die neue berufliche Mobilität der Menschen, die durch Wirtschaftsverflechtung und unkomplizierte Verkehrsmöglichkeiten innerdeutsche Wanderungen verursachte. Der weichende steirische und oberösterreichische Bauernsohn ging früher in die nächste Bezirksstadt, um ein Handwerk zu lernen. Heute arbeitet er in Stuttgart, Köln oder München und nur allzu häufig ist er dort Nachbar von Spätaussiedlern, etwa aus Rumänien, oder mecklenburgischen DDR-Flüchtlingen.

Der Bezugsrahmen für eine solche, häufig wirtschaftlich bedingte Mobilität ist aber die Nation. Allein die gemeinsame Kultur, vor allem die gemeinsame Sprache, schafft für diese Menschen aus Österreich, Mitteldeutschland oder den ostmitteleuropäischen volksdeutschen Siedlungen die Möglichkeiten, sich menschlich wie beruflich ohne größere Schwierigkeiten zu integrieren. Damit ist man beim Kriterium „von der Einheitlichkeit der Kultur" angelangt. Diese wird, gerade im Bereich ihrer materiellen Erscheinungsformen, nicht zuletzt von den ökonomischen Gegebenheiten geprägt. Und in den Bereichen jener Trivialkultur, wie sie etwa von den elektronischen Medien verbreitet wird, sind es vollends wirtschaftliche Motive, die über die jeweiligen Staatsgrenzen hinaus auf den gesamten Sprachraum verweisen[33]). Die meisten populären Unterhaltungssendungen werden von bundesdeutschen und österreichischen (häufig auch noch schweizerischen!) Fernsehanstalten gemeinsam produziert und ausgestrahlt. Die österreichische Fernsehanstalt ORF wäre allein gar nicht in der Lage, genügend attraktive Eigenproduktionen zu gestalten. Überdies wird wie in der DDR auch in Österreich zunehmend von der Möglichkeit Gebrauch gemacht, bundesdeutsche Fernsehprogramme zu empfangen. Kabel- und Satellitenfernsehen schaffen dafür immer weiterreichende Möglichkeiten. Vorwiegend ökonomisch orientierte Vorhaben dieser Art bewirken – wenn auch auf einem eher niedrigen kulturellen Niveau – doch eine stark vereinheitlichte Sozialisation aller Deutschen im Informations- und Unterhaltungsbereich, die jedenfalls eine mentalitätsmäßige Auseinanderentwicklung verhindert.

Was schließlich das Kriterium der „ökonomisch sozialen Lebensverhältnisse" betrifft, die in ihrer Ähnlichkeit ein Fortbestehen der deutschen Nation beweisen, so ist es gerade dabei die enge wirtschaftliche Verflechtung, die eine diesbezügliche Angleichung schafft. Besagte Lebensverhältnisse sind einander heute – würde man sie etwa am Beispiel eines Tiroler Bergbauern, eines Hamburger Werftarbeiters, eines steirischen Stahlwerkers und eines Leverkuseners Chemielaboranten analysieren – in weit höherem Maße ähnlich, als jemals zuvor. Eine Ausnahme bildet hierbei allenfalls der „erste deutsche Arbeiter- und Bauernstaat", wo das kommunistische Mißwirtschaftsgefüge eine Erreichung des westdeutschen, bzw. österreichischen Lebensstils verhindert.

Die Nation der Deutschen existiert also nach wie vor und nicht zuletzt sind es die durch wirtschaftliche Erfordernisse und Gegebenheiten geradezu erzwungenen Gemeinsamkeiten, die ihr eine gewisse Form von Einheitlichkeit geben. Und jenes „Dreiecksverhältnis", das der Kieler Historiker K. D. Erdmann im Hinblick auf die Beziehungen zwischen Bonn, Ost-Berlin und Wien in kultureller, gesellschaftlicher und politischer Hinsicht durch ein Bündel von scharfen Gegensätzlichkeiten, aber auch unleugbaren Gemeinsamkeiten geprägt sieht, ist vorwiegend auch von wirtschaftlichen Komponenten bestimmt. Kann es Zufall sein, daß Österreichs beherrschender ökonomischer Bezugspunkt die Bundesrepublik Deutschland, sein zweitgrößter Handelspartner im Ostblock aber bereits die DDR ist? Ist es Zufall, daß eben dieselbe DDR ihre relative wirtschaftliche Prosperität nahezu ausschließlich der westdeutschen Hilfe verdankt und daß der zweitwichtigste westliche Handelspartner des SED-Staates bereits die Alpenrepublik ist? Eine derartige Häufung von Zufällen gibt es in Politik und Geschichte nicht. Hier kommen Gesetzmäßigkeiten eigener Art zum Tragen, die ihre Ausgangspunkte in gemeinsamer geographischer Lage, ethnischer Gleichartigkeit, historischer und kultureller Übereinstimmung haben. Die Nation bietet und erzwingt offenbar auch über gegensätzliche politische Systeme, andersorientierte Wirtschaftsgemeinschaften und Staatsgrenzen hinweg einen ökonomischen Bezugsrahmen, der den in ihm ablaufenden Wirtschaftsbeziehungen hohe Eigendynamik verleiht. Bedenkt man nun noch einmal jenen bereits zitierten Ausspruch des österreichischen Handelsministers Karl Ludwig Bruck aus dem Jahre 1849 — „alle politischen Fragen und damit auch die Einigung Deutschlands, sind von ihrer ökonomischen Basis aus zu lösen" — so kann einem um die Zukunft der Nation neue Hoffnung werden.

Anmerkungen:

[1] H. Oncken, Die Wiedergeburt der großdeutschen Idee. In: Österreichische Rundschau 3/1921.
[2] Artikel 4 des am 15. Mai 1955 im Wiener Schloß Belvedere unterzeichneten Staatsvertrages, dessen Signatarmächte die vier Sieger sind.
[3] Prawda vom 27. August 1984.
[4] Die Presse, Wien 5. November 1980.
[5] Handelsblatt vom 7. November 1984.
[6] Vgl. dazu: E. Zöllner, Geschichte Österreichs, Wien 1974, S. 364.
[7] Vgl. dazu: H. Srbik, Deutsche Einheit, München 1935, Bd. I, S. 275ff.
[8] Ebenda, S. 279.
[9] Ebenda, S. 282/283.
[10] Heinrich von Friedjung, Mitteleuropäische Zollunionspläne 1849–1853, In: Historische Aufsätze, Stuttgart 1919, S. 64ff.
[11] Ebenda, S. 67.
[12] F. Weber und K. Haas, Deutsches Kapital in Österreich. Zur Frage der deutschen Direktinvestitionen in der Zeit vom Ende des Ersten Weltkrieges bis zur Weltwirtschaftskrise. In: Jahrbuch für Zeitgeschichte, Wien 1919, S. 172.
[13] G. Stresemann, Reden und Schriften 1, Dresden 1926, S. 237.
[14] Arbeiter-Zeitung vom 12. 11. 1918.
[15] Zitiert nach: K. Stadler, Hypothek auf die Zukunft, Wien 1968, S. 77.
[16] Reichspost vom 6. 3. 1919.
[17] Vgl. dazu: E. Zöllner, Geschichte Osterreichs, S. 564.
[18] R. Frommelt, Paneuropa oder Mitteleuropa. Einigungsbestrebungen im Kalkül deutscher Wirtschaft und Politik 1925–1933, Stuttgart 1977, S. 33.
[19] Vgl. dazu: N. Schausberger, Anschlußideologie und Wirtschaftsinteressen 1918–1938. In: Österreich und die deutsche Frage im 19. und 20. Jahrhundert. Hrsgg. von H. Lutz und H. Rumpler, Wien 1982, S. 282–299.
[20] Vgl. dazu: D. P. Calleo, Legende und Wirklichkeit der deutschen Gefahr, Bonn 1980, S. 151ff.
[21] Vgl. dazu: N. Schausberger, Der Griff nach Österreich. Der Anschluß, Wien 1978, S. 451ff.
[22] N. Gugerbauer, Wie deutsch ist Österreich? In: Das Volk ohne Staat. Hrsgg. von H. Grosser, Neustadt a.d. Saale 1981, S. 61.
[23] Zweifellos bedürfte es eigener und tiefgehender Untersuchungen, wie weit der relative soziale Friede zwischen Arbeitnehmern und Arbeitgebern, der sowohl in Westdeutschland als auch in Österreich ein maßgeblicher Grund für den wirtschaftlichen Wiederaufstieg nach 1945 war, eine mehr oder weniger direkte Folge der im Dritten Reich propagierten Idee der „Volksgemeinschaft" ist. Das Streben nach sozialem Ausgleich und die vergleichsweise geringe Neigung zu Arbeitskämpfen in diesen beiden deutschen Nachkriegsrepubliken legen diesen Gedanken jedenfalls nahe.
[24] So der Quelle-Vorstandsdirektor Werner Aldehoff im österreichischen Wirtschaftsmagazin „trend" vom 8. August 1984.
[25] Vgl. dazu: A. Mölzer, Ist Österreich lebensfähig? In: Die AULA 7, 8/84, S. 5ff.
[?] „Ohne die Deutschen geht also nichts in Österreich." In: Münchner Merkur, 30./31. Mai 1984, S. 2.
[26] Vgl. dazu: H. Vana-Tomaschik und M. Schano, Die stillen Teilhaber. In: trend, 8. August 1984, S. 110ff.
[27] Prawda vom 27. August 1984.
[28] Handelsblatt vom 7. November 1984.
[29] Vgl. dazu: Die AULA 1/85, S. 11.

[30]) Zitiert nach: P. Brand und H. Ammon, Die Linke und die nationale Frage, Reinbeck 1981, S. 21.
[31]) Zitiert nach: trend vom 8. August 1984.
[32]) So die jüngste Angabe des Wiener Statistischen Zentralamtes.
[33]) Vgl. dazu: N. Gugerbauer, Wie deutsch ist Österreich? S. 67ff.

AN DEN GRENZEN

ANDREAS MÖLZER

Die Deutschen im Osten

„Wären die Vertriebenen aus dem deutschen Osten nicht durch Jahrhunderte der Schutz des Reiches und der Schutz des Abendlandes gewesen, hätten sie als Menschen der Ordnung und als Pioniere nicht jenen großen Damm, hinter dem sich Europa entwickeln konnte, gehalten, es bestünde dieses Europa heute nicht, gleichviel, ob ihm Mongolen, Türken oder Russen den Garaus gemacht hätten." Diese Worte schrieb der deutschösterreichische Dichter Bruno Brehm im Jahre 1950. Er umriß damit in einem Satz Schicksal und Aufgabe des Deutschtums im Osten, das nach Jahrhunderten des Aufbaues und der Kulturvermittlung in der irrsinnigen Apokalypse des Jahres 1945 zum großen Teil sein Ende gefunden hatte.

Tatsächlich stehen die geistigen Nachkommen des Kublai-Khan heute mitten in Europa, an der Elbe, und die Völker Mittel- und Osteuropas stöhnen unter der Knute der Kommunisten im Kreml. Nicht nur Deutschland ist geteilt, sondern Europa, das Abendland ist geteilt. Nicht nur geteilt, sondern auch besetzt — im Osten militärisch, im Westen geistig und kulturell. Und jene Völker, die vor vier Jahrzehnten darangingen, die deutschen Volksgruppen aus ihren Ländern zu vertreiben, auszutilgen, zu massakrieren, bekommen heute die Rechnung präsentiert: An Stelle der deutschen Bauern und Kaufleute, der Lehrer oder Pastoren, an Stelle der Städtebauer und Viehzüchter, der Handwerker und Ackerbauexperten, haben sie nun sowjetische Truppen, Kommissare und KGB-Residenten im Land. Die Vertreibung jener, die diesem Volke abendländisch-christliche Kultur vermittelt haben, hat sich überdies in einem weitgehenden Kulturverlust ganz Mittelost- und Osteuropas ausgewirkt, da vom großen slawisch-sowjetischen Bruder kaum geistige, allenfalls militärische und bürokratische Impulse ausgehen. Und doch ist das Leid der unter der Botmäßigkeit Moskaus stehenden Völker — ob nun selbst verschuldet oder nicht — kein ausschließlich tschechisches, polnisches, kein slowakisches und kein serbisches Leid. Es ist das Leid Europas, des ganzen Abendlandes und es ist somit auch das Leid der Deutschen. Enden wird dieses Leid der geknechteten Völker Osteuropas erst, wenn die Spaltung Europas, die Zerstückelung des Deutschen Reiches überwunden ist und das Abendland in seiner ganzen historischen und geistig-kulturellen Dimension wiedersteht und mit ihm die Freiheit seiner Völker.

Nachdem die Geschichte dieser Nationen, ihre kulturelle Selbstfindung, untrennbar mit der kolonisatorischen und vermittelnden Tätigkeit des Deutschtums im Osten verbunden ist, darf angenommen werden, daß ihre Wiedereinbeziehung in ein sich selbst findendes, sich selbst rekonstruierendes Europa, nicht ohne Zutun der Deutschen vonstatten gehen wird. Bevölkerungszahl, geographische Lage, wirtschaftliche und politische Potenz der Deutschen bedingen einfach, daß West- und Südslawen, Magyaren und Rumänien auf Zusammenarbeit mit der größten mitteleuropäischen Nation angewiesen sind. Über alle antideutschen Vorurteile der Vergangenheit hinweg beginnt diese Erkenntnis sich bereits heute ihre Bahn zu brechen. Natürlich nicht in der offiziellen kommunistischen Propaganda der betreffenden Länder, wohl aber in den Aussagen einzelner Nonkonformisten, die zwar meist im Gegensatz zum jeweiligen Regime stehen, vielleicht aber gerade deswegen die Meinung der Intelligenz ihrer Völker verkörpern.

Der serbische Dissident Milovan Djilas etwa — einst Partisan, Kampfgefährte und Berater Titos, heute der schärfste Kritiker des jugoslawischen Kommunismus bezeichnete erst unlängst die Habsburger Monarchie als „ein Reich des guten und gerechten Gesetzes", das die Völker des Ostens und Südostens heute als „rückwärts gewandte Utopie" dringend brauchen. Was Djilas nicht ausspricht, ist die Tatsache, daß die Donaumonarchie der südöstliche Pfeiler des deutschen Volkes war, und in diesem Raum die deutsche Aufgabe der Kolonisierung und Kulturvermittlung getragen hatte.

Ähnliche Stimmen gibt es sogar aus Polen. Regimekritiker wie Jan Jósef Lipski und Witold Wirpsza plädieren für eine deutsch-polnische Aussöhnung, wobei allerdings der zweite eine Revision der Oder-Neiße-Grenze als für Polen unannehmbar betrachtet. Lipski jedoch verurteilt in einem 1979 verfaßten Essay in leidenschaftlicher Weise die Germanophobie der Polen und zeigt als Leitbild gemeinsamen deutsch-polnischen Schicksals die Schlacht bei Liegnitz von 1241 auf, wo polnische Ritter an der Seite des schlesischen deutschen Adels den Ansturm der Tataren zum Stehen brachten.

Überhaupt ist es der Druck aus dem Osten, aus den Wüsten und Steppen Asiens, von den Hunnen Attilas über die Awaren, Magyaren, Tataren, Türken bis zur Roten Armee im Jahre 1945, der die Völker Ostmittel- und Osteuropas schicksalhaft an die deutsche Mitte Europas bindet. Die kleinen Nationen, wie die der baltischen Letten, Litauer und Esten, die Tschechen, Slowaken und Rumänen, die Südslawischen der Serben, Kroaten, Slowenen, Montenegrinen und Bulgaren konnten diesem Druck mit eigener Kraft niemals widerstehen — aber auch größere Nationen, wie Polen und Ungarn, waren und sind zu schwach dazu.

So sind die Deutschen nicht nur dazu berufen, diesen Völkern seit mehr als tausend Jahren immer wieder die geistigen Entwicklungen des Abendlandes zu vermitteln, ihre Hilfe ist auch unabdingbare Voraussetzung für das Bestehen dieser Völker, für die Bewahrung ihrer Kultur als europäische Kultur. Andernfalls wäre Europa jenseits der Elbe bereits im Ende des Hochmittelalters auf Jahrhunderte hinaus in die Knechtschaft der Mongolen, wäre es mit dem Beginn der Neuzeit unter den islamischen Halbmond der Türken gezwungen worden.

Deutschland als ganzes, und besonders das Ostdeutschtum als Kulturkorsett für die osteuropäischen Völker, dürfen somit ganz wesentlich das Verdienst für sich in Anspruch nehmen, diesen Raum und seine Menschen für die Kultur, die Religion und das Recht des Abendlandes gewonnen und durch Jahrhunderte bewahrt zu haben. Damit ist es aber auch legitim, das historische Schicksal und die gegenwärtige Lage der Deutschen im Osten als beispielhaft für Schicksal und Lage Osteuropas überhaupt zu betrachten.

Die Ostsiedlung bis zum Ende des Mittelalters

Die frühe deutsche Ostsiedlung ging im wesentlichen Hand in Hand mit der Christianisierung des Landes und vollzog sich als erneutes Eindringen der in ihrem Kern westgermanischen deutschen Stämme in Gebiete, die bis zum Ende der Völkerwanderung großenteils von Ostgermanen besiedelt waren. Obwohl sie dabei zumeist auf slawische Völkerschaften stießen, darf man doch annehmen, daß es in den Gebieten zwischen Ostsee und Donau — wenn auch unter slawischer Herrschaft und vielleicht sogar oberflächlich slawisiert — beachtliche Reste dieser Ostgermanen, Goten, Vandalen, Langobarden und Gepiden gab.

Für den Bereich Schlesiens hat man nachgewiesen, daß auch nach dem Abzug der Vandalen um das Jahr 400 noch Reste der Silinger und Hasdinger ansässig blieben. Dies dürfte die ethnische und kulturelle Durchdringung des Landes wesentlich erleichtert haben, soweit es sich, wie zum Beispiel in Pannonien, nicht ohnedies um äußerst dünn besiedelte oder entvölkerte Gebiete handelte. Obwohl diese frühe Landnahme manchmal mit kriegerischen Unternehmungen verbunden war — man denke an die Slawenkriege Karls des Großen, der die Wilzen, Sorben und Tschechen unterwarf — vollzog sie sich größtenteils friedlich mittels bäuerlicher Siedlung. In Einzelfällen waren es sogar die Slawen selbst, die die Deutschen zu Hilfe riefen, wie etwa die karantanischen Alpenslawen, die den bairischen Agilolfingerherzog Odilo um Schutz gegen die Awaren baten und dadurch die friedliche bajuwarische Besiedlung ihres Landes ermöglichten.

Die erste schwerwiegende Unterbrechung dieser Ostbewegung der Deutschen, die Sachsen, Franken und Thüringer nördlich von Böhmen, die Baiern südlich Böhmens, weit hatte vordringen lassen, brachte das Eindringen der sieben Magyarenstämme unter der Führung Arpads. Durch fünf Jahrzehnte, von 899 bis 955, ließen ihre Reiterhorden das ganze Abendland erzittern. Von Neapel bis Toulouse, von Sachsen bis Kärnten erbebte der Boden unter den Hufen ihrer Pferde. In der Schlacht von Preßburg schlugen sie den bairischen Heerbann derart vernichtend, daß der Chronist vom „Ende des bairischen Stammes" sprach. Dadurch war an ein weiteres Vordringen deutscher Siedler nach Osten nicht mehr zu denken. Kurzfristig gingen nach dem großen Slawenaufstand im Jahre 983 sogar die ostelbischen Gebiete wieder verloren.

Der Sieg Otto des Großen auf dem Lechfeld bannte zwar die Magyarengefahr. Mit ihrer Seßhaftwerdung in der pannonoschen Tiefebene war aber der Beginn einer starken Staatlichkeit gesetzt, die sowohl das Siedlungsgebiet der Slawen in einen nördlichen und einen südlichen Bereich teilte, als auch die spätere deutsche Ostsiedlung in zwei getrennte Stoßrichtungen zwang. In der Folge formten sich neben Ungarn noch zwei Nationen heraus, die bis heute im guten wie im schlechten mit den Deutschen verbunden bleiben sollten.

In Polen richtete das Haus der Piasten ein slawisches Königtum auf, das immer wieder die Lehenshoheit des Reiches anerkennen mußte. Die Unterwerfung der meisten kleineren Stämme sicherte Polen die Vormachtstellung unter den Westslawen und der Einfluß deutscher Rechtslehrer und deutscher Geistlicher förderte die Herausbildung einer Nation mit politischem Selbstbewußtsein. Dennoch bleibt jenes Schwanken zwischen nationalem Höhenflug und chaotischer Selbstzerfleischung zwischen Hinwendung zum Reich und verräterischer Rebellion die Konstante der polnischen Geschichte bis heute. Kontinuität bewies seit der Errichtung des Erzbistums Gnesen im Jahre 1000 allein die enge Verbundenheit mit der katholischen Kirche.

Noch stärker mit der Geschichte des Reiches ist jene der Tschechen verbunden. Nachdem das Geschlecht der Przemysliden Böhmen unter seine Herrschaft gezwungen hatte, wurde es bereits im 10. Jahrhundert dem Reich angegliedert. Zwar verblieb die slawische Dynastie an der Herrschaft — Wratislaw wurde von Heinrich IV. im Jahre 1086 sogar zum König erhoben — aber die Einwanderung deutscher Kaufleute und Bauern ließ bald deutsche Städte und ein deutsches Bürgertum entstehen. Allein Ottokar Przemysl gründete in seinem Machtbereich über 60 deutsche Städte. So waren um die Jahrtausendwende an der Ostgrenze des Reiches drei Nationen entstanden, die einerseits durch die Vermittlung der Deutschen zum christlichen Glauben bekehrt und der abendländischen Kultur gewonnen wurden, die andererseits aber in ihrem dynastischen und staatlichen Machtansprüchen die deutsche Ostbewegung zu hindern oder für ihre jeweiligen Zwecke zu benützen versuchten.

Von Otto dem Großen bis zum Ende des Hauses Hohenstaufen stand die kaiserliche Politik unter dem Zeichen „Italien". Die Auseinandersetzung mit den Päpsten, die zahllosen Romzüge banden die Kraft des Reiches. Bezeichnenderweise war es daher ein eher schwacher Herrscher, der der deutschen Ostsiedlung neue Impulse gab. Kaiser Lothar (von Supplinburg), veranlaßt in erster Linie wohl durch missionarischen Drang, machte zu Beginn des 12. Jahrhunderts die Territorialherren zu Trägern der Ostpolitik. Die Schauenburger in der Grafschaft Holstein, die Wettinger in der Marke Meißen und in der Mark Lausitz und die Askanier in der Mark Brandenburg und der Nordmark wurden zu bedeutenden Organisatoren der Ostsiedlung. Besonders aber war es Heinrich der Löwe, der sich durch die Unterwerfung der Abodriten und den Erwerb der Lehenshoheit über Pommern Verdienste erwarb.

Am weitesten nach Osten kamen in der Frühzeit dieser Siedlungsbewegung die Siebenbürger Sachsen. Ihrer Herkunft nach Rheinfranken wurden sie um 1550 von den ungarischen Königen nach Transsylvanien gerufen, um das Land urbar zu machen.

Hunderte Kilometer entfernt von der Grenze des geschlossenen Siedlungsgebietes schufen sie um Hermannstadt, Kronstadt und Schäßburg eine blühende Kulturlandschaft, besiedelt von deutschen Bauern und Bürgern. Und bereits im Jahre 1224 erhielten sie vom ungarischen König Andreas II. ein Privilegium gewährt, das ihnen die Selbstregierung sicherte.

Waren es im Südosten Europas, im Karpatenbogen, die Siebenbürger Sachsen, die die Vorhut des christlichen Abendlandes bildeten, so waren es an der Nordostflanke des Kontinents der Schwertbrüderorden und der deutsche Ritterorden, die mit dem Christentum deutsches Recht und Kultur, deutsche Bauern, Händler und Handwerker ins Land brachten. Der Bremer Domherr Albert von Appeldern sammelte ein Kreuzheer, eroberte Livland, Estland und Kurland und gründete im Jahre 1201 Riga. Der von ihm gestiftete Schwertbrüderorden vereinigte sich um 1237 mit dem deutschen Ritterorden, der unter seinem Hochmeister, Hermann von Salza, von Kaiser Friedrich II. im Jahre 1226 in der Goldenen Bulle von Rimini das Land Preußen als Ordensland zugesprochen erhalten hatte. 1283 war die Landnahme in Preußen abgeschlossen, und die planvolle Siedlungstätigkeit des Ordens begann, wobei allein mehr als 1400 deutsche Dörfer gegründet wurden. Nicht umsonst wurde der Ordensstaat, der das Eindringen des Deutschtums in das Baltikum ermöglichte, „Germania Nova" genannt.

Eine friedliche Landnahme

Die Ursachen für die deutsche Ostsiedlung liegen vordergründig gesehen in religiös-missionarischen Bestrebungen und natürlich auch in den machtpolitischen Ambitionen deutscher Fürsten, die ihre Territorien ausdehnen wollten. Grundlegende Bedingung dafür war aber jener Bevölkerungsüberschuß, der einfach eines Ventiles nach außen bedurfte. Die im 9. Jahrhundert noch bedeutend geringere Volkszahl im ostfränkischen Reichsteil wuchs im 12. Jahrhundert so an, daß in Frankreich und Deutschland ein etwa gleicher Bevölkerungszustand erreicht wurde. Voraussetzung dafür war eine Intensivierung der Landwirtschaft, die durch ein reicheres Nahrungsmittelangebot eine Geburtensteigerung nach sich zog. Dies ermöglichte die Einführung des Systems der Dreifelderwirtschaft und eine Verbesserung der landwirtschaftlichen Technik, wobei Geräte wie Pflüge, Eggen, Sensen und Dreschflegel weiterentwickelt wurden.

So traten an Stelle der alten Kleindörfer größere Haufendörfer und die Zahl und Größe der Städte nahm zu. Der damit in den alten Reichslanden entstehende Bevölkerungsüberschuß wurde von den deutschen Territorialherren und dem Klerus, aber auch von slawischen und ungarischen Fürsten nach Osten gerufen.

Die Ansiedlung erfolgte einesteils in einheitlich geplanten Großdörfern, wobei zumeist alle Siedler gleichen Besitz zugeteilt erhielten. Organisiert wurde dies durch einen „Lokator", einen Unternehmer also, der für seine Bemühungen im Regelfalle erbliche Schulzenstelle erhielt. Der Anreiz für die Siedler, ihre Heimat zu verlassen und nach Osten zu ziehen, bestand aber nicht nur in der Grundzuteilung, sondern in der Hoffnung auf eine bessere soziale Stellung, auf mehr Freiheitsrechte. Teils konnten die neuen Güter auch direkt als Eigentum vererbt werden, zumeist aber mußte man dafür einen Erbzins entrichten.

Anderenteils wurde die Ansiedlung der Deutschen in geplanten Städten durchgeführt, die von den deutschen oder slawischen Landesherren eigene Gerichtsbarkeit, Befestigungsrecht und Selbstverwaltung zugesichert bekamen. Es kam dadurch zu einer weiten Verbreitung des deutschen Rechtes nach Osten, wobei sich regelrechte „Stadtrechtsfamilien" entwickelten. Das Magdeburger Recht, das lübische Recht und das süddeutsche Recht spielten dabei die größte Rolle und strahlten in ihrer Wirkung bis tief in die Ukraine und nach Weißrußland aus.

Eine dritte Form der Ansiedlung bestand darin, daß Deutsche sich in bereits bestehenden slawischen ländlichen oder städtischen Siedlungen niederließen und dort entweder nach eigenem Recht lebten, bzw. das deutsche Recht auch auf die nichtdeutsche Bevölkerung ausgedehnt wurde.

Im Spätmittelalter kam es zu einem vorläufigen Ende der deutschen Ostbewegung, da für die Kolonisation nicht mehr genügend Menschen zur Verfügung standen. Seuchen, wie die Pest, dezimierten die Bevölkerung, auf dem flachen Lande kam es zum sogenannten „Wüstungsprozeß", die Kleindörfer verschwanden, ihre Bewohner wanderten in die Städte ab.

Der Schwerpunkt des Reiches verlagert sich nach Osten

Als Resultat dieser mittelalterlichen deutschen Ostsiedlung dehnte sich der geschlossene deutsche Volksboden weit ins östliche Mitteleuropa aus und zwischen Baltikum und Balkan entstand eine Vielzahl deutscher Dörfer und Städte. Slawen und Magyaren nahmen das Christentum an und bekommen mit Hilfe der deutschen Siedler Zugang zu den Errungenschaften der abendländischen Kultur. Die Entwicklung von Landwirtschaft, Handel und Rechtspflege in diesem Raum ist vollends das Verdienst der deutschen Kolonisatoren.

Während im Hochmittelalter der kulturelle und wirtschaftliche Schwerpunkt des Reiches im Rheinland lag und der machtpolitische zuerst in Sachsen und Franken, danach zur Zeit der Staufer in Schwaben, verlagerte er sich im Spätmittelalter zunehmend in den Osten des Reiches. Die Häuser Luxemburg und Habsburg, Böhmen und Österreich, standen für diese Entwicklung. Böhmen wurde unter Karl IV. geradezu zum Kernland des Reiches, das erneut zahlreiche deutsche Bauern und Handwerker anzog.

Zwei militärische Ereignisse waren es, die im 15. Jahrhundert die deutsche Ostbewegung zum Stillstand brachten. Die Hussiten, die nicht zuletzt durch ihren Deutschenhaß motiviert waren, vermochten nach zwanzigjährigen Kriegen mit Georg Podiebrad sozusagen einen tschechischen Nationalkönig auf den Thron zu heben. Und in Polen vermochten die Jagiellonen durch die Vereinigung mit Litauen den Deutschordensstaat in die Zange zu nehmen und in der Schlacht von Tannenberg schwer zu schlagen. Überdies drangen bereits seit dem Ende des 14. Jahrhunderts die Osmanen auf dem Balkan vor, um im Jahre 1526 in der Schlacht bei Mohacs die Selbständigkeit Ungarns zu vernichten.

Obwohl damit eine neue unmittelbare Bedrohung des Reiches entstanden war und die Südostdeutschen nun durch zwei Jahrhunderte steter Drangsalierung durch die Osmanen ausgesetzt sein sollten, war dies der Ansatzpunkt für eine neue deutsche Ostbewegung. Österreich und dem Hause Habsburg fiel die Aufgabe der

Verteidigung des Abendlandes, die Türkenabwehr zu. Vorerst aber mußten die Deutschen defensiv bleiben.

Geschüttelt von den Krämpfen der Reformation und der Gegenreformation, von den Glaubenskriegen und dem Völkermorden im Dreißigjährigen Krieg, vermochte sich das Reich durch Habsburg nur mühsam vor den Türken zu schützen. Zweimal standen sie vor Wien, das ihnen den Zugang nach Deutschland verwehrte. Erst nachdem die Macht der Osmanen ein zweites Mal vor Wien gebrochen wurde und der Savoyer Prinz Eugen in habsburgische Dienste getreten war, schlug wieder die Stunde der Deutschen: Ungarn wurde befreit, und als im Jahre 1687 die kaiserlichen Truppen Siebenbürgen nahmen, kamen die Siebenbürger Sachsen endlich auf längere Dauer unter die Herrschaft deutscher Fürsten. Damit hatte sich ein Wunder verwirklicht: Mehr als sechs Jahrhunderte hatten die von den ungarischen Königen ins Land gerufenen deutschen Kolonisatoren unter der Fremdherrschaft überlebt, davon zweieinhalb Jahrhunderte unter der der islamischen Türken.

Nach der Eroberung Belgrads erreichte das Habsburger Reich im südöstlichen Mitteleuropa im Frieden von Passarowitz im Jahre 1718 seine größte Ausdehnung. Nun galt es, die in den Türkenkriegen entvölkerten Donaugebiete wieder zu besiedeln und wirtschaftlich nutzbar zu machen. Die Voraussetzungen in den deutschen Stammlanden waren dazu vorhanden, da sich die Bevölkerung in der Friedenszeit seit dem Dreißigjährigen Krieg stark vermehrt hatte und da es überdies zahlreiche Menschen gab, die zur Wahrung ihres protestantischen Bekenntnisses bereit waren, in die neueroberten Gebiete zu ziehen, wo ihnen Religionsfreiheit zugesichert wurde.

Insbesondere waren es die neugewonnenen Gebiete im Süden Ungarns in der Tolau und Baranya, später schwäbische Türkei genannt, und im Banat, die in der Türkenzeit arg in Mitleidenschaft gezogen wurden und nun der neuerlichen Urbarmachung harrten. Weite Gebiete an den Flüssen waren versumpft, andere schienen nur zur Viehwirtschaft, wie sie von herumziehenden Walachen und Serben betrieben wurde, geeignet. Dennoch gelang es, hier eine blühende Kulturlandschaft zu schaffen, aus Weidegründen wurde Ackerland, eine Weizen- und Gerstenkammer der Monarchie, man bemühte sich auch um gewerbliche Betriebe und um industrielle Anlagen.

Prinz Eugen und der tüchtige Gouverneur Claudius Florimund Graf Mercy, ein ausgezeichneter Organisator, riefen süddeutsche Kolonisten, Franken, Schwaben, Pfälzer, aber auch Niederösterreicher und Deutschböhmen ins Banat und nach ganz Südungarn: im östlichen, gebirgigen Teil des Banats wurden Bergleute aus den Alpenländern, vor allem Tiroler und Steirer, angesiedelt. Die meisten dieser Siedler — deren übliche Gesamtbezeichnung „Donauschwaben", was die Herkunft betrifft, nicht ausreichend ist — kamen auf dem Wasserweg; sie hatten sich in den vorländischen Donaustädten Ehingen und Günzburg, viele auch in Wien, eingeschifft.

Der unglücklich verlaufene Türkenkrieg von 1737 bis 1739, der den Verlust Belgrads und Nordserbiens brachte, unterbrach diese Siedlungstätigkeit für einige Jahrzehnte. Erst in der theresianischen und josephinischen Zeit ging die Besiedlung der südungarischen Gebiete durch deutsche Kolonisten in erhöhtem Ausmaße weiter, im Vormärz flaute diese Kolonisationsbewegung wieder ab. Das große Siedlungsunternehmen stand im allgemeinen im Zeichen einer gezielten Bevölkerungspolitik, doch spielten bei der in den Jahren 1752—1757 erneuten Ausweisung protestantischer Oberösterreicher nach Siebenbürgen gegenreformatorische Tendenzen eine Hauptrolle. Kleinere Gruppen protestantischer Süddeutscher kamen damals aus der Hanauer Gegend und aus Baden freiwillig nach Siebenbürgen. Viel stärker waren die Züge nach dem Banat.

Nach dem Frieden von Hubertusburg entwickelte sich die Ansiedlungsbewegung unter der Initiative des Staatsrates Egyd Freiherrn von Borié sehr gut. Mehr als 50 000 Personen kamen damals nach Südungarn, etwa 25 000 folgten in einer erneuten Siedlungswelle unter der Regierung Josephs II., zu dessen Zeit man allerdings unter dem Einfluß physiokratischer Gedanken nicht mehr in erster Linie an die Bevölkerungsvermehrung, sondern an die Intensivierung und Hebung der Landwirtschaft dachte. Die Mehrzahl der fast durchwegs katholischen Siedler kam, wie zur Zeit Karls VI., aus dem Südwesten des Reiches, unter der Minderheit aus den Ostalpenländern waren besonders Oberösterreicher, Steirer und Tiroler vertreten.

Damit hatte sich das Vielvölkerreich der Habsburger zwischen Alpen und Karpaten sozusagen ein politisches Korsett an deutschen Siedlungen geschaffen, dessen Stärke nicht unwesentlich zum Bestand des Staates bis 1918 beitragen sollte.

Parallel zum Aufstieg der habsburgischen Donauländer zur europäischen Großmacht verlief im Nordosten des Reiches die Entwicklung Brandenburg-Preußens. Als politischer Erbe des alten Ordensstaates errichtete das Haus Hohenzollern, in den ersten Jahrzehnten nach dem Dreißigjährigen Krieg vor allem im Gegensatz zu den Machtansprüchen der Schweden, einen Staat, dessen Ethos und militärische Kraft ihn bald zum Konkurrenten der Habsburger im Reiche werden ließ. Maßnahmen wie jene innere Kolonisation, die durch Straßen- und Kanalbauten und durch die Trockenlegung der Oder-, Warthe- und Netzebrüche die Errichtung von 900 neuen Dörfern und die Ansiedlung von über 300 000 Menschen ermöglichten, bedeuteten eine weitere Stärkung des Deutschtums im Nordosten Mitteleuropas.

Der Aufstieg Rußlands zur beherrschenden Macht in Osteuropa nach der Überwindung der Tatarenherrschaft führte dazu, daß sich die Baltendeutschen auf neue Herren einzurichten hatten. Seit Peter dem Großen, dessen Bewunderung für den Westen, insbesondere für die Deutschen, grenzenlos war, befanden sich immer mehr Baltendeutsche in russischen Diensten. Die Diplome Katharinas der Großen, die aus dem Geschlechte jener von Anhalt-Zerbst stammte, führten schließlich im Jahre 1764 zur Ansiedlung deutscher Bauern an der Wolga und im Jahre 1783 auf der Krim. In Moskau selbst gab es eine von Handwerkern und Kaufleuten bewohnte deutsche Vorstadt, die bis über den Ersten Weltkrieg hinaus an die 30 000 Seelen zählte.

Als es schließlich zu Ende des 18. Jahrhunderts zur Teilung Polens kam, war der Lebensraum der Ostdeutschen auf drei Staaten verteilt: In Preußen waren die Brandenburger, Pommern, Ostpreußen und Schlesier die staatstragende Bevölkerung, deren militärische Kraft und administrative Fähigkeiten es zur Keimzelle des Zweiten Deutschen Reiches werden ließen. Im Habsburgerreich bildeten die Alpen- und Sudetendeutschen, die Donauschwaben, die Siebenbürgersachsen und die Buchenlanddeutschen die den Staat tragende und zusammenhaltende Minderheit. Und im Zarenreich waren die bäuerlichen Volksdeutschen willkommene Kolonisatioren, der deutschbaltische Adel maßgeblich an Heereswesen und Verwaltung beteiligt und der deutsche Kaufmann das Bindeglied zum Welthandel. Bis 1918 blieben so die Ostdeutschen Boten und Statthalter des Abendlandes in Osteuropa.

„Nationalstaaten" in Osteuropa

Die deutsche Ostsiedlung war in ihren Anfängen vielfach eine christlich-missionarische Bewegung, dann häufig von machtpolitischen territorialen Bestrebungen der verschiedenen Fürstenhäuser gefördert und schließlich eine kolonisatorische, auf wirtschaftlichen Nutzen gerichtete Erscheinung. Machterweiterung und Landerwerb für die deutsche Nation im übergeordneten Sinne stand dabei stets im Hintergrund, da die Deutschen als Träger des Imperiums, des Reichsgedankens, bis weit in die Neuzeit hinein übernational, abendländisch-europäisch im besten Sinne des Wortes dachten und fühlten. Dadurch war auch die schonende Behandlung der eingesessenen fremden Bevölkerung bedingt, was am Beispiel der Slowenen im Herzogtum Krain oder der Tschechen wohl augenfällig bewiesen ist.

Nach Jahrhunderten im selben Staatsverband mit den deutschen Herren waren sie weder ausgerottet noch germanisiert worden. Ganz im Gegenteil, erst im Zuge jener Bewegung, die die deutsche Romantik, insbesondere Herder, auslöste, gelang es diesen slawischen Völkern — häufig mit Hilfe deutscher Gelehrter — ihre bäuerlichen Dialekte zu einer Hochsprache auszuformen und zu einer Nation im kulturellen Sinne zu werden.

Der in der Folge der Französischen Revolution aufkeimende Nationalismus der europäischen Völker verschlechterte aber die Situation all jener Deutschen, die in fremden Staaten lebten. Zwar vermochte das neue entstandene Deutsche Reich Bismarcks durch seine Stärke den Auslands- und Volksdeutschen einen gewissen Schutz zu bieten. Gerade aber das machtvolle Aufblühen des wilhelminischen Reiches und die damit parallel laufende Polarisierung zwischen den europäischen Großmächten bedingte eine neue Bedrohung der Deutschen jenseits der Reichsgrenzen. Die gegen Deutschland gerichtete Einkreisungspolitik und die in aller Welt einsetzende Deutschenhetze trafen die Schwächsten als erste, nämlich die Volksdeutschen.

Der Panslawismus, von Rußland nach Kräften gefördert, tat das Seine, um den Haß der slawischen Völker auf die Deutschen zu schüren. Und in der seit dem Ausgleich „von 1868 weitgehend unabhängigen" ungarischen Reichshälfte der Habsburger Monarchie waren die Donauschwaben einer harten Madjarisierungspolitik ausgesetzt. So war der Boden bereitet, aus dem nach 1918, nach der Niederlage der Mittelmächte, das Unheil sproß.

Das in den 14 Punkten des US-Präsidenten Wilson postulierte Selbstbestimmungsrecht der Völker wurde nicht nur den besiegten Deutschen vorenthalten, es wurde in den Pariser Vorortfrieden von 1919 für den Bereich des östlichen und südöstlichen Mitteleuropas und Osteuropas in geradezu perverser Weise zur Anwendung gebracht. Da wurde von den Ententemächten zwischen Ostsee und Schwarzem Meer, in einem Gebiet vielfältigster ethnischer, religiöser und kultureller Mischung, ein Gürtel von neuen „Nationalstaaten" geschaffen, der nominell bis heute Bestand hat. Von ihren Schöpfern allen voran Clémenceau, einerseits als östliche Backe einer Zange gedacht, die in Gemeinsamkeit mit Frankreich die Deutschen in Mitteleuropa niederhalten sollte, andererseits als Glacis gegen das bolschewistische Rußland konzipiert, standen diese Staaten zwischen Baltikum und Balkan bezüglich ihrer Selbständigkeit von Anfang an auf tönernen Füßen. Von der jeweils dominanten Volksgruppe als Nationalstaat betrachtet, hatten sie alle starke völkische Minderheiten innerhalb ihrer Grenzen, die größtenteils unmenschlichem Druck ausgesetzt waren.

Die übelste Behandlung erfuhren dabei die Deutschen. Dies nicht nur deshalb, weil sie die Angehörigen einer geschlagenen Nation waren, die durch vier Jahre gegen die ganze Welt Krieg geführt hatte, sondern vor allem wegen jenes Minderwertigkeitsgefühles, das die Völker des Ostens den kulturell und wirtschaftlich überlegenen Deutschen gegenüber haben. Bewunderung, gepaart mit Dankesschuld und Unterlegenheit, schlägt eben nur allzu leicht in Haß um.

Insbesondere waren es Polen, Tschechen und Südslawen, deren Außenpolitik gegen die Deutschen im Reich und in Österreich gerichtet waren, deren Innenpolitik nicht zuletzt in einer gezielten Diskriminierung der deutschen Minderheit bestand.

In der Republik Polen des Marschall Pilsudski lebten mehr als eine Million Deutsche und die Frage Danzigs und des Polnischen Korridors zwischen Ostpreußen und dem Reich sollte nicht ohne Grund der Auslöser des Zweiten Weltkrieges werden. In der Tschechoslowakei der Herren Masaryk und Beneš bildeten die Sudetendeutschen mit 28 Prozent die zweitgrößte Bevölkerungsgruppe, der jegliche Gleichberechtigung und kulturelle Autonomie verweigert wurde. Und im südslawischen Königreich der Serben waren die 600 000 Deutschen in der Untersteiermark, in Krain und im Banat der Willkür der neuen Herren ausgeliefert.

Aber auch in den baltischen Staaten, in Estland, Lettland und Litauen, wurde die deutsch-baltische Oberschicht ausgeschaltet. Die Siebenbürger Sachsen und die Mehrzahl der Banater Schwaben gerieten nach der „großen Vereinigung" der vormals ungarischen Länder mit dem rumänischen Königreich unter die Herrschaft Bukarests. Sie hatten damit den Regen mit der Traufe getauscht, die Madjarisierungspolitik der Ungarn mit dem Druck des neuen rumänischen Chauvinismus.

Eine gewisse Ausnahmestellung vermochten die Volksdeutschen in der Sowjetunion zu erringen. Nach den Wirren der Revolution und den Hungerjahren 1922/23 wurde auf Betreiben Lenins im Februar 1924 die Autonome Sozialistische Sowjetrepublik der Wolgadeutschen gegründet, die bis zum Beginn des deutschen Rußlandfeldzuges 1941 bestand. Die sowjetische Propaganda in den dreißiger Jahren versuchte sogar, die Sowjetrepublik der Wolgadeutschen als den einzigen freien und fortschrittlichen deutschen Staat der Welt darzustellen und das weitgehende nationale Eigenleben der Wolgadeutschen als Beweis für die liberale Nationalitätenpolitik Moskaus auszuschlachten.

Hoffnung und Katastrophe

Insgesamt aber war der Druck, der während der Zwischenkriegszeit auf den Volksdeutschen im Osten lastete, unmenschlich. Es gab kein starkes Reich, das ihnen Schutz zu gewähren vermochte, und jene beiden nach Osten gerichteten deutschen Staaten, die der deutschen Ostbewegung Rückendeckung und immer neue Impulse gegeben hatten, Preußen und Österreich also, waren zerstückelt und entmachtet ihrer historischen Mission beraubt worden. Die Völker, die in einem Jahrhunderte währenden Prozeß, nicht zuletzt durch Leistung des Ostdeutschtums, Glieder der christlich-abendländischen Völkergemeinschaft geworden sind, sahen in den einstigen Kulturbringern nur mehr die Zwingherren von gestern, die sie nun nach Kräften knechteten.

Deshalb war es nur natürlich, daß die jenseits der deutschen Ostgrenzen lebenden Deutschen seit 1933 voller Hoffnung auf das Reich blickten, wo der Nationalsozialismus energisch daran ging, das Diktat von Versailles zu revidieren, um auf eine Erneuerung der Großmachtstellung des Reiches in Europa hinzuarbeiten. Die Deutschen im Memelland, in Westpreußen, Posen, Oberschlesien und im Sudetenland durften eine Rückgliederung in den deutschen Staatsverband erwarten, jener Teil ihrer Landsleute, deren Siedlungen weiter im Osten lagen, vertraute darauf, daß ein wiedererstarktes Reich sie in Zukunft vor Willkür und Entrechtung bewahren würde.

Die spektakulären Erfolge der Außenpolitik des Reiches von 1933 bis 1939 schienen diese Hoffnungen vorerst zu erfüllen. Und als die erste Phase des Zweiten Weltkrieges für das nationalsozialistische Deutschland so überaus erfolgreich verlief, zeichnete sich für kurze Zeit das Zukunftsbild eines Staates ab, der auch nahezu alle Ostdeutschen in seinen Grenzen vereinigte. Ein Großteil dieser Menschen wurde allein durch die Erweiterung des Reiches wieder zu deutschen Staatsbürgern. Andere wurden im Zuge der Rücksiedlung vor dem und im Zweiten Weltkrieg zurückgeführt. Aus Estland und Lettland kehrten 77 000 Deutsche, aus Litauen 51 000 Deutsche heim, und die deutsche Militärverwaltung siedelte aus den besetzten sowjetischen Gebieten, vor allem aus der Ukraine, von der Krim, aus dem Nordkaukasus, aus Weißrußland und dem Raum von Leningrad insgesamt 351 000 Rußlanddeutsche zumeist in westpolnische Gebiete um.

Während man solcherart die Rückgliederung des Ostdeutschtums, die Schließung und Abrundung seines Siedlungsgebietes betrieb, nahm weiter östlich die Tragödie bereits ihren Anfang. Nach dem Beginn des deutsch-russischen Krieges begann Stalin mit der Deportation der Deutschen und anderer „unzuverlässiger Völker" wie der Esten, Litauer, Kalmücken und Kaukasier nach Sibirien. Am 21. August 1941 wurden etwa 60 000 Krimdeutsche zunächst in den Kaukasus und von da nach Kasachstan in die „Hungersteppe" zwangsumgesiedelt. Am 28. August 1941 wurde die Deportation der in den Rayons des Wolgagebietes lebenden 390 000 Deutschen in die Gebiete von Novosibirsk und Omsk, das Altai und nach Kasachstan verfügt. Und am 20. Oktober 1941 wurden die 25 000 Deutschen des Südkaukasus zum größten Teil in die Wüste südlich des Balchaschsees verschickt. Dies war aber erst der gelinde Auftakt für jenes Inferno, das ab 1944 über die Ostdeutschen hereinbrechen sollte.

Der Rückzug der Wehrmacht riß im Osten und Südosten des Kontinents Hunderttausende von Volksdeutschen mit sich. Mit pferde- oder ochsenbespannten Wagen treckten sie aus dem Baltikum, aus Ostpreußen, aus der Bukowina und aus Siebenbürgen und dem Banat nach Westen, hinter ihnen die rote Soldateska, vor ihnen eine ungewisse Zukunft. Frauen, Greise und Kinder, die Pferdewagen nur mit den nötigsten Habseligkeiten bepackt, kämpften sich mühselig jene Wege zurück, den ihre Vorfahren Jahrhunderte zuvor in umgekehrter Richtung als Kolonisatoren gegangen waren. Geordnete Evakuierungen gab es kaum, und wenn, dann wurden sie wie in Ostpreußen zu spät in die Wege geleitet. Die Opfer waren fürchterlich.

Noch bevor die Potsdamer Konferenz zusammentrat, hatten Polen, Tschechen, Ungarn und Jugoslawen begonnen, in den Gebieten ihres jeweiligen Machtbereiches vollendete Tatsachen zu schaffen. Demütigungen und Drangsalierungen steigern sich zu Vertreibung, Folter, Mord und Auslieferung an die Sowjets, was der physischen Vernichtung häufig gleichkam. Es waren dies keineswegs eruptive Gewaltakte, die die Reaktion auf die jahrelange Herrschaft oder auf die Besetzung durch das nationalsozialistische Deutschland waren, sondern eine Art Massenhysterie, die sich in schrankenloser Willkür gegenüber Wehrlosen äußerte. Hatte man sich im Jahre 1918 von der Herrschaft der Deutschen befreit und sie zu diskriminierten Minderheiten gemacht, so sollte das Problem nun vollends gelöst werden — durch Völkermord.

Bezeichnend ist, daß dies am grausamsten in Ländern geschah, die unter dem Kriegsgeschehen und der deutschen Besatzung nur wenig gelitten hatten, wie in Böhmen. Die Tschechen jagten eine Million Sudetendeutsche zunächst in „wilden Austreibungen" aus dem Lande, die Todesmärsche der Frauen und Kinder von Brünn und Iglau zur österreichischen Grenze waren von unvorstellbarer Unmenschlichkeit.

Die „geregelten Umsiedlungsaktionen", wie sie dann auf der Konferenz von Potsdam beschlossen wurden, waren um nichts humaner. 2,5 Millionen Sudetendeutsche wurden zuerst in tschechischen Konzentrationslagern gesammelt, um danach mit nur 25 bis 30 kg Handgepäck abgeschoben zu werden. Bis zum Abtransport aus der Tschechoslowakei waren sie zur Demütigung überdies noch durch eine Armbinde mit dem Buchstaben „N" (für Nemci-Deutscher) gekennzeichnet.

In Königsberg, wo zur Zeit der deutschen Kapitulation, am 9. April 1945, noch etwa 110 000 deutsche Zivilpersonen lebten, überlebten davon nur etwa 25 000 Menschen, die in den Jahren 1947/48 ins westliche Deutschland abgeschoben wurden.

Im nach Westen verschobenen Staatsgebiet des neuen Polen begann im Sommer 1945 eine neue Vertreibungswelle, nachdem in den letzten Kriegswochen bereits Hunderttausende ihre Heimat verlassen mußten. Diese als „Transfer" bezeichnete Ausweisung war nichts anderes als eine brutale Vertreibung. Die seit 1939 in Westpolen angesiedelten deutschen Volksgruppen der Bessarabien- und Wolhyniendeutschen wurden nach Sibirien „repatriiert" und verschwanden in den Zwangslagern der Sowjetunion. Mindestens 200 000 Deutsche aus dem südlichen Ostpreußen und aus Oberschlesien wurden zur Zwangsarbeit in russische Arbeitslager verschleppt, um dort umzukommen.

Ein ähnliches Los traf Hunderttausende Siebenbürger Sachsen und Banater Schwaben. Als die Sowjets von Rumänien Arbeitskräfte für den Wiederaufbau verlangten, wurden einfach alle Deutschen, Frauen im Alter von 18 bis 30 Jahren, Männer von 17 bis 45 Jahren, in großen Transporten in ukrainische Bergwerke gebracht. Nur ein Bruchteil von ihnen überlebte.

Durch Flucht, Vertreibung oder Verschleppung verloren somit in den letzten Monaten des Zweiten Weltkrieges und in den Jahren danach 15 Millionen Ostdeutsche ihre Heimat. Zwei bis drei Millionen kamen dabei ums Leben. Neun Millionen Menschen wurden aus den Ostgebieten des Deutschen Reiches (in den Grenzen vom 1. 9. 1939 einschließlich Danzig und Memelland) vertrieben, zwei Millionen aus Polen, dem Baltikum, dem Buchenland, Bessarabien und Rußland, mehr als drei Millionen aus dem Sudetenland und nahezu eine Million aus Südosteuropa.

Nach der Flutwelle

Die Worte des englischen Historikers Arnold S. Toynbee, man müsse sich mit der Vertreibung des unruhigen Ostdeutschtums abfinden, weil dadurch wieder Ruhe in die europäische Geschichte kommen werde, haben sich nicht bewahrheitet. Im Gegenteil – verglichen mit dem, was in unseren Tagen dies- und jenseits der Elbe auf Befehl außereuropäischer Mächte an todbringenden Waffen gelagert und auf einen etwaigen Einsatz vorbereitet wird, war Hitlers Aufrüstung vergleichsweise idyllisch. Die osteuropäischen Völker stöhnen unter der Knute Moskaus und ihre westeuropäischen Brüder sind dabei, zu erkennen, daß ein Überfluß an materiellen Gütern nur ein armseliges Surrogat für wahre Freiheit ist.

Und die Nationalitätenprobleme des östlichen Mitteleuropas und Osteuropas, wurden sie durch jene Orgien des Hasses, die im Anschluß an den Zusammenbruch des Deutschen Reiches stattfanden, gelöst? Sind die Staatsgrenzen seitdem mit den Volkstumsgrenzen identisch? Keineswegs. Ungarn leben in Rumänien und werden dort diskriminiert, Rumänen an der sowjetischen Schwarzmeerküste. Jugoslawien ist ein Vielvölkerstaat, der nach dem Tode Titos wegen seiner Nationalitätenkonflikte auseinanderzubrechen droht. Den Slowaken wird jede nationale Selbständigkeit verwehrt, und der polnische Nationalismus ist zum permanenten Problem geworden.

Und das Ostdeutschtum? Existiert es nur mehr als historische Reminiszenz bei Vertriebenentreffen in Westdeutschland und Österreich? Ist es zwischen Baltikum und Balkan völlig vernichtet worden? Nein, Hunderttausende, ja Millionen von Deutschen haben im Osten überlebt, sind trotz Verschleppung und Zwangsarbeit, trotz Assimilierungsdruck und Diskriminierung in ihren alten Heimatgebieten geblieben, oder haben aus ihren Verbannungsorten wieder neue Kulturlandschaft geschaffen.

In den von Polen verwalteten Ostgebieten des Reiches leben, trotz der jüngsten Ansiedlungswelle nach den Ostverträgen der Regierung Brandt/Scheel, noch etwa eine Million Deutsche, denen die elementarsten Grundrechte und jegliche Pflege ihrer nationalen Eigenart verweigert wird. 800 000 davon leben allein in Oberschlesien, wo in ländlichen Gebieten nahezu 80 Prozent der Bevölkerung Deutsche sind. Mehr als 200 000 ausreisewillige Deutsche beweisen, wie hart die nationale Entrechtung und der Polonisierungsdruck heute noch sind.

In der Tschechoslowakei wurde bei der letzten offiziellen Volkszählung im November 1980 die Zahl der Deutschen mit 61 900 Seelen angegeben, wobei verschiedene Faktoren vermuten lassen, daß es sich in Wahrheit um 80 000 bis 100 000 Menschen handelt. Obwohl sie seit 1953 durch Regierungsdekret zwangsweise zu tschechischen Staatsbürgern gemacht wurden, haben sie keinerlei Minderheitenrechte und ihre Versuche, in die Bundesrepublik Deutschland auszuwandern, werden meist von Staats wegen verhindert.

In Ungarn dürfen sich jene 250 000 Deutsche, die die Verfolgungen der Nachkriegszeit überlebt haben eines — zumindest vordergründig-liberalen — Minderheitenrechts erfreuen. Deutsche Ortstafeln, eigene Schulen, eigene Vereine und deutsche Zeitungen scheinen ein kulturelles Überleben zu gewährleisten. Dies ist nicht zuletzt darauf zurückzuführen, daß man in Budapest doch noch auf eine Revision der Grenzen zu Rumänien hofft und sich durch eine, sozusagen vorbildliche Minderheitenpolitik als jener Staat darstellen möchte, der fähig ist, mit den ethnischen Fragen Siebenbürgens fertig zu werden.

In Siebenbürgen und im rumänischen Banat leben derzeit noch etwa 350 000 Deutsche, Siebenbürger Sachsen, Landler und Donauschwaben. Obwohl sie in formaler Hinsicht gewisse Rechte als Minderheit genießen, eigene Schulen und Zeitungen besitzen, ist ihre Zukunft höchst ungewiß. Zwischen dem Versuch, die angestammte Heimat zu erhalten, und der Hoffnung auf ein Leben ohne nationale Diskriminierung in Deutschland, schwankt das Los der Rumäniendeutschen.

Besonders tragisch ist dies im Falle der Siebenbürger Sachsen, die seit 800 Jahren im Karpatenbogen siedeln und über eine alte, gewachsene Kultur verfügen. In ihren bewehrten Städten und Kirchenburgen überdauerten die sächsischen Bauern und Bürger durch Jahrhunderte die Stürme aus dem Osten. In sich stets wiederholender zäher Aufbauarbeit schufen sie eine Kulturlandschaft, die ihrem deutschen Charakter nach in Franken oder in der Pfalz liegen könnte. Und nun scheint es so, als müsse all das aufgegeben, der Balkanisierung durch Rumänen und Zigeuner preisgegeben werden.

Seit Beginn der 70er Jahre nehmen Siebenbürger Sachsen und Banater Schwaben die Möglichkeit, in die Bundesrepublik auszureisen, in Massen wahr. Derzeit sind es jährlich etwa 17 000 bis 18 000 Menschen, die so das Land verlassen. Jenen, die ihrer angestammten Heimat trotz wirtschaftlicher Not und politischer Drangsalierung nicht entsagen wollen, wird dadurch allerdings ein Überleben in ihrer ethnischen und kulturellen Identität als Deutsche zunehmend erschwert. Je kleiner die Volksgruppe nämlich wird, desto weniger kann sie die ihr theoretisch zustehenden Minderheitenrechte, wie eigenes Schulwesen etc. wahrnehmen. So besteht also die traurige Wahrscheinlichkeit, daß die Volksgruppe der Siebenbürger Sachsen, Landler, Banater Schwaben und Berglanddeutschen in Rumänien durch Aussiedlung und mehr oder weniger erzwungene Assimilation verschwindet.

In der Sowjetunion leben heute noch mehr als zwei Millionen Deutsche, zumeist als Folge der Deportation durch Stalin, in Sibirien und Zentralasien. Obwohl die unter Stalin erhobenen Anschuldigungen, nämlich eine „fünfte Kolonne" des deutschen Kriegsgegners gewesen zu sein, von sowjetischer Seite längst widerrufen wurden, ist den Forderungen der Rußlanddeutschen nach Rückkehr in ihre alten Heimatgebiete, nach voller Rehabilitierung und nach Wiedererrichtung ihrer Wolga-Republik kein Gehör geschenkt worden. So scheint auch für die in den Weiten Asiens lebenden Deutschen die einzige Hoffnung in einer Aussiedlung nach Westdeutschland zu liegen.

In Jugoslawien, wo bis zum Zweiten Weltkrieg mehr als eine halbe Million Deutsche gelebt hatten, wurde die Frage „statistisch" gelöst. Von den 12 000 Personen, die im Jahre 1971 noch Deutsch als Muttersprache angegeben hatten, war in dem im Jahre 1983 veröffentlichten Bericht des Statistischen Bundesamtes in Belgrad keine Rede mehr. Im südslawischen Balkanstaat darf es einfach keine Deutschen mehr geben.

So ist die Situation der nahezu vier Millionen im Osten verbliebenen Deutschen heute äußerst zwiespältig. Einerseits hängen sie an ihrer Heimat, an dem Land, das sie geholfen haben urbar zu machen. Andererseits sehen sie die Möglichkeit eines menschenwürdigen Lebens unter Wahrung ihrer nationalen Identität und die Wiedererlangung eines gewissen materiellen Wohlstandes nur mehr in Westdeutschland.

Auch das Verhalten der Staaten, die sie beherbergen, ist zwiespältig. Einerseits werden die Deutschen von den Russen, Polen, Tschechen, Rumänen etc. sowohl als nationale Minderheit diskriminiert, als auch aus der Sicht des Kommunismus verfolgt, da man in ihnen noch immer die Reste einer „reaktionär bäuerlichen oder kapitalistisch bürgerlichen Gesinnung" vermutet. Andererseits läßt sie die jeweilige Staatsführung ungern ziehen, da damit in manchen Ländern, wie etwa in Rumänien, ein nicht unwesentlicher Teil der qualifizierten Facharbeiter, der verläßlichsten Arbeitskräfte verloren gingen.

Überhaupt ist die Vertreibung bzw. die radikale Vernichtung der volksdeutschen Elemente in ganz Ostmittel- und Osteuropa in Form eines tiefgehenden Kulturverlustes spürbar. Wenn heute die restaurierten Altstädte von Breslau, Danzig und Stettin als Zeugen einer durch Jahrhunderte blühenden polnischen Kultur ausgegeben werden, dann sind das bloß Potemkinsche Dörfer, Beweise einer grotesken Selbsttäuschung. Und wenn man in Rumänien durch Sibiu, das alte Hermannstadt, spaziert und die Fassaden der deutschen Bürgerhäuser betrachtet, ist es mehr als seltsam, daß diese nun zu etwa 80 Prozent von Rumänen bewohnt werden. Im Sudetenland werden ganze Landstriche in eine trostlose Mondlandschaft verwandelt.

Die riesigen Braunkohlenflöze im Norden des Sudetenlandes werden in Form eines Tagbaues abgebaut, der bereits ganze Dörfer und Städte verschwinden hat lassen. Dazu kommt jene rücksichtslose Umweltverschmutzung, die die Wälder des Erzgebirges nahezu völlig vernichtet hat. Dort sind die Tschechen zu Totengräbern der Kultur und der Landschaft geworden. Und das nördliche Ostpreußen, das von den Sowjets verwaltet wird, ist nur mehr ein gigantischer Truppenübungsplatz der Roten Armee.

Darüber hinaus sind aber auch die wirtschaftlichen Erträge jener Landschaften, die früher mehrheitlich von Deutschen bewohnt waren, zurückgegangen. Obwohl sich beispielsweise Polen mit den deutschen Ostgebieten die damalige Kornkammer des Reiches angeeignet hat, ist es heute kaum fähig, sich mit den nötigen Grundnahrungsmitteln zu versorgen. Und die Produktion des schlesischen Industrie- und Bergbaureviers vermag weder in qualitativer noch in quantitativer Hinsicht die Leistungen der Vorkriegszeit zu erreichen.

Dies mag auch ein Grund dafür sein, daß in Krisenzeiten des Ostblocks — zuletzt im Jahre 1982, als der polnische Nationalismus in der Solidarnosc-Bewegung einen neuen Höhepunkt erreichte — immer wieder Spekulationen bezüglich einer Angliederung der Ostgebiete an die DDR zu hören waren, 1982 soll es angeblich konkrete Absprachen zwischen Ost-Berlin und Moskau gegeben haben, daß nach einem Einmarsch der Roten Armee, gemeinsam mit der Nationalen Volksarmee, in Polen zum großen Teil die ehemals deutschen Gebiete jenseits von Oder und Neiße an die DDR fallen sollten. Diese hätten nicht mit DDR-Bürgern, sondern mit den Rußlanddeutschen aus Kasachstan besiedelt werden sollen. Insbesondere die Übernahme der schlesischen Industrie und des Bergbaues durch die DDR hätte eine bessere Energieversorgung der sowjetischen Satellitenstaaten in Osteuropa gewährleisten sollen, als sie die Polen, gleich unter welchem System, garantieren können.

Wenn auch eine solche, vom Kreml initiierte Gewaltlösung nur wieder Haß und Gegengewalt erzeugt hätte, beweisen solche Planspiele doch, daß die Fragen der Ostgrenzen des deutschen Siedlungsraumes längst noch nicht ausgestanden sind, daß sich jene Worte, die Konrad Adenauer in seinem Brief vom 11. Juni 1946 niedergeschrieben hatte, bewahrheiten könnten: „Auch ich bin der Auffassung, daß die Aufgabe des westlichen Deutschlands einmal sein wird, mit friedlichen Mitteln den Osten wiederzugewinnen und zu kolonisieren."

Tatsächlich ist das östliche Mitteleuropa und Osteuropa seit 1945 politisch und kulturell auf jenen Status zurückgeworfen, den es zur Zeit der Tataren- oder der Türkenherrschaft innehatte. Militärisch und politisch sind es heute die Armeen des Kremls, die die Stelle der asiatischen Horden der Mongolen und Türken eingenommen haben. In kultureller Hinsicht ist es die Vernichtung des Ostdeutschtums, die den Verlust eines unmittelbaren Kontaktes mit der Geisteswelt des Abendlandes nach sich zog. Sollte es wirklich früher oder später zu einer Wiedergeburt des ganzen Abendlandes, zu einer Überwindung der europäischen Teilung kommen, müßten die Völker zwischen Ostsee und Schwarzem Meer vor allem eines begreifen: Es gibt zur Despotie des Kremls nur eine Alternative — ein neues Zusammenwirken mit den Deutschen.

GUSTAV WOYTT

Die sprachlich-seelische Umerziehung eines Volkes

Das Elsaß und Lothringen liegen wie Luxemburg und Deutschostbelgien am Westrand des hochdeutschen Raumes. Die deutsch-französische Sprachgrenze verläuft ungefähr auf dem Vogesenkamm bis zur Donne (Donon), von dort in nordwestlicher Richtung über Saarburg, Finstingen (frz. Fénétrange) und westlich von Diedenhofen (frz. Thionville) an die luxemburgische Grenze. Im Laufe der Jahrhunderte hat sich bis 1950 nur wenig geändert. Östlich dieser Linie war ein geschlossenes deutsches Sprachgebiet mit ganz geringen französischen Enklaven. Umgangssprache der Bevölkerung war wie in ganz Süddeutschland die Mundart: Elsässerdeutsch und Lothringer Platt. Hochdeutsch war aber die Schriftsprache, die Sprache der Schule und der Kirche. Auch der Bauer und der Arbeiter waren fähig, sich auf Hochdeutsch auszudrücken, schriftlich und mündlich, nicht besser, aber auch nicht schlechter als ihre Nachbarn in der Pfalz, in Baden und in der Schweiz.

Das Reichsland Elsaß-Lothringen umfaßte von 1871 bis 1918 auch einen Teil Welschlothringens mit Metz, Duß (Dieuze) und Salzburgen (Château-Salins). Die deutsche Verwaltung jener Zeit war von einem heute fast unvorstellbaren Liberalismus. Fast alle höheren Beamten konnten Französisch und sahen darauf, daß ihre Kinder es lernten. Die Orts- und Straßennamen wurden nicht geändert, die Denkmäler aus der französischen Zeit blieben stehen. Im französischsprachigen Teil war das Recht der Einwohner auf ihre Muttersprache anerkannt, der Schulunterricht begann auf französisch, später kam Deutsch hinzu. Wenn heute von der „germanisation de l'Alsace" die Rede ist, so stammt das von Leuten, die die französischen Propagandaphrasen nachplappern. Selbst zur Eindeutschung des französischsprachigen Gebietes wurde kaum etwas unternommen.

Die Ausrottung des Hochdeutschen

Der französische Staat hat nie die Rechte der Minderheiten innerhalb des Hexagons anerkannt; ja, er leugnet eigentlich ihre Existenz. Nach der Einführung der allgemeinen Schulpflicht im Jahre 1881 führte die Volksschule einen unerbittlichen Kampf gegen alle nichtfranzösischen Sprachen und hatte sie bis 1914 teils ausgerottet, teils auf die Stufe eines „patois" herabgedrückt, von dem es hieß, es wäre eines gebildeten Menschen unwürdig. In jener Zeit gehörte Elsaß-Lothringen nicht zu Frankreich, sondern zum Deutschen Reich. So blieb die deutsche Sprache erhalten, sie erlebte sogar eine neue Blütezeit mit Schriftstellern von internationaler Bedeutung wie Albert Schweitzer, René Schickele und Ernst Stadler.

Mit um so größerer Härte setzte nach Versailles der Kampf gegen die deutsche Muttersprache ein, galt es doch auch, durch die Ausrottung der Sprache jeden deutschen Anspruch auf das Land von vornherein zu entkräften. Deutsch wurde unverzüglich zur Fremdsprache erklärt und aus der Verwaltung, der Justiz und dem Geschäftsleben verbannt. Der Schulunterricht wurde ganz auf Französisch umgestellt, die sogenannte „méthode directe", bei der kein deutsches Wort verwendet werden durfte, war die allein zugelassene Unterrichtsmethode. Leichten Herzens sprachen die Verantwortlichen von der „génération sacrifiée", die dabei geopfert wurde. Nur der Faschismus hat in Südtirol noch brutalere Methoden zur sprachlichen Umerziehung eines Volkes angewendet.

Unter dem Druck der Heimatbewegung mußte die Pariser Regierung 1927 wieder einen bescheidenen Deutschunterricht zulassen. Ein gesetzliches Statut für die Muttersprache und eine Verwaltungsautonomie für das Land konnten aber nicht erreicht werden. Die Bourgeoisie, aus der sich die „Volksvertreter" rekrutierten, war schon zu sehr assimiliert.

Nach dem NS-Zwischenspiel 1940—45 wurde Deutsch mit einem Federstrich völlig aus der Volksschule verbannt. Es wurde allgemein als die Sprache des Naziregimes und der Wehrmacht, als die Marsch-Marsch-Sprache verteufelt. Unter dem Motto „C'est chic de parler français" wurde die sprachliche Umerziehung forciert. Neues und wichtigstes Werkzeug dabei wurde der Kindergarten (Kleinkinderschule, école maternelle), den es heute in fast jedem Dorf gibt und in dem fast alle Kinder zwischen vier und sechs Jahren eingeschult sind. Die Kindergärten sind eine staatliche Einrichtung und unterstehen dem Unterrichtsministerium in Paris. Die Lehrerin braucht kein Deutsch zu kennen, und wenn sie es kennt, darf sie es nicht gebrauchen. Nach kurzer Zeit siegt bei dem Kind die französische Schulsprache über die deutsche Familiensprache; auf eine deutsche Frage gibt es eine französische Antwort: la mademoiselle a interdit de parler patois.

In den verflossenen dreißig Jahren hat das Französische größere Fortschritte gemacht als in den vorausgegangenen 300 Jahren. Deutsch hat einen Rückschlag erlitten, von dem es sich wohl nie mehr erholen kann. Eine ganze Generation hat in der Schule nie Deutsch gelernt, der Gebrauch und sogar die Kenntnis der Schriftsprache sind verlorengegangen. Deutsch hat keine soziale Existenz mehr. Deutsch lesen können nur noch wenige, Hochdeutsch reden oder schreiben noch weniger. Der Rhein ist zu einer geistigen Grenze geworden. Wird er bald auch zur Sprachgrenze? Heute muß man das Recht auf die Muttersprache auf französisch verteidigen, um überhaupt angehört zu werden.

Der Rückgang der Mundart

Die natürlichen Beziehungen zwischen Elsässerdeutsch und Lothringer Platt einerseits und dem Hochdeutschen andererseits sind unterbunden. Der französischen Hochsprache gegenüber ist der Dialekt von vorneherein und immer unterlegen. Ohne Bindung an ihre Hochsprache verarmt und verroht die Mundart und sinkt zum „patois", zur Sprache der Ungebildeten herab. Deshalb wird sie verachtet, und weil sie verachtet wird, wird sie immer ärmer. Für die vielen neuen Dinge und Begriffe holt sich der Elsässer die neuen Wörter nicht aus dem Hochdeutschen, sondern aus dem Französischen. So entsteht ein merkwürdiger Sprachensalat: die cotisations vun der sécurité sociale sin ze hoch un die prestations ze nieder. Die französischen Brocken wirken im deutschen Satzgefüge wie ein Krebsgeschwür.

Eine 1979 durchgeführte Umfrage bei Dialekt sprechenden Schülern von 15 Jahren ergab, daß nur noch die Hälfte der Eltern mit ihren Kindern ausschließlich Elsässerdeutsch reden, die anderen sprechen teils nur Französisch, teils Mundart und fremde Hochsprache durcheinander. Im „innern Monolog" dieser Kinder dominiert bei abstrakten Arbeiten das Französische, beim Rechnen mit 95 Prozent, und 54 Prozent der Befragten empfinden das Hochdeutsche nicht mehr als die ihrem Dialekt zugeordnete Hochsprache. Mit anderen Worten: wenn diese Generation groß geworden ist, wird sie die Mundart, Elsässerdeutsch oder Lothringer Platt, nicht mehr an ihre Kinder weitergeben. Warum auch? Weder der Dialekt noch die natürliche Schriftsprache dienen zu irgendwas, sie sind: e Sproch fer nix.

Der Triumph des Französischen

„Das Hochdeutsch des Elsässers ist das Französische". Dieser paradoxe Satz ist heute Wahrheit geworden. Wenn es um wissenschaftliche oder abstrakte Themen geht, reicht der Dialekt nicht aus, und da die Elsässer und Deutschlothringer kein Hochdeutsch mehr können, müssen sie zum Französischen greifen, wie sie es in der Schule gelernt haben. Auch die entschiedenen Verteidiger der Muttersprache können nicht anders.

Französisch ist die ganze Sprachumwelt, das wird beim Überschreiten der Grenze sofort deutlich. Französisch sind die Plakate, die Anzeigen der Zeitungen, die Aufschriften der Verpackungen, die Gebrauchsanweisungen für Geräte und Maschinen, selbst wenn sie deutscher Herkunft sind. Französisch sind alle Verordnungen und alle Formulare, sogar der Krankenschein. Dem Vernehmen nach ist nur noch das Formular für Zwangsvollstreckungen zweisprachig. Französisch reden die meisten Beamten hinter ihrem Schalter; verlangt man eine Briefmarke oder eine Fahrkarte auf Elsässerdeutsch, so heißt es: „Je ne comprends pas, parlez français!" Auch in Privatbüros und Geschäften gibt es immer mehr Angestellte, die kein Deutsch mehr können. Der ganze Schriftverkehr mit Behörden und Geschäften ist französisch; ein deutscher Brief würde von der Behörde nicht beantwortet und beim Privatempfänger erstauntes Kopfschütteln erregen.

Innerhalb des früher ganz geschlossenen deutschen Sprachgebietes haben sich durch Einwanderung und Assimilierung französische Sprachinseln gebildet. In gewissen Vierteln Straßburgs und Mülhausens hört man kein deutsches Wort mehr, vor allem im Verkehr der Kinder unter sich. Diese Entwicklung greift jetzt auf die Dörfer über, wo neben dem alten Dorfkern Siedlungen entstehen mit meist französisch sprechenden Bewohnern. In den Städten sind die Straßenschilder seit Versailles französisch, und die meisten Leute haben vergessen, daß die „rue de la Nuée Bleue" und die „rue de l'Ail" eigentlich Blauwolkengasse und Knoblochgasse (nach der Patrizierfamilie Knobloch!) heißen. In den 60er und 70er Jahren haben auch die Dorfstraßen französische Namen bekommen: die alte Hauptstraße heißt nach de Gaulle, nach „Maréchal" Delattre oder „Général" Leclerc; das Heckengäßchen wurde zur „rue de l'Industrie". Daß die Ortsnamen der französischen Zunge angepaßt wurden, zeigt ein Blick auf die Landkarte oder in den Reiseführer.

Die Selbstaufgabe

Kein Volk gibt seine Sprache und seine Eigenständigkeit freiwillig auf. Die Elsässer und Deutschlothringer aber tragen selbst zur Ausrottung ihrer Sprache bei. Das Rezept dazu gibt der elsässische Schriftsteller A. Weckmann: „Wenn man ein Volk unterwerfen will, kann man dies auch ohne physische Gewaltanwendung. Man braucht den andern nur davon zu überzeugen, daß sein Anderssein eine Schmähung des gesunden Menschenverstandes, der Moral und des Patriotismus darstellt, daß es seine Emanzipation hemmt. Man setzt dann ein Bataillon Erzieher, ein Bataillon Missionare, ein Bataillon einheimischer Hilfswilligen ein, und die Arbeit wird von den Manipulatoren an ihren Mischpulten koordiniert."

In der harten, sogenannten „épuration" nach dem Krieg haben die Elsässer und Deutschlothringer ihr Selbstbewußtsein verloren. Den Eltern haben die Lehrer jahrelang eingeredet, der Gebrauch der Mundart sei ein Hindernis bei der Erlernung der sogenannten „langue nationale", und der soziale Aufstieg der Kinder führe ausschließlich über den Gebrauch des Französischen. So reden viele Eltern mit ihren Kindern nur französisch, selbst wenn sie es nur schlecht können, in der Meinung, sie erwiesen ihnen damit einen Dienst.

Der Elsässer und Deutschlothringer kennt seine Geschichte nicht mehr. Im Einheitsgeschichtsbuch der Schulen ist kein Platz für Heimatkunde und Territorialgeschichte. Frankreich wird als von jeher präexistent dargestellt. So sieht der elsässische Schüler Jeanne d'Arc oder Henri IV als Figuren seiner Geschichte an, Friedrich Barbarossa hingegen, der am liebsten im elsässischen Hagenau weilte, ist für ihn ein fremder Herrscher und Deutschland Ausland. Bei vielen Erwachsenen reicht das Gedächtnis nicht hinter 1945 zurück. Was vorher war, erscheint in einem grauen Nebel.

Der Elsässer und der Deutschlothringer wissen nicht mehr, wie sie heißen. Die Vornamen sind alle französisch; es gibt weder Hans noch Fritz, weder Gretel noch Kättel. Ebenso greift die französische Aussprache der Familiennamen um sich. Da laufen nicht nur die Müllär und Schlossär herum, sondern auch die Clän (Klein) und die Ofschlagé (Aufschlager). Selbst vor den Toten macht diese Mode nicht halt. Da gehts vom célèbre docteur Schwätzär (Schweitzer) bis zum Reformator Büssär (Butzer). Der Elsässer weiß nicht mehr, wie seine Sprache heißt; früher sprach er Elsässerdeutsch oder einfach Deutsch, heute spricht er „alsacien", ist „dialectophone", aber beileibe nicht deutschsprachig. Das ist man in Basel und Kehl. Er weiß nicht mehr, wie einen Unbekannten auf der Straße oder am Telefon ansprechen: ob im „ungebildeten" Dialekt oder auf französisch, im Zweifelsfall besser auf französisch. Aber alle Fälle sind Zweifelsfälle!

Rückbesinnung? Rückgewinnung?

Die Dialektwelle, die sich im ganzen deutschen Sprachraum ausbreitet, hat auch Elsaß-Lothringen erfaßt. Die Mundart wird als Sprache des Protestes und als fast das einzige noch bleibende Kennzeichen der „identité alsacienne" aufgefaßt. „Redet Elsässisch mit euren Kindern", verkündeten die Plakate des Schickele-Kreises und spätere Bewegungen wiederholen es. Diese Rückbesinnung auf den Wert des Dialekts ist dringend nötig, kommt sie aber nicht schon zu spät? Eine im Februar 1982 durchgeführte Erhebung über den Prozentsatz der „enfants dialectophones" in den Kindergärten zeigt, wie sehr sein Gebrauch in den Familien geschwunden ist. Von 36 Kleinkinderschulen in Straßburg melden sieben überhaupt keine Mundartsprecher und nur sechs mehr als zehn Prozent. In Weißenburg sind es 22,9 v. H., in Hagenau 30,5. Aber selbst in vielen Dörfern sind die Dialekt sprechenden Kinder in der Minderheit. Selten liegt der Mittelwert über fünfzig Prozent, nur im Krummen Elsaß ist die Sprache noch ziemlich heil, mit 83,4 v. H. Während vierzig und mehr Jahre hat man die Mundart als „la langue des ploucs, ce sale idiome" lächerlich gemacht. Das ist das Ergebnis. Wieviele Elsässer und Deutschlothringer ihren Dialekt noch richtig reden können, weiß man nicht: eine Million, anderthalb Millionen?

Seit 1975 kann es wieder einen Deutschunterricht in den Grundschulen geben; im Prinzip zwei und eine halbe Wochenstunde, viel zu wenig. Es ist also fakultativ, sowohl für die Schüler als auch für die Lehrer. Wenn dieser nicht will, gibt es eben keinen Deutschunterricht. Weder die Kenntnis des Deutschen noch die Befähigung für den Deutschunterricht sind Bedingung für die Anstellung. Im Lehrerseminar ist Deutsch kein Pflichtfach; höchstens ein Drittel der Junglehrer ist fähig, Deutschunterricht zu erteilen.

Dieser Unterricht setzt viel zu spät ein, erst mit dem neunten Lebensjahr, nach fünf bis sechs Jahren einer rein französischen Schule, in der die spärlichen Deutschkenntnisse, die vielleicht vorhanden waren, vernichtet wurden. Nach den offiziellen Angaben besuchen im Unterelsaß rund 75 Prozent der in Betracht kommenden Schüler diesen Unterricht, im Oberelsaß sind es nur 65 v. H., und die Zahlen sind rückläufig. Die Ergebnisse sind leider oft mittelmäßig; von den zugelassenen zweieinhalb Wochenstunden werden manchmal nur anderthalb oder gar nur eine halbe Stunde gegeben.

Die Verfechter der Dialekt-Renaissance, u. a. A. Weckmann und E. Philipps, wissen genau, daß die Mundart ohne den Rückhalt der Hochsprache nicht weiterbestehen kann. Es ist aber nicht sicher, daß eine Wiederbelebung der Mundart auch zur Wiederbelebung des Hochdeutschen führen wird. In Baden und in der Schweiz hat die Dialektwelle eine deutliche Spitze gegen die Schriftsprache, und auch im Elsaß kann man hören: „Ich redd elsässisch, awer nit ditsch." Es kann sich um eine Scheinblüte handeln, die nach kurzer Zeit welken wird.

Die Sprachenfrage in Elsaß-Lothringen läßt sich nicht auf ein Schulproblem beschränken, wie manche es gern möchten. Sie ist eine politische Frage. Ohne ein Mindestmaß an Selbstverwaltung und Kulturautonomie gibt es keine Lösung. Die „Dezentralisation", wie sie jetzt in Frankreich mühsam eingeführt wird, wird nach dem, was bisher bekannt geworden ist, den Regionen keine Schulhoheit übertragen.

Es stellt sich überhaupt die Frage, ob eine Volksminderheit im modernen zentralistischen Staat weiterleben kann ohne Unterstützung von außen. Die Südtiroler liefern das Beispiel: trotz der Entschlossenheit und Einmütigkeit des Widerstands gegen die Italianisierung hätten sie wohl aufgeben müssen, wenn nicht Österreich als Schutzmacht aufgetreten wäre und das Autonomiepaket durchgesetzt hätte. Den Elsässern und Deutschlothringern hat diese Einmütigkeit von Anfang an gefehlt. Die weitgehend assimilierte Bourgeoisie stellte das Bataillon der einheimischen Hilfswilligen und sie sitzt an den Schalthebeln der Macht. Niemand kann hier die Rolle Österreichs spielen.

Und doch ist die Ausrottung der althergebrachten Sprache, in dem Gebiet, das einst eines der deutschen Kernländer war, eine solche Umgestaltung der europäischen Sprachlandschaft, daß kein Europäer sie gleichmütig hinnehmen dürfte.

HEINZ SCHILLINGS

Deutsche im französischen Teilstaat Belgiens

1830 bis 1914

Wer über die derzeitige Lage einer minderheitlichen Volksgruppe berichten soll, kommt nicht umhin, eine Weile bei deren Werdegang stehenzubleiben. Bei der Geschichte der Deutschen im jetzigen französischen Teilstaat Belgiens ist spätestens beim Wiener Kongreß anzusetzen, als zwischen 1815 und 1830 für eine kurze Zeitspanne, bis auf den deutschen Teil Französisch-Flanderns, alle Niederdeutschen westlich der Grenze des Deutschen Bundes im Königreich der Niederlande vereinigt waren. Zu diesen Vereinigten Niederlanden gehörten aber auch an Zahl recht beachtliche hochdeutsche Minderheiten längs der südlichen Hälfte der östlichen Staatsgrenze, in der heutigen Provinz Holländisch-Limburg, in der Provinz Lüttich und in der östlichen Hälfte des damaligen Herzogtums Luxemburg, das Gebietsabtretungen an Frankreich (1659) und erst kürzlich an Preußen (1815) erlitten hatte.

Es war indessen die nach einigen Millionen zählende wallonisch-französische Volksgruppe eine der Hauptursachen, daß die Vereinigung Nord- und Südniederlands keinen langen Bestand hatte. Bereits 1830 kam es zum Bruch. Das aus diesem entstehende Belgien vereinnahmte alle westlich von Aachen wohnenden hochdeutschen Limburger und ebenso alle Deutschluxemburger. Sie zählten damals reichlich 300 000 Seelen, so daß der junge Staat, obwohl auf den Spitzen französischer Bajonette gegründet, außer den später unter dem Sammelbegriff Flamen sich begreifenden Kron- und Reichsflamen, Südbrabantern und niederländischen Limburgern auch „seinen" Hochdeutschen sprachlich bis zu einem gewissen Grade entgegenkam. So gab es zum Beispiel zum französischen Originaltext des belgischen Gesetzblattes nicht nur eine niederländische, sondern auch eine hochdeutsche Übersetzung.

Damit war es aber gleich vorbei, als nach weiteren neun Jahren, 1839, Belgien auf das jetzige Holländisch-Limburg und das jetzige Großherzogtum Luxemburg verzichten mußte, wollte es völkerrechtliche Anerkennung erhalten und Frieden mit Nordniederland schließen. Dies hatte zur Folge, daß bei Belgien lediglich längs seiner Ostgrenze, räumlich voneinander getrennt, ein deutscher Reststreifen in der Provinz Lüttich und ein etwas breiterer deutscher Reststreifen in der Provinz Luxemburg verblieben. Jenes, das Montzener Gebiet, erstreckt sich über 163 km² und zählt heute knapp 20 000 Einwohner, dieses, das Areler Gebiet, über 322 km² mit etwa 45 000 Seelen.

Als Amtssprache[1]) geriet das Hochdeutsche bald in Vergessenheit, im Gegensatz zur Schule, wo es in den folgenden Jahrzehnten eine deutliche Vorrangstellung behielt, zumindest in der Grundschule, und auch im Gegensatz zur Kirche, die sich ausschließlich der Gebietssprache bediente, im Norden wie im Süden.

Es war der Minderheit aber nicht vergönnt, an der zwar mühseligen, jedoch stetigen Aufwärtsentwicklung Flanderns[2]) Anteil zu haben. Bei den Behörden herrschte allein das Französische, und die Leute durften bestenfalls hoffen, auf

Beamte zu stoßen, die bereit waren, sich ihre in Mundart[3]) vorgetragenen Anliegen anzuhören. „Alle Amtlichen", schrieb 1896 der Lütticher Universitätsprofessor Gottfried Kurth, selbst gebürtiger Areler, „die mit ihm, dem Volk, zu tun haben, sprechen Französisch zu ihm oder sprechen es gar nicht an. Es gehört zu denen, die man außerhalb der Unterhaltung läßt."[4])

Ein Massengesuch mit nahezu 10 000 Unterschriften, das Hochdeutsche als Amtssprache zuzulassen, wurde um die Jahrhundertwende vom Parlament abgewiesen. Bittschriften an den „Allergnädigsten Herrn, Seine Majestät, den König der Belgier", hatten auch keinen Erfolg. Der um die gleiche Zeit gegründete „Deutsche Verein", dessen Ehrenvorsitz A. Nothomb, Vorfahre des heutigen Politikers und mehrmaligen Ministers, innehatte, forderte die Schaffung eines deutschen Gymnasiums und einen Sprachengebrauch im Verwaltungs- und Gerichtswesen wie in Flandern, d. h. Zweisprachigkeit mit Vorrang des Französischen. Wie die anderen blieb auch dieses Verlangen unerfüllt.

Nicht ohne Bitterkeit vermerkt ein anderer Lütticher Universitätsprofessor, der aus Montzen stammende Heinrich Bischoff, die französischen Zeitungen Belgiens weinten vor Rührung, wenn ein Kind aus Posen oder Metz seine Muttersprache verlerne, für die Tausende Deutscher, deren Geist verstümmelt würde, fühlten sie jedoch nichts, ebenso wenig wie für die Bretonen und Flamen in Frankreich[5]). Immer schwerer würde es den Arelern und Montzenern gemacht, den Spruch wahrzumachen:

> In fremder Völker Mitte,
> Gefährdet hier und dort,
> Bewahrt die deutsche Sitte,
> Bewahrt das deutsche Wort.[6])

Und dennoch: trotz aller Verwelschungsversuche, derer sich die Wallonen und Staatsfranzosen schuldig machten, und an denen, wenn auch nur mittelbar, Flamen und Reichsdeutsche teilnahmen, trotz der Totengräber des Volkstums aus den eigenen Reihen, „die sich verwelschen ließen, um sich vom Volke zu unterscheiden",[7]) gelang es dem nach wie vor französisch geprägten Belgien nicht, die Minderheit, deren Angehörige merkwürdigerweise bis auf den letzten Mann staatstreu bis auf die Knochen waren, ihrer volksdeutschen Gesinnung zu berauben. So sangen sie nach der Weise des „Vlaamer Leeuw" im Refrain „Wir wollen deutsch nur sprechen im deutschen Belgenreich" und Haydns alte Kaiserhymne dichteten sie auf sich bezogen um in „Deutsches Volk in Belgiens Landen, werde Herr im eig'nen Haus"!

Daß sie in ihrer großen Mehrheit tatsächlich deutsch dachten und fühlten, den Beweis hierfür finden wir in der von 1848 bis 1951 zweimal wöchentlich erschienenen Zeitung des Montzener Gebiets, die unter dem heute belustigend anmutenden Namen „Die Fliegende Taube" sich bis zum Ersten Weltkrieg im Untertitel als „größtes Anzeigerblatt der Deutschen Belgiens" empfahl.

1914 bis 1944/45

Bei Ausbruch des Ersten Weltkrieges schlug die bis dahin psychopolitisch günstige Lage rasch ins Gegenteil um. Die einrückenden reichsdeutschen Truppen sahen im Montzener und Areler nicht den volksdeutschen Bruder, sondern den Feind, eine kaum zu überbietende Dummheit, von der Propaganda der Alliierten geschickt genutzt, so daß es nach der Beendigung der Feindseligkeiten den volkstreu Gebliebenen, die sich nun nicht mehr auf eine Gesinnungsmehrheit stützen konnten, doppelt schwer gemacht wurde, eine ersprießliche Volkstumsarbeit zu leisten.

So gaben bei der Sprachenzählung des Jahres 1930 nur noch knapp vierzig Prozent der Einwohnerschaft des Montzener Gebiets an, Deutsch sei ihre ausschließlich oder meist verwendete Sprache. Im Areler Land ging das Bekenntnis zur angestammten Sprache noch stärker zurück. Gleichwohl besaß in beiden Teilgebieten die Mundart nach wie vor eine Monopolstellung im täglichen Umgang. Die französische Einsprachigkeit der Behörden, die nun nicht mehr beanstandet wurde, und das weitere Vordringen des Französischen in der Schule vermochten die Volkssprache nicht in Bedrängnis zu bringen. Nichtsdestoweniger war mit der gefühlsbetonten Abkehr vom Deutschtum den Welschen und den Französlingen der Durchbruch gelungen.

Und Belgien hatte mittlerweile Eupen-Malmedy als Kriegsbeute einheimsen können. Hierzu zunächst die Zahlen: die preußische Wallonie, wie der französische Teil Eupen-Malmedys bis 1920 hieß, hat eine Fläche von 150 km^2 und zählt heute rund 15 000 Seelen. Sie beherbergt eine ziemlich gleichbleibende deutsche Minderheit von etwa 25 Prozent an der Gesamtbevölkerung. Den dortigen Deutschen stehen auf dem Papier einige Rechte sprachlicher Art zu. Die Zustände in der Malmedyer Wallonie sind indessen an dieser Stelle nicht zu beschreiben. Der deutsche Teil Eupen-Malmedys, in der Folge Eupen-St. Vith genannt, umfaßt 867 km^2 mit 65 000 Einwohnern. Durch Zuzug seit 1920 beträgt der Anteil der Wallonen schätzungsweise vier bis sechs Prozent.

Niemand in Belgien behauptet heute noch, die preußischen Kreise Eupen und Malmedy seien aufgrund einer unanfechtbaren Volksabstimmung an den Mitsiegerstaat des Ersten Weltkrieges gekommen. Für eine Annexion an Belgien war selbst im wallonisch-französischen Malmedy nur eine kleine Schar von 100 bis 200 Leuten zu haben. Um der Annexion jedoch eine moralische Rechtfertigung zu geben, diktierte der Versailler Vertrag in Artikel 34: „Während der sechs Monate nach Inkrafttreten des gegenwärtigen Vertrages eröffnen die belgischen Behörden in Eupen und in Malmedy Registrierungsstellen, und die Bewohner dieser Gebiete werden die Möglichkeit haben, dort schriftlich ihren Wunsch auszudrücken, daß diese Gebiete ganz oder zum Teil unter (reichs)deutscher Souveränität bleiben sollen. Es ist Sache der belgischen Regierung, das Ergebnis dieser Volksbefragung, deren Entscheidung Belgien sich anzunehmen verpflichtet, dem Völkerbund zur Kenntnis zu bringen." Von freier, geheimer und durch neutrale Mächte kontrollierter Abstimmung war also keine Rede, und die als Gerücht ausgestreute Drohung, die Eintragung in die Listen werde als Option für das Deutsche Reich gewertet und ziehe die Vertreibung nach sich, machte das Ganze erst recht zu einer bitterbösen Komödie, die mit dem gerade erst proklamierten Recht auf Selbstbestimmung nicht das geringste zu tun hatte.

Nach einem Übergangsregime, währenddessen der mit diktatorischen Vollmachten ausgestattete Militärgouverneur, General Baltia, sogleich versuchte, in den angeblich „von der Fremdherrschaft erlösten Gebieten" das Französische zum beherrschenden Element zu machen, wurde Eupen-Malmedy 1925 der Provinz Lüttich zugeteilt. Was Eupen-St. Vith betrifft, unter dem Zeichen der Zweisprachigkeit nach dem Motto „Soviel Deutsch wie nötig, soviel Französisch wie möglich". Dies in der berechtigten Annahme, daß, wer als Minderheitsangehöriger zwei Sprachen kennt, letzten Endes nicht mehr die seine spricht. „Un peuple, qui parle deux langues, finira par ne plus parler la sienne", diese Erkenntnis ist bereits in den Schriften Gottfried Kurths zu finden.

Trotz der materiellen Vorteile und Begünstigungen, die Belgien gewissen Bevölkerungsschichten, z. B. den Kriegsversehrten, angedeihen ließ, um zunächst diese für sich zu gewinnen, fand sich Eupen-St. Vith nicht mit dem Staatswechsel ab. Und

Belgien schien in den Jahren 1926—27 nicht abgeneigt, bei finanziellen Gegenleistungen deutscherseits wieder auf das Gebiet zu verzichten. Paris hintertrieb aus naheliegendem Grund (Elsaß-Lothringen) die schon weit gediehenen Verhandlungen zwischen Berlin und Brüssel, so daß es zu keinem positiven Ergebnis kam.

Die NS-Machtübernahme war, im Gegensatz zu dem, was man hätte erwarten können, nicht dazu angetan, den Rückkehrwillen zu stärken. Beträchtliche Verwirrung stiftete Hitlers mehrmalige Erklärung, im Westen keine Gebietsforderungen zu stellen, Verzicht, zu dem die früheren Reichsregierungen niemals bereit gewesen waren. Schlimmer in ihren Auswirkungen waren aber die Ereignisse im Reich selbst, für die eine kaum antisemitische und streng katholische Bevölkerung kein Verständnis hatte. Nichtsdestoweniger herrschte Begeisterung über die territorialen und außenpolitischen Erfolge des NS-Regimes, den Anschluß Österreichs und des Sudetenlandes sowie die Wiedereingliederung des Memellandes, die bei vielen neue Hoffnung nährten.

Diese ging ein Jahr später in Erfüllung, und die „freudige Stimmung", die der Deutschschweizer Martin Schärer untertreibend feststellt[8]), ließ die meisten sich erst später ernsthaft darauf besinnen, daß von nun an außer Parteidiktatur auch Krieg herrschte.

Alles andere als begeistert waren hingegen die Montzener darüber, daß auch sie ein Zipfelchen des Großdeutschen Reiches wurden, und ihre antideutsche Einstellung konnte für lange Zeit nicht noch eindeutiger sein. Die Areler, die zunächst dem NS-Gau Luxemburg zugeschlagen werden sollten, hatten von ihrer Warte aus gesehen mehr Glück. Die Intervention eines hohen belgischen Würdenträgers, so heißt es, habe bewirkt, daß die für die Grenzrevision tätigen reichsdeutschen Stellen sie ungeschoren ließen. Auch das hat es anscheinend damals gegeben!

Der Fortgang des Krieges und die damit verbundenen, immer schwerer werdenden Opfer hatten zur Folge, daß die bereits nach kurzer Zugehörigkeit zum NS-Staat von einigen Skeptikern geäußerte Auffassung, Hitler habe in wenigen Monaten geschafft, wozu Belgien in zwanzig Jahren nicht imstande gewesen wäre, nach vier Kriegsjahren allenthalben geteilt wurde.

Die ersten Jahrzehnte nach 1945

Gleich bei Einzug der amerikanischen Truppen im September 1944 nahm Belgien Eupen-Malmedy und das Montzener Gebiet wieder in Besitz. Was nun wohl käme, fragten sich die Daheimgebliebenen, während die meisten Männer an der Front standen und Hunderte Familien als Evakuierte nach Binnendeutschland verschlagen waren. Was kam, war Rache und Vergeltung. Leid, Not, Angst und Schrecken brachen über das Volk herein. Es war jeder Willkür ausgeliefert. Über 16 000 Ermittlungsverfahren wurden eingeleitet, meist begleitet von der Einweisung ins Internierungslager. Hohe Freiheits- und Geldstrafen wurden verhängt, Todesurteile dutzendweise ausgesprochen, einige in Arel auch vollstreckt.

Erst nach 1947 trat eine deutliche Beruhigung ein. Dennoch saßen auch noch zehn Jahre nach Kriegsende einige Eupen-St.Vither im Gefängnis. Und manche der aus der sogenannten „Säuberung" (von deutscher Gesinnung) entstandenen sozialen Härtefälle sind bis heute nicht aus der Welt geschafft. Die Forderung nach Amnestie stößt trotz oder eher gerade wegen der allgemein positiven Einstellung der Flamen auf gehässige Ablehnung bei den wallonischen Politikern.

Lange Zeit rechtlos waren aber nicht allein die Kriegsverurteilten, sondern auch die Volksgruppe als solche. Der wallonisch-französische Imperialismus konnte sich ungeniert breitmachen. Beamte und Lehrer wurden massenweise entlassen und die Sprachgesetze mit einem Federstrich oder auch ohne außer Kraft gesetzt. Im

Montzener und Areler Gebiet verschwanden die letzten Reste an Deutschunterricht in den Schulen, in Eupen-St. Vith mußte das Deutsche vor dem Andrängen des Französischen auf der ganzen Linie den Rückzug antreten. Dieser vordergründig sprachliche Vorgang fand eine ungemeine Verschärfung in einem betont antideutschen Unterricht, und es wiederholten sich die Zustände der Übergangszeit von 1920—25, freilich in verstärktem Maße und überdies in einer Atmosphäre, worin die total eingeschüchterte Bevölkerung keinen Widerstand zu leisten wagte und, angesichts der Erfahrungen aus den ersten Nachkriegsjahren, zu einem guten Teil auch nicht mehr leisten wollte.

Der öffentliche Gebrauch des Wortes Muttersprache war verpönt. Schlimmer noch: es waren Bestrebungen im Gange, die bodenständige Volksgruppe durch Massenzuzug aus Innerbelgien zu unterwandern, um sie in ihrer eigenen Heimat auch zahlenmäßig in die Minderheit zu versetzen. Hierbei tat sich der damalige Bürgermeister Eupens, der bereits im Juli 1945 einen Aufruf zur Denunziation erlassen hatte, besonders hervor. Glücklicherweise mißlang das zumal von der Provinz Lüttich ausgeheckte Vorhaben, und das nicht etwa am Widerspruch des angeblich die Belange der Bevölkerung verteidigenden Tageblattes „Grenzecho". Denn es schwieg zu diesen und anderen Vorgängen und Plänen in allen Tönen...

Von ganz besonderer Durchschlagskraft ist die Politik dieser Zeitung gewesen und ihre Bedeutung auch heute kaum zu überschätzen. 1927 von französischen und französelnden Belgiern gegründet[9]), war des Blattes erklärtes Ziel die psychopolitische Entdeutschung Eupen-St. Viths. Anfänglich hatte es einen schweren Stand[10]); es wußte aber 1945 nach dem Hinwegfegen der reichsdeutsch gesinnten Zeitungen und Zeitschriften seine ihm nun wie von selbst zugefallene Monopolstellung derart zu festigen, daß ein 1947 unternommener und 1955 wiederholter Versuch, seine journalistische Alleinherrschaft zu brechen, nach kurzer Zeit scheiterte. Schon allein das Gerücht, das „Grenzecho" führe schwarze Namenslisten über die Bezieher der neu entstandenen Presseorgane, genügte durchaus, die löblichen Anstrengungen der wenigen um die Entwicklung besorgten und große Risiken nicht scheuenden Volkstumsarbeiter im Keime zu ersticken.

Trotzdem: ganz zum Verstummen vermochte die antideutsche Monopolpresse, die das schöne und das schlechte Wetter machte, die heimatverbundenen Stimmen nicht zu bringen. Die Gründung eines Sprachvereins Mitte der fünfziger Jahre konnte mit dem Hinweis, daß „Systematik und Organisation keinesfalls erforderlich"[11]) seien, nicht mehr verhindert werden. Die erste in Vereinsform agierende Gegenwehr war da und von Dauer. Sie entstand unter dem Namen „Vereinigung zu Schutz und Pflege der Muttersprache" und besteht nach mehrmalig geänderter Bezeichnung heute als „Rat der hochdeutschen Volksgruppe"[12]) weiter. Die allen Verdächtigungen und Einschüchterungsversuchen trotzende Volksgruppenvertretung, die sich in all den Jahren von dem unwandelbaren Gedanken der grundsätzlichen Gleichberechtigung und der praktischen Gleichwertigkeit mit den beiden anderen, großen Volksgruppen leiten läßt, konnte sogleich ihren gewiß bescheidenen, aber doch allenthalben wirksamen Beitrag für eine (allerdings vielleicht nur vorübergehende) Besserstellung der Volksgruppe leisten.

Denn zwischen den Flamen, deren volksbewußter Teil nach dem Krieg politisch entmündigt und finanziell ruiniert worden war, und den Wallonen, seit jeher Minderheit lediglich in der Zahlstärke, spitzten sich die Gegensätze wieder zu. Es galt nun, bei diesen innerbelgischen Auseinandersetzungen jede Möglichkeit zu nutzen, die eigene ethnopolitische Frage an die gesamtbelgische Volkstumsproblematik anzuhängen. Die Gefahr, daß Gebiet und Volksgruppe von vornherein als inexistent betrachtet würden, war groß, nachdem die zehnjährlichen Sprachzählun-

gen gestrichen worden waren und die bisherige Sprachgesetzgebung, deren letzte Erlasse aus den Jahren 1932–35 stammten, eine grundlegend neue Fassung erhalten sollte. Deren Grundsätze lauteten:
1. Sprachlich einheitliche Gebiete sind in der Gebietssprache und nur in ihr zu verwalten;
2. Die Verwaltungsgrenzen sollen längs der Sprachgrenzen mit diesen zusammenfallen;
3. In einem sprachlich einheitlichen Gebiet ist die Gebietssprache, und nur sie, auch die Schulsprache.

Die Anerkennung der Richtigkeit dieser Grundsätze bedeutete, in der Theorie zumindest, die Vollendung des Territorialitätsprinzips im sprachpolitischen Bereich. Ihre Anwendung, wenn auch unvollkommen gerade an den neuralgischen Punkten, machte der allmählichen Umwandlung des Einheitsstaates in einen Bundesstaat den Weg frei.

Für die deutsche Volksgruppe in den Provinzen Lüttich und Luxemburg ergab sich aus den Sprachgesetzen von 1962–63 freilich eine andere Situation:
1. Das Areler Gebiet ist Bestandteil des französischen Sprachgebiets;
2. das Montzener Gebiet ebenfalls, jedoch mit der Einschränkung, daß das Gesetz über den Sprachengebrauch in der Verwaltung die Berücksichtigung der „von der Bevölkerung gesprochenen Sprache" zuläßt und das Gesetz über die Sprachenordnung im Unterrichtswesen die Erlernung der Sprache der sogenannten „Minderheit" in der heute sechsklassigen Grundschule von der dritten Klasse an vorschreibt;
3. Eupen-St. Vith ist einsprachig deutsches Gebiet, indessen bei den Behörden zweisprachig deutsch-französisch und im Schulwesen zwar mehrheitlich deutsch, das Französische aber von der ersten Grundschulkaasse an zulässig und an Umfang von Stufe zu Stufe zunehmend, zuletzt mitunter sogar vorherrschend.

Die hehren Grundsätze gelten also nicht für die naturgemäß schutzbedürftigste Volksgruppe: für Arel und Montzen überhaupt nicht, für Eupen-St. Vith aber auch nicht; keine Anpassung der Verwaltungs- an die Sprachgrenze und folglich keine eigene Verwaltungseinheit; ein zweisprachig verwaltetes Gebiet bei gleichzeitiger Anerkennung seiner sprachlichen Einheitlichkeit; ein forcierter, als „Zweitsprache" deklarierter Französischunterricht, obgleich ein Erlaß selbst jedem Fachlehrer die Pflicht auferlegt, zuvörderst Lehrer der Muttersprache und erst dann Lehrer seines Fachs zu sein.

Vor allem waren es imperialistische Drahtzieher aus dem Lütticher Raum und ihre opportunistischen Handlanger in Eupen-St. Vith, die die Schaffung annehmbarer Verhältnisse vereitelten, und nicht etwa die Regierung, der freilich vorzuwerfen ist, daß sie sich nicht gegen die verwelschenden Machenschaften einiger weniger durchsetzte und, um ein Beispiel zu nennen, den hinlänglich zufriedenstellenden Plan des Innenministers Gilson zerschlagen ließ, den niederländischen Teil Lüttichs[13]), das Montzener Gebiet, die Malmedyer Wallonie und Eupen-St. Vith in einem Bezirk zusammenzufassen, dessen Gemeinden eine für alle gleiche behördliche Zweisprachigkeit vorgeschrieben werden sollte.

Ein anderer Innenminister, der flämische Sozialist Alfons Vranckx, ging gedanklich noch viel weiter als sein Vorgänger Gilson. Er vertrat bei einem Besuch Eupen-Malmedys die Ansicht, Regionen müßten sich, ob man wolle oder nicht, nach den „wirtschaftlichen und kulturellen Notwendigkeiten des technischen Fortschritts" organisieren. Das könne bedeuten, daß in zwanzig Jahren „der deutsche Landesteil einem wirtschaftlichen Großraum Rheinland" angehöre.

Das war 1965. Im selben Jahr richtete die „Aachener Volkszeitung" eine

Lokalredaktion in Eupen ein. Muß erwähnt werden, daß das eine und das andere auf heftigste Kritik in der frankobelgischen Presse stieß?

1965 bis 1980

Die Durchführungsverordnungen zu den neuen Sprachgesetzen ließen lange auf sich warten, und nach ihrer Veröffentlichung hatten Schulleiter und Behörden es nicht gerade eilig mit der Anwendung im Alltag. Dennoch wäre es unrichtig, eine spürbare Besserung der Lage im Vergleich zu den fünfziger Jahren zu leugnen. Sie war trotz aller Unzulänglichkeit und Diskriminierung vorhanden. Ob von anhaltender Dauer, steht auf einem andern Blatt.

Die Zeit blieb jedoch nicht stehen. Die Flamen erzwingen bald den Umzug der französischen Abteilung der Löwener Universität ins französische Gebiet, und kurz darauf sind Regierung und Parlament vollauf mit der Ausarbeitung neuer oder abzuändernder Verfassungsartikel beschäftigt. Autonomie heißt das Schlagwort, das auch in Eupen-St. Vith vernommen und von den volksbewußten Kreisen genauso für ihr Heimatgebiet in Anspruch genommen wird.

Ihr Ruf nach sprachlich-kultureller Eigenständigkeit bereitet der Gegenseite Unbehagen. „Es gibt bei uns Leute", schreibt „Grenzecho" am 6. Juni 1968, „die behaupten, unser Heil liege einzig und allein darin, ‚autonom' zu sein. Wobei sie von dieser Autonomie sehr nebelhafte Vorstellungen haben." So wird bis auf den heutigen Tag versucht, und bei den breiten Schichten der Bevölkerung keineswegs erfolglos, die Verfechter einer eigenständigen Entwicklung als dümmliche Querulanten zu brandmarken. Ähnlich verfahren die Gegner des Föderalismus, indem sie sagen, die Föderalisten wüßten nicht, was Föderalismus ist.

Bald zeigt sich, daß die Wallonen nicht willens sind, das ihnen seit 1920 politisch, vor allem aber administrativ unterstellte Gebiet herauszurücken, von Montzen und Arel ganz zu schweigen. Den „deutschsprachigen Wallonen"[14]) verweigern sie weiterhin einen eigenen Verwaltungsbezirk, auch wenn dieser Teil der Provinz Lüttich bliebe. „Ich kann", so der Innenminister, der Wallone Harmegnies, „die Schaffung eines getrennten Bezirkskommissariats nicht bewilligen. Davon ist keine Rede, davon darf keine Rede sein." Kein Wunder, daß der Gesetzvorschlag der nationalflämischen Partei „Volksunie", Eupen-St. Vith, Arel und den Südteil des Montzener Gebiets in einer „Ostprovinz" zu vereinigen, nicht im entferntesten in Erwägung gezogen wurde.

Am Silvestertag des Jahres 1970 veröffentlicht das belgische Gesetzblatt die neuen und die reformierten Verfassungsartikel. Die Existenz der vier Sprachgebiete findet nun auch verfassungsrechtliche Anerkennung. Anerkannt werden außerdem drei Kulturgemeinschaften, die französische, die niederländische und die (hoch)deutsche, ferner drei Regionen, die flämische, die wallonische und Großbrüssel. Für Eupen-St. Vith, theoretisch auch für Montzen-Arel, hält die Verfassung zwei wichtige Bestimmungen bereit. Zum einen schafft sie den „Rat der deutschen Kulturgemeinschaft", zum andern läßt das neue Grundgesetz zu, daß Gebiete provinzfrei sein können und als solche, mit einem eigenen Status versehen, der Zentralgewalt unmittelbar unterstellt werden.

Ein Jahr später, Ende 1971, wird in Sankt Vith eine Gebietspartei gegründet. Sie nennt sich „Partei der deutschsprachigen Belgier" (PDB) und holt ihre Führungskräfte zu einem guten Teil aus den drei sogenannten traditionellen Parteien, zumal aus der christlichsozialen und der liberalen. Es ist ganz sicher, daß es der PDB, im Gegensatz zu den von ihren wallonischen Zentralen abhängigen „Traditionellen", ernst ist mit der Forderung nach Gleichberechtigung der Eupen-

St. Vither mit der niederländischen und der französischen Gemeinschaft. Sie steht aber von Anfang an unter einer schwerwiegenden Zwangsvorstellung, einer seit 1945 allerdings allgemein herrschenden Grundgesinnung: wie vorher schon in Montzen-Arel ist nun auch hier das undifferenzierte, sklavisch anmutende Bekenntnis zum Staat ein immer wiederkehrendes Ritual geworden. So sieht oder will die PDB den Widerspruch nicht sehen, wenn sie in ihrer Gründungserklärung die Schändung der „Rechte der Gemeinschaft" anprangert und im selben Atemzug „dem belgischen Staat vorbehaltlose Loyalität" gelobt. Sie will ignorieren, daß die an sich gern geschuldete Staatstreue einer volklichen Minderheit zwangsläufig dort endet, wo die Illoyalität des Staates ihr gegenüber beginnt.

Die zeigte sich ein weiteres Mal ganz klar, als es darum ging, das Gesetz über den „Rat der deutschen Kulturgemeinschaft" (RDK) abzufassen. Was dabei herauskam, war der Schatten dessen, womit die entsprechenden Räte der Flamen und Wallonen ausgestattet wurden. Während diese im sprachlich-kulturellen Bereich legislative Gewalt erhielten, mußte sich der RDK mit der Funktion eines Gutachters begnügen. Überdies wurden die auf seinem Nuräußerungsrecht beruhenden Vorschläge höherenorts sehr oft stillschweigend beiseitegelegt.

Dem Gesetz über den RDK ist einzig zugutezuhalten, daß dafür Sorge getragen ist, die 25köpfige Körperschaft aus Direktwahlen hervorgehen zu lassen. Deren Entscheidungsrecht beschränkte sich vorerst im wesentlichen darauf, eine jährliche Staatsdotation nach eigenem Ermessen im kulturellen Bereich zu verteilen.

„Der Rat der deutschen Kulturgemeinschaft könnte allerdings mit größeren Vollmachten bedacht sein als die Kulturräte der französischen und niederländischen Gemeinschaft", die Verwirklichung dieser Feststellung des Staatsrechtlers Robert Senelle konnte in der Tat nicht erwartet werden. Belgien ist nicht die Schweiz, die nach dem Grundsatz handelt, dem Schwächeren lieber etwas zuviel, als etwas zu wenig zukommen zu lassen. Dennoch ist hervorzuheben, daß die Verfassung von 1970 nichts enthält, was die Deutschen Ostbelgiens diskriminiert und ihnen eine gleichwertige Behandlung verwehrt.

Wiederum zehn Jahre später, 1980, gehört diese verhältnismäßig günstige Ausgangsposition der Vergangenheit an. Greifen wir indessen nicht vor. Bei der Durchführung der Grundgesetzbestimmungen von 1970 stießen die sich rasch abwechselnden Regierungen auf schier unüberwindliche Schwierigkeiten. Zumal die völlig gegensätzlichen Auffassungen hinsichtlich der Stellung der Großbrüsseler Region machten soviel zu schaffen, daß man sich im Frühjahr 1979 entschloß, über eine weitere Verfassungsänderung die Umstellung des Einheitsstaates in einen Bundesstaat abschnittsweise zu vollenden.

Während die Eupen-St. Vither Vertretungen der sogenannten traditionellen Parteien eine abwartende Haltung einnahmen, jedoch den Anschluß des Gebiets an den französischen Teilstaat von vornherein einkalulierten und sogar befürworteten, lehnte die PDB die Einverleibung unter der Losung „Teil der Wallonie, nie" rundweg ab. Desgleichen der „Rat der hochdeutschen Volksgruppe", der Regierung und Parlament einen Lösungsvorschlag unterbreitete, worin sowohl den verfassungsrechtlichen Möglichkeiten Rechnung getragen, als auch an politischer und administrativer Eigenständigkeit das gefordert wurde, was als Minimum für eine echte und dauerhafte Überlebenschance der Volksgruppe anzusehen ist. In sechs Punkten zusammengefaßt enthielt der Vorschlag folgende Forderungen:
1. eine eigengebietliche Verwaltungseinheit außerhalb der Regionseinteilung,
2. die Umbildung des „Rates der deutschen Kulturgemeinschaft" in einen Gebietsrat,
3. Autonomie und Exekutivgewalt im sprachlich-kulturellen Bereich,

4. Übernahme der Erlasse des wallonisch-französischen Regionalrats (Erlasse im territorialen Bereich),
5. Übernahme der Erlasse des flämisch-niederländischen Gemeinschaftsrates (Erlasse im sozialen Bereich),
6. Widerspruchsrecht des Gebietsrates beim bundesstaatlichen Schiedshof, falls die vorgenannten Erlasse volksgruppenfeindliche Bestimmungen enthalten sollten.

Erreicht wurde nichts. Im Gegenteil: die Entwicklung im amtlichen Bereich ist seit Mitte 1980 klar rückläufig. Der zweite Teil[15]) der neuerlichen Verfassungsreform diskriminiert die Volksgruppe ausdrücklich und degradiert sie zu einer Sprachminderheit. Gab es, wie bereits erwähnt, in der Staatsverfassung von 1970 zumindest in der Benennung gleichrangige Kulturgemeinschaften, so lautet die Begriffsbestimmung nunmehr: „Belgien umfaßt drei Gemeinschaften: die französische Gemeinschaft, die flämische Gemeinschaft und die deutschsprachige Gemeinschaft." Ein ethnopolitisches Gefälle, das Altminister Hendrik Fayat zu der Bemerkung bewog, fortan gäbe es drei Spezies von Belgiern:

> zij de zeggen wat ze zijn,
> zij die niet willen zeggen wat ze zijn,
> zij die niet mogen zeggen wat ze zijn.[16])

Drittrangigkeit der Deutschen Ostbelgiens? Gewiß, aber die Frage ist doch falsch gestellt. Belgier sind sie, wie alle übrigen auch, neuerdings nur mehr dort, wo Belgien als Gesamtstaat auftritt, d. h. im Rahmen von Gesetzen, Maßnahmen und Handlungen, die keine eigentlichen Volkstumsprobleme berühren: Außenpolitik, Verteidigung, Außenhandel, Währungspolitik, Justizwesen, Pensions- und Rentenfragen ... Alles andere, was bisher die Zentralgewalt verordnete und verwaltete, ist im wahrsten Sinne des Wortes nicht mehr belgisch, sondern fällt in die ausschließliche Zuständigkeit der Regionen, ist also entweder wallonisch oder flämisch. Und da das Sondergesetz vom 8. August 1980 das Siedlungsgebiet der Deutschen Ostbelgiens als Teile der Provinzen Lüttich und Luxemburg zum „integrierenden" Bestandteil des wallonisch-französischen Gliedstaates erklärt hat und von diesem alle für die Volksgruppe wichtigen Interessen „wahrgenommen" werden, sind aus den Ostbelgiendeutschen Walloniendeutsche geworden. Aus dem bisherigen Deutschostbelgien wurde Wallonisch-Deutschland.

Das große Brüsseler Tageblatt „Le Soir" gibt ziemlich unverhohlen die Auffassung der belgischen Franzosen wieder, wenn es kommentiert: „La qualification de communauté, française' est plus large que celle, purement linguistique, de ‚francophone'. Elle marque d'autant plus la volonté politique d'étendre la dimension de la communauté française que la communauté allemande recevra, elle, la qualification simplement linguistique de ‚germanophone'."[17]) Was nutzte es da, daß nun plötzlich selbst das „Grenzecho" von Überrumpelung redete und verschreckt, aber auch scheinheilig fragte, wie „das anders (zu) verstehen" wäre „als daß unser Gebiet, da nur eine rein sprachliche Unterteilung es unterscheidet, Anhängsel der Wallonie sein und bleiben soll!"[18])

Nach der Entscheidung

Das Jahr 1980 ist das Schicksalsjahr der Volksgruppe. Schon Anfang 1981 verlangen die wohl ferngesteuerten Leiter der staatlichen Schulen einen sogenannten starken Französischunterricht mit Einführung des Französischen als Pflichtfach von der ersten Grundschulklasse an und machen sich, im Verein mit den von Verviers/Lüttich abhängigen Parlamentariern, zum Fürsprecher der Legalisierung der vielen, bisher gesetzwidrig unterhaltenen französischen Abteilungen im Sekundarschulwesen. Der Unterrichtsminister französischer Volkszugehörigkeit macht der Gebietssprache den gesetzlich vorgeschriebenen Vorrang mittelbar streitig, indem er von Lehranstalten schreibt, „où la langue allemande est considérée (!) comme première langue", und der Ministerpräsident der Wallonischen Region bezeugt in aller Offenheit, daß für ihn Eupen eine „ville wallonne" geworden ist.

Im halbamtlichen und subventionierten Bereich ist die Lage die gleiche. So wurde der unabhängige „ostbelgische" Wirtschaftsausschuß dem Wallonischen Wirtschaftsrat einverleibt, so führten schon Filialkrankenkassen den „Tag der französischen Gemeinschaft" als arbeitsfreien Tag ein, so wurde im Sport ein „Championnat de Wallonie" zum ersten Mal in einer deutschen Ortschaft ausgetragen. Die Aufzählung ließe sich beliebig fortsetzen. Überall stößt man auf das Wort „Wallonie", wo früher „Belgien" stand oder gebraucht wurde. Die Gleichschaltung mit dem französischen Landesteil ist in vollem Gange.

Mit der Staatswallonisierung und der allmählichen Volkswallonisierung geht naturgemäß das Zurückdrängen der flämischen Präsenz einher, so daß die Frage „Les Cantons de l'Est, vont-ils être livrés pieds et poings liés à la Flandre?"[13]) wie blanker Hohn wirkt. Schon die Sprachgesetze von 1962–63 waren eine Handhabe, jeden weiteren Zuzug von flämischen Staatsbeamten, bis dahin noch verhältnismäßig stark vertreten, rasch einzudämmen. Die Verfassungsreform von 1970 und erst recht die von 1980 boten die Gelegenheit, Flandern nun vollends auszuschalten. Damit sind allerdings nicht nur die Deutschen Eupen-St. Viths und Montzen-Arels dem französischen Imperialismus total ausgeliefert. Flandern, ohne dessen Zustimmung die Auslieferung an Wallonien nicht möglich gewesen wäre, gab gleichzeitig wichtige Eigenbelange auf. So hat es sich z. B. faktisch selbst von der westdeutschen Republik abgeschnitten, mit der es im Einheitsstaat „über Belgien" eine gemeinsame Grenze hatte. Und so bleibt Flandern lediglich noch ein einziges „Recht": den für Wallonisch-Deutschland vorgesehenen gesamtbelgischen Dotationsfonds zu 50 oder gar 60 Prozent mit flämischem Geld zu speisen, das Wallonien über seine welschhörigen Deutschen nach Gutdünken ausgibt ...

*

Solange Belgien als Einheitsstaat bestand, hielten die Deutschen an seiner Ostgrenze einen Trumpf in der Hand, den die meisten Volksgruppen nicht haben und nun auch sie nicht mehr: sie hatten es mit zwei staatstragenden Völkern zu tun, von denen das eine ihnen durchaus wohlgesinnt war und ist. Gewiß war dessen mäßigender Einfluß, ein eher passiver denn aktiver, ziemlich begrenzt. Man hätte es sich andersherum gewünscht. Nun ist es aber mit Flanderns in etwa neutralisierender Einwirkung endgültig vorbei. Es ist sozusagen zum Ausland geworden.

Die Lage der deutschen Volksgruppe in Staatswallonien hat sich entscheidend verschlechtert. Daran ändert auch die 1984 erfolgte Einsetzung einer dreiköpfigen „Regierung" als Exekutive des Gemeinschaftsrates nichts, da auch diese die für das Überleben der Volksgruppe unentbehrliche Sprach- und Gebietsautonomie mit entsprechender Selbstverwaltung nicht verwirklichen kann.

Heinz Schillings
10. 2. 1985

Anmerkungen:

[1] Gerichtssprache war Deutsch in Arel nie, in Montzen (Kantone Aubel und Limburg) seit 1935 sehr bedingt zugelassen.
[2] Erst seit 1889 wurde zum ersten Mal Niederländisch im belgischen Parlament gesprochen.
[3] In Montzen ein rheinisch gefärbtes Niederfränkisch, in Arel moselfränkisch.
[4] Le Patriote, Brüssel, 2.2.1896.
[5] Bischoff: Die deutsche Sprache in Belgien, 1931.
[6] ebd.
[7] Bischoff: Geschichte der Volksdeutschen in Belgien, 1941.
[8] Schärer: Deutsche Annexionspolitik im Westen, 1975.
[9] Hauptinitiator war der Generalsekretär der 1925 aufgelösten Militärregierung.
[10] „Acht Abonnenten in drei Straßen" nach eigenem Geständnis, (1977).
[11] Grenzecho, Eupen, 2.2.1957.
[12] Die Regionalisierung Belgiens hat das „hoch" in „hochdeutsch" überflüssig gemacht.
[13] d.h. die etwa 4 500 Seelen zählende Vurgegend westlich des Montzener Gebiets längs der holländischen Grenze.
[14] La Cité und Le Soir, beide Brüssel, 1965.
[15] Der dritte und letzte Teil soll vornehmlich die Region Großbrüssel behandeln.
[16] De Standaard, Brüssel, 18.6.1980. Sie, die sagen, was sie sind, sie die nicht sagen wollen, was sie sind, sie, die nicht sagen dürfen, was sie sind.
[17] Le Soir, Brüssel, 6.6.1980. „Die Bewertung ‚französische Gemeinschaft' ist umfassender als die rein sprachliche Benennung ‚frankophon'. Sie verdeutlicht um so stärker den politischen Willen, die Geltung der französischen Gemeinschaft zu mehren, als ihr, der deutschen Gemeinschaft, die nur sprachliche Bewertung ‚deutsch-sprachig' zuteil wird."
[18] Grenzecho, Eupen, 24.6.1980.
[19] Le Jour, Verviers, 29.6.1982. „Werden die Ostkantone an Hand und Fuß gefesselt Flandern ausgeliefert?"

FERDINAND SELBERG

Die deutsche Minderheit in Nordschleswig

Historischer Hintergrund

In Nordschleswig, das die Dänen *Sønderjylland* nennen, leben heute etwa 250 000 Menschen, von denen der deutsche Bevölkerungsanteil 8 – 10% ausmacht. Es ist das Gebiet zwischen der heutigen Staatsgrenze und der Königsau, das früher zum Herzogtum Schleswig gehörte. Die volklich-kulturelle Grenze ist somit nicht identisch mit der Staatsgrenze, zumal es auch im deutschen Südschleswig eine dänische Minderheit von etwa 50 000 bis 60 000 gibt. Die Existenz beider Volksgruppen ist eine Folge der geschichtlichen Entwicklung Schleswigs, welches in den vergangenen Jahrhunderten wechselweise unter dänischem und deutschem Einfluß gestanden hat.

Die Grenze zwischen dem deutschen und dänischen Machtbereich zeichnet sich erstmals in der Geschichte während der Wikingerzeit ab, als Kaiser Karl der Große und der Dänenfürst Godfred in Verhandlungen um 811 die Eider als Grenze zwischen den beiden Reichen anerkannte. Im Mittelalter entstehen die Fürsten und späteren Herzogtümer Schleswig und Holstein als Lehen der dänischen Krone von eigenen Adelsgeschlechtern regiert. 1460 kommt es zu einer Personalunion durch den Vertrag von Ripen (Ribe), indem sich der dänische König Christian I. verpflichtete, daß die beiden Herzogtümer „pliwen ewich tosamende ungedeelt". Bis zum Jahre 1864 gehörten dann die Herzogtümer Schleswig und Holstein zum dänischen Gesamtstaat, und kulturelle und geistige Beziehungen. Sowohl zum deutschen als auch zum dänischen Lebensraum prägten Sprache und Kultur. Die Bevölkerung lebte friedlich nebeneinander. Ihr Selbstbewußtsein bezog sich wahrscheinlich auf ihr Dorf, ihre Stadt, ihren Landesherrn. Die Umgangssprache war in Holstein Plattdeutsch, in Schleswig teils plattdeutsch, teils plattdänisch. Die Sprachgrenze verlief durch Mittelschleswig, während sie heute mit der jetzigen Sprachgrenze identisch ist.

Die geschichtlich gewachsene Gemeinsamkeit der Bevölkerung wurde erst durch die nationalen Strömungen um 1830 gestört. Konflikte entstanden zwischen dem regionalen Patriotismus, und dem Treueverhältnis zur dänischen Krone. In Holstein kaum ein Problem, denn es war deutsches Bundesland, aber in Schleswig mußte im Prozeß der nationalen Bewußtseinsbildung Stellung bezogen werden, hier deutsch, hier dänisch. Die schleswig-holsteinische Erhebung scheiterte in den Jahren 1848 bis 1851, mit der Folge, daß Dänemark sich erheblich bemühte, die Bevölkerung, besonders im südlichen Teil des Herzogtums Schleswig durch Sprachreskripte und Verwaltungsmaßnahmen zu dänisieren. Der deutschgesinnte Bevölkerungsanteil wehrte sich dagegen und hielt an ihren Traditionen und an seinem Eigenleben fest. Auf Grund der Großmachtambitionen Preußens kam es 1864 zum Kriege zwischen Preußen/Österreich und Dänemark. Als Anlaß dienten teils undurchsichtige Erbansprüche des Herzogs von Augustenburg, auf die Herzogtümer, teils die Ausdehnung der dänischen Verfassung auf Schleswig und damit die

Löschung der alten Zollgrenze an der Königsau. Das Ergebnis des Krieges war, daß Dänemark Schleswig-Holstein an die beiden Verbündeten abtreten mußte. Nach der Auseinandersetzung zwischen Preußen und Österreich 1866 wurden die Herzogtümer preußische Provinz. Bei den Friedensverhandlungen in Prag aber setzte Frankreich durch, daß im Artikel V bestimmt wurde, den nördlichen Gebieten des Herzogtums Schleswig ein Recht auf freie Abstimmung über ihre Zugehörigkeit zuzubilligen, da die Bevölkerung dort überwiegend dänisch gesinnt war. Es kam aber damals nicht zu dieser Abstimmung, weil man sich nicht über die Größe des Abstimmungsgebietes einigen konnte. 1878 wurde der Artikel von Preußen und Österreich aufgehoben und die dänische Regierung bestätigte sogar 1907, daß man keinen Rechtsanspruch gemäß Artikel V mehr habe. Was die Dänen bereits in Mittelschleswig mit ihrer Dänisierungspolitik falsch gemacht hatten, wiederholte nunmehr das deutsche Reich in Nordschleswig durch Germanisierungsbestrebungen. Die Mittel waren Verbote, Sprachinstruktionen, Ausweisungen und andere polizeiliche Zwangsmaßnahmen gegen die volkliche Arbeit der Dänen. Der Druck festigte die dänische Minderheit umso mehr, und 1914 war Nordschleswig praktisch dänischer geworden als 1886, gemessen an den Zahlen der Reichstagswahlen.

Die Geburtsstunde der deutschen Volksgruppe

Die deutsche Volksgruppe entstand durch die Abstimmung über Schleswig 1920. Bei den Friedensverhandlungen in Versailles nach dem verlorenen 1. Weltkrieg, wurde unter Berufung auf den besagten Artikel V. von den Dänen durchgesetzt, daß in Schleswig ein Referendum abgehalten werden sollte. Im nördlichen Teil des Herzogtums wurde als Abstimmungsmodus das Enbloc-Prinzip angewandt, im südlichen Teil sollte gemeindeweise entschieden werden. In Nordschleswig stimmten 75 000 für Dänemark und 25 000 für Deutschland, in Mittelschleswig (zweite Zone) war das Ergebnis 4 : 1 für Deutschland, im restlichen Teil entfiel die Abstimmung. Dänemark hoffte durch das unterschiedliche Abstimmungsverfahren Flensburg zu gewinnen, aber es gelang nicht. In Nordschleswig fanden sich deutsche Mehrheiten in den Städten Tondern (76%), Sonderburg (55%), Apenrade (54%) sowie im Flecken Hoyer (73%). Diese blieben unberücksichtigt. Die neu entstandene deutsche Minderheit empfand die Grenzziehung als ungerecht wegen des Enbloc-Abstimmungsmodus und konnte die neue Staatsgrenze nicht anerkennen. Damit kam sie sofort in einen scharfen Gegensatz zu ihrem Herbergsstaat.

Gründerzeit

Die deutsche Volksgruppe mußte sich organisieren, um sich kulturell und politisch behaupten zu können. Viele Vereine wurden weitergeführt, viele neue gegründet. Politisch stiftete man die schleswigsche Partei und wählte den bekannten Pastor Schmidt-Wodder als Abgeordneten für den dänischen Reichstag. Dank der liberalen dänischen Gesetzgebung konnte ein eigenes Schulwesen, deutsche Kindergärten und deutsche Büchereien aufgebaut werden. In den Städten und großen Dörfern gab es öffentliche deutsche Schulen. Auch die deutschen Tageszeitungen wurden weitergeführt. All dies trug wesentlich zum Zusammenhalt des deutschen Bevölkerungsteils bei.

Es war ein durch den Krieg verarmter Landesteil, den Dänemark übernahm, und die Umstellung der Landwirtschaft erfolgte unter den schwierigsten Bedingungen. Eine Umstrukturierung der Landwirtschaft mit vielen Häuslerstellen, die vorzugsweise mit Einwanderern aus dem „alten" Dänemark besetzt wurden, führte zu einem nationalen Bodenkampf, den die deutsche Volksgruppe trotz deutscher Kreditmittel klar verlor. In der Zeit von 1920 bis 1939 ging deutscher landwirtschaftlicher Besitz in der Größe der Insel Alsen in dänischen Besitz über. Dabei ging der politische Kampf hauptsächlich bei beiden Bevölkerungsteilen um die Gewinnung der Nationalindifferenten für ihre Sache. Die Volksgruppe wurde durch die Abwanderung vieler deutscher Sozialdemokraten ins dänische Lager geschwächt. Die deutschen Arbeiter standen unter Druck der starken dänischen Gewerkschaften und ihrer dänischen Arbeitsplätze, aber auch ihre eigene Partei in Deutschland befürwortete einen Wechsel.

Die Zeit von 1933 bis 1945

Die Abhängigkeit einer Minderheit vom Muttervolk zeigte sich deutlich nach der nationalsozialistischen Machtübernahme in Deutschland. Die krisenbedingten sozialen Konflikte der zwanziger und dreißiger Jahre hatten auch einen guten Nährboden für den Nationalsozialismus in Nordschleswig geschaffen. Die Gleichschaltung der Volksgruppe und die Forderungen nach einer Grenzrevision bedeuteten eine Verschärfung der Gegensätze im Grenzland. Die schleswigsche Partei konnte sich steigender Stimmzahlen erfreuen — von 1920 7 500 bis 1939 15 000 — aber anteilsmäßig waren 1939 nur 16%. Starke Zuwanderungen hatten dazu beigetragen, den dänischen Bevölkerungsteil zu stärken, ein Problem, das auch heute aktuell ist.

Mit der Besetzung Dänemarks 1940 durch deutsche Truppen wurden die Hoffnungen auf eine Grenzrevision weiter geschürt, aber die nationalsozialistische Volksgruppenführung fand bei Hitler keinen Anklang. Die Besetzung führte bei den deutschen Nordschleswigern zu Gewissenskonflikten zwischen dänischer Staatsbürgerschaft und deutscher Volkszugehörigkeit. Viele junge Männer meldeten sich freiwillig zum Kriegsdienst in der deutschen Wehrmacht und dienten auf Grund ihrer Staatsangehörigkeit bei der Waffen-SS. Von 2 122 Freiwilligen fielen 748 auf den Schlachtfeldern des Krieges. Der Krieg verschärfte auch die nationalen Gegensätze, und die Rechnung für die Volksgruppenpolitik und die unrechtmäßige deutsche Besetzung wurde am 5. Mai 1945 von der dänischen Mehrheit präsentiert. Über 3 000 Männer und Frauen der deutschen Minderheit wurden verhaftet, in Lager gesteckt und durch Gesetze mit rückwirkender Kraft zu Gefängnisstrafen von 1 – 10 Jahren verurteilt. Mit allen Mitteln sollte nun die deutsche Volksgruppe zugrunde gerichtet werden. Für die deutschen Kriegsschulden hielt Dänemark sich schadlos an den Einrichtungen der Volksgruppe. Sämtliche Schulen, Kindergärten und Büchereien wurden geschlossen und enteignet. Die Kinder waren gezwungen, in die dänische Schule einzutreten. Was das bedeutete kann man ermessen, wenn man bedenkt, daß die Volksgruppe 1944 über 59 Privatschulen mit 1845 Kindern und 30 öffentliche Schulen mit 2 130 Kindern verfügte. In den 22 Kindergärten waren 585 Kinder. Obwohl der Krieg vorbei war, setzte eine Reihe von Terroranschlägen ein. So wurden alte deutsche Denkmäler zerstört, die nordschleswigsche Zeitung und der Turm auf dem Knivsberg in die Luft gesprengt. Die dänische Polizei machte sich keine Mühe, die Täter zu ermitteln. Es soll aber zur Verständigung gesagt werden, daß der dänische Rechtsstaat als solcher bereits 1943 von der deutschen Besatzungsmacht außer Kraft gesetzt worden war, und die Rückkehr zum Rechtsstaat konnte erst einige Jahre nach dem Kriege erfolgen, Folketing nicht mehr unter dem Druck der dänischen Widerstandsbewegung handeln mußte.

Der schwere Neuaufbau

Wie in Deutschland war auch bei der Volksgruppe die Stunde Null eingetreten. Sie stand vor dem Nichts, all ihrer Illusionen beraubt. Dennoch fanden sich eine Reihe Männer und Frauen, die bereit waren, Verantwortung zu übernehmen und eine neue Organisation, den Bund deutscher Nordschleswiger ins Leben zu rufen. In der Gründungserklärung wurde eine Loyalitätserklärung gegenüber dem dänischen Staat und dem dänischen König abgegeben und die jetzige Staatsgrenze als fest anerkannt. Das war eine entscheidende Wende in der Politik der Volksgruppe, die nicht überall Zustimmung fand. Gleichzeitig wurde der deutsche Schul- und Sprachverein für Nordschleswig als Träger eines Privatschulwesens wieder gegründet, der 1946 mit vier Schulen und 174 Schulanfängern langsam wieder aufbauen konnte, doch wurden den Schulen Examensrechte verwehrt.

Die Politik des BdN mußte sich in den Jahren nach dem Kriege darauf konzentrieren, die Folgewirkung der sogenannten Rechtsabrechnung zu mildern und versuchen, kulturtragende Einrichtungen neu zu errichten. Ohne jegliche Unterstützung aus Deutschland mußte ein Schulgebäude zurückgekauft werden, soweit dies überhaupt möglich war. Die Gründung der Bundesrepublik Deutschland und des Landes Schleswig-Holstein trugen dazu bei, die großen Schwierigkeiten zu überwinden.

Es half natürlich, daß die dänische Minderheit von geschätzten 10 000 vor dem Kriege auf über 100 000 in Südschleswig angewachsen war und Ansprüche stellte, so daß Dänemark eine Verständigung mit der Bundesrepublik anstrebte und seine harte Politik gegenüber der deutschen Volksgruppe aufgeben mußte. Die ersten Anzeichen für eine Klimawende ergaben sich aus der Regierungserklärung der schleswig-holsteinischen Landesregierung 1949 und der Minderheitserklärungen von Kopenhagen und Bonn 1955. In Bezug auf die Rechte der Minderheiten wurde ausdrücklich erklärt, „Das Bekenntnis zur Minderheit ist frei und darf von Amts wegen nicht nachgeprüft werden". Diese Absichtserklärungen der Regierungen trugen wesentlich zu einer Befriedigung des Grenzlandes bei. Die deutschen Schulen in Nordschleswig bekamen ihre Examensrechte wieder und 1959 konnte ein deutsches Gymnasium wieder in Apenrade errichtet werden. Eine Amnestie für die Volksgruppenangehörigen und eine Rückgabe der beschlagnahmten Einrichtungen konnte nicht erreicht werden.

Nach den Minderheitenerklärungen schritt der kulturelle Neuaufbau langsam, aber gut voran. Nachdem die schleswigsche Partei von 1920 bis 1943 durch einen Abgeordneten vertreten war, machte eine Verfassungsreform es 1943 wieder möglich, einen Vertreter ins dänische Folketing zu wählen. 1964 ging das Folketingsmandat verloren, weil die 9 300 Stimmen nicht mehr für ein Direktmandat in Nordschleswig ausreichten. Eine Sperrklausel im Wahlgesetz verhinderte die Erlangung eines Zusatzmandates. Das Folketing errichtete daraufhin einen Kontaktausschuß für die Volksgruppe, in dem alle im Folketing vertretenen Parteien einen Sitz haben. Den Vorsitz hat heute der Innenminister und in diesem Gremium können Vertreter der Volksgruppe als Ausschußmitglieder Probleme und Wünsche der Volksgruppe vortragen. Da der Kontaktausschuß keine Kompetenzen besitzt, hat er nur zu wenigen Lösungen beitragen können. Einen Abgeordneten hat das Gremium in keiner Weise ersetzen können. Das zeigte sich deutlich, als 1973 die schleswigsche Partei durch eine wahltechnische Zusammenarbeit mit der neu gegründeten Partei der Zentrumsdemokraten den Chefredakteur der deutschen Tageszeitung „Der Nordschleswiger" Jes Schmidt in das dänische Parlament wählte. Als geschätzte Persönlichkeit in der Zentrumdemokratenfraktion konnte er einen großen Einfluß ausüben sich sehr für die Probleme der deutschen Minderheit einsetzen. Mit dem Tode Jes Schmidts 1979 zerbrach die Zusammenarbeit mit der dänischen Partei, weil diese den Nachfolger nicht akzeptieren konnte, da er während des Krieges bei der Waffen-SS als Freiwilliger gedient hatte.

Die aktuelle Situation

Der strikt eingehaltene politische Kurs des Bundes deutscher Nordschleswiger mit der Zielsetzung, als loyale Staatsbürger an den gesellschaftspolitischen Aufgaben im dänischen Staat mitzuarbeiten, hat im Laufe der Zeit wesentlich zur Befriedung im Grenzland beigetragen. Von einem Gegeneinander über ein Nebeneinander gibt es heute ein Miteinander durch gute Nachbarschaft. Man spricht schon vom Grenzland Schleswig als Modellfall für europäische Minderheitenbehandlung. Die deutsche Volksgruppe bemüht sich jedenfalls, eine zeitgemäße Politik zu führen, indem man versucht eine fruchtbare Synthese zwischen deutscher Volkszugehörigkeit und dänischer Staatsangehörigkeit zu entwickln. Im Vordergrund steht die Zielsetzung: Aufrechterhaltung und Vertiefung der geistigen und kulturellen Verbindungen zum deutschen Volk ohne Isolierung dem Norden gegenüber. Die Arbeit mit einem kulturellen Angebot zur Pflege der deutschen Sprache und Kultur, die Verbindungen über die Grenze und die Vermittlerrolle zum besseren Verständnis zwischen Deutschen und Dänen auf beiden Seiten der Grenze werden von einer Reihe von Organisationen getragen. Genannt werden sollen der Bund deutscher Nordschleswiger als Hauptorganisation mit 4 500 Mitgliedern (Herausgeber der Deutschen Tageszeitung, Vertreter der Minderheit gegenüber Staat, Regierung und Behörden sowohl politisch als auch kulturell), der Deutsche Jugendverband für Nordschleswig mit etwa 2 000 Mitgliedern (Träger der Jugend- und Sportarbeit als Dachorganisation für Sportvereine und Jugendbünde, unterhält den Jugendhof Knivsberg), Deutscher Schul- und Sprachverein für Nordschleswig als Verband für das deutsche Schulwesen und die deutschen Kindergärten mit 18 Schulen und 25 Kindergärten, die von etwa 2 000 Kindern besucht werden. In den Schulen wird nach dem dänischen Schulgesetz unterrichtet, mit deutscher Unterrichtssprache, indem die Schüler beide Sprachen erlernen. Der Unterricht entspricht mindestens vollwertig dem der öffentlichen Schule, die als modifizierte Gesamtschule bis zum 10. Schuljahr konzipiert ist. Die Schüler des deutschen Gymnasiums in Apenrade (mit Internat) erwerben ein dänisches Abitur, das zum Studium in Dänemark und in Deutschland berechtigt.

Der deutsche Büchereiverband ist Träger der deutschen Zentralbibliothek in Apenrade mit Filialen in den anderen Städten Nordschleswigs. Drei Fahrbüchereien versorgen im monatlichen Turnus die Leser auf dem Lande. (Medienbestand insgesamt etwa 130 000 – Entleihungen etwa im Jahre 1981). Der Sozialdienst Nordschleswig widmet sich der Krankenpflege, der Sozial- und Familienberatung und der Seniorenbetreuung und unterhält das Erholungsheim Quickborn an der Flensburger Förde. Die Nordschleswigsche Gemeinde ist Träger der kirchlichen Arbeit mit 7 Pfarrämtern auf dem Lande und vier in den Städten. Sie ist der nordelbischen Landeskirche angeschlossen. Der landwirtschaftliche Hauptverein für Nordschleswig hat die deutschen Bauern organisiert (1 000 Mitglieder). Er unterhält einen Beratungsdienst mit Fachkonsulenten und ein Buchführungsbüro und ist der dänischen Landwirtschaftskammer und dem Bauernverband angeschlossen.

HERWIG NACHTMANN

Südtirol

Das Land im Gebirge, wie Tirol sehr lange genannt wurde, hat schon durch seine geographische Lage, als Paßland und als Beherberger des an Höhenmetern niedersten Überganges über den Alpenhauptkamm, den Brenner, eine besondere Rolle in der deutschen Geschichte gespielt. Dazu kommt eine weltweit zu beobachtende Tatsache, daß Bewohner von extremen Gebirgslandschaften — und extrem waren bis in die jüngsten Jahrzehnte herauf die Lebensbedingungen in den Alpen — eine ganz besondere Ausprägung erfahren.

In der nachrömischen Zeit trafen auf die dünnsiedelnde rätoromanische Bevölkerung die seit dem sechsten Jahrhundert einwandernden Bajuwaren, im Westen Alemannen, nachdem früher durchziehende andere germanische Wandervölker wie etwa Langobarden und Goten kaum Spuren hinterließen. Die Bayern kolonisierten das Land und werden nach und nach zur dominierenden Bevölkerung. Mit der Wiederaufnahme der karolingischen Reichstradition durch die ostfränkischen Könige, durch die Gewinnung Italiens und die unter Otto I. im Jahre 962 erreichte Kaiserkrönung in Rom, kam dem Raum des heutigen Tirol eine besondere Bedeutung zu.

Erste Sonderrechte für Tirol

Es war für die Kaiser von größter Wichtigkeit, die an sich schon gegebenen Reiseerschwernisse über die Alpen nicht durch politische Unsicherheiten in diesem Gebiet noch zu erhöhen. Immerhin führte mehr als die Hälfte der Romzüge der deutschen Könige über den Brenner. Dies war der Grund dafür, daß knapp nach 1000 die Herrschaft über das Gebiet den Bischöfen von Trient und Brixen, gekoppelt mit der Verleihung verschiedener königlicher Rechte, übertragen wurde. Dies wiederum war die Voraussetzung für die spätere selbständige politische Einheit Tirol.

Die Ausstattung der beiden Bischöfe in Tirol mit politischer und daher auch zusätzlicher materieller Macht und die bereits seit dem 6. Jahrhundert (Säben) und kurz später entstandenen Klöster sowie weiters der Umstand der laufenden Berührung mit den durchs Land ziehenden Kaiserzügen dürfte die Entfaltung eines reichen kulturellen Lebens in Tirol schon im frühen Mittelalter begünstigt haben. So die seltenen Beispiele für karolingische Malerei (um 800) oder die schon im ganzen Land weitverbreiteten romanischen Fresken und erstklassige Werke romanischer Goldschmiedekunst. Tirol hat übrigens einen Mann hervorgebracht, der am Beginn der deutschen Literatur steht: Arbeo von Meran, geb. 724, später Bischof von Freising, Schriftsteller und Anreger des ersten deutschen Glossars, eines lateinisch-deutschen Lexikons.

Im 12. und 13. Jahrhundert besingen zahlreiche Minnesänger die Gestalten der germanischen Heldensage. Ein Hauptthema ist Dietrich von Bern (Verona), der Ostgotenkönig Theoderich. Als bedeutendster Minnesänger gilt der aus Südtirol stammende Walther von der Vogelweide.

Im 14. Jahrhundert entbrannte zwischen den Wittelsbachern und den Habsburgern ein Streit um den Erwerb Tirols, der schließlich 1363 zu Gunsten Habsburgs ausgeht. Tirol kommt zu Österreich. Im Zuge dieser Auseinandersetzung hatten die Wittelsbacher den Tirolern im Jahre 1342 im sogenannten „Großen Freiheitsbrief" ein Mitspracherecht bei der Regierung des Landes versprochen. Wenngleich die Verwirklichung seitens der Habsburger noch etwa 100 Jahre auf sich warten ließ, so ist diese Zusage doch die Grundlage für in damaliger Zeit ungewöhnlich weitgehende Freiheitsrechte der Tiroler geworden: Die Mitwirkung der vier damaligen Stände an der Gestaltung des Landes, nämlich Adel, Klerus, Bürger und Bauern. Maximilian I., seit 1490 Tiroler Landesfürst und seit 1508 deutscher Kaiser, war ein großer Freund des Landes. Viele Männer aus seiner Umgebung stammten aus Tirol, der Kaiser weilte sehr oft im Lande, hier wurden viele Kongresse abgehalten, so der erste „Generallandtag" aller habsburgischen Länder, der sich mit der Bedrohung durch die Türken beschäftigte. Maximilian wollte überhaupt den kaiserlichen Hof nach Innsbruck verlegen, was jedoch am Widerstand der Reichsfürsten scheiterte.

Eigene Wehrverfassung

Immerhin verdanken die Tiroler Maximilian I. eine Wehrverfassung, derzufolge sie zur selbständigen Verteidigung des Landes verpflichtet, jedoch ausdrücklich von jedem Zwang, außerhalb des Landes kämpfen zu müssen, befreit wurden. Dieses „Landlibell" von 1511, das bis ins 19. Jahrhundert Grundlage des Tiroler Verteidigungswesens blieb, trug wesentlich zur Festigung der Tiroler Sonderstellung bei.

In den Jahrzehnten nach 1500 hat sich die soziale Lage im deutschen Raum allgemein sehr verschlechtert, die Bevölkerung litt auch in Tirol unter Unrecht und Willkür, dazu kamen die Mißstände innerhalb der Kirche. Reaktionen blieben nicht aus. Auch in Tirol gewann die Lehre Luthers rasch Anhänger, besonders in der Bauernschaft und unter den vielen tausend Knappen, die die zahlreichen Silber-, Kupfer-, Zink- und Bleivorkommen abbauten. Obwohl damals Tirol wegen dieses Reichtums die „Schatzkammer des Reiches" genannt wurde, hatte die Bevölkerung davon nichts. Die jeweiligen Landesfürsten hatten die wichtigsten Bergschätze an außertirolische – wie etwa die Augsburger Familie Fugger – Großunternehmer verpfändet, die ihrerseits die Gewinne abschöpften. 1525/26 brach der Tiroler Bauernkrieg los. Die herausragendste Persönlichkeit war Michael Gaismair, der mit seiner „Landesordnung", einem Katalog sozialer und politischer Forderungen europaweit seiner Zeit um Jahrhunderte voraus war.

Im Zuge des Spanischen Erbfolgekrieges wurde Tirol als Preis für die Hilfe Bayerns auf der Seite Frankreichs gegen Habsburg Gegenstand der Politik und auch Schauplatz schwerer kriegerischer Ereignisse. Hierbei hat sich die Tiroler Landesverteidigung blendend bewährt.

Die Franzosenkriege

Und rund hundert Jahre später war Tirol in den 90er Jahren des 18. Jahrhunderts wiederum Kriegsschauplatz, bis dann nach der Einverleibung des Landes durch Bayern die Tiroler Bauern unter Andreas Hofer im Jahre 1809 in einem Volksaufstand den Franzosen und deren bayrischen Vasallen entgegentraten.

Gründe für den Aufstand gab es mehrere. Die Aufhebung der alten Verfassung, die Überheblichkeit der bayrischen Beamten, die drückende Steuerlast und religionspolitische Maßnahmen, die die mit der Aufklärung sympathisierende bayrische Beamtenschaft sicher viel zu schnell durchzuziehen beabsichtigte, weiters die Zwangsrekrutierungen zum bayrischen Militär waren Maßnahmen, die das Volk erregten. Und dann der Versuch, den alten Namen Tirol auszulöschen.

Den Führern der Tiroler war in der Auseinandersetzung mit Bayern natürlich klar, daß es sich, soweit der Gegner eben bayrische Soldaten waren, um einen

Bruderkrieg handelte. Das Gefühl der Zugehörigkeit zum deutschen Volk war eine Selbstverständlichkeit. Die Verstrickung von Bayern und Tirolern hatte ja dynastische Gründe und im eigentlichen Sinne kämpften die Tiroler gegen die Franzosen und für ein Stück deutscher Freiheit und Unabhängigkeit. Dieses Bewußtsein kommt in vielen Aussagen der maßgeblichen Männer zum Ausdruck. Es wird aber auch durch andere Fakten belegt. Der Kampf der Tiroler am Bergisel und anderwärts im Lande war dann auch für die übrigen deutschen Patrioten, unabhängig ihrer staatlichen Zugehörigkeit, ein Fanal.

Andreas Hofer war **der** deutsche Volksheld — und ist es wohl auch bis heute geblieben. Gemeinsam mit den norddeutschen Freiheitskämpfern Ferdinand von Schill und Friedrich Wilhelm von Braunschweig wurde Andreas Hofer damals immer wieder abgebildet.

Nicht zuletzt förderte der heldenhafte Kampf der Tiroler Bauern, bei dem erstmals Truppen Napoleons geschlagen wurden, den Widerstandswillen der Deutschen insgesamt, der ja dann in der Völkerschlacht bei Leipzig seine erfolgreiche Bestätigung fand.

Vorerst blieb Tirol politisch bei Bayern, zahlreiche Freiheitskämpfer mußten die Heimat verlassen, viele gingen ins norddeutsche Exil. Als Ernst Moritz Arndt, Theodor Körner, Max von Schenkendorf, Friedrich Ludwig Jahn und Karl Friedrich Friesen zum Freiheitskampf der Deutschen gegen Napoleon aufriefen und Major von Lützow die Genehmigung zur Aufstellung von freiwilligen Jägerabteilungen erhielt, ließen sich nicht nur die wehrhaften Turner und Studenten aufnehmen, sondern auch die im preußischen Exil lebenden Tiroler Freiheitskämpfer. Unter dem ehemaligen Geheimschreiber Andreas Hofers, Joseph Ennemoser — er war später Medizinprofessor in Bonn — und dem Vetter des Nordtiroler Bauernführers Speckbacher, Jakob Riedl aus dem Zillertal, meldeten sich 268 Mann zu zwei Tiroler Scharfschützenkompanien im Lützowschen Freikorps. Die Tiroler schlugen sich hervorragend.

Tirol wird Südgrenze

Im 19. Jahrhundert mußten die Tiroler noch dreimal, 1848, 1859 und 1866 zur Verteidigung der südlichen Landesgrenzen — damals Welschtirol — ausrücken. Es war dies das Vorspiel für die Ereignisse während und nach dem Ersten Weltkrieg.

Das Deutsche Reich, Österreich-Ungarn und Italien waren bei Kriegsausbruch im Dreibund verbündet. Die Kriegsgegner wollten verständlicherweise diesen mächtigen Block auseinanderreißen und fanden in Italien das schwächste Glied des Bündnisses. Es erklärte sich neutral. Italien hatte bereits seit Jahrzehnten die Angliederung des italienischen Teils von Tirol, des heutigen Trentino, gefordert. Jetzt wurde im Geheimvertrag von London 1915 für den Fall des Austrittes aus dem Dreibund nicht nur die „Erlösung" der Italiener Tirols, sondern die zukünftige Staatsgrenze am Brennerpaß versprochen, worauf Italien gegen seine Verbündeten in den Krieg eintrat. Die Südgrenze war weitgehend entblößt von Militär, die wehrfähigen Tiroler Männer waren großteils an der Ostfront. Italien wollte handstreichartig in Tirol einmarschieren, da stellten sich noch einmal die zu Hause gebliebenen Tiroler Standschützen — Greise und junge Buben — dem Feind entgegen. Monatelang alleine, dann mit Unterstützung regulärer Truppen, besonders des deutschen Alpenkorps, konnte die Front gehalten werden. Das Heldentum der Verteidiger in diesem schwierigen Hochgebirgskrieg gegen einen übermächtigen Feind ist ein besonderes Ruhmesblatt in der Tiroler Geschichte.

Besetzung

Obwohl Italien keinen Fußbreit deutschen Bodens überschreiten, nur durch Schwindel in der Auslegung des 1918 abgeschlossenen Waffenstillstandes mehrere hunderttausend Gefangene machen konnte, marschierte es als „Sieger" — und Besatzungsmacht — in Tirol, zuerst bis Kufstein, ein.

In zahlreichen Resolutionen, Bittschriften, Beschlüssen des Tiroler Landtages, Erklärungen sämtlicher Bürgermeister usw. versuchte Tirol, die drohende Zerreißung zu verhindern.

Im Diktat von St. Germain wurde dem Königreich Italien am 10. September 1919 Tirol bis zum Alpenhauptkamm im Norden und bis zur Kamm-Verbindung Dreiherrnspitze-Karnischer Hauptkamm im Osten zugesprochen. Daß es soweit kam, war nicht allein eine Belohnung der Entente für den Kriegseintritt Italiens, sondern sicher ein Erfolg der umfangreichen Verfälschungs- und Täuschungsarbeit Ettore Tolomeis, durch welche der amerikanische Präsident Woodrow Wilson veranlaßt wurde, den von Italien geforderten neuen Grenzen zuzustimmen.

Dies, obwohl Wilson mit seinen 14 Punkten, die als Voraussetzung für den Abschluß des Waffenstillstandes galten, das Selbstbestimmungsrecht der Völker und einen gerechten Frieden in Aussicht stellte. Der zweite dieser Artikel versprach „die Regelung aller Fragen, sowohl der Gebiets- wie der Souveränitätsfragen ... auf Grund einer freien Annahme dieser Regelung durch das Volk, das unmittelbar damit betroffen ist, und nicht auf der Grundlage materieller Interessen oder des Vorteils irgendeiner anderen Nation oder eines Volkes, das eine andere Regelung zur Ausbreitung seines Einflusses oder seiner Herrschaft wünscht".

Der Punkt 9 nahm konkret auf die Grenzfrage gegenüber Italien Bezug: „Es soll eine Berichtigung der Grenze Italiens durchgeführt werden nach den klar erkennbaren Linien der Nationalität."

Wilson hatte sich allerdings entschlossen, auch im Falle Südtirols seine 14 Punkte außer acht zu lassen, um Italien dafür zu entschädigen, daß dessen Forderung nach Angliederung Dalmatiens nicht entsprochen wurde, sondern dieses Gebiet dem neuen südslawischen Staat einverleibt wurde.

Die Abtrennung wirkte wie ein Schock, weil eine mehrhundertjährige politische und kulturelle Einheit mit unzähligen persönlichen und wirtschaftlichen Bindungen zerschnitten wurde.

Assimilierung — Unterwanderung — Austreibung

Hoffnungen auf verständnisvolle Behandlung der deutschen Minderheit erwiesen sich schnell als haltlos. Anläßlich der unpolitischen Bozner Messe 1921 gab es bereits das erste Menschenopfer des Faschismus, den Lehrer Innerhofer. Am 2. Oktober 1922 fand die Machtergreifung des Faschismus statt, die zum traurigsten Datum für die Südtiroler werden sollte. Mit aller Konsequenz und ohne Skrupel strebten die Faschisten die „Homogenisierung" aller Einwohner Italiens d. h. Italienisierung der Südtiroler — wie auch der zahlreichen anderen Minderheiten in Italien — an. Deutsche Schulen, deutsche Parteien und Vereine wurden verboten, die italienische Amtssprache eingeführt, die gewählten Bürgermeister durch italienische Amtsbürgermeister (Podestà) ersetzt. Sogar auf Grabsteinen mußten deutsche Namen beseitigt werden. Alle staatlichen Stellen in der Verwaltung, bei Polizei, Bahn, Post, usw. wurden ausschließlich mit Italienern besetzt. Obwohl die italienischen Behörden mit schweren Strafen und Schikanen antworteten, wurden sogenannte Katakombenschulen gebildet, in denen die Kinder die deutsche Schriftsprache lernten. Der verbotene Privatunterricht war Ursache für Verfolgung und weitere Opfer.

Da die versuchte Italienisierung durch nackten Terror und Gewalt nicht den erwünschten Erfolg brachte, griff die Besatzungsmacht zu einem weiteren Mittel, der gezielten Unterwanderung, mit der Absicht, auf diese Weise die Mehrheitsverhältnisse umzudrehen. In den deutschen Städten wurden Industriezonen aus dem Boden gestampft, die — ohne Rücksicht auf wirtschaftliche Erfordernisse bezüglich des Standortes — ausschließlich zur Beschäftigung von ins Land gepumpten Südländern dienen sollten. Gleichzeitig wurden um die deutschen Altstädte Gürtel von Wohnsiedlungen gezogen, in denen die Neuankömmlinge Unterkunft fanden. Durch diese Maßnahme schwoll die Zahl der Italiener im Lande von 7 000, d. i. 3 Prozent (1910, bei der letzten Volkszählung vor der Besetzung) auf 81 000 im Jahre 1939 an.

In diesem Zusammenhang ist der Hinweis angebracht, daß während der rund 400jährigen Zugehörigkeit Welschtirols zu Österreich — also während rund zwanzigmal so langer österreichischer Verwaltung — in Welschtirol keinerlei Germanisierungspolitik betrieben wurde, im Gegenteil, der von alters her in Welschtirol siedelnde deutsche Volksanteil nahm im Laufe dieser Zeit sogar ständig ab.

Unter Ausnützung der für Italien günstigen Machtverhältnisse wurde schließlich 1939 zwischen Mussolini und Hitler die Aussiedlung der gesamten deutschen Volksgruppe beschlossen. Mit dieser grausamen Methode wollte man der schleppend vorangehenden Italienisierung auf radikale Weise nachhelfen. Die Deutschen und Ladiner waren vor die Entscheidung gestellt, entweder das Volkstum zu bewahren und damit die Heimat aufzugeben oder die Heimat zu behalten und dafür ihr Volkstum aufgeben zu müssen. In dieser trostlosen Lage optierten schließlich an die 90 Prozent für Deutschland und tatsächlich mußten bis zum Jahre 1943 rund 75 000 von insgesamt einer Viertel Million Südtirolern das Land verlassen. Erst nach neuerlichem Umschwenken der Italiener im Kriegsgeschehen wurden die Umsiedlungsmaßnahmen gestoppt und in Südtirol wurden wieder deutsche Verwaltung und deutsches Schulwesen eingeführt.

1945 — vergebene Chance?

Wenn wir uns nun den Ereignissen rund um das Kriegsende und um die Hintergründe des Pariser Vertrages ausführlicher zuwenden, so ist dies deshalb berechtigt, weil für die heutige Beurteilung der Frage Südtirol die damaligen Zusammenhänge immer noch ausschlaggebend sind und weil die grundsätzlichen Weichen damals gestellt wurden. Vieles deutet darauf hin, daß wir heute neuerlich in eine Phase der Entscheidung eingetreten sind, in welcher geklärt werden muß, ob der Weg des Jahres 1945 in weiterer Zukunft die Erhaltung der Volksgruppe sichern kann oder ob ein neuer, von der bisherigen Richtung sich unterscheidender Weg eingeschlagen werden muß.

Die Nachkriegspolitik hat für die deutsche Volksgruppe den Weg gewiesen, innerhalb des italienischen Staates ihr Leben einzurichten. Welchen Rahmen für diesen Weg Italien geboten hat, werden wir im weiteren noch darlegen.

Zuerst soll aber untersucht werden, ob der immer wieder behauptete Satz, nach dem Kriegsende wäre für Südtirol nicht mehr als die im Pariser Vertrag 1946 zugestandene Autonomie zu erreichen gewesen, stimmt.

Zuerst muß festgehalten werden, daß in der Schlußphase des Zweiten Weltkrieges sowohl die Vereinten Nationen als auch die Atlantik Charta das Selbstbestimmungsrecht und die Auflösung der faschistischen Strukturen verkündeten. Darüber hinaus heißt es speziell für Südtirol bereits in dem am 12. Juni 1944 in den Vereinigten Staaten veröffentlichten „Italienischen Manifest": „Italien wird freiwillig die Kontrolle über die Deutschen abtreten." Dieses Manifest ist von bedeutenden Männern, darunter Randolfo Pacciardini (später stellvertretender Ministerpräsident und Verteidigungsminister), von den angesehenen Professoren Borghese, La Piana, Salvemini und Venturi sowie von Arturo Toscanini unterzeichnet worden.

Und das US-Komitee „On Post War Program" sprach sich am 8. Juni 1944 für eine Stärkung Nachkriegsösterreichs aus und hält hinsichtlich der österreichisch-italienischen Grenze fest: „Es wird empfohlen, daß die Grenze zwischen Österreich und Italien verändert werden soll durch die Abtretung der Provinz Bozen an Österreich mit der Vorkehrung, daß kleinere Änderungen dieser Grenzziehung in Übereinstimmung mit der Verteilung der Sprachgruppen vorgenommen werden können." In Tirol selbst – in allen drei Landesteilen – wurde die Forderung nach Rückkehr Südtirols zu Österreich sofort erhoben. Am 8. Mai 1945 wurde die Südtiroler Volkspartei als Sammelpartei der deutschen und ladinischen Südtiroler gegründet, die in Punkt 3 ihres Programmes das Selbstbestimmungsrecht fordert. Im ganzen Land wurden Kundgebungen abgehalten, wo dieser Forderung von breitesten Bevölkerungskreisen Nachdruck verliehen wurde. Ende April richtete der Fürstbischof von Brixen, Johann Geisler, und mit ihm der gesamte deutsche Klerus von Südtirol, eine Petition an die Alliierten, in welcher das Selbstbestimmungsrecht gefordert wurde.

In dem durch die Besatzungsmächte viergeteilten Österreich funktionierte eine zentrale Regierung erst nach einigen Monaten. Es einigten sich aber die westlichen Bundesländer in Salzburg am 18. September 1945 auf den Wunsch nach Rückgliederung Südtirols, was dann auf der ersten Länderkonferenz in Wien auch offiziell als Wunsch Österreichs bestätigt wurde.

Alle drei damals zugelassenen Parteien in Österreich – also ÖVP, SPÖ und KPÖ – stellten sich hinter die Forderung nach Rückkehr Südtirols. Und am 21. Dezember 1945 gab das österreichische Parlament das übereinstimmende Bekenntnis ab, „unser heißgeliebtes Südtirol wieder Österreich anzugliedern". Bei einer Großkundgebung für die Rückkehr Südtirols in Innsbruck am 22. April 1946 übernahm Bundeskanzler Figl die 155 000 Unterschriften der Südtiroler, die die Bittschrift für eine Wiedereingliederung zu Österreich unterstützten.

Am 3. Juli 1946 erklärte Figl im Wiener Parlament: „Volksvertretung und Volk sind einig in der feierlichen Versicherung, in der starken und unerschütterlichen Erwartung: Südtirol muß und wird wieder zu Österreich kommen!"

Einer der besten Fachmänner in der Südtirol-Frage, Univ.-Prof. Dr. Felix Ermacora, schreibt in seinem Buch „Südtirol und das Vaterland Österreich" zu diesem Zitat von Bundeskanzler Figl im Nationalrat in Wien: „Das war nach dem Zweiten Weltkrieg die letzte offizielle Forderung eines österreichischen Regierungsmitgliedes im Namen der österreichischen Bundesregierung nach der Selbstbestimmung für Südtirol."

Statt Selbstbestimmung plötzlich Autonomie

Am 27. August faßte die österreichische Delegation bei den Friedensverhandlungen in Paris ihre bekannten Forderungen in einem Memorandum nachdrücklich zusammen.

Aber bereits drei Tage später, am 30. August, gab sie der Konferenz Modifizierungen zu einzelnen Punkten bekannt. Von der Volksabstimmung war nur noch kurz die Rede, Hauptinhalt der österreichischen Darstellungen war nun: was geschehen müsse, wenn Südtirol bei Italien verbliebe – eine Wendung von 180 Grad, der Anfang vom Ende!

Was war geschehen?

Die Archive geben über die damaligen Ereignisse noch keine abgerundete Auskunft, jedoch erhellen sich nach und nach besonders aus den Memoiren italienischer Verhandlungsteilnehmer Einzelheiten, die maßgebend gewesen sein dürften für den Wandel in der Südtirolpolitik.

Den oben dargestellten Forderungen zu einer Lösung der Südtirolfrage durch Rückgliederung an Österreich — sie ließen sich noch durch zahlreiche zusätzliche Belege aus Südtirol und Österreich ergänzen, aber auch von Seiten prominenter Ausländer, wie etwa Churchill oder Vansittart, welcher sogar von Irrsinn sprach, wenn Südtirol nicht wieder an Österreich angeschlossen werden würde — standen natürlich vehemente Aktivitäten Italiens einerseits und Überlegungen einflußreicher Gruppen der Siegermächte gegenüber, die für einen Verbleib Südtirols bei Italien eintraten. Schließlich behielt Italien mit seiner Politik die Oberhand und der österreichische Außenminister Dr. Karl Gruber unterzeichnete am 5. September 1946 in Paris das Gruber-De Gasperi-Abkommen, den sogenannten Pariser Vertrag, der letztlich bis heute die Grundlage der Südtirolpolitik Österreichs ist: Südtirol blieb bei Italien.

Welche Rolle spielte der Widerstand?

Lediglich knapp eine Woche nach Änderung der österreichischen Verhandlungsposition war der Vertrag abschlußreif. Aufklärungsbedürftig sind die Zusammenhänge, die sich aus dem Umstand ergeben, daß sowohl Außenminister Gruber als auch maßgebliche Repräsentanten der SVP, allen voran Friedl Volgger, als ehemalige Angehörige der Widerstandsbewegung über beste Kontakte zu den Alliierten verfügten und nach der Vogel-friß-oder-stirb-Methode den Pariser Vertrag kurzfristigst der völlig unvorbereiteten österreichischen Öffentlichkeit und den Südtirolern zur Zustimmung auf den Tisch legten.

Welch aufklärungsbedürftiges Spiel hier getrieben worden war, läßt eine erstaunte Bemerkung des Südtiroler Abgeordneten Otto von Guggenberg ahnen, der ebenfalls in Paris zugegen war und dessen Zustimmung Minister Gruber mit der Drohung einholte, man müsse auf alles verzichten, wenn man jetzt ablehne, denn etwas anderes als dieser Vertrag sei nicht zu erreichen. Nach seiner Rückkehr aus Paris sind Otto von Guggenberg starke Zweifel an dieser Version aufgestiegen, denn in der Festschrift für Michael Gamper schreibt er: „Über eine Frage bleibt allerdings noch immer ein dunkler Schleier gebreitet: Hat Minister Gruber die Möglichkeit der Rückgliederung Südtirols an Österreich nicht vielleicht allzu früh gegen das Linsengericht der Autonomie verkauft? Entsprach seine Äußerung, mit der er die Südtiroler in Paris empfing, daß das Gebiet noch in jeder Hinsicht unbeackert sei, den Tatsachen? Dieser Zweifel wird in ein eigenartiges Licht gerückt durch seinerzeitige italienische Pressemeldungen, wonach Graf Carandini — der italienische Verhandlungsführer — in einer Pressekonferenz, die er im Herbst 1946 über das Pariser Friedenswerk hielt, den Ausspruch tat, daß schon Monate vor der Friedenskonferenz Italien und Österreich in Fühlung gestanden seien, um eine einverständliche Lösung zu finden, wobei die Basis für die spätere Gewährung der Autonomie bereits gelegt worden sei."

Wie jüngste, großteils noch unveröffentlichte Forschungen erhärten, muß es bei Kriegsende zwischen verschiedenen Gruppen der damals zu entscheidendem Einfluß gekommenen Widerstandskreise gegen den Nationalsozialismus zu Auseinandersetzungen um den Einfluß auf die Südtirolpolitik gekommen sein. Einerseits gab es einen Flügel im Widerstand, der sich zwar gegen das politische System des Nationalsozialismus wandte, meist auch wegen der Südtirolfrage zum Widerstand geriet, sich aber keineswegs als antideutsch empfand. Zu diesem Kreis gehörte der

Innsbrucker Völkerrechtler Prof. Dr. Eduard Reut-Nicolussi, ehemaliger Abgeordneter Deutsch-Südtirols im Österreichischen Reichsrat von 1918.

Zugleich mit ihm saß übrigens der Verhandlungsgegner Österreichs des Jahres 1946, der italienische Außenminister Alcide De Gasperi als Vertreter der italienischen Volksgruppe Tirols im Wiener Reichsrat, die beiden kannten sich also langjährig. Reut-Nicolussi ist der Verfasser des Standartwerkes über das schwere Schicksal der deutschen Südtiroler während der Faschistenzeit, „Tirol unterm Beil", er wurde durch die Italiener zum Verlassen seiner Südtiroler Heimat gezwungen und setzte sich — selbstverständlich auch nach 1945 — unermüdlich für die Zuerkennung des Selbstbestimmungsrechtes ein. Ein weiterer Befürworter der Vorstellungen Reut-Nicolussis innerhalb der Widerstandsbewegung war der heutige Univ.-Prof. Dr. Helmut Heuberger, der sich dann später aktiv auch an den Widerstandshandlungen gegen Italien in den 60er Jahren beteiligte und in Italien zu einer hohen Freiheitsstrafe verurteilt wurde.

Der andere Flügel der Widerstandsbewegung war geprägt von starken antideutschen Ressentiments. Dieser Flügel wird repräsentiert durch den ersten Landeshauptmann Nordtirols nach 1945 und österreichischen Außenminister während der Südtirol-Verhandlungen in Paris, Dr. Karl Gruber. Diese zweite Widerstandsgruppe brachte es zu hohen und höchsten Ämtern im Nachkriegsösterreich, während die erstgenannte, wohl wegen ihres deutschen Bekenntnisses, politisch bedeutungslos blieb.

Zwiespalt bei SVP-Gründung

In Südtirol war die Gründung der Sammelpartei Südtiroler Volkspartei von Anfang an ein zwangsweiser Kompromiß zwischen den Vertretern der überwältigenden Mehrheit der deutschbewußten Bevölkerung einerseits und denjenigen deutschen Kreisen, die sich in Ablehnung des Nationalsozialismus sogar mit der italienischen Partisanenbewegung verbündeten, von dort und den Alliierten Unterstützung und Geld annahmen und teilweise sogar in kriminelle Aktionen nach 1945 verwickelt waren, die vor Terrormethoden bis hin zu Raub und Mord nicht zurückschreckten.

Die erstgenannte Mehrheit Südtirols war repräsentiert durch den populären Karl Tinzl, der die Optanten vertrat und ein entschiedener Vertreter der Selbstbestimmung war. Die zweite, während der Schlußphase des Krieges mit den italienischen Partisanen kollaborierende Gruppe hatte zum Beispiel den jetzigen Alt-Senator Dr. Friedl Volgger und den Journalisten Hans Egarter als Parteigründer aufzuweisen.

Und so zeigte auch das am 12. Mai 1945 beschlossene Forderungsprogramm der Südtiroler Volkspartei bereits zwei einander widersprechende Linien auf:

Im ersten Punkt des Programmes erklärt die SVP, den „kulturellen, sprachlichen und wirtschaftlichen Rechten der Südtiroler auf Grund demokratischer Grundsätze Geltung zu verschaffen". Nun, das hieß: Autonomielösung.

Im Punkt 3 aber — und hier wird wahrscheinlich die Handschrift Karl Tinzls und seiner Freunde sichtbar — heißt es: „... den Anspruch auf Ausübung des Selbstbestimmungsrechtes ... zu vertreten".

Prof. Reut-Nicolussi hat Außenminister Gruber nach den ersten Nachrichten von dem beabsichtigten Vertragsabschluß ernstlich gewarnt, ja geradezu beschworen: in der gegebenen Situation sei ein schlechter Vertrag viel gefährlicher als gar kein Vertrag; ohne Vertrag bleibe wenigstens der Weg zu einer gerechten Lösung offen. Dr. Grubers Antwort sei gewesen: „Die Politik wird nicht von alten Professoren, sondern von jungen Ministern gemacht." Warum ließ sich Minister

Gruber nicht vom eigenen Kollegen aus der Widerstandsbewegung beraten, der zudem den Verhandlungsgegner bestens kannte? Gab es im Zuge der Verhandlungen mit den Alliierten Begebenheiten und Absprachen, die einem Reut-Nicolussi besser nicht bekannt werden durften?

Vielleicht erhält die Ohrfeige, die Außenminister Gruber nach seiner Rückkehr von den Verhandlungen in Paris am Innsbrucker Hauptbahnhof in aller Öffentlichkeit einstecken mußte, eine ganz andere Symbolkraft als man bisher annahm. Der Obmann des Tiroler Kriegsopferverbandes, der patriotische Hans Blaas, der Gruber ohrfeigte, wußte vielleicht mehr über die Zusammenhänge, als man damals und bis heute in der Öffentlichkeit erfuhr. Blaas hatte zusätzlich eine Ehrenbeleidigungsklage gegen Gruber erhoben, das österreichische Parlament hat durch seinen Immunitätsausschuß dem Begehren des Bezirksgerichtes Innsbruck um Zustimmung zur Verfolgung dieser Klage allerdings nicht entsprochen.

Der Pariser Vertrag

Der gesamte Text des Gruber-De Gasperi-Abkommens (Pariser Vertrag) umfaßt lediglich eine Schreibmaschinenseite. Der Vertrag ist in seiner Formulierung äußerst unpräzise und ließ den Italienern, die ja durch den Verbleib Südtirols bei Italien sowieso in der besseren Machtposition waren, viele Möglichkeiten offen, in den folgenden Jahrzehnten eigennützige Auslegungen des Vertragstextes zur Grundlage ihrer Politik zu machen. Österreich hatte hingegen als einziges Mittel zur Durchsetzung der Schutzbestimmungen für Südtirol als Vertragspartner nur die schlechten juristischen Formulierungen dieses Vertrages. Nicht einmal das Territorium, in welchem die Minderheitenschutzbestimmungen Geltung haben sollten, war genau umschrieben, was Italien veranlaßte, die Autonomie nicht nur für das nach wie vor – trotz Unterwanderung und Aussiedlung – mehrheitlich deutsche Südtirol (Provinz Bozen), sondern auch auf das weit überwiegend italienisch besiedelte Trentino (Provinz Trient) anzuwenden. In dieser Region verfügen die Italiener allerdings über eine Zwei-Drittel-Mehrheit, so daß in der Praxis die Deutschen jederzeit überstimmt werden konnten.

Der schwerste Mangel des Pariser Vertrages war und blieb es, daß an keiner Stelle und in keinem Ausdruck dieses Papiers von der **deutschen Volksgruppe** in Südtirol gesprochen wird. Dieser Umstand hat die Italiener seither zu der Behauptung veranlaßt, daß die Südtiroler Volksgruppe als Gesamtheit keinen vertraglich begründeten Anspruch auf Schutz ihrer Eigenart besitze, sondern nur der einzelne Südtiroler.

Im Pariser Vertrag wird zur Beschreibung der Personengruppe nur die Formulierung „deutschsprachige Einwohner" verwendet. Der Grund dafür, daß die österreichischen Verhandlungspartner es vermieden, im Pariser Vertrag die deutsche Volksgruppe als solche zu nennen, liegt daran, daß von den führenden Männern des Jahres 1945 der deutsche Volkscharakter Österreichs geleugnet und an dessen Stelle eine nicht dem Volke Goethes und Schillers zugehörige „österreichische Nation" erfunden wurde.

Wie sehr selbst das österreichische Parlament mit dem erzielten Vertrag unzufrieden sein mußte, geht aus der einstimmig vom Auswärtigen Ausschuß des österreichischen Nationalrates am 1. Oktober 1946 auf Antrag der Abgeordneten Dr. Adolf Schärf (SPÖ) und Dr. Pernter (ÖVP) verabschiedeten Entschließung hervor:

„Die mit Italien vereinbarte Regelung, von der nicht feststeht, ob sie die Zustimmung des gesamten Südtiroler Volkes gefunden hat, bedarf noch mancher Interpretation, um als Zwischenlösung angesehen werden zu können. Die Haltung

Österreichs bedeutet in keiner Weise einen Verzicht auf die unveräußerlichen Rechte unseres Staates auf Südtirol. Der Ausschuß gibt der bestimmten Hoffnung Ausdruck, daß eine geänderte Weltlage in Zukunft den Südtirolern die Möglichkeit der Selbstbestimmung über ihre staatliche Zugehörigkeit geben wird. Er ist der Meinung, daß dieses Prinzip der einzige Weg für eine dauernde Lösung der Südtiroler Frage ist, die von Österreich als gerecht und befriedigend angenommen werden könnte."

Südtirol bleibt Kolonie

Die Italiener erklärten bei jeder Gelegenheit, es gäbe für sie keine Südtirol-Frage, alles, was sich auf dieses Gebiet beziehe, sei eine inneritalienische Angelegenheit. Und nach diesem Grundsatz wurde die Politik in und mit Südtirol auch betrieben. Außer der Einführung der deutschen Schule, der Wiederzulassung gewählter deutscher Bürgermeister und verschiedener kleinerer Zugeständnisse wurden kaum Konzessionen gemacht. Die deutsche Sprache wurde — bis heute — nicht gleichberechtigt, die wichtigen politischen Kompetenzen wurden an die Region nach Trient vergeben, der Beamtenapparat blieb weiterhin mit bis zu 100 Prozent in italienischer Hand und damit den Deutschen vorenthalten und die Unterwanderungspolitik wurde weiter betrieben, sogar in noch stärkerem Ausmaß als in der faschistischen Zeit. Dazu kamen weiterhin Schikanen gegenüber der einheimischen deutschen und ladinischen Bevölkerung, massenhafte Gerichtsverfahren wegen lächerlicher Delikte, die weitere Anwendung faschistischer Strafbestimmungen wegen „Schmähung der italienischen Nation", etwa wegen Hissung einer Tiroler Fahne oder Bemalen von Fensterläden in den Farben weiß-rot.

Die Vorenthaltung von Arbeitsplätzen für Deutsche in den während der Faschistenzeit errichteten Industriezonen von Bozen, Meran und Brixen, die zu massenhafter Auswanderung junger Südtiroler führte, die Zuwanderung italienischer Arbeiter und die bevorzugte Zuweisung von Sozialwohnungen für diese führte in eine Entwicklung, die den Nestor des Südtiroler Deutschtums, den Geistlichen Kanonikus Michael Gamper am 28. Oktober 1953 in der von ihm gegründeten Tageszeitung „Dolomiten" veranlaßte, den inhaltsschweren Satz zu schreiben:

„Es ist ein Todesmarsch, auf dem wir Südtiroler seit 1945 uns befinden, wenn nicht noch in letzter Stunde Rettung kommt."

Die Unterwanderung nahm bisher nicht erreichte Ausmaße an. Man konnte errechnen, daß bei gleichbleibender Zuwanderung etwa Anfang der 70er Jahre eine italienische Mehrheit im Lande leben würde. Dann würde Italien sogar bereit sein, das Selbstbestimmungsrecht zu gewähren, denn es könnte mit einem für Italien günstigen Ausgang rechnen.

Es folgte nun die Periode der ständigen Appelle Bozens an Wien und Innsbruck, die Schutzmachtfunktion auszuüben und Italien zu einer Abkehr von seiner Italienisierungspolitik zu veranlassen. Der schließlich erfolgte Vorstoß Österreichs bei den Vereinten Nationen ging ins Leere, da Österreich nicht entschlossen war, aufs Ganze zu gehen und die Selbstbestimmung und damit die Wiederherstellung des Rechtszustandes zu fordern.

Die Schikanen erfaßten nun auch die Politiker. Der SVP wurden die Tiroler Farben als Parteifarben verboten, Einreiseverbote gegenüber Nordtiroler Politikern, eingeschlossen Landeshauptmann Tschiggfrey, wurden ausgesprochen, der Chefredakteur der „Dolomiten", Dr. Friedl Volgger, wurde verhaftet und nach mehrmonatiger Haft freigelassen, nach weiteren Monaten mußte er allerdings freigesprochen werden.

Los von Trient!

Schließlich führt eine Sondersubvention von 22 Milliarden Lire für den ausschließlich den Italienern zugutekommenden Volkswohnbau am 17. November 1957 zu einer Großkundgebung, die, ursprünglich in Bozen geplant, durch die italienischen Behörden auf das Schloß Sigmundskron verbannt wird. 35 000 Südtiroler fordern dort: „Los von Trient!" Gemeint ist die Trennung der Provinzen Bozen und Trient und die Zuerkennung der Autonomiebestimmungen für die Provinz Bozen allein.

Auch diese machtvolle Kundgebung — rund ein Viertel der erwachsenen deutschen Bevölkerung nahm teil — bewirkte bei den Italienern nichts.

Italien torpedierte die mit Österreich als Schutzmacht geführten Gespräche, lehnte jede ins Detail gehende Debatte grundsätzlich ab.

Das Jahr 1959, das Gedenkjahr zur Erinnerung an den Freiheitskampf unter Andreas Hofer gegen Napoleon, brachte im ganzen Land nördlich und südlich des Brenners eine Welle von Gedenkveranstaltungen, die eine Rückbesinnung auf die Werte des Freiheitskampfes und allgemein ein Bewußtwerden der eigenen Identität als deutsche Tiroler bewirkte. Der große Landesfestzug in Innsbruck, dem eine überdimensionale Dornenkrone als offizielles Symbol der Trauer um die Teilung des Landes vorangetragen wurde, sah erstmals seit der Besetzung Südtirols wieder mehrere tausend Südtiroler Schützen unter dem Kommando des um den Wiederaufbau des Schützenwesens hochverdienten Majors Jörg Klotz vor dem Bundespräsidenten paradieren.

Parole Andreas Hofer

Im Anschluß an die Gedenkfeiern trafen sich Männer aus allen Teilen des Landes und aus allen Schichten, fast durchwegs Familienväter, die sich grundsätzlich einigten, daß alle Versuche, Italien mit Appellen, Bittschriften, Verhandlungen und durch Aufklärung mit hunderttausenden Briefen, Schriften, Flugblättern zu einem Einlenken in seiner Kolonialpolitik in Südtirol zu bewegen, erfolglos geblieben waren und daß ein Signal gesetzt werden müsse, um die Weltöffentlichkeit auf das dauernde Unrecht in Südtirol aufmerksam zu machen. Es sollte der jetzigen Generation nicht dereinst von den Nachkommen in dann aussichtsloser Lage der Vorwurf gemacht werden können, daß sie zu einer Zeit, als die Mehrheitsverhältnisse für die Volksgruppe im eigenen Land noch günstiger waren, nichts getan hätte.

Als die neuerlichen Verhandlungen zwischen der italienischen und österreichischen Regierungsdelegation von Italien in Mailand neuerlich in brüsker Weise abgebrochen wurden, wurde in der Nacht vom 30. auf den 31. Januar 1961 ein überlebensgroßes Reiterstandbild Mussolinis, das beim Kraftwerk Waidbruck bei Brixen wie viele andere faschistische Denkmäler in Südtirol das Kriegsende überdauerte — es wurde nur die Inschrift „Al Genio Del Fascismo" entfernt — in die Luft gesprengt.

Schon das Objekt dieses ersten Sprengstoffanschlages beweist, daß sich die Widerstandshandlungen der 60er Jahre **gegen die faschistische Fremdherrschaft** Italiens in Südtirol wandte, und schon damit zeigt sich, wie verleumderisch der später erhobene Vorwurf des Neonazismus oder Faschismus gegenüber den Südtiroler Freiheitskämpfern war.

Im Frühjahr 1961 spitzten sich die Verhältnisse zu.

Neue Großvorhaben im Bereich des in den Dienst der Unterwanderung gestellten Volkswohnbaues standen bevor. Und im italienischen Parlament stand ein Gesetzesentwurf vor der Verabschiedung, demzufolge mißliebige — sprich deutschbewußte — Staatsbürger mit einfachem Verwaltungsakt die Staatsbürgerschaft verlieren hätten können. Mit anderen Worten, Italien hätte ein Instrument in die Hand bekommen, die deutsche Volksgruppe mit scheinheiliger rechtlicher Deckung ihrer geistigen Führung durch Landesverweis zu berauben. Diese neuen Gefahren brachten die Stimmung zum Überkochen.

Auch die neuerlichen Verhandlungen in Klagenfurt scheiterten und nun entschlossen sich die Freiheitskämpfer, in der Nacht von 12. auf 13. Juni 1961 („Herz-Jesu-Sonntag") die bereits vorgeplante, großangelegte Aktion zu starten. Mehr als 40 riesige Hochspannungsmasten der wichtigen E-Leitungen im gesamten Land wurden durch Sprengsätze unterbrochen, um damit doch die Weltöffentlichkeit auf Südtirol aufmerksam zu machen. Bei den Demonstrationssprengungen wurde peinlichst darauf geachtet, daß keine Menschenleben bedroht werden. Man wollte den italienischen Staat als Verursacher der Unrechtssituation treffen und die Anschläge waren daher in erster Linie gegen Eigentum des italienischen Staates gerichtet. Italien antwortete mit ungeheurer Härte. Nach weiteren Anschlägen im Juli und mit inzwischen ins Land geholten militärischen Verstärkungen gingen die italienischen Polizei- und Militäreinheiten rücksichtslos gegen die Bevölkerung vor. Jede Annäherung und das Stehenbleiben bei Wasserleitungen, Kraftwerksanlagen, Eisenbahnanlagen, Hochspannungsleitungen, Staudämmen, Seilbahnen, Industrieanlagen usw. war strengstens verboten. Die in Südtirol massierten Sicherheitskräfte machten ohne Vorwarnung bei jeder sich bietenden Gelegenheit von der Schußwaffe Gebrauch. Mehrere Südtiroler wurden auf diese Weise als völlig Unbeteiligte ermordet.

Grausame Folter an Wehrlosen

Die Carabinieri-Einheiten erfaßten das ganze Land in umfangreichen Verhaftungsaktionen. Der italienische Innenminister Scelba ermächtigte die Carabinieri ausdrücklich, beim Ergreifen von ‚dinamitardi' keine Rücksichten walten zu lassen und alles daranzusetzen, um diese zu überführen. Mit diesem Freibrief von höchster Stelle ausgestattet, trugen sich in den Carabinieri-Kasernen in Südtirol schwerste Verletzungen der Menschenrechte zu. Mehr als 50 Häftlinge wurden schwerster, oft mehrtägiger Folter unterzogen, um sie auf diese Weise zu oft bereits vorbereiteten, erfundenen Geständnissen zu zwingen. Viele der Gefolterten haben Dauerschäden davongetragen, zwei von ihnen sind an den Folgen der Grausamkeiten in der Haft gestorben.

Hier sei nur einer der Folterberichte, wie sie von der SVP und von der Nordtiroler Landesregierung dokumentiert wurden, als Beispiel wiedergegeben.

Gamper Paul, Vahrn:

Gebe kurzen Bericht, wie es mit uns bei den Verhören ergangen ist. Eingestanden wurde eine Menge mehr, als in Wirklichkeit passiert ist. Methoden waren: Schläge auf allen Körperteilen und mit allem. Auf einen Tisch wurde eine Obststeige gelegt und die Menschen mit dem Rücken auf dieser Steige, die Füße auf einer Seite und die Hände auf der anderen Seite des Tisches zum Boden niedergebunden. Der Kleider teils entledigt, wurden dann Käfer auf den Nabel getan, die eine unbeschreibliche demoralische Wirkung haben, und Säure in den Mund und Nase geleert, die den Marsch in die Atemwege nahm und den Menschen zum Ersticken brachten, oder in den Mund gespien und anschließend mit dem Abortbesen ausgewischt. Ununterbrochenes Stehen zwischen 30 Minuten und 80 Stunden, teils vor der Blendlampe. Stöße auf die Schienbeine, um den Menschen zu Fall zu bringen und anschließend bei den Haaren durch die Räume zu ziehen. Verbrennungen mit den Zigaretten und Drohungen mit dem bereitstehenden Kork (?), elektrische Schläge und Haarausreißen am Ge-

schlechtsteil. Beschädigung der Nieren, 3 bis 4 Tage Blut im Urin. Franz zum Beispiel (sein Bruder. Der Verf.) wurde zusätzlich mit einer Eisenstange geschlagen. Am Boden liegend wurde ihm eine Gehirnerschütterung beigebracht! Folge: Schwindel und Kopfweh noch nach vielen Wochen. Einer ist hier mit geplatztem Trommelfell mit schwerer Sehstörung (Blendlampen). Das alles bei vom Durst aufgeschwollenen Gaumen, da es weder Essen noch Trinken gab. Das alles ist erst ein Teil dessen von allem.

Bozen, 10. 11. 1961
gez. Paul Gamper

In ohnmächtiger Wut mußte ganz Südtirol mitanhören, wie wochenlang aus den Carabinierikasernen in den einzelnen Dörfern und Städten die Schmerzensschreie der Gepeinigten schallten. Den Inhaftierungswellen folgten dann jahrelang die Schauprozesse gegen mehrere hundert Angeklagte, besonders in den Städten Mailand, Trient, Florenz, bei welchen der Großteil der Verhafteten und die meisten Flüchtigen zu hohen Gefängnisstrafen verurteilt wurden.

Der Widerstand wurde aus allen Schichten der Bevölkerung getragen und fand auch in Österreich und in der Bundesrepublik Unterstützung. Besonders in Nordtirol gab es in allen politischen Lagern nicht nur Sympathisanten, sondern aktive Unterstützung und seitens der politisch Verantwortlichen zumindest Mitwisserschaft und Verständnis. So waren führende Persönlichkeiten aller drei Parlamentsparteien in die Vorbereitungen und Absichten eingeweiht. Innerhalb der Österreichischen Volkspartei gab es zwischen Wien und Innsbruck derartige Meinungsunterschiede, daß von Tirol aus erwogen wurde, die Landesgruppe der ÖVP als eigene, selbständige Partei zu konstituieren. Erst eine verleumderische Pressekampagne und massivster Druck gegen den Tiroler Parteiobmann Landesrat Dr. Aloys Oberhammer veranlaßte diesen, von seinem Amt zurückzutreten. Oberhammer war – der Öffentlichkeit damals unbekannt – Mitglied des Befreiungsausschusses Südtirol (BAS). Er wurde in Mailand zu 30 Jahren Haft verurteilt. Aus dem nationalen Lager ist als aktivste Persönlichkeit der damalige Südtirolreferent der Freiheitlichen Partei Univ.-Ass. Dr. Norbert Burger zu nennen, der aktiv am Freiheitskampf beteiligt war, mit den Südtiroler Führern des Freiheitskampfes in engstem Kontakt stand, in Italien zu lebenslanger Haft verurteilt wurde, in Österreich mehr als zwei Jahre Untersuchungshaft auf sich nehmen mußte und sich schließlich bei den in liebedienerischer Weise von Österreich durchgeführten Prozessen, besonders in Graz und Linz, durch die Festlegung der Verteidigungslinie und die dadurch erzielten Freisprüche große Verdienste dadurch erwarb, daß mit diesen Freisprüchen die von Italien gewünschte Kriminalisierung des Südtiroler Freiheitskampfes durch österreichische Gerichte scheiterte.

Verleumdung

Festzustellen ist, daß die Aktionen des Freiheitskampfes weit überwiegend von Südtirolern durchgeführt wurden, daß auch die Initiativen zu den Widerstandshandlungen aus Südtirol kamen, jedoch erscheint es nach mehr als zwanzig Jahren gerechtfertigt, auf die Unterstützung aus Österreich näher einzugehen, weil nämlich in jüngster Zeit von gewissen Leuten der Freiheitskampf in der Weise aufgearbeitet wird, daß eine Zweiteilung in einen guten und bösen Bereich des Widerstandes erfolgt. Als gut, oder besser, als gutgläubig, werden dabei diejenigen Männer dargestellt, die, selbst Südtiroler, sich wegen der tagtäglichen Schikanen der Italiener aus begreiflichen Gründen dem Widerstand angeschlossen haben. Ihnen wird allerdings gleichzeitig unterstellt, zu ihrer Beurteilung aus einer engstirnigen, lokal orientierten Sicht gekommen zu sein.

Der andere Teil der Widerstandskämpfer, nämlich die meisten der österreichischen und bundesdeutschen Beteiligten, seien hingegen aus unlauteren Motiven zum Widerstand gestoßen, sie seien unverbesserliche Neonazi, die sich aus Freude am Terror dieses Themas bemächtigt hätten.

In Wirklichkeit sind alle diese Interpretationen reiner Unsinn. Die Führungsspitze des BAS war ein Kreis von Männern aus Süd- und Nordtirol, die in allen grundsätzlichen Fragen und bei der Beurteilung der Mittel, die angewendet werden müssen, einheitlich dachten.

Die Unterstützung des Freiheitskampfes aus Nordtirol und Österreich kam — ähnlich wie in Südtirol selbst — aus allen Bevölkerungsschichten. Einen besonderen Anteil hatten dabei die Angehörigen nationalfreiheitlicher Studentenverbindungen, besonders der Burschenschaft in Innsbruck und in anderen Hochschulstädten, nicht zuletzt aber auch katholischer Mittelschulverbindungen und des katholischen Cartellverbandes (CV) akademischer Korporationen.

Nicht zuletzt durch die Hetze der Boulevardzeitungen, der Parteizeitungen der SPÖ und so mancher sogenannter unabhängiger Blätter sollte der gesamte Freiheitskampf diffamiert und in ein angebliches neonazistisches Eck gedrängt werden. Die kleingeistigen Journalisten begriffen nicht, daß sie mit dieser unwahren und daher auch unbewiesenen Behauptung der italienischen Strategie in die Hände spielten.

Erfolge des Freiheitskampfes

Und doch, der Freiheitskampf erreichte zwar nicht das letzte Ziel, die Rückkehr Südtirols zu Österreich, er erreichte aber ein Umdenken der italienischen Regierung. Erst nach den Bombenanschlägen der 60er Jahre war Italien bereit, in ernsthafte Verhandlungen einzutreten, die über die Zwölfer- und Neunzehnerkommissionen schließlich zum sogenannten „Südtirol-Paket", dem Maßnahmenkatalog zur Realisierung der nach dem Zweiten Weltkrieg zugesagten, jedoch nicht verwirklichten Autonomiebestimmungen führten.

Der sicher noch wesentlich bedeutendere Erfolg des Freiheitskampfes war das Faktum, daß die existenzbedrohende Zuwanderung von Italienern zum Versiegen kam. Seit den beginnenden 60er Jahren stagniert der italienische Bevölkerungsanteil in Südtirol — Höchststand damals über 34 Prozent —, ja bei den seither durchgeführten Volkszählungen wurde sogar eine prozentmäßige Abnahme auf zuletzt rund 30 Prozent ermittelt.

Die Zeit arbeitet erstmals nicht mehr nur für Italien, den Deutschen Südtirols ist eine Verschnaufpause gegönnt.

Das Verhandlungsergebnis zwischen Italienern einerseits, Südtirolern und Österreichern andererseits, eben das „Paket", wurde schließlich trotz vorerst heftigen Widerstandes der Mehrheit der Delegierten und nach heftigen Debatten auf der Landesversammlung (Parteitag) der Südtiroler Volkspartei am 22. November 1969 mit einer hauchdünnen Mehrheit angenommen. Im österreichischen Nationalrat fand der „Operationskalender", die Durchführungsbestimmungen für das „Paket" lediglich eine Mehrheit von 83 gegen 79 Stimmen, nur die damalige Regierungspartei ÖVP stimmte dafür. Für FPÖ und SPÖ waren die Zugeständnisse Italiens nicht ausreichend, der Präsident des Österreichischen Gewerkschaftsbundes und jetzige Parlamentspräsident Anton Benya erklärte: „Südtirol verkauft!"

SÜDTIROL

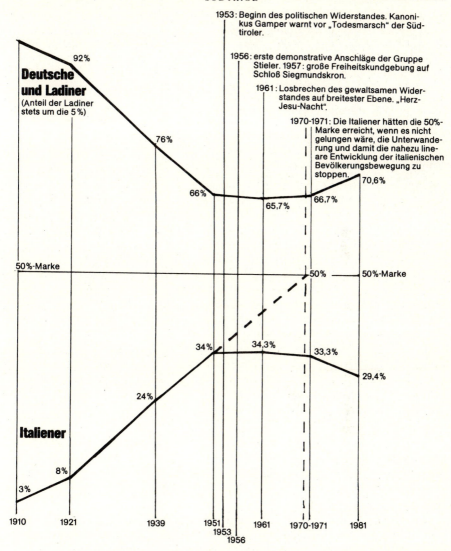

Freiheitskampf
stoppt italienische Zuwanderung

Verschleppung der „Paket"-Zusagen

Das „Paket" sah vor, daß ein großer Teil der Zuständigkeiten, die bisher bei der mehrheitlich italienischen Region Südtirol-Trentino lagen, an die mehrheitlich deutsche Provinz Südtirol übergehen sollten. Südtirol bekam damit die bisher vorenthaltenen Kompetenzen in wichtigen Bereichen, so Wohnbau, Arbeitsplatzverwaltung usw. Es wurde die Besetzung der staatlichen und halbstaatlichen Beamtenstellen und die bei Post und Bahn etc. nach dem ethnischen Proporz zugesagt. Dies allerdings in einem mehrere Jahrzehnte währenden Prozeß und nur nach Freiwerden von Positionen durch natürlichen Abgang. Erst im ersten Jahrzehnt des neuen Jahrtausends sollte diese Anpassung erfolgt sein.

Die anderen Zugeständnisse des „Paketes" sollten bereits Anfang der 70er Jahre erfüllt sein. Immer noch — also 1985 — sind aber wesentliche Zusagen nicht erfüllt.

Es handelt sich dabei in erster Linie um die für die Volksgruppe äußerst wichtige Gleichstellung der deutschen Sprache in der Öffentlichkeit, besonders bei den Ämtern und vor Gericht. Solange diese Bestimmung nicht erfüllt ist, sind die Südtiroler nach wie vor ständigen Benachteiligungen und Zurücksetzungen ausgesetzt. Es geht weiters um die Zusage, in Südtirol wiederum die historisch gewachsenen — deutschen — Orts- und Flurnamen zur Geltung zu bringen.

Von der Realisierung dieser Forderungen scheint man sich immer weiter zu entfernen, statt sich ihr zu nähern. Auch finden die italienischen Stellen, also die immer noch weit überwiegend italienischen Beamten, immer wieder Mittel und Wege, die bereits verwirklichten Paketpunkte erfolgreich zu unterlaufen. Rom bleibt über Jahre die der Südtiroler Landesregierung aus dem Finanzausgleich zustehenden Steuermittel zur Finanzierung der lokalen Verwaltung schuldig. Statt der Neueinstellung von deutschen Beamten werden italienische Beamte aus anderen Provinzen nach Südtirol versetzt, also gewissermaßen ausgeliehen, was im „Paket" nicht expressis verbis untersagt ist und daher eine willkommene Möglichkeit zur Umgehung des „Paketes" bietet.

Auch nimmt der Widerstand der im Lande lebenden Italiener gegen die Zusagen des „Paketes" ständig zu. Vor allem wollen sie verhindern, daß die deutsche Sprache der italienischen gleichgesetzt wird, da ja sehr viele der in Südtirol lebenden Italiener die deutsche Sprache nicht beherrschen — im Unterschied zu den besonders im städtischen Bereich lebenden Südtirolern, die zwangsweise zweisprachig sind. Es geht die Frage der Gleichberechtigung der beiden Sprachen an den beruflichen Lebensnerv vieler Italiener. So hatten im Januar 1985 die italienischen Rechtsanwälte einen zweitägigen Streik gegen die Gleichsetzung der Sprachen abgehalten, weil die Einführung von Deutsch als gleichberechtigter Gerichtssprache wegen der mangelnden Deutschkenntnisse vieler italienischer Advokaten den deutschen Anwälten zugute käme.

Diese Umstände führten zu einer parteipolitischen Radikalisierung der Italiener. Die absolut deutsch-, minderheiten- und autonomiefeindliche neofaschistische Partei MSI ist heute die drittstärkste Partei im Südtiroler Landtag, sie vertritt inzwischen rund 20 Prozent der italienischen Wähler. Im März 1985 startete die neofaschistische Partei eine Unterschriftenaktion zur Abschaffung der Autonomie, die sich an alle Italiener in Südtirol wendet und in der folgende Forderungen enthalten sind:

Der ethnische Proporz soll abgeschafft werden; die vierjährige Anwesenheitspflicht in Südtirol, um das aktive und passive Wahlrecht ausüben zu können, soll aufgehoben werden; die Gleichstellung der deutschen mit der italienischen Sprache soll unterbleiben, die Staatssprache soll überall Vorrang behalten; die Kenntnis der Zweisprachigkeit als Voraussetzung für die Besetzung eines Postens in öffentlichen

Ämtern soll abgeschafft werden; die Bürger sollen in italienischer Sprache mit den Ämtern verkehren; die Ernennung der Richter der autonomen Sektion Bozen des Verwaltungsgerichtes soll aufgrund des einschlägigen Staatsgesetzes — nicht des Autonomiestatutes — erfolgen und anderes mehr. Die Forderungen finden in der italienischen Volksgruppe große Zustimmung.

Unzufriedenheit wächst

Aber auch auf deutscher Seite nimmt die Unzufriedenheit zu. Immer mehr Menschen verlieren die Hoffnung, daß auf längere Sicht eine Existenzsicherung der deutschen Volksgruppe, der deutschen Sprache und Kultur innerhalb Italiens möglich ist. Es nehmen die Stimmen innerhalb der Südtiroler Volkspartei zu, die eine Änderung der Politik der Volksgruppenführung wünschen. Der Südtiroler Heimatbund, zuerst der Kristallisationspunkt solcher Wünsche innerhalb der SVP, hat sich zu einem selbständigen Wahlverband entwickelt und fordert als politisches Ziel die Gewährung des Selbstbestimmungsrechtes für Südtirol. Auch innerhalb der SVP wird der Selbstbestimmungsflügel stärker. Dies ist um so bemerkenswerter, als ja die Politik der SVP und vor allem des Landeshauptmannes Dr. Silvius Magnago jahrzehntelang auf Durchsetzung der Autonomie innerhalb Italiens ausgerichtet war. Es scheint nunmehr, als ob noch vor dem Abtreten Magnagos diese Politik den Bankrott erklären müßte.

Italien hat es während eines Zeitraumes von zwei Generationen versäumt, in Südtirol Verhältnisse zu schaffen, die eine Befriedung herbeigeführt hätten, die die aufgezwungene Grenze erträglich hätten werden lassen, etwa so wie im Schweizer Kanton Tessin, wo die italienische Volksgruppe durch eine minderheitenfreundliche Politik in ihrer kulturellen Substanz geschützt ist und daher überhaupt nicht an eine Änderung der Staatsgrenze denkt, im Gegenteil.

Der anerkannte Völkerrechtler und Minderheitenexperte Prof. Ermacora meinte zur Forderung nach Selbstbestimmung bereits 1967: „Diese Forderung erscheint mir keine unrealistische zu sein. Daß sie nicht erhoben wird, liegt wahrscheinlich sowohl an der österreichischen Politik als auch an dem Desinteresse der österreichischen Bevölkerung. Ich glaube nicht, daß die Forderung nach Selbstbestimmung vor der UNO ein schlechtes Bild machen würde — insbesondere in Hinblick auf die veränderte Struktur der UNO."

Eine Untersuchung des Meinungsbefragungsinstitutes Allensbach am Bodensee erbrachte 1960, noch vor Beginn des Freiheitskampfes, das Ergebnis, daß mehr als 80 Prozent der Befragten sich ausdrücklich für eine Rückkehr zu Österreich aussprachen. Diesen zuzurechnen wären weitgehend auch die rund 10 Prozent, die eine diesbezügliche Aussage verweigerten.

Freistaat als Zwischenlösung?

In einer im Jahr 1983 vom jetzigen SVP-Landtagsabgeordneten Dr. Franz Pahl vorgelegten Umfrage zur politischen Einstellung der Südtiroler äußerten zur Frage Selbstbestimmung 36 Prozent, sie sei erwünscht, aber nicht erreichbar, zusätzliche 49 Prozent meinten, die Selbstbestimmung sei erreichbar, wenn Opferbereitschaft dafür aufgebracht werden würde. Zur Frage einer Änderung in der staatlichen Zugehörigkeit Südtirols erklärten 37 Prozent den Wunsch nach Rückkehr zu Österreich und 48 Prozent gaben einem eigenen Staat Südtirol den Vorrang.

85 Prozent also wünschen die Selbstbestimmung und ein gleicher Prozentsatz will weg von Italien. Die Verhältnisse haben sich gegenüber 1960 kaum geändert.

Wie sich die Südtiroler im Falle der Gewährung eines freien Selbstbestimmungsrechtes verhalten würden, kann man leicht erahnen, viele sehen jedoch in der

Zwischenlösung eines Freistaates eine realere Möglichkeit, sich aus den Fesseln Italiens zu befreien. Und der Südtiroler Heimatbund macht die Forderung nach einem Freistaat neuerdings zu seinem Hauptanliegen. Verschiedene Schwierigkeiten, wie sie die Helsinki-Deklaration aber auch der österreichische Staatsvertrag beinhalten, was Grenzänderung betrifft, könnten auf diesem Weg umgangen werden.

Der langjährige Südtirolsprecher der Freiheitlichen Partei im österreichischen Parlament und profunde Kenner der Materie, Primar Dr. Otto Scrinzi, sagt dazu: „Wäre es in Anbetracht der historischen Erfahrungen wirklich so abwegig, wenn dieses schwergeprüfte Grenzland seine Bauernrolle im Schachspiel der Realpolitiker durch einen Rückzug aus dieser Politik beenden würde, indem es keiner der beiden betroffenen Seiten als Handelsobjekt mehr zur Verfügung stünde? War die Grafschaft Tirol im Heiligen Römischen Reich Deutscher Nation und schließlich auch in den Habsburgischen Erblanden insbesondere auf Grund des Landlibells von 1511 und seiner autonomen Wehrverfassung einem Freistaat nicht ähnlich? Wäre es in einem solchen Freistaat in seiner ethnischen und kulturellen Existenz etwa mehr gefährdet als in seiner gegenwärtigen Halbautonomie, in welcher ihm das seit 15 Jahren zugesicherte Recht auf Gleichwertigkeit seiner Muttersprache gegenüber der Staatssprache seiner Besatzungsmacht nach wie vor verweigert wird?

Die aufgeputschte und heuchlerische Empörung über die in Innsbruck — beim Landesfestzug 1984 — mitgetragene Dornenkrone war doch nichts anderes als die Umkehrung des schlechten Gewissens darüber, daß die gegenwärtige Herrschaft Italiens auf einer Serie von Vertragsbrüchen ruht: Sie sind alle in einem Satz zusammengefaßt: Verweigerung des Selbstbestimmungsrechtes, gleich ob man die 14 Punkte Wilsons oder die Charta der Vereinten Nationen im Auge hat, die feierliche Erklärung des italienischen Königs anläßlich der Annexion Südtirols 1920 oder die im Zusammenhang mit dem ‚Sieg von 1945' oder dem Gruber-De Gasperi-Abkommen von 1946."

Endziel: Freiheit durch Selbstbestimmung

Die aufrüttelnden Worte von Professor Reut-Nicolussi anläßlich einer Großkundgebung in Innsbruck am 4. September 1945 sollen abschließend in Erinnerung gebracht werden, denn sie gelten auch heute:

„Jawohl, nur die Parole ‚Südtirol zu Österreich' wird Freundschaft zwischen uns und unserem südlichen Nachbarn stiften. Wir und die Italiener wollen und sollen dann all das Böse vergessen, das uns entzweit hat, und in den Alpentälern wird eine solide Ordnung einziehen. Aber Italien möge darauf verzichten, über Tiroler zu herrschen. Selbst wenn es den Schlern mit Gold überziehen wollte, so könnten wir unserem Tirolertum, der Tiroler Landeseinheit als politischem Ziel, nie entsagen."

Abraham Lincoln sagte einst: „Eine Frage ist nur gelöst, wenn sie gerecht gelöst ist."

Dies gilt auch für Deutsch-Südtirol.

WERNER WIDMANN

Kärnten ist anders!

Minderheitenfrage und Volkstumskampf

Jede Betrachtung der Kärntner Grenzland- und Minderheitenproblematik bedarf aus Gründen der Wahrheits- und Lösungsfindung einer leidenschaftslosen historischen Analyse. Dies um so mehr, als die Deutungen einer 1300jährigen gemeinsamen Geschichte von seiten der heutigen slowenischen Intelligencija mit viel Pathos und Beharrlichkeit in die Gegenwartsargumentation eingebracht werden. Eines dieser Argumente heißt:

„Wir waren früher da!"

So einfach das nun klingt, so falsch muß diese Behauptung sein, denn die von den mittelasiatischen, turk-ugurischen Awaren in diese Landschaft als Vasallen oder Flüchtlinge hineingedrängten verschiedenen Slawenstämme fanden zweifellos schon eine längst ansässige Bevölkerung vor. Warum auch nicht?

Die Geschichte begann ja auch für das Gebiet, das heute „Bundesland Kärnten" heißt, schon etwas früher. In Griffen wurden altsteinzeitliche Geräte entdeckt, „nur" 100 000 Jahre alt. Breit gestreut waren die bäuerlichen Siedlungen der Jungsteinzeit und auch die bronzezeitlichen Ahnen haben technische und kulturelle Spuren in reicher Zahl hinterlassen. Um 300 v. Chr. wanderten Kelten ein, die die vorgefundene Bevölkerung überlagerten und als großartige politische Leistung das „Königreich der Noriker" errichteten, das vom Plattensee bis zum Inn reichte. In der repräsentativen Keltensiedlung auf dem Magdalensberg vermuten die Historiker das Verwaltungszentrum dieses Reiches.

Ein Handels- und Beistandsabkommen mit Rom hat die gegenseitige Niederlassungsfreiheit, wie sie die EWG heute praktiziert, festgelegt. Die Grundlage des keltischen Reichtums war das Erz und dessen meisterhafte Verarbeitung. Der Übergang zu einer Provinz Roms war ein friedlicher und allmählicher, Romanen siedelten neben Kelten. Virunum auf dem Zollfeld wurde die neue Hauptstadt.

Auch von den großen germanischen Wanderungen wurde Kärnten berührt, es gehörte kurz dem Ostgoten- und später länger dem Langobardenreich an. Aber die alte Welt war in Bewegung geraten und auch in Kärnten stand es mangels einer Ordnungsmacht schlecht, die Unsicherheit zwang die Bevölkerung, die Talsiedlungen aufzugeben und wieder in Bergsiedlungen Schutz zu suchen.

Slowenen auf Römerstraßen

Es war also jemand früher da, der die römischen Militär- und Handelsstraßen baute, auf denen dann Slawen nach Westen auswichen. Teils kamen deren Stämme durch Pannonien, teils als „Alpenslawen" aus Nordosten und drangen mit dem Recht des Stärkeren in Kärnten ein, wo sie im Altsiedlland auf die ansäßige Bevölkerung trafen. Die Neuankömmlinge übernahmen von dieser die Bezeichnungen aus romanisch-keltischer Zeit für Berge, Flüsse, Täler und Siedlungen, aber auch für das Land selbst, das sie besetzten. Karantanien geht auf „caranto" = Fels zurück.

Die slawische Besiedlung war nicht sehr dicht, dennoch wurde die Altbevölkerung allmählich überschichtet und nahm das spezielle Idiom des slawischen Nachbars an. Die gemeinsame Bezeichnung „Karantanen" für die resultierende Mischbevölkerung geht jedoch auf das Keltische zurück.

Scheint diese Durchdringung auch friedlich vor sich gegangen zu sein, so führte Mißtrauen und Haß der heidnischen Slawen gegen die christlichen Zentren und die Mission überhaupt zur Zerstörung der drei damals schon bestehenden Bischofssitze des Erzbistums Aquileia — Virunum, Teurnia und Aguntum (610).

Die bayrische Barriere

Die Vernichtung Aguntums, die Inbesitznahme Osttirols und das weitere Vordringen der Slawen Richtung Pustertal-Brenner mußte zwangsläufig die Aufmerksamkeit des Königreiches Bayern, das damals (589) bis Bozen reichte, erregen. So kam es auch zum Waffengang am Toblacher Feld (592) und zu einer Auseinandersetzung bei Aguntum (Raum Lienz, 610), womit jedes weitere Vordringen der Slawen ein Ende fand.

Von diesem Zeitpunkt an melden die Quellen keine prinzipiellen Auseinandersetzungen mehr, das Herzogtum Karantanien mit dem Sitz in Karnburg entwickelte sich in Ruhe und unabhängig von direktem bayrischem Einfluß. Erst der Karantanenherzog Boruth selbst erbat (743) vom Bayernherzog Odilo dringend Hilfe gegen die Awaren, die er auch erhielt. Der Schutzvertrag enthielt unter anderem die Verpflichtung Boruths, dem bayrischen Heerbann Kontingente zu stellen für den Fall einer Auseinandersetzung mit den Franken. So kämpften dann Bayern und Slawen gegen die Franken Pippin und Karlmann (743) und mußten sich gemeinsam nach verlorener Schlacht am Lech den Franken unterwerfen, die die slawischen Verbände kurzerhand auf die fränkischen Farben vereidigten. So spielt oft die Geschichte. Schritt für Schritt kam das karantanische Herzogtum in den Verband des Reiches, blieb aber innenpolitisch weitgehend autonom.

Da war auch noch die Kirche

Wenn man die Verbissenheit bestaunt, mit der heutzutage der slowenische Klerus einen Katholizismus praktiziert, wo der Christ erst beim Slowenen zu beginnen scheint, so ist es schwer vorstellbar, daß sich gerade das slawische Element unter den Karantanen vehement gegen die Annahme des Evangeliums sträubte. Die systematische Missionierung der Slawen begann mit Herzog Cheitmar, dem Neffen Boruths, der selbst im Kloster Chiemsee des Erzbistums Salzburg im neuen Glauben erzogen worden war und mit Chorbischof Modestus daran ging, seine Landeskinder so oder so zu bekehren. Aber sie wollten sich so oder so nicht bekehren lassen und nach des Modestus Tod (763) verjagten sie die missionierenden Priester aus Bayern oder brachten sie um. Cheitmar selbst warf zwei dieser Aufstände nieder, bei seinem Tod (769) war gerade der dritte im Gange, den Bayernherzog Tassilo III. niederschlug. Seither wurde die politische Abhängigkeit und die Mission nicht mehr infragegestellt. Ludwig der Deutsche bestätigte in einer Schenkungsurkunde die von Modestus errichtete Kirche zu Maria Saal als salzburgischen Besitz (860).

Nach der endgültigen Niederwerfung auch der Awaren durch Karl den Großen wurde Karantanien (788) in das geschaffene Großreich im Rahmen des Herzogtums Bayern eingegliedert und gehörte damit dem gemeinsamen westlichen Kultur- und Herrschaftsbereich an. Die nunmehr voll einsetzende Christianisierung durch den dem bayerischen Adel entstammenden Bischof Arn zeichnete sich durch kluges und einfühlendes Vorgehen aus, wodurch weder die slawischen Fürsten noch das schon immer sehr empfindliche Volk zum Widerstand gereizt wurden.

Die Predigt wurde der Machtanwendung vorgezogen, lateinische und deutsche Texte wurden als Missionsbehelfe für die eingesetzten Priester erstmals ins Slawische übersetzt (1000) und sind unter dem Namen „Freisinger Denkmäler" bekannt geworden.

In Karantanien vollzog sich die Christianisierung ohne Widerstände, während der südliche Nachbar, Herzog Liudewit, Lehensfürst eines slawischen Gebietes unter fränkischer Oberhoheit zwischen Save und Drau (Krain), dagegen rebellierte, was auch für Karantanien nicht ohne Folgen blieb.

Fester an das Frankenreich

Der dreimalige Aufstand Liudewits und sein Bündnis mit den westwärts drängenden Bulgaren hatte zur Folge, daß auch gegenüber den bisher autonomen Karantanenfürsten das Mißtrauen wuchs und sich die fränkische Zentralgewalt entschloß, neben den slawischen Stammesfürsten beamtete fränkische und bayrische Grafen einzusetzen. Das betraf allerdings nicht Karantanien allein, die neue Reichsaristokratie übernahm überall im Frankenreiche die eigentliche Verwaltung.

Welche Bedeutung die Karolinger dem Herzogtum Karantanien beimaßen, geht aus der Errichtung der Kaiserpfalzen Karnburg und Moosburg hervor. Von Karnburg aus regierte Arnulf von Kärnten als Herzog die pannonisch-karantanischen Marken. Es waren dann bayrische und slawische Kontingente, vor allem der Adel beider Zungen, die Arnulf durch Handstreich zur Königs- und später (896) zur Kaiserwürde verhalfen. Arnulf, mit den Verhältnissen in Karantanien bestens vertraut, baute die slawische Führerschicht klug in die Verwaltung ein, und die alte und neue Oberschicht nahm gemeinsam die Entwicklung des Landes in Angriff. Das Ritual auf dem Karnburger Fürstenstein — die feierliche Herzogeinsetzung — wurde beibehalten, ein weiterer Beweis, daß auf Gemeinsamkeit Bedacht genommen wurde.

Im Zuge der Klostergründungen kamen fränkische und bayrische Siedler aus ihrer volkreichen Heimat in das damals noch recht dünn besiedelte Kärnten. Diese Siedler waren meist Ackerbauern und Handwerker, deren bessere Bodenkultur und bessere Technik die Urbarmachung auch jener Landesteile ermöglichten, an der die slawischen Viehbauern kein Interesse hatten. Allerdings profitierten die slawischen Nachbarn von der höheren technischen und kulturellen Entwicklung und übernahmen sehr rasch die Fertigkeiten und den nötigen deutschen Wortschatz.

Eine Nationalitätenfrage konnte beim damaligen grundherrlich-bäuerlichen System nicht aufkommen, da sowohl der deutsche als auch der slawische Bauer in der Pflicht ihres jeweiligen kirchlichen oder weltlichen Grundherrn standen, die wiederum Lehensleute des Königs oder des Reiches waren. Ein rein slawisches Territorium hat es daher auch in historischer Zeit nie gegeben.

1000 Jahre Frieden

Das wirtschaftliche und technische Aufeinanderangewiesensein brachte ein für Kärnten einmaliges, ja typisches völkisches Zusammenleben zustande, von dem auch die Sprache nicht unberührt bleiben konnte. Abgesehen davon, daß die Slawen das geschriebene Wort noch nicht kannten und sie daher in allen Verwaltungs- und Wirtschaftsdingen auf deutsches Schrifttum angewiesen waren, war die Amtssprache des Reiches deutsch. Alle Urkunden des Rechts, alle Verträge und alle Chroniken waren in deutscher Sprache abgefaßt, besonders bekannt ist die „Millstätter Genesis" aus dem 12. Jahrhundert.

Die Verflechtung und Verschmelzung der Sprachen reichte bis weit hinein in das heutige Jugoslawien. Valvasor berichtet in seiner „Ehre des Herzogtums Krain"

1689, daß „in Krain die rechte crainerische, die rechte teutsche und drittens die aus der crainerischen und teutschen gemengte Sprache gesprochen wird." Valvasors Satzbeispiele beweisen, daß sich diese Mischsprache mit dem noch heute überall in Südkärnten gesprochenen „Windisch" deckt. „Windisch", von Veneti-Vineti-Winden, ist auch durch zahlreiche Ortsnamen belegt, „Windisch Bleiberg", Windische Höhe", „Windischberg" und viele andere.

Keinerlei Chronik, angefangen von der „Conversio Bagoarum et Carantorum" (8. Jh.), bis hinauf in das 19. Jahrhundert berichtet von irgendwelchen Zwistigkeiten untereinander. Es hätte auch die blutmäßige Vermischung und die enge Wirtschafts- und Lebensgemeinschaft dafür keinen Boden abgegeben. Dazu kommt ein gemeinsam in den Awaren-, Madjaren- und Türkeneinfällen erlittenes Schicksal und das darin gefestigte und natürlich gewachsene Bewußtsein, ein und demselben Kulturkreis verbunden zu sein. Dieses tief verwurzelte Bewußtsein ist heute so gut wie gestern der Grund für die breite Ablehnung jeglicher Trennungsversuche. Angesichts dieser gewachsenen Gemeinsamkeiten ist der von den heutigen Berufsslowenen erhobene Vorwurf einer „Zwangsgermanisierung" der Alpenslawen eine Geschichtsverdrehung verschlagendster Art.

Hasse deinen Nächsten wie dich selbst!

Das idealistische Bemühen des deutschen (!) Philosophen und Theologen Johann Gottfried Herder, slawisches Lied und slawische Sprachen dem westlichen Kulturkreis besser bekanntzumachen, hat ihm zwar den ehrenden Beinamen „Vater der Slawistik" eingebracht, seinem eigenen Volk aber hat er damit keinen guten Dienst erwiesen. Er wurde nämlich gleichzeitig zum geistigen Vater des Panslawismus. An dieser Ironie des Schicksals, daß ausgerechnet wieder einmal ein deutscher Denker kommen mußte, der mit seinem Ideenexport die Slawen zum Aufbruch gegen die Deutschen motivierte, leiden heute Deutsche und Slawen wieder einmal gemeinsam.

Herder wird das, was er lostrat, sicher nicht gewollt oder nur vorausgesehen haben, aber der „Panslawisten-Kongreß" 1848 in Prag und in dessen Folge die „Nationalslowenische Bewegung" bedeuteten auch für Kärnten das Ende einer tausendjährigen, friedlichen Partnerschaft. Träume wurden politisches Ziel, Bruderhaß zur Tugend. Das Pathos verdeckte nur schlecht den kollektiven Minderwertigkeitskomplex, der den neuen „Nationalslowenen" im Genick saß, der verfluchte Deutsche war schuld am Kulturgefälle und jeder, der an der Gemeinsamkeit festhielt, wurde zum Verräter am geheiligten slowenischen Blut. Die Behauptung, in einem „Völkerkerker" zu schmachten, konnte auch von slowenischen Abgeordneten von der Rostra des Reichsrats herunter aufgestellt werden, ohne daß die nationalistischen Eiferer den Widerspruch wahrnahmen, und ohne daß — wie besonders unter Ministerpräsident Graf Taaffe — die Repräsentanten dieser Monarchie in Wien die staatserhaltenden deutschen Bürger des Kronlandes Kärnten aus Staatsraison heraus vor den zentrifugalen Chauvinisten in Schutz nahmen.

Kollektiver Realitätsverlust führte zu Forderungen, die weder in der politischen noch in der wirtschaftlichen und kulturellen Leistung dieses Slawenstammes ihre Rechtfertigung gefunden hätten, wie auch heute dieses etwa 1,8 Millionen zählende Kleinvolk in Jugoslawien eine nur 8%ige Minderheit darstellt und im internationalen Technologie-Wettstreit chancenlos ist. Die Forderungen nach einem Staat, in dem alle Slowenen glücklich sein würden, sind die gleichen wie vor 150 Jahren, gleich ist auch die Verbissenheit des slowenischen Klerus in Kärnten, der nach dem Konkordat 1855 gegen den Willen der Deutschen und Windischen die Schulen zu slowenisieren begann und dessen Nachfolger heute genau dasselbe mit einem deutschen und windischen Mehrheitsvolk von 90% zu tun versuchen. Die Laibacher nationalistische Intelligenz sah in der Lostrennung von Österreich das völkische Heil schlechthin, während gesagt werden muß, daß das Volk im Kronland Krain noch im ersten Weltkrieg zur Monarchie stand und seine Soldaten bis zuletzt an allen Fronten ihre Pflicht erfüllten.

Nach der Zerreißung der Donaumonarchie 1918 sahen die allslowenischen Ideologen ihre Chance für gekommen. Was subversive Arbeit nicht zustande brachte, das sollte nun durch Waffengewalt durchgesetzt werden. Der Verlauf des Abwehrkampfes zeigte, daß auch in der allgemeinen Niederlage und der tiefen Not die Kärntner nicht daran dachten, ihre gewachsene und bewährte Identität aufzugeben. Auch die Volksabstimmung 1920 entschieden die Kärntner Windischen für Österreich, und das unter einer brutalen Besatzungsmacht und slowenischen Verwaltungsschikanen, deren allererste die Verjagung der deutschen Lehrer und die restlose Beseitigung der bestehenden topographischen Aufschriften war.

„Nein" zu jeder Versöhnung

Die Volksabstimmung 1920 mit ihrem massiven Votum für den Verbleib bei Österreich ermutigte die damalige Landesregierung in ihrem ehrlichen Bemühen, den 15 279 Slowenen, die ja für den Anschluß an den SHS-Staat gestimmt hatten, eine für die damalige Zeit einzigartige Kulturautonomie als Minderheitenschutz zu gewähren. Nach diesem Gesetzentwurf der Kulturautonomie wollte man der Minderheit die Qualifikation und das Recht einräumen, eine „Slowenische Volksgemeinschaft" als Körperschaft des öffentlichen Rechts zu bilden. Man war großzügig bereit, rein slowenische Schulen mit autonomer Schulaufsicht zu errichten und sogar die bestehenden zweisprachigen Schulen dann zu slowenischen zu machen, wenn 2/3 der Erziehungsberechtigten der Slowenischen Volksgemeinschaft angehören.

Der Name Dr. Petek ist mit der Ablehnung der Autonomievorschläge eng verbunden, er hat als Sprecher der Volksgruppe deren Entscheidung weitgehend beeinflußt. Die Slowenenführung bestand darauf, alle die slowenisch oder windisch sprechen, amtlich zu Slowenen zu erklären. Von dem demokratischen Grundrecht der Selbstbestimmung ging wiederum die Landesregierung mit dem einstimmigen Willen aller Parteien nicht ab. Diese angesichts des Ergebnisses der Kärntner Volksabstimmung besonders radikale Forderung, das Elternrecht zu ignorieren, brachte aber den Radikalen von seiten der Volksgruppe nicht immer Sympathie ein.

Die als überstiegen betrachteten Forderungen der Führung fanden ihren Niederschlag in den Volkszählungen. So gaben noch 1923 10,04% von einer damaligen Gesamtbevölkerung von 370 817 Slowenisch als Muttersprache an. Nach dem Abbruch der Verhandlungen um die Kulturautonomie 1930 bekannten sich 1934 nur noch 6,31% dazu. Bei der letzten Volkszählung vor dem 2. Weltkrieg am 17. 5. 1939 wollten sich wohl 7,25% sprachlich als slowenisch oder deutsch-slowenisch verstanden wissen, hingegen ergaben die Angaben bei „Volkszugehörigkeit" nur 2,57% für eine slowenische Nationalität.

Im Reichsgau Kärnten

Das 99%-Votum für den Anschluß an das Deutsche Reich wurde erstaunlicherweise auch in jenen Südkärntner Gemeinden erreicht, welche traditionell starke slowenische Bevölkerungsteile hatten. Es mag mehr Vorsicht als Sympathie gewesen sein, die jene nationalistischen Slowenen zu einem solchen Wahlverhalten veranlaßte. Ein gewisses Mißtrauen dem Reiche gegenüber aber blieb und der Slowenische Kulturverband sah sich schon im Dezember 1938 bewogen, in einem

Lagebericht an das Reichsinnenministerium darüber Klage zu führen, daß trotz gegebener Zusicherungen das Kulturleben der Volksgruppe gefährdet sei. Der Klage ging allerdings die Auflösung von 60 slowenischen Vereinen, darunter sogar die Hermagoras-Gesellschaft, voraus.

Es war auch kein Geheimnis, daß man die Umsiedlung zumindest der slowenisch-nationalistischen Staatsbürger ins Auge faßte, hatte man doch die eigene deutsche Südtirolerfrage und die der Bukowina-Deutschen auf diese Art lösen wollen oder gelöst. Am 14. April 1942 wurden dann tatsächlich 917 Personen, darunter profilierte Funktionäre der Volksgruppen-Organisationen, ins „Altreich" zwangsverschickt. Daß 1945 mehr zurückkamen als auf die Reise mußten, ändert nichts an der Tatsache, daß gerade solche Maßnahmen erst den Boden für Widerstand und Partisanenbewegungen bereiten. Kirchliche und besonnene nationale Kreise und Persönlichkeiten, darunter der Dichter Josef Friedrich Perkonig, protestierten mit Zivilcourage gegen die Zwangsaussiedlungen.

Der Simovič-Militärputsch vom März 1941, von langer Hand von England eingefädelt, und der Jugoslawien-Feldzug sensibilisierte auch Kärntner Kreise. Die militärischen Vorgänge und die Besatzungspolitik im besiegten Jugoslawien sind nicht isoliert von der Gesamtkriegslage zu betrachten. So haben die sich abzeichnenden Mißerfolge an der Ostfront erst das Entstehen spürbaren Widerstands ermöglicht. An die Spitze dieser Partisanenbewegung setzte sich die KP Jugoslawiens, deren Kader und Mitglieder die Untergrundarbeit — als im Königreich Jugoslawien verbotenen Partei — gewohnt waren und als Organisation daher den Zusammenbruch der staatlichen Organisation überdauerte.

In Slowenien selbst förderte eine überaus unglückliche Politik den Widerstand und schon Ende 1941 kann man von einer nationalen Widerstandsbewegung sprechen, die fast alle Bereiche umfaßte und auf breite Mitarbeit und Sympathie in der Bevölkerung stieß.

Die Partisanentätigkeit auf dem Boden des „Reichsgaues Kärnten" fiel militärisch nicht ins Gewicht, weil es den meisten desertierten Kärntner Slowenen hauptsächlich ums eigene Überleben und nicht um bewaffnete Aktionen ging. Selbst Tito zog Kärntner Partisanenrekruten nach Krain ab, weil er von deren Kampfwert nicht überzeugt war. Was in Kärnten vom Mießtal bis Arnoldstein operierte, das stammte aus Slowenien selbst, daran ändert eine spätere Heroisierung der außerhalb der Haager Landkriegsordnung stehen Aktionen gegen hauptsächlich zivile Terroropfer nichts. Der Anteil der Kärntnerischen Partisanen wird auf bestenfalls ein Viertel der operierenden Partisanen geschätzt.

Der Zusammenbruch des Reiches brachte auch für die Kärntner Titopartisanen die Chance, in einem fait accompli sich jener Bezirke und Städte zu bemächtigen, die der Irridenta seit hundert Jahren als „slowenisches Territorium" vorschwebte. Sie rückten in Eilmärschen nach Klagenfurt vor und richteten sich für ein längeres Bleiben ein, wie aus der Kundmachung an das „befreite Kärntner Volk" vom 12. Mai 1945 hervorgeht. Allerdings machten die englischen Truppen dem Spuk ein relativ schnelles Ende.

Von der Besatzungszone zum Bundesland

Der slowenische Handstreich war zwar abermals mißlungen, aber die internationale Lage blieb äußerst unsicher. Die „Osvobodilna fronta", die politische Organisation der Partisanen agitierte unbeirrt und intensiv für eine Abtretung halb Kärntens an Jugoslawien. Noch 1947 traten jugoslawische Versammlungsredner unbehelligt in Kärnten auf, beschimpften das Gastland und forderten nichts anderes als die Eingliederung des Landes in den Titostaat. Das war und blieb das eigentliche Ziel aller Partisanenaktivitäten.

Der Bruch Titos mit Stalin änderte die Lage zum Guten: Die Grenzen Österreichs von 1937 wurden gegen heftigsten Widerstand der slowenischen Unterhändler erst von der Sowjetunion und dann endgültig im Staatsvertrage 1955 von den vier Siegermächten anerkannt.

Als Erbe der britischen Besatzungszeit wurde den Kärntnern in den von den Jugoslawen beanspruchten Landesteilen jedoch eine „Schulsprachen-Zwangsverordnung" hinterlassen, die ohne Rücksicht auf das Elternrecht und ganz im Sinne und nach Wunsch nationalistischer und kommunistischer Slowenenführer alle Volks- und Hauptschüler zum zweisprachigen Unterricht verpflichtete.

Nach Abschluß des Staatsvertrages wurde der Widerstand gegen diese Zwangsverordnung so stark, daß sich Landes- und Bundesregierung, wenn zuerst auch zögernd, mit diesem heißen Eisen befassen mußte. Man konnte um so weniger am Problem vorbeigehen, als sogar im Heimatorte des Slowenenführers Dr. Tischler, Tainach, eine 99%ige Mehrheit, und im Heimatorte des titokommunistischen Slowenenfunktionärs Dr. Zwitter, Göriach, 90% der Eltern für eine sofortige Beseitigung der aufgezwungenen Schulordnung waren. Unter diesem Druck von der Basis her — auch der sozialistischen Stammwähler! —, organisiert vom Kärntner Heimatdienst, entschloß sich der damalige Landeshauptmann Ferdinand Wedenig, durch einfache Verordnung die Abmeldung vom Zwangsunterricht möglich zu machen (22. 9. 58).

Das neue „Minderheiten-Schulgesetz 1959", verabschiedet vom Nationalrat unter Unterrichtsminister Drimmel, verankerte zwar das Elternrecht, bestimmte jedoch, daß auch nur ein slowenisches Kind pro Klasse Anspruch hätte auf Unterrichtung aller Gegenstände ausschließlich in slowenischer Sprache. Darüber hinaus muß sowohl der Klassenlehrer als auch der Schuldirektor die Befähigung in Slowenisch nachweisen. Durch dieses typische Wiener Danaergeschenk an die Österreicher in Kärnten kommen heute auf 1 000 zum slowenischen Vollunterricht angemeldete Kinder — diese Anmeldungen haben oft nur taktischen Charakter — schon 200 Lehrer aus der Kaderschule „Slowenisches Gymnasium", das seine Errichtung ebenfalls dem ÖVP-Unterrichtsminister Drimmel verdankt und in der im Staatsvertrag vorausgesetzten „Verhältnismäßigkeit" nicht die leiseste Deckung findet.

Mit der Feststellung der „Verhältnismäßigkeit" hatte es bis heute keine Eile, handelt es sich doch aus der Wiener Perspektive nur um „Provinz-Probleme". Zwar forderte das Parlament am 19. 3. 1959 mit einstimmigen Beschluß, daß ihm die Regierung bis spätestens 30. 6. 1960 den Entwurf für ein „Minderheiten-Feststellungsgesetz" vorzulegen habe. Dieser Beschluß des österreichischen Parlaments wurde einfach vergessen und alle das Zusammenleben der Volksgruppen in Kärnten betreffenden Maßnahmen wurden über den Daumen gepeilt, waren meistens mehrheitsfeindlich und oft verfassungswidrig.

Am krassesten trat dies in der Frage der topographischen Aufschriften zutage, wo in einer Nacht- und Nebelaktion zweisprachige Ortstafeln auch dort plaziert wurden, wo sie nicht einmal in der Monarchie standen. Die Kärntner, durch zwei militärische Besetzungen äußerst mißtrauisch, beseitigten spontan diese Geßlerhüte, die ein geschlossenes slowenisches Territorium vortäuschen sollten. Zwar fiel darauf die Wiener Journaille mit aller Macht über die Kärntner her, bestens desinformiert durch eine hervorragend funktionierende Slowenen-Lobby. Aber die verfassungswidrigen Ortstafeln verschwanden und mit ihnen der rote Landeshauptmann Hans Sima, der gegen sein eigenes Volk und damit gegen die Interessen der Republik den Unsinn durchsetzte. Wie recht das Kärntner Volk hatte, das beweist die dann eingesetzte „Ortstafelkommission", die 1977 von 205 ursprünglich vorgesehenen Orten nur mehr 91 — und die nicht immer unumstritten — als zweisprachig beließ. Diese Ortstafeln blieben seither unbehelligt.

Die Furcht vor nackten Zahlen

Mit ostentativem Widerwillen ließ sich die sozialistische Alleinregierung allmählich herbei, statt der von den Slowenenorganisationen strikt abgelehnten Minderheitenfeststellung eine „Zählung besonderer Art" vorzunehmen. Diese „Geheime Erhebung der Muttersprache" wurde als „Volkszählungs-Gesetz-Novelle" zusammen mit dem „Volksgruppengesetz" im Juli 1976 im Parlament einstimmig beschlossen. Die „Zählung besonderer Art", nach der Muttersprache fragend, ergab allein in Südkärnten 91,73% mit „Deutsch", während „Slowenisch" selbst und die ihm zugerechneten ungültigen Voten 8,27 ausmachten.

Für die Kärntner Bevölkerung war das Ergebnis keine Überraschung, die traditionellen Luft-Ziffern der Slowenen-Argumentation wurden — wieder einmal — klar widerlegt. Aber immer noch weigern sich die verantwortlichen Wortführer der Minderheit, dem eigens für die bessere Wahrung von Minderheitenrechten geschaffenen „Volksgruppenbeirat" zu beschicken. Dafür stellen die am inneren Frieden kaum interessierten Scharfmacher immer neue, bewußt unerfüllbare Forderungen, um Argumente zu haben gegen den Staat in dem sie leben, sollte die Loyalitätsfrage irgendwann wieder gestellt werden müssen. Dazu wird die Partisanentradition offen gepflegt und die „Kämpfer der Nordgrenze" (der österreichischen??) werden in Kampfliedern am slowenischen Gymnasium ostentativ verherrlicht.

Altpartisanen, die zeit ihres Lebens, von 1918 bis heute, für die Lostrennung halb Kärntens von Österreich gekämpft haben, werden vom österreichischen Bundespräsidenten mit einem „Befreiungsorden" ausgezeichnet, während das offizielle Wien der ersten und der zweiten Republik den Abwehrkämpfern, die dieses Land ungeteilt dem Staate Österreich erhalten haben, bis heute nur Geringschätzung und Gleichgültigkeit entgegenbrachte.

Wie ein roter Faden zieht sich die Verständnislosigkeit der jeweiligen Wiener Regierung den Kärntner Dingen gegenüber — die ja auch österreichische wären! — durch die letzten 150 Jahre unserer Geschichte: Vom Sprachenzwang des Ministerpräsidenten Graf Taaffe an über die schändliche Haltung im Kärntner Abwehrkampf bis in die jüngste Vergangenheit fürchtet das politisch wache Kärnten die Winkelzüge der Wiener Regierungen und ihrer Kärntner Parteigänger fast so sehr wie die offen einbekannten und nie aufgegebenen Lostrennungsbestrebungen nationalslowenischer Kader.

Die Sache mit der Nächstenliebe

Es klingt wie eine Ironie, daß gerade der Slawenstamm, der sich dreimal gegen die Christianisierung mit Mord und Totschlag erhoben hat, heute unter dem Mantel der katholischen Version seine nationalistischen Vorstellungen radikal verwirklichen will. Auch der Klerus unserer 80er Jahre ist um nichts weniger verbissen und unduldsam, als es die Amtsbrüder vor 150 Jahren gewesen sind.

Unter einem so offensichtlichen Verzicht auf die Verwirklichung der Nächstenliebe auch dem Deutschkärntner Bruder gegenüber, werden die Kirche als Institution, die Liturgie und der Religionsunterricht recht schamlos für reichlich irdische, nationalistische Zwecke mißbraucht. Der verständliche Wunsch einer durchschnittlich 90%igen Deutschkärntner Mehrheit in den Südkärntner Pfarren, den sogenannten „Kirchen mit slowenischem Gottesdienst", „Kirchen mit slowenischem und zweisprachigen Gottesdienst" und „Kirchen mit zweisprachigem Gottesdienst" (33), nach der deutschen Sprache im Gottesdienst, wird konsequent und aggressiv ignoriert. Jesus Christus darf sich nur auf Slowenisch artikulieren oder gar nicht.

So gibt es in Rosegg überhaupt keine deutsche Messe, obwohl nur 16 (!) Slowenisch, aber 1 126 Deutsch als Muttersprache erklärt haben (14. 11. 1976) und diese Pfarre wenigstens als „gemischtsprachig" kirchlich ausgewiesen ist. Ähnlich ist es in Neuhaus, wo es nur slowenische Gottesdienste gibt und obwohl nur 7,4% sich zum Slowenentum bekannten, ist diese Pfarre als „rein" slowenisch im „Jahrbuch der Diözese Gurk 1980" aufgeführt.

Die Aufzählung aller dieser geradezu antichristlichen, bestenfalls stammespolitischen Praktiken würde Bände füllen. Bände füllen auch die ergebnislosen Beschwerden der betroffenen und betrogenen Christen des Kärntner Grenzlandes, für die der Diözesanbeschluß vom 27. 10. 1972 über das „Zusammenleben der Deutschen (der Deutschen! Anm. d. Verf.) und Slowenen in der Kirche Kärntens" toter Buchstabe bleiben wird. Man liest aber dort unter anderem:

„(1.1) Die Tatsache, daß in der Diözese Gurk-Klagenfurt seit Jahrhunderten Deutsche und Slowenen leben, nehmen wir als Zeichen der Vielfalt der Schöpfung und als historisch gewachsene Gegebenheit an und empfinden es dankbar als Aufgabe der Christen Kärntens, diese beiden Völker zu besserem gegenseitigen Verständnis und damit zu einem aktiven Zusammenleben im Geist christlicher Nächstenliebe zu führen."

(2.17) „... Die Kirche muß jedoch darauf achten, daß die Religion nicht nationalen Zielen untergeordnet und damit abgewertet wird." ... (2.22) „... Das sprachliche Gesicht einer Pfarre oder eines Dekanates darf von den im kirchlichen Bereich verantwortlichen Personen oder Gremien weder vorsätzlich noch aus Nachlässigkeit nach der einen oder anderen Seite hin verändert werden." (3.11) „... Grundsätzlich sollen in der Liturgie religiös begründete sprachliche Wünsche der anwesenden Pfarrangehörigen berücksichtigt werden." ... (3.23) „Messen ... und Begräbnisse sollen von der ganzen anwesenden Gemeinde mitgefeiert werden können, wobei den Wünschen der unmittelbar Beteiligten und der nahen Angehörigen weitgehend Rechnung zu tragen ist." (4.13) „Die Entscheidung über die Sprache im Religionsunterricht kann das schulpflichtige Kind nicht selbst treffen; daher haben die Eltern das Recht und die Pflicht, die für die religiöse Erziehung und Wissensvermittlung richtige Entscheidung zu treffen."

Nichts bestätigt mehr die unhaltbaren Zustände in der Seelsorge als diese an die Adresse des slowenischen Klerus gerichteten Empfehlungen, aber man kann mit Sicherheit annehmen, daß in der Kirche von Keutschach unter Pfarrer Kassl auch bei Totenfeiern kein Deutschkärntner Chor in die Kirche darf. Und so wie sich dieser Missionar des Slowenentums verhält, werden sich ungeachtet der bischöflichen Einwände die slowenischen Priester weiter verhalten. Es kann sich auch unter dem heutigen und ambitionierten Bischof Cappelari nichts ändern, weil die im supranationalen, universal-christlichem Denken ausgerichteten deutschen Kirchenoberen seit jeher von den chauvinistischen und ohne Ballast der Nächstenliebe operierenden Polit-Missionaren unterlaufen werden. Der „Nächste" ist für die slowenischen Fanatiker im Priestergewand nicht in Kärnten hier zu finden, sondern jenseits der Karawanken.

Diese auffällig verkrampfte Einstellung zum „Nächsten", insbesondere zu deutschen Nächsten oder Nachbarn, denen die Slowenen kulturell und wirtschaftlich soviel zu verdanken haben, entspringt einem fast pathologischen kollektiven

Minderwertigkeitskomplex. Dieser Komplex wird durch übersteigertes Selbstwert-Pathos und anachronistischen Nachholbedarf in Sachen „National" zu kompensieren versucht. Papst Johannes der XXIII. hat das klar gesehen und wir lesen in seiner Enzyklika „Pacem in terris":

„Dennoch muß bemerkt werden, daß die Minderheiten nicht selten . . . dazu neigen, die Besonderheiten ihres Stammes über Gebühr hervorzuheben. Es entspricht aber der gesunden Vernunft, daß diese Bürger auch die Vorteile anerkennen, die ihnen aus ihrer besonderen Lage erwachsen. . . . Doch dies wird nur dann eintreten, wenn die Minderheiten eine gewisse Gemeinschaft mit den sie umgebenden Völkern pflegen, . . . nicht aber, wenn sie Zwistigkeiten säen, die unzählige Schäden verursachen."

Dieser letzte Satz paßt haargenau auf seinen Klerus im Kärntner Grenzland, dessen „Kirchentreue" nur sehr dürftig das alte, naturbelassene Slawentum übertüncht.

Neue Masche „Regionalabkommen"

Die großen wirtschaftlichen Probleme Österreichs mit der zu 70% verstaatlichten Grundstoff- und Schwerindustrie schlagen voll auf das Kärntner Grenzland durch; so kämpft der VEW-Betrieb in Ferlach, einst berühmt durch seine Präzisionswerkzeug-Produktion, um das Überleben. Die verkehrsmäßig ungünstige Grenzlage ermutigt nicht gerade Unternehmer zu Ansiedlung und Risiko, nicht zuletzt auch wegen der aggressiven Slowenenpresse. Gemachte Versuche scheiterten meist.

Die meist kleinen Landwirtschaften stehen unter Rationalisationsdruck und die ungünstigsten Lagen müssen aufgegeben werden. Nun vergißt man oft, daß andere Grenzgebiete wie das Wald- oder Mühlviertel, wie die Südsteiermark oder die Kärntner Hochtäler denselben Schwierigkeiten gegenüberstehen.

Aber es war dennoch keine Überraschung, daß sich die nationalistische Slowenenführung des Themas gerne bemächtigte und die wirtschaftlichen Schwierigkeiten der Kärntner Minderheitenpolitik in die Schuhe schob. Dabei wurde die wieder einmal überzogene Forderung aufgestellt, daß „jeder Slowene Anspruch auf einen Arbeitsplatz in seinem Heimatort" habe. Diese Forderung ist besonders absurd angesichts der Millionen Gastarbeiter, die im vielbeschworenen „Mutterland" keine Arbeit finden können, aber auch der Pendlerheere in ganz Europa.

Plötzlich wurde der Gedanke auf's Tapet gebracht, daß Kärnten mit dem jugoslawischen Slowenien einen einheitlichen Wirtschaftsraum bilden müsse. Das sei kein Geschenk an die Minderheit, sondern ihr Anspruch. Das sagt ein Vertreter einer 2%igen Minderheit, Felicks Wieser, und will ernst genommen werden. (Večer, 25. 12. 1979).

Hinter dem Rücken der Kärntner Landesregierung und den Kammern konzipierten eilfertigst in Wien „Experten" ein „Regional-Abkommen" (12. 3. 1980), das im April 1980 den Provinzlern in Kärnten zur „Begutachtung" hingehalten wurde und das Wort für Wort an die Fabel vom „Reineke Fuchs" erinnert.

Die Ablehnung dieser Zumutung war einhellig und einstimmig quer durch alle Parteien, und Jörg Haider, damals Abgeordneter zum Nationalrat, mußte feststellen, daß sicherheitspolitische Aspekte total ignoriert wurden. Der KHD faßte im „Ruf der Heimat" 54/80 die Ablehnung zusammen:

Die verschiedenen Gesellschafts- und Wirtschaftssysteme der beiden Staaten schließen eine einheitliche Vorgangsweise bei der Durchführung der jeweiligen Projekte aus.

Beispiel Betriebsansiedlungen: Während die Jugoslawen im Kärntner Grenzland Betriebe mit bis zu 100 Prozent Anteil am Betriebskapital gründen können, dürfen ansiedlungswillige österreichische Firmen im jugoslawischen Grenzland nur bis zu 49 Prozent des Gesamtkapitals besitzen.

Der Gewinntransfer aus Beteiligungen in Jugoslawien ist nur dann gestattet, wenn das mit ausländischem Kapital arbeitende Unternehmen auch Deviseneinnahmen erzielt.

Das kommunistische System der „Arbeiterselbstverwaltung" schränkt überdies das Mitspracherecht in bezug auf die Unternehmensführung stark ein. Sogar die Einsichtnahme in die Geschäftsaufzeichnungen ist gesetzlich verboten (Betriebsspionage!).

Derartige Beschränkungen gibt es in Österreich für ausländische Betriebe nicht. Es ist demnach die Gegenseitigkeit (Reziprozität) nicht gegeben!

Die Wirtschaftslage des kommunistischen Jugoslawien ist derzeit katastrophal, so daß österreichische Firmen kaum das Risiko einer Betriebsgründung in Jugoslawien eingehen werden. Ein großes österreichisches Autoreifenunternehmen, das sich in Slowenien an einer jugoslawischen Reifenfirma beteiligt hat, hat bereits schlechte Erfahrungen gemacht. Demgegenüber soll Österreich — so sieht es das Regionalabkommen vor — die Ansiedlung jugoslawischer Firmen fördern und ihnen Zoll- und Steuererleichterungen sowie Vergünstigungen im Kreditbereich gewähren!

Die Jugoslawen verfolgen mit dem Regionalabkommen nicht nur wirtschaftliche, sondern auch volkspolitische Absichten ... Die Kärntner Nationalslowenen fordern einen einheitlichen slowenischen Wirtschaftsraum.

Das Regionalabkommen soll durch unbeschränkte jugoslawische Betriebsansiedlungen, in dem zu einer Zollfreizone gemachten Kärntner Grenzraum, den Wirtschaftsanschluß an Jugoslawien vorbereiten und somit die diesbezügliche nationalslowenische Forderung erfüllen.

Hand in Hand mit der gezielten Ansiedlung zahlreicher jugoslawischer Betriebe in Kärnten wird auch die „Liberalisierung des Arbeitsmarktes" verlangt werden. Die jugoslawischen Betriebe werden mehr und mehr bestrebt sein, neben nationalen Kärntner Slowenen aus verschiedenen Gründen auch jugoslawische Pendler einzustellen. Diese Arbeitskräfte wären ein ernst zu nehmendes Slowenisierungsinstrument. Schon heute sind die Kärntner Slowenenorganisationen nahezu ausnahmslos im jugoslawisch-kommunistischen Fahrwasser. Jugoslawische Stützpunkte in Form von Betrieben könnten auch im ideologischen Sinn weiter beeinflussend auf die Slowenen in Kärnten wirken. Der bereits nachweisbare engste Kontakt zwischen jugoslawischen Betrieben in Kärnten und dem kommunistischen Zentralverband slowenischer Organisationen läßt jedenfalls auf „Kommunismusexport" Sloweniens nach Kärnten schließen.

Schließlich ist ein Wirtschaftsanschluß des Kärntner Grenzlandes (einschließlich Klagenfurt und Villach) auch historisch keineswegs vertretbar, denn Kärnten bildete stets auch eine wirtschaftliche Einheit, und der südliche Landesteil hat sich stets nach dem deutsch-österreichischen Norden und nie nach dem slowenischen Süden orientiert! Diese Tatsache ist schon in der Abstimmungszeit wiederholt ins Treffen geführt worden.

Wieder einmal in der langen Kärntner Geschichte als österreichisches Bundesland wurde ein gemeinsames Komplott der eigenen Wiener Regierung mit den Anschlußverfechtern an Jugoslawien durch die wachsamen Kärntner verhindert.

Der Kärntner Weg

Noch ist vielen Kärntnern in Erinnerung, wie eine sozialistische Wissenschaftsministerin Herta Firnberg angesichts der elementaren Ablehnung der Anbringung von verfassungs- und vernunftwidrigen Ortsbezeichnungen (72) neben den Gendarmerie-Aufgeboten des Innenministers auch Psychiater nach Kärnten schicken wollte. Inzwischen stehen Tafeln nur dort, wo sie ruhig stehen bleiben können.

Die von der permanenten Bürgerinitiative „Kärntner Heimatdienst" (KHD) gegen große Widerstände im Lande und in Wien durchgesetzte „Geheime Erhebung der Muttersprache" (1976) hat mit den Luftziffern der Slowenenkader Schluß gemacht und die nüchternen Bürgervoten müßten sowohl Wien als auch die nationalistischen Scharfmacher unter den Kärntner Slowenen allmählich zu besseren Einsichten bewegen.

Nunmehr liegt abermals ein Volksbegehren für die demokratische und rechtsstaatliche Lösung der leidigen Schulfrage den politischen Instanzen in Klagenfurt und Wien vor. Mehr als 34 000 Kärntner — vorwiegend aus dem Grenzland — unterzogen sich der bürokratischen Prozedur eines zweimaligen persönlichen Erscheinens und einer zweimaligen Unterschriftsleistung unter Aufsicht der Behörden. Und das trotz üblicher Einschüchterung und der Unterstellung deutschnationaler, ja nazistischer Absichten durch umgedrehte Medien.

Hier sei aber eine notwendige Feststellung angebracht: Es ist eine völlige Fehlbeurteilung der Lage, wenn man mehr absichtlich als leichtfertig die Kärntner Bürgerproteste als Manifestationen nationaler Verbissenheit verteufelt. National dürfen in Kärnten nur Slowenen sein, daher muß es etwas anderes sein, das die Kärntner periodisch auf die Barrikaden treibt. Schon seit jeher war diese einmalige Mischung kritisch als Untertanen und mißtrauisch gegenüber den jeweiligen Obertanen, sei es ein leiblicher Habsburger gewesen oder nur ein heutiger Kaiser-Ersatz. Dem einen wurde die brutale Gegenreformation nie vergessen, woraus sich ein echt Kärntner Polit-Grundsatz entwickelte, der da heißt: „Lieber rot als schwarz!", und der seinen Niederschlag noch in der aktuellen Tagespolitik des heutigen Kärnten findet. Dem biederen Vater- und Kaiserbild Kreisky fiel die Mißachtung der Verfassung auf den Kopf und die Untreue sich selbst gegenüber, denn er hatte als Außenminister 1960 noch öffentlich erklärt: „Der Unterricht deutschsprechender Kinder in gemischtsprachigen Schulen stellt eine Einschränkung ihrer Freiheit dar."

Entgegen der in der Verfassung verbrieften Grundrechte des Bekenntnisrechts, des Selbstbestimmungsrechts und auch des Elternrechts besonders in Sachen volklicher Zugehörigkeit, wurde unter der Regierung Kreisky mit gewissem Hochmut und unter Anwendung reiner Tricks immer wieder versucht, gerade den Kärntnern diese Rechte vorzuenthalten. Gerade die österreichtreue Kärntner Bevölkerung wurde immer wieder der Unruhestiftung bezichtigt und ihr von wohlmeinenden und sonstigen österreichischen Besserwissern zugemutet, daß zwei Prozent über 98 Prozent entscheiden dürfen. Aber der Kärntner nimmt sich schon seine Rechte, sollten sie aus Vergeßlichkeit einmal nicht gewährt und gewahrt werden.

Jeder Kärntner Politiker, gleich welcher Couleur, ist sich aus Erfahrung voll bewußt, daß es gar nicht um die „Gleichberechtigung" der Minderheit mehr gehen kann, wenn zum Beispiel auf 5 slowenische Schulkinder schon ein Lehrer kommt. Der Staatsvertrag ist in seinen Minderheitenbestimmungen übererfüllt. Daher sind alle Forderungen der Intelligencija auf etwas anderes gerichtet: Auf die Lostrennung von Österreich und den Anschluß an das „Muttervolk", teils mit christlichen, teils mit kommunistischen Vorzeichen. Diese keineswegs geheimgehaltenen Absichten müßten langsam auch in Wien bekannt sein, aber man wird an der Behandlung des Schul-Volksbegehrens auch die Lernfähigkeit einer Regierung ablesen können.

Was immer ausgeheckt werden wird, was immer für selbsternannte oder eingeschleppte „Experten" sich hinter einer schwachen Regierung zu Vormündern des immer schon obstinaten Kärntner Völkleins aufschwingen werden, wie immer man eine 1 300jährige gemeinsame Geschichte wieder einmal umschreiben wird wollen: Die gediegene, originelle und gute Kärntner Mischung bleibt auf dem Weg. Nicht auf der Strecke.

Literaturhinweise:

Josef Feldner: Grenzland Kärnten, Kärntner Weißbuch 2. Teil, Verlag Heyn, Klagenfurt. 1982.
Valentin Einspieler: Verhandlungen über die der slowenischen Minderheit angebotene Kulturautonomie 1925–1930, Eigenverlag, Klagenfurt 1976.
Claudia Fräss-Ehrfeld: Geschichte Kärntens, Verlag Heyn, Klagenfurt 1984.
Josef Rausch: Der Partisanenkampf in Kärnten, Militärhist. Schriftenreihe Heft 39/40, herausgg. v. Heeresgesch. Museum, Wien, 1979.
Viktor Miltschinsky: Kärnten wehrt sich, Eckartschrift 9, Wien, 1962.
Wilhelm Mucher, Pfarrer: Die Sprache des Religionsunterrichtes in Südkärnten I und II + Cyrill und Method + Der Herzogbauer und sein Halsschlag, Eigenverlag, Maria Saal, 1970, Druck Theiss, Wolfsbg.

OTTO ROTHE

Grenzlandarbeit und Schutzverbände

Heinrich Ritter v. Srbik sagte über die Folgen der Auflösung des Deutschen Bundes 1866: „... das stählende tägliche Erlebnis des Ringens der ‚Auslandsdeutschen' in den Alpen- und Sudetenländern, in Ungarn und Siebenbürgen mit den fremden Bürgern des Doppelstaates um das Recht der Muttersprache, den Boden, das Heim, die Familie, dieses Kampfesdasein in Österreich-Ungarn ließ hier ein weit kraftvolleres deutsches Volksbewußtsein wach werden und wach bleiben als ‚im Reich'."[1])

Dieses Volksbewußtsein, der nationale Gedanke, führten nach Erlassung des Vereinsgesetzes 1867 zunächst zur Gründung von zahlreichen politischen Vereinen und wirkte sich auch in der deutschliberalen Verfassungspartei aus[2]). Einen starken Aufschwung nahm die deutschnationale Bewegung zu Beginn der 80er Jahre des vorigen Jahrhunderts infolge der slawenfreundlichen Politik der Regierung Taaffe[3]). Dessen Sprachenverordnungen von 1880 sahen den Gebrauch der tschechischen Amtssprache gegebenenfalls auch in den rein deutschen Gebieten der Sudetenländer vor, 1882 kam es zur Teilung der Prager Universität. Der zweite Nachfolger Taaffes, Badeni, versuchte sogar, auf dem Verordnungswege die zweisprachige Amtsführung aller zivilen Behörden Böhmens einzuführen und die perfekte Erlernung beider Landessprachen durch alle Beamten innerhalb der nächsten drei Jahre vorzuschreiben[4]), stürzte aber über diesen Versuch. Der nationale Abwehrkampf beschränkte sich aber nicht auf Böhmen.

Dieser immer heftiger werdende Konflikt der Nationalitäten ließ bei den Deutschen der Monarchie die Erkenntnis reifen, daß sie in Gefahr wären, den Boden zu verlieren. Da nicht zu erwarten war, daß sie von Regierungsseite aus Unterstützung bekämen, mußten sie zur Selbsthilfe greifen. Die Schutzvereinsbewegung entstand.

Die Gründung des Deutschen Schulvereines

Im „Deutschen Verein" veranlaßte der Reichstagsabgeordnete Menger 1879 die Einsetzung eines Ausschusses, der die Lage an den Sprachgrenzen Österreichs untersuchen und Maßnahmen ausarbeiten sollte, wie einer Zurückdrängung des Deutschtums Einhalt geboten werden könnte. Diesem Ausschuß gehörten u. a. an: Dr. Viktor Adler, Dr. Otto Steinwender, Dr. Heinrich Friedjung und Engelbert Pernerstorfer. Letzterer hatte die Aufgabe übernommen, die Verhältnisse in Südtirol zu untersuchen. Hierbei wurde ihm eine Schrift des Frankfurter Arztes Dr. Lotz „Aus den Bergen an der deutschen Sprachgrenze in Südtirol" bekannt, in welcher über die Tätigkeit des Kuraten Franz Xaver Mitterer in Proveis (Nonstal) berichtet wurde. Es sei daher gestattet, hier einen kurzen Absatz über Mitterer einzuschalten.

Franz Xaver Mitterer[5]) wurde im Jahre 1824 als Sohn eines größeren Bauern in Laurein geboren, besuchte nach der Volksschule das Benediktinergymnasium in Meran und studierte in Trient zunächst Philosophie und Italienisch, trat aber 1846 ins Priesterseminar ein. Im Jahre 1850 erhielt er die Priesterweihe und wurde zum Kooperator von Proveis bestellt. 1856 wurde Mitterer selbst zum Kuraten ernannt.

Im Gegensatz zu seinem Vorgänger erwarb er sich durch seine Art das Vertrauen der Leute. Zunächst sorgte er für den Neubau einer Kirche, dann baute er eine Schule, veranlaßte die Errichtung einer Poststation in Proveis, errichtete eine Spitzenklöppelfachschule, eine Korbflechtereifachschule, eine Landwirtschaftliche Genossenschaft, eine Sennerei, eine Kalk- und Ziegelbrennerei und eine Gipsmühle. Mitterer war also ein Seelsorger, der sich nicht nur um seine geistlichen Angelegenheiten kümmerte, sondern auch für die wirtschaftliche Entwicklung seiner Gemeinde und des ganzen Nonsberges sorgte. Er wird mit Recht als Retter des Deutschtums am Nonsberg bezeichnet.

Pernerstorfer zog aus dem Bericht über Mitterers Tätigkeit den Schluß, daß alle Maßnahmen gegen das drohende Zurückdrängen des Deutschtums an den Sprachgrenzen bei der Schule einzusetzen hätten und schlug am 13. 5. 1880 die Gründung eines Vereines vor, der nicht nur den Schulbau durch Mitterer, sondern allgemein deutsche Schulen in den gefährdeten Grenzgebieten unterstützen sollte. Sein Vorschlag wurde angenommen und ein vorbereitender Ausschuß gewählt, der neben Pernerstorfer aus Dr. Viktor Adler, Dr. Karl Günter, Dr. Viktor Kraus und Dr. Otto Steinwender bestand.

In dem Gründungsaufruf wird auf die Gefährdung der Kinder an den Sprachgrenzen und in Gebieten mit gemischtsprachiger Bevölkerung, die ohne deutsche Schulen aufwachsen und so dem deutschen Volk verlorengehen, hingewiesen. Es wird als Aufgabe aller Deutschen ohne Unterschied der politischen Parteistellung bezeichnet, diesem Übelstand durch Beitritt zu dem „Deutschen Schulverein" abzuhelfen.

Dieser Aufruf wurde von 130 namhaften Persönlichkeiten unterschrieben. Nur die Bischöfe schlossen sich von der Unterfertigung des Aufrufes aus, vielleicht deswegen, weil die führenden Persönlichkeiten der ganzen Bewegung überwiegend der freiheitlichen Richtung angehörten. „... Es ist sicher, daß niemand von den ersten Anregern der Schutzarbeit und keiner der an die Spitze des Vereines tretenden Führer nach irgend einer Seite hin jemals eine politische Bindung anstrebte. Aber der Umstand, daß die Liberalen damals das ganze politische Leben der Deutschen beherrschten, und der überwiegende Teil aller Parlamentarier den verschiedenen Schattierungen dieser Richtung angehörte, während nur ein Bruchteil der Abgeordneten des damaligen Parlamentes katholisch-konservativ war, hat wohl dazu beigetragen, daß die Schutzarbeit sich in der ersten Zeit überwiegend auf liberale Elemente stützte. Freilich ist immer und immer wieder betont worden, daß der Verein mit Parteipolitik und Tagesfragen nichts zu tun hat und im Laufe seiner Geschichte hat er es auch bewiesen. Der Umstand aber, daß immerhin der oder jener Politiker an der Spitze stand, hat oft zu Mißverständnissen Anlaß gegeben."[6])

Der Aufruf hatte großen Erfolg, denn bei der gründenden Vollversammlung am 2. 7. 1880 hatten sich bereits 3 150 Mitglieder angemeldet, Ende August zählte man schon 13 000 und Ende des Jahres 1880 22 000 Mitglieder. Über die ganze Monarchie verteilt entstanden Ortsgruppen. 1881 waren es schon 270 und diese Zahl stieg bis 1886 auf 980. Bei einem Jahresmindestbeitrag von 1 Gulden kamen beträchtliche Geldmittel zusammen, die durch Spenden, Festerträgnisse und Erbschaften vermehrt wurden. Einen besonderen Erfolg hatte der Aufruf Roseggers zu Ostern 1909. Unter dem Stichwort „2 000 Kronen – 2 Millionen" forderte er begüterte Deutsche auf, dem Schulverein eine Spende von je 2 000 Kronen zu geben und erklärte sich bereit, selbst als Erster diesen bedeutenden Betrag zu spenden, wenn sich 1 000 Spender zu diesem Opfer bereitfänden. Schon nach neun Monaten lagen diese 1 000 Zusagen vor. Zu Roseggers 70. Geburtstag, am 31. 7. 1913, waren 1 500 Bausteine, 3 Millionen Kronen, gezeichnet worden. Mit dieser Summe konnte der

Verein den Bau von 112 Schulen und 27 Kindergärten an der Sprachgrenze finanzieren. Wie umfangreich das Wirken des Deutschen Schulvereines war, ergibt sich daraus, daß er 1914, zu Beginn des Ersten Weltkrieges, auf 160 eigene Häuser, 101 eigene Schulen, 273 unterstützte Schulen, 152 eigene Kindergärten, 174 unterstützte Kindergärten, 426 Bauunterstützungen und 1 413 andere Unterstützungen wie Anschaffung von Lehrmitteln und Turngeräten, Förderung von Suppenanstalten, Durchführung von Weihnachtsbescherungen, Ermöglichung des Religionsunterrichtes u. a. m. in insgesamt 1 605 Orten aus Österreich von der Bukowina über Galizien, Böhmen und Mähren nach Südtirol, Kärnten, Südsteiermark, Krain bis ins Küstenland hinweisen konnte[7]).

Der Verein „Südmark"

Auch an der südsteirischen Grenze hatte der Volkstumskampf begonnen. In Graz wurde 1889 der Verein „Südmark" gegründet. Er stellte sich zunächst die Aufgabe, in den südsteirischen Grenzgebieten Bauern wirtschaftliche Hilfe zu gewähren. War es doch immer häufiger, daß Bauernhöfe in slowenische Hände übergingen. Dem sollte Einhalt geboten werden, vor allem durch billige Darlehen, in Ausnahmefällen durch nicht zurückzahlbare Unterstützungen an Bauern und Gewerbetreibende. Im Jahre 1906 begann die „Südmark" eine neue wirtschaftliche Schutzarbeit, die planmäßige Neubesiedlung des gefährdeten Sprachgebietes in geschlossenen Gruppen. Die deutsche Stadt Marburg und das Drautal sollte mit dem geschlossenen deutschen Sprachgebiet verbunden werden. Über die windischen Bühel sollte eine Verbindung durch neue deutsche Bauernsiedlungen von Marburg nach Spielfeld und von Mahrenheim-Saldenhofen über den Radelpaß in die westliche Mittelsteiermark geschaffen werden. Ein dritter Verdichtungsring war am Ausgang des Lavanttales in das Drautal geplant[8]). Dieses Siedlungswerk hatte großen Erfolg, der freilich durch den Ausgang des Ersten Weltkrieges vernichtet wurde.

Außerdem unterstützte die „Südmark" z. B. die Studentenheime in Cilli und Pettau und entwickelte eine reiche kulturelle Tätigkeit, vor allem durch die Errichtung von Volksbüchereien.

So wie der Deutsche Schulverein nahm auch die „Südmark" einen raschen Aufschwung. Waren es nach wenigen Aufbaujahren 20 000 Mitglieder in 170 Ortsgruppen, so hatte er 1914 90 000 Mitglieder. Er verfügte über 326 eigene Volksbüchereien mit durchschnittlich je 650 Bänden. Der Ausbruch des Ersten Weltkrieges verhinderte eine weitere Ausdehnung.

Andere Schutzvereine

Daneben gab es noch einzelne kleine Schutzvereine. Erwähnt seien nur der 1903 gegründete „Bund der Deutschen in Niederösterreich", der es sich zur Aufgabe setzte, der fortschreitenden planmäßigen Tschechisierung von Wien und Niederösterreich entgegenzutreten; die 1909 von der Christlich-sozialen Partei — zwischen dieser und dem Deutschen Schulverein bestanden zeitweise starke Gegensätze — gegründete antisemitisch eingestellte „Ostmark"; der „Tiroler Volksbund", später in „Andreas Hofer-Bund" umbenannt. Außerdem gab es vor allem in den Sudetenländern Schutzvereine, wie u. a. den „Bund der Deutschen in Nordmähren", „Bund der Deutschen in Südmähren", „Bund der Deutschen in Schlesien" u a.

Die Zeit von 1918 bis 1938

Die Auflösung der österr.-ungarischen Monarchie hatte naturgemäß auf die Tätigkeit des Deutschen Schulvereines große Auswirkungen. In den Nachfolgestaaten durfte er nicht mehr auftreten. Die dortigen Einrichtungen konnten zum Teil gerettet werden, wie z. B. in der Tschechoslowakei durch den 1919 gegründeten „Deutschen Kulturverband".

Es gab aber auch in Restösterreich noch genügend Arbeit zu leisten. So vor allem im Burgenland, dem ehemaligen Westungarn, das im Friedensdiktat von St. Germain Österreich zugesprochen worden war und das es endlich 1921 in Besitz nehmen konnte, allerdings ohne dessen Hauptstadt Ödenburg, in dem eine verfälschte Volksabstimmung zugunsten Ungarns ausgegangen war. Hier mußte das halbmadjarische Schulwesen umgestaltet werden, was die Ausstattung zahlreicher Schulen mit Lehr- und Lernmittel erforderte; in Oberpullendorf wurde eine Schule mit Kindergarten gebaut, die „Josef-Haydn-Schule"; in Oberwart übernahm der Verein die Einrichtung der neuen Hauptschule; insgesamt wurden an 150 Gemeinden Schulunterstützungen in irgendeiner Form gewährt. Im Marchfeld und im nördlichen Grenzgebiet von Niederösterreich wurden 6 Kindergärten errichtet und in 11 weiteren Orten Unterstützungen gewährt. Ein besonderes Anliegen war die Fürsorge für Südtirol, dessen Bevölkerung schon vor der faschistischen Zeit, dann aber besonders in dieser, „entvolkt" werden sollte. Aus politischen Gründen konnte insbesondere seit 1934 öffentlich nicht sehr viel getan werden, wohl aber wurden im geheimen verschiedene Hilfen geleistet, besonders zur Unterstützung des Katakombenunterrichtes. Wie oft haben Jugendliche über die Berge hinweg Schulbücher eingeschmuggelt! (Die Hauptlast der Unterstützungen für Südtirol trug allerdings in dieser Zeit der VDA.) Die „Südmark" wirkte an der steirischen Grenze gegen Jugoslawien. 4 Schulen in der Soboth, in Laaken, in Glanz-Langegg und in Spielfeld wurden gebaut. Eine Musterlandwirtschaft mit Molkerei sollte den armen Grenzlandbauern auch wirtschaftlich helfen. Ebenso wurden im südlichen Kärnten, im Loibltal und in Rosenbach je eine Schule gebaut und andere in diesem Gebiet bereits bestehende Schulen wurden unterstützt. Großes Gewicht wurde auch auf den Ausbau des Büchereiwesens gelegt; 1930 bestanden 412 vereinseigene Büchereien. Volkstanz, Volksbrauch und -tracht wurden verstärkt gepflegt. In Wien wurde eine umfangreiche Grenzland- und Fachbücherei eingerichtet.

Der eingeschränkte Wirkungskreis und die wirtschaftlichen Verhältnisse legten es nahe, die verschiedenen Schutzvereine zusammenzuschließen. Zuerst schlossen sich der „Bund der Deutschen in Niederösterreich" und der „Verein zur Erhaltung des Deutschtums in Ungarn" mit der „Südmark" zusammen. Im Jahre 1925 kam es dann zur Vereinigung des „Deutschen Schulvereines" und der „Südmark" zum „Deutschen Schulverein Südmark", wobei aber die alten Vereine vor allem aus vermögensrechtlichen Gründen als juristische Personen erhalten blieben. Diesem vereinigten „Deutschen Schulverein Südmark" schlossen sich auch die Wiener Gruppen des Vereines „Ostmark" an. Schließlich blieb nur der „Andreas-Hofer-Bund" als eigener Schutzverein bestehen.

1921 wurde die Verbindung mit dem VDA enger. Der Deutsche Schulverein galt — bei Aufrechterhaltung seiner vereinsmäßigen Selbständigkeit — als Landesverband Österreich im Rahmen des VDA. Es wurden Abmachungen über die Aufgabenteilung im Ausland und über gemeinsame Tagungen getroffen. Die erste dieser „Pfingsttagungen" fand 1921 in Salzburg statt. Der Deutsche Schulverein Südmark übernahm im Jahre 1925 diese Abkommen.

Die schon angedeuteten politischen Verhältnisse ab 1933 erschwerten die Arbeit des Deutschen Schulvereines Südmark wesentlich. Das bis dahin allgemeine selbstverständliche gesamtdeutsche Bekenntnis galt als regimefeindlich oder zumindest unerwünscht. Die Vereinsarbeit wurde überwacht, die freie Rednertätigkeit eingeengt. Dazu kam ein Konflikt mit dem Deutschen Reich, der eine Woche vor der in

Klagenfurt geplanten Pfingsttagung 1933 zur Einführung der 1 000-Mark-Sperre führte. (Die Tagung wurde dann in Passau durchgeführt.)

Die Zeit von 1938 bis 1945

Auch der Anschluß Österreichs an das Deutsche Reich hatte auf die Vereinstätigkeit bedeutende Wirkungen. Der Deutsche Schulverein Südmark verlor seine Selbständigkeit und wurde völlig in den VDA eingegliedert. Seine Organisation wurde grundlegend umgestaltet. Nach anfänglichen Schwierigkeiten — der „Stillhaltekommissar" für das Vereinswesen hatte sogar vorübergehend die Einstellung jeglicher Tätigkeit angeordnet — konnte die Arbeit zwar wieder aufgenommen werden, es mußte aber, weil die Notwendigkeit der Schutzarbeit innerhalb der bisherigen österreichischen Grenzen den eingesetzten Beauftragten nur schwer klargemacht werden konnte, ein Großteil der bisherigen Arbeit aufgegeben werden. Dafür aber ergaben sich neue Aufgaben, vor allem die Betreuung der ins österreichische Gebiet kommenden Volksdeutschen. Für die Arbeit des VDA besonders nachteilig erwies sich das Streben der Parteistellen, Einfluß zu gewinnen. Dies gelang ihnen auch zu Beginn des Jahres 1939, da der VDA der „Volksdeutschen Mittelstelle" unterstellt wurde, deren Weisungen befolgen mußte, und „eigene vereinsmäßige Handlungen" nicht mehr erlaubt waren. Der Kriegsbeginn beendete die Arbeit schließlich überhaupt. 1945 erfolgte die Auflösung des VDA und auch des Deutschen Schulvereines Südmark.

Der Neubeginn nach 1945

Daß unmittelbar nach dem Zusammenbruch des Jahres 1945 nicht sofort an die Wiederaufnahme der Schutzarbeit gedacht werden konnte, ist selbstverständlich. Zu groß waren die Zerstörungen, zu tief der Fall eines großen Teiles unseres Volkes. Daher dauerte es einige Jahre, bis beherzte Frauen und Männer, die aus der Schulvereinsbewegung stammten, den Mut fanden, sich zu der Neugründung eines Vereines zusammenzufinden. Denn nach wie vor war Schutzarbeit notwendig, im Inneren wie an den Sprachgrenzen, was noch ausgeführt werden wird. So entstand im Jahre 1952 die „Österreichische Landsmannschaft" als Nachfolgeverein des Deutschen Schulvereines mit dem Sitz in Wien. Etwa gleichzeitig wurde in Graz 1952 der „Alpenländische Kulturverband Südmark" als Nachfolgeverein der „Südmark" ins Leben gerufen. Beiden Vereinen war gemeinsam, daß sie sich nicht an eine der bestehenden politischen Parteien anschlossen, sondern streng überparteilich waren und geblieben sind, wie es der alte Schulverein gewesen ist: Volkstums- und Grenzlandarbeit vertragen keinen parteipolitischen Einfluß.

Die Österreichische Landsmannschaft

Die Gründer der Österreichischen Landsmannschaft sahen den Erfordernissen der Zeit entsprechend zwei große Aufgabengebiete vor sich. Zunächst einmal allgemeine Volkstumsarbeit. Der vollständige Zusammenbruch im Jahre 1945 bedeutete nicht nur eine militärische Niederlage, sondern brachte auch den Versuch, eine geistige Trennung der Bevölkerung Österreichs vom Gesamtvolk durchzuführen: Angefangen von der Verwendung des Begriffes „Unterrichtssprache" bis zur Schöpfung des Begriffes „Österreichische Nation". Ausgehend von der Erkenntnis, daß die Österreicher — wie es Manfred Straka in seiner Schrift „Grenzland-Schutzarbeit — eine Lebensnotwendigkeit Österreichs" ausdrückte — „während des ganzen Verlaufes ihrer Geschichte ein Teil der deutschen Sprach- und Kulturgemeinschaft — und keineswegs ihr schlechtester — gewesen sind, daß die Trennung einer österreichischen Kultur von der deutschen in der Geschichte ein wahnwitziges Unternehmen sein würde, daß die österreichische Eigenart, die sich seit den Zeiten des Wiener Kongresses immer deutlicher ausgeprägt hat, und zwar zu einem besonderen und eigenwilligen, aber doch zu einem unabdingbaren Teil des deutschen Volkes gestempelt hat und daß die Bildung einer Eigenvolklichkeit zu unserer politischen und militärischen Ohnmacht notwendigerweise die kulturelle gesellen würde", sah die Österreichische Landsmannschaft eine wesentliche Aufgabe darin, diesen Bestrebungen entgegenzuwirken. Deshalb wurde auch dem Namen des bald geschaffenen Vereinsorganes „Eckartbote" bewußt beigefügt: „deutscher Kultur- und Schutzarbeit". Deshalb schritt die Österreichische Landsmannschaft auch bald an die Herausgabe der vierteljährlich erscheinenden Eckartschriften.

Das zweite große Aufgabengebiet, dem sich die Österreichische Landsmannschaft verschrieben hat, ist die Schutzarbeit im engeren Sinne, d. h. die Betreuung des gefährdeten deutschen Volkstums an den Grenzen. So wie nach den Grundsätzen des Deutschen Schulvereines sollten dadurch Deutsche vor dem Verlust ihres Volkstums geschützt, nicht aber Angehörige fremden Volkstums germanisiert werden.

Zu diesen Betreuungsgebieten zählt in erster Linie Südtirol. Zwar war nach 1945 durch die Beseitigung der faschistischen Herrschaft die offene und brutale Unterdrückung, die in dem Gott sei Dank nicht durchgeführten Aussiedlungsabkommen ihren Höhepunkt erreicht hatte, beendet; die in dem Abkommen zwischen Österreich und Italien, dem sogenannten Gruber-de Gasperi-Abkommen vereinbarte Autonomie war aber von den Italienern bewußt verfälscht worden, indem sie nicht nur auf die Provinz Bozen, sondern auf die Region Bozen-Trient angewendet wurde, in der die Italiener die Mehrheit hatten. Diese Autonomie konnte den Weiterbestand der deutschen Volksgruppe in Südtirol keineswegs gewährleisten. Hier galt es also, nach Kräften zu helfen. Aber auch nach Annahme des „Paketes" konnte Südtirol noch nicht auf eigenen Beinen stehen, war doch der Nachholbedarf — abgesehen davon, daß das Paket selbst heute noch nicht vollkommen erfüllt ist — ungeheuer. Die Unterstützungen mußten daher weiterlaufen bis zum heutigen Tag. Ein Hauptgewicht legte die Österreichische Landsmannschaft hierbei zunächst auf die Unterstützung des Baues von Kindergärten, teils in armen Bergbauerngemeinden, wie z. B. in St. Felix, Laurein, Martell, teils in solchen Gemeinden, in denen die deutsche Volksgruppe einer Förderung bedurfte, weil die Gemeinde einen großen, manchmal überwiegenden italienischen Bevölkerungsanteil aufwies, wie etwa in Leifers oder weil sie am Rande eines mehrheitlich italienisch besiedelten Raumes lag, wie es vor allem rund um Bozen der Fall ist. Alle diese Kindergärten, an deren Errichtung die Österreichische Landsmannschaft beteiligt war, werden auch laufend von ihr betreut. Eine gleichwichtige Aufgabe erblickte die Österreichische Landsmannschaft darin, Heimstipendien für Bergbauernkinder aus kinderreichen Familien zu gewähren, durch die erreicht wird, daß diese Kinder Mittel- und Oberschulen besuchen können, die ihnen sonst aus geldlichen Gründen verschlossen blieben. Da hierfür seit langem alljährlich rund 100 000 S aufgewendet werden, kann die Zahl der so geförderten Kinder ermessen werden. Dasselbe Ziel der Ermöglichung des Schul- bzw. auch Kindergartenbesuches verfolgte der Ankauf je eines Kleinbusses für die Gemeinden Martell und Graun (Vinschgau). Ferner unterstützte die Österreichische Landsmannschaft den Bau von Vereins-, Kultur- oder Bürgerhäusern, die eine notwendige Voraussetzung für kulturelles Leben in einer kleinen Dorfgemeinschaft bilden. Ohne Räume, in denen Musikkapelle, Volkstanzgruppe oder Chor ungestört üben können, aber auch ohne einen geeigneten Veranstaltungsraum kann ein solches kulturelles Leben nicht gedeihen; als Beispiele seien Ridnaun, Reschen und Martell genannt.

Ständig betreut wird die deutsche Sprachinsel Lusern auf der Hochebene von Adiago in der Provinz Trient. Hier kämpft die kleine deutsche Bevölkerung um ihr Überleben. Schon etwa 1910 hatte der Deutsche Schulverein dort eine Schule gebaut. Dieses Haus, nunmehr im Eigentum der Kirche, wurde vom deutschen „Kulturverein Lusern" zunächst teilweise, dann zur Gänze gemietet. Die Österreichische Landsmannschaft hat nun vor mehr als zehn Jahren zwei Räume in diesem Haus ausgebaut, einen als Unterrichtsraum für den vom Kulturverein veranstalteten zusätzlichen Deutschunterricht, den anderen als Bücherei und Leseraum. Später hat sie dann mit Hilfe anderer gleichgerichteter Organisationen dafür gesorgt, daß das Haus zur Gänze instandgesetzt und ein kleiner Veranstaltungsraum eingerichtet werden konnte.

Eine dritte jährliche Großaktion stellt die Büchersammlung dar. Damit werden jeweils mehrere hundert Bücher (Kinderbücher, schöne Literatur, aber auch Fachbücher) aufgebracht, durch Ankauf ergänzt und zum Teil über das Südtiroler Kulturinstitut an Schul-, Pfarr- und Volksbüchereien versandt.

Um die Bindung vor allem der Südtiroler Jugend, die infolge des hauptsächlich von der Bundesrepublik Deutschland ausgehenden Besucherstromes begreiflicherweise stärker nach Bayern ausgerichtet ist, mit ihrem Mutterland und Schutzstaat Österreich enger zu gestalten, lädt die Österreichische Landsmannschaft seit mehreren Jahren im Spätsommer jeweils 25 bis 30 junge Südtiroler (Lehrer, Studenten, Kindergärtnerinnen u. ä.) nach Wien und Ostösterreich ein. Diese Fahrten dienen nicht nur dem Zweck, ihnen die Schönheiten Wiens und seiner Umgebung zu zeigen; sie werden dabei auch an die Grenze zu den benachbarten Oststaaten geführt — viele erfahren dadurch zum ersten Mal vom Eisernen Vorhang — und lernen, daß es auch in Niederösterreich und im Burgenland Grenzlandprobleme gibt. Der Gesichtskreis der Teilnehmer wird durch diese Fahrten bedeutend erweitert.

Neben all dem Aufgezählten gibt es zahlreiche kleinere Unterstützungsmaßnahmen, die im einzelnen gar nicht angeführt werden können; z. B. die Ausstattung von Schulen mit Lehrbehelfen, Musikinstrumenten, Wandkarten, Bildwerken u. ä. oder die Übernahme der Kosten für die Ausbildung einer Lehrerin, Beihilfe für die Anschaffung von Trachten für Volkstanzgruppen, Musikkapellen oder Laienspielscharen.

Ein anderes Gebiet, dem die Österreichische Landsmannschaft ihre Aufmerksamkeit zuwendet, ist das südliche Kärnten. In aller Deutlichkeit wird von ihr hier der Standpunkt vertreten, daß der slowenischen Volksgruppe die ihrer wirklichen Zahl entsprechenden Rechte einzuräumen sind, damit sie weiter bestehen kann. Sie ist Gegner einer Assimilierung. Diese Rechte werden den Slowenen jedoch bereits weitgehend und großzügig gewährt. Es darf aber andererseits auch nicht verschwiegen werden, daß zumindest von einem Teil der slowenischen Volksgruppe die im Partisanenkampf und in den Vorgängen nach Ende des Zweiten Weltkrieges zum Ausdruck gekommenen Bestrebungen weiter verfolgt werden, daß nämlich jener Teil Kärntens, in dem die slowenische Bevölkerung zerstreut lebt, als geschlossenes Gebiet dem Nachbarstaat angegliedert werde. Trotz gelegentlicher wortreicher Bekenntnisse zum österreichischen Staat treten diese Bestrebungen in zahlreichen Äußerungen, vor allem in der slowenischen Presse hüben wie drüben immer wieder zutage. Sie gehen aber auch aus dem von den slowenischen Organisationen betriebenen Partisanenkult, der auf die Kärntner provozierend wirken muß, hervor. Die Abwehr dieser Bestrebungen hat mit einer Unterdrückung der Volksgruppe, wie es die Gegenseite in ihrer Propaganda darstellt, überhaupt nichts zu tun.

In Zusammenarbeit mit der Kärntner Landsmannschaft und dem Kärntner Heimatdienst ist unsere „Arbeitsgemeinschaft für das südliche Kärnten" bestrebt, vor allem durch die Herausgabe eines fallweise erscheinenden Nachrichtenblattes „Südpreß" hier aufklärend zu wirken. Denn nur durch das entschlossene Zusammenstehen aller Kärntner und darüber hinaus aller Österreicher kann die Gefahr für das südliche Kärnten gebannt, die Ursache der „Kärntner Urangst" beseitigt und ein friedliches Zusammenleben mit der slowenischen Volksgruppe bewirkt werden.

Nach dem Ersten Weltkrieg wurde das Kanaltal von Kärnten abgetrennt. Hier kämpfen die verbliebenen Deutschen gegen doppelten Druck: den slowenischen und den italienischen. Sie lassen sich aber nicht einschüchtern und haben vor mehreren Jahren einen Deutschen Kulturverein gegründet, der ein reges Leben entfaltet. Er hat einen wenn auch bescheidenen Deutsch-Unterricht durchgesetzt, einen Gesangsverein, Volkstanzgruppen und eine Bücherei gegründet und eine neue-alte, in Zusammenwirken mit dem Kärntner Heimatwerk entworfene Kanaltaler Tracht eingeführt. Die Österreichische Landsmannschaft unterstützt den Kanaltaler Kulturverein regelmäßig.

Seit den sechziger Jahren hat die Österreichische Landsmannschaft die Volkstumsarbeit in Niederösterreich zu einem ihrer Schwerpunkte gemacht[10]. Die Aktionen, die damals angelaufen sind, seien hier nur stichwortartig angeführt: Heinz Wamser begann mit einer wissenschaftlichen Untersuchung über die Bevölkerungsbewegung im Grenzland. (Die Abwanderungsquoten der Grenzlandgemeinden in den drei letzten Volkszählungsdekaden (1951 bis 1961, 1961 bis 1971, 1971 bis 1981) sind alarmierend, sie betragen bis zu 15 Prozent pro Dekade, die Abwanderungszahl einzelner Ortschaften (also Teileinheiten der Großgemeinde) bis zu 36 Prozent). Er stellte in der Folge enge Kontakte der Österreichischen Landsmannschaft mit den sudetendeutschen Vertriebenenverbänden her. 1969 wurde innerhalb der Österreichischen Landsmannschaft eine eigene „Arbeitsgemeinschaft Grenzland Waldviertel" gegründet, die neben dem am meisten gefährdeten Landstrich in der Folge ihr Augenmerk auch auf das Grenzland im Weinviertel lenkte. Eben diese Arbeitsgemeinschaft gibt seit 1969 zweimonatlich eigene „Grenzlandblätter" heraus, die in einer Auflage von rund 1000 Stück an Bezieher im Grenzland versendet werden. Seit Anfang der sechziger Jahre veröffentlicht die Österreichische Landsmannschaft auch eigene Abhandlungen im Rahmen der „Eckartschriften" zur Grenzlandproblematik (Heinz Wamser „Sorge um Niederösterreichs Grenzland", 1963; Hans Heinz Dum „Wirtschaft im niederösterreichischen Grenzland", 1963; Dr. Manfred Straka „Grenzland-Schutzarbeit", 1966; Heinz Wamser „Grenzlandnot in Niederösterreich", 1972).

Neben der Österreichischen Landsmannschaft müssen auch andere Aktivitäten von Volkstumsvereinen angeführt werden. Die südmährischen Verbände haben beispielsweise im Grenzland ihre Gedenkstätten errichtet und die 1945/46 Vertriebenen kommen Sommer für Sommer ins Grenzland, sie halten Kontakte mit den Niederösterreichern, es kommt zu Patenschaften zwischen den ehemaligen Gemeinderäten von „drüben" und jenen im heutigen Grenzland. Das zeigt den österreichischen Grenzlandbewohnern deutlich ihren Stellenwert, den sie im Rahmen des gesamtdeutschen Raumes inne haben. Von Harbach (Mandelstein-Gedenkstätte) im Westen bis zum Südmährerhof von Niedersulz im Osten gibt es rund 15 derartige Südmährer-Gedenkstätten. Zu den Südmährer-Verbänden treten noch die Aktivitäten der Sudetendeutschen Landsmannschaft in Österreich, vor allem die Veranstaltungen der Sudetendeutschen Jugend.

Unter den nationalfreiheitlichen Korporationen Wiens muß kurz auf die Tätigkeit der „Akademischen Grenzlandsmannschaft Cimbria" eingegangen werden. Seit 1966 werden in ununterbrochener Reihenfolge Grenzlandtagungen (jeweils zweites Septemberwochenende) abgehalten, wobei diese dreitägigen Treffen für die Bevölkerung ausgerichtet werden. Dabei wird Jahr für Jahr der Ort des Grenzlandtreffens geändert, die jeweiligen Bürgermeister warten darauf, wann der Ort einer Grenzlandtagung wieder auf ihre Gemeinde fällt. Die überpolitischen, aber volkstumsbetonten Treffen strahlen über die jeweilige Gemeinde hinaus und finden in den Lokalzeitungen regen Widerhall. Daß die ständige Ausrichtung derartiger Tagungen die organisatorischen, aber auch finanziellen Möglichkeiten einer Studentenverbindung auf eine schwere Probe stellt, liegt auf der Hand. Deswegen werden die meisten außerordentlichen Grenzlandaktivitäten im Rahmen der Österreichischen Landsmannschaft-Arbeitsgemeinschaft „Grenzland Waldviertel" durchgeführt, die 1969 von Studenten der „Cimbria" innerhalb des größeren Volkstumsverbandes (der Österreichischen Landsmannschaft) gegründet worden ist.

In den letzten zwei Jahren hat sich die Österreichische Landsmannschaft in erhöhtem Maße auch der Siebenbürgenhilfe zugewandt. Die Deutschen in dem streng stalinistisch regierten Staat leben in einer unvorstellbaren psychischen und physischen Unterdrückung. Durch die Enteignung von Grund und Boden, von Haus und Garten, durch eine überstürzte und übertriebene Industrialisierung und die damit verbundene Abwanderung vom Land zur Stadt, die Heimkehr vieler ins Reich der Väter, sind die jahrhundertealten Gemeinschaften weitgehend zerschlagen. Die Siebenbürger besitzen kein geschlossenes Siedlungsgebiet mehr, in dem sie die überwiegende Mehrheit bilden, das einst blühende Schulwesen ist weitgehend zerschlagen und romanisiert. Wer die Kraft hat zu bleiben oder wer mangels anderer Möglichkeiten bleiben muß, soll wissen, daß er nicht vergessen ist.

Die Mittel für ihre Tätigkeit bringt die Österreichische Landsmannschaft vor allem durch eine alljährlich bei ihren Mitgliedern, Freunden und Förderern veranstaltete Weihnachtssammlung auf.

Die Anschrift der Österreichischen Landsmannschaft lautet: Fuhrmannsgasse 18a, 1080 Wien.

Der Alpenländische Kulturverband Südmark[11])

Die Gründer dieses Vereines wußten, daß die wesentliche Aufgabe der seinerzeitigen „Südmark", den Deutschen in den gemischtsprachigen Gebieten der damaligen Steiermark, Kärntens, Krains und des Küstenlandes wirtschaftliche Hilfe zu bringen, nicht mehr fortgeführt werden konnte; war doch das Deutschtum dort praktisch vernichtet worden. So setzte sich der Alpenländische Kulturverband, dem Vorbild der kulturell ausgerichteten Tätigkeit der „Südmark" folgend, zunächst das Ziel, für Volkstum und Heimat einzutreten, der Gemeinschaft dadurch zu dienen, daß eine Brücke über trennende Tagungsmeinungen und politische Anschauungen geschlagen werde, Heimatbewußtsein, doch auch dem europäischen Erbe verpflichtet, und die überlieferten Traditionen zu pflegen. Als Auftakt fand am 18. und 19. Oktober 1952 in Graz der „Tag der Volksgemeinschaft" statt, der Rückwanderer aus den deutschen Sprachinseln und Sprachgebieten des Ostens mit der steirischen Bevölkerung zusammenführte.

Als Hauptarbeitsgebiet wählte sich der Alpenländische Kulturverband die steirische Südgrenze. Er ist dort weniger durch Aufwendung eigener Mittel in Erscheinung getreten, als dadurch, daß er es verstand, anderen Anregungen zu geben. So konnte er zunächst durch eine wissenschaftliche Untersuchung dieses Gebietes, bei der die Besitzstruktur, die Bevölkerungsentwicklung und die wirtschaftliche Lage besondere Berücksichtigung fanden, die Förderungswürdigkeit des Grenzlandes als politische Aufgabe in die Landespolitik mit dem Erfolg einführen, daß sie durch alle Parteien unterstützt wurde. Dies bewährte sich nicht zuletzt bei der Erhaltung der Bahnlinie Spielfeld-Radkersburg oder bei dem Ausbau des Bahnhofes Spielfeld als Grenzbahnhof; es bewährte sich bei dem Kampf um die Erhaltung von Einschichtschulen oder bei der Errichtung von allgemein bildenden oder Berufsschulen im Grenzraum. In vorbildlicher Weise ging die Steirische Landesregierung hierbei auf die hervorragend sachlich begründeten Anregungen des Alpenländischen Kulturverbandes ein.

Auch die schwierige Frage, wie Lehrer an dem Ort von Grenzlandschulen ansässig gemacht werden können, wurde durch den Alpenländischen Kulturverband einer Lösung zugeführt. Gemeinsam mit der Wohnbaugenossenschaft „Heimstätte" wurden an mehreren Orten, so z. B. in Fehring, Leutschach und St. Anna am Aigen, Lehrerwohnhäuser gebaut. In Spielfeld wurde auf Anregung des Alpenländischen Kulturverbandes und seiner dortigen Ortsgruppe das „Grenzlandhaus" gebaut. Es enthält eine Jugendherberge und einen Mehrzwecksaal, der von heimischen Organisationen für kulturelle Veranstaltungen jeder Art, für Feste und Feiern benützt wird.

Ein besonderes Verdienst des Alpenländischen Kulturverbandes war es, andere Vereine, studentische Verbindungen und Schulen dafür zu gewinnen, die Patenschaft für einzelne Grenzlandschulen zu übernehmen. Dadurch wurde zumindestens ein Teil der Jugend an die Grenzlandarbeit herangeführt und zur Einsicht ihrer Bedeutung gebracht. Diese Patenschaften (bis zu 35!) haben die Schulen mit Lehrmitteln ausgerüstet, Lehrbehelfe, deren Beschaffung den Schulerhaltern schwerfiel, wie Epidiaskope, Fernseh- und Tonbandgeräte, ebenso Turngeräte, angeschafft. Es wurden auch bei gemeinsamen Weihnachtsfeiern Kinder bedürftiger Familien eingekleidet, mit Rodeln, Skiern und Spielzeug bedacht.

In einer „Woche des Waldes" wurden im Grenzgebiet mehrere Jahre hindurch umfangreiche Aufforstungen durchgeführt. Auch hierbei tat vor allem die Jugend einiger Grazer Schulen begeistert mit. Dadurch wurden ungenützte Hutweiden einer besseren Nutzung zugeführt und Staudenwälder wirtschaftlich besser verwertet.

Die Tätigkeit des Alpenländischen Kulturverbandes reicht aber über das steirische Grenzland hinaus. Enge Beziehungen verbinden ihn auch mit Südtirol, wo er u. a. den Bau eines Kindergartens mit fast einer Million Schilling, durch eine öffentliche Sammlung aufgebracht, unterstützte. Eine besondere Hilfsaktion wurde für die Erdbebenopfer des Kanaltales durchgeführt. In der letzten Zeit hat der Verband seine Hilfe für die Auslanddeutschen vor allem denen in Siebenbürgen und im Banat gewidmet, die nicht nur in volkspolitischer, sondern auch in großer materieller Not leben. Durch umfangreiche Lebensmittelsendungen kann wenigstens die letztere zum Teil gemildert werden.

Dem langjährigen verdienstvollen Obmann des Alpenländischen Kulturverbandes Südmark, Dr. Heinz Brunner, ist es auch zu verdanken, daß im Jahre 1969 durch Beschluß des Nationalrates das (noch vorhandene) Vermögen des Deutschen Schulvereines Südmark dem Verein Südmark zurückgestellt wurde. Die „Südmark" war nämlich weder 1938 noch 1945 aufgelöst worden.

Das Sprachrohr des Alpenländischen Kulturverbandes ist die vierteljährlich erscheinende Zeitschrift „Lot und Waage", in der die geistigen Grundlagen der Grenzlandarbeit herausgestellt, offene Fragen von den verschiedensten Seiten beleuchtet und auch sogenannte „Heiße Eisen" der Grenzlandpolitik und der allgemeinen Kulturpolitik aufgegriffen werden.

Die Anschrift des Alpenländischen Kulturverbandes Südmark lautet: Joaneumring 11, 8010 Graz.

Der Allgemeine Deutsche Kulturverband [12])

Im Jahre 1958 wurde von Kreisen, die der Österreichischen Landsmannschaft nahestanden, der Allgemeine Deutsche Kulturverband (ADKV) ins Leben gerufen. Nach § 2 seiner Satzungen bezweckt er „die Erhaltung und Förderung der deutschen Kultur daheim und in der Welt", sowie „den Schutz unseres Volkstums, wo immer es gefährdet ist". Er sollte in seiner Arbeit die Tätigkeit der Österreichischen Landsmannschaft ergänzen. Während sich diese wie oben ausgeführt, in erster Linie der gefährdeten Süd- und Nordgrenze Österreichs und Südtirols annimmt, sollte sich der Allgemeine Deutsche Kulturverband vor allem um das deutsche Volkstum in Übersee kümmern.

Nur 2 Beispiele seien genannt. Die durch ihre großartigen Leistungen in den letzten Jahren bekanntgewordene Siedlung der Banater Heimatvertriebenen Entre Rios wurde in ihren Anfängen durch beträchtliche Summen unterstützt. Es ist nicht zuviel gesagt, daß hierdurch die Grundlage für den Ausbau gelegt wurde. Im Gebiete Itapiranga in Südbrasilien leben etwas abgeschieden seit vier Geschlechterfolgen etwa 20–30 000 Deutsche. Alle sprechen daheim noch ihre Mundarten, die ihre Urgroßeltern aus Deutschland mitgebracht haben. Seit mehr als zwei Generationen haben sie keine deutschen Schulen mehr. Nun gab seit zwei Jahren ein vom ADKV gesandter und überwiegend von ihm geldlich getragener Lehrer Unterricht in Deutsch, Musik und Gesang. Mehrere Volkstanz- und Volksliedgruppen entstanden. Für diese Menschen – fast 30 000 Deutsche! – bedeutet dies die Erhaltung ihrer Muttersprache, die sonst vielleicht schon in der nächsten Generation verschwunden wäre. Nun kommen ebenfalls vorwiegend auf Kosten des ADKV einige Junglehrer und Jugendgruppenleiter in die Bundesrepublik Deutschland und nach Österreich und werden hier geschult, um dann in ihrer Heimat die erfolgreich begonnene Arbeit fortzusetzen.

Darüber hinaus hat der ADKV mehrere Reisen einer Gruppe österreichischer Turnerjugend zu den deutschen Siedlungen in Chile und Argentinien unterstützt. Diese Reisen haben den Zweck, durch Volkstanz-, Volkslied- und Turnvorführungen dort bestehende, aber infolge der großen Entfernungen im wesentlichen auf sich selbst gestellte Vereine anzuregen, ihnen Mut zu machen, weiterzuarbeiten und ihnen zum Bewußtsein zu bringen, wie wichtig ihre Arbeit für die Erhaltung des deutschen Charakters der einzelnen Siedlung ist. Da mit diesen Vereinen die Verbindung stetig aufrechterhalten wird, sie auch weiterhin mit Unterlagen für ihre Arbeit versorgt werden, ist die Gewähr dafür gegeben, daß der Erfolg dieser Reisen nicht nur vorübergehend ist.

Andere Unterstützungen des ADKV gehen an Schulen und Heime in Südwestafrika, um den dort hart kämpfenden deutschen Siedlern zu helfen. Auch die Sprachinseln in der Provinz Trient, besonders das Fersental und Lusern, werdern, ebenso wie die Deutschen im Kanaltal, vor allem durch Bücher, Schallplatten und anderes zur Unterstützung des Deutschunterrichtes betreut. Schließlich beteiligt sich der ADKV auch an jenen Maßnahmen, die zur Unterstützung der Deutschen in Siebenbürgen und im Banat in immer steigendem Maße notwendig sind.

Um sich die Mittel für seine Tätigkeit zu verschaffen, werden die Mitglieder, Freunde und Förderer seit 1965 alljährlich zur Maisammlung aufgerufen, die einen ständig steigenden Erfolg aufweist.

Der ADKV gibt viermal im Jahr „Mitteilungen" heraus, die über die Lage des Auslandsdeutschtums und die Arbeit des Verbandes berichten. Seine Anschrift lautet: Fuhrmannsgasse 18a, A-1080 Wien.

Anmerkungen:

[1] Deutsche Einheit 4. Band, Seite 476.
[2] Näheres über die Entwicklung in Monika Streitmann, Der Deutsche Schulverein vor dem Hintergrund der österreichischen Innenpolitik 1880–1918, Dissertation Wien 1984, Seite 6ff.
[3] Streitmann, a.a.O. Seite 11.
[4] Erich Zöllner, Geschichte Österreichs, 2. Auflage, Seite 430.
[5] Walter Marzari, Kurat Franz X. Mitterer. Ein Leben im Einsatz für Volkstums- und Sozialarbeit an der Sprachgrenze in Südtirol, Wien 1969.
[6] Barta-Bell, Geschichte der Schutzarbeit am deutschen Volkstum, o.J. Seite 16f.
[7] Hans Gerstner, Der Deutsche Schulverein von 1880–1938 in „100 Jahre deutsche Schutzarbeit", Festschrift der Österreichischen Landsmannschaft zum 100. Jahrestag der Gründung des Deutschen Schulvereins, Wien 1980.
[8] Barta-Bell, a.a.O. Seite 39.
[9] Walter Klemm, 90 Jahre Schutzarbeit, Eckartschrift 35 der Österreichischen Landsmannschaft, Wien 1970.
[10] Für den Beitrag über Niederösterreich ist der Verfasser Herrn Dr. Rupert Amtmann dankbar.
[11] Nach Ernst Papesch, Der Alpenländische Kulturverband Südmark in „100 Jahre deutsche Schutzarbeit" unter Anm. 7. Für die Durchsicht des Manuskriptes ist der Verfasser dem langjährigen Obmann des Alpenländischen Kulturverbandes Südmark, Dr. Helmut Kanzler, verbunden.
[12] Die Unterlagen hierzu verdankt der Verfasser dem Obmannstellvertreter des Allgemeinen Deutschen Kulturverbandes Heinz Wamser.

„NATIONAL HEUTE"

ARNO W. REITZ

National
Begriff — Inhalt — Aufgabe

Eine Begriffs- und Inhaltsbestimmung eines politischen Begriffes, der schon sehr lange und unter sehr wechselnden Bedingungen im Gebrauche steht, als Folge einer tragischen Phase der Geschichte mit Ressentiments beladen und so in der laufenden Auseinandersetzung immer wieder mißbraucht wird, ist zuzeiten unerläßlich. Klischees, aus Unkenntnis, Bequemlichkeit oder übler Absicht verwendet, wirken in der politischen Auseinandersetzung wie Gift. Klischees entstammen der Vergangenheit und taugen nicht zur Erfassung der Gegenwart, führen in die Irre und werden vielfach dazu mißbraucht, einzelne, Gruppen oder Einrichtungen verächtlich oder gar schlecht zu machen. Mit dem Begriff *National* ist das bekanntlich ganz besonders der Fall.

Aber nicht nur das

Ein das Humane wesentlich treffender Begriff muß in über hundert Jahren aus der Erfahrung und der zunehmenden Einsicht in das Menschsein dank einer sehr ergiebigen Forschung (Anthropologie) an Gehalt, Tiefe und Reife gewinnen.

Bekanntlich hat erst die deutsche Romantik — im Unterschied zum früh entwickelten französischen Staatsdenken (*Montesquieu*; Staatsnation) — den Zugang zum Verständnis der für den Menschen so wesentlichen ethnischen Gemeinschaften eröffnet. Bezieht sich der neu entdeckte Begriff der Nation — nicht zuletzt mit dem Blick auf Osteuropa — zunächst auf spezifische Sprach- und Kultureinheiten und die dahinter erkennbaren Volkspersönlichkeiten, und wird er in der typischen deutschen Situation der kleinstaatlichen Zerrissenheit als Anruf zu gemeinsamen Wollen eingesetzt (*Fichte*), so tritt der parteipolitische Begriff *National* erst mit der Entfaltung parlamentarischer Systeme auf und erstarkt an der Begegnung mit klerikalen und sozialistischen Internationalismen und mit Nationalitätenproblemen. Führt die das Wesen naturgegebener ethnischer Ordnungen völlig mißverstehende und pervertierende Übersteigerung über den Chauvinismus in die Katastrophe, so landet die ebenso widernatürliche Verleugnung der Volksgemeinschaft und der ganzen gemeinsamen Geschichte pfeilgerade in der Identitätskrise, in der Unfähigkeit zu innerem Konsens und politischem Wollen. Otto von *Habsburg* schreibt in seinem Buch „Im Frühling der Geschichte": „Ein Staat und ein Volk, die ihr Sendungsbewußtsein aufgeben, geben sich selbst auf und werden eines Tages von der Tafel der Geschichte hinweggewischt." Und Johann Wolfgang von *Goethe*: „Ein Volk, das sich von seiner Geschichte entfernt und dem darum die Schmach auf der Stirne brennt, wird von Gott von der Tafel der Geschichte gelöscht."

Der „romantische" zentraleuropäische Nationsbegriff ist mit dem intuitiven Erkennen fremder Volkspersönlichkeiten und ihrer Bewunderung entstanden. Auf vielerlei Wegen und Umwegen hat sich die gründlich abgesicherte, moderne Anthropologie entwickelt; sie erweist uns die Einbettung des Menschen als naturbestimmtes Sozialwesen in seine Volksgemeinschaft als konstitutionelle Voraussetzung zur Erreichung höchstmöglichen Menschentums.

So wird die moderne Anthropologie zur Lehrmeisterin der Politik. Nur unter grobem Wissensverzicht, d. h. unverantwortlichem Selbstbetrug würde noch ein ideologisch willkürlich gestaltetes Menschenbild erstellt werden. Was bleibt, ist auf der Grundlage des anthropologisch gesicherten Menschenbildes eine ideologisch bestimmte Akzentsetzung in der Politik. Anthropologischer Realismus ist der Weg in die Zukunft, der sich insoferne radikal gebärden darf, als er nicht müde werden soll, darauf hinzuweisen, daß er der einzige ist.

National: Begriff, Inhalt, Aufgabe

I.

National sein heißt, Würde und Erfordernisse des Menschen wie seiner natürlichen Gemeinschaften — Familie, Stamm und insbesondere Volk — in ihrer wechselseitigen Bedingtheit wie in ihrer Eigenständigkeit, im historischen Zusammenhang und in ihrer lebendigen Gegenwart, in ihrer Bedeutung für den Staat und für die Gestaltung der nationalen und der übernationalen, insbesondere europäischen Zukunft zu erkennen und anzuerkennen, und persönliche Lebensführung und politisches Handeln danach auszurichten.

II.

Volk ist die auf der Grundlage gemeinsamer Herkunft, Sprache und Geschichte bewußt erlebte Abstammungs-, Schicksals- und Kulturgemeinschaft.

Diese einprägsame Definition stammt aus den für die Volkstumsforschung so gesegneten Zwanzigerjahren dieses Jahrhunderts und wird unverändert bis auf den heutigen Tag von sachzuständigen Kreisen gebraucht; sie entstammt einer Zeit, in der so hervorragende Persönlichkeiten und Einrichtungen zusammengewirkt und für die Begriffserklärung Sorge getragen haben, wie der Ethnosoziologe *Max Hildebert Boehm*, der Anthropologe *Egon Freiherr von Eickstedt*, der damals hoch angesehene *Verein für das Deutschtum im Ausland* (VDA) mit führenden Persönlichkeiten wie *Karl Massmann* und *Friedrich Lange*, *Hans Egidi* und *Hans Steinacher* und *Friedrich Badendiek*, das *Institut für Grenz- und Auslandsdeutschtum* an der Universität *Marburg* und die berühmte *Burse* daselbst, die Studenten aus insbesondere bündischen Kreisen vereinigte, die sich vornehmlich dem Studium der Deutschtumsfragen hingegeben hatten. Diese Definition deckt offensichtlich und in knappster Form den ganzen Inhalt; dies wird besonders deutlich, wenn man ihr die Definition aus dem mehrsprachigen UNESCO-Wörterbuch gegenüberstellt:

Volk ist die Abstammungsgemeinschaft, die nach dem Bewußtsein der ihr Angehörigen eingebunden ist in die zugehörig empfundenen vergangenen und künftigen Geschlechter; durch objektive Merkmale miteinander verbunden, von denen die Sprache fast stets das Maßgebliche ist; kulturell eigengeartet und mit so viel weiteren natürlichen Eigenelementen ausgestattet, daß — bei Hinzutritt entsprechender Volksbewußtheit in der Gemeinschaft — soziologisch von einer Volkspersönlichkeit als oberster natürlicher Gemeinschaft in der gesellschaftlichen Ausgliederungsordnung gesprochen werden kann.

Daß die Inhalte dieser beiden Definitionen einander decken bedeutet zugleich, daß die tragende Grundlage nationaler Anschauungen von der internationalen Organisation UNESCO ausdrücklich anerkannt und als eine auch von ihr vertretene bezeichnet wird.

Diese Definitionen umgreifen die Volkspersönlichkeit als ganze, nicht als uniformen Körper, sondern als lebendigen Organismus, von der bäuerlichen Mundart bis zur hohen Dichtkunst, von der Innigkeit in Volkslied, Volkstanz und Brauchtum bis zu den Meisterwerken und den besten Formen der heimischen Gesellschaft, vom selbstverständlichen Heimatgefühl bis zu dem auf umfassenden und tiefgehenden Wissen ruhenden, hellen Nationalbewußtsein.

III.

National sein heißt also wissen, daß der Mensch in aller Regel aus seiner Abstammungsgemeinschaft mit seinen ererbten Anlagen geboren wird, daß er mit der Aneignung der Sprache und des Denkens in der engsten Familiengemeinschaft die eigentliche Menschwerdung erfährt, und daß er unter Übernahme des kulturellen Erbes in immer umfassendere Gemeinschaften hineinwächst und in Wechselwirkung mit ihnen zur vollen Persönlichkeit heranreift, wobei ererbte Anlagen und kulturelles Erbe aus gleicher Herkunft aufeinandertreffen. Mit der Erbringung seiner sozialen Lebensleistung geht der Mensch als Mitträger und Mitgestalter wieder in die Kulturgemeinschaft — mit der Erbringung der biologischen Lebensleistung in die Abstammungsgemeinschaft ein.

Die Familie kann ihre Aufgabe, die eigentliche Menschwerdung der Kinder zu gewährleisten, nur voll erfüllen, wenn sie selbst in die Abstammungsgemeinschaft und ihr kulturelles Erbe eingebettet ist und im soziologisch-kulturellen Prozeß mit ihr in dauernder Wechselwirkung steht.

IV.

National sein heißt wissen, daß der Mensch der Volksgemeinschaft entstammt und an ihr und in ihr seine Entfaltung zur sprachmächtigen, denkfähigen, bewußten und daher verantwortlichen, schließlich eigenständigen und freien Persönlichkeit erfährt; und daß die solcherart herangewachsenen Persönlichkeiten in jeder Generation auf allen Stufen der sozialen Ordnung ein lebendiger Organismus — das Volk sind; Erben, Gegenwart und Träger seiner Zukunft.

Der Mensch hat gegenüber der Gemeinschaft Anspruch auf Entwicklung und Entfaltung seiner Persönlichkeit, auf eigenverantwortliche, selbstbestimmte Lebensgestaltung, auf Erbringung der Lebensleistung in möglichster Freiheit, auf Anerkennung dieser Leistung und auf Achtung vor der Würde seiner Persönlichkeit.

Das Volk, aus dem der Mensch physisch und geistig kommt, bedarf dessen biologischer Lebensleistung zur Bestandssicherung und dessen sozialer Lebensleistung zur unmittelbaren Existenzsicherung und zur Sicherung der Entwicklung, und hat Anspruch auf dessen Anerkennung und sinnvolle Einordnung.

Einzelpersönlichkeit und Volkspersönlichkeit bedingen einander gegenseitig und müssen daher grundsätzlich gleichen Ranges die Politik bestimmen, deren Ziel nur wieder Mensch und Volk und übergeordnete Strukturen sein können; keine der beiden Persönlichkeiten darf grundsätzlich — Extremsituationen wie etwa Landesverteidigung ausgenommen — gegenüber den anderen bevorzugt oder benachteiligt werden.

V.

National sein heißt wissen, daß Sinnhaftigkeit sich erst aus dem Zusammenhang ergibt und volkliche Lebensprozesse erst über viele Generationen verständlich werden. Geschichtlichkeit ist einer der besonderen Wesenszüge, die den Menschen aus den übrigen Lebewesen heraushebt; Geschichtsbewußtsein und Kenntnis des geschichtlichen Zusammenhanges (Kontinuität) sind unerläßlich, um das Volk als Schicksalsgemeinschaft zu begreifen und zu erleben (Identität).

Volk ist nichts willentlich Gestaltetes, sondern etwas Lebendiges, Gewachsenes und hat Anspruch auf das, was *Albert Schweitzer* Ehrfurcht vor dem Leben nennt. Rückblickend ist nur erkennbar, wie die heute lebenden Völker wurden und wie sehr die heutigen Lebensbedingungen der hochzivilisierten Völker von ihren Entwicklungsbedingungen abweichen. Je „unnatürlicher" diese Lebensbedingungen sind, um so größer ist die Gefahr, daß sie sich negativ auswirken. Je größer die Abweichungen sind, umso notwendiger ist die Pflege des Bewährten und die Vorsorge für eine gesunde physische, geistige und moralische Umwelt.

Völker sind nicht homogene Körper, verdanken vielmehr ihrem mehr oder minder ausgeprägten stammhaften Gefüge und ihrer sozialen Gliederung im hohen Maße ihre schöpferischen Möglichkeiten und ihren kulturellen Reichtum.

VI.

Nationals sein heißt wissen, daß zwischen den europäischen Völkern vielfache Beziehungen der Herkunft und der Entwicklung bestehen. Sie haben im schicksalhaften Zusammenhang – im Miteinander und Gegeneinander – gegenseitig wesentlich zur Entwicklung ihrer Volkspersönlichkeiten beigetragen. So berechtigt es daher ist, von einer europäischen Völkerfamilie zu sprechen, so sehr mangelt es heute am Bewußtsein und an der politischen Auswirkung dieser Tatsache. Ein künftig einiges Europa kann nicht Vermassung zum Ziele haben, sondern das zuverlässige Zusammenwirken seiner Völker durch ihre Staaten. Das volkhafte Gefüge Europas entspricht dem stammhaften Gefüge seiner Völker.

VII.

National sein heißt wissen, daß es zur Verwirklichung des Zusammenlebens innerhalb der Gemeinschaft, zur Bestandssicherung und zur Behauptung nach innen und außen organisatorischer Einrichtungen bedarf: der Gemeinwesen, herauf bis zum Staat.

Der Staat – verstanden als das Insgesamt seines ideellen, rechtlichen und materiellen Besitzstandes – ist eine kulturelle Höchstleistung vieler Generationen seiner Träger; ein geordneter freiheitlicher Staat ist ein kostbares Erbe, das nicht leichtfertig für Sonder- oder Parteiinteressen mißbraucht werden darf. Dennoch ist der Staat nicht Selbstzweck, sondern Mittel zur Verwirklichung des Lebens der ihn tragenden Gemeinschaft. Er hat alle gemeinschaftlichen Aufgaben zu übernehmen, die der Einzelne grundsätzlich nicht selber wahrnehmen kann, und diejenigen, die aus rechts- oder sicherheitspolitischen Gründen nicht privaten Initiativen überlassen werden dürfen.

Völker und Staaten sind lebendige Organismen, die dauernd einer allmählichen Entwicklung, manchmal auch jähen Veränderung unterworfen sind. Dennoch ist im Vergleich Volk das Beständige, Staatsform das Veränderliche und für die Volkssubstanz nicht Entscheidende.

VIII.

National sein heißt wissen, daß ein Staat mit ethnisch einheitlicher oder weit überwiegend einheitlicher Bevölkerung Nationalstaat ist, wie es die meisten europäischen Staaten sind und wie es auch weltweit angestrebt und gebilligt wird.

Das deutsche Volk lebt in Zentraleuropa aufgrund der historischen Entwicklung derzeit in mehreren deutschen Nationalstaaten, als ethnische Minderheit in den abgetrennten Randgebieten des geschlossenen Siedlungsraumes und als deutsche Volksgruppen in zahlreichen europäischen Staaten, besonders im Osten bis nach Sibirien, sowie in Übersee.

In dieser Situation ist der volkhaft-kulturelle Zusammenhang und das gemeinsame nationale Wollen von schicksalshafter Bedeutung. Eine volksorientierte Politik in jedem Teilbereich muß von dem Bewußtsein klarer Verantwortlichkeit für das Volksganze getragen sein.

NATIONAL

IX.

National sein heißt wissen, daß Schicksalsgemeinschaft als nationale Notwendigkeit zugleich die Beziehung der Volksgenossen untereinander betrifft, und ebenso die tätige Teilnahme am Schicksal jedes einzelnen bedeutet, insbesondere das Einstehen füreinander bei Krankheit, Tod und Gefahr (Solidarität).

Schicksalsgemeinschaft bedeutet aufrichtige kameradschaftlich-partnerschaftliche Haltung gegenüber jedem einzelnen Volksgenossen, unabhängig vom funktionellen oder gesellschaftlichen Rang. Im staatlichen Bereich verwirklicht durch die Gleichheit vor dem Gesetz; durch die Chancengerechtigkeit, die jedem das ihm Gemäße bietet; durch die grundsätzlich verbürgte Mitentscheidung in einem echten demokratischen Rahmen.

Schicksalsgemeinschaft bedeutet wache Hilfsbereitschaft und soziale Sicherheit; das heißt Eingreifen der Gemeinwesen, des Staates dort, wo die eigenen Kräfte nicht mehr reichen (Subsidiarität); jedoch äußerste Zurückhaltung, wo es um Angelegenheiten des personalen Bereiches geht. Der Forderung nach Freiheit und Selbstbestimmung ist die eigenverantwortliche Selbstvorsorge zugeordnet.

Volk und Staat bedürfen der Teilnahme und Mitwirkung aller ihrer Angehörigen, zusätzlicher Leistungen: der freiwilligen Übernahme von Pflichten, Aufgaben und Verantwortung; des Dienstes an der Allgemeinheit in mancherlei Form; und des Wehrdienstes zur Sicherung des Bestandes nach innen und außen.

X.

National sein heißt wissen, daß die Volkspersönlichkeit — wie der Einzelmensch — höchster Entscheidungsfreiheit über das eigene Schicksal bedarf; im Nationalstaat der Souveränität, als Volksgruppe oder ethnische Minderheit der ausreichenden Autonomie zur Bewahrung der Eigenart und zur Sicherung der physischen Existenz. Was grundsätzlich für das eigene Volk zu fordern ist, ist auch jedem anderen Volke zuzubilligen; der Liebe zum eigenen Volk entspricht die Achtung vor dem fremden Volkstum.

Selbstbestimmungsrecht ist unveräußerliches Grundrecht.

Volkspersönlichkeit und Staat — wie der einzelne Mensch — bedürfen der Anerkennung und der Achtung ihrer Würde, die daher mit allen moralischen, gesetzlichen (Rechtsstaat) und machtmäßigen Mitteln (Außen- und Wehrpolitik, Landesverteidigung) nach innen und außen zu schützen sind.

Kein Volk und kein Staat kann in dieser Welt allein Bestand haben, sie sind an nachbarschaftliche und überregionale Zusammenhänge gebunden. Staatsverträge sind legitime Instrumente der zwischenstaatlichen und zwischenvölkischen Regelungen; doch sind Würde oder Souveränität verletzende oder die Existenz beeinträchtigende Bestimmungen — sofern sie aus der Vergangenheit bestehen — mit allen friedlichen Mitteln bis zu ihrer Aufhebung zu bekämpfen.

XI.

National sein heißt wissen, daß die Volkspersönlichkeit ihr So-sein in ihrer Kultur — im umfassenden Sinne — verwirklicht. Und auch nur im wesensgemäßen kulturellen Rahmen gedeihen und Freiheit erleben kann.

Der Staat kann schöpferische Kräfte nur fördern, nicht erzeugen.

Kulturpolitik hat neben dieser Förderung auf allen Ebenen für die Sicherung eines lebendigen kulturellen Erbes und für eine förderliche kulturelle Umwelt (auch Umweltschutz) Sorge zu tragen, und dafür, daß die Ideale der Schönheit, Haltung und Leistung, unter denen sich unsere Hochkultur entfaltet hat, auch für die Zukunft wirken können.

Bildung ist nicht mit Ausbildung zu verwechseln. Tüchtige und Leistungswillige sind in allen Ebenen und Tätigkeitsbereichen dringend erforderlich und dort zu fördern, ohne einseitige und wirklichkeitsfremde Verzerrung der Sozialstruktur und ohne überlebtes Prestige-Denken.

XII.

National sein ist gründendes Wissen (*A. Portmann*) um die natürlichen humanen Gemeinschaften Familie, Stamm und Volk und darum, daß auch der Staat meist von einem Volk getragen und weitgehend Ausdruck seines Wesens und seiner Geschichte ist. – Und die ebenso natürliche Einbeziehung der Bindung an diese natürlichen Gemeinschaften in die Normen für persönliches Verhalten und öffentliche Politik.

National sein begreift die Spannung zwischen dem Einzelnen und der Gemeinschaft nicht als Entweder (Individualismus) noch als Oder (Kollektivismus), sondern als Und in ihrer wechselseitigen Bedingtheit, und weist so den Weg zu innerer sozialer Ordnung und zur Völkerverständigung, zum internationalen Frieden. Mensch und sein Volk zusammen sind erst die naturgegebene Einheit wahren, vollen Menschentums.

National sein lehnt nationale Gleichgültigkeit und oberflächlichen Hurra-Patriotismus ebenso ab wie den hysterisch übersteigerten, Einzelleben, Menschenwürde und fremdes Volkstum mißachtenden und damit das Volkstumsprinzip zerstörenden Chauvinismus, jeden Extremismus.

National sein heißt heute Patriotismus; es sollte sprachlogisch wieder Nationalismus heißen, nicht als Anspruch einzelner Gruppen, sondern als selbstverständliche Haltung und Verpflichtung aller Menschen guten Willens und unabhängigen Denkens, die Familie, Heimat, Volk und Vaterland lieben und danach zu leben bereit sind. Wer sich aus seiner Lebensauffassung heraus aber nicht in der Lage sieht, die am Ende des ersten Absatzes formulierte Bindung einzugehen und „persönliche Lebensführung und politisches Handeln danach auszurichten", sondern andere Akzente setzen möchte, der sollte doch das hier vorgetragene, allgemein gültige Wissen annehmen können, das dann nicht mehr parteipolitisch eingeengt wäre, sondern als gemeinsamer Grundkonsens eine feste Grundlage wäre für eine gemeinsame bessere Zukunft.

*

Hinweis: Die Arbeitsgemeinschaft Freiheitlicher Akademiker Österreichs hat innerhalb der beiden letzten Jahre die Erfordernisse national-freiheitlicher Politik diskutiert und in einer Reihe von Beiträgen formuliert, die nacheinander als solche gekennzeichnet in der AULA erschienen sind. Schließlich wurde die Notwendigkeit festgestellt, den immer wieder verwendeten Begriff *National* inhaltlich zeitgemäß festzulegen. Ungeachtet mehrerer gemeinsamer Diskussionen wurde die hierfür notwendige Arbeit vom Autor in solchem Maße geleistet, daß sich die ARGE für die Veröffentlichung unter seinem Namen aussprach.

OTTO SCRINZI

Grundfragen nationaler Politik

> Es ist nur ein Streit in der Welt, was nämlich mehr sei, das Ganze oder das Einzelne? Der Streit widerlegt sich durch die Tat, in dem der, der aus dem Ganzen wahrhaft handelt zum Frieden geweiht und darum aufgelegt ist, alles Einzelne zu achten.
> Friedrich Hölderlin.

In den folgenden Ausführungen wird auf eine scharfe Trennung zwischen grundsätzlichen und zeitbezogenen Fragen verzichtet. In einer Veröffentlichung, welche durch ihr Erscheinungsjahr bewußt auf Gegenwart und unmittelbare Vergangenheit Bezug nimmt, würde eine bloß grundsatzpolitisch ausgerichtete Standortbestimmung in den Verdacht geraten, man wolle den Fragen des Hier und Heute ausweichen. Was *Bernhard Willms* für die Bundesrepublik behauptet, gilt leider auch in Österreich: jede Auseinandersetzung mit dem Thema national löst den Denkreflex Nation — Nationalismus, Nationalsozialismus — Auschwitz aus. Bei einem österreichischen Autor verbreitet er sich zusätzlich auch auf Antiösterreichisch. Von anderer Seite wird der Vorwurf erhoben werden, daß der „deutschen Frage" zu wenig Raum eingeräumt sei. Der folgende Beitrag will aber der Absicht des Herausgebers Rechnung tragen, daß dieses Buch vor allem eine Lücke in der österreichischen nationalen Publizistik ausfüllen soll. Hier fehlt es 40 Jahre nach dem Zweiten Weltkriege und 30 Jahre nach dem Staatsvertrag noch immer an einer zusammenfassenden Darstellung der Lage der Nation aus österreichischer Sicht. Dagegen will das zweite Kapitel mehr über allgemeine Inhalte nationaler Politik aussagen und damit einen kleinen Beitrag zu einer nationalen Theorie im Sinne der rund 25 Jahre zurückliegenden Schrift *Fritz Stüber's*, „Internationale der Nationalen", leisten.

Im dritten Abschnitt schließlich sind einige Gedanken über die Strukturen einer organischen Demokratie entwickelt, welcher aus nationaler Sicht der Zweck zugewiesen wird, nicht einen demokratiegerechten Menschen, sondern eine menschengerechte Demokratie zu entwickeln. Unsere Reformvorstellungen werden alle Demokratiehüter auf den Plan rufen und den Faschismusvorwurf herausfordern. Bestenfalls werden wohlwollende Kritiker viele dieser Ideen in den Bereich der Utopien verweisen. Doch entspringt alles scheinbar Zufällige und Unwahrscheinliche im Verlauf der Geschichte ausschließlich der menschlichen Fantasie. Den grundsätzlichen Gegnern, welche die aufklärerische und von der Französischen Revolution übernommene egalitäre Demokratie mit dem inquisitorischen Eifer der Voraufklärer verteidigen, halten wir entgegen, daß die menschliche Geschichte überwiegend ohne Demokratie verlaufen ist und daß die letzten knapp 200 Jahre demokratischer Geschichtsgestaltung am Gesamtergebnis nur wenig geändert haben.

I. Nationale Politik nach außen

Wir sind einer näheren Beschreibung dessen, was national als Begriff inhaltlich und zugleich politisch-weltanschaulich meint, durch den Beitrag von *Arno Reitz* enthoben, der alle anthropologischen, kulturellen und handlungsethischen Abmessungen gründlich darstellt. In diesem Teil geht es vorwiegend um eine Auseinandersetzung um das *Staats-Verständnis* nationaler Politik und um die sich aus den im genannten Beitrag beschriebenen Verhältnis zwischen Volk und Staat abzuleitenden Handlungsanweisungen nationaler Außenpolitik.

Die Verdammung jeder nationalstaatlichen Ideologie, freilich meist auf das Zweite und Dritte Deutsche Reich begrenzt, gehört zum Stehsatz fast aller Zeitgeschichtler, Politologen und Soziologen und ist eng verschwistert mit der Behauptung von Deutschlands Alleinschuld am Zweiten Weltkrieg. Daß die fraglos nicht als Nationalstaat zu bezeichnende K. u. K. Monarchie 1918 dem gleichen Vorwurf mit ähnlich verheerenden Folgen ausgesetzt war, wird geflissentlich vergessen. Man glaubt einen besonderen deutschen nationalstaatlichen Chauvinismus aus dem Umstand ablesen zu können, daß auch die demokratischen Abschnitte deutscher Geschichte durch das Vorhandensein vieler nationaler Parteien (41%) zu den im Vergleich nur 7% des republikanischen Frankreich oder 6% des königlichen Schwedens geprägt waren. Dieses Urteil enthält aber ein Umkehren von Ursache und Wirkung, weil die besonderen geo-ethnischen, geo-politischen und geo-strategischen Bedingungen des deutschen Volkes seine Nationswerdung abwechselnd verzögert oder verhindert haben.

Das deutsche Staatsverständnis nach 1945 ist dadurch gekennzeichnet, daß es unter Berufung auf die gesamtdeutsche Geschichte und mit der bloßen Zurkenntnisnahme der Ergebnisse des Zweiten Weltkrieges, den nationalstaatlichen Einigungsanspruch abwechselnd als nicht verwirklichbar, im Widerspruch mit europäischen Einigungsbestrebungen stehend oder als friedensgefährdend betrachtet. Gegebenenfalles wird der nationale Souveränitätsanspruch, die deutsche Wiedervereinigung in freier Entscheidung, auf die lange Bank eines überwiegend wirtschaftlich denkenden Europäismus verschoben oder, was noch schlimmer ist, den westlichen oder östlichen Bündnisbedürfnissen untergeordnet. Eine deutsche Wiedervereinigung in Freiheit und die Wiederherstellung der vollen Souveränität wird sich, wie die Dinge liegen, weder als Abfall einer Europapolitik noch als Anerkennung für Bündnistreue in einem der beiden Blocksysteme ergeben. Erstaunlich ist, daß sich in der bundesdeutschen Nachkriegsgeschichte gerade jene liberalen politischen Kräfte, welche das Recht auf *individuelle* Selbstverwirklichung in den Mittelpunkt stellen sich in der Außenpolitik als Schrittmacher eines Verzichtes auf *nationale* betätigen. Die Frage der staatlichen Verfassung wäre in einem zweiten Schritt unter Berufung auf die Charta der Vereinten Nationen in freier Selbstbestimmung dann zu tun, wenn die bestehenden drei deutschen Teilstaaten den ersten, nämlich uneingeschränkte nationalstaatliche Souveränität auf der Grundlage der Ergebnisse von Teheran, Jalta und Potsdam erfolgreich hinter sich gebracht haben.

In Österreich ist es die Aufgabe der Stunde, sich allen Bestrebungen entgegenzustellen, welche die österreichische Eigenständigkeit auf eine Eigen*nationalität* gründen und aus ihr ausschließlich oder überwiegend begründen wollen.

Es gibt auch für den Nationalen durchaus politische Gründe, die bei heftiger Ablehnung eines „österreichischen Nationalismus" und der noch bestehenden Souveränitätsbeschränkungen die staatliche Selbständigkeit in Verbindung mit militärischer Neutralität für gesamtdeutsche Interessen nützlich erscheinen lassen.

Der notwendige mitteleuropäische Brückenschlag und die Überwindung eines weltweiten antideutschen Ressentiments könnte einem jeder Machtpolitik unverdächtigen Österreich vielleicht leichter gelingen, als einem starken, wiedervereinigten Deutschland. Eine derartige von Österreich zu betreibende Politik, die letzten Endes auf die Herstellung eines Friedenszustandes in Europa abzielt, darf freilich nicht auf Kosten des geteilten Deutschland und zu Lasten seines historischen Lebensraumes gehen. Sie im Gewande eines österreichischen *Neutralismus* betreiben zu wollen, wird zwar die Zustimmung der heutigen Machthaber, vor allem im Osten finden, unsere Glaubwürdigkeit bei den von ihnen unterdrückten Völker jedoch in Frage stellen. *Andreas Mölzer* hat an anderem Orte auf die Möglichkeiten eines sich herausbildenden deutschen Dreieckes hingewiesen, dessen politische Zusammenarbeit das gegenwärtige deutsche Elend schrittweise überwinden könnte.

Ohne die Gewalt des Faktischen, das heißt des seit 1945 bestehenden Zustandes zu unterschätzen, müßte die österreichische Außenpolitik auf die behutsamen Bemühungen der DDR, sich künftig nicht in erster Linie als sozialistischer, sondern als deutscher Staat zu verstehen, kooperativ antworten. Daß Mitteldeutschland sich wieder als Treuhänder von Preußentum und Sozialismus, wenngleich noch nicht im Spengler'schen Sinne versteht, daß das deutsch-deutsche Gespräch zögernd in Gang gekommen ist und die deutsche Frage auf der innenpolitischen Tagesordnung der Bundesrepublik steht, wird seine Rückwirkungen auf Österreich nicht verfehlen.

Nationale Außenpolitik geht von der Annahme aus, daß die Beziehungen der Staaten und Völker untereinander nicht durch ein friedfertiges Fortschreiten auf eine konfliktfreie Welt, sondern durch eine infolge unterschiedlicher Ansprüche und Möglichkeiten geschaffenen Wettbewerbslage bestimmt werden. Sie muß daher leider auch mit der jederzeit gegebenen Möglichkeit eines Umschlagens von Interessengegensätzen in Feindseligkeit und Feindschaft rechnen. Es war zweifellos ein großer Fortschritt, daß es gelungen ist, wenn nicht das Freund-Feind-Verhältnis, so doch Erbfeindschaften zwischen einzelnen europäischen Nationen abzubauen. Mit der Saar-Lösung ist dies Frankreich und Deutschland geglückt; mit einer friedlichen Beilegung des Streitfalles Südtirol auf der Grundlage des Selbstbestimmungsrechtes sollte das Gleiche zwischen Italien und Österreich möglich werden.

An der Notwendigkeit einer sehr realistischen und nicht ideologischen Außenpolitik hat der Umstand nichts geändert, daß wir durch das unkalkulierbar gewordene Risiko des Atomkrieges in Europa einen Zustand militärischer Konfliktfreiheit erreicht haben. Insgesamt haben die Erfahrungen der beiden letzten Weltkriege leider nicht die Friedensgesinnung erhöht, sondern lediglich die Reizschwelle gewaltsamer Konfliktaustragung angehoben.

Auf der Grundlage dieser Erkenntnisse ist die Frage der Rolle von Wehrwille und Verteidigungsbereitschaft einfach zu beantworten. Nationale Freiheit und Souveränität sind ohne beides auf die Dauer nicht möglich. Der Satz eines sozialistischen Bundeskanzlers, daß eine gute Außenpolitik die beste Landesverteidigung sei, läßt sich mit mehr Berechtigung umkehren: ohne glaubwürdige und vorbeugende Verteidigungspolitik bleibt Außenpolitik eines kleinen Landes auf das Einsammeln von Verwendungszusagen für politische Schönwetterzeiten beschränkt. Wer die neutrale Schweiz als Gegenbeispiel anführt, vergißt den staatsbürgerlich verankerten Verteidigungswillen der Schweizer ebenso wie die hohe Verteidigungskraft der Eidgenossenschaft. Diese und nicht eine waffenlose Neutralität haben die Schweiz vor dem Schicksal anderer neutraler Kleinstaaten im Zweiten Weltkrieg bewahrt.

Wo das Freund-Feind-Schema, wie heute zwischen den beiden Militärblöcken, aus machtpolitischen Gründen unveränderbar scheint, wird der nationale Handlungsspielraum, oberflächlich ausgedrückt, die Möglichkeit nach seiner eigenen Façon selig zu werden, mittelbar von den Interessen der Großmachtpolitik abhängig. Die Lage blockfreier und/oder neutraler Länder unterscheidet sich von den Block-gebundenen nur dadurch, daß diese politisch auf zwei Kirchtagen zugleich tanzen müssen.

Die kritische bis ablehnende Einstellung der Nationalen den Friedensbewegungen gegenüber leitet sich aus dieser nüchternen Weltsicht ab.

II. Nationale Politik nach innen

Der Erörterung von inhaltlichen Schwerpunkten nationaler Politik sei das Bekenntnis vorangestellt, daß sie ihre Ziele mit demokratischen und rechtsstaatlichen Mitteln anstrebt. Sie kann und will keine bloße Fortschreibung dessen sein, was in der Vergangenheit darunter verstanden wurde. Aus der Fülle neuer Aufgaben, welche sich aus der gewandelten Welt ergeben, sollen nur einige herausgegriffen werden. Dabei wollen wir uns darauf beschränken, eine Abgrenzung vorwiegend gegenüber der marxistisch-sozialistischen und der liberal-neoliberalen Doktrin zu versuchen. Bei beiden läßt sich bei allem Pragmatismus ihrer Tagespolitik ein ideologisches Grundkonzept erfassen. Hingegen ist die Auseinandersetzung mit der österreichischen Spielart des Konservatismus schwierig, weil dieser ein buntes und zum Teil widersprüchliches Gemenge von christlicher Soziallehre, kammerstaatlich verformtem Liberalismus und zum Bündedenken abgeschwächter Ständestaatlichkeit darstellt. Dazu kommt, daß in den letzten 15 Jahren unentwegt neue programmatische Aussagen gemacht wurden, hinter denen die eigentlichen Grundlinien zunehmend verschwimmen. Nur eines soll klargestellt werden: was in der Parteibezeichnung „Volkspartei" anklingt, hat viel mit Wählbarkeit für jedermann aber nur wenig mit volksbewußter Politik im nationalen Sinne zu tun.

Die um der Deutlichkeit willen etwas überzeichneten Ausgangspositionen könnte man wie folgt fassen: die marxistische Demokratie will Gemeineigentum, Umverteilung, Gleichheit. Sie hat von *Rousseau* das Menschenbild, von *Hegel* das Geschichtsbild und von *Marx* die Gesellschaftslehre übernommen. Es ist durch die Psychoanalyse *Freud's* und die angelsächsische Verhaltenspsychologie stark beeinflußt.

Im Mittelpunkt des politischen Liberalismus steht der zur Selbstverwirklichung aufgerufene Einzelne; der Staat ist das möglichst klein zu haltende Hindernis auf dem Weg individueller Selbstverwirklichung von einer auf Gewinnmaximierung bedachten unternehmerischen Wettbewerbsgesellschaft. An die Stelle des vorgegebenen Grundwerten verpflichteten Volkes tritt eine in den Wertpluralismus entlassene Gesellschaft.

Dagegen sieht die nationale Demokratie in Völkern natürlich geprägte und geschichtlich gewordene Kulturverbände mit verbindlichen, aber von Volk zu Volk verschiedenen Eigenarten. Sie denkt volkswirtschaftlich und mißt den Wirtschaftserfolg gleichermaßen am materiellen wie geistig-sittlichen Wohlstand. Nationale Politik ist entwicklungsbewußt und deshalb fortschrittskritisch, weil sie die Anpassungsfähigkeit des Menschen und die keineswegs unerschöpflichen Ausgleichs- und Erneuerungskräfte der Natur nicht aus dem Auge verliert. Dem aufklärerischen Rationalismus von Marxismus und Liberalismus stellt sie ihren anthropologischen Realismus gegenüber. Sie will den dem Kulturwesen Mensch zugeteilten Freiheitsraum nach dem Grundsatz, daß Gemeinnutz vor Eigennutz gehe, so ordnen, daß humane und nationale Identität bewahrt und entwickelt werden können.

Unter neuerlichem Hinweis auf *Arno Reitz* kann nunmehr unternommen werden, von der Theorie zur politischen Praxis zu schreiten. Den allgemeinen Geboten der Politik, Sicherung der Unabhängigkeit nach außen, Gewährleistung von Frieden, Freiheit und Sicherheit nach innen, Herstellung der Rahmenbedingungen für einen allgemeinen und nach Leistung verteilten Wohlstand, Übernahme aller jener gemeinnützigen Aufgaben, welche das Vermögen des Einzelnen oder kleinerer Verbände in einer hochentwickelten Industriegesellschaft übersteigen, aber unerläßlich sind, bleibt natürlich auch nationale Politik unterworfen. Sie bezieht aber ihr Menschenbild nicht mehr von religiös, philosophisch oder ideologisch entwickelten Systemen, sondern übernimmt das von den Lebenswissenschaften im weitesten Wortsinn entworfene. Diese lehren uns die prägende Kraft des Ererbten, die Notwendigkeit der Solidarität der Generationen und die Entwicklung sozialer Kräfte und Tugenden in der sozialen Gemeinschaft. Alles Lebendige zeichnet sich durch Vielfalt und Ungleichheit aus, von welcher schöpferische Spannung kommt, sie hält die Gleichheitsforderung für den gefährlichsten Angriff auf unsere natürlichen Lebensgrundlagen.

Welches Menschenbild zur Grundlage der Politik gemacht wird, ist durchaus nicht bloß ein akademischer Streit. Das soll an drei für die Gesellschaftspolitik sehr wichtigen Beispielen, nämlich der Sozial-, der Bildungs- und der Rechtspolitik erläutert werden.

Die überwiegend von den Sozialisten dominierte österreichische Sozialpolitik denkt rein quantitativ und hebt, den zu bejahenden sozialen Risikenausgleich und die Ziele des gleichfalls notwendigen Familienlastenausgleiches weit überschreitend, letztendlich auf Einkommensgleichheit und eine grundsätzlich gleichwertige Förderung auch sozial negativer Randgruppen und Minderheiten ab. Mehr noch: der pro Kopf Aufwand für Minderbegabte beträgt ein Vielfaches dessen, was für den gesunden Durchschnitt oder die Hochbegabten ausgegeben wird.

Die Resozialisierungsmaßnahmen für straffällig Gewordene läßt man sich mehr kosten als die Rehabilitierung von Opfern der Arbeit und des Verbrechens, weil ihre Milieutheorie den gemeinschaftsschädlichen Mitbürger in erster Linie als Opfer der gewalthabenden Gesellschaftsschichten und der ungleichen Einkommensverteilung sieht. So wird etwa Kriminalität bloß als soziale Krankheit verstanden. Der humanitäre Aspekt einer solchen Politik kann nicht darüber hinwegtäuschen, daß dadurch das innere Gleichgewicht und die Belastbarkeit des volklichen Organismus überfordert werden. Eine derartige „wertfreie" Sozialpolitik verstärkt zudem die ohnedies auf allen Linien in einer modernen Zivilisation zunehmenden gegenauslösenden Einflüsse.

Wenn sich bei erheblich gestiegener durchschnittlicher Lebenserwartung, ungeheurem Aufwand von öffentlichen Mitteln für Heilbehandlung, Verkürzung der Arbeitszeit, Verlängerung des Urlaubes, Herabsetzung der Lebensarbeitszeit, Verbesserung der Wohn-, Ernährungs- und Arbeitsverhältnisse die Zahl der Invaliditäts- und Frührentner innerhalb einer Dekade gewaltig erhöht hat, liegt das nicht zuletzt am Fehlansatz der Sozial-, Arbeits- und Steuerpolitik. Statt dem drohenden Zusammenbruch der sozialen Sicherheit durch eine Umorientierung dieser Politik zu begegnen, werden Pläne für eine von jeglicher Leistung abgekoppelte Staatsrente und weitere Arbeitszeitverkürzungen erwogen. Statt in Anbetracht der gefährlichen Überalterung unserer Bevölkerung und einer von da her drohenden Sprengung der Generationen-Solidarität eine vernünftige Geburtenpolitik zu treiben, wird die Finanzierung der straffreien Massenabtreibung aus Mitteln der Krankenversicherung angestrebt.

Eine ähnliche negative Bewertung müssen aus nationaler Sicht die Grundsätze der herrschenden Erziehungs- und Bildungspolitik, unabhängig von ihren Inhalten erfahren. In allen staatsbürgerlichen Bildungsfächern sind die Lehrpläne von den Umziehungszielen der westlichen Erzieher geprägt. Die immer neuen Schulversuche erweisen sich bei näherem Zusehen als Spätaufgüsse einer wissenschaftlich längst überwundenen Verhaltens- und Entwicklungspsychologie und der daraus abgeleiteten Lernmethoden. In den sechziger Jahren wurde ein angeblicher Bildungsnotstand ausgerufen und damit die Bildungsexplosion gezündet, wobei Bildung oft mit oberflächlicher Wissensanhäufung und seichter Diskutierlust verwechselt wurde. Der Autoritätsabbau wird schon im Kindergarten gepredigt. Trotz einer durch die stark auseinander strebende körperliche und geistige Wachstumsbeschleunigung immer breiter gestreuten Begabungsverteilung wurde mit sogenannten Gesamtschulen die „Chancengleichheit" angestrebt. In Verleugnung der durch vorgegebene Persönlichkeitsstrukturen unterschiedlichen Entwicklung der Intelligenz wurden mit großen finanziellen Opfern Bildungseinrichtungen aus dem Boden gestampft, welche diese Begabungsunterschiede nicht nach oben ausgeglichen, sondern das gesamte Leistungsergebnis nach unten gesenkt haben.

Unter Berufung auf das sogenannte Recht auf Bildung jedermanns wurden Höhere und Hohe Schulen unabhängig vom gesellschaftlichen und wirtschaftlichen Bedarf erweitert und vermehrt. Ebenso wie der Autoritätsglaube wurde das Elitedenken als antidemokratisch verfehmt, während Pseudo-Eliten als politische, sportliche und intellektuelle Prominenz immer mehr das öffentliche Leben und insbesondere die Medien zu beherrschen begannen. Der Lehrer als Leitbild und Charakterbildner mußte zunehmend einer apparativen Unterrichtstechnik weichen. Voll Stolz werden die Verkaufserfolge der einschlägigen Industrien als Fortschritt unseres Erziehungswesens gefeiert.

Nationale Erziehungs- und Bildungspolitik fördert den Leistungs- und Auslesegedanken. Vor allem in den Grund- und allgemeinbildenden Schulen müssen Wissensvermittlung und allgemeine bürgerliche Ertüchtigung gleichrangige Ziele sein. Die Schule ist nach der Familie die wichtigste Durchgangsstation im Sozialisationsprozeß. Im übergreifenden Sinne muß Bildung als Anweisung zum Handeln in der sozialen Gemeinschaft verstanden werden. Die Auslieferung unserer Jugend an eine von Computern und Mikroprozessoren beherrschte Arbeitswelt ist nicht nur aus Überlegungen der befürchteten Wegrationalisierung von Arbeitsplätzen abzulehnen, sondern vor allem deswegen, weil sie alle handwerklich-schöpferischen Fähigkeiten des Menschen verkümmern läßt. So sehr unsere Erziehungsanstalten neben allgemeiner Bildung vor allem aufgerufen sind, gediegene Ausbildung zu gewährleisten, darf es nicht ihr einziges Ziel sein, einen möglichst marktgerecht funktionierenden Produktionsfaktor Mensch zu liefern.

Als letztes sei noch ein sehr allgemeiner Blick auf die Rechtspolitik getan. Dort sind in den letzten Jahrzehnten in Österreich und in der Bundesrepublik Deutschland die wahrscheinlich folgenschwersten Weichenstellungen erfolgt. Familien- und Scheidungsrecht haben der um sich greifenden Abwertung von Familie, Ehe und Mutterschaft Vorschub geleistet und zu gefährlichen Dammbrüchen geführt. Die rechtliche Beinahe-Gleichstellung von Ehe und Lebensgemeinschaft, von ehelich und unehelich Geborenen, das sogenannte Recht auf den eigenen Bauch durch die befristete Freigabe des ungeborenen Lebens erschüttern die Grundlagen unserer volklichen Existenz. Scheidungsflut, Auflösung von Familien, ein 25% übersteigender Anteil der unehelichen Geburten, Sturz der Geburtenrate weit unter die zur bloßen Erhaltung erforderliche Mindestzahl und die als ihre Folge auftretende Überalterung der deutschen Bevölkerung, durch welche das Rentensystem zum Einsturz gebracht werden könnte, sind die Folgen. Da diese biologischen Prozesse nur langfristig gesteuert werden können, muß das Steuer längstens innerhalb der nächsten 15 Jahre herumgeworfen werden. Andernfalls wird die deutsche Wohnbevölkerung bis zum Jahre 2030 um ein rundes Drittel geschrumpft und hoffnungslos überaltert sein. Das Stichwort Einwanderungspolitik und Gastarbeiter, diese verhängnisvolle Form eines importierten Neokolonialismus, muß und kann nur noch Beklemmungen hervorrufen.

Die Strafrechtspolitik hat unter dem Titel der Liberalisierung im Bereich der Kleinkriminalität zweifellos wünschenswerte Verbesserungen gebracht. Im Gesamtergebnis konnte sie die wachsende Schwerkriminalität nicht eindämmen. Die Erwartungen, welche in die vorbeugenden Wirkungen der Geld- statt Freiheitsstrafe, der großzügigen Anwendung des bedingten Strafausspruches – und – Strafnachlasses haben sich nicht erfüllt. Der Schutz der Bevölkerung, insbesondere der Kinder und Jugend, wenn wir an die Drogenkriminalität denken, und der Alten gegen räuberische Angriffe und die Sorge um die Verbrechensopfer wurden daneben vergleichsweise vernachlässigt.

Der Überbewertung erzieherischer Möglichkeiten, unabhängig von den intellektuellen und charakterlichen Gegebenheiten, kann die wissenschaftlich nicht hinreichend untermauerte Resozialisierbarkeit von Asozialen und Kriminellen an die Seite gestellt werden. Die Verteufelung des Schuld- und Sühnegedankens, die Verniedlichung des Verbrechens zur bloßen sozialen Abweichung, die Forderung Maßregel statt Strafe mit der Utopie von einer gefängnislosen Gesellschaft entspringen dem gleichen Glauben an die unbegrenzte Machbarkeit des Menschlichen.

Nationale Politik bezieht hier eine klare Gegenposition, ohne mit einem ihr vorgeworfenen Fundamentalismus oder Sozial-Darwinismus das Kind mit dem Bade ausschütten zu wollen. Das Sich-Unterwerfen unter als richtig erkannte Lebensgesetzlichkeiten und die Betonung des Ordnungsgedankens in einer Zeit, wo die Entgrenzung der individuellen Freiheit die Freiheit des Ganzen ernstlich bedroht, ist ein Überlebensgebot.

Keineswegs systemwidrig, sondern mit bestimmter Absicht wird dieses Kapitel mit einer Darlegung dessen abgeschlossen, was wir unter „grüner" Politik verstehen.

Diese ist nämlich, vor allem in der Bundesrepublik Deutschland, längst aus den Ufern eines Natur- und Landschaftsschutzes, einer auf Konsum- und Wachstumsverzicht ausgerichteten Bewegung herausgetreten. Sie strebt eine völlige gesellschaftspolitische Neuordnung an, wobei revolutionäre Gewalt keineswegs ausgeschlossen bleibt. Die von ihr entwickelte Verursacher-Philosophie trägt deutliche klassenkämpferische Züge.

Die ursprünglich grünen Ideen können aus nationaler Sicht uneingeschränkt bejaht werden. Im Gegenteil, es erscheint notwendig, auf unser Erstgeburtsrecht und geistige Urheberschaft zu verweisen. Vor allem die deutsche Jugendbewegung, aus welcher die bedeutendsten Denker, Wissenschaftler, Künstler und Politiker der Zwischenkriegszeit hervorgegangen sind, hat mit ihrer Bündebewegung, mit der Wiedererweckung von Naturromantik, der Wiederbesiedlung verwaister und der Rekultivierung verödeter Landschaften grüne Pionierarbeit geleistet.

Sie hatte sich die organische Weltansicht von Paracelsus bis herauf zu *Ernst Haeckel* – und neuerdings *Konrad Lorenz* und die ganze Verhaltenswissenschaft – zu eigen gemacht. Sie hat den Menschen nicht mehr als von der Welt losgelöstes und der übrigen Natur nicht mehr verpflichtetes Wesen, sondern als ein dem lebendigen Kosmos unterworfenes Geschöpf gesehen. Während der Marxismus die Verfremdung des Menschen als Folge der industriellen arbeitsteiligen Wirtschaft und des Ausgeschlossenseins vom Besitze der Produktionsmittel sieht, stellt sich für den organisch denkenden Menschen die Verfremdung als Abfall von der eigentlichen Natur dar.

Friedrich Nietzsche, der vor 100 Jahren zu Umkehr und Neubeginn aufgerufen hatte, wurde deswegen schier zum Anti-Christ marxistischer, liberaler und auch konservativer Kirchenväter. Die Ergebnisse der Verhaltenswissenschaften, der mit ihr eng verschwägerten Soziobiologie und der Humangenetik insgesamt geben *Nietzsche* aber Recht und müssen heute als unverzichtbare Grundlagen jeder nationalen Politik bezeichnet werden, die sich selber als eine Fortsetzung der Biologie mit kulturellen Mitteln darstellt.

III. Nationale Politik und Demokratie

Man begegnet häufig auch dort, wo man Zustimmung zu den Zielvorstellungen nationaler Politik gefunden hat, dem Einwand, eine solche ließe sich in einer demokratisch verfaßten Gesellschaft nicht verwirklichen. Zu sehr stünden ihre grundlegenden Ideen, wie die naturgegebene Ungleichheit der Menschen, das Bestehen natürlicher Rangordnungen, die Notwendigkeit der Elitenbildung, im Widerspruch zu den Grundauffassungen unserer egalitär-plebiszitär organisierten Parteiendemokratie. Dieser kritische Einwand führt uns allsogleich in den Mittelpunkt der Demokratie-Frage. *Demokratie*, nach den Worten eines der Väter der Österreichischen Verfassung, *Hans Kelsen's*, eines „der mißbrauchtesten Schlagworte" unserer Zeit hat durch einen hier nicht zu untersuchenden Bewußtseinsbildungsprozeß längst den Rang einer unangreifbaren Heilslehre erlangt. Auch *Churchill's* skeptischer Ausspruch, Demokratie sei die schlechteste aller Regierungsformen, er kenne aber keine bessere, ändert an der bestehenden Tabuisierung der Demokratie nichts. Die Frage, ob man einen freiheitlich verfaßten Rechtsstaat auf eine andere als eine demokratische Gesellschaftsordnung gründen könnte, wird faktisch nicht einmal zur Untersuchung zugelassen.

Man erörtert zwar, ob moderne Staaten noch regierbar seien, die westliche Welt nicht außer Kontrolle zu geraten drohe, wirft die Frage auf, ob Demokratie noch Zukunft habe und ob sie dem zunehmenden Wettbewerbsdruck nicht-demokratischer Länder standhalten könne, scheut sich aber den Hebel der Kritik an ihren Fundamenten anzusetzen. *Plato's* Wort, daß die Demokratie offenbar nicht fähig sei, ihre Selbstzerstörung zu verhindern, scheint sich zu bewahrheiten.

Wir teilen diesen Pessimismus nicht. Voraussetzung zur Überwindung der Krise der Demokratie scheint uns allerdings zu sein, daß man sie aus ihren sakrosankten weltanschaulichen Höhen herunterholt und als das sieht, was sie sowohl im Querschnitt der Gegenwart wie im Längsschnitt der Geschichte ist: entstehungsgeschichtlich betrachtet eines unter vielen Verfahren, mit denen Politik in der Vergangenheit und auch heute gemacht wurden und wird.

Wir haben an anderem Ort Politik als die Aufgabe verstanden, das menschliche Zusammenleben in dem uns durch Abbau von instinktiven und vorgeprägten Verhaltensweisen zugemessenen Freiheitsraum zu ordnen. Dies erfordert Machtanwendung, im modernen Rechtsstaat unter der Herrschaft des Gesetzes. Damit ist der Demokratie die Frage gestellt, wer in ihr Gesetzgeber sein dürfe oder müsse.

Eine operationale Betrachtung der Demokratie wird erleichtert, wenn wir uns Rechenschaft geben, daß der weitaus überwiegende Teil der menschlichen Geschichte die Demokratie nicht gekannt hat und daß auch gegenwärtig die Mehrzahl der bestehenden Staaten — von den in der UNO zusammengeschlossenen sind es mehr als vier Fünftel — keine klassische demokratische Gesellschaftsordnung kennt. Es gibt Kontinente, wie den asiatischen und den afrikanischen, welche seit ihrer menschlichen Besiedlung offenbar nie demokratische Gesellschaftsordnungen entwickelt und große Rassen, wie in China und Ägypten, in Mittel- und Südamerika, welche ohne Demokratie blühende Hochkulturen hervorgebracht haben.

Im Blick auf die Wirklichkeit unserer eigenen Demokratie muß heute selbst ihr oft gerühmter Hauptvorzug, daß sie der größten Zahl ihrer Bürger die größtmögliche Freiheit bei geringster Gewaltanwendung einräume, in Zweifel gezogen werden. Die fortschreitende Verrechtlichung unseres öffentlichen und privaten Lebens, die Versteinerung der Verfassungen haben Bürgerfreiheiten in ihren würgenden Griff genommen.

Die Lehre von der Volkssouveränität, daß alle Macht vom Volke ausgehe und das daraus abgeleitete Gesetzgebungsmonopol sollen in diesem Zusammenhang außer Streit bleiben. Die Aufgabe lautet: wie muß eine Rechtsordnung aussehen, welche ausgehend von der gegebenen Ungleichheit der Menschen unter Wahrung eines unantastbaren Anspruches auf Gleichheit vor dem Gesetz damit vermieden werden kann, daß Gesetze zu Schrittmachern einer naturwidrigen Einebnung der bestehenden Gefälle von Begabung, Fleiß, Leistungsvermögen, Gemeinsinn und Verantwortungsbereitschaft werden. Um es vorweg zu sagen: ohne Eingriffe in das heutige Wahlrecht mit seinem Grundsatz, ein Mann – eine Stimme, wird das nicht abgehen können. Im übrigen ist das darin liegende Problem schon von den griechischen und römischen Denkern des 5. vorchristlichen Jahrhunderts gesehen worden.

Eine Wahlrechtsreform kann natürlich nicht eine Rückkehr zu einem Kurienwahlrecht anzielen, bei welchem Stimmrecht oder mindestens Stimmanteile an Vermögen, Steuerleistung oder Grundbesitz gemessen werden. Grundlegend geht es darum, die Stimmen nicht bloß zu zählen, sondern auch zu wägen. Mit den Vorstellungen einer elitären Demokratie wäre es aber durchaus vereinbar für besondere wissenschaftliche, kulturelle, soziale oder militärische Leistungen einen Stimmzuschlag zu gewähren und damit schrittweise das zu entwickeln, was man eine „Wähleraristokratie" genannt hat. Umgekehrt müßten um sozial schädliche, sozial feindliche und kriminelle Bürger vom Wahlrecht dauernd oder zeitlich befristet ausschließen zu können, entsprechende Reformen erfolgen.

Ein denkbarer Weg von einem bloß numerischen zu einem qualitativ verbesserten Wahlrecht wäre ein von unten nach oben gegliedertes Wahlmännersystem. Mit einer dadurch erreichbaren Personalisierung würden die Möglichkeiten steigen, die durch Fachwissen, Erfahrung und Bewährung ausgewiesene Entscheidungszuständigkeit mit der Entscheidungsbefugnis in eine möglichst ideale Übereinstimmung zu bringen. Dieses System wird zum Beispiel in breiten Teilen von Wirtschaft, Wissenschaft, Industrie und nicht zuletzt im Sport mit der größten Selbstverständlichkeit gepflegt, während eine politische Führungselite mit Unterstellungen wie Privilegien, Machtmißbrauch und Diskriminierung verdächtigt und verhindert werden soll.

Elite ist längst zum Reizwort für alle Gleichheitsapostel geworden und, wie *G. K. Kaltenbrunner* schreibt, ist der Begriff elitär einer ähnlichen Bedeutungsverschlechterung unterworfen wie ordinär. Unter anderem hat der konservative Denker *Ortega Y Gasset* schon vor langer Zeit erkannt, daß das Heil der Demokratie von einer geringfügigen technischen Einzelheit abhängt, nämlich vom Wahlrecht. Es ist keineswegs erwiesen, daß in einer solchermaßen hierarchisch-elitär strukturierten Demokratie die Kontrolleinrichtungen schlechter funktionieren müßten als in der bestehenden egalitären. Nähme man etwa das Ausmaß der Korruption als Maßstab für das Funktionieren der Machtkontrolle, dann geben die bestehenden Demokratien nicht gerade ein gutes Beispiel.

Die nächste aufzuwerfende Frage einer künftigen Reform müßte lauten: Ist das Prinzip der Mehrheitsentscheidung noch geeignet, in unserer so pluralistisch, komplex und interdependent gewordenen Welt Probleme zu lösen und wenn nein, was könnte an seine Stelle oder Seite gesetzt werden. Auch wenn man dem *Schiller*-Wort, wonach Mehrheit Unsinn sei, nicht uneingeschränkt folgen will, muß eingeräumt werden, daß Mehrheitsentscheidungen in fundamentalen Lebensfragen der Nation sehr oft unbefriedigend sind. Die letzten Jahrzehnte haben eine Reihe von Beispielen geliefert, daß mit hauchdünnen Mehrheiten Weichenstellungen erfolgt sind, deren Auswirkung aber alle Bürger und oft in unwiderruflicher Form betroffen haben. Die rücksichtslos angewandte Mehrheitsentscheidung führt zu einer Polarisierung im Gesellschaftskörper und verlockt dazu, jede Unterdrückung von Minderheiten unter Berufung auf das Mehrheitsrecht zu legalisieren.

Wir haben in den letzten Jahrzehnten Mehrheitsentscheidungen in grundlegenden Wert- und Sachfragen erlebt, welche nicht durch Überstimmung, sondern nur mit Über*ein*stimmung zu lösen wären. Als Beispiele seien nur angeführt: die friedliche Nutzung der Atomenergie, der Schutz des ungeborenen Lebens, das Ausmaß aufzubringender Verteidigungskraft und insgesamt fast der ganze Bereich des Umweltschutzes.

Zudem erfolgen Mehrheitsentscheidungen unter dem Zeit- und Zugzwang konkurrierender Parteien und viel zu kurzer Gesetzgebungsperioden. Nur zu oft wird der Sachzwang dem parteipolitischen Erfolgszwang nachgeordnet. Deshalb wird oft das mittel- oder langfristig Notwendige mit verzögert eintretendem Späterfolg kurzfristigen Augenblickslösungen geopfert, um demoskopisch geortete Bedürfnisse des Wählers zu befriedigen und sich so seinen Stimmzuschlag bei den nächsten Wahlen zu sichern. Nationale Politik versteht sich nicht als angewandte Volksbefragung sondern als politische Führung durch Überzeugung mit periodischer Bestätigung oder Ablehnung in geheimen Wahlen.

Wie könnte die Lage verbessert werden? Einmal durch den Ausbau aller jener parlamentarischen Organe, welche konförderative Beschlüsse ermöglichen. Hier könnte durch Einrichtung von Ältestenräten, in welche die besten Vertreter zu wählen wären, mit einer Auflage des Einstimmigkeitsprinzipes viel erreicht werden.

Eine andere oder auch gleichlautende Möglichkeit wäre die Verstärkung der präsidialen Prinzipien unserer Verfassung in Richtung einer gemischten.

Die Hoffnungen, welche heute in den Ausbau der sogenannten direkten oder partizipatorischen Demokratie gesetzt werden, scheinen übertrieben und zum Teil durch Erfahrungen schon widerlegt. Insbesondere wäre die Ausdehnung direktdemokratischer Entscheidungen auf Verwaltungsakte von verhängnisvoller Wirkung und mit einem freien Rechtsstaat kaum vereinbar. Unter viel einfacheren Lebensbedingungen sind deshalb die ähnlich eingerichteten Rätedemokratien in kürzester Zeit gescheitert. Daß eine überzogene direkte Demokratie Staaten vollends unregierbar machen kann, erleben wir gegenwärtig in unserer unmittelbaren Nachbarschaft. Die Handlungs- und Entscheidungsschwäche der Parteiendemokratie kann auf diesem Wege sicher nicht beseitigt werden.

Hingegen müßte die direkte Demokratie vor allem im kommunalen, das heißt, letztendlich übersehbaren Bereich (dort, wo man mit Plato von einer Demokratie auf Rufweite sprechen könnte) ausgebaut und vor allem auch auf Wertfragen ausgedehnt werden. Dazu wäre ein Grundwertekatalog zu entwerfen, der diese Gegenstände grundsätzlich einer Volksabstimmung vorbehält.

Die wichtigste und von der Sache her einfachste Reform betrifft unser Parteiwesen selbst. Wie schon von anderer Seite längst festgestellt, haben sich die meisten parlamentarisch-republikanischen Staaten zu *Partei*staaten entwickelt. Die klassische Gewaltenteilung ist in der Praxis des Parteienstaates längst verlassen. Im Grunde laufen alle Fäden der Gesetzgebung, Verwaltung und selbst der Gerichtsbarkeit in den Führungsorganen der Parteien zusammen. Der frei gewählte, nur der Verfassung und seinem Gewissen verpflichtete Abgeordnete ist längst dem unter Clubzwang stehenden Erfüllungsgehilfen der Parteizentralen gewichen. Ehe er

Abgeordneter wird, muß er in der Regel den Gang unter das kaudinische Joch der Parteisekretariate und Parteilisten schon hinter sich haben. An die Stelle des Volksvertreters, der aus beruflicher Erfahrung und Einkommensunabhängigkeit seine Gewissensfreiheit beziehen könnte, ist längst der beamtete Funktionär mit Pensionsanspruch getreten. Die im Vergleich zum durchschnittlichen Einkommen hohe Entlohnung dieser Funktionäre hat sie nicht unabhängig gemacht, sondern dazu geführt, daß das Gewissen des Mandatsträgers sich nur bis an die Grenze seiner Wiederwählbarkeit strapazieren läßt.

Die Parteien ihrerseits, in Österreich nicht kraft Verfassung sondern nur durch Gewohnheitsrecht zur Mitwirkung an der Gesetzgebung berufen, haben unser gesamtes öffentliches und immer auch unser privates Leben durchwuchert und wären durch klare Verfassungsanordnungen auf ihre eigentliche Aufgabe zu beschränken. Heute sind sie Wohnungsgeber, Dienstgeber, Unternehmer und vor allem die Monopolinhaber aller öffentlichen Ämter und Mandate. Ein Zustand, den *A. de Toqueville* vor mehr als 100 Jahren befürchtet hat, ist längst eingetreten: nämlich, daß der demokratische Materialismus zu einer fortschreitenden Lähmung unserer seelischen und moralischen Triebkräfte geführt hat. Ein verhängnisvoller Kreislauf hat eingesetzt. Je größer die Konsumansprüche, je kleiner die Bereitschaft für Eigenvorsorge und Selbstverantwortung, desto unentbehrlicher werden die Parteien. Das Parteiunwesen hat statt des mündigen, den entmündigten Bürger hervorgebracht.

Man wirft einer stark organisch denkenden Weltanschauung vor, daß sie die geistige und moralische Freiheit der Menschen unterschätze und einem Kulturpessimismus Vorschub leiste. Unserer Meinung nach ist es anders. Je mehr wir Menschen in Übereinstimmung mit den großen kosmischen Gesetzen und einer daraus abzuleitenden Grundordnung leben, desto größer wird unsere Freiheit sein. Gerade aus der Naturerfahrung, dem von *Goethe* gesehenen Stirb und Werde alles Lebendigen, können wir auch politischen Optimismus und Hoffnung auf Erneuerung und Zukunft ziehen. *Friedrich Hölderlin*, hinter dessen sanftem und schwärmerischen Hyperion wir vergessen, wie sehr er am Freiheitsaufbruch des zu Ende gehenden 18. und beginnenden 19. Jahrhunderts Anteil genommen hatte, rief den verzweifelten und zweifelnden Zeitgenossen zu: Vernichtung gibt es nicht; also muß die Jugend der Welt aus unserer Verwesung steigen.

Literaturverzeichnis II.

1. K. D. Bracher, Zeit der Ideologie, Stuttgart 1982.
2. F. Capra, Wendezeit, Bern 1982.
3. H. J. Eysenk, Die Ungleichheit der Menschen, München 1975.
4. H. Flohr, W. Tönnesmann, Politik u. Biologie, P. Parey 1983.
5. H. Haken, Erfolgsgeheimnisse der Natur, DVA 1980.
6. K. Jaspers, Psychol. d. Weltanschauungen, Berlin 1954.
7. P. Graf Kielmannsegg, Klett-Cotta, Regierbarkeit 1977.
8. L. Klages, Der Geist als Widersacher der Seele, 6. Aufl., Bouvier 1981.
9. Lohausen, Jordis v., Mut zur Macht, Vowinckel 1979.
10. K. Lorenz, Das sg. Böse, Wien 1963. Die acht Todsünden der ziv. Menschheit, München 1973. Der Abbau des Menschlichen, Piper 1983.
11. F. O. Miksche, Vom Kriegsbild, Seewald 1976.
12. H. Oberreuter, Kann der Parlamentarismus überleben? o. J.
13. A. Peisl, A. Mohler, Kursbuch d. Weltanschauungen, Ullstein 1980.
14. R. Riedl, Die Spaltung des Weltbildes, Parey 1985.
15. Biologie der Erkenntnis, Berlin 1979.

16. H. Sedlmayr, Verlust der Mitte, Salzburg 1948.
17. F. Somary, Krise u. Zukunft der Demokratie, Zürich 1952.
18. H. Scheer, Parteien kontra Bürger, München 1979.
19. H. Schelsky, Funktionäre, Seewald 1982.
20. H. Schoeck, Das Recht auf Ungleichheit, Herbig 1979.
21. O. Spengler, Der Untergang des Abendlandes, München 1923.
22. K. Steinbuch, Falsch programmiert, DVA 1968.
23. G. Stier, Bausteine f. d. dritten Weg, Olms 1982.
24. H. Tenbruck, Hsg. Herkunft u. Zukunft, Styria 1985
25. B. Willms, Die deutsche Nation, Hohenheim 1982.
26. G. Zernatto, Vom Wesen der Nation, Holzhaisens Nf. 1966.

Eckertschriften:

J. Papesch, Volk u. Freiheit, Nr. 5; G. Berka, Gibt es eine österr. Nation?, Nr. 7; H. Pfeifer, Werden und Wesen der Republik Österr., Nr. 21; K. Thums, Gesundes Erbe Gesundes Volk, Nr. 24; G. Repp. Bevölkerungspolit. Fragen, Nr. 64; H. v. Srbik, Zwei Reden f. Österreich, Nr. 67; O. Scrinzi, Politik zwischen Ideologie u. Wissenschaft, Nr. 92.

NORBERT BURGER

Was heißt „rechts"?

Was hat diese Frage mit der deutschen Nation zu tun, wird sich manch ein Leser fragen. Sehr viel, ist meine Antwort auf diese Frage und zwar nicht nur weil Nation und Nationalismus „rechte" Begriffe sind, sondern weil der Fortbestand aller Nationen auf dieser Welt nicht zuletzt von der Frage abhängt, ob die zukünftige Politik, die das Weltgeschehen bestimmt, von rechtem oder linkem Denken geleitet sein wird.

Und noch eine zweite Feststellung muß eingangs gleich getroffen werden. Der Begriff „rechts" kann nur eindeutig verständlich dargestellt werden, wenn dies gleichzeitig auch mit seinem Gegenstück, nämlich „links", geschieht. Tatsächlich sind „rechts" und „links" im weltanschaulich-politischen Bereich jeweils das genaue Gegenteil voneinander, und daher scheint eine gemeinsame Klärung beider Begriffe sinnvoll. Zur Erkennung und zur geistigen Erfassung der Welt bedarf der Mensch stets des Gegenwortes. Diese Differenzierung ermöglicht erst das „Erleben". Kalt – warm, hoch – niedrig, Freund – Feind, Tod – Leben, Krieg – Frieden, Segen – Fluch usw. Die immense Bedeutung dieser Differenzierung durch den Gegenbegriff wird uns bei der Suche nach einer brauchbaren Begriffsbestimmung für das Wort „rechts" noch besonders beschäftigen.

Wie notwendig es ist, daß die politischen Begriffe „rechts" und „links" einer eindeutigen Klärung zugeführt werden, beweist auf der einen Seite die Tatsache, daß sie in den Medien zur Charakterisierung von Personen oder Personengruppen ständig verwendet werden, und andererseits diejenigen, die die Ausdrücke „rechts" und „links", „rechtsradikal" oder „linksextrem" verwenden, häufig überhaupt nicht wissen, was sie damit zum Ausdruck bringen oder gewissen- und bedenkenlos ganz bewußt falsche Begriffsinhalte unterstellen. Dies beweist eine von mir durchgeführte Umfrage bei den Redakteuren der wichtigsten Medien in Österreich und in der Bundesrepublik, bei welcher als Antwort zumeist nur zögernd ein Definitionsversuch angeboten, meist jedoch darauf hingewiesen wurde, daß ihnen eine Beantwortung nicht möglich sei. Einig ist man sich bei dem Großteil der Medien nur darüber, daß „links" gut und „rechts" böse sei, so wie dies von den Umerziehern nach 1945 festgelegt wurde.

Aber nicht nur in den „Systemmedien" herrscht Unklarheit über den Inhalt dieser so wichtigen politischen Begriffe, sondern auch Personen und Personengruppen, die sich selbst als „rechts" bezeichnen, oder so bezeichnet werden, haben häufig keine klare Vorstellung darüber, was unter diesem Begriff zu verstehen ist oder lehnen die Begriffe „rechts" und „links" überhaupt ab. So sagte zum Beispiel der deutsch-österreichische Dichter und Schriftsteller Konrad Windisch in einem Interview (Deutsche Wochenzeitung, 3. Juli 1970): „Ich bin gegen die Begriffe rechts und links im Jahre 1970 skeptisch. Gerade wir Nationalen sollten uns nicht in „Seiten" einordnen lassen, unsere bleibende politische Stärke ist es ja, daß wir als einzige das ganze Volk und die Interessen aller Schichten, Stände, usw. vertreten." Zu dieser Meinung konnte er nur kommen, weil er den Begriffen „rechts" und „links" einen falschen Inhalt zugrunde gelegt hat. Wie ich mit diesem Aufsatz nachweisen werde, ist gerade das volksbezogene und auf die Erhaltung des Volkes gerichtete nationale Denken Ausdruck „rechter" Weltanschauung. In einer anderen nationalen Publikation aus den siebziger Jahren ist folgendes zu lesen: „In der Politik haben die Begriffe rechts und links zur Beschreibung des eigenen oder des fremden politischen Standortes überhaupt nichts zu suchen, weil sie ganz und gar ungeeignet sind, persönliche und Gruppenstandpunkte wirklichkeitsnah, zutreffend, verständlich zu charakterisieren."

Solches und ähnliches kann man immer wieder hören. Die Ursache dafür ist die, daß mangels eigenem Nachdenken vom Gegner geprägte Begriffsinhalte unterstellt werden, die, würden sie richtig sein, tatsächlich obige Behauptungen sinnvoll erscheinen ließen. Ich werde mich mit diesen falschen Deutungen später noch eingehend beschäftigen. Hier soll eingangs nur nochmals unterstrichen werden, daß die Begriffe links und rechts zur Markierung politischer Standorte weltweit sehr wohl verwendet werden, ganz gleichgültig, ob uns dies gefällt oder nicht. Auch wenn wir die Verwendung dieser Begriffe aus irgendwelchen Gründen noch so ablehnen würden, — der Autor tut dies nicht — so würden sie trotzdem in den Medien Verwendung finden. Für uns muß daher die Frage die sein, ob diese Begriffe einen sinnvollen Inhalt haben oder ob ihnen jeder je nach Belieben irgend einen Inhalt willkürlich unterstellen kann. Die Grundvoraussetzung dafür, daß sich ersteres durchsetzt, ist die, daß im Lager derjenigen, die sich selbst als „rechts" bezeichnen, oder so bezeichnet werden, Klarheit über den Inhalt dieses Begriffes besteht.

Diese Klarheit zu schaffen, ist Sinn und Aufgabe meines Beitrages.

Viele politische Diskussionen führen zu keinem Ergebnis oder leiden darunter, daß gerade die Klarheit über das, worüber man eigentlich spricht, nicht gegeben ist. Dem Sprachbetrug wird auf diese Weise Tür und Tor geöffnet. „Unklarheit der Begriffe ist von großer Schädlichkeit", sagte Goethe, und läßt in seinem „Faust" den Mephisto sagen: „Wo Begriffe fehlen, da stellt ein Wort zur rechten Zeit sich ein. Mit Worten läßt sich trefflich streiten, mit Worten ein System bereiten." Der weltberühmte chinesische Denker Kung Fu-Tse sagte auf die Frage seiner Schüler, was er wohl als erstes anordnen würde, falls er ein allmächtiger Herrscher wäre: „Daß die Bedeutung der Worte eindeutig festgelegt würde." In diesem Sinne verstehe ich meinen Beitrag in diesem Buch.

Historischer Ursprung der Begriffe „rechts" und „links"

Die Bezeichnung der weltanschaulich diametral entgegengesetzten Standpunkte von „rechts" und „links" geht auf die Sitzordnung im französischen Parlament der Revolutionszeit ab 1789, bzw. in die nachnapoleonische Zeit seit 1814 in ungebrochener Tradition zurück. Frühere Parlamente waren Standesvertretungen, in denen, wie schon der Name sagt, nicht politisch-weltanschauliche Parteien, sondern die Vertreter gewisser Stände zugelassen waren.

In der französischen Nationalversammlung des Revolutionsjahres 1789 gab es jedenfalls erstmals Gruppen von Abgeordneten oder Delegierten, die nicht in erster Linie durch die Zugehörigkeit zu einem bestimmten Stand geeint waren, sondern durch bestimmte gemeinsamen Zielvorstellungen. In welcher Form die Gedanken der Revolution von „Freiheit, Gleichheit und Brüderlichkeit" durchgeführt werden sollten, radikal oder gemäßigt, war die Frage, die die Revolutionäre in verschiedene Gruppen unterschied und die zukünftige Stellung des Königs und Organisation des ganzen Staatsapparates, bzw. mit welcher Entschiedenheit die Gedanken der Revolution verworfen wurden, war die Ursache für die Gruppenbildung auf der nicht- oder anti-revolutionären Seite.

Fest steht, daß anläßlich der Verfassungsdebatte, die am 11. September 1789 begann, eine Gruppe von Adeligen, die der Revolution und ihren Zielsetzungen besonders ablehnend gegenüberstand, für sich den Ehrenplatz zur Rechten des Parlamentspräsidiums beanspruchte und schließlich auch bekam. Anschließend haben sich gemäßigtere Revolutionsgegner niedergelassen. Ihnen gegenüber, also links vom Präsidenten, nahmen die Revolutionäre Platz und damit war mit diesem ursprünglich rein protokolarischen Vorgang das politische „rechts – links – Schema" geboren. Daran ändert auch die Tatsache nichts, daß die radikalste Gruppe des Konvents auf den höhergelegenen Bänken des Versammlungssaales Platz nahm. Diese ganz radikale Gruppe der Jakobiner, deren Führer Danton, Marat und Robespierre waren, ist wegen ihrer höhergelegenen Sitze als „Bergpartei" in die Geschichte eingegangen.

Wichtig ist die Feststellung, daß die Trennung zwischen „rechts" und „links" von Anfang an nicht eine Angelegenheit zwischen ehemals privilegierten und nichtprivilegierten Gruppen war, sondern diese ging quer durch das Volk.

Nach dem napoleonischen Zwischenspiel wurde der französische Parlamentarismus im Jahre 1814 wiederbelebt. Nun traten sich von Anfang an zwei politische Gruppen gegenüber, die zwar jeweils intern verschiedene Richtungen aufwiesen, sich aber in einer Grundfrage grundsätzlich voneinander unterschieden. Die Liberalen, wie sich die eine Gruppe nannte, standen der Tradition der Französischen Revolution und strebten nach Verwirklichung von deren Idealen. Im Vordergrund stand vor allem das aufklärende Welt- und Menschenbild und das davon abgeleitete Postulat der Gleichheit. Die andere Gruppe, die sich konservativ nannte, vereinigte in sich die anti-revolutionären Kräfte, widersprach den Ideen der Französischen Revolution – insbesondere dem Postulat der Gleichheit – und erstrebte eine natürliche „gottgewollte" Ordnung. Daß es manch einem dieser Konservativen mehr um die Bewahrung eigener Privilegien als um eine wirklich göttliche und daher gerechte Ordnung ging, sei am Rande vermerkt.

Die Konservativen, unter denen sich natürlich auch der größere Teil des Adels befand, beanspruchten wieder sogleich den Platz zur Rechten des Präsidenten, der ihnen auch überlassen wurde. Die Liberalen nahmen die Sitze links vom Präsidenten ein und damit war für den kontinentaleuropäischen Parlamentarismus das „rechts – links – Schema" endgültig festgeschrieben. Alle liberalen, sozialistischen und marxistischen Parteien haben letztlich ihre ursprüngliche geistige Wurzel in den französischen Liberalen von 1814 und gehören somit zur Gruppe der Linksparteien, und alle konservativen, monarchistischen und nationalen Parteien gehen traditionell auf die französischen Konservativen im nachnapoleonischen Frankreich zurück.

Wenngleich die historischen und auch die heutigen Links- und Rechtsparteien vieles von ihren geistigen französischen Ahnen unterscheidet, so gibt es einen ganz wesentlichen Bezugspunkt, den die Linksparteien mit den alten französischen Liberalen und den alle Rechtsparteien mit den alten französischen Konservativen gemeinsam haben, nämlich in dem einen Fall das Postulat der Gleichheit, und im anderen Fall das Bekenntnis zur Verschiedenartigkeit der Menschen. Ich bin der Meinung, daß überhaupt das unterschiedliche Welt- und Menschenbild, das dem zugrunde liegt der springende Punkt und das entscheidende Unterscheidungsmerkmal zwischen rechts und links ist. Dazu ist in der Folge noch einiges zu sagen.

Die Sitzordnung im französischen Parlament an der Wende vom 18. zum 19. Jahrhundert ist also nicht der Ursprung der Differenzierung zwischen rechtem und linkem Denken, sondern dieses verschiedene Denken war die Grundlage zur Bildung zweier total gegensätzlicher Parteiungen, die durch die Sitzordnung im Parlament die symbolische Bezeichnung „rechts" und „links" erhielten. Entscheidend ist der unterschiedliche Inhalt des politischen Wollens und nicht die Sitzordnung. Doch da sich bedingt durch die Sitzordnung die Begriffe „rechts" und „links" als Markenzeichen eingeführt haben und weltweit gebraucht werden, hat es keinen Sinn, gegen diese Bezeichnungen zu polemisieren, wenn sie einem nicht gefallen. Sie haben solange eine Existenzberechtigung, solange es Menschen gibt, die Politik auf der Grundlage eines realistischen Welt- und Menschenbildes, also unter Berücksichtigung der Tatsache der Unterschiedlichkeit von Menschen, Völkern und Rassen betreiben wollen — also Rechte — und solche, die aufgrund eines utopischen Welt- und Menschenbildes dem Postulat der Gleichheit huldigen, den Menschen das Paradies auf Erden versprechen und dabei die Hölle bringen. Solange es Menschen gibt, die im kommunistischen System und seinen Menschen und Menschenwürde verachtenden Charakter etwas Positives erblicken, und solche die dem leidenschaftlich widersprechen, so lange haben die Begriffe „links" und „rechts" zur Bezeichnung total unterschiedlicher politischer Standorte ihre Berechtigung. In der heutigen Zeit zunehmender Reideologisierung der Parteien mehr denn je.

Vermerkt soll hierzu noch werden, daß diese Begriffe auch in England und den USA inhaltlich vollkommen in diesem Sinne Verwendung finden, obwohl sie mit den dortigen Sitzordnungen in den Parlamenten nichts zu tun haben. In England sitzen seit 1730 die Abgeordneten der Regierungspartei rechts vom Präsidenten, die Opposition hingegen links. In den USA sitzen traditionsgemäß die Demokraten rechts und die Republikaner links vom Präsidium, obwohl die Mehrheit der republikanischen Abgeordneten als „rechts" zu bezeichnen ist, während bei den Demokraten schon seit langem die Linken dominieren.

Bedeutend scheint es mir, nochmals darauf hinzuweisen, daß es kein Zufall ist, daß die Parteien, denen ein realistisches Wollen zugrunde liegt, die „Rechten" und die Utopisten die „Linken" sind, sondern daß die Gegner der Ideen und Praxis der Französischen Revolution, also die Gegner des Gleichheitspostulates, den Platz zur Rechten des Präsidenten für sich bewußt als Ehrenplatz beansprucht haben. Dies ist insofern erfreulich, da sich mit „rechts" im allgemeinen Sprachgebrauch das Richtige, das Rechte, das Gerechte, verbindet, während „links" vielfach mit negativen Akzenten versehen wird. Die rechte Hand ist die richtige, die Schwurhand, die Schwerthand. Den Menschen, den man ehren will, läßt man zu seiner rechten Seite gehen, beim Mahl zur Rechten sitzen. Diese Beispiele könnten noch beliebig vermehrt hier angeführt werden, doch scheint mir dies nicht notwendig. Jeder weiß aus seiner eigenen Erfahrung und aus seinem eigenen Lebenskreis, daß sich mit „rechts" im allgemeinen Sprachgebrauch, aber auch bei den Religionen das Gute und mit „links" eher das „Nichtgute" oder Schlechte verbindet.

Wenn man sich dies alles vor Augen hält, muß man es doch als sehr angenehm empfinden, daß die auf Reformen bedachten, aber doch am Überkommenen festhalten wollenden Kräfte die Sitzplätze auf der Rechten für sich beanspruchten und so die zerstörerischen, blutrünstigen Kräfte der Französischen Revolution links Platz nehmen mußten.

Die Klärung der Begriffe

Die Verwirrung der so wichtigen politischen Begriffe „rechts" und „links" kommt dadurch zustande, daß ihnen unbewußt — ohne nachzudenken — oder absichtlich ein falscher Inhalt unterstellt und dann gegen diesen falschen Inhalt polemisiert wird. Soweit die falsche Begriffsbestimmung unabsichtlich geschieht heißt es dann, daß der Begriff „rechts" zur Festlegung der eigenen politischen Position unbrauchbar ist (siehe ersten Abschnitt) und die gewerbsmäßigen Brunnenvergifter verwenden die von ihnen selbst vorgenommene falsche Begriffsbestimmung dazu, alles was „rechts" ist zu verleumden.

Einige Beispiele seien hier angeführt. Sehr häufig ist aus dem nationalen Lager zu hören, was hat denn die „Hosenbodengeographie" mit unserem nationalen, volksbezogenen Wollen zu tun? Mit der „Hosenbodengeographie" ist die Sitzordnung im Parlament gemeint. Dabei wird übersehen, daß die Sitzordnung die seit 1789 bzw. 1814 im französischen Parlament und schließlich in Kontinentaleuropa allgemein üblich geworden ist, nur der sichtbare Ausdruck zweier grundsätzlich verschiedener weltanschaulich-politischer Denk- und Handlungsweisen ist. Die Sitzordnung im Parlament hat nur dazu geführt sozusagen als „Markenzeichen" für die beiden vollkommen entgegengesetzten Standpunkte die Bezeichnung rechts und links zu verwenden. Am Inhalt würde sich auch nichts ändern, wenn heute willkürlich die Sitzordnung in den Parlamenten verändert würde, bzw. sitzen heute ja ohnehin viele Abgeordnete auf der rechten Seite, die dort nicht hingehören und umgekehrt.

Sehr häufig wird dem Begriff „rechts" auch unterstellt, daß sich mit ihm das Streben gegen jedwede Veränderung verbindet, während „links" das Symbol für den Kampf um eine bessere Zukunft und die Beseitigung unbrauchbar gewordener Strukturen sei. Auch dies ist vollkommen falsch! Für den Rechten ist die Frage Bewahren oder Verändern allerdings keine Frage des Prinzips, sondern eine Frage des Inhalts. Geht es um die angestammten traditionellen, volksbezogenen Werte, so wird der Rechte wie ein Löwe um ihre Erhaltung kämpfen, geht es aber um die Beseitigung von Strukturen oder Systemen die der Volks- und Artzerstörung dienen, so wird er mit gleicher Entschiedenheit für ihre Beseitigung eintreten. Für den Linken hingegen ist die Zerstörung des Bestehenden, vor allem auch der Werte, eine Frage des Prinzips. Für ihn ist das „Fortschreiten" sein Lebenselexier. Dies wird aus dem später Gesagten leicht verständlich.

Ein ganz besonderer Unfug ist es, wenn die Ansicht vertreten wird, daß das mit dem nationalen Gedanken untrennbar verbundene soziale Empfinden die Einordnung auf der politischen Rechten verbiete, da rechts mit „antisozial" gleichzusetzen sei. Daß rechts zwar mit antimarxistisch, nichts aber mit antisozial zu tun hat, dafür war Reichskanzler Fürst Bismarck das beste Beispiel. Er hat einerseits die Marxisten und ihr auf die Zerstörung des Vaterlandes gerichtetes Treiben mit aller Entschiedenheit bekämpft und ihre Parteien verboten, aber zur gleichen Zeit soziale Einrichtungen geschaffen, die ihn noch heute als einen der größten Sozialreformer ausweisen. Er hatte größtes Verständnis für die Sorgen und Nöte des deutschen Arbeiters, aber war ein unerbittlicher Feind des internationalen Marxismus. War Reichskanzler Bismarck wegen seiner bahnbrechenden sozialen Reformen ein Linker? Nein! Er war ein nationaler „rechter" Mann und gerade wegen seiner nationalen Gesinnung für die soziale Frage aufgeschlossen.

Alle anderen falschen Etikettierungen, die aus dem eigenen Bereich mit dem Begriff „rechts" vorgenommen werden, widerlegen sich am Ende dieses Aufsatzes von selbst und sollen hier nicht einzeln aufgeführt werden. Anders verhält es sich jedoch mit den Unterstellungen, die von seiten der Linken und der sogenannten „Antifaschisten" ständig geschehen. Diesen Verleumdungen muß hier noch ein Platz eingeräumt werden.

Da die Weltallianz der Linken — Marxisten und Liberale — den Zweiten Weltkrieg total gewonnen hat, ließ sie sich die Gelegenheit nicht entgehen, ihre sozialistisch-liberalen linken „Ideale" triumphieren zu lassen. Alles „rechte" wurde dem Teufel gleichgesetzt und in einer Hexenjagd sondergleichen alles verdammt und verfolgt, was im Geruche stand und steht „rechts" zu sein. Mit dem Begriff „rechts" wird seit 1945 alles nur denkbare Böse und Schlechte verbunden. Erst mit dem Wahlsieg von Ronald Reagan in den USA, der sich ganz offen als Mann der Rechten bezeichnet und weltweit auch als solcher angesehen wird, bahnt sich hier ein Wandel an. Der Verteufelung des „rechten" Gedankengutes an sich sind heute schon gewisse Schranken gesetzt.

Im deutschen Lebensraum liegt aber nach wie vor eine ganz besondere Situation vor. Hier gibt es jene sogenannten „Antifaschisten", die sich als Hüter von Demokratie und Freiheit aufspielen und zum Nachweis ihrer eigenen Existenzberechtigung „Faschisten" und „Faschismus" brauchen, vor dem sie Staat und Volk angeblich beschützen müssen. Für sie ist „rechts" gleich antidemokratisch, antisemitisch, autoritär, brutal, gemein und auf Gewalt und Krieg aus. Speziell in Österreich kommt dann noch hinzu, daß auch das Bekenntnis zum angestammten Deutschtum zu jenen Kriterien zählt, um jemanden als „üblen Faschisten" in der Öffentlichkeit auszuweisen. Da die bedeutendsten Zeitungen, Rundfunk und Fernsehen in den Händen von Umerziehern und Umerzogenen (Freimaurern und anderen Internationalisten) sind, wird versucht, jeden auf Kommando fertig zu machen, der sich zum deutschen Volkstum bekennt und als Rechter den „linken" Wahnvorstellungen widerspricht.

Diese heutige Politpraxis, in der die sogenannten „Antifaschisten" den Ton angeben und aufgrund der jeder Rechte oder auch nur sonst Unliebsame fertiggemacht wird — oder fertiggemacht werden soll — ist vor allem auch deswegen besonders unmoralisch, weil es sich in Wirklichkeit bei den sogenannten „Antifaschisten" um die einzigen wirklichen Faschisten handelt, die es in Österreich heute gibt. Nicht die als „Faschisten" beschimpften und denunzierten Rechten sind es, die die politische Verfolgung Andersgesinnter verlangen oder die Aufhebung der Grund- und Freiheitsrechte für politische Gegner fordern; nicht Angehörige der politischen Rechten sind es, die andersgesinnte Redner niederschreien — wie kürzlich auch dem Herrn Bundespräsidenten widerfahren ist — oder durch Gewalt und Terror Versammlungen stören; nicht eine Rechtspartei hat schließlich 1950 versucht die Demokratie zu stürzen und durch eine kommunistische Diktatur zu ersetzen! All dies tun sogenannte „Antifaschisten" bzw. letzteres war das Werk der Kommunisten, die sich innerhalb der „Antifaschisten" besonders hervortun.

Beherrschung des Volkes durch selbsternannte „Erlöser", Verfolgung der Andersgesinnten und brutale Unterdrückung der politischen Gegner macht das Wesen des Faschismus aus. Da diese Dinge die „linke" Bewegung von ihrem Ursprung an begleiten, ist es nicht verwunderlich, daß auch die heutigen linken „Antifaschisten" diesem faschistischen Gedankengut treu geblieben sind. Schon während der blutrünstigen Französischen Revolution zeigten die linken „Menschheitsbeglücker" ihr wahres Gesicht und ihre Absicht, mit Terror und Fallbeil ihren Willen durchzusetzen. Daran hat sich bis heute nichts geändert! Überall wo die Regierungsgewalt auf der Grundlage des Marxismus ausgeübt wird, ist faschistischer Terror unvermeidliche Konsequenz. Dies ist an sich logisch, da ein gegen die Natur des Menschen gerichtetes System ohne faschistischen Terror nicht aufrechterhalten werden kann.

Wenn man bedenkt, welch große Bedeutung Symbole im Leben der Menschen seit altersher haben, wird die enge Verbindung zwischen Faschismus und den Linken durch den Hinweis auf die Verwendung des gleichen Symbols abgerundet.

Alle Welt weiß, daß sich die von Mussolini im, bzw. nach dem 1. Weltkrieg ins Leben gerufene Bewegung zum Symbol das „Beil mit dem Rutenbündel" (lat. Fasces) auserkoren hat. Daher kommt ja auch der Name Faschismus für seine Bewegung. Bei diesem „Beil mit dem Rutenbündel" handelt es sich um das altrömische Symbol der Amtsgewalt als Ausdruck des *„Rechtes zu züchtigen und zu töten."*

Wenig bekannt ist hingegen die Tatsache, daß besagter Mussolini ursprünglich Marxist war und die marxistische Idee des Klassenkampfes *nie* aufgegeben hat. Der

Faschismus war eine „linke" Bewegung, die nur durch ihren Kampf gegen den Anarchismus und die Betonung staatlicher Autorität, verbunden mit italienischer Großmannssucht, in den falschen Geruch kam, eine „rechte" Bewegung zu sein.

Kein Zufall war es jedenfalls, daß sich die Mussolini-Bewegung „Beil und Rutenbündel" als Symbol genommen hat. Sie war totalitär, antidemokratisch und minderheitenfeindlich, so daß das „Symbol für Gewalt und Terror" bestens für sie paßte.

Symbolträchtig ist die Tatsache, daß dasselbe Symbol vorher oder gleichzeitig von zwei anderen linken Bewegungen als Ausdruck ihrer Gesinnung auserkoren wurde. Während der französischen Revolution ab 1789 war besagtes „Beil mit dem Rutenbündel" nebst der Aufschrift „Liberté – Egalité – Fraternité" (Freiheit – Gleichheit – Brüderlichkeit) das offizielle Wappen der Revolution. Noch bezeichnender ist, daß das erste Wappen der Sowjetrepublik 1918 neben der Aufschrift „Arbeiter aller Länder vereinigt euch" sogar zwei faschistische „Beile mit Rutenbündel" zieren.

Es ist sicher kein Zufall, daß sich die „linke" Französische Revolution, die kommunistische Oktoberrevolution und die „linke" Bewegung Mussolinis alle das gleiche Symbol zur Kennzeichnung ihrer Bewegungen ausgesucht haben. In allen drei Fällen soll zum Ausdruck gebracht werden, daß man bereit ist, mit *Gewalt und Terror* die Menschheit „zu ihrem Glück zu zwingen". Ich glaube, daß die Gleichheit des Symbols bei der Französischen Revolution, in der Sowjetunion und bei den

Das faschistische Rutenbündel – Symbol für drei verwandte Bewegungen?

Wappen der Franz. Revolution von 1789

Erstes Staatswappen der Sowjetunion von 1918

italienischen Faschisten zur Frage, wo antidemokratisches, faschistisches Gedankengut vertreten wird, nämlich „links" und nicht „rechts", mehr aussagt als viele Worte.

Diese Tatsache ist nicht verwunderlich, wenn man sich den wirklichen Inhalt des Begriffes „rechts" und seines Gegenstückes „links" vor Augen hält. Ich stelle es gleich vorweg noch einmal fest: „Rechts" und „links" unterscheiden sich entscheidend durch das ihnen jeweils zugrunde liegende unterschiedliche Welt- und Menschenbild, mit allen sich daraus ergebenden Konsequenzen. Hervorstechend ist dabei die durch das unterschiedliche Menschenbild bedingte unterschiedliche Einstellung zur Gleichheit und zum Eigentum.

Während dem „rechten" Denken ein realistisches Welt- und Menschenbild zugrunde liegt, also das Wissen um die Existenz der Natur- und Lebensgesetze, das Wissen um die unabänderliche Unvollkommenheit und erbbedingte Verschiedenartigkeit der körperlichen, geistigen und seelischen Veranlagung des Menschen und damit das Wissen um die naturgegebene biologische Verschiedenartigkeit von Menschen, Völkern und Rassen, liegt „linkem" Denken ein utopisches Welt- und Menschenbild zugrunde, welches all dies leugnet. Ausgehend von der Vorstellung der ursprünglich vorhandenen allgemeinen Glückseligkeit und des absolut guten und gleichen Menschen, wird alles Bestehende und sichtbar auf Ungleichheit Beruhende verdammt und die Schaffung eines Paradieses auf Erden für möglich erklärt.

Seit dem 18. Jahrhundert wurden in Europa politische Vorstellungen entwickelt, die eine radikale Änderung der gesellschaftlichen Verhältnisse bewirken und rechtfertigen sollten. Die Urheber dieser Pläne nahmen an, daß man die bis dahin festgestellten menschlichen Verhaltensweisen und Verschiedenartigkeiten durch äußere Einflüsse wie Erziehung und Aufklärung grundlegend ändern und so einen Menschentyp heranbilden könne, der dem in der Phantasie vorhandenen guten und gleichen Urmenschen entspricht und mit dem eine als Ideal gezeichnete Gesellschaftsordnung, also das Paradies, zu errichten wäre. Als dazu notwendige Voraussetzung wurde und wird die Beseitigung aller [staatlichen Institutionen und der traditionellen zwischenmenschlichen Beziehungen angesehen — wie Familie, Volk, Nation, Kirchen usw. — die für das angeblich unvollkommene menschliche Verhalten verantwortlich gemacht werden. Alle Menschen werden als wesensgleich und die vorhandenen Unterschiede als ausgleichbar angesehen, vor allem wenn das Privateigentum aufgehoben wäre. Dieses Herbeiführenwollen der allgemeinen Gleichheit und des Zustandes der allgemeinen Menschheitsbeglückung unter Zuhilfenahme des Aufhebens lebensgesetzlicher Normen, verbunden mit der Bereitschaft, die Menschen mit Gewalt und Terror auf diesen Weg zu zwingen — das ist „links"!

Gegen die von dieser falschen Menschenbeurteilung getragenen Umsturzbewegungen richtete sich eine Abwehr, die bedrohte Einrichtungen zu bewahren versuchte. Die Gegner des Umsturzes lehnten zugleich mit der Revolution auch oder in erster Linie die „linke" Menscheneinschätzung ab, d. h. um es nochmals zu sagen die Vorstellung, daß es keine bedeutsamen Konstanten des menschlichen Verhaltens gibt und es daher möglich sei, die Zukunft mit einem völlig umgeformten Menschen zu gestalten.

Das Gemeinsame aller Gruppierungen, die man zu Recht als „rechts" bezeichnet, war und ist nicht die Bindung an eine bestimmte Einrichtung, sondern eine Menschenbeurteilung, die von der Unveränderlichkeit menschlicher Verhaltensweisen unter bleibenden Verschiedenartigkeiten der Charaktere ausgeht. Die Rechten strebten und streben danach, das öffentliche Leben und die Politik auf Grund ihres realistischen Menschenbildes zu formen. „Rechts", das heißt die Anerkennung der allgemeinen Lebensgesetze auch für den Menschen und dessen Unterstellung unter diese Gesetze. Die Rechte steht im vollen Einklang mit der herrlichen Natur. Die Rechte ist, trägt und gestaltet das mögliche Leben. Die Rechten vollziehen den Schritt zur menschlichen höheren Entwicklung ohne jemals die Verbindung zur Erde zu verlieren. Die Welt ist für die Rechten weder ein „Jammertal" noch ein „Paradies", sondern ein Ort der ständigen Entwicklung vom Niederen zum Höheren in verschwenderischer Vielfalt, ein Ort der Freude und der Pflichterfüllung und ein Ort der Bewährung, der dem Tüchtigeren, Befähigteren, Gesünderen und Ausdauernden größere Aussicht bietet, die Chancen zu nutzen.

Gleichgültig, wie der Einzelne die Frage nach dem letzten Sinn des Lebens beantwortet, niemals kann diese Antwort „Zerstörung des Lebens" lauten. Wer sich also im Sinne der dem menschlichen Gehirn unerforschlichen Kraft, die hinter allen Dingen steht – Gott oder anders genannt – verhält, also die Natur- und Lebensgesetze in Ehrfurcht beachtet, sich zum Ergebnis der Evolution nicht in Widerspruch setzt, und wer sich bemüht, selbst ein möglichst starkes Glied in der Kette der Geschlechterfolge zu sein, wer bei allem, was er macht an die Ahnen und an die Nachfahren denkt ist „gut", wer das Gegenteil von all dem tut, ist „böse".

Dem verleihen auch alle Religionen Ausdruck und im richtigen Erkennen der Realitäten verweisen sie die Hoffnung des Menschen nach einer „heilen Welt" ohne die täglichen Sorgen um die Existenz und die Urangst vor dem Tode, also die Sehnsucht nach dem Paradies, auf das Jenseits. Dieses ist allerdings nach den Geboten der Religionen nur nach einem „gottgefälligen", sprich naturgemäßen Leben zu erreichen.

Das „Erbschicksal" mit dem der Mensch geboren wird, ist seine durch das überdimensional entwickelte Gehirn bestehende Fähigkeit, sich gegen die Natur und ihre Gesetze – also gegen Gott – zu wenden, aufzubegehren gegen die natürliche Ordnung und damit sich und die Menschheit, ja das Leben überhaupt, zu bedrohen und zu vernichten.

Wer dies nicht tut, und Ehrfurcht vor der Schöpfung und ihren Werken – also auch vor dem Menschen, so wie er ist – beweist, der ist „rechts". Wer hingegen „ständig nach dem Apfel greift", d.h. gegen die Natur, ihre Gesetze und den Menschen so wie er ist aufbegehrt und alles und jedes um jeden Preis verändern will, um Mensch und Natur irgendwelchen utopischen Hirngespinsten anzupassen, der ist „links"!

Darstellung des Begriffes „rechts" an Einstellungen und Forderungen zu wesentlichen Fragen des Lebens im Vergleich zur „linken" Gegenposition.

Hoffend, daß es mir gelungen ist, das unterschiedliche Menschenbild als das wesentlichste Unterscheidungsmerkmal der Begriffe „rechts" und „links" darzustellen, sollen nun noch die Folgen, die sich aus diesem unterschiedlichen Menschenbild in der Beurteilung wesentlicher Lebensfragen ergeben, aufgezeigt werden.

Verschiedenartigkeit oder Gleichheit

Das unterschiedliche, total entgegengesetzte „rechte" und „linke" Menschenbild wurzelt in der Frage, ob die Menschen von Natur aus in ihren Veranlagungen und Wesen verschieden oder gleich sind. Wie wir wissen, liegt dem „rechten" Denken das Wissen um die Unterschiedlichkeit von Menschen, Völkern und Rassen zu Grunde, während die Linken von der Vorstellung des ursprünglich gleichen und guten, nur durch die gesellschaftlichen Verhältnisse verdorbten Menschen ausgehen.

Während die Rechten früher zu ihrem realistischen Menschenbild durch Gefühl und Erfahrung kamen, haben sie heute durch die modernsten Erkenntnisse der Biologie, Anthropologie und Verhaltensforschung auch die Wissenschaft hinter sich, die das „rechte" Menschenbild eindeutig als richtig ausweist. Die Linken hingegen haben für ihr Gleichheitsdogma weder Erfahrung noch Wissenschaft zur Untermauerung anzubieten, sondern nur ihre mit der Wirklichkeit in Widerspruch stehende Ideologie. Treffend hat der Jakobiner *Gracchus Babeuf* den „linken" Gleichheitswahn 1796 in seinem *Manifest der Gleichen*" dargestellt: „Wir sind alle gleich, nicht wahr? Möge es zwischen menschlichen Wesen keinen anderen Unterschied als den des Alters und des Geschlechtes geben! Da alle die gleichen Bedürfnisse und Fähigkeiten haben, mögen alle die gleiche Erziehung und den gleichen materiellen Wohlstand genießen." Wenn auch nicht alle Linken und nicht alle „linken" Bewegungen den Wahnsinn so weit treiben wie Babeuf, so ist die Tendenz dazu doch dort überall vorhanden, wo man richtigerweise von „links" spricht.

Dabei merkt die Linke gar nicht, daß sie, könnte sie wirklich die absolute Gleichheit einführen, die Gesellschaft ihres natürlichen Mechanismus berauben würde, der für den Fortschritt unersetzbar ist. Einerseits will die utopische Linke die völlige Gleichmachung — obwohl diese bekanntlich zu völliger Teilnahmslosigkeit führen würde, da der Mensch und die Gesellschaft Anreize braucht um voranzukommen, dies also einen Rückschritt oder zumindest Stillstand bedeuten würde — und andererseits vertritt sie die Idee vom unendlichen Fortschritt. Sie übersieht, daß die „böse" Ungleichheit die Kraftquelle des Fortschritts ist.

Daß sich der „gleiche Mensch" auch bei radikaler und totaler Veränderung der gesellschaftlichen Verhältnisse aber nicht einstellt, beweist das bolschewistische Experiment in der Sowjetunion. Nichts hat sich an der Verschiedenartigkeit in den Veranlagungen und im Wesen der Sowjetbürger verändert. Und nur mit Gewalt und Terror können die Menschen dort zu einer Lebensform gezwungen werden, die ihrem Wesen nicht entspricht und zu der sie sich laut kommunistischer Lehre Kraft ihrer Einsicht ohne äußeren Druck bekennen sollten. „Wenn es uns nicht gelingt, den neuen sozialistischen Menschen zu schaffen, so wird unser System zu Grunde gehen", sagte ein früherer sowjetischer Ministerpräsident und hat damit das Todesurteil über den Kommunismus ausgesprochen, denn diesen „neuen, gleichen, sozialistischen Menschen" wird es nicht geben.

Dies erkennen auch die Intelligenten unter den Linken selbst. Sie können vor den modernen wissenschaftlichen Erkenntnissen ihre Augen nicht ganz verschließen, wenn sie dies auch nicht offiziell zugeben und über unliebsame Wissenschaftler herfallen. Sie müssen sich eingestehen, daß durch noch so radikale Zerstörung aller traditionellen Werte und gesellschaftlichen Normen der „gleiche Mensch" nicht geschaffen werden kann. Daher hört man nun gelegentlich aus dem Munde derer, die noch bis vor kurzem überhaupt die Existenz vererbbarer Veranlagungen bestritten haben, Ansichten, die eine gewisse Schizophrenie beweisen. Sie schwärmen nun davon, daß die Molekularbiologie die Möglichkeit bietet, an den Genen solche Veränderungen vorzunehmen, daß das Ergebnis ein Wesen ist, das endlich den linken Wahnvorstellungen entspricht, aber den Namen Mensch in Wirklichkeit nicht mehr verdient. Die Rechten sagen dazu leidenschaftlich „nein".

Das Privateigentum

Die Einstellung zum Privateigentum — auch jenem an Produktionsmittel — ist neben der Frage der Gleichheit ein weiteres Kriterium, daß Rechte und Linke säuberlich voneinander scheidet. Unabhängig von möglichen differenten Auffassungen auf anderen Gebieten haben die meisten Rechten zum Eigentum eine positive und der Großteil der Linken eine negative Einstellung.

Der Rechte weiß, um die Abhängigkeit des persönlichen und nationalen Selbstbewußtseins von einer ausreichenden Besitzgrundlage. Er weiß, daß das Streben des Menschen nach Eigentum angeboren ist und verurteilt daher die Gier der Linken, den Menschen das Eigentum zu nehmen, als brutale Menschenfeindlichkeit. Das Privateigentum ist – darauf weisen viele moderne wissenschaftliche Erkenntnisse hin – aus einem ursprünglichen, schon bei Tieren zu beobachtenden Besitzstreben erwachsen, aus dem Territorialverhalten. Schon das höhere Säugetier erobert sich „sein" Gelände, schafft sich „seinen" Bau, legt sich „seinen" Speicher an. Es gibt keine menschliche Gesellschaft ohne Privatsphäre und Privateigentum; alle Experimente eine solche zu schaffen sind gescheitert. Privateigentum erweist sich als menschliche Erbkoordination. Neben der Territorialität ist das Leistungsverhalten in allen Kulturen eine wichtige Triebkraft zum Erwerb von Privateigentum und damit Motor der Entwicklung und der Neuerung. Der Rechte will eine Ordnung, in der jeder Fleißige und Tüchtige die Chance hat, Eigentum zu erwerben und tritt für den Schutz des rechtmäßig erworbenen Eigentums ein. Dies gilt auch für das Eigentum an den Produktionsmitteln. Der Staat als Eigentümer wird abgelehnt, und in einem freien Unternehmertum die beste Garantie für eine gesunde und dynamische Entwicklung der Volkswirtschaft zum Wohle aller gesehen.

Ganz anders ist dies alles bei den Linken. Für sie ist das Eigentum sichtbarer Ausdruck der Unterschiedlichkeit und daraus allein schon resultiert ihr gestörtes Verhältnis dazu. Mit zwei Zitaten von Jean Jaques Rousseau, einem der geistigen Väter der Französischen Revolution, soll der geistige Ursprung der linken Eigentumsfeindlichkeit aufgezeigt werden. In der Schrift: „Über den Ursprung und die Grundlagen der Ungleichheit unter den Menschen" schrieb Rousseau Mitte des 18. Jhd. folgendes: „Der erste, der ein Stück Land umzäunte und den Einfall hatte zu sagen, dies gehört mir, und einfältige Leute antraf, die es ihm glaubten, war der eigentliche Begründer der bürgerlichen Gesellschaft. Welche Verbrechen, wie viele Kriege, Mord und Greuel, wieviel Elend hätten dem Menschengeschlecht erspart bleiben können, wenn einer die Pfähle ausgerissen, den Graben zugeschüttet und seinen Mitmenschen zugerufen hätte: Glaubt diesem Betrüger nicht! Ihr seid verloren, wenn ihr vergeßt, daß die Früchte euch allen, der Boden aber niemandem gehört!" In seinem 1762 erschienenen Werk „Le contrat social" Der Gesellschaftsvertrag heißt es ganz im Sinne des obigen: „Die Geschichte des Lasters hat mit den Worten Mein und Dein begonnen."

Von diesen eigentumsfeindlichen Auslassungen führt ein gerader Weg über Pierre Joseph Proudhon, der 1848 verkündete: „Eigentum ist Diebstahl", zu den linken Bewegungen der heutigen Zeit. Wenngleich so wie bei der Frage der Gleichheit nicht alle mit gleicher Offenheit und Entschlossenheit ihre Gegnerschaft zum Privateigentum zum Ausdruck bringen, in der Tendenz ist sie überall vorhanden. Karl Marx hob die besondere Bedeutung, die der Eigentumsfrage für die linken Bewegungen zukommt, in seinem 1848 erschienenen „Manifest der Kommunistischen Partei" mit folgenden Worten hervor: „In allen diesen Bewegungen heben sie die Eigentumsfrage, welche mehr oder minder entwickelte Form sie auch angenommen haben möge, als die Grundfrage der Bewegung hervor."

Zu welchen Ergebnissen dies führt ist bekannt! Überall dort, wo die Menschen in Verfolgung der linken Eigentumsfeindlichkeit ihres Eigentums beraubt werden, ist Massenelend die Folge. Die Landwirtschaft in der Sowjetunion ist trotz bester Böden nicht in der Lage, die Bevölkerung zu ernähren. Einziger Grund dafür: die Enteignung an Grund und Boden. Die Wirtschaft in der Sowjetunion ist mit den schwersten Mängeln behaftet. Einziger Grund dafür: Das Staatseigentum an den Produktionsmitteln und die damit verbundene „Planmißwirtschaft". Daß es im Westen Menschen gibt, die trotz aller Erfahrungen mit den fürchterlichen Ergebnissen beim Versuch den Kommunismus zu verwirklichen, immer noch das Heil der Menschheit im Kommunismus erblicken, werden spätere Generationen als kaum faßbare geistige Verirrung qualifizieren. Die Rechten setzen dem linken Schlachtruf: „Eigentum ist Diebstahl" die Losung entgegen: „Eigentum schafft Glück und Freiheit".

Freiheit

Freiheit ist ein Wort, das alle Bewegungen auf ihre Fahnen schreiben, auch dann, wenn sie diese gleichzeitig grausam unterdrücken.

Die Rechten wissen, daß es traditionelle Bindungen an Sitte, Familie, Volk, Nation und Rasse gibt, durch die die individuelle Freiheit beschränkt wird. Sie sehen in dieser Beschränkung aber nichts Negatives. Sie wissen, daß es nicht nur eine individuelle Freiheit für den einzelnen, sondern auch eine solche für das Volk gibt. Die Rechten bekennen sich auch dazu, daß der individuelle Freiheitsraum dort seine Grenzen findet, wo die Inanspruchnahme der Freiheit zur Unfreiheit eines anderen Menschen oder zu Nachteilen für die Gemeinschaft führen würde.

Die Linken bekämpfen die Einschränkung der individuellen Freiheit durch traditionelle Bindungen und fordern eine Befreiung von diesen. Sie fordern vielfach überhaupt die grenzenlose Freiheit, so z. B. die Anarchisten und die Liberalen. Aber wenn sie dann irgendwo Regierungsgewalt ausüben, kommt es zumeist zu sehr bedeutenden Einschränkungen der Freiheit durch Bevormundung auf allen Lebensgebieten bis weit in den intimsten Bereich, ja bis an die Grenze der Auflösung der Persönlichkeiten überhaupt. Dies alles ist dann auch noch verbunden mit der Unterdrückung Andersgesinnter mit allen Mitteln staatlicher Macht.

Demokratie / Volksherrschaft

So wie das Wort FREIHEIT wird auch das Wort Demokratie von fast allen Bewegungen in Anspruch genommen, wenngleich da und dort ganz Verschiedenes darunter verstanden wird. Im Denken des Rechten, insbesondere des nationalen Rechten, spielt das Volk eine besondere bzw. überhaupt herausragende Rolle. Er fordert die Selbstbestimmung des Volkes nach außen und innen. Selbstbestimmung im Inneren heißt aber nichts anderes, als dem Volk die Möglichkeit über sich selbst zu bestimmen, einzuräumen. Er steht allen fremden, vor allem internationalen Einflüssen kritisch gegenüber. Der Rechte weiß aber aufgrund seines realistischen Menschenbildes, daß der Mensch ein Mangelwesen ist, und daß man ihm daher niemals uneingeschränkte Macht über andere Menschen einräumen darf. „Rechts" und „faschistisch" schließen sich daher aus! Nicht die Macht an sich, sondern den Machtmißbrauch lehnt der Rechte ab. Ganz gleichgültig, ob die Volksherrschaft im Wege der repräsentativen oder der direkten Demokratie ausgeübt wird. Immer sind es schließlich Menschen, die da tätig sind und die ihrer Unvollkommenheit wegen kontrolliert werden müssen.

Die linken Vorstellungen von der Vollkommenheit des Menschen führen auch hier zu einer katastrophalen Fehlentwicklung. Schon in der Französischen Revolution wurde die Vorstellung von dem „guten und vollkommenen Menschen" auf das absolut „vollkommene Volk" bzw. dessen Vertreter übertragen. Dieser „Vollkommenheitswahn" führte zu der Vorstellung, daß alles, was dem Willen des Volkes bzw. seiner Vertreter entspricht gut und richtig sein muß und alles Gegenteilige schlecht und böse. Daraus wurde dann die Berechtigung abgeleitet, jedem mit dem

Fallbeil den Kopf abzuschlagen, der den Jakobinern widersprochen hat. Dies ist der Ursprung der linken Intoleranz!

Die von den Linken propagierte Unfehlbarkeit des Volkes hatte sogleich fürchterlichste Massenmorde zur Folge. Die marxistische Parole „Und willst du nicht mein Bruder sein, so schlag ich dir den Schädel ein" liegt auf der gleichen Ebene. Nicht anders ist es mit der kommunistischen Forderung nach der Diktatur des Proletariats. Diese Diktatur, die meist von sogenannten Intellektuellen im Namen des Proletariats. welches dem Volk gleichgesetzt wird, ausgeübt wird, soll erklärtermaßen zum Paradies auf Erden führen, führt aber in Wirklichkeit, wie die vielen Beispiele jenseits des Eisernen Vorhanges zeigen, zu einer ausbeuterischen Klassengesellschaft, in der die Masse des Volkes von einer kleinen Clique blutsaugerisch ausgebeutet und terrorisiert wird. Mit wirklicher Demokratie hat dies alles nichts zu tun. Zum Wesen der Demokratie gehört auch der Respekt und die Achtung vor der Meinung des anderen.

Den Kommunisten, die den Rechten immer wieder in verleumderischer Weise undemokratische Absichten und Hang zum Totalitärismus unterstellen, sei in Erinnerung gerufen, daß am Ende des „Manifests der Kommunistischen Partei" von Karl Marx steht: „Die Kommunisten verschmähen es, ihre Ansichten und Absichten zu verheimlichen. Sie erklären es offen, daß ihre Zwecke nur erreicht werden können durch den *gewaltsamen Umsturz* aller bisherigen Gesellschaftsordnung."

Widerstand und Terrorismus

Daß die linke Ideologie zwangsläufig zu terroristischer Machtausübung führt, wurde schon wiederholt aufgezeigt. Diese Ideologie führt aber auch sehr häufig dann zum Terrorismus, wenn der politische Erfolg ausbleibt. In einem Flugblatt der Baader—Meinhof—Bande stand zu lesen: „Wir werden eine blutige Spur durch Europa ziehen, werden Kaufhäuser niederbrennen und werden so lange blutige Gewalt anwenden, bis die heutige Gesellschaft zerstört und unser sozialistischer Zukunftsstaat errichtet ist!"

Bezeichnend ist, daß sich der Terror der Linken immer gegen jene Menschen richtet, von denen sie vorgeben, sie angeblich befreien zu wollen.

Ganz anders sieht die Sache bei der Rechten aus. Es gibt keinen mit „rechten" Argumenten geführten Terrorismus gegen das eigene Volk. Wer Terror gegen das eigene Volk ausübt, stellt sich automatisch außerhalb des „rechten" Lagers. Dies auch dann, wenn er sich vielleicht mangels vorhandener nötiger Gehirnsubstanz einbildet, ein Rechter zu sein.

Von „rechts" her motiviert gibt es nur gerechtfertigten Widerstand gegen ungerechtfertigte Staatsgewalt, niemals aber gegen das eigene Volk.

Volk und Rasse

Der Linke hat zu diesen natürlich gewachsenen Gliederungen zwischen Mensch und Menschheit keinerlei innere Beziehung, ja im Gegenteil, er steht ihnen feindselig gegenüber. Seiner Vorstellung von der „Einen Welt" mit dem „Einen Menschen" stehen Völker und Rassen im Wege.

Ganz anders ist es bei den Rechten. Sie stehen der natürlich gewachsenen Gliederung der Menschheit in Völker und Rassen, beruhend auf einer wesensmäßigen Andersartigkeit, eine wertvolle Bereicherung und sind daher um ihre Erhaltung bemüht. Sie stimmen mit dem bedeutenden britisch-jüdischen Staatsmann Disraeli überein, der in seinem Buch „Endymion" 1881 niederschrieb: „Niemand darf das Rassenprinzip, die Rassenfrage gleichgültig behandeln. Sie ist der Schlüssel zur Weltgeschichte." Wir möchten dies mit dem Hinweis ergänzen, daß die Rassenfrage nicht nur der Schlüssel zur Weltgeschichte, sondern auch der Schlüssel zur Zukunft der Menschheit ist.

Nur wenn die Weltpolitik die Gliederung der Menschheit in Völker und Rassen zur Kenntnis nimmt und berücksichtigt, nur wenn aufgehört wird mit den Versuchen Völker und Rassen zu zerstören um im Ungeist des Kommunismus oder des Liberalismus den „Menschheitsbrei" zu schaffen, wird eine friedliche Welt zu gestalten sein. „Die Völker sind Gedanken Gottes", sagte Herder und dies trifft auch für die Rassen zu. Der Versuch, den Völkern und Rassen ihre Identität zu rauben, stellt das ungeheuerlichste Verbrechen an den Menschen dar, das jemals ausgedacht wurde. Dieses Verbrechen zu verhindern ist Aufgabe aller Rechten in allen Ländern und in allen Kontinenten.

Staat, Nation und Vaterland

Das Verhältnis der Rechten zum Staat richtet sich danach, ob die jeweils gültige Verfassung und die tatsächliche politische Praxis die naturgegebenen Formen menschlichen Gemeinschaftslebens wie Familie, Volk und Nation in ihren überlieferten Rechten bestätigt oder nicht, wie wirksam er die Interessen seiner Bewohner nach außen vertritt, wie er seinen inneren Aufgaben gerecht wird, wie er seinen Bewohnern dient und wie er das staatliche Gemeinwesen zu ordnen versteht. Auch dem aus „rechter" Sicht zu bejahenden Staat wird aber nur eine dienende Rolle zuerkannt. Nicht das Volk ist für den Staat da, sondern umgekehrt der Staat für das Volk! Auf keinen Fall billigt der Rechte dem Staat das Recht zu, sich über das Volk zu erheben und in faschistischer Selbstüberheblichkeit anzumaßen, die Nation zu bestimmen. Dieser von der faschistischen Staatsvergötterung inspirierte Versuch findet heute in allen drei deutschen Staatswesen statt, die auf den Trümmern des Deutschen Reiches nach 1945 entstanden sind. Nach dem Willen der Sieger soll an Stelle der gemeinsamen deutschen Nation eine „bundesrepublikanische", eine „sozialistische" und eine sogenannte „österreichische Nation" entstehen. Die nationalen Rechten widersprechen dem leidenschaftlich und aus innerster Überzeugung. Für sie gilt das, was der christlich-soziale österreichische Bundeskanzler Prälat Dr. Ignaz Seipl 1926 in folgende Worte gekleidet hat: „Für uns ist die Nation die große Kulturgemeinschaft, sie steht uns Deutschen höher als der Staat."

„Linke" Theorie und Praxis weichen in dieser Frage ganz entschieden voneinander ab. Während Karl Marx verkündet hat, daß nach der kommunistischen Revolution „der Staat absterben werde", weil im kommunistischen Paradies alle so glücklich, zufrieden und gut sein werde, daß es eines Staates, der irgend etwas ordnen sollte, nicht mehr bedarf, sieht die Wirklichkeit ganz anders aus. In allen Ländern, in denen der Marxismus zur Macht gekommen ist, hat der Staat eine, die Menschen total bestimmende und unterdrückende Übermacht. Da sich die „linken" Illusionen nicht erfüllt haben und der Mensch auch im kommunistischen Machtbereich Mensch geblieben und der erwartete „sozialistische Homunkulus" nicht zum Vorschein gekommen ist, kann ein System, dem die marxistische Irrlehre zugrunde liegt, nur durch einen gewalttätigen und terroristischen Unrechtsstaat aufrechterhalten werden. Da es den „sozialistischen Menschen" nie geben wird, wird auch in Zukunft Kommunismus und staatlicher Terror gegen die eigenen Menschen untrennbar miteinander verbunden bleiben, bis zu dem Tag, wo die unterdrückten Völker das kommunistische Joch abschütteln werden. Dieser Tag wird kommen, denn noch niemals in der Geschichte der Menschheit hat ein Unrechtssystem dauernden Bestand gehabt, wobei beim Kommunismus noch hinzukommt, daß er mit der Natur des Menschen in einem noch nie dagewesenen Umfang in Widerspruch steht.

Dort wo die Linken nicht am Ruder sind, dort tun sie alles um jedwede staatliche Ordnung zu unterminieren und zu zerstören, um auf diese Weise den Boden für die „linke" Revolution vorzubereiten. Was die Nation anlangt, so haben sie dazu auf Grund des Gleichheitswahns keine innere Beziehung, und ob sie in einem bestimmten Fall für oder gegen eine bestimmte Nation, ihre Einigung oder Spaltung, Verleugnung oder Neuschaffung sind, hängt nur von den ihnen jeweils für ihre Ziele nützlich erscheinenden Umständen ab. Wenn Linke das Wort „Nation" in den Mund nehmen, dann verfolgen sie damit immer eine ganz bestimmte Taktik. Ein inneres Anliegen kann ihnen die Nation nicht sein.

Und wie steht es mit dem Vaterland? „Der Arbeiter hat keines", sagte Karl Marx und fügte hinzu, daß für den Arbeiter nur die internationale Klassensolidarität maßgebend sei. Für den Rechten und insbesondere für den nationalen Rechten hingegen kommt dem Vaterland eine ganz besondere Bedeutung zu. Er tut das, was der greise Attinghausen in Schillers „Willhelm Tell" mahnend ausruft: „Ans Vaterland, ans teure, schließ dich an, das halte fest mit deinem ganzen Herzen!" Für den nationalen Rechten ist Vaterland das Volk und sein angestammter Lebensraum, die Ahnen und die zukünftigen Geschlechter. Die innige Hingabe an das Vaterland verbindet sich aber nicht mit Feindseligkeit gegenüber anderen Völkern, wenn diese ihm nicht nach dem Leben trachten. Der Deutschschweizer Dichter Gottfried Keller brachte dies sinnvoll mit den Worten zum Ausdruck: „Achte jedes Menschen Vaterland, aber das Deinige liebe."

Umweltschutz

Umweltschutz ist Schutz des Lebensraumes vor Bedrohung und Zerstörung und daher für jeden Rechten eine Frage von erstrangiger Bedeutung. Wer das Leben bejaht, und die Zukunft seines eigenen Volkes wie auch aller anderen Völker sichern will, der kann der Zerstörung der natürlichen Lebensgrundlagen nicht tatenlos zusehen. Biologisches Denken schließt zwingend Natur und Umweltschutz mit ein.

Der Rechte will dabei aber nicht das Kind mit dem Bade ausschütten und den Umweltschutz soweit treiben, daß von dieser Seite her der geschützte Raum seinen Charakter als Lebensraum verliert, weil kein Wirtschaften in ihm mehr möglich ist und damit dem Volk seine materielle Lebensgrundlage entzogen wird. Der Rechte will, daß der Lebensraum wirklich Lebensraum bleibt, d. h. das Volk heute und in Zukunft darin Geborgenheit findet. Er will eine sinnvolle Wirtschaft, verbunden mit größtmöglicher Schonung der Natur und sagt zum „Vorrang der Kapitalinteressen" ebenso nein wie zu den Versuchen, den Morgenthau-Plan im nachhinein noch zu verwirklichen und Deutschland in ein reines Agrarland umzuwandeln. Dies hätte nämlich zur Folge, daß mindestens zwei Drittel aller Deutschen in Deutschland nicht leben könnten, da sie keinen Unterhalt mehr hätten.

Herr Morgenthau wollte, daß viele Millionen von Deutschen verhungern müssen und gewisse „linke" Umweltschützer wollen dies scheinbar auch, indem sie sich bemühen, auch jede vernünftige wirtschaftliche Entwicklung zu verhindern.

Weil Neomarxisten erkannt haben, daß die Zahl der Menschen, die den Marxismus als Irrlehre erkennen, immer größer wird, haben sie sich des Themas Umweltschutz angenommen, um auf diese Weise ihren politischen Einfluß zu verstärken und so Moskau besser dienlich sein zu können. Ein echtes inneres Anliegen kann den Linken der Umweltschutz nicht sein, da die linke Ideologie in einem unmittelbaren Zusammenhang mit dem Ungeist der Naturzerstörung steht. Wer die Natur nicht kennt, ihre Gesetze leugnet, für ihre Schönheit aus ideologischer Beengtheit kein Auge hat, alles nur mit materialistischen Grundsätzen betrachtet, für den ist Natur und Umwelt nichts anderes als ein Objekt zur

Ausbeutung das keinen Wert an sich hat. Diese „linke" antibiologische Naturfeindlichkeit in Verbindung mit der „Vorrangigkeit der Kapitalinteressen" konnte erst zu den großen Umweltschäden führen, die heute zu Recht so beklagt werden. Jede Umweltschutzpolitik muß sich daher stets der Gefährlichkeit des Marxismus ebenso bewußt sein, wie der des uneingeschränkten Privatkapitalismus, wenn sie für die Zukunft ähnliche Fehlentwicklungen vermeiden und die Natur wirklich schützen will.

Der Rechte ist zur Zusammenarbeit mit allen Menschen bereit, denen es wirklich um den Umweltschutz, d. h. um die Erhaltung des Lebensraumes geht. Er erwartet aber, daß der ehrliche Umweltschützer erkennt, daß Einäugigkeit fehl am Platze ist. Der Schutz der Natur ist nur sinnvoll, wenn neben Tier und Pflanze auch der Mensch geschützt wird, denn sonst verliert ja jeder Umweltschutz seinen Sinn. Tannenbäume, Laubfrösche und Blattläuse schützen zu wollen, aber gleichzeitig Abtreibung und ethnische Überfremdung zu propagieren, ist schizophren, denn durch den doppelten Würgegriff von geringer Kinderzahl und Überfremdung ist die Existenz des Volkes mehr bedroht als durch die Atombombe. Und der Rechte weist schließlich auch darauf hin, daß wirklicher Umweltschutz auch die Kultur und die Seele des Volkes vor Zerstörung, Schmutz und Schund zu bewahren versuchen muß.

Erbe und Milieu

Nach allem, was schon gesagt wurde, ist es selbstverständlich, daß der Rechte weiß, daß der Mensch überwiegend durch ererbte Veranlagungen in seinem Wesen und Charakter und in seinen Fähigkeiten bestimmt wird. Durch gute oder schlechte Milieueinflüsse können vorhandene Anlagen gefördert oder unterdrückt werden. Durch kein Milieu aber können nicht vorhandene Anlagen geweckt werden. Der 1936 aus Frankfurt emigrierte Psychologe Professor Hans-Jürgen Eysenck, faßte die Bedeutung der Vererbung in die Worte: „Ein Politiker, der realistisch handeln will, muß vor allem etwas über Vererbung wissen!"

Linkem Denken und vor allem auch dem Marxismus liegt die sogenannte Milieutheorie zugrunde, d. h. die Vorstellung, daß der Mensch ausschließlich durch gesellschaftliche Umwelteinflüsse bestimmt wird. Dem Erbgut wird keine oder bestenfalls nur eine ganz untergeordnete Rolle zugebilligt. Diese objektiv falsche und wissenschaftlich vielfach widerlegte Irrlehre ist heute weltweit noch überall dort Grundlage der Politik, wo nach kommunistischen, sozialistischen oder liberalen, also auf Grund linker Vorstellungen Politik gemacht wird. Die katastrophalen Fehlentwicklungen in weiten Bereichen der Gesellschafts-, Erziehungs- und Strafrechtspolitik haben hierin ihre Ursachen.

Wie selbstverständlich erscheinen nach all dem schon Gesagten die folgenden schlagwortartigen Feststellungen. Der Rechte ist für die Erhaltung der Familie; für das Bauerntum; für die Landesverteidigung; für Recht und Ordnung; gegen die Abtreibung; gegen Fremdarbeiterbeschäftigung; gegen den Klassenkampf. Der echte Linke ist in all diesen Fragen logischerweise genau gegenteiliger Meinung.

Für den, der aus dem Wesensunterschied zwischen rechts und links die richtigen Schlußfolgerungen zieht, ist dies alles ganz selbstverständlich. Wer politische Ziele und Forderungen vom lebensrichtigen Menschen- und Weltbild herleitet, der muß wo immer er lebt zu denselben Ansichten in den wesentlichsten Fragen kommen. Sich lebensrichtig zu verhalten und um die Erhaltung der Art, der eigenen Kultur, des eigenen Volkes bemüht zu sein, ist schlicht und einfach Normal. *Rechte Politik ist also normale Politik!*

Der Führer der politischen neuen Rechten in Frankreich, Jean Marie Le Pen, drückt dies so aus. Auf die Frage: „Was wollen Sie eigentlich", stellt er, wenn zur Beantwortung nicht viel Zeit zur Verfügung steht, die Gegenfrage: „Sind Sie ein normaler Mensch?" und wenn dies bejaht wird, sagt er: „Dann will ich das gleiche wie Sie!"

Schlußbetrachtung

Ich hoffe, daß es mir mit meinem Beitrag geglückt ist, Klarheit in den Begriff „rechts" und auch in sein Gegenstück „links" zu bringen. Wie wichtig es ist, daß über den wirklichen Inhalt dieser Begriffe Klarheit besteht, beweist der Umstand, daß sie täglich weltweit in allen Medien zur Charakterisierung von Personen und Personengruppen verwendet werden. Selbst der Papst hat sich bei seinem letzten Besuch in der Bundesrepublik Deutschland dieser Begriffe bedient, als ihm Jugendliche zuriefen: „Heiliger Vater, wir stehen neben Dir!", lautete seine Gegenfrage: „Steht ihr links oder rechts von mir?" Daß die Rechten oftmals geistige Auseinandersetzungen mit den Linken scheuen oder bei solchen Auseinandersetzungen gutgeschulten Linken unterliegen, ist meist darauf zurückzuführen, daß sie zuwenig über ihre eigene Position wissen und daher auch die absolute Überlegenheit der „rechten" Weltanschauung über die „linke" Ideologie nicht kennen. Wer in einem solchen Ausmaß das Gefühl, die Erfahrung und die Wissenschaft hinter sich hat, wie der Rechte, der muß von der Wahrhaftigkeit seiner Weltanschauung überzeugt sein und jede geistige Auseinandersetzung mit den Linken gewinnen.

Hinzu kommt noch, daß in den letzten Jahren nicht nur im Westen, z. B. Le Pen in Frankreich und Reagan in den USA, die Rechten politische Erfolge erzielt haben, sondern daß selbst in der Sowjetunion „rechte" Strömungen zunehmend das Gefüge des morschen Sowjetstaates erschüttern.

Die Linken wollen die Welt verbessern und bringen in Wirklichkeit nur Leid über sie. Die Rechten wollen die Welt in Ordnung bringen und dabei werden sie in dem Umfang wie dies möglich ist, die Welt tatsächlich verbessern.

Alles was in diesem Beitrag im grundsätzlichen gesagt wurde, trifft für alle Rechten zu, wenn sie auch im einzelnen auf diese oder jene Frage besonderen Wert legen. Immer schließt „rechtes" Denken auch das Volk und die Nation als organisch gewachsenen Körper mit ein. Diejenigen aber, die dem Volk und der Nation den ersten Rang bei allen politischen Überlegungen einräumen, die dem Volk und der Heimat nicht nur in guten, sondern auch in schlechten Tagen unerschütterlich die Treue halten und in innigster Liebe verbunden sind, diese Rechten sind die Nationalen. An alle diese *nationalen Rechten* richte ich zum Abschluß ein Wort Goethes mit der Bitte es zu befolgen:*„Wer in schwankender Zeit auch schwankend gesinnt ist, der mehret das Übel und breitet es weiter und weiter. Wer aber fest auf dem Sinne beharrt, der bildet die Welt sich."*

BERNARD WILLMS

Deutscher Idealismus und die Idee der Nation*⁾

Aufklärung und Idealismus in ihrem Verhältnis zur historischen und politischen Wirklichkeit

Die „Kritische Theorie" Frankfurter Provenienz hielt sich für einen durch Marx aufgeklärten Hegelianismus. Dies war ihr Verderben. Marx war zweifellos Hegelianer, aber was für einer? Er übernahm die Dialektik in einer Weise, die nicht verhindern konnte, daß Engels daraus schließlich seine unsägliche „Dialektik der Natur" machen konnte und er nahm die Intention auf Totalität auf, auf die sich dann auch die „Kritische Theorie" so viel zugute hielt. Aber in seinen Denkstrukturen ging Marx auf die Aufklärungsphilosophen des 18. Jahrhunderts, also weit hinter Hegel zurück. Er lief voll in das Messer der pseudoreligiösen Ideologie, das die scheinbaren „Materialisten" der Aufklärung und später Feuerbach für ihn bereithielten. Das Selbstverständnis der Kritischen Theorie, ein „fortschrittliches" Denken zu repräsentieren, das sowohl die Stoßrichtung der Aufklärung, deren revolutionäre Intentionen, wie die Wende der Hegelschen Dialektik, und vor allem deren revolutionäre Weiterbildung durch den Marxismus als Linie dieses Fortschritts sah, beruhte auf einem zweifachen Irrtum: Erstens, es wurde nicht gesehen, daß Marx, auf das 18. Jahrhundert zurückgehend, in ein Denken zurückfallen mußte, das im Idealismus schon überwunden war und zweitens wurde nicht gesehen, daß der „wissenschaftliche" Materialismus, den der Marxismus prätendierte, nichts weiter war als das Umtaufen der aufklärerischen Vernunftsetzung im Sinne des wissenschaftsgläubigen, positivistischen 19. Jahrhunderts. Die „Kritische Theorie" behielt folglich, bei aller Raffinesse equilibristischer Reflexivität, den reaktionären Denkcharakter des 18. Jahrhunderts: eine prätendierte Vernunft, die als Reproduktion der religiösen Denkstruktur nichts anderes werden konnte als Ideologie im genauen Sinne intellektueller Priesterherrschaft und die zerfallen mußte in jakobinistischen Aktionismus einerseits und in eine veritable Scholastik andererseits. Mit Wirklichkeitserfassung hatte dies – trotz aller soziologischen Unterfütterung und trotz allem Jonglieren mit „Totalitäten" – nichts mehr zu tun. Man hatte sich den Idealismus und dessen Denkerrungenschaften durch den Marxismus auf den alten Aufklärungskohl zurückbringen lassen.

Es geht hier vielleicht auch um eine Polemik gegen die Prätentionen der Kritischen Theorie – wiewohl nur beiläufig, denn sie ist nur noch von gestern – es geht vor allem darum, ihren zentralen theoretischen Sündenfall festzumachen und dies ist eben der Charakter des Aufklärungsdenkens als Vergewaltigung der Wirklichkeit. Dieser Charakter ist in folgenden Punkten zusammenzufassen:

---

*⁾ Es handelt sich bei den folgenden Ausführungen um einen für die Zwecke dieser Veröffentlichung bearbeiteten Abschnitt meines Buches „Idealismus und Nation. Zur Rekonstruktion des politischen Selbstbewußtseins der Deutschen", das im Verlag Ferdinand Schöningh, Paderborn, erscheint. Wer an den weiteren ideenpolitischen Zusammenhängen und an entsprechenden Belegen interessiert ist, sei auf diese Veröffentlichung hingewiesen.

— Das Aufklärungsdenken entstand unter den Bedingungen gesellschaftlicher und politischer Verhältnisse, die seine Struktur ebenso mitbestimmten, wie es diese radikal verändern wollte. Es mußte zwangsläufig von diesen Verhältnissen in seinen theoretischen Entwürfen absehen, d. h. also, es abstrahierte von seinen eigenen historischen Grundlagen, blieb diesen gegenüber blind oder naiv und gelangte nie zu einer wirklichen Erfassung der Wirklichkeit — weswegen auch die realen Kämpfe die Intellektuellenherrschaft oder die der Funktionäre der Vernunft, letzten Endes den Terror der Tugend, derjenigen, die das „Richtige" wissen und schließlich den napoleonischen Imperialismus hervorbrachten.
— Der intensive, durch keine reformatorische Freiheit gemäßigte, von durchaus verständlichem Haß erfüllte Kampf gegen die Kirche und die Privilegiertenherrschaft der Priester zwang der Aufklärung deren Waffen auf. Ein solches Feindverhältnis schafft eine tiefgehende Verwandtschaft — nenne mir Deinen besten Feind und ich sage Dir, wie Du denkst. — Der oft verzweifelte Kampf gegen die Perfidie der klerikal gestützten Privilegienstruktur erzeugt Blindheit für das anthropologische Bedürfnis nach Transzendenz. — Es entstand eine diesseitige Trivialkirche — konsequent stiftete auch Marx später eine solche in diesem Geiste — wogegen sich Proudhon mit Verzweiflung stemmte. Das Massenbedürfnis, auf das Marx ebenso spekulierte, wie früher die Aufklärung mit ihrem Verständnis von „Volk" und „Gleichheit", geht auf Erbaulichkeit, auf billige Antworten und materiale Befriedigungsutopien. Aufklärung reproduzierte die religiösen Denkstrukturen und wurde trotz oder gerade wegen der prätendierten Irreligiosität ein objektiver Rückfall des Denkens gegenüber z. B. Hobbes, der Glaube und Religion ernst nahm und sie ebenso wie später die Idealisten in das umfassende politikphilosophische Denken einholte.
— Das Aufklärungsdenken mußte wegen der unausweichlichen Erscheinungsform als ideologisch-politische Stoßrichtung einseitig bleiben, es konnte die wirklichen Verhältnisse (s. o.) nur von sich ausschließen, abstoßen, dieses Denken mußte abstrakt bleiben.
— Dies alles hat ein zweifaches strukturelles Defizit zur Folge: Das Prinzip der Freiheit wurde individualistisch-einseitig aufgenommen, zu einer neuen Religion gemacht — die nichts anderes als Ideologie werden konnte — und das Aufklärungsdenken mußte von Beginn an ein institutionelles Defizit — d. h. ein Wirklichkeit und Menschen verstümmelndes Defizit — aufweisen, was die konkrete Einrichtung der Freiheit im Politischen angeht. Seitdem bleiben Aufklärung, Liberalismus und ihre sozialistischen Derivate darauf angewiesen, daß die konkreten Ordnungen, ohne die weder Menschen überhaupt, noch Aufklärer leben können, von anderen und anders begründet werden. Dagegen ist man dann „kritisch". Das zweite Defizit ist das historische, das gleichfalls nicht durch Marx kompensiert wurde. Erklärten Aufklärung und Revolution alles Bisherige für falsch und abstrahierten so von den Bedingtheiten durch ihre eigene Geschichte, so anerkannte Marx zwar die bisherige Geschichte als je „notwendige" Entwicklungsform, relativiere diese Einsicht jedoch in der Prätention eines wissenschaftlichen (vernünftigen) Zieles eben dieser Geschichte, so den eigentlichen Grund für den Weltbürgerkrieg unserer Gegenwart legend.
— Aufklärung und das Denken der Französischen Revolution war einseitig, selbstverständlich, konnte und mußte es sein. Daraus eine Philosophie zu machen, ein Denken, das als westliches dann im späteren Liberalismus — für den der Erbaulichkeitswert dieses Denkens einen hohen Geschäftswert hatte — sogar allem anderen überlegen sein sollte, ist das Ergebnis einer nicht beachteten fundamentalen Unterscheidung, nämlich der von Verallgemeinerung und

Allgemeinheit. Wird die zeit- und situationsbedingte Abstraktheit und Einseitigkeit eines Denkens verallgemeinert — so wie die Aufklärer und späteren Revolutionäre ihre bürgerliche Revolution „als Menschen" und im Namen „der Menschheit" machten — so ergibt sich zwangsläufig Ideologie, deren Fortleben dann durch ihre Brauchbarkeit für die Aufrechterhaltung einseitiger Herrschaftsverhältnisse garantiert bleibt.

Ein Denken, das auf Allgemeinheit geht, braucht vor allem eine Erkenntnis von Freiheit, als Bedingung und als Grundlage, die von deren Vielfalt und Wirklichkeit in keiner Weise absieht. Eine solche, die Freiheit ernstnehmende, umfassende Wirklichkeitsphilosophie ist der Idealismus.

Den deutschen Idealisten muß man neben dem Vorläufer und Vollender der deutschen Aufklärung, Kant, und neben Fichte, Schelling, und Hegel natürlich auch Klassiker wie Goethe, Hölderlin und Schiller ebenso zurechnen, wie jene politischen Schriftsteller, die als Idealisten, aber unterhalb der Schwelle der eigentlichen Philosophie, das deutsche Nationalbewußtsein konstituierten. Idealismus ist zunächst in der Tradition eines spezifisch deutschen Denkens zu sehen. Von Meister Eckehart über Cusanus und Leibniz — ebenso wie, über die Idealisten hinaus, bei Nietzsche und Heidegger — ist dies vor allem durch zwei Problemdimensionen zu charakterisieren. Wirklichkeit — inklusive der angenommenen oder vorgeschriebenen oder geglaubten göttlichen Wirklichkeit — will im umfassenden Sinne begriffen und dargestellt werden. Das machte deutsches Denken diesseitig, weil bewußtseinsbezogen, der Mensch mußte Gott denken, die Philosophen wurden fast unausweichlich zu Ketzern.

Die spezifischen Verhältnisse Deutschlands, zu denen auch die Reichstradition gehörte, mußte die Erkenntnisintention auf Einheit in einer Vielfalt gemäß einem Prinzip von Einheit richten, das den Idealisten vom Denken her als Freiheit und Vernunft aus der Vielfalt heraus deutlich wurde. „Totalität" oder die höchste Steigerung des denkenden Bewußtseins zur absoluten Idee ist die idealistische Ausformung dieser spezifisch deutschen Tradition.

Das zweite Moment ist die Erkenntnis aller Wirklichkeit als Verwirklichung. Diese Formulierung ist die neuzeitlich-idealistische Entfaltung der alten Einsicht, daß alles Sein nur Werden sein kann. Der alte Streit über den Primat des „Seins" oder des „Werdens" ist in diesen Dimensionen geschichtlich aufgelöst. Nicht umsonst begrüßte Hegel den alten Heraklit wie Columbus sein Amerika. Die Formulierung, alle Wirklichkeit sei Verwirklichung, überhöht freilich den alten Gedanken des Werdens als Wirklichkeit im Sinne des neuzeitlichen Bewußtseins der Freiheit: Alle Wirklichkeit ist Verwirklichung durch ein Subjekt, d. h. durch den seiner Freiheit bewußten Menschen, dieser Gedanke begründet den „Primat des Praktischen", den sogar Marx und Engels in der Philosophie des Idealismus erkannt hatten.

Wie in aller neuzeitlich-europäischen Entwicklung wirkte sich auch hier das Verhältnis Frankreich–Deutschland stimulierend aus. Notwendig mußte den deutschen Denkern, so sehr sie zunächst die Revolution begrüßten, doch deren unausweichliche Einseitigkeit auffallen und damit das Stimulans setzen, diese zu überwinden. Dabei sind die Vorwürfe der mechanistischen Rationalität oder der Irreligiosität, der Konsequenz des Terrors und der Menschenschinderei im einzelnen nicht einmal so wichtig. Wesentlich ist die Erkenntnis, daß jene Defizite nicht zufällig waren, daß im ganzen anders und umfassender gedacht werden mußte und daß das Aufklärungsdenken — gemessen an dem Ziel bewußter Wirklichkeitserfassung — notwendigerweise und immer abstrakt bleiben müsse.

Das Zentrum des Idealismus ist die Erkenntnis, daß der Mensch endgültig nichts anderes für seine Weltbewältigung hat als sich selbst, seine eigenen Hände und sein eigenes Hirn. Diese Erkenntnis wird von den Idealisten ernst genommen. Wenn der Mensch als das denkende Wesen frei ist, dann handelt es sich um eine generelle Erkenntnis, die selbstverständlich aber auch dem Gesetz des Werdens unterliegt, d. h. die in diesem ihrem Werden aufgezeigt werden kann, als die ganze Wirklichkeit bestimmend — d. h. auch als die bisherige Geschichte bestimmend. Freiheit als Prinzip aller menschlichen — auch der historischen — Wirklichkeit ist also deren umfassendes Prinzip — und eben mit der umfassend aufgefaßten Freiheit lösen sich die alten Dualismen vom guten und bösen Prinzip ebenso auf wie die Probleme der Theodicee. Freiheit als universales Konstitutivum menschlicher Wirklichkeit ist etwas sehr anderes als die Intention eines Freiheitsbewußtseins auf aktuelles Brechen von Ketten. Freiheit ist, als Ausdruck der Reflexionsstruktur des menschlichen Organismus, „conditio humana" schlechthin. Freiheit bedeutet, stets unter Handlungsdruck zu stehen, ohne daß die Handlungsweise a priori determiniert ist. Gegenüber der Freiheit sind sowohl „Gut-Böse" wie „Vernünftig-Unvernünftig" durchaus sekundäre Kategorien — Freiheit hat in der Entwicklung der Menschen ebenso zu absurden wie zu plausiblen Problemlösungen geführt. Dabei mußte das Problem der Verwirklichung der Freiheit immer im Vordergrund stehen — Freiheit bedeutet vor allem, daß es keine ursprüngliche Gleichrichtung der Individuen in bezug auf die Art und Weise ihrer Existenzverwirklichung geben kann. Solche Gleichrichtungen sind angesichts der Notwendigkeit, der Natur das Leben gesellschaftlich abzuringen, jedoch unausweichlich. Das Problem der gesellschaftlichen Ordnung also führte und führt durchaus zu absurden wie zu plausiblen Entwürfen, deren Maß wiederum nichts anderes sein konnte als das Maß der Freiheit — denn etwas anderes hatten die Menschen nicht. Da deren Verwirklichung — so oder so — aber jedenfalls eine unausweichliche Arbeit darstellte — die Arbeit der Institutionalisierung von Ordnung, d. h. vom Zusammenleben-Können, also Politik, gerät menschliche Freiheit immer unter die Bedingungen ihrer eigenen Verwirklichung — sie ist in den Möglichkeiten der Verwirklichung, rückwärts gesehen, von ihren eigenen, bis zum Zeitpunkt des Handelns Wirklichkeit gewordenen Formen bedingt. Geschichte gehört zur Wirklichkeit der Freiheit, d. h. des Menschen, sie ist dessen Verwirklichung, d. h., als vergangene, Schicksal und unentrinnbar, als zukünftige ebenso eingeschränkt wie offen, und als gegenwärtige nur dann im Sinne umfassender Wirklichkeitserfassung handlungsanleitend, wenn die Strenge des Denkens — d. h. die in der Intention umfassend begriffene Wirklichkeit — zu konkreten kategorischen Imperativen führt.

Der Idealismus ist nichts anderes als die Vollendung oder, wenn man will, die aufhebende Fortführung des Nominalismus, der als „Via moderna" des Denkens dieses auf den Bereich der Vernünftigkeit des Kontingenten, der Anerkennung der Wirklichkeit des Besonderen und der Erkenntnis der Eigengesetzlichkeit des Individuellen gebracht hat. Es gibt nur Einzelnes, Besonderes, Individuelles. Aber dies bedeutet keineswegs ein atomistisches Chaos, demgegenüber die Menschen durchaus nicht lebensfähig wären. Sie setzen Ordnungen, auf die anthropologischen und evolutionären Stufen muß hier nicht eingegangen werden. Insofern das Individuelle bewußt wird, wird es als Individuelles eines Allgemeinen bewußt, als Fall, als Phänomen innerhalb einer Bewußtseins- und Wahrnehmungsordnung. Vom Sinnlich-erfahrbaren der Phänomene her hat den Idealismus kaum jemand so deutlich immer wieder zu praktizieren und darzustellen sich bemüht, wie Goethe, der sich zeit seines Lebens davor hütete, von der Unmittelbarkeit der Anschauung zu abstrahieren und der mit Recht stolz auf seine „Farbenlehre" war — sie verwirklicht das Prinzip seiner künstlerischen Existenz, ein Prinzip, das im Kern idealistisch war: Die Wirklichkeit als Fülle zu ergreifen, kein Phänomen auslassend und in dieser Wirklichkeit das Allgemeine zu erkennen. Ob Goethe dies die „Urpflanze" nennt — was nicht vulgär evolutionistisch genommen werden darf — oder eine „Gestalt", immer handelte es sich um eine Reflexion auf die ganze Wirklichkeit, zu der nicht nur alles Individuelle, sondern auch das notwendig die Form individuellen Bewußtseins annehmende Denken gehört. Erst dies zusammen macht Wirklichkeit und die Notwendigkeiten der Dinge, Härte, Unnahbarkeit, Unverträglichkeit, die Bearbeitung und Domestikation etwa verlangen, werden zur Wirklichkeit ergänzt durch die Notwendigkeiten des Bewußtseins, durch die Einsicht, daß Existenz des einzelnen nur in zu Institutionen geronnenen Prozessen des Überlegens, des Denkens möglich ist.

Insofern das Bewußtsein von dieser Möglichkeit sich als Arbeit verselbständigt, ist es Philosophie. Das Instrument, mit dem Philosophie des Idealismus als Philosophie des seiner selbst bewußt gewordenen Menschen, also als Philosophie der Freiheit, die Wirklichkeit als Miteinander von Besonderem, von Phänomenen, von Notwendigkeit und dem ordnenden Bewußtsein begreift, ist die Idee.

Ihre Wirklichkeit erhält sie als Bewußtseinsform, also als Begriff, voll und ganz aus der Wirklichkeit, auf die sich das Bewußtsein richtet — so wie ein einfaches Instrument, ein Werkzeug, seine Wirklichkeit — nach Form und Verwendung — vollständig aus der Wirklichkeit des Umgangs mit dem Material und den praktischen Bearbeitungsnotwendigkeiten erhält. Die Idee ist der Inbegriff des voll entfalteten Phänomens oder der Inbegriff des guten Gelingens eines Handelns. Insofern sie nur in der Vielfalt der bewußt gemachten Wirklichkeiten wirklich ist, ergibt sich, daß die Idee diese Wirklichkeit in praktischer Weise ordnet. Idealismus hierarchisiert das Dasein des Menschen und entspricht so den Notwendigkeiten seiner Freiheit. Dabei strukturiert die Idee die Wirklichkeit auch einer Epoche, sie bestimmt den „Geist der Zeit". Und zwar in allen seinen Erscheinungsformen, also auch den widersprechenden, den Abweichungen und den Perversionen. Die Idee des Rechts ist wirklich auch im Verbrechen. Die Idee des Menschen auch in den Individuen tiefster Verkümmerungen, Verarmung, Perversion — ebenso wie im ungeborenen individuellen Leben. Idealismus als individueller Habitus ist also nicht so etwas wie ein Feiertagsglaube an das Hohe und Erhabene, sondern die Haltung, seine eigene Existenz im Sinne der Idee zu steigern, trivial gesprochen „das Beste aus sich zu machen" oder, antikisch ausgedrückt, das zu werden, was man ist. Eine der folgenreichsten Idiotismen war und ist es, dem Idealismus einen „Materialismus" als vorgeblich wirklichkeitsnähere Theorie gegenüberzustellen. Eines der törichtesten Mißverständnisse des Idealismus ist es, ihn als wirklichkeitsfremde Illusion, als wolkige Romantik, als Verstiegenheit hinzustellen und dagegen einen „Realismus" geltend zu machen, der bestenfalls partikularer Utilitarismus ist und schlimmstenfalls die Trivialität „die Dinge so zu nehmen wie sie sind".

Dabei ist Idealismus als Habitus (modus constans et perpetuus) selbst wieder nur wirklich in der Fülle seiner Entfaltungen. Um zu zeigen, daß der Idealismus innerhalb der Ideen diese wiederum nicht nur praktisch ordnet, sondern eine faktische Hierarchie aufzuweisen in der Lage ist, muß ein weiterer Schritt getan werden, der nicht ohne Gewaltsamkeit unternommen werden kann. Es handelt sich um den Aufweis des Kerns des Idealismus in einer einzigen Idee.

Der politische Kern des Idealismus: Idee der Nation

Jedermann weiß, daß es schon äußerst problematisch ist, überhaupt von „dem Idealismus" zu sprechen. Dies insbesondere, wenn schon Kant — wenn auch vorsichtig – einbezogen wird. Aber es geht hier nicht um eine originell sein wollende Interpretation. Am ehesten geht es noch um eine Position, die der jenes Freiwilligen aus dem Ersten Weltkrieg zu vergleichen ist, der mit Fichte im Marschgepäck an die Front ging. Es geht hier nicht um eine Rekonstruktion des Idealismus, sondern vor allem um einen Beitrag zur Rekonstruktion des politischen Selbstbewußtseins der Deutschen. Der Idealismus muß so behandelt werden, wie der Überlieferung nach der späte Michelangelo sein Verständnis von Plastik zum Ausdruck brachte. Eine fertige Statue müsse einen Berg hinab gerollt werden – was dann noch dran bliebe, mache deren Substanz aus. Der Idealismus ist längst in die Abgründe des 20. Jahrhunderts gerollt – Nietzsche, einer der kräftigsten Beförderer auf dieser, im Sinne Michelangelos, schöpferischen Talfahrt, stellte doch schließlich fest, daß alle Deutschen Hegelianer seien – selbst wenn der große Klotz Hegel als individueller Philosoph gar nicht existiert hätte.

Sehen wir uns – auf einem Tiefpunkt unserer philosophischen Entwicklung, der nicht von ungefähr mit Deutschland in seiner tiefsten Erniedrigung übereintrifft, den großen Trümmerhaufen an, der in dem Abgrund, in dem wir uns versammelt haben, entstanden ist, so ist kein Zweifel, daß hier eine Menge Schutt wegzuräumen ist.

Bei diesen Aufräumungsarbeiten ist nicht nur die Masse von Schutt das Problem. „Der Idealismus" ist ja nicht nur anwesend in den alten Texten – deren vorzügliche Editionen vielleicht sogar die bedeutendste Arbeit unserer philosophischen Schutthaufenbewohner ist. Er ist auch anwesend in der schon zur stehenden Redensart von Vorworten gewordenen unübersehbaren Literatur, und deren Auswucherungen in Kommentaren, Auslegungen, einem babylonischem Turm von Gelehrsamkeit und Scharfsinnigkeit mit dito Sprachverwirrung und der Reflexion darauf, aber auch mit ideologischen Vereinnahmungen östlicher und westlicher Kongreßpapiere, Fragen nach Wirkung und Rezeption und Fragen nach den Fragen, nach den Wirkungen und Rezeptionen und Kontroversen natürlich ob und überhaupt und wenn ja, wie und keinesfalls so.

Dem Durcharbeiten durch diesen Schutt, der im Gegensatz zum Kuchenberg, durch den sich jener durchessen mußte, der ins Schlaraffenland wollte, auch meistenteils ungenießbar ist, steht aber nicht nur dessen bloße Masse entgegen: „Die Aufräumungsarbeiten werden auch durch Schaulustige behindert." In diesem Fall durch jene Lustigen, die sich im Schutt häuslich eingerichtet haben. Indem sie sich in ein besonders schönes Bruchstück vertiefen. Indem sie aus den Brocken einen Teil für sich exklusiv machen. Indem sie ein Hüttchen bauen. Es handelt sich ja fast in jedem Falle um prachtvollen Schutt, aus dem sich schon noch etwas bauen läßt. Dreck ist Materie nur, wo sie nicht erwünscht ist. Die Attraktion dieses Schuttberges ist aber immer noch so hoch, daß die Arbeit des Wegräumens keinesfalls mit dem Ausräumen eines verdreckten Augias-Stalles zu vergleichen ist. Die hier vertretene Position ist selber auf der Suche nach der Substanz des Idealismus. Um dahin vorzudringen ist aber Gewalt notwendig und eine Art von herostratischer Verzweiflung. Wir wissen, daß in diesem babylonischen Tempel-Turm-Schutt-Berg ein harter Kern steckt und wir wissen genug darüber, um zu ahnen, daß wir diesen Kern unbedingt brauchen, um ein Instrument zu haben, mit dem man an die Arbeit der Rekonstruktion des politischen Selbstbewußtseins der Deutschen gehen kann. Natürlich kommt es dem Herostraten zustatten, daß jene Schuttwälle nur metaphorisch sind. Wenn man sie ignoriert, gibt es sie nicht mehr, jedenfalls nicht mehr als Hindernis.

Um aber von den Bildern wegzukommen: In der Absicht der Reduktion des Idealismus verwende ich den Begriff so, wie ihn Walter Wimmel, in einem der erschließendsten Bücher, die ich in den letzten Jahren gelesen habe, entwickelt hat (Walter Wimmel; Die Kultur holt uns ein. München 1982). Danach wäre Idealismus, mit allem, was drum und dran, ein „Großtext". Großtext bedeutet die im Verlauf der Entwicklung und Wirkung klassischer Werke (Texte) und in ständiger konkurrenzbestimmter Auseinandersetzung mit diesen sich ansammelnde Stoffmasse, die zunehmend wirklichkeitsbestimmender wird. Großtext ist „Lagerplatz und Speicher". „Am Ende liegt der Großtext als Feld offen, auf welchem all dies sich zugetragen hat und zuträgt. Es ist zugleich der Lagerplatz, wo alle Einzelheiten und Daten des Prozesses festgelegt, gestapelt, für Abrufe und zukünftige Verwendungen bereitgehalten, aber auch zum Nachteil künftigen kreativen Wollens vorweggenommen sind.

Bei dieser Orientierung des Großtextes, die ganz von den Polen Geist und Schriftlichkeit bestimmt war, sollte es nicht für alle Zeit bleiben ...

„Vielmehr entwickelte die Komparativität über den bisherigen Stufengang hinaus, ... eine Folge größerer Stufen, mit denen nicht nur die Literatur komparativisch überschritten wird, sondern teilweise auch etwas wie Geist-Entfremdung des Großtextes eintritt. Letzteres ist eine Erscheinung, die, recht früh einsetzend, in unserer Gegenwart übermächtig geworden ist. Sie recht zu beurteilen ist wichtig. Denn hier werden die Fehlleistungen der Komparativität zu unmittelbarer Gefahr."

„Reduktion" in diesem Sinne, selbst „ein komparativisches Verhalten" wird dann folgendermaßen bestimmt: „Die Reduktion im Sinne der Verkleinerung und Wieder-Verwesentlichung eines Komplexes ist am Ende unentbehrlicher Bestandteil eines jeden schöpferischen Vorgangs.

Es geht darum: „... den Nebel aus abgeleiteten Formen und verwaschener Dinglichkeit zu durchstoßen und den Gesteinsgrund der Realität, außerdem ein ehrliches Verhältnis zur überliefernden Sprache, wieder zu erreichen". Das Wimmelsche Paradigma von Klassik, Komparativik, Komplexität und Reduktion ausführlich auf unser Verhältnis zum Idealismus anzuwenden, wäre eine ebenso wichtige wie lohnende Aufgabe. Hier kann das Vorgehen nur andeutungsweise übertragen werden. Was im übrigen meine Fortführung des Paradigmas in den Bereich des Politischen angeht, so stellt Wimmels Buch auch dafür eine Ermutigung dar, insofern er seinen Ansatz zu nichts Geringerem als zu einer Lagebestimmung der Gegenwart unserer westlichen Zivilisation ausweitet (vgl. etwa S. 158ff.).

Wesentlich und m. E. unmittelbar auf mein Problem der Reduktion des Idealismus anzuwenden ist des weiteren Wimmels Bestimmung des „Klassischen": „Die überlegene Welthaltigkeit, die man dem Klassischen gemeinhin zuschreibt, gründet ... in überlegen gemeisterter Komplexität; ....' und vermutlich ist es das Wesen des Klassischen, daß kulturelle und menschheitliche Archetypen zu einer im Kulturgang bisher nicht erreichten Übereinstimmung gelangen. Daher erreicht insbesondere die Urvorstellung vom Einen und Ganzen die volle mögliche Differenzierungs- und Umfassungskraft..." „Das Wort ‚Klassik' (classicus) samt seinen Ableitungen ist durch Herkunft und Geschichte mit Mißverständnissen belastet. Aber es liegt hier wenig am Wort ..." „... wer gleichwohl mehr Beschreibung in die Bezeichnung legen will, könnte von kultureller Offenbarungshöhe reden. Denn was ein ganzer Literaturgang an Offenbarung besitzt und was eine Gesellschaft von ihr aufnehmen und wirklich umsetzen kann, das tritt im Moment der Höhe und des Umschlags am reinsten heraus."

Ich denke, daß es weder der Wimmelschen Intention noch seinem Paradigma widerspricht, seine Begriffe auf den hier zu behandelnden Gegenstand und die hier vorzunehmende Reduktion anzuwenden. Für die Zeit des anhebenden Nationalbewußtseins in Europa stellt der Idealismus zweifellos die klassische Theorie dar. Erstens ist es die höchst zugespitzte, d. h. Komplexität vollendet verarbeitende Bewußtseinsform, zum anderen kommt hier das Ganze einer Wirklichkeit in Texten zur Darstellung, die einen anthropologischen Urbefund – Wimmel sagt: „Archetyp" – zum Kern haben, ihn gleichzeitig ausdifferenzierend und zusammenfassend. Es handelt sich natürlich um die neuzeitliche denkende Erfassung des Menschen als denkendem Wesen selbst, d. h. um Freiheit. Daß der Idealismus im Kern nichts anderes als Philosophie der Freiheit ist, wissen wir von den Idealisten selbst.

Dieser Kernbestand muß nun allerdings, innerhalb der allgemeinen Bestimmung des Idealismus als Wirklichkeitswissenschaft, unabtrennbar festgehalten werden. Das Denken der Idealisten ging aufs Absolute, d. h. aber auf nichts anderes als auf eine Totalität der Wirklichkeitserfassung. „... sie sträuben sich alle, nach der Art des bloß Reflektierenden, abstrahierenden und diese lebendige Einheit zerreißenden Verstandes, gegen den sie die härtesten Worte finden, bei isolierten Dingen oder Begriffen stehenzubleiben..." „Dies alte Erbe des deutschen Geistes ist es, was alle drei, wenn auch unter verschiedenen Begriffen und programmatischen Forderungen meinen, wenn sie von der Notwendigkeit ‚spekulativen Denkens' (im Unterschied vom bloßen abstrakten Verstandesdenken) sprechen oder von der ‚intellektuellen Anschauung', wie es besonders Schelling gerne tut, welche immer das Ganze hinter und in dem bloßen Teilen schaut oder von der dialektischen Methode, wie Hegel, welche bestenfalls in nichts anderem besteht als gerade darin, über jedes einzelne Gegebene zu einem Anderen, ja Gegensätzlichem hinauszugehen und es als in lebendiger Einheit und Totalität mit diesem stehend zu begreifen, und auch diese wieder ebenso in einem noch höheren, bis hinauf zum letzten absoluten, dem ‚absoluten Geist' –: so steht auch für ihn über dem ‚abstrakten' der ‚konkrete Begriff', in dem sich allein wirklich die Wirklichkeit begreift." (Theodor Haering: Fichte-Schelling-Hegel. In: Das Deutsche in der deutschen Philosophie. Stuttgart und Berlin (2)1942 S. 418.

Geht es um die Wirklichkeit des Menschen, so geht es um die Wirklichkeit der Freiheit und zur Bewältigung dieser Freiheit und dieser Wirklichkeit haben die Menschen wiederum nichts anderes als sich selbst, d. h. ihre Freiheit. Das ist der eigentliche Punkt, dessen Durchführung den Idealismus zu einer Klassik macht, der das neuzeitliche Denken in seiner Verwiesenheit auf sich selbst und der daraus resultierenden ungeheuren Spannung und Komplexität bedeutet, damit den Höhepunkt neuzeitlichen Denkens bildend. Im Gegensatz zur Aufklärung und ihren Derivaten, die nichts anderes waren und sind als eine kontrafaktische Weiterschreibung des christlichen Großtextes: „Wir wollen hier auf Erden schon das Himmelreich errichten."

Wenn Wirklichkeit des Menschen als Menschen die Wirklichkeit der Freiheit ist, dann ist die Idee des Menschen die Idee der Freiheit. Des Menschen ganze Wirklichkeit, also vor allem seine geschichtliche Existenz, ist dann Wirklichkeit der Freiheit, aber Wirklichkeit der Freiheit kann nur Verwirklichung der Freiheit meinen. Alles ist Freiheit, Kämpfe, Gewalt, Herrschaft, Macht, Ordnung, Unterdrückung, alles sind Gestalten des Bewußtseins der Freiheit. Insofern es frei und insofern es sich keine außermenschlichen Tröstungen erdenkt, bedeutet Freiheit, ernstgenommen, all das, was oben herausgestellt wurde: Der freie Mensch ist weder an sich gut noch an sich böse, er ist frei – d. h. er kann ebenso Gott wie Wolf für den Menschen sein und da er genau dies in seiner Widersprüchlichkeit ist, bedeutet Verwirklichung von Freiheit auch den ununterbrochenen Kampf gegen die Freiheit, die den Menschen a priori zur tödlichen Bedrohung seinesgleichen macht. Die explosive Wirklichkeit der Freiheit nimmt also stets die Form des Kampfes oder der Arbeit an deren Verwirklichung an, einer Verwirklichung, bei der die Menschen nicht bloß leben und überleben, sondern auch gemäß ihrer geschichtlichen Erfahrungen besser leben wollen. Es geht also immer um eine, mindestens für eine Mehrheit, idealiter für alle, lebbare Regulierung der Freiheit, d. h. es geht um Ordnung als das reale Verwirklichen von menschlichem Dasein. Die Arbeit an dieser grundlegenden Ordnung ist Politik. Der Kern des Idealismus ist Politik und deshalb ist das bedeutendste Werk des Idealismus eine strenge Rechtsphilosophie als Lehre von den objektiven Ordnungen menschlicher Freiheit unter der Voraussetzung von nichts als dieser Freiheit, d. h. des Geistes, d. h. des Denkens. Durch die bekanntgewordenen historischen Formen der Arbeit der Politik — Tyrannis, Polis, Reiche, Imperien, Staaten, ist bei Hegel der neuzeitliche Staat die aktuelle „Wirklichkeit der Sittlichkeit". Und insofern diese Entwicklung zu begreifen ist, ist sie auch vernünftig — denn die menschliche Vernünftigkeit gibt keine andere Vernünftigkeit her als die, die sie wirklich — d. h. bis jetzt historisch verwirklicht — hat. Nichts anderes besagt der berühmte Satz aus der Vorrede von Hegels Rechtsphilosophie: „Das was vernünftig ist, ist wirklich und das was wirklich ist, ist vernünftig."

Ein höchst dynamischer Satz, wenn man sich die Grundcharakterisierung deutschen Philosophierens vorhält, daß nämlich Wirklichkeit Verwirklichung ist und daß Verwirklichung die unendlichen Phänomene und Bewußtseinsformen der Idee sind. Es gibt nicht die geringste Möglichkeit, im Idealismus — auch nicht in dem Hegels — so etwas wie Quietismus zu sehen. Diese Behauptung weist nur auf ein Denken hin, das sich durch jene reaktionären Strukturen der Aufklärung hat verderben lassen, die die Eierschalen des Religiösen nie losgeworden ist. Von der ausgesprochen stupiden, typisch liberalen Torheit, in Hegel den Verherrlicher des preußischen (natürlich „reaktionären") Staates zu sehen, ganz zu schweigen, in dem sich die liberalen Schwachdenker von Haym bis Habermas gefallen. Als wenn es um den preußischen Staat ginge, gar um Rechtfertigung — was überhaupt noch nie eine philosophische Kategorie gewesen ist — und nicht um Begreifen der Gegenwart, zu der freilich unsere „konkreten Utopisten" nie in der Lage sein werden, vorzustoßen.

Wenn Hegel den neuzeitlichen Staat verteidigt, dann verteidigt er die neuzeitliche Freiheit. Ist Idealismus im Kern Philosophie der Freiheit, dann ist er im Kern Philosophie des Staates, als der politischen Form, die „das Große hat, das sich in ihr (ihm) das Besondere bis zum Extrem entfalten kann". Daß Hegel hier nicht einen „Extremismus" im vordergründigen Sinne meint, ist klar, in ihm bedeutet selbstverständlich nur in ihm. Darüber oder darunter wäre Engel oder Tier.

Dies hat aber Folgen. Insofern der Staat als Ordnung der Freiheit unausweichlich die Durchsetzung dieser Ordnung gegen die unendliche Dynamik der Freiheit ist, ist er vom Einzelnen her, insofern dieser zunächst diese Ordnung als Einschränkung „seiner" Freiheit erleben muß, nur „Not- und Verstandesstaat". Im schlimmsten Fall sogar „Feind" im Sinne der extremen Individualposition des Anarchismus. Aber in der ständigen Auseinandersetzung mit dem Staat — nicht als blind empfundener „Feind", sondern als Verwirklichung der Freiheit, erarbeitet sich das individuelle Denken ein Bewußtsein des Staates als der Wirklichkeit „seiner" Freiheit — vielleicht als deren „andere Seite" — dazu haben wir die Dialektik — aber jedenfalls als „seiner". Hier ist eine ideale „Versöhnung" zu erreichen — gleichfalls ein allzuoft — aus freilich naheliegenden Gründen — mißverstandener Ausdruck Hegels. Diese „Versöhnung" ist nichts anderes als das freie Bewußtsein dieses Staates als des meinen — und diese Wirklichkeit der sittlichen Idee in der

Übereinstimmung des Besonderen mit dem Ganzen nennt der Idealismus den Vernunftstaat.

Der Kern des Idealismus ist also die Idee des Vernunftstaates. Nehmen wir jetzt aber die ganze Dimension historischer Wirklichkeit, um die es dem Idealismus geht, hinzu, so muß dies bedeuten, daß nicht, abstrakt, „der Staat" als der meine angesehen werden kann, sondern daß dieser Staat, dessen Bürger ich bin, sein muß und will, der meine ist. Dies aber, seinen Staat in konkreter Politik zu dem „seinen" werden zu lassen und zwar nach außen wie nach innen, war der Geist jener Zeit der Entstehung des deutschen Nationalbewußtseins, als dessen höchste Form der Idealismus anzusehen ist. Der Kern des Idealismus ist die Idee der Nation.

„Das Volk als Staat ist der Geist in seiner substantiellen Vernünftigkeit und unmittelbaren Wirklichkeit, daher die absolute Macht auf Erden". (Rechtsphil. § 331) Es gibt keine Möglichkeit, über „Das Volk als Staat" — was hier, unter der Voraussetzung der „sittlichen Idee", also der Freiheit — die Nation genannt wird, hinauszudenken. Die „Weltgeschichte", die Hegel seinen Ausführungen über das innere und äußere Staatsrecht noch folgen läßt, ist nichts anderes als der bis zu seiner Gegenwart und von ihr her überschaubare Ablauf der wirklichen Entwicklung des „Geistes", d. h. der menschlichen Existenz auf der ganzen Erde. Gegenwart ist jeweils das letzte — der Begriff der „Weltgeschichte" ist zwar „Vernunft in der Geschichte", was aber nichts anderes bedeutet als die bewußt aufgenommene Geschichte der Abläufe der je bewußten menschlichen Wirklichkeit. Die Menschheit hat es immer genau dahin gebracht, wo sie gerade ist, und Hegels berühmte Aussage, die Weltgeschichte sei das Weltgericht (Rechtsphil. § 340), bedeutet nichts anderes, als daß sich die Schicksale von Völkern als Staaten, daß sich ihre von nirgendwo bestreitbaren Existenzrechte als „absolute Macht auf Erden" im Lauf jener Gesamtentwicklung relativieren — insofern sie werden und vergehen können.

Hegel geht so weit, anzunehmen, daß es für jede Epoche die Möglichkeit gäbe, ein Volk — als Verwirklichung eines „unmittelbar natürlichen Prinzips" (§ 346) als das, „für diese Epoche" (§ 347) „herrschende" zu bestimmen. Aber dies gilt ausdrücklich von der Welt als Geschichte, d. h. von deren bewußt gemachten Ablauf her. Hält man an der Bestimmung der „absoluten Macht" des „Volkes als Staat" fest, so wird deutlich, daß die weltgeschichtliche Betrachtung keine Beeinträchtigung der Idee der souveränen Nation bedeuten kann. Jedenfalls kann die Konstruktion einer weltgeschichtlichen Zukunftsperspektive, aus der heraus ein Volk zum Vollstrecker der Weltgeschichte im Sinne von deren zielbewußter Vollendung werden könnte, aus der strengen Theorie des Idealismus niemals abgeleitet werden. Dies war — im Marxismus-Leninismus — nur möglich durch die Aufnahme der reaktionären Aufklärungsstrukturen, mit denen schon der napoleonische Imperialismus der Vernunft begründet wurde. Das politische Denken des Idealismus geht unbedingt nur bis zu der Entfaltung der Idee der Nation und hat darin seine Strenge und Härte, daß es deren Existenz als Staat zwar an ein System gegenseitiger Anerkennung bindet (§ 331), daß es aber für die Politik die Nation — „das Volk als Staat" — im genauen Sinne nur auf sich selbst verweist.

Politik kann nur von der Nation her gemacht und beurteilt werden. Insbesondere wehrt sich der Idealismus — und es muß immer wieder betont werden, daß „Volk als Staat", die „sittliche Idee", also die Freiheit voraussetzt — gegen eine Unterordnung der Politik unter moralische Maßstäbe.

„Es ist zu einer Zeit der Gegensatz von Moral und Politik und die Forderung, daß die zweite der ersteren gemäß sei, viel besprochen worden. Hierher gehört nur, darüber überhaupt zu bemerken, daß das Wohl eines Staates eine ganz andere Berechtigung hat als das Wohl des Einzelnen und die sittliche Substanz, der Staat, ihr Dasein, das ist ihr Recht, unmittelbar in einer nicht abstrakten, sondern in konkreter Existenz, nicht einer der vielen für moralische Gebote gehaltenen allgemeinen Gedanken, Prinzip ihres Handelns und Benehmens sein kann. Die Ansicht von dem vermeintlichen Unrecht, das die Politik immer in diesem vermeintlichen Gegensatz haben soll, beruht noch vielmehr auf der Seichtigkeit der Vorstellungen von Moralität, von der Natur des Staates und dessen Verhältnis zum moralischen Gesichtspunkte." (§ 337, Zusatz)

Das ist die harte Sprache politischen Denkens, das keine Kompromisse mit dem Erbaulichkeitsbedürfnis schließen kann. Die Nation bestimmt sich nur an sich selbst und an ihrem historischen Schicksal als ihrer eigenen Wirklichkeit. Es gibt keine Möglichkeit, eine Idee über der Nation zu denken — keine welthistorische und erst recht keine moralische. Eine Nation, die sich über eine andere erhebt, konstituiert nichts als ein reines Gewaltverhältnis — auch und erst recht, wenn sie welthistorische „Berechtigung" oder moralische Überlegenheit prätendiert.

Das gilt natürlich erst recht für das Recht des „Volkes als Staat" gegenüber einem moralisch begründeten Urteil eines einzelnen als einzelnem. Es ist überhaupt die Stärke des Idealismus, das politische Verhältnis des Einzelnen, also sein Verhältnis zu Staat und Nation, systematisch klarwerden zu lassen. Der moderne Staat läßt den einzelnen auch als einzelnen sich bis „zum Extrem ausbilden" — d. h. es bleibt eine bewußtlos-abstrakte Freiheit des einzelnen möglich. Da aber der einzelne, als Träger des Bewußtseins von Freiheit ernstgenommen, seine Wirklichkeit nur eben in der „Wirklichkeit der Sittlichkeit", d. h. konkret in seinem Staat hat, so muß der Einzelne der Nation gegenüber nachgeordnet bleiben. Es gehört zu seiner und der Wirklichkeit der Freiheit, daß er sich in ein Verhältnis zum Staat setzen muß. Und eben dies Verhältnis ist als Wirklichkeit der Freiheit ebenso unausweichlich wie differenziert. Insofern Nation als die eigentliche Idee deutlich wird, ist Idealismus im subjektiven Sinne die Übereinstimmung des Einzelnen mit der Wirklichkeit seiner Freiheit selbst — d. h. bewußte Identität bzw. Identifizierung des Einzelnen in seiner Nation. Der Anteil des Bewußtseins differenziert hier nach Maßgabe der Vielfalt möglicher Individualitäten — aber selbstverständlich hierarchisiert auch hier die Idee die Wirklichkeit dieser Vielfalt.

Jene Identität also des Einzelnen ist als politische in ihrem vollen Bewußtsein Nationalbewußtsein, d. h. die wirklichkeitsgerechte Erkenntnis, daß nur dies sein Volk als Staat seine eigene Identität begründen und realisieren kann. Idealismus als volle Identität aber ist auch möglich mit einem hohen Anteil an emotionaler Unter- oder Einordnung; es ist nicht die geringste Leistung des Idealismus, als der philosophisch anspruchsvollsten Wirklichkeitserkenntnis, in politischen Verhältnissen auch jenen Idealismus dort voll zu erkennen und anzuerkennen, wo eine im strengen Denken erfaßte Haltung nicht oder noch nicht möglich ist: Vor allem also in einer Jugend, die weder nach Erfahrung noch nach der Verteilung von Neigungen und Begabungen aus Philosophen bestehen kann. Hier ist der emotional besetzte Nachvollzug der Identität angemessen und Forderung, Imperativ, Pflicht und Opfer — auch des Lebens — für das Ganze konstituieren einen an sich vollgültigen Idealismus, also Identität.

Können wir so diesen „Idealfall" des politischen Verhältnisses in der Übereinstimmung von Freiheit mit Freiheit, d. h. in der Übereinstimmung des Besonderen, des Einzelnen mit dem Allgemeinen als wirkliche Wirklichkeit der Idee bestimmen, so umfaßt die Idee als der Inbegriff der Erscheinungen auch hier nicht nur jenen „Idealfall" — im genauen Sinne — sondern auch den Normalfall der einfachen, wenig oder kaum reflektierten Einordnung in die Wirklichkeit der Rechtsordnung, die den Alltag des Bürgers in dem Vollzug seiner mannigfachen partikularen

Interessen entspricht. Allerdings umfaßt die Idee auch die Erscheinungsweisen der Freiheit, die sich durch die Latenz individueller Abweichung bestimmen — d. h. zur Vielfalt politischer Verhältnisse gehört auch der möglicherweise bloß durch die Gewalt des Staates erzwungene Gehorsam gegen dessen Gesetze. Daß innerhalb des Idealismus dessen dynamisches Wesen in seiner Auffassung der Wirklichkeit als konkreter Verwirklichung, also auch „als Kampf um Freiheit" nicht außer acht gelassen werden darf, in der die hier herausgeschlagene Struktur der nationalen Idee das individuelle Extrem bis hin zu Revolte und Revolution im Namen der Freiheit denkbar macht, ist angesichts der Möglichkeit „unsittlicher" Verhältnisse, und abstrakt exekutierten Unrechts selbstverständlich — freilich liegt die Beweislast beim Einzelnen, der abstraktes Aufbegehren theoretisch umfassend als im Sinne der Idee zu legitimieren hat. Völlig undenkbar im genauen Sinne ist aber, wenn immer man Freiheit als wirkliche ernst nehmen will, die Überordnung des Einzelnen als Einzelnem über den Staat — denn das hieße ja auch über das Recht und das Gesetz. Den Einzelnen in seiner Zufälligkeit grundsätzlich und generell höher einzuordnen als die Gesamtheit des Volkes in seinem Staat, also die Nation, ist bestenfalls pure Demagogie, die auf den geheimen Anspruch zielt, im Namen dieser Absurdität Funktionärsmacht auszuüben oder erringen zu wollen, schlimmstenfalls aber einfach Gedankenlosigkeit — eine Gedankenlosigkeit, die sich das Volk, das den Idealismus hervorgebracht hat, nicht leisten kann, wenn es ihm um die Rekonstruktion seines Selbstbewußtseins und d. h. um seine Zukunft in Freiheit und Einheit geht.

ANTON DYK

Gedanken über Philosophie und Naturwissenschaften

Philosophie kann nur indirekt gelehrt werden.
Lichtenberg

Wenn es sich darum handelt, irgend eine menschliche Tätigkeit als mindestens brotlos, wenn nicht gar sinnlos mit einem Beiklang von Verachtung zu bezeichnen, so scheint der allgemeinen Gedankenlosigkeit und ihrem ebensolchen Sprachgebrauch der Ausdruck „Philosophie" ungefähr zutreffend. Nachgerade taucht, wenn man dieser Auffassung nachgeht, plastisch das Bild einer weltfernen skurrilen Spitzwegfigur auf. Ein Blick auf die übliche politische Geschichte der Menschheit bestätigt diese Abschätzung des Philosophen und der Philosophie in dem Sinne, daß bei oberflächlicher Betrachtung irgend ein unmittelbar erkennbarer Einfluß dieser menschlichen Geistestätigkeit auf die geschichtlichen Abläufe nicht ohne weiteres erkennbar ist. Nicht einmal die Betrachtung von einer Stufe, die sich über die allgemein und ausschließlich politische Ebene erhebt, etwa die kulturgeschichtliche im engeren Sinne, braucht die philosophische Sparte und den dazugehörigen Denker in den Fragenkreis zwingend einzubeziehen.

So ist dann der Unvoreingenommene höchlichst überrascht, wenn er die philosophische Literatur der Jahrhunderte und Jahrtausende vorerst rein quantitativ zu überblicken sucht und einen beträchtlichen Umfang feststellen muß. Ist auch in unserem Zeitalter der unerhörten Informationsmöglichkeiten der Respekt vor der Masse der Druckerzeugnisse und der zwangsläufig mitüberlieferten Nichtigkeiten berechtigt eingeschränkt, so beeindruckt dennoch der Umfang der philosophischen Literatur. Man sieht also die Frage aufgeworfen, ob es sich nun tatsächlich nur um sinn- und nutzlose Hirngespinste, um Abartigkeiten des menschlichen Denkens handelt, denen die Beziehung zur „Wirklichkeit" der menschlichen Geschichte mangelt oder ob nicht, wenn auch nicht sofort ersichtlich, in irgend einem tieferen Sinne ein Zusammenhang mit ihr, vielleicht sogar eine Lebensnotdurft besteht. Namen wie Platon und Kant sind wohl auch einer breiteren Bildungsschicht ein Begriff, dem ein ehrfurchtsvoller Beiklang anhaftet, auch bei solchen Gebildeten, die niemals eine Zeile von beiden gelesen haben. Diese Feststellung enthält eine zweifache Herausforderung: Zuerst einmal die Notwendigkeit, den Begriff des „Denkens" und dann weiter seine Rolle im menschlichen Leben und seinen handgreiflichen Nutzen zu bestimmen.

Man sieht dann auf den ersten Blick das „Denken" mit dem „Gefühl" verbunden und den ganzen Komplex, seit altersher „Geist" und „Seele", zusammenfassend als „Bewußtsein" aufgefaßt. Damit ist nach Kant ein „Wissen um unsere Vorstellungen" gemeint. Dieses „Bewußtsein" in seiner ganzen Vielschichtigkeit stellt nun sozusagen das Rohmaterial dar, mit dem sich die Philosophie befaßt und das vorerst einmal unter dem Blickpunkt der Naturwissenschaft, also in unserem Falle der Biologie, betrachtet werden soll, da uns der Mensch und seine Tätigkeiten der Natur eingeordnet erscheinen. Unter dem Eindruck, den die Ergebnisse der morphologischen und physiologischen experimentellen Hirnforschung des 19. und

20. Jahrhunderts bewirkten, ist wohl die entscheidende Rolle des Gehirns unangefochten.

Die Physiologie als Lehre von den Lebensvorgängen hat in bezug auf Bewußtseinsvorgänge, mit denen sich die beschreibende Psychologie befaßt, zwei grundlegende Feststellungen treffen können, und zwar eine Feststellung speziell der Hirnphysiologie und dann weiter eine solche der allgemeinen Physiologie.

Die Hirnphysiologie darf sich die Behauptung gestatten, daß sämtliche Bewußtseinsreaktionen und das gesamte seelische Verhalten als Hirnfunktion angesehen werden muß, und hat dafür mittelbare und unmittelbare Beweise erbracht. Die mittelbaren Beweise stützen sich auf die schon von Thomas von Aquin hervorgehobene Tatsache, daß der Mensch im Vergleich zu seinem Körpergewicht das relativ größte Hirngewicht in der gesamten Säugetierreihe aufweist, daß weiter bei ihm die Ausbildung der Hirnwindungen und ihre Fältelung die absolut größte Hirnoberfläche zur Folge hat; zuletzt, daß die historische Differenzierung der menschlichen Hirnsubstanz und ihrer Cytoarchitektonik so weitgehend ist wie nirgends sonst. Diese Tatsachen sind imstande, ex adjuvantibus die Annahme einer funktionellen Koppelung der Bewußtseinsvorgänge an die Hirnsubstanz zu rechtfertigen, in dem Sinne, daß die höchstdifferenzierten Verhältnisse wenigstens in gewissem Umfang auch einen Rückschluß auf eine ebensolche funktionelle Differenzierung zulassen. Die unmittelbaren Beweise bestehen in den Ergebnissen der Hirnpathologie und der experimentellen Hirnphysiologie in Zusammenhang mit der Lokalisationslehre, dann in den durch die Erbforschung erarbeiteten Tatsachenbeständen sowie letzten Endes in der jederzeit durch pharmakodynamisch wirkende Stoffe auslösbaren Beeinflussung sämtlicher Bewußtseinsvorgänge.

Die allgemeine Physiologie nun deckte ihrerseits die schier unübersehbare Fülle der Vorgänge von vitaler Bedeutung beim Funktionsablauf im Einzelorganismus auf, die nicht im entferntesten einer Beeinflussung oder auch nur einer Kontrolle durch das Bewußtsein unterliegen. Sie sah somit im funktionellen Bereich die Relation der bewußt steuerbaren Vorgänge zu den nicht bewußt steuerbaren quantitativ und qualitativ zugunsten der letzteren verschoben. Durch diese Feststellung erzwang sie eine Revision der Auffassung von der überragenden Rolle des Bewußtseins, wie sie bislang in fast allen Disziplinen geherrscht hatte: seine radikale Abwertung, von den Funktionsabläufen im Einzelorganismus her gesehen, war die Folge. Auf der anderen Seite mußte aber gerade die integrierende biologische Bedeutung des Bewußtseins für die Erhaltung und Durchsetzung der Menschenart im Daseinskampfe augenscheinlich werden und für die entschiedene Sonderstellung des Menschen gegenüber auch den höchst entwickelten Formen der Anthropoiden. Ja es erwies sich sogar phylogenetisch, daß mit der Entwicklung des Großhirns verbundene Auftreten des Bewußtseins als sehr bedeutsamer Differenzierungsschritt und als entscheidende Voraussetzung für den Aufstieg des Menschen zum Herrn der Erde.

Man wird somit der Naturwissenschaft, also der Physiologie beziehungsweise der beschreibenden physiologischen Psychologie zugutehalten, daß sie „Bewußtsein — Seele" ausschließlich als Hirnfunktion betrachten kann und muß.

Mithin ist es durchaus vertretbar, einer kurzen Darstellung einiger Probleme der Philosophie von heute eine Skizze der Anlage und Funktion des maßgeblich beteiligten Organs voranzustellen.

Das Gehirn der Säugetiere und des Menschen besteht aus Nervenzellen als Funktionszellen und dem Stützgewebe, der Glia. Die Nervenzellen sind in der grauen Rinde und in der weißen Markschicht angeordnet. Sie entwickeln sich ausschließlich während der Embryonalperiode. In ihnen wird Desoxyribonucleinsäure, die Erbsubstanz DNS synthetisiert, gesteuert durch einen eiweißartigen Wachstumsfaktor. Um den phylogenetisch ältesten Teil, das Stammhirn, dem bewußte Funktionen mangeln, baut sich das Großhirn auf, der eigentliche Träger der bewußten Funktionen. In der Mitte der Embryonalzeit entstehen die Großhirnhälften, die Hemisphären. Nach der Geburt wird nur noch Stützgewebe, Glia, gebildet, aber keine Nervenzellen mehr. Die Ausstattung des Organismus mit Nervenzellen ist somit einmalig, während sich die übrigen Körperzellen dauernd verbrauchen und erneuern. Da am Ende der Schwangerschaft an die 100 Milliarden Nervenzellen vorhanden sind, müssen während der Fetalzeit in jeder Minute an die 250 000 davon gebildet werden. Jede einzelne dieser Zellen ist durch Fortsätze mit ungefähr 2 000 – 3 000 anderen Nervenzellen verschaltet, so daß sich ein ungeheures dreidimensionales Netzwerk ergibt. Jede einzelne Zelle hat die Möglichkeit, Signale zu empfangen, zu speichern und weiterzuleiten. Daraus erklärt sich die riesige Vielfalt der Gehirntätigkeit unbewußter und bewußter Natur. Das Verhalten der einzelnen Nervenzelle hängt von der Summe erregender und hemmender Signale ab, die in ihr zusammenfließen. Die Funktion ist auf zwei Stufen zu verstehen. Auf der ersten besteht sie in einem einfachen Reflexbogen, in dem die gereizte sensible Nervenzelle unmittelbar auf die motorische und somit auf das Organ wirkt. Auf der zweiten Stufe wirkt die gereizte Zelle zuerst auf die komplexe Zwischenschicht mit ihren vielfachen Verschaltungen und von dort aus erst effektiv auf das Erfolgsorgan. In der Zwischenschicht werden die Signale gefiltert und verarbeitet. Die Höhe der zerebralen Organisation in der phylogenetischen Reihe ist durch die jeweils verschiedene Mächtigkeit der Zwischenschicht bedingt, die demnach 99,98% aller Nervenzellen enthält. Sie ist zwischen die sensiblen und motorischen Zellen eingeschaltet und funktioniert als „Verrechnungssystem", dessen organisatorische Abläufe zugegebenermaßen größtenteils noch der Entschlüsselung harren. Der Unterschied des Menschen gegenüber dem Tier besteht – pauschal – in der Fähigkeit, bewußte geistig-seelische Leistungen zu vollbringen, während das Tier „bewußtlos" rein reflektorisch reagiert. Es kann beim heutigen Stande der Neuroanatomie, der Neurophysiologie, der Neurochemie und den entsprechenden Sparten der Pathologie keine Frage mehr sein, daß alle Bewußtseinsreaktionen des Menschen von der Funktion der erwähnten Zwischenschicht und von der Großhirnrinde, der im Evolutionsprozeß zuletzt gebildeten Großhirnformation, abhängen.

Seit hundert Jahren können die Zentren für die hervorragendste Eigenschaft des menschlichen Bewußtseins, die Sprache, bestimmten Regionen in der Großhirnrinde zugeordnet werden. Ausgehend von dem Umstand, daß sowohl das motorische als auch das sensorische Sprachzentrum bei Rechtshändern in der linken Großhirnhälfte lokalisiert ist, konnte insgesamt eine asymmetrische Funktion der Großhirnhälften angenommen und unter Bezug auf die bevorzugte Benutzung der rechten Hand (Werkhand) auf mehrfache Art nachgewiesen werden. Besonders die Methode des „gespaltenen Gehirns" war hier aufschlußreich. Zur Besserung von schweren, anhaltenden epileptischen Anfällen mußte in manchen Fällen das Verbindungsstück zwischen beiden Großhirnhälften, die sogenannte Brücke, durchtrennt werden. Dies bot die Möglichkeit, deren Funktion getrennt zu analysieren. Man fand in der rechten alle emotionalen (gefühlsbedingten) Fähigkeiten, vor allem die musikalischen, das Vermögen, komplexe Muster zu erkennen, die Raumvorstellungen, die Geometrie, lokalisiert. In der linken fanden sich, abgesehen von der Sprache, alle rationalen und kommunikativen Funktionen (während die rechte „stumm" ist), das logische Denken und die Arithmetik stärker ausgebildet. Bei aller Asymmetrie, auf die noch zurückzukommen sein wird, muß aber dennoch im Auge behalten werden, daß auf der Höhe des Bewußtseins beide Funktionen „in Rückkoppelung" stehen, also ineinandergeschaltet sind. Aber nicht nur funktionell, auch morphologisch lassen sich Hinweise auf die Asymmetrie beider Hirnhälften gewinnen. So weisen Form- und Größenverhältnisse der Hirnwindungen, der Verlauf der Hirnfurchen Unterschiede auf, was sich auch mit der Computertomographie bestätigen läßt. Diese umrißhaften Bemerkungen zur Anatomie und Physiologie des Gehirns mögen genügen, um die Bedeutung zu belegen, die heute, nach 150 Jahren eingehender Hirnforschung, deren Ergebnisse für alle Fragen, die das Bewußtsein betreffen, haben müssen, wenn natürlich zugegeben werden muß, daß eine Hauptfrage keineswegs gelöst ist: wie, auf welchem Wege und mit welchen Mitteln wird die Umformung von anatomisch-physiologisch-biochemischen Gegebenheiten in „Bewußtsein" zustandegebracht, das psychophysische Problem, das von alters her besteht. Also eine Crux, sowohl biologica wie philosophica. Auf biologischem Gebiet scheint sich mit der Methode der Neurokybernetik ein greifbares Ergebnis in bezug auf die „Entstehung des Geistes" abzuzeichnen.

Was hat nun die Philosophie im Laufe der Jahrtausende aus diesem Rohmaterial „Bewußtsein" im abendländischen Bereich gemacht? Die Dokumente zeigen die Tätigkeit der großen Denker auf im wesentlichen drei verschiedenen Gebieten: der Metaphysik, der aus ihr unmittelbar abgeleiteten Ethik, den Lebens- und Verhaltensnormen der Gesellschaft und zuletzt der Erkenntnistheorie.

Was nun die Metaphysik betrifft, so knüpfen sich daran seit jeher verschwommene und prätentiöse Vorstellungen. Es kann geradezu als eine Perversität der Geistesgeschichte bezeichnet werden, daß dieser Terminus durch Jahrtausende mitgeschleppt werden konnte, für einen Begriffsinhalt, der sich mit dem sprachlichen Ausdruck nicht nur nicht deckt, sondern sogar eines jeglichen Sinnzusammenhangs ermangelt. Denn der Ausdruck „Metaphysik" bezeichnet bekanntermaßen ursprünglich keinen philosophischen, sondern lediglich einen bibliographischen Tatbestand in dem Sinne, daß der Herausgeber des Aristotelischen Nachlasses einige philosophische Schriften nach den naturwissenschaftlichen, meta ta physika, reihte. Griechisch meta c. acc. bedeutet (örtlich und zeitlich) „nach". Eine „Übersinnliche", beinahe okkultistische Färbung bekam der Begriff erst ein halbes Jahrtausend nach Aristoteles durch eine recht willkürliche Paraphrase der ägyptischen Neuplatoniker. Eine moderne, prätentiöse Übersetzung von „meta" mit „über etwas hinweg, hinüber" scheint durch Martin Heidegger inauguriert zu sein.

Was die Interpretation des Begriffes anbelangt, so bezeichnet Aristoteles selbst den Inhalt der später durch fremde Hand unter dem absurden Titel zusammengefaßten Abhandlungen als „prote philosophia", was auch in den „Meditationes de prima philosophia" des Cartesius nachklingt, als Cardialprobleme der Philosophie: die Konzeption eines bewußt denkenden, beseelten Ich und dessen Beziehungen zu übergeordneten, „überindividuellen" (Bauhüttenbegriff), aber nicht „übernatürlichen" Zusammenhängen, wie vor allem zur Ursache der Bewegung = Gott, dann zur Form, zur Materie und zur zweckhaften Vollendung des Seienden. Metaphysik in diesem Sinne begreift also in sich die von einem denkenden Subjekt, das sich als Ich erlebt, empfundene Notwendigkeit, sich einzuordnen in („überindividuelle") Zusammenhänge allgemeiner Art, wie in unmittelbar erfahrbare in der menschlichen Gemeinschaft und in der Umweltnatur, oder in erfühlte und erahnte zu einem Schöpfer aller Dinge. Die Art der metaphysischen Problemstellung wie auch die Antwort darauf, das metaphysische System, wird somit abhängen vom jeweiligen Ich wie auch von („überindividuellen") Daseinsbedingungen im weitesten und subtilsten Sinne, denen dieses Ich sich unterworfen sieht.

So ist wohl ein absoluter metaphysischer Trieb anzunehmen, der (nach Kant) „unhintertreiblich" den Menschen immer wieder zwingt, sich mit sich selbst und mit der (ausser„individuellen") Umwelt auseinanderzusetzen und in einen Ordnungszusammenhang zu bringen. Das perspektivische Schema jedoch, auf Grund dessen sich die Sicht des jeweiligen Ordnungszusammenhanges ergibt, wird sich fallweise ändern als eine Funktion der Geschichte, so daß nicht eine absolute, einzige Metaphysik resultiert, sondern viele je nach den „Umständen" und dem Wissensstande der Zeit. Metaphysische Systeme verwenden also sozusagen wissenschaftliche Bausteine, können aber selbst nicht als Wissenschaft im eigentlichen Sinne gelten.

So liegt dem Dekalog ein wohlausgebildetes metaphysisches System zugrunde, das oben skizzierte Aristotelische hat durch das ganze Mittelalter fortgewirkt, Kant hat seiner Metaphysik, von ihm meist als Transzendentalphilosophie bezeichnet, die Beziehungen des denkenden Subjekts zu den Ideen Gott, Freiheit und Unsterblichkeit unterlegt. Goethe hat im Wilhelm Meister mit der „Religion der vier Ehrfurchten" die metaphysische Bezogenheit seines Daseins formuliert: „Ehrfurcht vor dem, was über mir, neben mir, unter mir und vor dem, was in mir ist." Eigentümlicherweise geschieht dies zu ungefähr derselben Zeit, als er in einem Brief an Hegel bedauert, „daß ihm die Natur die Gaben der Philosophen nicht hat zugestehen wollen"! Heidegger findet das metaphysische Problem reduziert auf die Frage: „Warum ist überhaupt Seiendes und nicht vielmehr Nichts?" Kolbenheyer legt in der „Bauhütte" die Grundzüge einer Metaphysik dar, die das metaphysische Schema zur Ordnung der (ausser„individuellen") Seinsbestände der Gegenwart in Beziehung setzt zu dem durch die Biologie vermittelten Erkenntnisstand, „Bewußtsein als Hirnfunktion".

Das Verhältnis zwischen Metaphysik und Religion wird am besten durch den Umstand bezeichnet, daß die Metaphysik der buddhistischen Religion keinen Gottesbegriff kennt, eine Metaphysik, in der immerhin fast ein Drittel der lebenden Menschheit mit einer ausgeprägten philosophischen Beanlagung seit Jahrtausenden seine Befriedigung findet. Wie es atheistische Religionen gibt, gibt es auch atheistische Metaphysiken. Jede Religion ist also metaphysisch verankert, aber nicht jede Metaphysik weist Beziehungen zu einer theistischen Religion auf. Von hier aus wird auch verständlich, daß Kant von einer metaphysischen Wurzel der Naturwissenschaft sprechen kann. Praktisch ist also jedes philosophische System metaphysisch gegründet, auch z. B. das Ernst Mach's, der sich irrtümlicherweise als Antimetaphysiker fühlte, weil er theistische Formulierungen ablehnte. Es gibt eigentlich nur ein ametaphysisches System, nämlich das des extremen und intransigenten Solipsismus, wie es durch Max Stirners Werk „Der Einzige und sein Eigentum" repräsentiert wird, das keine wie immer gearteten Beziehungen des einzelnen über sich hinaus anerkennt.

Die besondere Fragestellung der älteren griechischen Metaphysik kennt idealistische, materialistische und realistische Denkformen genauso wie die heutige, die nun an einer jeweils charakteristischen Aussage, nämlich über die „Seele" stellvertretend für das „Bewußtsein", kurz abgehandelt werden sollen. Es wird erzählt, daß im 15. und 16. Jahrhundert die Studenten einem akademischen Lehrer zuriefen, er möge von der Seele reden, wenn sie seinen Standpunkt erkunden wollten. Hält man heute Umschau, so wird man feststellen können, daß die gute alte Seele weder von ihrer Aktualität noch von ihrer Eigenschaft als Testobjekt das geringste eingebüßt hat. Und außerdem wird man bei so mancher modernen Diskussion zu dem Thema das Gefühl nicht los, daß sie auch nicht viel fruchtbarer und erquicklicher ist als die damaligen.

Es wäre einerseits verlockend, andererseits aber verwirrend, eine Art Geschichte des Seelenbegriffs innerhalb der abendländischen Geistesgeschichte zu skizzieren. Denn es könnte dabei nicht irgendeine gerichtete „Entwicklung" nachgewiesen werden, sondern lediglich ein Kreisen der jeweiligen Vorstellungsinhalte um einige wenige Seelentypen, die im Kerne schon in der älteren griechischen Philosophie, bei den Vorsokratikern und Voraristotelikern, ausgeprägt sind. Sie tauchen dann, in zeitbedingt abgewandelten Varianten, immer wieder auf. Die Interpretation dieser einzelnen Seelenmuster läßt somit einen Schluß weniger auf einen bestimmten Entwicklungsstand des Denkens, sondern eher auf die Typik der jeweils sich manifestierenden Denkstrukturen zu. Es gehört mit zur Charakteristik eines Kulturbereiches bzw. des ihn tragenden Volks- oder Völkerbestandes als seinem biologischen Substrat, daß ihm nicht beliebig viele, sondern nur eine beschränkte Anzahl von Denkstrukturen und -möglichkeiten zukommen. Diese stehen, wie Nietzsche feststellt, „im Banne bestimmter grammatischer Funktionen", so daß er die Grammatik geradezu als „Volksmetaphysik" bezeichnen kann. Bei Heraklit ist z. B. eine erkenntnistheoretische, eine metaphysische und eine ethische Problematik nachzuweisen, wie sie auch heute noch zur Ingredienz eines kompletten Philosophen gehört.

Es ist nun nicht weiter verwunderlich, daß jeder dieser Denkrichtungen ihr besonderer Seelenbegriff eignet. Wenn wir bei deren Erörterung den Seelenbegriff des Materialismus an die Spitze stellen, entspricht das nicht einer besonderen Neigung, sondern der historischen Gerechtigkeit. Denn der Materialismus ist zwar „nicht älter als die Philosophie, aber so alt wie diese". So sind die konsequentesten Vertreter sowohl des materialistischen wie auch des idealistischen Monismus in der älteren griechischen Philosophie, Demokrit und Platon, Zeitgenossen, und zwar ist Platon der jüngere. Es muß demnach mit der allzu landläufigen Vorstellung, die immer wieder auftaucht, gebrochen werden, daß der Materialismus etwa ein Kind der neuesten, technisierten Zeit sei. Dabei wagt nicht einmal der vielbeschrieene dialektische Materialismus die Konsequenz, die Demokrit ungescheut zog: wenn alles in Dasein und Welt Materie ist, so ist auch die Seele Materie, und zwar nicht der Effekt irgendeiner Materie, im Sinne einer Strahlung oder Schwingung, sondern eben Materie selber. Nach der Vorstellungsweise Demokrits, in der es nur die Atome und den leeren Raum gibt, liegen die Körperatome Schicht um Schicht mit den Seelenatomen. Es versteht sich, daß einer solchen Seele, die durch Seelenatome repräsentiert ist, die Eigenschaft der Unsterblichkeit nicht zugesprochen wird. Auf diese Atomistik Demokrits, die eine metaphysische ist im Gegensatz zur modernen physikalischen, lassen sich irgendwie alle Vorstellungen von einer stofflichen oder stoffabhängigen, sterblichen Seele reduzieren, wie sie im 18. Jahrhundert vor allem Lamettrie, im 19. Karl Vogt, Büchner und Moleschott hegen.

Wenn also der konsequente metaphysische Materialismus auf die Grundformel gebracht werden kann: „Alles ist Materie, es gibt keinen Geist", so läßt sich der extreme metaphysische Idealismus in dem Satz fassen: „Alles ist Geist (Idee); Körper, Sinne und Materie sind nur trügerischer Schein." Es ist unmittelbar einleuchtend, daß der Idealismus einen ganz anderen Seelentyp fordert, eben die absolute präexistente, unsterbliche Seele, deren Bild und Wesen in einem der wirkungsvollsten, weil emotionalsten aller Platonischen Dialoge, dem Phaidon, beschworen wird.

Mit meisterhafter Beherrschung der Emotion, angefangen von der völlig alogischen Führung der Unsterblichkeitsbeweise, bis zur Szenerie, wo der todestrunkene Sokrates, unmittelbar bevor er den Giftbecher nimmt, festlich die Idee der unsterblichen Seele verkündet, hat hier Plato eine Denkstruktur logisch erfaßt und künstlerisch ausgeformt, die in vielfacher Verbrämung sich in all den Jahrhunderten immer wieder als lebenswirklich erwiesen hat, über Augustinus, den Bischof Berkeley und Friedrich Schiller („Es ist der Geist, der sich den Körper baut!") bis in unsere Tage. Denn auch Martin Heidegger begreift „das Wesen des Geistes in seiner Wahrheit" so: „Alle wahre Kraft und Schönheit des Leibes, alle Sicherheit und Kühnheit des Schwertes, aber auch alle Echtheit und Findigkeit des Verstandes gründen im Geist ... Er ist das Tragende und Herrschende, das Erste und Letzte ..."

Während also diese Konzeptionen sowohl des Materialismus als auch des Idealismus irgendwie unmittelbar und elementar wirken, trägt die Kompilation, die beide Standpunkte zu vereinen sucht, das Gepräge des Rational-Reflektorischen, wie sie uns in der „realistisch" genannten Formulierung des psychophysischen Problems durch Aristoteles entgegentritt: ein stofflicher Körper in Symbiose mit einer Geistseele. Dabei sind die Charakteristika des Körperhaften mit dem geschulten Blick des naturwissenschaftlichen Systematikers entwickelt, indessen die Fassung des Seelenbegriffes undeutlich und schwankend durch alle drei Bücher „Von der Seele" hindurch bleibt. So stützt sich der Beweis für die Unsterblichkeit, die bei weitem mit weniger Inbrunst verfochten wird als bei Platon, nach einem Fragment aus dem verschollenen Dialog „Eudemos" auf den Consensus omnium:

„Die Seele ist unsterblich, da wir Menschen von Natur aus den Dahingeschiedenen Spenden opfern und bei ihnen schwören!" Hier beginnt auch schon die Frage, wie denn die gegenseitige Verbindung, modern-technisch gesprochen die „Kupplung" einer unsterblichen Seele mit einem vergänglichen Körper beschaffen sein mag, eine logische Crux durch die Jahrhunderte sowohl für den Idealisten wie für den Materialisten.

Diese Schwierigkeit behebt erst die Fassung des Leib-Seele-Problems durch Thomas von Aquin: „Offenbar ist der Mensch nicht einzig die Seele, sondern die Seinseinheit aus Seele und Leib. Es ist der Seele wesentlich, mit dem Leibe vereinigt zu sein." Es muß festgehalten werden, daß Thomas dort, wo von einer Verbindung zwischen Leib und Seele die Rede ist, immer den Ausdruck „unire" gebraucht, dem begrifflich eine Unio mystica zugrunde liegt. Es gewinnt also diese Fassung die Struktur und die Dignität eines christlichen Dogmas als einer mystisch-irrational-unanschaulichen Konzeption, die einer Interpretation mit logisch-rationalen Denkmitteln nicht zugänglich ist. Damit liegt dieser Leib-Seele-Begriff auf einer und derselben Ebene mit der dogmatischen Konzeption etwa der Trinität, der Homousie (der Wesensgleichheit Christi mit Gottvater), der hypostatischen Union (der Gott-Mensch-Natur in Christus) und der leiblichen Aufnahme Marias in den Himmel nach der Definition von 1950. So steht neben dem materialistischen und idealistischen Seelenbegriff der heute kanonisierte Thomistische Leib-Seele-Begriff als ein weiterer rocher de bronce in der abendländischen Geistesgeschichte, an dem naiv-dilettantenhafte Versuche, ihn naturwissenschaftlich zu interpretieren, immer wieder zuschanden werden.

Es bleibt nun zuletzt die Stellung des Seelenbegriffes in der Naturwissenschaft zu erörtern. So viele Beziehungen der Materialismus zur Naturwissenschaft auch haben mag, so dürfen beide nicht zur Deckung gebracht werden. Es besteht ein sehr wesentlicher Unterschied: der Materialismus betrifft eine metaphysische Denkrichtung, die unter anderem die Frage nach einem Schöpfer aller Dinge verneint. Die Naturwissenschaft dagegen muß diese Frage an sich in ihrem Bereich als gegenstandslos ansehen, da nicht die mindeste Aussicht besteht, daß sie sie mit ihren Mitteln beantworten kann. Das gleiche gilt für die Frage der Seelenunsterblichkeit: auch diese ist für die Naturwissenschaft irrelevant, aus denselben Gründen. Wenn die Naturwissenschaft es ablehnen muß, etwa den idealistischen Seelenbegriff wie ein Trojanisches Pferd in ihren Begriffsbestand einzuschleusen, so erfolgt diese Ablehnung nicht aus materialistisch-philosophischen Erwägungen, sondern lediglich aus methodischen: es gibt eben keine naturwissenschaftliche Methode, mittels derer sich der Begriff einer unsterblichen Seele verifizieren ließe.

Man wird also festhalten müssen, daß der materialistische Seelenbegriff keineswegs verbindlich ist für die Naturwissenschaft. Ein Licht auf diese Beziehungen wird der Umstand, daß der Materialismus an die 2500 Jahre alt ist, während man von einem naturwissenschaftlichen Seelenbegriff erst sprechen kann, seit die Physiologie so weit entwickelt war, daß sie sich seiner bemächtigen konnte. Dies ist etwa 150 Jahre her.

Die Naturwissenschaft darf also mit gutem Recht „Bewußtsein-Seele" ausschließlich als Hirnfunktion betrachten und dabei noch dazu auf jede wie immer geartete „Erklärung" dieser Funktion verzichten, so wie z. B. auch die statische Funktion des Skelettes nicht weiter „erklärbar" ist. Von der klaren und strengen Fassung des Funktionsbegriffes hängt nun auch die Erfassung des Problems ab, wobei ganz besonders ein Abgleiten in metaphysische Begriffsbildung vermieden werden muß: Bewußtsein-Seele idealistisch als Geist, materialistisch als Schwingung, Strahlung oder als Hirnstoffwechselprodukt gefaßt. Nur innerhalb dieser eng gesteckten Grenzen des Funktionsbegriffes ist eine wissenschaftliche Behandlung des Problems möglich, jeder kleinste Schritt darüber hinaus wird die Festlegung erzwingen, die sich schon Heraklit aufdrängte: „Der Seele Grenzen kannst Du im Gehen (mit dem Maß der Schritte) niemals ausfindig machen", ein Eindruck, der sich bei all dem, was durch die Jahrtausende über die Seele geschrieben wurde, immer wieder bestätigt: unverbindlich und grenzenlos! Hier liegt für den, „der sich beim reinen Phänomen nicht zu bescheiden weiß", das eigentliche Schlaraffenland der Spekulation, deren Ergebnisse ebenso unbeweisbar wie unwiderlegbar sind, die auch einmal bereit ist, Okkultismus und Parapsychologie als Überbrückungskredite in Anspruch zu nehmen oder – bestenfalls – beim „Ignorabimus" Du Bois-Reymonds zu resignieren.

Es ist begreiflich, wenn die strikte Erfassung des Bewußtseins als Hirnfunktion durch die Physiologie zu einer metaphysischen Ausdeutung und Ausformung der in das Blickfeld fallenden biologischen Tatbestände geführt hat, so daß nun die Denkrichtung des philosophischen Naturalismus, etwa im Sinne der Kolbenheyersche „Bauhütte", beachtlich neben Idealismus, Materialismus und Realismus steht: auch sie nicht beweisbare „Wissenschaft", sondern Gedankenkunst, deren Wellenlänge auf bestimmte Denkstrukturen abgestimmt ist. Dieser Naturalismus nun formt ein Bild des Menschen, der nicht mehr als absolutes Einzelwesen seine „Existenz" während seines individuellen Lebens bestimmen kann, dessen leibseelisches Gefüge und vielfältige Lebensbeziehungen vielmehr durch die ihm vorausgehenden ungezählten Geschlechterfolgen bestimmt sind. Dem „Bewußtsein" dieses Menschen wird somit nicht eine absolute, eigenständige Wesenheit zugesprochen, in der und aus der das Wesen des Menschen begriffen werden kann: es erscheint als „Wellenglitzern über den dunklen Strömen" des übermächtigen unbewußten Lebens.

Der metaphysische Idealismus, der nichts mit dem praktisch-ethischen zu tun hat, stellt mit Cartesius die Frage: Was wird bewußt? Er versucht in seiner Antwort „existenziell" das ganze Wesen des Menschen und seine Einordnung in alle „außerindividuellen" Beziehungen aus der Tatsache und dem Inhalt seines Bewußtseins zu gewinnen. Die Psychologie stellt die Frage: Wie wird etwas bewußt? Sie versucht durch „Selbstbeobachtung" den Tatsachen der inneren Erfahrung, wie Erinnerung, Gedanken, Gefühle, Erlebnisse, Stimmungen, Willensregungen, nachzuspüren. Für den metaphysischen Naturalismus ist die Frage, wann und warum in der phylogenetischen Reihe Bewußtsein auftritt. Für ihn ist der Mensch das — vorläufige — Ergebnis der Evolution. Diese hat im Widerspiel zu allen Umwelteinwirkungen im weitesten Sinne im Laufe einer jahrhundertemillionenlangen Entwicklung in der Ausbildung der Lebensbestände über die Stufen von der einfachen Teilung des Einzellers bis zur Ausbildung von zweifachen unterschiedlich gearteten Geschlechtsformen geführt, die letzten Endes zu „Eltern" auswachsen. Deren Funktion ist nun, über das rein „Außerindividuelle" des selbstbewußten Ich zu einer gemeinsamen Reaktionsform, dem „Überindividuellen" gelangt. Dies ist nun, wenn man von der vorübergehenden Brutpflegereaktionswelt der Vögel und höheren Säuger absieht, einzig dem Menschen als Bewußtsein in vollem Umfange eigentümlich. Die Bauhütte hat auch zum ersten Male die Ansicht vertreten, daß die Bewußtseinsreaktionen nicht in erster Linie auf „Erkenntnis" abzielen, sondern auf „Erfahrung", die sich an den Wirklichkeitsbeständen der Umwelt „orientiert". Diese phylogenetisch erworbenen „Erfahrungen" sind als Erbbestände im zentralen Nervensystem niedergelegt und haben sich als das erwiesen, was Kant als „Erkenntnis a priori", als jeder persönlichen, ontogenetischen Erfahrung vorangehend, eingeordnet hat. Demnach wurden sie von Konrad Lorenz als a posteriori bezeichnet, die erbliche Grundlage der „Instinkte".

Der Mensch ist also auf seinem stammesgeschichtlichen Wege dahin gekommen, daß er zur Bewältigung seiner Lebensumstände als Einzelwesen weder bestehen noch sich fortpflanzen könnte ohne Bewußtsein, das damit nicht nur eine Frage des Lebens, sondern des Überlebens geworden ist. Mit seiner Hilfe „orientiert" sich der Mensch an seiner Bestandslage einmal auf Grund der ererbten Instinkte und weiter der Erfahrungen, die er durch Tradition in seinem individuellen Leben übermittelt bekommt und die er durch Lernen aus seiner individuellen Erfahrung schöpft.

Die entsprechende Erfahrung gewinnt er, wie gesagt, vermittels seiner „Orientierung" an allem „Außerindividuellen". Es ist bemerkenswert, daß Kant sich in einer kleineren Arbeit vom Jahre 1786 „Was heißt: Sich im Denken orientieren?" an die Schwelle der Bauhütte herantastet. Die Orientierung erfolgt weiter am „Überindividuellen", wenn man unter besonderen Umständen des Außerindividuellen in einem gemeinsamen Funktionskreis eingeordnet ist. Den Zugang zu dieser metaphysischen Dimension sieht die Bauhütte in einem „zweifachen Weg", dem emotionalen und dem rationalen, was sie als eine Entsprechung zur asymmetrischen Hirnanlage ansieht. Diese beiden Wege und Bewußtseinszustände lassen sich „seit Menschengedenken" in der Menschheitsgeschichte nachweisen auf allen Stufen menschlicher Gemeinschaftsbildungen, die als jeweilige „Individuationen" erkannt werden.

Dieses menscheneigentümliche Überindividuelle erscheint in der Bauhütte in seiner besonderen Bedeutung für das Bewußtseinsleben und dessen biologischer Funktion für das Leben und Überleben der menschlichen Gesellschaftsformen auch organisch in der grauen Hirnrinde „repräsentiert", wie neuere Forschungen nachgewiesen haben. Über Familie und Stamm hinaus erweist der emotionale Weg beim Entstehen von „Völkern" als inneren Wesensbestand das, was Goethe als „Volkheit" erfühlt hat und was letzten Endes die Grundlage für den „Nationalismus" abgibt, gleichgültig ob gewisse Historiker und Soziologen diesen als Störung empfinden oder nicht. Alle diese überindividuellen Individuationen können überwachsen werden, auch zu übervölkischen Bindungen, bleiben aber mit ihrer Funktion im Kerne auch in diesen Bindungen erhalten. Sie spielen in der politischen und kulturellen Geschichte eine große Rolle, die oft, wenn das emotionale Ausleben dieser Volkheiten gestört oder behindert ist, zu großen politischen Spannungen führen können und die bei politischen Entscheidungen und Ordnungen meist nicht oder zu wenig berücksichtigt werden.

Der andere, rationale Weg hat die Ausbildungen von „Staaten" und deren Rechtsnormen zur Folge, die sich auch in den einzelnen codifizierten Gesellschaftsformen niederschlagen. Diese beiden Wege, der emotionale durch Religion, Philosophie und Kunst, der andere rationale durch Wissenschaft, bedingen auch verschiedene Methoden, mit Hilfe derer ihre Ergebnisse gewonnen werden, so daß, auf den ersten Blick, ein „gespaltenes Weltbild entsteht. Durch einen Kurzschluß im Urteil darüber, von der Bauhütte als „Hypostase" erfaßt, werden nun beide einzelnen Weltbilder theoretisch dogmatisiert und ihnen eine „Alternativfunktion" zugesprochen. Dagegen lassen sie sich im einzelnen Menschen, der rein anatomisch über die Hirnformation der „Brücke" verfügt, ohne Schwierigkeiten zu einem „beruhigenden" gemeinsamen Funktionsbild vereinigen. Jeder einzelne Mensch hat die Möglichkeit, eine mögliche Überbetonung der einen Seite durch die andere „ergänzend, komplementär", aber nicht „alternativ" zu gestalten, um eine Ausgewogenheit zu erzielen.

Von hier wären auch sämtliche Folgerungen für die „Ethik", das gesamtmenschliche Verhalten, abzuleiten, worauf hier aus Raumgründen verzichtet werden muß. So steht der metaphysische Naturalismus mit seiner naturgerechten Sicht des Menschen eindrucksvoll neben Idealismus, Materialismus und Realismus da und wird seine Lebenswirksamkeit in dem Maße erweisen, als seine ihm innewohnende Ordnungsfunktion der Fülle und der Vielfalt unseres Daseins und seinen immer neuen Anforderungen gerecht wird. Er kann neben den etablierten metaphysischen Systemen zeitgemäß als „Grüne Metaphysik" geführt werden!

Was das weitere große philosophische Gebiet, die Ethik anbelangt, so wäre sie jetzt, im Anschluß an die Metaphysik abzuhandeln. Wie schon angedeutet, muß darauf verzichtet werden, da dann der Raum für das wichtige hochaktuelle Gebiet der Erkenntnistheorie und des Erkenntnisgewinns in Verbindung mit den Fragen, die die Natur und die abendländische Naturwissenschaft betreffen, zu sehr beschränkt wäre. Es darf daher in diesem Zusammenhang auf die weiterführende Literatur hingewiesen werden. Glücklicherweise steht für diesen Zweck, gerade im Anschluß an die etwas eingehender erörterte Metaphysik der Kolbenheyerschen Bauhütte in dem „Dreigespräch" eine Schrift zu Gebote, die das Thema erschöpfend behandelt. Sie ist in einer ansprechenden, lebendigen Dialogform abgefaßt, wie sie sich seit Platon und Galilei für eine solche Thematik fruchtbar erwiesen hat.

Der Frage, wie „Erkenntnisgewinn" möglich ist und welche Bedeutung ihm für die menschliche Gesellschaft und Kultur ihr zuzusprechen ist, hat die Philosophie seit jeher größtes Augenmerk zugewendet. In unseren Tagen hat sich allerdings der Schwerpunkt der Betrachtung in dem Sinne verlagert, daß nun allgemein ihre Bedeutung nicht bloß als theoretisches Problem, sondern als Lebens- und sogar Überlebensfrage voll anerkannt ist. Diese damit übernommene Aufgabe steht in engstem Zusammenhang mit der Erfassung und Bewältigung der „Natur" als Umwelt des Menschen. Dies hatte eben den Aufschwung der Naturwissenschaft besonders im 19. und in unserem 20. Jahrhundert zur Folge, während die eigentlichen Geisteswissenschaften in den Hintergrund traten. Somit erscheint es gerechtfertigt, die uralten Probleme der Erkenntnis unter dem Gesichtswinkel der Naturwissenschaften abzuhandeln.

Es besteht kein Zweifel, daß die Entwicklung der abendländischen Naturwissenschaft und in ihrem Gefolge der Probleme der „Erkenntnis" und der wissenschaftlichen Methodik nicht als unmittelbare Nachfolge der antiken, naturwissenschaftlichen Überlieferung aufgefaßt werden darf. Es bestehen trotz der Masse der überlieferten Beobachtungen und Fakten doch erhebliche Unterschiede in der Bearbeitung, vor allem bei Aristoteles und den medizinischen Arbeiten des Hippokrates, um nur die Hauptvertreter zu nennen. So ist gerade dem Aristoteles eigentümlich, daß er wohl eine sehr große Anzahl genauester Beobachtungen und deren sehr eingehender Beschreibungen liefert, aber zu ihrer Deutung sich rein spekulativer Methoden bedient, die manchmal zu absurden „Erklärungen" führen. Sie werden vor allem von dem diesbezüglich unvoreingenommenen Goethe kritisiert. So kann man den Beginn der abendländischen Naturwissenschaft mit einer grundsätzlichen Zäsur ansetzen, die nun in ihren wesentlichen Kriterien dargestellt werden soll.

Um nun darzulegen, was unter „Natur" im heutigen Sinne verstanden werden kann, ja eigentlich verstanden werden muß, wird auf jede schmalbrüstige Definition verzichtet. Statt dessen wird eine weiterausladende Paraphrase unter dem Gesichtswinkel des Evolutionsgedankens nötig sein, wie sie, nach dem heutigen Stande der naturwissenschaftlichen Forschung, zusammenfassend und zielführend erscheint und ihren jüngsten Ergebnissen entsprechend. Dabei ist nicht etwa eine dogmatische Betonung der „Wahrheit" des Evolutionsgedankens maßgebend, sondern einzig und allein seine praktisch-systematische Brauchbarkeit, ganz im Sinne des Goetheschen Ausspruches: „Was fruchtbar ist, allein ist wahr!".

Das Wesen der vordringlichsten Aussagen der Evolutionstheorie sei mit einer Paraphrase des amerikanischen Forschers M. Calvin wiedergegeben, der sich, was u. E. von großer Bedeutung ist, mit der Rolle der Autokatalyse ausführlich befaßt. Diese stellt im Ablauf des Evolutionsprozesses über Mutation, Selektion und Merkmalsrekombination hinaus die Einengung der ablaufenden Prozesse auf eine immer geringere Zahl von Möglichkeiten klar heraus, so daß die jeweils gebildeten Strukturen als Katalysatoren, als Voraussetzungen für die auf eine geringere Anzahl von Möglichkeiten eingeengte Bildung weiterer Strukturen gelten müssen, wobei z. B. durch die katalytische Aktivität der Proteine als Enzyme die Reaktionsgeschwindigkeit um viele Zehnerpotenzen erhöht wird. Nach Darstellungen der biochemisch möglichen Grundlagen der Lebensentstehung, wie sie bereits in den fünfziger Jahren anhand von biochemischen Modellexperimenten diskutiert wurden und auf Grund eigener Experimente, kommt M. Calvin zu folgendem vorläufigen Abschluß: „Wir können uns jetzt also einen kontinuierlichen Vorgang vorstellen, der mit der kahlen Erde beginnt (tatsächlich sollte man den Beginn des Evolutionsprozesses in die Urexplosion verlegen), zu der zufälligen Bildung mehr oder weniger komplizierter Molekeln, dann allmählich durch den Prozeß der Variation, Autokatalyse und Auslese zu komplizierteren Systemen führt, die noch heute die Träger der Kontinuität und Ordnung der heute lebenden Systeme sind."

Es soll hiermit festgehalten werden, daß unter Evolution, wie gesagt, der fortschreitende Aufbau von anorganischen und organischen Naturkörpern jeglichen Ausmaßes, vom Urknall vor 15 bis 18 Milliarden Jahren angefangen bis zum Ausbau der soziokulturellen Menschheitsphase verstanden wird.

Es handelt sich dabei um ein mit rein naturwissenschaftlicher Methodik angestrebtes und einstweilen erreichtes Tatsachengefüge, in dem rein spekulativen Praktiken kein Raum gewährt wird. Dies ist auch der Grund dafür, daß ein echter, systematischer Brückenschlag zwischen Natur- und Geisteswissenschaft, wie er immer wieder versucht wurde und wird, bestenfalls die Aufstellung eines naturphilosophischen Gebäudes zur Folge hat, in dem mehr oder weniger weitgehend Ergebnisse der Naturwissenschaft verarbeitet werden. Es sollte bei solchen Bestrebungen endlich einmal die Tatsache zur Kenntnis genommen werden, die schon die

Griechen als Metabasis eis allo genos, als Übergang auf eine andere Begriffsebene bezeichnet und verurteilt hatten, und ebenso Kant, der in einem solchen Beginnen „keine Vermehrung, sondern eine Verunstaltung der Wissenschaften erblickt, wenn man ihre Grenzen ineinanderlaufen läßt".

Unter dem Blickpunkt des Evolutionsgedankens, der Evolutionshypothese, die man vielleicht sogar zufolge ihrer erwiesenen Brauchbarkeit für die einheitliche Überschau aller Naturdinge zur Evolutionstheorie befördern könnte, wie es mehrfach anerkannt scheint, liegt nun die Gesamtheit „Natur" in Millionen von Einzelobjekten vor, die ihre stufenweise Entstehung milliardenfachen kleinen und kleinsten Schritten verdanken, die die Evolution gegangen ist. Somit kann man nüchtern und bescheiden, ohne naturphilosophische Exaltation, die Aufgabe der Naturforschung dahingehend umreißen, daß sie bestrebt sein muß, eben alle diese jeweiligen Ergebnisse der jeweiligen Evolutionsschritte festzustellen und mosaikartig die Lücken der gesamten bisher ermittelten Ergebnisse auszufüllen. Dieses Bestreben mag als Rückspulung aller bisherigen „historischen" Veränderungen, angefangen von den rezenten, jüngst erfolgten, bis zu den Anfängen sowohl des organischen Lebens als auch der vorhergehenden anorganischen Evolution bezeichnet werden. So gewinnt erst unter diesem umfassenden Blickpunkt der bisher, man kann ruhig sagen gedankenlos verwendete Ausdruck „Naturgeschichte, Naturhistorie" seinen eigentlichen Sinn, seine gegenständliche Begründung. Und so gesehen verlieren alle, auch die allerneuesten Ergebnisse der Naturwissenschaft, ihre Charakteristik als „Novitäten", sie gewinnen vielmehr in der geschichtlichen Abfolge aller Naturerscheinungen ihren natürlichen Stellenwert sozusagen als „Antiquitäten". „Neu" sind sie lediglich in der Geschichte ihrer Entdeckung, wie sie durch die Wissenschaftsgeschichte dargestellt wird. Praktisch muß die Aufdeckung und lückenlose Aneinanderreihung der einzelnen stufenweise entstandenen Naturgebilde und Vorgänge als „unendliche" Aufgabe, insbesonders von der Begrenztheit des einzelnen menschlichen Lebens her, gelten. Und so gewinnt Goethes resignierte Feststellung: „Die Natur hat kein System, sie hat, sie ist Leben und Folge aus einem unbekannten Zentrum zu einer nicht erkennbaren Grenze" buchstäblichen Sinn und Bedeutung.

Nun erscheinen einige klärende Bemerkungen zu den Begriffen Naturbeschreibung, Naturforschung und Naturwissenschaft nötig. Diesbezüglich haben zweifellos die Griechen, und zwar im besonderen Aristoteles, ausführliche Beschreibungen von Naturdingen, wie sie sich unseren Sinnesorganen darbieten, geliefert. Auf Beschreibung und Sammlung fußend, schien die Notwendigkeit gegeben, das Beobachtungsmaterial an den gesamten Naturdingen, das sich im Laufe des Mittelalters und der angehenden Neuzeit angehäuft hatte, systematisch zu ordnen und damit der Aufbau eines wissenschaftlichen Systems und einer wissenschaftlichen Methodik, wofür sich wohl auch im Altertum Ansätze finden. Jedoch ergaben sich im eigentlichen abendländischen Bereich Normen, die eine Abgrenzung gegenüber der Antike zulassen und sogar notwendig machen.

In den „Metaphysischen Anfangsgründen der Naturwissenschaft" erklärt Kant, „eine jede Lehre, wenn sie ein System, d. i. ein nach Prinzipien geordnetes Ganzes der Erkenntnis, sein soll, zur Wissenschaft".

Auf Grund einer scharfsinnigen ausgedehnten Untersuchung, bezüglich derer Kant sich zeitlebens stolz bewußt war, in der gesamten Philosophie etwas Einmaliges geleistet zu haben, werden nun Erkenntnisvorgang und Erkenntniskräfte des menschlichen Geistes festgestellt und zergliedert und deren Grenzen aufgewiesen. Zugrunde liegt der Ausgangspunkt Kants, daß jedwede Erkenntnis zustande kommt durch die Sinne, deren Wahrnehmungen unmittelbar durch den Verstand unter Bildung von Begriffen bewußt werden. Auf diese „Verstandesbegriffe" beziehen sich nun weitere Begriffe höherer Ordnung, die er als „Vernunftsbegriffe oder Ideen" klassifiziert: Der Gang des Erkenntnisgewinns, der Erfahrung.

Darüber hinaus ist eine begründete Aussage, die als „Wissen" bezeichnet werden kann, nicht möglich, sondern dem „Schlaraffenland" der ungezügelten Spekulation zuzuordnen.

Es braucht also durchaus nicht als überflüssig und überholt angesehen werden, wenn daran erinnert wird, daß Kant den Schlußabsatz der Elementarlehre der reinen Vernunft zusammenfassend beginnt: „So fängt denn alle menschliche Erkenntnis mit Anschauungen an, geht von da zu Begriffen und endigt mit Ideen", nachdem er auf 700 Seiten als der gedankenschärfste Geist, der je gelebt hat, dargetan hat, daß, „alle Vernunft im spekulativen Gebrauche mit diesen Elementen niemals über das Feld möglicher Erfahrungen hinauskommen könne". Es ist nachgerade wieder an der Zeit, Betrachtungen über die Grundlage unserer abendländischen Naturwissenschaft mit diesem Akkord Kantscher Denkergebnisse zu beginnen, die von Geistern, die in weitem Abstand hinter ihm rangieren, mehr oder weniger glatt und nachsichtig auf die Seite geschoben werden. „Reine" (also spekulative) Vernunft, ist also niemals imstande, ohne Beziehung auf Erfahrung, die Grenzen der Erkenntnis über jene Erfahrung hinaus zu erweitern, sie hat lediglich die Aufgabe, die durch Erfahrung gewonnenen Erkenntnisse zu ordnen, also einen „regulativen Gebrauch" zu gewährleisten, und nichts außerdem.

Wenn wir nun versuchen, das Wesen der Grundlagen und den Geltungsbereich naturwissenschaftlicher Gesetzlichkeit und Methodik durch Heraushebung der Kardinalfrage zu umreißen, so läßt sich die diesbezügliche Problematik auf einige wenige Fragenkreise zurückführen und damit verdeutlichen, die nicht ohne weiteres als einfache Anknüpfung an die antike Überlieferung betrachtet werden können. So ist schon die erste, man möchte sagen rein abendländische Feststellung und methodische Forderung so unantik wie nur möglich. Darunter soll verstanden werden jene lapidare Formel des älteren Bacon, des Franziskanermönchs Roger, der im Jahre 1294 stirbt: „Causas non opportet investigare!" (Es ist nicht günstig, nach den Ursachen zu forschen). Er erinnert damit an niemand geringeren als Goethe: „Man suche nur nichts hinter den Phänomenen, sie selbst sind das Problem." Dagegen Aristoteles: „Wir sollten uns erfreuen an der Naturbetrachtung, wenn wir imstande sind, einen Einblick in ihre Ursachen zu tun." Roger ist auch der erste, der mit einer Ausschließlichkeit, die antike Ansätze weit hinter sich läßt, die Rolle der Mathematik für die Physik und experimentelle Naturwissenschaft betont und ihr grundsätzliche Bedeutung zuerkennt.

Die eigenen physikalisch-experimentellen Ansätze des älteren Bacon betreffen vor allem die Optik. Wenn auch hier vieles auf seinen Lehrmeister zurückgehen mag, so ist es doch Roger, der in aller Schärfe die Anwendung der Mathematik auf die Physik und die entscheidende Wichtigkeit des Experimentes betont und somit von seiten seiner Ordensobrigkeit einiges auf sich nehmen muß.

Mit diesen Anfängen der Experimentalphysik, die dann in der Folge durch Galilei, wie bekannt, auf einen ersten Höhepunkt geführt wurde, ist eine gewaltige und grundsätzliche Zäsur gegenüber der Antike bezeichnet. Seine Leistungen und die etwa Newtons unter Anwendung der mathematischen und experimentellen Grundsätze sind zu bekannt, als daß hierauf eingegangen werden müßte. So kann denn Immanuel Kant, der in seiner akademischen Laufbahn Vorlesungen über Mathematik, Astronomie, Geographie und Anthropologie und erst zuletzt über Metaphysik gehalten hat, feststellen: „Natur, materialiter betrachtet, ist der Inbegriff aller Gegenstände der Erfahrung. Was nicht Gegenstand der Erfahrung sein kann, dessen Erkenntnis wäre hyperphysisch (er vermeidet den Ausdruck „metaphysisch" bezeichnenderweise), und mit dergleichen haben wir gar nichts zu tun." Was die Rolle der Mathematik in unserer Naturwissenschaft betrifft, so muß wieder Kant angeführt werden: „Ich behaupte, daß in jeder besonderen Naturlehre nur soviel eigentliche Wissenschaft angetroffen werden könne, als darin Mathematik anzutreffen ist." Was das Experiment anbelangt: „Die Vernunft muß mit ihren Prinzipien, nach denen allein übereinkommende Erscheinungen für Gesetze gelten können, in einer Hand, und mit dem Experiment, das sie nach jenen ausdachte, in der anderen, an die Natur gehen, aber nicht in der Qualität eines Schülers, der sich alles vorsagen läßt, was der Lehrer will, sondern eines bestallten Richters, der die Zeugen nötigt, auf die Fragen zu antworten, die er ihnen vorlegt." Diese Formulierung Kants, der eine, „vom Bathos der Erfahrung gezügelte Phantasie" zugrunde liegt, sollte auch heute nicht aus dem Gedächtnis schwinden, trotz aller scheinbaren „Progression", weil sie ihre Geltung auch an der modernsten naturwissenschaftlichen Methodik erweist.

Unübersehbar für die Aufschlüsselung der sogenannten Naturgesetzlichkeit und ihres Wesens ist ein Vorgang im Denken Kants, den er selbst als „kopernikanische Wendung" bezeichnet.

Wie seinerzeit Kopernikus die Rücklaufschlingen der Planetenbahnen als die an den Himmel projizierte Bahn der bewegten Erde erklärte, erkannte Kant, daß sich die „Erkenntnis nicht nach den Gegenständen, sondern die Gegenstände nach unserm Erkenntnis richten, eine dem Naturforscher nachgeahmte Methode." Die Naturgesetze sind also nicht eine Funktion der Naturgegenstände, sondern des menschlichen Intellekts, und sei er auch durch noch so bedeutsame Verfeinerungen der menschlichen Sinnesorgane, durch Instrumente unterstützt: Dadurch wird weder eine vollständige Objektivierung, also eine Loslösung von einem subjektiven Faktor möglich, noch kann es sich im Bezug auf z. B. die Quantenphysik, „um einen wirklichen Bruch in der Struktur der Naturwissenschaft handeln. Da die Ansicht Kants gerade durch die heutige hirnbiologische Forschung glänzend bestätigt erscheint, so müßte dem „Bruch" in der naturwissenschaftlichen Gesetzlichkeit ein entscheidender Mutationsschritt in der Biologie des menschlichen Gehirns entsprechen, der aber nicht nachzuweisen ist. Trotzdem sie mehr als anderthalb Jahrhunderte alt ist, scheint diesen Unterschieden zwischen klassischer und Quantenphysik eine Formulierung Lamarcks besser gerecht zu werden: „Es gibt keine Verschiedenheit in den physikalischen Gesetzen, welche alle existierenden Körper beherrschen, es gibt aber eine beträchtliche Verschiedenheit in den Verhältnissen, unter denen die Gesetze tätig sind." Bei der Erschließung quantenphysikalischer Bereiche ist eben eine Anpassung der angeblich objektiv gültigen Naturgesetze an die veränderten Bedingungen nötig geworden — und wird in neuentdeckten Zusammenhängen, in einer künftigen Forschung wieder nötig werden: „Die Kunst schließt sich in ihren einzelnen Werken ab, die Wissenschaft erscheint uns grenzenlos." Zwischen diesen Eckpunkten, die die abendländische Wissenschaft markieren, sind auch die weitergesponnenen Formulierungen der neuesten logistischen Mathematik unentrinnbar einzugliedern. An diesem Umstand wird auch durch die Tatsache nichts geändert, daß man in der modernen Physik auf Anschaulichkeit, die einem dreidimensionalen Vorstellungsvermögen entspricht, verzichtet, z. B. in bezug auf einen gekrümmten, mehrdimensionalen Raum oder ein raumzeitliches Kontinuum, wenn nur die durch eine besondere mathematische Formelsprache ermittelten Verhältnisse experimentell nachprüfbar sind.

Nun hat aber auch ein Zeitgenosse Immanuel Kants Gewichtiges zur Wissenschaftstheorie und -methodik gesagt, dem ebenso diese Dinge zeitlebens am Herzen lagen: Johann Wolfgang von Goethe. So bemängelte er an der Naturwissenschaft der Alten, „daß ihnen die Kunst fehlt, Versuche anzustellen, ja sogar der Sinn dazu. Die Versuche sind Vermittler zwischen Natur und Begriff, zwischen Natur und Idee, zwischen Begriff und Idee." In diesen kurzen Sätzen Goethes ist die Struktur der antiken Wissenschaft ebenso bezeichnet wie das Wesen der eigentlichen abendländischen: In der zentralen Stellung, die dem Experiment angewiesen wird, dem Versuch, der Natur gezielte Fragen zu stellen unter Heraushebung einiger weniger „signifikanter" Kriterien, den Reduktionalismus, der ein weiteres Kennzeichen unserer naturwissenschaftlichen Methodik darstellt.

Zu einem wesentlichen Bestandteil der heutigen Naturwissenschaft gehört auch eine eindeutige und klare Stellung zum Begriff der Teleologie, also zur Frage, ob die Evolution als zweckbestimmt oder als einem ungerichteten Zufall anheimgegeben erscheint. Diese Frage schien schon Aristoteles als bedeutungsvoll, so daß er erklärt: „In den Werken der Natur − und gerade in ihnen herrscht die Regel, nicht blinder Zufall, sondern Sinn und Zweck", wiewohl er im Protreptikos auch einräumt, daß „manche Dinge aber auch durch Zufall entstehen". Man sieht, daß der moderne Bestseller J. Monods, „Zufall und Notwendigkeit", auf eine bedeutsame Vergangenheit zurückblicken kann. Es ist daher nicht verwunderlich, wenn Kant in seinem lebenslangen Bestreben, das Wesen und die Grenzen der menschlichen Erkenntnis klar- und bloßzulegen, diese Frage als so bedeutsam ansah, daß er in seinem 2. Hauptwerke der teleologischen Urteilskraft eine umfassende Darstellung widmete. Er geht von der Feststellung aus, daß eben unsere menschliche Urteilskraft und Erkenntnismöglichkeit dazu neige, daß es ihr gemäß sei, eine „subjektive Zweckmäßigkeit der Natur anzunehmen. Wie aber Zwecke, die nicht die unserigen sind und die auch der Natur, welche wir nicht als intelligentes Wesen annehmen, nicht zukommen, eine ganz eigene Gesetzlichkeit derselben ausmachen können oder sollen, läßt sich a priori gar nicht mit einigem Grunde präsumieren, ... es müßte denn eine Vernünftelei vorhergegangen sein, die nur den Begriff des Zwecks in die Natur der Dinge hineinspielt, aber ihn nicht von den Objekten und ihrer Erfahrungskenntnis hernimmt." Für Kant bedeutet also der Zweckmäßigkeitsbegriff sozusagen lediglich eine Krücke für unsere subjektive Erkenntnis, die aber nicht im Wesen der Naturdinge, soweit sie unserer Erfahrung zugänglich sind, liegt, die Natur also „im höchsten Grade zufällig" ist. Die teleologische Betrachtungsweise, die Kant als heuristische, methodische Möglichkeit durchaus anerkennt, muß er demgemäß lediglich der „subjektiven, reflektierenden" Urteilskraft, also der „regulativen Gesetzlichkeit" unserer menschlichen Erkenntniskräfte, aber nicht einer natureigenen, aus dieser abgeleiteten „konstitutiven, bestimmenden" zurechnen, und weigert sich, „als Vernunftsbegriff eine neue Causalität in der Naturwissenschaft einzuführen, die wir doch nur von uns selbst entlehnen und anderen Wesen beilegen". In der Folge kommt immer wieder zum Durchbruch die rein mechanistische Naturauffassung Kants, die er auch in seinen kosmologischen Darlegungen vertritt und jegliche Vermischung mit theologischen Behauptungen ablehnt: „Wenn man also für die Naturwissenschaft und ihren Context den Begriff von Gott hereinbringt, um sich die Zweckmäßigkeit in der Natur verständlich zu machen, und hernach diese Zweckmäßigkeit wiederum braucht, um zu beweisen, daß ein Gott sei: so ist in keiner von beiden Wissenschaften innerer Bestand, daß also die Teleologie keine Vollendung des Aufschlusses für ihre Nachforschungen als in einer Theologie findet." Es mag wohl immer wieder mit Berechtigung darauf hingewiesen werden, daß diese mechanistische Naturauffassung Kants ihre Begründung in der erfolgreichen Anwendung der Newtonschen Gesetze habe, unter deren unmittelbaren Einfluß Kant zweifellos steht. Aber auch in bezug auf die Welt der Organismen „läßt die Übereinkunft (Ähnlichkeit, Analogie) so vieler Tiergattungen einen obgleich schwachen Strahl von Hoffnung in das Gemüt fallen, daß hier wohl etwas mit dem Prinzip des Mechanismus der Natur, ohne welches es überhaupt keine Naturwissenschaft geben kann, auszurichten sein möchte". Wenn er weiter, unter Hinweis auf die Forschungsergebnisse der „Archäologen der Natur", die Möglichkeit einer Deszendenz des Menschen aus der „niedrigsten, uns merklichen Stufe der Natur, der rohen Materie" einräumt, so nennt er die Hypothese von solcher Art „ein gewagtes Abenteuer der Vernunft", betont aber, daß es nicht ungereimt ist, ... die Erzeugung eines organischen Wesens durch die Mechanik der rohen unorganisierten Materie" zu verstehen. Kant scheint in das Wesen auch organischer Naturvorgänge so tief eingedrungen, daß er, lange vor Lamarck, Darwin und der modernen Genetik, eine genaue Definition der Mutation geben kann: „Selbst was die Veränderung betrifft, welcher gewisse Individuen der organisierten Gattungen zufälligerweise unterworfen werden, wenn man findet, daß ihr so abgeänderter Charakter erblich und in die Zeugungskraft aufgenommen wird, so kann sie füglich nicht anders als gelegentliche Entwicklung einer in der Species ursprünglich vorhandenen zweckmäßigen Anlage zur Selbsterhaltung der Art beurteilt werden." Man wird angesichts dieser im Jahre 1790 niedergelegten Erkenntnisse zugeben müssen, daß es noch immer fruchtbar ist, auf die Grundstrukturen Kants hinzuweisen, über die, genaugenommen, auch unsere heutige Naturwissenschaft nicht hinausgekommen ist. Wenn eine gewisse Verführung, damals wie heute, zur Annahme teleologischer Prinzipien wenigstens für die Organismen besteht, so mag sie in der auch im angeführten Kantzitat angedeuteten „zweckmäßigen Anlage" gesehen werden, die heute durch die autokatalytische Funktion sowohl anorganischer als auch organischer Strukturen aufgeklärt scheint. Damit ist die Tatsache bezeichnet, daß bestimmte Materiestrukturen auf der erreichten Stufe an sich als Katalysatoren wirken, d. h. unter Beschleunigung der Reaktionsabläufe eine weitere Umformung nur in einer bestimmten Richtung zulassen. Dieser Umstand kann zur Aufhellung sowohl des Kantschen Begriffs der „subjektiven Teleologie" wie auch des eben erst durch Pittendright erfundenen der „Teleonomie" beitragen, welch letztere lediglich einen neuen Namen für die „subjektive Teleologie" darstellt. Diese etwas ausführliche Abklärung des Teleologiebegriffs erscheint gerechtfertigt mit Bezug auf moderne Darstellungen wie etwa „Le phénomen humain" des T. de Chardin, die mit einer durch keinerlei Beweis gestützten Vorwegnahmen des Entwicklungszieles auf einen Punkt Omega hin sich nicht als Naturwissenschaft, sondern als Naturphilosophie erweist.

Die angeführten, für die aufkommende abendländische Naturwissenschaft wesentlichen Kriterien wie Beobachten, Messen, Wägen, Zählen, das Experiment mit Reduktion der Beobachtungsergebnisse auf wenige Bestimmungsstücke, die Vermeidung der teleologischen Betrachtungsweise und die strikte Abweisung der Spekulation ohne Beobachtungsgrundlagen können nun angesehen werden als Zeichen und Marken für den Weg, auf dem wissenschaftliche Erkenntnis zustande kommt. Meta ton hodon, met'hodon, als „Methode" hatten schon die alten Griechen dieses Vorgehen benannt. „Wie fass ich dich, unendliche Natur?!" ruft der junge Faust aus, sein Hauptanliegen bezeichnend. Und am Ende des „naturwissenschaftlichen" 19. Jahrhunderts formuliert Nietzsche: „Nicht der Sieg der Wissenschaft ist das, was unser 19. Jahrhundert auszeichnet, sondern der Sieg der wissenschaftlichen Methode über die Wissenschaft", nämlich über die systematische Wissenschaft, die heute fast gänzlich durch Wissenschaftslehre und Erkenntnistheorie beherrscht wird. Von dem älteren Bacon am Ende des 13. Jahrhunderts, über Leonardo, Galilei, Newton und Kant hatte sich eine Methode nach den skizzierten Grundsätzen ausgebildet, die ihre Berechtigung in den Erfolgen bei der Erfassung der Natur sehen konnte.

Auch die gegen Ende des 18. Jahrhunderts neu aufgekommene Biologie, die Wissenschaft vom Lebendigen, hat in dieser Beziehung nichts zu ändern vermocht. Sie hat jedoch erkannt, daß zur Erfassung ihrer Bestände die mathematische Methode nicht ausreicht, sondern über Physik und Chemie, diese übergreifend, noch ein weiteres Kriterium erfordert: die Entsprechung des Lebendigen, die „Gestalt". Der Biochemiker und Nobelpreisträger Butenandt hat das nun hereinbrechende Zeitalter als die „Epoche der Biologie" bezeichnet. So mag es als gute Vorbedeutung genommen werden, wenn Johann Wolfgang Goethe, dessen Name soviel wie „Pate" bedeutet, ihr als Pate und Schöpfer seiner morphologischen Methode vorangeht, einer Methode, die die mathematisch-physikalische nicht alternativ ablöst, sondern entscheidend ergänzt. Goethe fühlt sich „als einer der ephesischen Goldschmiede, der sein ganzes Leben im Anschauen und Anstaunen und Verehrung des wunderwürdigen Tempels der Göttin und in Nachbildung ihrer geheimnisvollen Gestalten verbracht hat". Er erläutert die Methode seines Erkenntnisgewinns dem Philosophen Hegel: „Es ist hier die Rede nicht von einer durchzusetzenden Meinung, sondern von einer mitzuteilenden Methode, deren sich jeder als Werkzeug nach seiner Art bedienen möge."

Die besondere Struktur des Goetheschen Denkens, die seinen naturwissenschaftlichen Arbeiten zugrunde liegt, wurde von Schiller als erstem erkannt, noch bevor sich Goethe darüber Rechenschaft gegeben hatte. Er hat seinen älteren Freund auf die Kantschen Schriften aufmerksam gemacht, zu denen, nach seinem eigenen Ausspruch, Goethe „immer und immer wieder zurückkehrte".

So sehr er selbst, besonders in seiner späteren Lebensepoche, der herrlichste Gedichte wie „Weltseele" und „Wiederfinden" entstammen, zur naturphilosophischen Abrundung seiner Weltsicht neigte, so war ihm doch bis zuletzt die Einsicht gegenwärtig, daß in der Entwicklung und in der Geschichte der Naturwissenschaft und der Geistesgeschichte überhaupt, zwei Denkrichtungen am Werke sind, die die Entwicklung teils befördern, teils verzögern. Deren Einordnung in die Problematik der differentiellen Hirnfunktion ist zu augenscheinlich, als daß dieser Umstand übersehen werden könnte.

Im Juli 1830 erregte ein wissenschaftlicher Streit in der Pariser Akademie über zwei verschiedene Grundsätze der Natursicht und übertönte sogar zum Teil die Ereignisse der Juli-Revolution. Davon ausgehend entwickelt Goethe in seiner letzten, zu seinen Lebzeiten veröffentlichten Schrift über die „Principes de Philosophie zoologique" des Geoffrey St. Hilaire grundsätzliche, tiefe Einsichten in das Gewirk der „zwei Denkrichtungen", vertreten durch Cuvier auf der einen, durch St. Hilaire auf der anderen Seite. Der eine, Cuvier, vertritt in aller Schärfe die induktive Methode, während der andere zu einer ganzheitlich-daduktiven Behandlung zoologischer Fragen neigt. Obwohl Goethe für sich und seine Naturforschung einen klaren Trennungsstrich zwischen dem Naturforscher und dem Naturphilosophen gezogen hatte, und obwohl er Curvier die Berechtigung und Fruchtbarkeit seines Standpunktes freimütig zugesteht, neigt er zu der Naturansicht St. Hilaires, die ihm näher liegt. Übrigens fiel damals in der Debatte die Entscheidung gegen die Katastrophentheorie Cuviers zugunsten der evolutiven Ansichten St. Hilaires. Gleichzeitig erkennt Goethe das schicksalhafte Bestehen von „zwei Denkrichtungen" an, aus denen letzten Endes *zwei Methoden* erfließen, die *nicht alternativ*, sondern *komplementär* sowohl der alten, physikalisch-chemischen Problematik, als auch der zusätzlichen, neu aufgekommenen der Biologie gemäß sind, die über die überkommene Methodik hinaus noch eine andere, eben die morphologische Goethes braucht.

Die u. E. unabdingbare Bedeutung Goethes als Naturforscher liegt darin, daß unsere Zeit mit ihren biologischen Problemen seiner morphologischen Methodik sozusagen entgegengewachsen ist, ohne daß damit die Bedeutung der sogenannten exakten, klassischen eingeschränkt worden wäre. Was hier im Zusammenhang mit der Atombombe und ähnlichen Fragen gegen die letztere vorgebracht wird, liegt nicht auf wissenschaftlichem, sondern auf gesellschaftspolitischem Gebiet: Die Menschheit, das Humanum, möge trachten, den Vorsprung der Naturwissenschaft in ihrem „Verhalten" aufzuholen!

Die Wissenschaft des Abendlandes steht noch — immer noch! — auf den zwei Säulen Kant und Goethe, und wir, die Kinder dieses Abendlandes, gleichen jenen Kindern aus dem Platonischen Sophistes, denen man zwei Dinge „alternativ" zur Wahl stellt und die dann — *beide zugleich* begehren, begehren müssen, wie wir auch, wenn wir mit der Göttin Ananke, der zwanghaften Wirklichkeit, übereinkommen sollen.

Wir sind zum Ende gelangt. Es wurden somit einige Fragen der Philosophie entwickelt, wie sie einem naturwissenschaftlich Orientierten wesentlich geworden sind auf Grund seiner Ausbildung und seiner Tätigkeit. Betont sei, daß es sich nicht um absolute Wahrheiten handeln kann, sondern bestenfalls um perspektivische Ordnungsschemata für den praktischen Gebrauch, mit der Hand am Puls der Gegenwart. Die Schlüsse daraus liegen offen da: Aus den Gedanken, die mit Taubenfüßen kommen, entstehen Normen, nicht nur für den Wissenschaftler, der das „gewagte Abenteuer der Vernunft", etwa der evolutionären Erkenntnistheorie, sondern auch für eine Gesellschaft, die dasselbe Abenteuer für ihre Zukunft zu bestehen hat.

FRITZ ROSCHALL

Natur- und Umweltschutz als nationale Aufgabe

Noch nie sind so grundlegende Wandlungen im Bewußtsein, im Denkbild, der Vorstellungswelt und der Lebenseinstellung der Menschen so rasch und gründlich vor sich gegangen, wie in den letzten Jahrzehnten, vor allem in Mitteleuropa, insbesondere innerhalb des deutschen Volksgebietes. Nicht in allen Lebensbereichen sind diese Wandlungen positiv und zum Besseren hin erfolgt. — Auf einem Gebiet, in der Betrachtungsweise und Einstellung der Menschen gegenüber ihrer Umwelt bzw. Mitwelt, zur „Ökologie" i. w. S. war und ist diese Bewußtseinswandlung besonders rasant und grundlegend und — in den Augen aller, denen nicht nur die nächste, sondern auch die weitere Zukunft der Menschheit und unseres Erdballs am Herzen liegt — sind sie sicherlich in positiver Richtung erfolgt.

Kannten doch die meisten Menschen noch vor etwa 25 oder gar 30 Jahren kaum das Wort „Ökologie", und nur sehr wenige wußten damals auch mit dem Wort „Umweltschutz" etwas anzufangen. — Wer wußte damals gar etwas vom „sauren Regen", den es aber damals auch schon gab, wenn auch in weit geringerem Ausmaß und noch ohne sichtbare Folgen. —

Heute gibt es kaum ein Partei- oder sonstiges politisches Programm, in dem das Wort „Ökologie" (oder ein Synonym) nicht vorkommt, und kaum einen Tag, an dem nicht in der Presse und in sonstigen Massenmedien die Worte „Umweltschutz" oder „Umweltbedrohung" usw. sowie unzählige damit zusammenhängende Begriffe wiederholt aufscheinen und in aller Munde sind.

Aber selbst in den letzten ein bis zwei Jahren ist dieser Erkenntnisprozeß weiter vorgeschritten und immer allgemeiner geworden, leider zum Teil auf Grund bitterer Lektionen von unübersehbarer Deutlichkeit, die die Natur selbst uns erteilt hat.

I.
Die Fakten

Durch die Bedrohung unserer Heimat und unseres Volkes, ja unseres Kontinents und des ganzen Erdballs gekennzeichnet ist:

1) *Das Waldsterben* ist wohl das sichtbarste und bedrohlichste Anzeichen der immer näher rückenden Katastrophe. — Ist es doch nicht nur so, daß mit dem sterbenden Wald etwa „nur" ein Kraftquell seelischer und körperlicher Erquickung des Menschen verloren geht und das herrliche Landschaftsbild unserer Heimat in eine verkarstete Wüste verwandelt und schließlich zerstört wird, sondern die unausweichliche Folge ist auch die Zerstörung des ökologischen Gleichgewichtes, vor allem des Wasserhaushaltes, im Gefolge die Gefahr der Erosion und Abtragung der fruchtbaren Bodenkrume durch Stürme und Unwetter auf weiten Flächen (siehe US-Amerika!).

2) Also nicht nur der Wald stirbt — *auch das Wasser*, in das einerseits der saure Regen plätschert und das andererseits mit dem Sterben des Waldes seine ökologische Eingliederung in den gesamten Naturhaushalt verliert (siehe Schweden!).

3) Aber nicht nur der Wald sowie das Wasser, sondern auch der *gesamte landwirtschaftliche und gartenbauliche Boden*, die Grundlage unserer Nahrungsmit-

telerzeugung — wird immer mehr vergiftet, einerseits durch den sauren Regen selbst sowie durch Abgase, die von außen eindringen, andererseits noch mehr durch die zusätzliche chemische Vergiftung mittels *Pestiziden und Herbiziden*, die „Schädlingsbekämpfungsmittel", die mit der Zeit immer weniger Schädlinge (die resistent werden), dafür aber immer mehr und mehr Nützlinge vernichten: die Vogelarten, die auf natürliche Weise die Schädlinge bekämpfen, sowie die Kleintierwelt, die die Fruchtbarkeit des Bodens weit besser als jeder natürliche oder künstliche Dünger garantieren; genauso aber eben dieser *Kunstdünger*, der im Übermaß dem Boden zugeführt, zwar die Hektar-Erträge vorübergehend erhöht, den Boden aber immer mehr und mehr auslaugt, so daß immer größere Mengen an Kunstdünger erforderlich sind, bis die Bodenstruktur schließlich gänzlich zerstört ist —
etwa genau so wie bei einem Menschen, der gegen Beschwerden chemische Medikamente nimmt, und weil sie nicht mehr wirken immer mehr und mehr braucht, bis es schließlich zum völligen nervlichen und organischen Zusammenbruch kommt.

4) Wo aber der Wald erkrankt, die Gewässer, die Gärten und Felder, wo die Natur mit ihren wichtigsten Systemen schwer gefährdet ist, da kann *auch die Gesundheit des Menschen*, der ja physiologisch nur ein Teil dieser Natur ist, nicht erhalten bleiben: Wissen wir doch heute, daß anstatt der vielen Erkrankungen und Seuchen früherer Jahrhunderte, die in den letzten Jahrzehnten durch die Fortschritte der medizinischen Wissenschaft und die Kunst der Ärzte zurückgedrängt, zum Teil fast besiegt schienen, dafür auf der anderen Seite viele Krankheitserscheinungen immer stärker aufgetreten sind, die das Leben des Menschen schwer beeinträchtigen oder verkürzen.

Und zwar nicht nur schwere Herz- und Kreislauferkrankungen sowie die heute wohl schlimmste Geißel der Menschheit, der Krebs in all seinen Formen, hat in den letzten Jahrzehnten um ein Vielfaches zugenommen, und zwar eindeutig festgestellt am weitaus meisten gerade in den Ballungsgebieten der Zivilisation, den Industrie- und Verkehrszentren, — sondern auch eine Unzahl der kleineren oft schleichenden Erkrankungen aller Art, die zwar nicht unmittelbar zum Tode führen wie der Krebs, die aber das Leben, das Wohlbefinden und die Schaffenskraft des Menschen immer mehr beeinträchtigen, wie etwa die Erkrankungen der Atmungsorgane (chronische Bronchitis, Asthma, usw.), chronische Magen- und Darmerkrankungen, Erkrankungen nervlichen Ursprungs, wie Kopfschmerzen, Absinken der Konzentrationsfähigkeit, übermäßige Müdigkeit sowie stärkste Anfälligkeit gegen Infektionskrankheiten aller Art, haben unverhältnismäßig zugenommen, — was alles zusammen in Summe schließlich einer immer größeren Zahl der Menschen das fragliche „Glück" des erreichten Wohlstandes des „Alles-Haben-Könnens", immer mehr beeinträchtigt, ja schließlich ins Gegenteil verkehrt.

Es wirkt hierbei alles zusammen: eine vergiftete Atmosphäre, schwer beeinträchtigte Nahrungsmittel, die zumindest in Spuren jene Gifte enthalten, deren Wirkung sich aber summiert, dazu außerdem der übermäßige Streß einer stets gehetzten Lebensweise, wie sie gerade durch das Automations- und Computer-Zeitalter immer mehr Menschen aufgezwungen wird — und dazu schließlich:

5) eine Unzahl *psychischer Faktoren*: Die menschliche Vereinsamung in den meist häßlichen Massensiedlungen, den Betonmonstern unserer „modernen" Ballungszentren; hat man doch z. B. genau festgestellt, daß in diesen Betonklötzen einfallsloser, sich modern dünkender Architekten die Anfälligkeit sowohl für physische als auch für psychische Krankheitserscheinungen weit überproportional ist, was sogar in einer höheren Selbstmordrate zum Ausdruck kommt.

So kommt es ja übrigens, daß gerade jenes Land, das den größten „Wohlstand" d. h. das höchste Brutto-Sozialprodukt pro Kopf aufweist, wo die meisten Reichen und Überreichen mit sinnlos hohen Rieseneinkommen wohnen, wo es desgleichen die größte Energie-Erzeugung und -Verschwendung gibt, nämlich *die USA,* — daß dieses reichste Land wahrhaft keineswegs das Land der glücklichsten Menschen, sondern vielmehr das Land mit der weitaus größten Selbstmordrate, mit dem weitaus größten Prozentsatz von geistig-psychischen Erkrankungen ist — was nicht gerade auf größtes allgemeines Glück der meisten seiner Bewohner hinweist! — Aber es gibt bei uns nichtsdestoweniger eine Großzahl von Politikern, Soziologen, Technikern und vor allem Wirtschaftsmanagern, die heute noch in diesem Land ein Vorbild sehen, dem sie möglichst nachzueifern bemüht sind, anstatt *ein abschreckendes Beispiel ärgster Dekadenz.*

Doch wenden wir uns nach diesem nicht weniger erfreulichen Blick auf unseren Nachbarkontinent jenseits des Atlantiks wieder unserem heimatlichen Europa zu.:

6) *Zusammenfassung der Tatsachen:* Die durch diese aufgezeigten Fakten gekennzeichnete Lage unserer Heimat, ja unseres Kontinents und der ganzen Welt, kann man m. E. wohl kaum besser und kürzer zusammenfassen, als es der Rektor J. Fink (Graz) in der „Morgenbetrachtung" des ORF am 30. 10. 1984 getan hat, aus der wir die betreffenden Sätze zitieren dürfen:

„ ... — Kein Wunder, daß weltweit Erschreckendes im Gange ist: Die Wälder sterben im sauren Regen, der Humus birst und versteppt durch das Gift der Schwermetalle, die Meere ersticken im Unrat, und der Mensch, nach dem Auftrag der Genesis nicht nur Herr, sondern vor allem Heger der Schöpfung, wird trotz Fortschrittes der medizinischen Technik immer kränker; seine Seele stirbt...

Die Erde hat ... vier Milliarden Jahre gebraucht, um zu jenem blauen Planeten zu werden, der wie eine Perle vor dem schwarzen Hintergrund des Weltalls rollt und milliardenfältig Leben in Fülle hat: Leben im Stein, in Pflanze, Tier, Mensch.

Hundert Jahre Ausbeutung, Raubbau, Mord haben uns an den Rand der globalen Katastrophe geführt. Tausende Pflanzenarten, Tausende Tierpopulationen sind unwiderruflich beseitigt. Die Erde versteppt. Der stumme Frühling droht. In Deutschland wurde hochgerechnet: 1990 sind die Nadelwälder tot. Und im Jahre 2002 ist das Sterben des Waldes zu Ende. Es gibt keinen mehr. Dann beginnt für die Menschen auch unserer Breiten ein Leben auf Karst, ein Leben in Steppen und Wüsten."

Und die Betrachtung schließt mit den Worten:

„Mag sein, daß dies keine sehr religiöse Morgenbetrachtung ist, aber es ist eine um unsere Zukunft bemühte. *Vielleicht finden die Vielen, denen diese Erde* auch aus religiösen Gründen *ein Anliegen ist, doch noch Auswege aus der Gefahr."*

Wir glauben, daß für jeden Menschen, der seine Heimat und sein Volk liebt, auch aus nationalen Gründen es die wichtigste Aufgabe der Gegenwart sein muß, solche Auswege aus dem drohenden Unheil zu finden. — Denn, bedenken wir doch: wenn immer größere Teile unseres deutschen Volksraumes (sei es in der BRD, in der DDR oder bei uns in Österreich) mit seinen Wäldern, fruchtbaren Feldern und Gärten durch Naturzerstörung verloren gehen, zu Wüsten oder zumindest zu Steppen werden, — wenn der deutsche Wald stirbt, und die Städte immer mehr ihres heimatlichen Charakters beraubt werden, so ist das genau so schlimm, als wie wenn uns Landstriche oder Gaue durch feindliche Gewalt entrissen werden; — und wenn immer größere Teile unseres Volkes in ihrer Gesundheit und Leistungskraft geschädigt werden, und in vielen Fällen die Erbgesundheit kommender Generationen bedroht wird, so ist das genau so schlimm, wie wenn unsere Menschen etwa durch Waffen kriegführender Mächte getötet oder zu Versehrten geschossen oder vergiftet werden.

7) *Der Zeitfaktor*: Das Schlimmste aber ist, daß das Bild katastrophaler Bedrohung und Zerstörung unseres Lebensraumes, das sich aus den dargestellten Fakten ergibt, *nicht in weiter Ferne* vor uns steht und wir nur allmählich darauf zugehen, so daß genug Zeit wäre, die Wegrichtung zu ändern. — Nein, das Unheil kommt mit rasanter Geschwindigkeit auf uns zu, wie man es sich noch vor wenigen Jahren nicht träumen ließ — auch nicht in schlimmsten Alpträumen:

Ein Blick auf die Ergebnisse der Waldschadenserhebung 1984 der BRD zeigt uns dies mit erschreckender Deutlichkeit. Wir dürfen dieses Ergebnis nach einer Sendung des ORF vom 6. 11. 1984*), die sich in der Hauptsache mit dem Problem der Einführung von Katalysatoren befaßte, aber in der Einleitung hierzu ganz Grundsätzliches in anschaulicher Weise darstellte, samt dem anschließenden Kommentar des Autors zitieren:

„*1982* betrug der Anteil der geschädigten Waldflächen *8 Prozent; 1983* waren es bereits *34 Prozent*. Heuer sind es *über 50 Prozent*. Jeder zweite Baum Deutschlands ist also erkrankt, *die Halbzeit ist erreicht.* — Alle Baumarten sind schwer betroffen, nicht nur Tannen und Fichten, auch Buchen und Eichen siechen dahin."

Diese Angaben bzw. Zukunftsandeutungen stimmen fast genau überein mit den Aussagen der oben zitierten Morgenbetrachtung von Rektor Fink vom 30. 10. 1984 sowie mit manchen anderen privaten Berechnungen.

Weiter heißt es in der zitierten ORF-Sendung, für Österreich besonders wichtig:

„Mit einer kleinen Zeitverzögerung, die vielleicht nur darauf zurückzuführen ist, daß die Erhebungen bei unserem Nachbar gründlicher durchgeführt werden, ist *auch in Österreich* mit einer ähnlichen Schreckensbilanz zu rechnen. 600 000 Hektar Wald sind nach speziellen Angaben bereits ernstlich gefährdet."

II.
Die unmittelbaren Ursachen

Auch über die Ursachen der Katastrophe, deren möglichst klare Erkenntnis eine Voraussetzung für alle Versuche ist, das weitere Fortschreiten des Unheils zu verhindern — herrscht in seriösen Fachkreisen weitgehende Übereinstimmung. Wir zitieren wieder aus der angeführten Rundfunksendung über Katalysatoren vom 6. 11. 1984:

„Waldschädlinge, wie Insekten oder Pilze, sind für die galoppierende Schwindsucht deutscher Wälder ebensowenig verantwortlich, wie forstwirtschaftliche Fehler". Und etwas später:

„Kein ernstzunehmender Wissenschaftler bezweifelt heute noch, daß die Luftverunreinigungen eine Hauptrolle im Drama ‚Waldsterben' spielen, umstritten ist nur die Bedeutung der einzelnen Schadstoffe."

So versuchten bekanntlich Autofanatiker sowie die Auto-Industrie lange Zeit, ihre eigene Verursacherrolle herunterzuspielen, und die Hauptschuld der übrigen Industrie oder mit Vorliebe womöglich auch „dem Hausbrand" (den es schon immer gab) und vor allem der Forstwirtschaft selbst zuzuschieben. Ebenso wurde von der übrigen Industrie versucht, von der eigenen Verursacherrolle abzulenken. — Versuche, die aber sämtlichen genauer fundierten wissenschaftlichen Untersuchungen und Messungen nicht im geringsten standhalten konnten.

Wenn man etwa den Durchschnitt der Ergebnisse aller Messungen und darauf beruhenden seriösen Schätzungen annimmt, so kann für Österreich (ähnlich für die BRD) etwa folgendes festgestellt werden:

Von den beiden *Hauptkomponenten* der Vergiftung der Atmosphäre, *Schwefeldioxyd und Stickoxyd*, kommt die erstere — das *Schwefeldioxyd* — zu gut 48%, also fast zur Hälfte aus Industrieabgasen, zu 22% aus kalorischen Kraftwerken, etwa zu

25% aus dem Hausbrand, öffentlichen Gebäuden, der Landwirtschaft und anderen Verursachern zusammengenommen, und nur zum geringen Anteil von ca. 2% vom individuellen Autoverkehr.

Ganz anders, fast umgekehrt, ist es hingegen bei der zweiten Komponente, den *Stickoxyden*: diese kommen *zu etwa 64%, also zu fast zwei Dritteln, vom heutigen Autoverkehr*, also in Form von Benzin- und Diesel-Abgasen, aus den Auspuffrohren unserer Personen- und Lastkraftwagen! Weiter haben die Industrieabgase einen Anteil von immerhin 20%, die kalorischen Kraftwerke nur 8–9%, und der Hausbrand von nur 4%, also 1/25.

Wenn man darum von diesen beiden divergierenden Komponenten der Luftverschmutzung, dem Schwefeldioxyd und dem Stickoxyd, die Ursachen zusammenfaßt, so kann man sagen, daß im Durchschnitt etwa 36% auf das Konto der Industrie gehen, fast der gleiche Anteil, nämlich 34%, also auch über ein Drittel, auf den individuellen Personen- und Lastkraftwagenverkehr, zu etwa 15% (zirka 1/7-tel) auf kalorische Kraftwerke und nur zu 6 bis 7% (knapp 1/15tel) auf den heute noch vorhandenen Hausbrand.

Wenn man diese Zahlen und Prozentsätze als die vordergründigsten Ursachen der nahenden Katastrophe, nüchtern betrachtet, so scheinen

III.
Die notwendigen Maßnahmen

für deren Bekämpfung relativ einfach und klar auf der Hand zu liegen und auch darüber besteht bereits weitgehende Übereinstimmung:

Wenn die Industrie und der Verkehr zusammen annähernd 70 Prozent zu ungefähr gleichen Teilen und zusammen mit den kalorischen Kraftwerken über 85 Prozent der Emissionen an Schadstoffen und Giftstoffen, die unsere Erde zu zerstören drohen, liefern, so muß eben

A) *die Wirtschaftspolitik, im besonderen die Industriepolitik,*
B) *die Verkehrsstruktur,*
C) *die Energiepolitik*

in einer Weise geändert werden, daß diese Schad- und Giftstoff-Emissionen entscheidend, d. h. auf einen Bruchteil ihrer jetzigen Werte, vermindert werden:
A) Bei der *Industrie* ist dies heute technisch ohne weiteres möglich:

1) Durch *hochwirksame Filteranlagen*, durch die bis zu 95% des Schwefels und sonstiger Giftstoffe abgefangen werden können, die Umweltbelastung auf ein Minimum zu reduzieren.

Ursprünglich hat man sich bekanntlich darauf beschränkt, möglichst hohe Schornsteine zu bauen, um so den Schadstoff-Ausstoß nicht nur in die nächste Umgebung gelangen zu lassen, sondern über eine möglichst weite Fläche der weiteren Umgebung zu verstreuen, wo er sich dann wieder mit der Emission anderer Industriewerke vermischt und sodann die Atmosphäre des ganzen Landes ziemlich gleichmäßig verschmutzt. — Erst in den allerletzten Jahren wurden in immer mehr besonders stark emittierenden Industriebetrieben unter dem Druck der öffentlichen Meinung und besonders der Umweltschutzverbände Filter, Entschwefelungs- und sonstige Entgiftungsanlagen an den Schornsteinen angebracht, die aber zunächst meist nur einen Bruchteil (bis zu 40, höchstens 50%) der Giftstoffe erfaßten, während mehr als die Hälfte nach wie vor ungereinigt in die Luft gelangten. Jedoch in einigen Werken, als erstes im kalorischen Kraftwerk Scholven, wurde bereits vor drei Jahren eine hochwirksame Filteranlage eingebaut, die 95% der Giftstoffe ausscheidet, so daß seither nur 1/20 der Giftstoffe in die Umgebung gelangen.

Das ist also die eine Notwendigkeit — selbstverständlich kosten diese Anlagen sowohl in der Anschaffung als auch im laufenden Betrieb beträchtliche Summen.

2) Andererseits aber könnte und müßte man im Zuge einer aktiven Wirtschaftspolitik auch die gesamte *Struktur unserer Industrie* (die ja in den obigen Berechnungen nur summarisch erfaßt sind) im einzelnen überprüfen und feststellen, welche industriellen Produktionen heute wirklich zweckmäßig, notwendig bzw. dauernd und sicher absetzbar sind, und welche in Wirklichkeit am echten Bedarf vorbei produzieren oder nur kurzfristig durch Reklame aufgepäppelt wurden, und welche ebenso unnötig wie schädlich sind und daher reduziert werden müßten.

Bei letzterem sei besonders gedacht an die verschiedenartigen Kunststoffproduktionen, an Plastik- und sonstiges Verpackungsmaterial und andere Kunststoffe, die meist gesundheitlich weniger zu empfehlen sind als die alten Naturstoffe (z. B. Schafwolle, Baumwolle, Leinen), oder deren Produkte letzten Endes nur unsere Abfallhalden und Mülldeponien vergrößern und damit zur weiteren Umweltbelastung beitragen. Außerdem haben gerade diese Produkte einen weit überdurchschnittlichen Energieverbrauch, der damit wegfallen bzw. reduziert werden könnte.

Also eine echte *Umgliederung unserer Wirtschaftsstruktur*, deren Ausrichtung auf das wirklich Notwendige und Nützliche bzw. durch langfristige bilaterale Handelsverträge absatzmäßig Gesicherte.

3) Im Zuge einer solchen Umstrukturierung müßte vor allem auch die dringend notwendige *Umstellung der Erzeugung von Verschleißgütern und Wegwerfwaren auf Langzeitwaren* erfolgen, was bekanntlich von den Damenstrümpfen bis zu hochwertigsten Maschinen und Fahrzeugen möglich wäre, und wodurch ebenfalls unsere Müllhalden sowie der Energiehaushalt wesentlich entlastet werden könnten.

Mit diesen drei Maßnahmen allein: 1) direkte oder indirekte Erzwingung maximaler Entgiftung der Abgase sowie der Abwässer, 2) systematische Ausschaltung oder Reduktion unnützer oder sogar schädlicher Erzeugniszweige, und 3) der Umstellung der Produktion auf Langzeitwaren,
könnten wahrscheinlich 85 bis 90 Prozent der industriellen Belastung der Atmosphäre (und der Gewässer) ausgeschaltet und damit die Ursachen des sauren Regens und des Waldsterbens entscheidend gemindert werden.

Auf die naheliegenden Einwände hingegen und deren Widerlegung kommen wir noch unten zurück.

B) *Verkehrspolitik:*

Wie sieht es nun beim Verkehr aus, der ebenfalls über 1/3 der atmosphärischen Umweltbelastung erbringt? Auch hier ließe sich — zwar nicht ein so hoher Anteil wie bei der Industrieproduktion —, aber doch ein sehr erheblicher Prozentsatz an Umweltbelastung vermeiden, — allerdings bestimmt nicht mit den bis jetzt ernstlich begonnenen bzw. „in Erwägung stehenden" Maßnahmen allein, nämlich dem Katalysator und dem Tempolimit. Zwar sind sicherlich beide Maßnahmengruppen überaus notwendig und gut, sofern sie tatsächlich wirksam und in kürzester Zeit durchgeführt werden! Es scheint aber höchst typisch für die Halbherzigkeit vieler sicherlich gut gemeinter Maßnahmen unserer Politiker und für deren mangelnde Bereitschaft oder Fähigkeit zum gründlichen Umdenken sowie für die ständige — oft ganz falsche Richtung gehende — Angst vor den Wählern, daß bei den bis jetzt ernstlich erwogenen Maßnahmen gegen die Giftproduktion des individuellen Kraftfahrverkehrs man die zweifellos wichtigste Maßnahme, nämlich *eine entscheidende Verminderung des gesamten individuellen Personen- und Lastkraftwagenverkehrs durch dessen weitgehende Umlenkung auf die Schiene* kaum oder zumindest nicht wirksam ins Auge gefaßt wurde.

Dabei müßte man allen Überlegungen hinsichtlich der Verkehrspolitik im Zusammenhang mit dem Umweltschutz die gravierende schon wiederholt in Fachzeitschriften und sonstigen Veröffentlichungen festgestellte Tatsache in den Vordergrund aller Betrachtungen stellen,

daß die gleiche Anzahl von Personen oder von beförderten Güter-Tonnen mit öffentlichen Verkehrsmitteln nur 1/15 des Energieverbrauches benötigt, 1/10 der atmosphärischen Umweltbelastung durch Abgase erbringt (dies sogar bei Traktion durch Diesel-Lokomotiven, bei elektrischer Traktion sogar nur 1/20), außerdem nur 1/6 des Raumes an Verkehrsfläche benötigt und 1/30 an Todesfällen und Verletzten durch Unfälle zur Folge hat, als wenn diese gleiche Personenzahl oder Gütermenge mit individuellen Motorfahrzeugen, Pkw bzw. Lkw befördert werden!

Sicherlich kann und soll man den individuellen Autoverkehr nicht ausschalten (die Parolen einiger extremer Kleinstgruppen „alle Autos auf den Schrotthaufen" sind unsinnig und werden von niemandem — meist auch von den Betreffenden selbst nicht ernst genommen). — Aber man könnte bei einer vernünftigen Wirtschafts- und Verkehrspolitik und entsprechender Steuer- und Tarifpolitik *den Individualverkehr auf ein vernünftiges Ausmaß reduzieren*, das dann denen, die wirklich Auto fahren müssen — oder gelegentlich wollen — erst eine ungehinderte relativ gefahrlose Benützung des Autos sowie ein zügiges Fahren — und auch Stehenbleiben, dort, wo man wirklich hin will — ermöglichen würde.

Es hat sich nämlich immer wieder gezeigt, daß dort, wo öffentliche Verkehrsmittel wirklich gut ausgebaut, in der Streckenführung richtig angelegt und tariflich günstig zur Verfügung stehen, diese auch weitgehend angenommen werden. Beispiele im Lokalverkehr: die Wiener Schnellbahn und die U-Bahn oder die vor einigen Jahren in Linz neu errichtete schnelle Straßenbahnlinie zum Universitätsviertel; oder im Fernverkehr: jene Hauptstrecken der Bundesbahn (bis jetzt vor allem nur die West- und Südbahnstrecke), wo durch eine regelmäßige dichte Zugfolge — Taktfahrplan mit höchstens ein bis zwei Stunden-Intervall, — sowie bequeme Personenwagen und sonstiges gutes Reiseservice schon ein echter Vorteil gegenüber dem Auto gegeben ist. — Dies sogar schon jetzt, trotz der gänzlich falschen Tarifpolitik einerseits bzw. Steuer- und Preispolitik andererseits.

Aber leider sind diese positiven Erscheinungen im Verkehrswesen nur einige Schwalben, die noch keinen Sommer machen; denn was die Bahn anlangt: zwar wurden die wichtigsten Hauptstrecken saniert und werden bestens bedient, aber für die vielen sonstigen Bahnstrecken, vor allem die ausgesprochenen Nebenbahnen, hat man weniger getan; von letzteren sogar manche aufgelassen oder will sie noch auflassen oder läßt sie gänzlich unzulänglich dahinvegetieren, — anstatt sie ebenfalls zu sanieren, was — wenn auch selbstverständlich mit größerem Kostenaufwand — durchaus möglich wäre.

Ähnliches gilt aber auch für die städtischen Verkehrsmittel. Denn wenn wir auch die Wiener U-Bahn und Schnellbahn als positiv hervorgehoben haben, so hat man dafür den Oberflächenverkehr, Straßenbahn und Autobus, sträflich vernachlässigt. Jeder, der Wien einigermaßen kennt, und nicht mit dem Auto fährt, weiß es: Wenn man 10, 15 oder gar manchmal 20 Minuten warten muß, um dann in gänzlich überfüllte Wagen sich hineinzuzwängen, und womöglich ein paarmal umsteigen muß, dann ist es bestimmt nicht geeignet, den Menschen vom Auto zum öffentlichen Verkehr zu bringen.

Natürlich kann man nicht zu jedem Haus oder zu jeder kleinsten Siedlungsgruppe einen Autobus oder gar eine Straßenbahn hinführen —, dort muß natürlich das Privatauto eine echte Funktion erfüllen. — Aber in einigermaßen durchgängig verbauten Gebieten müßte auf alle Fälle ein Ausbau und eher eine Verdichtung des

Liniennetzes erfolgen, und zwar mit entsprechend dichter Wagenfolge mit kurzen Intervallen von 5 bis höchstens 10 Minuten, daher bequeme Sitzplätze die Norm, Stehplätze nur die Ausnahme; (bis jetzt umgekehrt) und Sicherung einer schnellen kurzen Fahrzeit mittels eigener Fahrspuren oder Verkehrsvorrang an Kreuzungen durch entsprechende Ampelautomatik.

Denn niemals können U- und S-Bahnen — auch in Millionenstädten — den flächendeckenden öffentlichen Verkehr auf der Oberfläche, auf den Straßen und Sonderfahrbahnen auch nur einigermaßen ersetzen, sondern lediglich ergänzen und verbessern.

Daß man darüber hinaus im außerstädtischen Überlandverkehr den *Gütertransport* weitestgehend von der Straße auf die Schiene bringen müßte, sollte eigentlich eine Selbstverständlichkeit für jeden klar denkenden Politiker sein; denn daß es völlig widersinnig ist, daß einerseits auf überlasteten teuren Straßen die Lastwagenungetüme womöglich mit Anhängern allen anderen Verkehr behindern und gefährden und meist Rauchwolken von Dieselabgasen ausstoßend dahinfahren und überdies bekanntlich 95% der Straßenerhaltungs- und Reparaturkosten verursachen (die die Pkw-Fahrer und übrigen Steuerzahler bezahlen müssen), während andererseits *noch genügend freie Kapazität auf der Schiene* vorhanden ist und mangels ihrer hinreichenden Auslastung die öffentliche Hand größere Defizite bezahlen muß — so etwas verstehen vielleicht nur unsere sogenannt „liberalen" Wirtschaftspolitiker.

Daher gehört selbstverständlich der Großteil des gesamten Lastenverkehrs außer dem Zubringerverkehr von und zum nächsten Bahnhof, auf die Schiene, was durchzusetzen allerdings auch entsprechende tarifliche und steuerliche Lenkungsmaßnahmen erfordern würde.

Ergänzend noch ein Zitat aus der schon wiederholt zitierten Rundfunksendung des ORF:

„Das Auto, oder besser der Autofahrer, sind also neben der Industrie ... die stärksten Luftverschmutzer. Daneben fordert aber der Autoverkehr — und dies sollte auch nicht außer acht gelassen werden, bisher mehr Todesopfer, als alle kriegerischen Auseinandersetzungen gemeinsam. Schließlich nimmt er den Menschen Lebensraum in den Städten und verwüstet durch den Straßenbau die Landschaft!"

Vor allem aber: Wenn es gelänge, etwa die Hälfte des Personenverkehrs (vor allem Berufsverkehr) vom individuellen Motorfahrzeug auf öffentliche Verkehrsmittel zu verlagern und mindestens 2/3 des Güterverkehrs von der Straße auf die Schiene, was mit den angeführten Maßnahmen in Zusammenhang mit entsprechenden Preis- und Tarifregulierungen durchaus möglich wäre, dann würde auch die zweite große Komponente der (aus dem Inland kommenden) Umweltvergiftung und eine der beiden Hauptursachen des sauren Regens und des Waldsterbens bald weitgehend beseitigt sein.

C) *Energiepolitik*

Daß mit diesen angedeuteten Maßnahmen praktisch auch ein entscheidender Beitrag zu einer auf weite Sicht gerichteten *Lösung des Energie-Problems* verbunden wäre, liegt auf der Hand.

Der Energieverbrauch, mit dessen exponentieller Steigerung uns von der E-Wirtschaft immer wieder gedroht wurde, und womit das Verlangen nach Atomkraftwerken, zumindest aber nach restloser Verbauung aller unserer noch naturbelassenen Bäche und Flüsse begründet wird, — dieser *Energieverbrauch muß nämlich in Wirklichkeit überhaupt nicht gesteigert*, sondern könnte wahrscheinlich sogar noch einigermaßen reduziert werden —, wenn auch vielleicht nicht so weit, wie Prof. Konrad Lorenz dies vor einiger Zeit einmal für möglich erklärt und gefordert hat — zumindest aber so weit, daß noch genügend Reserven für Steigerungen für wirklich zweckmäßige und notwendige Einzelgebiete und Teilbereiche vorhanden wären: z. B. für Ausstattung der relativ wenigen Haushalte, die noch nicht die wirklich zweckmäßigen Haushaltsmaschinen besitzen, vor allem aber für die Stromversorgung der neu zu errichtenden Filter und sonstigen Umweltschutz-Anlagen.

Es ist daher wohl völlig klar, wie primitiv und unsinnig die Propaganda der Elektrizitätswirtschaft und -industrie ist, daß wir eben doch Atom- und sonstige Kraftwerke noch und noch brauchen, „weil wir ansonsten gleich unseren Stromzähler abschalten und zum Kienspan zurückkehren" müßten!

Es ist dies genauso — dieselbe Logik — wie wenn ein vielleicht 1,80 m großer, aber 120 kg schwerer Mann, dem wegen seiner auf Überfettung beruhenden vielen Krankheitserscheinungen der Arzt dringend anrät, seine Nahrungsaufnahme durch entsprechende Diät radikal zu reduzieren, dem Arzt antworten würde: „Ja, Herr Doktor, wollen Sie denn, daß ich wieder zum verhungerten Skelett abmagere, so wie ich damals aus der Kriegsgefangenschaft zurückkehrte?" — Als ob es zwischen Überfettung einerseits und extremer Abmagerung andererseits kein gesundes und richtiges Mittelmaß gäbe!

Es erübrigt sich, dies näher auszuführen, denn dieser Vergleich trifft genau zu auf den heutigen Zustand unserer Wohlstandsgesellschaft und die Einstellung vieler Menschen. Wir haben doch heute genug Strom, nicht nur dafür, daß wir den Kienspan durch elektrische Beleuchtung ersetzen, sondern auch für viele Küchen- und Haushaltsmaschinen, für unsere elektrischen Züge, für unsere Industrie — und dabei führen wir bekanntlich außerdem noch etwas mehr Strom von Österreich aus, als wir einführen! Unsere Bevölkerung wächst außerdem nicht mehr und unser Wohlstand ist zumindest im Durchschnitt wahrhaft hinreichend. Wozu also Wachstum und Mehr-Verbrauch?

Doch damit kommen wir auf

IV.
Die tieferen Ursachen der drohenden Umweltkatastrophe:

Es ist in erster Linie die *Wachstums*-Ideologie, der geradezu zwanghafte „Wachstumsfetischismus", der nach wie vor in unserer ganzen Wirtschaftspolitik noch vorherrscht, obwohl jeder vernünftige Mensch erkennen muß, daß auf einem begrenzten Planeten ein unbegrenztes, noch dazu exponentielles Wachstum einfach nicht möglich ist. — Aber auch heute noch werden wirtschaftliche Erfolgs- oder Mißerfolgs-Meldungen meist in größeren oder geringeren Prozentsätzen der Wachstumsrate angegeben, anstatt in der Erreichung einer auf lange Dauer gesicherten Stabilität und eines Gleichgewichtes zwischen Produktion und Konsum.

Jedoch die tiefsten Ursachen auch dieser Einstellung sind: die ungezügelte *menschliche Gier und Unersättlichkeit*, das „Nicht-genug-haben-können" und damit ein menschlicher *Egoismus*, der nicht mehr der gesunde Egoismus auf *Selbsterhaltung und auf Erhaltung der eigenen Art* gerichtet ist, sondern ein pervertierter *übersteigerter Egoismus*, der letzten Endes zur Selbstzerstörung und zur Vernichtung der eigenen Art führt.

Auf wirtschaftlichem Gebiet ist es das *ausschließlich auf Profit und Gewinnstreben ausgerichtete Wirtschaftsdenken: Gewinnmaximierung und Kostenminimierung als oberstes Wirtschaftsgebot,* und letzten Endes die auch heute noch vorherrschende *liberalistische Grundideologie*, die besagt, daß jeder — ohne Rücksicht auf die Gesamtheit — tun und lassen können soll, was er will und was zu seinem persönlichen, wenn auch noch so kurzfristigen Vorteil zu sein scheint; der Irrglaube, daß wenn man nur den menschlichen Egoismus walten läßt, dann von selbst alles schön und gut wird, ja sich sogar „harmonisch" gestaltet (Adam Smith, Ricardo u.a.) oder nach dem Wahlspruch des alten französischen Hochmeisters des Liberalismus „laissez faire, laissez passee — le monde vadu li mem". Zu deutsch „Laßt sie treiben, laßt sie gehen, die Welt bewegt sich von selbst" — Ja, bewegen wird sie sich, aber die Frage wohin, in welche Richtung — wie es heute scheint in Richtung zum Abgrund, aber keinesfalls aufwärts.

Und wie „harmonisch" (nach der Adam-Smith-Theorie) unsere Wirtschaft gestaltet ist, mit oft widersinnigem, ruinösem Konkurrenzkampf, sinnlosen Überinvestitionen und Überproduktion und dann entsprechend viel Insolvenzen und Zusammenbrüchen — das zeigt fast täglich ein Blick in den Wirtschaftsteil unserer Zeitungen.

Der Wirtschaftsliberalismus — in der Fachsprache auch Manchester-Liberalismus genannt — hat im vergangenen Jahrhundert das verheerende soziale Elend und die rücksichtslose Ausbeutung breitester Volksschichten und dadurch den Marxismus und Kommunismus mit sich gebracht und er trägt heute die *Hauptschuld an der Städte-Verschandelung und Landschafts-Zerstörung und an der nun herannahenden Umweltkatastrophe —*, der keinesfalls entgegengetreten werden kann durch „Nicht-Intervention", „Wettbewerbs-Neutralität" und wie die liberalen Schlagworte sonst alle heißen.

Wenn die Katastrophe noch abgewendet werden kann, dann keinesfalls durch „Nicht-Einmischung" u.dgl., sondern durch bewußte systematische Wirtschaftspolitik und planvolle Lenkung unserer Wirtschaft mit dem Ziel einer möglichst leistungsgerechten Verteilung und der Erhaltung unserer natürlichen Lebensgrundlagen für unser Volk und die ganze Menschheit sowie der Erhaltung und Vervollkommnung aller kulturellen und ethischen Werte!

V.
Die Haupteinwände und ihre Widerlegung

Zum Schluß wollen wir aber uns doch mit den zwei *Haupteinwänden* befassen, die gegen eine neue, auf Umdenken beruhende Wirtschaftspolitik vorgebracht werden, wie wir sie vorhin an den Beispielen Industriepolitik, Verkehrspolitik und Energiepolitik angedeutet haben.

1) Der erste Einwand „*Arbeitsplätze*": „Wenn die Industrie z. B. von Wegwerfwaren auf die Produktion von Langzeitwaren umgestellt wird, ja wenn wir ganze Produktionszweige entweder wegen ihrer Zwecklosigkeit oder ihrer Umweltgefährlichkeit ausschalten bzw. auf ein Minimum reduzieren wollen, wenn vor allem die Autoproduktion und der Straßenbau, das Betonieren und Asphaltieren — entscheidend verringert werden muß, — ja muß da nicht zwangsläufig eine ungeheure Arbeitslosigkeit entstehen?"

Zur Widerlegung dieses Einwandes sei nur darauf hingewiesen, daß bei einer vernünftigen, auf weite Sicht gerichteten Umstellung unserer Volkswirtschaft im Sinne neuer Ziele, der Natur- und Umwelterhaltung und Wiederherstellung wahrer Lebensqualität, sowie der Erhaltung und Erneuerung echter kultureller Werte — in Wirklichkeit wahrscheinlich sogar *viel mehr Arbeitsplätze neu geschaffen werden könnten*, als unvermeidlicherweise durch Einschränkungen auf der anderen Seite verloren gehen müssen, und daß damit das Problem der Arbeitslosigkeit wahrscheinlich nicht nur kurzfristig, sondern auf lange Zeit gelöst werden könnte! Es fehlt zwar der Raum, die in den z. T. schon sehr konkret ausgearbeiteten Programmen der verschiedenen Natur- und Umweltschutzverbände, insbesondere in den jährlichen „Manifesten" des Österr. Naturschutzbundes und des Institutes für Umweltwissenschaften der Akademie der Wissenschaften geforderten wirtschaftspolitischen Maßnahmen hier etwa systematisch und vollzählig anzuführen. — Es sei daher zur Abrundung dieser Betrachtung nur andeutungsweise erwähnt, daß die heute schon größtenteils als notwendig erkannten, aber bisher nur zum geringen Teil eingeleiteten Umweltschutzmaßnahmen wie

- die Herstellung und Installation von Filter- und Kläranlagen zur Luft- und Wasserreinhaltung,
- die Parallel- bzw. Ring-Kanalisation von Flüssen und Seen,
- Mülltrennungsanlagen zur Abfallverwertung und Wiedergewinnung von Rohstoffen (Recycling),
- ganz besonders aber der Ausbau und die Intensivierung des öffentlichen Verkehrs,
- der Abbau von oft widersinniger Über-Automatisierung und viele sonstige der bereits erwähnten industrie- und handelspolitischen Maßnahmen,
- allein schon eine Unzahl von Arbeitsplätzen zusätzlich schaffen würden; ganz besonders aber durch
- eine großzügig organisierte Förderung des Eigenheim- und Kleinsiedlungsbaues, anstatt der städte- und landschafts-verschandelnden riesigen Wohnbausilos — wie es (laut Umfrageergebnissen) der Sehnsucht und Idealvorstellung des Großteils der Menschen unseres Landes entspricht — hier wäre ein echter *Wachstumssektor* gegeben und ein weites Feld für die auf anderen Gebieten zurückgedrängte Bauwirtschaft;
- desgleichen durch die Erneuerung und Revitalisierung von kulturell wertvollen Altstadtkernen sowie von bedeutenden erhaltungswürdigen Einzelbauten, Schlössern und Burgen auf dem Lande — eine der wichtigsten kulturpolitischen Aufgaben unserer Zeit;
- ebenso würden auch die wirtschafts- und strukturpolitisch notwendigen Dezentralisierungsmaßnahmen im Handel (Nahversorgung!), im Verwaltungs-, Gerichts- und Schulwesen,
- sowie Verbesserungen der Kranken- und Altenbetreuung,
  ein wesentliches Mehr an Arbeitskräften jedes Qualifizierungsgrades (vom Hilfsarbeiter über den Kunsthandwerker bis zum Akademiker) erfordern.
- Schließlich würde eine gesunde organische *Landwirtschaftspolitik* in Verbindung mit einer vernünftigen *Außenhandelspolitik*, die alle heimischen Produktivkräfte fördert u. die Verschwendung von Devisen für Sinnloses einschränkt, in gleicher Richtung wirken.

Die allmähliche, aber systematische Umstellung der jetzigen *Verschwendungswirtschaft* auf eine im Gleichgewicht befindliche, sparsame *Bedarfsdeckungswirtschaft*, die unsere Natur-Grundlagen erhält und mineralische Rohstoffe möglichst schont, würde zwar in manchen Wirtschaftszweigen eine gewisse Rückbildung, in vielen aber dafür einen Aufschwung und für die meisten dauernde Sicherheit bringen. — Schrumpfung auf der einen und Wachstum auf der anderen Seite — „Konjunktur und Krise — das Janusgesicht jeder Wirtschaftsumgliederung" (Prof. O. Spann).

Zum Abschluß noch zum zweiten, meist gehörten Einwand: Eine solch umwelterhaltende Wirtschaftspolitik sei „nicht finanzierbar", es sei denn: wir würden alle „ärmer" werden und der Götze Lebensstandard müßte von seinem heutigen so hohen Sockel heruntergestürzt werden, wir müßten alle „den Gürtel viel enger schnallen".

Dazu ein offenes Wort: Selbst wenn dies so wäre, wenn wirklich, um noch viel größeres Unheil, das ansonst auf uns zukäme, zu verhüten, heute schon solche entscheidenden Einschränkungen notwendig wären, dann müßten wir sie eben auf uns nehmen.

Denn wenn einmal nur eine total verkarstete und versteppte Landschaft die einzige „heimatliche" Lebensgrundlage für uns und unsere Kinder bilden würde, dann würden wir — auch bei noch so intensiver und intelligenter Arbeit und äußerster Anstrengung — nicht nur den heute so hohen Lebensstandard, sondern auch das echt Lebensnotwendige nicht mehr erwirtschaften können und immer mehr echte Not würde um sich greifen, ganz abgesehen davon, daß unsere herrliche Heimat als seelische Kraftquelle für uns und künftige Generationen verloren wäre. — Um solchen Katastrophen vorzubeugen, könnte kein materielles Opfer zu groß sein.

Doch zum Glück ist es heute noch nicht so weit. Heute noch würde eine leicht erträgliche Umstellung und ein gewisser Verzicht auf großteils Unnötiges genügen: eine vorsichtige, *elastische indirekte Wirtschaftslenkung* mit einem Minimum an Zwangsmaßnahmen, aber nach einem klaren und konsequent durchzuführenden Konzept im angedeuteten Sinne würde heute noch genügen, viele einschneidendere künftige Maßnahmen und wirkliche Katastrophen zu verhüten. Daß aber bestimmte unvermeidbare „Verzichte", auch eine gewisse Verminderung höherer Einkommen, noch keine wirklich entscheidende Beeinträchtigung unseres „Lebensstandards" bringen müssen, dafür nur einige wenige Beispiele:

Unser Lebensstandard wird in Wirklichkeit nicht verringert

- durch viel längere Benützung von entsprechend haltbareren und hochwertigeren Gütern — „Langzeitwaren";
- auch nicht durch den Verzicht auf gewisse Scheinvorteile oder Überbequemlichkeiten (wenn wir z. B. auf den elektrischen Betrieb der Brotschneidemaschine verzichten und statt dessen eine Kurbeldrehung mit der Hand vornehmen müssen — oder wenn sich Türen öffentlicher Gebäude nicht beim Nähertreten automatisch öffnen, sondern wir eine Türklinke in die Hand nehmen müssen, usw. usw.);
- erst recht nicht, wenn durch gut geführte und ausreichende bequeme öffentliche Verkehrsmittel teilweise die Benützung des eigenen Autos ersetzt werden kann — im Gegenteil: das Auto würde gerade dadurch, wo es wirklich notwendig und zweckmäßig ist, erst wieder sicher und problemlos benützbar;
- genauso wenig, wenn wir auf Verpackungen, die oft mehr kosten als das Produkt selbst, um dann auf den Müllhalden zu landen, — oder auf sonstigen sinnlosen Pflanz und Plunder verzichten. Usw. usw. ...

Im Gegenteil: mit den dadurch ersparten Mitteln könnten wir uns wirklich Wertvolles und Sinnvolles zusätzlich leisten und unsere Lebensqualität steigern, darüber hinaus manche nicht an materielle Mittel gebundene echte Lebensfreude wiedergewinnen.

Das Entscheidende aber: wir würden dadurch mithelfen, die natürlichen Lebensgrundlagen für die Zukunft kommender Generationen unseres Volkes zu sichern.

AUTORENVERZEICHNIS

Autorenverzeichnis

BURGER, NORBERT, geboren 1929 in Kirchberg am Wechsel, Handelsakademie in Wien, seit 1944 freiwilliger Kriegsdienst, als Werkstudent 1948 Matura, Studium in Innsbruck, Burschenschafter, Diplomvolkswirt und Doktor der Wirtschaftswissenschaften. Dissertation über „die italienische Unterwanderung Deutschsüdtirols". Assistent an der Universität Innsbruck, Teilnahme am Südtiroler Freiheitskampf, in Italien zu lebenslänglich und 28 Jahren Haft verurteilt. In Österreich nach 26 Monaten Untersuchungshaft freigesprochen. Autor zahlreicher wissenschaftlicher Aufsätze und Bücher, u. a. des Werkes „Südtirol wohin?" Lebt als selbständiger Unternehmensberater in Kirchberg am Wechsel (Niederösterreich).

DYK, ANTON, Universitätsdozent, Primarius a. D., Dr. med., Facharzt für Innere Medizin, geboren 1904, in Krems/Donau, humanistisches Gymnasium daselbst, Universitätsstudium und medizinisches Doktorat 1929 Wien. Ausbildung zum Fach der Inneren Medizin. Zusätzlich Beschäftigung mit der abendländischen Philosophie und Naturwissenschaft, insbesondere Biologie und Astronomie. Truppenarzt im Weltkrieg II. Als praktischer Internist in Krems und Kitzbühel tätig, 1964 aus der freien Praxis Habilitation an der Universität Innsbruck für das Gesamtgebiet der Inneren Medizin, insgesamt etwa 50 wissenschaftliche Publikationen. Internes Primariat am Krankenhaus der Stadt Kitzbühel, Tätigkeit im Vorstand der Kolbenheyer Gesellschaft und Ehrenmitglied der Internationalen Paracelsus Gesellschaft.

ELLER, ROSE, 1909 in Gröbming (Steiermark) geboren und da auch wohnhaft, Gymnasialjahre in Innsbruck und Graz.
Matura in Graz 1929.
Hochschulstudium an der Universität Graz: Germanistik und Geschichte 1929–1933; Dissertation bei Wilhelm Erben: Mittelalterliche Geschichte und Hilfswissenschaften; Promotion 1933.
Lehramtsprüfungen 1933–1935.
1935–1938 medizinisch-technische Assistentin bei Dr. Max und Dr. Hasso Wordell, Treptow/Tollense, Vorpommern.
1939–1945 Lehrtätigkeit an Staatlichen Oberschulen in Graz, Bruck/Mur, Leoben.
1945–1948 Errichtung und Führung eines Privatgymnasiums in Gröbming.
1948 Wiedereinstellung in den staatlichen Schuldienst: 1948–1949 Hauptschule Schladming.
1949 Mitbegründer der Hauptschule Gröbming, daselbst tätig von 1949–1955.
1952–1975 Lehrtätigkeit am Bundesgymnasium und Bundesrealgymnasium Stainach.

Veröffentlichungen:
Mitarbeit an: Hans Pirchegger, Geschichte des Bezirkes Gröbming, Gröbming 1951
800 Jahre Steiermark, AFP Information 1981
Vom Sinngehalt des Märchens, Bassum 1979
Die Schlacht am Kahlenberg – Die Vorgänge um die 2. Türkenbelagerung Wiens 1683, AFP-Information, Wien 1983
Das Märchen, Manuskript beim Verlag „Eckartschriften", Wien erscheint 1985
Vorwort zu Konrad Windischs Büchern: „Gefängnislieder" 2. Aufl. 1978. „Im Torbogen zur Einsamkeit" 1980. „Geschichten vom Leben und Sterben" 1981.

ERMACORA, FELIX, geboren 1923, Schulen in Kärnten, Steiermark und in Regensburg, von 1941 bis 1945 Kriegsteilnehmer (zuletzt Leutnant in einem GebjgRgt), Studium der Rechtswissenschaften in Innsbruck und Paris. Seit 1951 akademischer Lehrer (Innsbruck und Wien) für öffentliches Recht.
Seit 1959/60 im internationalen Menschenrechtsschutz tätig.
Von 1968 bis 1971 Vorsitzender des ÖAV.
Seit 1971 Mitglied des Nationalrates (Wahlkreis Tirol), seit 1979 Wehrsprecher der ÖVP.
Seit 1971 korrespondierendes Mitglied der Österreichischen Akademie der Wissenschaften.
Verfasser von über 300 wissenschaftlichen Arbeiten, u. a. als selbständige Bücher:
Handbuch der Menschenrechte und der Grundfreiheiten, Wien 1963
Allgemeine Staatslehre, 2 Bde., Ducker & Humblot, Berlin 1970

Österreichische Verfassungslehre I (1971), II (1980), Wien
20 Jahre österreichische Neutralität 1955–1975, Frankfurt 1975
Grundriß einer Allgemeinen Staatslehre, Berlin 1980
Menschenrechte in der sich wandelnden Welt, Bd. I 1974, Bd. II (Afrika) 1983
Südtirol und das Vaterland Österreich, Wien 1984
The Protection of Minorities before the United Nations, Academy of International Law The Hague, Bd. 182 (1984), 251–370.

GOLOWITSCH, HELMUT, Jahrgang 1942, Studium der Publizistik in Wien, journalistische Tätigkeit bei Tageszeitungen und Wochenzeitungen während des Studiums, Burschenschafter, selbständiger Kaufmann in Linz und daneben schriftstellerische und journalistische Tätigkeit. Autor des Buches „Und kommt der Feind ins Land herein – Schützen verteidigen Tirol und Kärnten".

HAUSBERGER, HANS, geboren 1956 in Amstetten (Niederösterreich), Diplom-Volkswirt, Assistent am Wirtschaftspolitischen Seminar der Universität zu Köln.

HÖBELT, LOTHAR, geboren 1956 in Wien; Studium der Geschichte, Wirtschaftsgeschichte und Anglistik; 1982 Promotion sub auspiciis presidentis; seit 1980 Assistent am Inst. f. Geschichte der Universität Wien
Veröffentlichungen:
Die britische Appeasement-Politik 1937–1939. Entspannung und Nachrüstung (Wien 1983)
Geschichte der k.(u.)k. Kriegsmarine 1848–1914 (erscheint demnächst im Rahmen von Band 5 der Geschichte der Habsburgermonarchie 1848–1918, hrsg. von Adam Wandruszka)
Artikel zur britischen Außenpolitik, zu Parlament und Parteien in Österreich-Ungarn, zum Jahr 1934 und zum Verhältnis Österreichs zu Deutschland.

JORDIS VON LOHAUSEN, HEINRICH, General a.D., geboren 1907 in Seebach/Villach; 1926 Eintritt in das österreichische Bundesheer; 1938 vom österreichischen Generalstabskurs an die Kriegsakademie in Berlin; Teilnahme an den Feldzügen in Polen, Frankreich, Rußland und Libyen; 1955 Eintritt in das zweite österreichische Bundesheer; 1957 bis 1964 in London und Paris österreichischer Militärattaché; Verfasser bedeutender geopolitischer und geohistorischer Studien.

KALTENBRUNNER, GERD-KLAUS, geboren am 23. Februar 1939 in Wien, studierte dort Rechts- und Staatswissenschaften, dann zehn Jahre lang in verschiedenen Verlagen der Bundesrepublik Deutschland als Lektor tätig, seit 1974 freier Schriftsteller und Herausgeber des Taschenbuch-Magazins Herderbücherei INITIATIVE, von dem Ende 1984 sechzig Bände vorlagen.
Weitere Veröffentlichungen:
„Rekonstruktion des Konservatismus" (als Hrsg., 1972, 3. Aufl. 1978), „Konservatismus international" (1973), „Der schwierige Konservatismus. Definitionen – Theorien – Porträts" (1975), „Europa – Seine geistigen Quellen in Porträts aus zwei Jahrtausenden" (Verlag Glock & Lutz, D-8501 Heroldsberg bei Nürnberg, drei Bände, insgesamt 1320 Seiten, 1981 bis 85).

KOPP, FRITZ, Dr. phil., geboren 1908 bei Berlin, Historiker. Er war bis 1973 wissensch. Referent im „Gesamtdeutschen Institut" (Bonn), zuvor im „Archiv für gesamtdeutsche Fragen". Er veröffentlichte neben zahlreichen Aufsätzen auch einige Bücher zu Deutschlands Spaltung und Wiedervereinigung.

MERKEL, HANS, geboren am 20. April 1934 in Nürnberg.
Abitur 1952 Realgymnasium Gräfelfing bei München. Anschließend Studium der Rechte und der Volkswirtschaft an den Universitäten München und Würzburg. In Würzburg Promotion mit einem völkerrechtlichen Thema zum Doctor iuris utriusque. Große juristische Staatsprüfung 1960 in München.
1961 Eintritt in den öffentlichen Dienst der Bundesrepublik Deutschland. Bis 1965 Rechtsberater in einer militärischen Kommandobehörde, anschließend bis 1969 Referent im Referat für Staats- und Verfassungsrecht und öffentlich-rechtliche Grundsatzfragen im Bundesministerium der Verteidigung.

Von 1970 bis 1979 Mitarbeiter der CDU/CSU-Fraktion des Deutschen Bundestages, zunächst als Persönlicher Referent des Vorsitzenden der CSU-Landesgruppe im Deutschen Bundestag, dann als Referent für Außen-, Deutschland- und Verteidigungspolitik der CSU-Landesgruppe im Deutschen Bundestag.
Von 1979 bis 1983 Leiter des Präsidialbüros des Deutschen Bundestages. Seither Leiter der Abteilung Parlamentarische Beziehungen in der Bundestagsverwaltung; Ministerialdirigent.

Mölzer, Andreas, geboren 1952 in Leoben (Steiermark), Studium der Rechtswissenschaft, Geschichte und Volkskunde an der Universität Graz, Corpsstudent, dort bis 1982 an rechtshistorischen Instituten tätig, lebt nun als Redakteur der Monatsschrift „AULA" und freier Publizist in Kärnten. Zahlreiche Aufsätze, Buch- und Zeitschriftenbeiträge zu Problemen der Studenten- und Universitätsgeschichte, zur jüngeren deutschen und österreichischen Geschichte sowie zur Deutschen Frage.

Nachtmann, Herwig, Jahrgang 1940, Innsbruck, Diplom der Volkswirtschaft an der Universität Innsbruck, Werkstudent, Burschenschafter, Diplomarbeit über das Pendlerproblem am Oberrhein (Elsaß), aktive Teilnahme am Südtiroler Freiheitskampf der 60er Jahre, zweijähriges Exil in der Bundesrepublik, der Schweiz und auf See, vor österreichischen Gerichten in Graz freigesprochen, in Italien in Abwesenheit verurteilt, seit 1976 Leiter des Aula-Verlages in Graz.

Pilz, Bernhard, Reinhold, Jahrgang 1948, Burschenschafter, studierte Geschichte, Geographie, Philosophie, politische Wissenschaften und promovierte 1981 an der Universität Wien. In seiner sozial- und wirtschaftshistorischen Dissertation befaßt er sich mit der Salzbergbaugeschichte, der Salinenarbeiterschaft und der modernen Sozialgesetzgebung. Postuniversitäre Praktika, Akademikertraining.
Danach Fortbildung zum Dokumentar und schließlich zum Bibliotheks-, Dokumentations- und Informationsdienst. Heute Universitätsbibliothekar und „praktizierender" freier Historiker.

v. Preradovich, Nikolaus, Jahrgang 1917, 1940 Abitur in Graz. Von 1941 an Kriegsdienst. Ab 1945 Studium der Geschichte an der Universität Graz, Burschenschafter. 1949 Promotion zum Dr. phil., 1952/53 Assistent am Institut zur Erforschung der Vertriebenenfrage, Marburg/Lahn, 1953/55 wiss. Mitarbeiter am Institut für Europäische Geschichte Mainz, 1955 Habilitation zum Univ.-Dozenten für allg. neuere Geschichte an der Universität Graz, 1956/66 Dozent für das Fach an der Karl-Franzens Universität, 1966/71 Stellv. Leiter des Instituts zur Erforschung historischer Führungsschichten, Bensheim a. d. Bergstraße, 1972/74 Leiter der Redaktion Geschichte im Schroedel Verlag, Hannover. Seitdem freier wissenschaftlicher Schriftsteller.

Veröffentlichungen:
Die Führungsschichten in Österreich und Preußen, 1804–1918, Franz Steiner Verlag Wiesbaden, 1955.
Der nationale Gedanke in Österreich, 1866–1938, Muster-Schmidt-Verlag, Göttingen, 1962.
Des Kaisers Grenzer, 300 Jahre Türkenabwehr, Molden Verlag, Wien 1970.
Die Wilhelmstraße und der Anschluß Österreichs, 1918–1933, Lang Verlag, Bern, 1971.
K. u. K. Anekdoten, Amalthea Verlag, Wien, 1975.
Die soziale und militärische Herkunft der Generalität des deutschen Heers, 1. Mai 1944, Biblio Verlag Osnabrück, 1978.
Das Leben des Pandurenoberst Franz v. der Trenck, Stocker Verlag, Graz, 1980.
Die Einkreisung, Wie kam es zum Ersten Weltkrieg, Druffel-Verlag, Leoni am Starnbergersee 1984.
Außerdem zahlreiche Zeitschriftenbeiträge.

Reitz, Arno, Wilhelm, geboren 1907 als Sohn des Hofrates im Amte der Steiermärkischen Landesregierung Dipl.-Ing. Wilhelm Reitz und seiner Ehefrau Ida in Graz; Bundesrealgymnasium Lichtenfels, Reifeprüfung 1926 mit Auszeichnung. — Bund Deutscher Neupfadfinder. Universität Graz, Promotion 1930 mit Auszeichnung (Physik und Mathematik). Aktiv im Verein Deutscher Studenten zu Graz 1926 bis 1931, von da ab immer wieder intensive Beschäftigung mit national- und volkspolitischen Fragen.

Assistent an der Lehrkanzel für Mathematik und Physik an der Montanistischen Hochschule Leoben 1930 bis 1934.
Verehelicht mit Herta, geb. FRIEDE am 20. Juli 1933, 5 Kinder.
Erster Assistent am Physikalischen Institut der TH Graz (Prof. Dr. KOHLRAUSCH, Raman-Spektroskopie) von 1934 bis 1945; habilitiert 1938, apl. Professor 1943.
Wehrdienst bei den Gebirgsjägerregimentern 138 und 143/6. GD mit Unterbrechungen von 1939 bis 1942; Herzschädigung. (Frankreich, Griechenland, Eismeerfront)
Internierung in Glasenbach 1945 bis 1947.
Konsulent der STEWEAG und dann der OKA 1948 bis 1954, Statik und Meßtechnik an Gewölbestaumauern.
Gastprofessor an der Fuad Universität in Kairo 1950 bis 1952.
Österreichische Stickstoffwerke AG in Linz, Leiter der Physikalischen Abteilung bzw. Forschungsabteilung 1953 bis 1959; Physikalische Probleme der chemischen Verfahrenstechnik.
Berufung zum Ordinarius für Physik an die Montanistische Hochschule Leoben 1959; metallphysikalische Probleme (Röntgen).
Rektor in den Studienjahren 1965/66, 1966/67, 1970/71 und 1971/72.
Mitglied in zahlreichen Kommissionen (Parlamentarische Hochschulreformkommission), wissenschaftlichen und anderen Gesellschaften und Vereinen, Vorstandstätigkeiten. Mitbegründer des ERICH-SCHMID-INSTITUTES FÜR FESTKÖRPERPHYSIK DER ÖSTERREICHISCHEN AKADEMIE DER WISSENSCHAFTEN IN LEOBEN. Mitbegründer des Vereines Jugend musiziert in Leoben 1971 und seither Obmann. Obmann des Freiheitlichen Akademikerverbandes Steiermark seit 1974.
Emeritiert 1977. Hohe Auszeichnungen.

ROSCHALL, FRITZ, am 28. 12. 1913 in Wien geboren.
Juni 1931 Matura am Klosterneuburger Gymnasium und Oktober Beginn des Jus-Studiums an der Universität Wien.
Juli 1936 Promotion zum Doktor juris.
April 1937 Anstellung in der „Gewerkschaft der Arbeiter in der Leder- und Schuhindustrie" als Buchhalter mit kleineren juristischen Nebenfunktionen.
Mai 1938 nach Auflösung des „Österr. Gewerkschaftsbundes" Übernahme in die DAG-Gauverwaltung NÖ; dort im Wohnungs- und Siedlungswesen („Heimstättenamt") beschäftigt.
März 1940 bis Kriegsende Soldat.
Ab August 1947 Vertragsbediensteter im Magistrat Linz, nach kurzer Turnuszeit in der Finanz- und Vermögensverwaltung (Stadtkämmerei) Pragmatisierung 1953.
Ab 1964 Leiter des „Rechtsreferates" bzw. der „Rechtsabteilung" in den „Linzer Stadtwerken" bzw. den „Stadtbetriebe Linz" (die 1970 selbständig wurden).
Seit 1965 zuerst nebenberuflich und ab 1973 (Pension Stadtbetriebe) hauptberuflich geschäftsführender Vorstandsdirektor der im Mehrheitsbesitz der Stadt Linz befindlichen „Linzer Lokalbahn AG".
Politische und öffentliche Tätigkeit:
Ab Februar 1949 unter den Gründungsmitgliedern des Oberösterr. „VdU".
Ab Nov. 1949 bis Okt. 1955 Abgeordneter zum O.Ö. Landtag.
Sept. 1950 – Ende 1955 (Auflösung des VdU) Mitglied der Bundesleitung dieser Partei; seit deren Auflösung parteilos (kein Eintritt in die FPÖ).
1969 gemeinsam mit Doz. Dr. Molterer und anderen ehemaligen VdU-Kameraden Gründung der Vierteljahres-Zeitschrift „Fanale der Zeit"; Schriftleiter dieser Zeitschrift.
Seit 1974 aktiver Funktionär beim Österr. Naturschutzbund sowie beim „Weltbund zum Schutz des Lebens".

ROTHE, OTTO, geboren am 16. 11. 1909 in Wien als dritter Sohn eines Finanzjuristen, besuchte dort Volksschule, Gymnasium und studierte an der Universität Wien Rechtswissenschaft. Promotion Feber 1933. Richterlicher Vorbereitungsdienst. 1937 Richter in Amstetten, 1939 Staatsanwalt in Wien. Wehrdienst 1940–1945 als Heeresfunker, Frankreich- und Rußlandfeldzug; EK II und I, Verwundetenabzeichen (schwarz). 1945–1948 Knecht bei einem Kärntner Bergbauern, 1948–1950 Rechtsanwaltsanwärter. Dezember 1950 Wiederaufnah-

me in den Richterdienst, Handelsgericht, Oberlandesgericht, Oberster Gerichtshof, zuletzt Senatspräsident. Ende 1974 Ruhestand.
Seit 1970 Obmann der Österreichischen Landsmannschaft, des Nachfolgevereines des Deutschen Schulvereins.

RÜDDENKLAU, HARALD, Dr. phil., geboren 1942 in Thüringen, Historiker, 1973 bis 1980 wiss. Referent für Deutschlandpolitik der CDU/CSU-Fraktion des Deutschen Bundestages, seit 1981 wiss. Referent für Internationale Sicherheit, Abrüstung und Rüstungskontrolle im Forschungsinstitut der Deutschen Gesellschaft für Auswärtige Politik in Bonn.

SANDER, HANS-DIETRICH, 1928 in Mecklenburg geboren, geriet 1948–1952 während des Studiums in West-Berlin (Theologie, Theaterwissenschaft, Germanistik und Philosophie) unter den Einfluß Bertolt Brechts. 1952 Bruch mit der Freien Universität, Wechsel nach Ost-Berlin; 1952–1956 Dramaturg beim Bühnenvertrieb des Henschelverlages, 1957 Regieassistent, im selben Jahr Flucht in den Westen. 1958–1962 Journalist bei der Zeitung „Die Welt" in Hamburg, 1963–1965 Forschungstätigkeit in Zürich und in Berlin, 1965–1967 Journalist bei der „Welt" in Berlin, 1969 Promotion bei Hans-Joachim Schoeps in Erlangen (Marxistische Ideologie und allgemeine Kunsttheorie, Tübingen 1970, 2. Aufl. 1975). Seit 1970 freie wissenschaftliche und publizistische Tätigkeiten u. a.: „Geschichte der schönen Literatur in der DDR" (1972 vergriffen), 1975–1976 Lehrauftrag an der TU Hannover, 1978–1979 Gastdozent an der FU Berlin.
Autor des 1980 erschienenen Buches „Der nationale Imperativ".

SCHILLINGS, HEINZ, geboren 1924 in Kelmis bei Aachen, dem nach dem Wiener Kongreß bis 1918 grenzstreitigen Gebietsstreifen zwischen Preußen und den Niederlanden bzw. Belgien (ab 1830/39). Nach Abitur Wehrdienst und 1945 kriegsversehrt aus der Gefangenschaft entlassen. Bis zur Versetzung in den Ruhestand 1984 Büroleiter in einem Eupener Industriebetrieb. Seit 1952 in der Volkstumsarbeit tätig, u. a. als Mitarbeiter an der Zeitschrift „Der Wegweiser".

SCRINZI, OTTO, wurde am 5. Februar 1918 geboren.
Von 1936 bis 1941 studierte er Medizin in Innsbruck, Prag, Riga und Königsberg Alter Herr des VdSt Innsbruck. Nach der Promotion war er als Truppenarzt in Norwegen, Finnland, Rußland (Mittelabschnitt), Griechenland und Jugoslawien eingesetzt; zweimal verwundet, mehrmals wegen Tapferkeit ausgezeichnet. Nach dem Kriegsende in englischer Haft bis Herbst 1945.
Nach dem Kriege war er Facharzt für Neurologie und Psychiatrie in Klagenfurt und von 1955 bis 1984 Primararzt am dortigen Landeskrankenhaus. Außerdem wirkte er sechs Jahre als Lehrbeauftragter an der Medizinischen Fakultät der Universität Graz.
1949 trat er dem „Verband der Unabhängigen" (VDU) bei, 1950 wurde er Landesparteiobmann von Kärnten. Von 1949 bis 1956 war er Abgeordneter der „Wahlpartei der Unabhängigen" (WDU) zum Kärntner Landtag und zeitweilig deren Klubobmann. Von 1966 bis 1979 Abgeordneter zum Nationalrat der aus dem VDU hervorgegangenen „Freiheitlichen Partei Österreichs" (FPÖ) und in deren Rahmen Außen- und Hochschulpolitischer Sprecher sowie neun Jahre Obmann des Gesundheitsausschusses. Von 1966 bis 1979 Mitglied (Ers.) der Beratenden Versammlung des Europarates und Delegierter zur UNO. 1966 bis 1975 stellvertretender Bundesparteiobmann der FPÖ.

SELBERG, WALDEMAR FERDINAND, geb. am 18. Oktober 1926 in Broacker (Broager), Nordschleswig, Dänemark, als Sohn des Prokuristen Waldemar S. Studium der Wirtschaftswissenschaften in Kopenhagen. Seit 1957 in leitenden Positionen des dänischen Speditionsgewerbes tätig. 1976 Wechsel in das Amt des Informationschefs des Bundes deutscher Nordschleswiger als hauptberufliche Tätigkeit. Zahlreiche ehrenamtliche Ämter in der deutschen Volksgruppe, u. a. Mitglied des BdN-Hauptvorstandes.

ÜBLAGGER, RAINER, Jahrgang 1958. Gegenwärtig im Dissertationsstadium, Studium der Politikwissenschaft und Publizistik in Salzburg. Seit 1980 verschiedene Funktionen im Ring Freiheitlicher Studenten, dz. Bundespressereferent.

Vogt, Michael, Jahrgang 1953, Studium der Geschichte, der Germanistik und der Politischen Wissenschaften in München, Burschenschafter, M. A. 1977, Dr. phil. 1980, Fernsehjournalist in München, tv-Filme zur Geschichte und Zeitgeschichte.

Widmann, Werner, geboren am 4. 3. 1919 in Feldkirchen in Kärnten. Grauer Rock von 1937 — 1947. Studium der Philosophie in Innsbruck, Burschenschafter, Dr. phil. Tätig in Werbung und Zeitungswesen, derzeit Hauptschriftleiter der AULA. Steckenpferde: Heitere Muse, 6 Bücher, unter anderem „Marx & Moritz" bei Langen-Müller/Herbig, 120 heitere Bühnen-Kurztexte. Aber auch für ernste Literatur zu gebrauchen.

Willms, Bernard, geboren 1931 in Mönchengladbach, Studium in Köln und Münster. 1964 Promotion bei Joachim Ritter, 1965 — 69 Assistent bei Helmut Schelsky. Seit 1970 Professor für Politikwissenschaft mit dem Schwerpunkt Politische Theorie an der Ruhr-Universität Bochum.
Sein 1982 erschienenes Werk „Die Deutsche Nation — Theorie, Lage, Zukunft", gehört zu den bahnbrechenden Arbeiten zur neuen nationalen Diskussion.

Wien – Bonn – Berlin – dies ist der Rahmen, den sich die AULA in ihrer Berichterstattung über deutsche Politik, Kultur, Geschichte und Wirtschaft gesteckt hat.

Aktuelle Information, die Durchleuchtung von Hintergründen und engagierte Kommentare bilden den Inhalt einer Monatsschrift, die sich ihrem Selbstverständnis nach als nationales Richtungsblatt und gesamtdeutsches Nachrichtenmagazin versteht. Das stete Eintreten für ein neues, umfassendes deutsches Nationalbewußtsein ist dabei ebenso selbstverständlich wie das Aufzeigen von Geschichtsfälschungen und politischem Verfall in den deutschen Nachkriegsrepubliken.

Regelmäßig werden die neuesten Erkenntnisse der Wissenschaft, wie etwa der Verhaltensforschung und Fragen eines biologisch orientierten Weltbildes behandelt.

Die AULA, die Zeitschrift für jene, denen die etablierten Medien zu wenig bieten!

...Stimmen zur Zeit...

Abonnieren Sie die AULA, die freie Monatsschrift aus Österreich!

Probeexemplare und Abonnementbestellungen an: AULA-Verlag, A-8010 Graz, Merangasse 13, Bezugsgebühr: DM 20,–, ÖS 125,– vierteljährlich

---

VON KUFSTEIN BIS SALURN!

Der Tiroler

Zeitschrift für ein freies und einiges Tirol

Probenummern anfordern: Postfach 21 01 43 · D-8500 Nürnberg

Helmut Golowitsch

„Und kommt der Feind ins Land herein..."

Schützen verteidigen Tirol und Kärnten 1915-1918

ca. 480 Seiten, über 369 zum Teil bisher unveröffentlichte Fotos DM 35,– ÖS 250,–
Rechtzeitig zum 70. Jahrestag der Ausrückung der Standschützen erscheint ein Werk, welches dieses Thema in einer gänzlich neuen Art behandelt. Eine lebensnahe Darstellung der Motive der Kämpfe und eine Schilderung der Geschehnisse aus dem Munde der Beteiligten. Aus Archiven, Zeitungsbänden, Manuskripten und Interviews mit noch Lebenden hat der Autor das fesselnde Geschehen einer militärischen Leistung vor uns ausgebreitet, die ihresgleichen in der Geschichte sucht. Junge Buben, Studenten, Turner, Standschützen, Greise, sie alle eilten an die Front als der Feind ins Land wollte. Ein erschütterndes Buch, ein Hohelied auf die Heimatliebe und Opferbereitschaft.

BOSSI-FEDRIGOTTI TIROL BLEIBT TIROL

256 Seiten, 14 Abbildungen, broschiert, Neuauflage DM 28,– ÖS 199,–

Die erste Ausgabe von „Tirol bleibt Tirol" erschien während einer Zeit, in der Faschismus die Volkstumsrechte der Südtiroler brutal unterdrückte. „Tirol bleibt Tirol" sollte in der Schilderung geschichtlich bedeutender Ereignisse die Verbundenheit der Tiroler mit dem gesamtdeutschen Schicksal aufzeigen und deren bewährten Einsatz für die deutsche Sache vor allem der deutschen Jugend vor Augen führen. Das Buch schildert die Bewährung des Tiroler Volkes als Deutsche von der Besiedlung des Landes durch Bajuwaren und Franken, und ruft den Einsatz der Tiroler in den Freiheitskriegen 1809 unter Andreas Hofer ins Gedächtnis zurück. Der Erste Weltkrieg als Symbol für den bewiesenen Opfermut des Tiroler Volkes im Willen zur Verteidigung der Heimat und seine tragischen Folgen für Südtirol unter der Herrschaft des Faschismus bilden den Abschluß der mit dichterischer Freiheit geschilderten Geschichte Tirols.

GENERALMAJOR VIKTOR SCHEMFIL COL DI LANA

Mit einem Vorwort von Univ.-Prof. Dr. Franz Huter, 338 Seiten, 80 Bildern, 18 Gefechtsskizzen und 2 Landkarten, broschiert, Neuauflage DM 32,– ÖS 230,–

Eine die Jahre 1915 bis 1917 umfassende, auf Grund österreichischer und reichsdeutscher Truppenakten und italienischer historischer Werke zusammengesetzte, daher authentische Schilderung der Kämpfe um den heißestumstrittenen Berg der Dolomiten, den Tiroler Standschützen, Landstürmer, bayerische und preußische Jäger, Kaiserschützen und besonders Kaiserjäger ruhmvoll gegen die heftigen Angriffe der Regimenter der italienischen Brigaden Calabria, Reggio und Alpi verteidigten.

Die Qualität dieses Geschichtswerkes wird, sowohl bezüglich der militärwissenschaftlichen Genauigkeit, wie auch bezüglich packender Darstellungsart, garantiert durch den Namen des Autors.

VIKTOR SCHEMFIL DIE PASUBIO-KÄMPFE

Mit einem Vorwort von Univ.-Prof. Dr. Franz Huter (Innsbruck) und Univ.-Prof. Emilio Bussi (Modena). 292 Seiten, 83 Bilder, 33 Gefechtsskizzen und 3 Landkarten, broschiert, Neuauflage DM 32,– ÖS 230,–

Der bekannte Innsbrucker Autor Robert Skorpil berichtete anschaulich über das Ringen um den Eckpfeiler der Tiroler Front. „Der Pasubio war die höchste Stätte (2206 m) großer Kämpfe im Ersten Weltkrieg, der Berg der zehntausend Toten, die Stelle der gewaltigsten Sprengungen des 1. Weltkrieges ... Die wildesten und blutigsten Kämpfe tobten dort, der härteste Winter, dessen Schneestürme wochenlang pausenlos über die Bergwüste heulten, dessen Lawinen die Unterstände wie Kartenhäuser zerdrückte und in die Tiefe riß ... Der Pasubio war der Angelpunkt der Front; um keinen Berg ist so erbittert gekämpft worden, wie um diese ‚Thermopylen Südtirols' ...". Dieses Buch ist ein Ehrenmal für alle gefallenen und überlebenden Pasubiokämpfer!

BERNHARD WURZER TIROLER FREIHEITSKAMPF 1809

broschiert, 132 Seiten, 47 Abbildungen, Neuauflage DM 18,80 ÖS 135,–

Über das 1959 erstmals unter dem Titel „Tirols Heldenzeit 1809" erschienene Buch schrieb das Amtsblatt der Tiroler Landeshauptstadt Innsbruck: „Unter allen bisher aus Anlaß der Landesgedenkfeiern erschienenen Veröffentlichungen verdient das hier zu besprechende Buch wirklich eine Verbreitung in weiteste Kreise der Bevölkerung. Nicht allein der Text und die gelungenen Abbildungen sind dafür ausschlaggebend, sondern auch der wahrhaft volkstümliche Preis, denn was nützen die schönsten Prachtwerke, wenn sie niemand bezahlen kann."

VERLAG BUCHDIENST SÜDTIROL · POSTFACH 210 143 · D-8500 NÜRNBERG